U0137765

国家社科基金
GUOJIA SHEKE JIJIN HOUQI ZIZHU XIANGMU
后期资助项目

曹禺年谱长编 （下卷）

Cao Yu Nianpu Changbian

田本相 阿 鹰 编著

上海交通大学出版社
SHANGHAI JIAO TONG UNIVERSITY PRESS

内容提要

　　本年谱对曹禺一生的生活、创作和工作经历做出全面而详细的记录,几乎将一切蛛丝马迹的资料都尽收其中,并重视对曹禺生活转折点的展示,以此探寻曹禺重点剧作的创作动因、题材来源、写作过程等,揭示他苦闷心灵的原因和内涵,并从侧面展示了一代知识分子思想的历程和悲剧命运。在资料收集方面,曹禺著作、有关诗文、杂史方志、年谱传记、日记笔录、遗址旧居、文物档案、期刊杂志等,均在搜索范围,同时注重口述历史的调查,对曹禺及他的亲朋好友进行了多次访谈,从中获得了极为珍贵的史料。

图书在版编目(CIP)数据

曹禺年谱长编:全2卷 / 田本相,阿鹰编著.—上海:上海交通大学出版社,2017
ISBN 978 - 7 - 313 - 16052 - 2

Ⅰ.①曹…　Ⅱ.①田…②阿…　Ⅲ.①曹禺(1910 - 1996)—年谱　Ⅳ.①K825.6

中国版本图书馆 CIP 数据核字(2016)第 257663 号

曹禺年谱长编

(下卷)

编　　著:田本相　阿　鹰		
出版发行 上海交通大学出版社	地　　址:	上海市番禺路 951 号
邮政编码:200030	电　　话:	021 - 64071208
出 版 人:郑益慧		
印　　制:虎彩印艺股份有限公司	经　　销:	全国新华书店
开　　本:710 mm×1000 mm　1/16	总 印 张:	79.75
总 字 数:1417 千字		
版　　次:2017 年 1 月第 1 版	印　　次:	2017 年 1 月第 1 次印刷
书　　号:ISBN 978 - 7 - 313 - 16052 - 2/K		
定　　价(全 2 卷):350.00 元		

1965 年　五十六岁

4 月 5 日,华北区话剧歌剧观摩演出会闭幕。

4 月 7 日,中共中央发出《关于调整文化部领导问题的批复》,免去齐燕铭、夏衍文化部领导职务。

11 月 10 日,姚文元在《文汇报》发表《评新编历史剧〈海瑞罢官〉》。对剧本《海瑞罢官》的批判,开启"文化大革命"的"序幕"。

1 月 1 日　据巴金记述:"十点半家宝来,他同九姑和我去四川饭店,李乔和陈登科刚到,今天由(刘)白羽出面请客……家宝送我到汝龙家。"(《巴金日记》第 257 页)

1 月 4 日　据巴金记述:"沙汀请我们吃晚饭,并打电话约了家宝,饭后家宝把我们送到前门饭店。"(《巴金日记》第 259 页)据田汉记述:"晚继续开会。郑君里谈了很多,谈到我写鬼戏以《湖上的悲剧》为例。但那不是写鬼,而写的人。又谈到杜丽娘,的确我改编意图也是预备写人而不写鬼。又在大庾时住在牡丹亭旧址,断井即在窗下,不碍我们去参观钨矿,后来没有看得太多,系矿方有保留。""曹禺同志也说了话。"(《一九六五年日记》,《田汉全集》第 20 卷第 303 页)

1 月 5 日　以中国戏剧家协会副主席身份与对外文协副会长丁西林设宴招待日本戏剧家代表团。林林、丁波等有关方面负责人和首都文艺界人士出席作陪。(《我对外文协副会长和戏剧家协会副主席欢宴日本戏剧家代表团》,《人民日报》,1965 年 1 月 6 日)据北京人艺记载,中午,曹禺、欧阳山尊、刁光覃、朱琳、石联星到"全聚德"参加北京市文委欢迎日本戏剧家代表团宴会。(《北京人民艺术剧院大事记》)

1 月 7 日　在养蜂夹道游泳池,遇竺可桢,向他问及今天《人民日报》所发表关于去年 10 月在陕西蓝田发现一个猿人头盖骨事。(《竺可桢日记 4(1957—1965)》第 882 页)

1 月 11 日　据田汉记述:"一九三六年在南京,曹禺同志似没有到过我住的地方。那时我们还不大熟悉。那时熙春也不是'秦淮歌女',而是开始与高百岁合作的京剧演员。"(《一九六五年日记》,《田汉全集》第 20 卷第 307 页)

1 月 19 日　晚,与欧阳山尊陪同周恩来、周扬观看北京人艺演出的话剧《山村姐妹》。(《北京人民艺术剧院大事记》) 据《周恩来年谱》:"在观看《山村姐妹》一剧后,要求演员有计划地深入农村,深入工矿,深入工农兵的生活。"(《周恩来年谱(1949—1976)中卷》第 703 页)

1 月 22 日 晚,在北京人艺(首都)剧场三楼排练厅,审看剧院新排《凌雪梅》等小戏。(《北京人民艺术剧院大事记》)

1 月 25 日 晚,与欧阳山尊陪同周恩来、邓颖超等观看北京人艺演出《红色宣传员》。(同前)

2 月 2 日 旧历新年。据田汉记述:"午睡后到铁三。亲家母家亲友甚多,我也喝了碗甜酒酿,到了曹禺、正宇诸友家。"(《一九六五年日记》,《田汉全集》第 20 卷)

2 月 25 日 上午,华北区话剧歌剧观摩演出会在北京展览馆剧场开幕。曹禺与刘芝明、老舍、刘白羽、蔡若虹、周巍峙、孙慎等北京市文艺团体负责人出席。(《华北地区话剧歌剧观摩演出会开幕》,《人民日报》,1965 年 2 月 26 日) 会演期间,曹禺观看了山西省话剧院演出的《青年支书》,并上台与演员合影。(《半个世纪的五彩路(1942—1995)》画册第 22、86 页)

3 月 17 日 应日本中国文化交流协会邀请前往日本访问的中国作家代表团一行七人,在团长老舍、副团长刘白羽率领下,乘飞机离开北京。曹禺与茅盾、丁西林、曹靖华、张季纯、严文井、林林等到机场送行。(《我作家代表团赴日访问》,《人民日报》,1965 年 3 月 21 日)

3 月 20 日 据文述:(河北省承德话剧团)携《青松岭》参加了"华北区话剧、歌剧观摩演出大会"。周扬、曹禺等领导同志观看了《青松岭》的预演①并连夜召开座谈会,给与肯定和赞扬,决定为参加首轮开幕式的演出。(《承德话剧团大事记》,《河北省直文化艺术单位简志稿》,第 105 页)

是日 在《戏剧报》第 3 期发表《文化革命的新风气》一文。后收入《论戏剧》。文说:"部队、少数民族、华北区业余演出队的演出和全国各地的业余演出都告诉我们,广大工农兵群众有一个强烈的要求,要掌握革命的文艺武器,推动社会主义前进。这是伟大的文化革命的新风气。我们要向业余戏剧工作者学习,更要和他们一道把这种新风气在有利于当前生产的条件下,推广发扬,使我们文化艺术更普及,更能发挥作用,更有益于革命。"

3 月 27 日 晚,在北京天桥剧场,与欧阳山尊、赵起扬陪同周扬、林默涵等审

---

① 据 1965 年 3 月 2 日《人民日报》报道,《青松岭》一剧系第一轮演出剧目,第一轮演出于 3 月 1 日结束。这场演出可能是为领导而设的专场演出,且时间可能是 2 月 20 日。

看北京人艺演出的《矿山兄弟》。(《北京人民艺术剧院大事记》)

4 月 1 日　　下午,在北京西苑大旅社,与欧阳山尊、赵起扬参加华北会演大会组织的小型座谈会。(《北京人民艺术剧院大事记》)

4 月 18 日　　下午,以龙泽修为团长的日本话剧团乘火车到达北京,曹禺与廖承志、楚图南、赵朴初、李伯钊、周巍峙等各方面人士到车站欢迎,并与前往车站欢迎他们的三千多位首都文艺工作者一起,举行反对美帝国主义侵略越南和反对“日韩会谈”的示威游行。(《日本话剧团到京,中日两国艺术家举行反美示威游行》,《人民日报》,1965 年 4 月 19 日;《中日两国艺术家在京举行反美示威游行》,《戏剧报》1965 年第 4 期)

4 月 20 日　　晚,中日友好协会会长廖承志在中日友协举行宴会,欢迎日本话剧团。曹禺与楚图南、李伯钊、赵安博、周巍峙、赵寻、朱琳等首都文艺界和有关方面人士出席。(《中日友协设宴欢迎日本话剧团》,《人民日报》,1965 年 4 月 21 日)

4 月 22 日　　在《人民日报》发表散文《欢迎日本话剧界战友》。后收入《曹禺全集》第 6 卷。

4 月 23 日　　下午,与赵起扬、夏淳审看《草木皆兵》等小戏(是为配合反美援越所作)。(《北京人民艺术剧院大事记》)

是日　　晚,以村山知义为首的日本话剧团顾问团乘飞机到达北京。曹禺与林林、丁波等到机场欢迎。(《日本话剧团顾问团到京》,《人民日报》,1965 年 4 月 26 日)

4 月 29 日　　中国作家协会和中央人民广播电台联合举办支持越南人民反美斗争诗歌朗诵会,曹禺与李伯钊、谢冰心等出席。(《歌颂英雄的越南人民痛斥万恶的美国强盗》,《人民日报》,1965 年 4 月 30 日)

是日　　晚,到机场迎接访日归来的老舍。(《一九六五年日记》,《老舍全集》第 19 卷第 244 页)

4 月 30 日　　在《北京日报》发表《伟大时代的颂歌——学习华北区歌剧、话剧观摩演出》一文。文从“一个伟大的主人”、“两个不寻常的数字”和“三个全力以赴的过硬”三个方面谈了这次华北区话剧歌剧观摩演出剧目。最后,曹禺说:“伟大的毛泽东思想教育我们、鼓舞我们不断革命,革命到底。……我们要百花齐放,在戏剧艺术上,创社会主义之新,我们要力争上游,以忘我的劳动使社会主义的伟大主人在戏剧舞台上大放光彩,鼓舞亿万人民向共产主义社会前进。”

5 月 5 日　　晚,日本话剧团在首都剧场举行访华首次演出,曹禺与徐平羽、老舍、李伯钊、赵安博等有关方面负责人和首都文艺界人士观看演出。(《日本话剧团在京首次演出》,《人民日报》,1965 年 5 月 6 日)

5 月 6 日　　晚,陪同周恩来观看日本话剧团演出的日本历史剧《郡上农民起

义》。(《周总理观看日本话剧团演出》,《人民日报》,1965 年 5 月 7 日)

5 月 7 日　中国戏剧家协会在国际俱乐部为日本话剧团举行酒会,曹禺与老舍、李伯钊、刘白羽等出席作陪。(《中日两国戏剧工作者畅叙友谊、交流经验》,《光明日报》,1965 年 5 月 8 日)

5 月 9 日　晚,周恩来观看日本话剧团演出的现代剧《日本的幽灵》。曹禺与周扬、章汉夫、徐平羽、李伯钊、陈忠经、赵安博、周巍峙等观看。(《周总理观看日本现代剧》,《人民日报》,1965 年 5 月 10 日)

5 月 10 日　上午,参加北京市文联召开的创作经验交流会。(《北京人民艺术剧院大事记》)

是日　下午,周扬会见日本话剧团的全体艺术家,并同他们就我国文化艺术工作举行座谈。曹禺与林林、丁波、赵寻等参加。(《日本话剧团在京演出最后一场,周扬副部长会见日话剧团艺术家并进行了座谈》,《人民日报》,1965 年 5 月 13 日)

5 月 11 日　晚,朱德观看日本话剧团演出的近代剧《大年夜》并接见代表团成员。曹禺与楚图南、许广平、周巍峙等观看并陪同接见。(《朱委员长看日话剧团演出》,《人民日报》,1965 年 5 月 12 日)

5 月 12 日　晚,日本话剧团在北京演出《大年夜》和《竹子姑娘》。曹禺与郭沫若、张奚若、楚图南、李伯钊、老舍、谢冰心、王晓云等观看演出。(《日本话剧团在京演出最后一场》,《人民日报》,1965 年 5 月 13 日)

是日　在《人民文学》5 月号发表《越南人民必胜》一文。后收入《曹禺全集》第 6 卷。

5 月 17 日　晚,周恩来接见日本话剧团主要成员、日本电影代表团以及日中文化交流协会事务局长白土吾夫,曹禺与楚图南、石西民、蔡楚生、刘白羽、老舍、赵安博等在座陪同。(《周恩来总理接见日本客人》,《人民日报》,1965 年 5 月 18 日)

是日　晚,中国人民对外文化协会、中国电影工作者协会、中国戏剧家协会和中日友好协会举行招待会,欢送日本话剧团和日本电影代表团。"中国人民对外文化协会会长楚图南、日本话剧团团长龙泽修、日本电影代表团团长岩崎昶、中国戏剧家协会副主席曹禺和中国电影工作者协会主席蔡楚生,先后在招待会上讲话或祝酒。他们祝愿中日两国的文化交流与日俱增,人民友谊不断发展,祝愿两国人民在反对共同敌人美帝国主义的斗争中不断取得新的胜利。"(《欢送日本话剧团和电影工作者代表团》,《人民日报》,1965 年 5 月 18 日)

5 月 29 日　下午,中国蒙古友好协会举行酒会,庆祝中蒙友好互助条约签订五周年。曹禺作为中蒙友协副会长与郭沫若、韩念龙、楚图南、杨琳等出席,并讲

话。(《中蒙友好协会举行酒会》,《人民日报》,1965 年 5 月 30 日)

5 月 31 日　下午,蒙古驻中国大使馆临时代办达赉举行酒会,庆祝蒙古人民共和国和中华人民共和国友好互助条约签订五周年。曹禺与韩念龙、楚图南、李强、杨琳、石志仁、吴有训、吴晗等应邀出席酒会。(《蒙古驻华临时代办举行酒会》,《人民日报》,1965 年 6 月 1 日)

6 月 8 日　晚,委内瑞拉中央大学剧团在首都剧场举行访华首次演出,曹禺与楚图南、李琦涛、李伯钊等观看演出。(《委内瑞拉中央大学剧团举行访华首次演出》,《人民日报》,1965 年 6 月 8 日)

6 月 30 日　据巴金记述:"十二点回新侨。休息一刻钟。家宝来约我上六楼吃西餐。……(晚)家宝来约我出去到北海纳凉,到那里较晚,找不到茶座,从后门走到前门。十一点前回新侨饭店。同家宝到六楼坐了一阵,喝了一大瓶矿泉水,十一点半送走家宝。"(《巴金日记》第 323 页)

7 月 1 日　据巴金记述:"(晚),家宝、姜彬、哈华在六楼阳台等我,上去同他们闲谈到十点四十分。"(同前)

是日　《人民日报》刊《中国人民保卫世界和平委员会领导成员名单》,曹禺为委员会委员、常务委员会委员。

7 月 3 日　据巴金记述:"同(刘)白羽、(张)光年闲谈到六点,然后同去家宝家。家宝夫妇请我们三人在家里吃晚饭。饭后闲谈。"(《巴金日记》第 324 页)

7 月 4 日　据巴金记述:"(下午)五点家宝夫妇来,说是接到萧珊的电话,要替我买鞋。我说已经在今天早晨买了一双布鞋,不过仍嫌大一些。他们拉我到百货大楼,准备去换一双小号的布鞋。但是那里再没有更小的了。译生买了鞋垫,说是拿回去垫在鞋里,再缝上带子就行了。六点前他们陪我回新侨饭店,又坐了一会。……家宝请司机史群吉送来五十元,这是我向他借的。"(同前)

7 月 5 日　据巴金记述:"(晚)九点二十分同杜宣到新侨饭店。九点三刻后家宝来。我们三人到六楼阳台喝啤酒,谈到十一点一刻,送他们下楼上车。"(《巴金日记》第 325 页)

7 月 7 日　据巴金记述:"(上午)十点半后去老舍家。他留我吃中饭,并把家宝也找了来。十二点老舍夫妇同我和家宝到'东来顺'吃中饭。一点半坐家宝车回新侨饭店。……七点前杜宣坐作协车来接我去首都剧场,看北京人艺演出的话剧《刚果风雷》,家宝后来也赶来了。戏还不错。"(《巴金日记》第 326 页)

是日　晚,陪同巴金等观看北京人艺演出的话剧《刚果风雷》。(《北京人民艺术剧院大事记》)

7月8日 据巴金记述:"(晚)六点半后家宝夫妇接我去国际俱乐部。八点半后回新侨饭店。"(《巴金日记》第 326 页)

7月9日 晨,巴金由北京启程赴越南访问,曹禺与刘白羽、严文井、李季、韩北屏、孙琪璋、张映吾到机场送行。(同前)

是日 下午,中国蒙古友好协会举行酒会,庆祝蒙古人民革命 44 周年。曹禺作为中蒙友协副会长与张悟真、程浩飞、董学林、金光祖等有关方面负责人出席,并祝酒。(《中蒙友好协会举行酒会》,《人民日报》,1965 年 7 月 10 日)

7月13日 是日起,与朱琳、蓝荫海到北京阜成门外新华门市部深入生活,准备创作反映店员生活的剧本。之后,曹禺在基层店和售货员实行"三同",一起站柜台、一起推车下街道售货。(《北京人民艺术剧院大事记》)据朱琳回忆:

> 1965 年的夏季,市委书记万里同志请曹禺写一个商业战线反贪的剧本,并指定我协助他(因剧中主人公是女同志),剧院还派了蓝荫海同志共同创作。我们到商店里体验生活,曹禺先生分配去卖邮票,他干了两天,认为这个活太轻太简单,一天下来没几个人买。于是他争取到街上卖西瓜。正值盛夏大太阳,曹禺先生一站就是半天,大家觉得不合适,但他执意要去。没过两天,他竟学会了把西瓜切开来卖。他十分高兴地对我们说:'卖西瓜这事不简单,对我这样手不提篮,肩不挑担的人是个锻炼啊!'商店后面只有两间小房,其中一间供值班人员睡觉。曹禺先生坚决要求睡在店里,主要是为了和值班的老职工聊聊天。这位老职工是店里的老人,了解情况最多,曹禺在店里呆了二十多天,几乎访问了所有的员工。最后他的工作受到了全体职工的表扬。(《忆曹禺吾师》)

7月29日 中午,徐冰①和夫人张晓梅宴请李宗仁和夫人郭德洁女士,以及程思远先生。曹禺与周荣鑫、刘清扬、曾宪植、竺可桢、舒舍予、冯友兰、何基沣、何思源、申伯纯、高登榜、刘仲华、顾颉刚、袁世海、高玉倩、钱浩梁、刘长瑜等出席。(《中共中央统战部长徐冰和夫人宴请并接见李宗仁先生和夫人》,《人民日报》,1965 年 7 月 30 日)

8月2日 与朱琳、蓝荫海回到北京人艺,研究剧本提纲。(《北京人民艺术剧院大事记》)

8月4日 下午,参加北京人艺党委会,对赵起扬调北京市文化局"很震动",但也认为是好事。对创作,认为剧本创作是剧院的生命线。(同前)

---

① 时任中共中央统一战线工作部部长。

8 月 6 日　下午,中国人民政治协商会议全国委员会举行茶会,欢迎从海外归来的李宗仁和他的夫人郭德洁女士,以及陪同李宗仁回来的程思远。曹禺与平杰三、刘述周、周荣鑫、王新亭、冯铉、武新宇、薛子正、金城、罗青长、连贯、李金德、姚仲康、高登榜等中共中央机关和其他有关方面负责人出席。(《政协举行茶会欢迎李宗仁先生》,《人民日报》,1965 年 8 月 7 日)

8 月 23 日　前来参加中日青年友好大联欢的日本各界青年代表 271 人到达北京。曹禺与马思聪、王芸生等“各有关团体负责人”到车站欢迎。(《日本青年代表二百多人到达北京》,《人民日报》,1965 年 8 月 24 日)

8 月 24 日　下午,出席北京人艺党委会,听取文化局学习“毛著”经验交流会的精神。(《北京人民艺术剧院大事记》)

8 月 25 日　下午,首都各界青年在人民大会堂隆重集会,欢迎前来参加中日青年友好大联欢的日本各界青年代表团。曹禺与杨海波、路金栋、王芸生、马思聪、赵复三、陈文润等“各人民团体和北京市的负责人”参加。(《首都青年盛会欢迎日本青年朋友》,《人民日报》,1965 年 8 月 26 日)

8 月 26 日　李书城因病在北京逝世,享年 83 岁。随即组成李书城治丧委员会,曹禺为委员。(《李书城先生逝世》,《人民日报》,1965 年 8 月 28 日)

8 月 27 日　下午,参加北京人艺党委扩大会,传达学“毛著”精神,结合个人对照检查。28、30、31 日下午连开,曹禺作个人检查。(《北京人民艺术剧院大事记》)

8 月 30 日　上午,参加中日青年友好大联欢的日本反对“安全条约”新剧人会议代表团、全国勤劳者演剧协议会代表团在中国戏剧家协会礼堂,同中国戏剧界知名人士欢聚在一起,交流戏剧工作的经验。曹禺与老舍、陈白尘、欧阳山尊、朱琳、田华、杨秋玲等出席。(《参加中日青年联欢的日本各青年代表团同我各界人士友好会见交流经验》,《人民日报》,1965 年 8 月 31 日)

9 月 3 日　越南英雄人物陶文聂、范文酩、武茹桂和首都文艺界人士见面,曹禺与楚图南、老舍、蔡楚生、马思聪、刘芝明、吕骥、袁水拍、刘开渠、古元、华君武等参加。(《首都文艺界人士和越南英雄会见》,《人民日报》,1965 年 9 月 5 日)

9 月 12 日　晚,参加北京人艺党委集中学习《党委会的工作方法》《关心群众生活,注意工作方法》《关于领导方法的若干问题》。(《北京人民艺术剧院大事记》)

10 月 12 日　在《人民日报》发表《文艺战线上的尖刀——看兰州部队某部业余九人话剧组演出的小话剧有感》一文。文说:“小话剧和戏曲小戏一样,是使革命文艺能够普及的一个重要形式。我们要多写、多演革命的小话剧与小戏。兰州部队某部业余九人演出组的小话剧,给我们提供了一个很好的榜样。”

10 月 14 日　在北京颐和园(剧协休养所),与朱琳、蓝荫海研究剧本提纲。(《北京人民艺术剧院大事记》)

10 月 20 日　与朱琳、蓝荫海回北京人艺,继续创作。(同前)

10 月 24 日　上午,政协全国委员会常务委员会举行第三次会议,决定隆重纪念孙中山先生诞辰一百周年。会上通过纪念筹备委员会名单,曹禺为委员会委员之一。(《政协全国委员会常务委员会举行第三次会议决定隆重纪念孙中山先生诞辰一百周年》《孙中山诞辰百周年纪念筹备委员会委员名单》,《人民日报》,1965 年 10 月 25 日)

10 月 26 日　戏剧家熊佛西逝世。曹禺等代表北京人艺发唁电致哀。(《北京人民艺术剧院大事记》)

10 月 31 日　下午,孙中山先生诞辰一百周年纪念筹备委员会举行第一次会议。曹禺与马寅初、王芸生、钱昌照、徐特立、梁思成、舒舍予(老舍)、程思远、楚图南、廖梦醒、廖耀湘等筹委会委员出席。(《孙中山先生诞辰一百周年纪念筹备委员会举行首次会议》,《人民日报》,1965 年 11 月 1 日)

11 月 1 日　据巴金记述:"(晚)七点前作协来车,接我们夫妇去广东酒家,(刘)白羽请(日本)吉佐和子吃饭,由家宝、(韩)北屏和我们作陪。……我和萧珊又到家宝家坐了半个多小时,取回小林来信。回华侨大厦……"(《巴金日记》第360 页)

11 月 2 日　据巴金记述:"十二点家宝夫妇来约我们夫妇去国际俱乐部吃中饭。两点坐家宝车到外文书店买书。三点前回旅馆休息。"(同前)

11 月 3 日　据巴金记述:"八点半于秀珍坐车来接我和萧珊,家宝夫妇去东郊焦庄户大队(顺义县龙湾屯公社),参观地道战遗迹,并看民兵打靶练习。……一点在大队会议室(有印尼的客人)旁边的屋子里吃带来的面包、点心当中饭。……六点一刻同萧珊吃晚饭。……九点家宝来谈了一个钟头。十点送走家宝继续写报告。"(同前)

11 月 4 日　据巴金记述:"今天作协用我的名义请邓泰梅吃晚饭。李季、魏巍、林元、萧珊已到了那里。接着家宝、冯至也来了。……九点散席后,同萧珊去家宝家,和方瑞、家宝闲谈到十点半。老史开车送我们回华侨大厦。"(《巴金日记》第361 页)

11 月 5 日　早,巴金夫妇返上海,曹禺和方瑞到车站送行。(同前)

11 月 8 日　据巴金记述:"寄家宝《我的前半生》一册。"(《巴金日记》第362 页)

11 月 13 日　在《戏剧报》第 11 期发表《一心一意为革命——读王杰同志日记》一文(署名中国戏剧家协会副主席曹禺)。后收入《曹禺全集》第 6 卷。

11 月 22 日　晚,楚图南①和夫人彭淑端举行宴会,欢迎前来访问的日中文化交流协会理事长中岛健藏和夫人、事务局长白土吾夫和夫人。曹禺与老舍、罗俊、刘白羽、吕骥、赵安博、王晓云、林林、杨朔、华君武、王冶秋、司徒慧敏、丁波等"各方面人士"出席。(《我对外文协会长宴请中岛健藏等》,《人民日报》,1965 年 11 月 24 日)

11 月 25 日　共青团中央和中国作家协会共同召开的全国青年业余文学创作积极分子大会在北京举行。29 日续会,曹禺与茅盾、老舍、刘白羽、张天翼、臧克家等文艺界人士出席这天的大会。(《做又会劳动又会创作的文艺战士,全国青年业余文学创作积极分子大会在京举行》,《人民日报》,1965 年 12 月 1 日)

12 月 8 日　晚,中国人民对外文化协会和日本中国文化交流协会签订的"关于中日两国人民间文化交流的共同声明",中国日本友好协会和日本中国友好协会签订的"关于一九六六年度中日两国人民间友好往来项目议定书",在北京签字。曹禺与廖承志、丁西林、张友渔、老舍、吕骥、刘开渠、刘白羽等参加签字仪式。(《中日四个民间文化和友好团体分别签订共同声明和议定书》,《人民日报》,1965 年 12 月 9 日)

---

①　时任中国人民对外文化协会会长。

1966年　五十七岁

5月4—26日,中共中央政治局扩大会议在北京召开。会议通过了《中共中央通知》(后为区别于其他中共中央通知,称《五一六通知》)这一纲领性文件。会议决定对彭真、罗瑞卿、陆定一、杨尚昆所谓"阴谋反党集团"问题进行专案审查。会议还对中共中央机构负责人作了重要调动。设立了新的中央文化革命小组。

5月29日,清华附中学生成立"红卫兵"组织,这是全国出现的第一个"红卫兵"组织。到7月下旬,北京市许多中学相继建立了"红卫兵"组织。

6月4日,《人民日报》公布中共中央关于改组北京市委的决定。决定免除彭真、刘仁等市委领导职务。

7月3日,《人民日报》题《彻底批判前北京市委一些主要负责人的修正主义路线》转发"《红旗》杂志一九六六年第九期社论"。

8月1—12日,中国共产党八届十一中全会在北京举行。5日,毛泽东写了《炮打司令部——我的一张大字报》,改变了会议的议程。会上对刘少奇和邓小平进行了揭发和批判。8日,全会通过《关于无产阶级文化大革命的决定》(简称《十六条》)。会上根据毛泽东的提议,改组了中央领导机构。

8月18日,毛泽东在天安门第一次接见来自全国的群众和红卫兵。林彪在接见时讲话,赞扬红卫兵"是文化大革命的急先锋"。

8月23日,北京人民艺术剧院改名为"北京人民文工团"。

8月24日,人民艺术家老舍被迫害逝世,终年68岁。

11月28日,首都文艺界无产阶级文化大革命大会在人民大会堂举行。

1月1日　据田汉记述:"午后同元元到铁三,门口晤曹禺同志。"(《一九六六年日记片段》,《田汉全集》第20卷)

1月4日　晨,赵起扬、宋垠带领北京实验京剧团赴缅甸访问演出。曹禺与夏淳、于民到机场送行。(《北京人民艺术剧院大事记》)

1月7日　下午,北京人艺召开党委扩大会。各支部书记参加。汇报各支部讨论万里同志报告的情况(重点是备战和党的建设)及党员的思想建设状

况。曹禺、夏淳、于民等均对各支部学习讨论情况给与肯定,并谈了自己的认识。(同前)

1 月 13、14、17、18、26 日 北京人艺连续举行党委扩大会。集中学习讨论领导干部思想革命化问题,结合个人的思想、工作进行检查并相互交换了意见。曹禺、夏淳、于民、田冲、苏民、于是之、杨全久、童超等均作了检查。(同前)

1 月 21 日 春节。上午,北京人艺在剧场三楼宴会厅举行全院春节团拜会。曹禺主持,向全院同志祝贺新春。(同前)

是日 据田汉日记:"午睡后出门,看亲家母,遇青艺许多同志,又去看曹禺,正宇,岳慎。""回家翰笙刚去。曹禺同志也来过。还有姜治光兄。"(《一九六六年日记片段》,《田汉全集》第 20 卷)

1 月 31 日 下午,北京人艺召开党委会。根据上级指示,决定成立批判焦菊隐的领导小组。成员有:曹禺、于民、夏淳、欧阳山尊、于是之、田冲、苏民、周瑞祥。由夏淳、于民负责。另由于是之负责,组织演员回忆焦在艺术创作中的"问题"。(《北京人民艺术剧院大事记》)

2 月 12 日 晚,万里、陈克寒、郑天翔、张大中、刘绍文、杜若等来首都剧场看《在街道上》,曹禺与夏淳、苏民接待。散场后,各位领导上台看望演员,并合影。(同前)

3 月 14 日 下午,参加北京人艺党委扩大会,讨论"批判焦菊隐文稿"。(同前)

4 月 4 日 北京市财贸系统"五好企业""六好职工"大会在北京北纬路旅馆举行,曹禺与朱琳、蓝荫海应邀参加。(同前)

4 月 8 日 下午,出席北京人艺党委会,听取传达邓小平在全国工交会议上的讲话。(同前)

4 月 13 日 下午,与欧阳山尊、赵起扬出席北京人艺党委扩大会,研究政治与业务的关系问题。(同前)

4 月 15 日 下午,北京人艺党委成员和欧阳山尊研究目前剧院十组剧本创作的进展情况。包括梅阡创作的《战斗的航行》,曹禺等创作的《谢炳琴》,方琯德的《医疗队》等等(均为暂定名)。决定分期分批集中力量促其完成。(同前)

4 月 20 日 由巴基斯坦著名作家易卜拉欣·汗率领的巴基斯坦作家代表团乘飞机到达北京。曹禺与杨朔、冯牧、胡可、韩北屏等到机场迎接。(《巴基斯坦作家代表团到京》,《人民日报》,1966 年 4 月 22 日)

4 月 21 日 下午,出席北京人艺党委会,讨论电影《兵临城下》《舞台姐妹》(已受批判)。(《北京人民艺术剧院大事记》)

是日 晚,刘白羽①设宴欢迎巴基斯坦作家代表团,曹禺作为作家协会书记处书记与杨朔、冯牧、胡可、雷加、黄钢、陈冰夷、韩北屏、王道乾等出席。(《巴基斯坦作家代表团到京》,《人民日报》,1966 年 4 月 22 日)

是月 与女儿游览北京天坛公园,并留影。(《曹禺》画册第 65 页)

5 月 19 日 晚,出席北京人艺党委会。会上,分析剧院形势。群众在座谈中提出了剧院的"文艺黑线"问题。团中央和《中国青年报》均派人来院召开青年座谈会。他们对"批判"三家村等"不感兴趣",要青年人"揭发剧院的黑线"。应如何对待,决定请示市委。并决定 21 日召开全院"声讨"大会。(《北京人民艺术剧院大事记》)

6 月 15 日 连日来,外单位来北京人艺贴大字报者猛增。夜 11 时半,中央戏剧学院、中央音乐学院学生百余人到北京人艺贴大字报并在后院举行"声讨北京人艺走资派"大会。于民、苏民、童超等与学生见面。(同前)

6 月 19 日 下午一时起,北京人艺"革命委员会"召开全院大会,"声讨"以赵起扬为首的"黑帮党委"的"反党反社会主义和破坏文化大革命的罪行"。蔡安安当场宣布:"废除北京人艺的一切党团组织","党团员三人在一起交谈即以现行反革命论处"。自此,北京人民艺术剧院进入了十年浩劫时期。(同前)

是日 前来中国参加亚非作家紧急会议的六个非洲国家和地区的作家代表到达北京,曹禺与巴金、金敬迈等到机场欢迎。(《前来参加亚非作家紧急会议,已有二十四个国家和地区的代表到京》,《人民日报》,1966 年 6 月 20 日)

6 月 20 日 据北京人艺记载:"新市委派工作组来院领导运动。上午,全院人员在首都剧场门口列队,敲锣打鼓夹道欢迎'毛主席派来的亲人'。""赵起扬、夏淳、于民、童超、欧阳山尊、周瑞祥、焦菊隐、梅阡,被列为'黑帮''资产阶级反动权威',不准参加欢迎行列(田冲、于是之尚未回院,曹禺因病,当天未被'揪出')。"(《北京人民艺术剧院大事记》)

6 月 22 日 来中国参加亚非作家紧急会议的日本、菲律宾、(葡属)几内亚和佛得角群岛、索马里、(法属)索马里和津巴布韦的作家代表到达北京。曹禺与巴金、刘白羽等中国作家以及参加亚非作家紧急会议的到京一些国家代表到机场欢迎。(《越南等八个国家和地区作家代表到京参加亚非作家紧急会谈》,《人民日报》,1966 年 6 月 23 日)

是日 参加亚非作家紧急会议的中国代表团成立。团长:郭沫若;副团长:许广平、巴金、刘白羽;曹禺与杨朔、杨沫、胡可、徐怀中、韩北屏等 29 人为团员。(《参

---

① 时任中国作家协会副主席。

加亚非作家紧急会议，中国代表团已经成立》，《人民日报》，1966 年 6 月 23 日）

6 月 25 日　夜间，14 个亚非国家和地区的作家代表到达北京，前来参加亚非作家紧急会议。曹禺与巴金、刘白羽、林雨等中国作家，以及先期到达北京的一些亚非作家代表到机场欢迎。（《参加亚非作家紧急会议，越南南方等十五个国家和地区作家代表到京》，《人民日报》，1966 年 6 月 26 日）

6 月 27 日—7 月 9 日　亚非作家紧急会议在北京举行。曹禺作为中国代表团成员出席会议。（《亚非作家紧急会议隆重开幕》，《人民日报》，1966 年 6 月 28 日；《亚非作家紧急会议宣告胜利闭幕》，《人民日报》，1966 年 7 月 10 日）

6 月 27 日　晚，陈毅在人民大会堂举行盛大宴会，欢迎亚非作家紧急会议全体代表，曹禺作为中国代表团成员出席。（《陈毅副总理举行盛大宴会，热烈欢迎亚非作家紧急会议全体代表和观察员》，《人民日报》，1966 年 6 月 28 日）

是月　下旬，北京人艺原剧院党政领导干部均列入"黑帮"队伍，关入史家胡同宿舍院内的两家小屋。均设专人看管，"批斗"时，随时传唤，不"批斗"时写"揭发交代"材料，或参加各种体力劳动。曹禺因身体不好未被关押。（《北京人民艺术剧院大事记》）

7 月 2 日　晚，参加亚非紧急会议作家代表刚果（利）的卡巴苏—巴博·埃曼努埃尔，黎巴嫩的易卜拉欣·萨勒梅，巴基斯坦的伊什法克·艾哈迈德·汗，塞拉勒窝内的爱德华·拉敏抵京。曹禺与林元、王杏元等到机场迎接。（《又有一批外国作家代表到京》，《人民日报》，1966 年 7 月 3 日）

7 月 8 日　下午，中国蒙古友好协会举行酒会，庆祝蒙古人民革命胜利四十五周年。曹禺作为中蒙友协副会长和丁西林、曹克强等出席。（《庆祝蒙古人民革命胜利四十五周年，中蒙友协举行酒会》，《人民日报》，1966 年 7 月 9 日）

7 月 11 日　下午，蒙古人民共和国驻中国大使敦·策伯格米德举行招待会，庆祝蒙古人民革命四十五周年。曹禺与王炳南、李强、杨琳、史怀璧等有关方面负责人应邀出席。（《蒙驻华大使举行招待会庆祝蒙古人民革命节》，《人民日报》，1966 年 7 月 12 日）

7 月 16 日　毛泽东在武汉畅游长江。到武汉访问的出席亚非作家紧急会议的各国朋友，乘船观看了武汉群众横渡长江比赛盛况时，见到毛泽东（横渡）场面。（《毛主席畅游长江》，《人民日报》，1966 年 7 月 25 日）陪同亚非作家紧急会议代表在武汉访问的曹禺，也见证毛泽东畅游长江景况。据曹禺文述："一九六六年，我陪同亚非作家在武汉，看到毛主席畅游万里长江。当时我无比激动，和外国朋友一起向着毛主席高呼万岁！心中祝福毛主席万寿无疆！毛主席他老人家红光满面，向我们频

频挥手致意。'不管风吹浪打,胜似闲庭信步',毛主席的伟大形象我一辈子也忘不了。"(《永远铭记毛主席的教导》)

7月19日 廖承志在武汉举行酒会,招待出席亚非作家紧急会议的外国朋友。"出席亚非作家紧急会议的中国代表团团长郭沫若,副团长许广平、巴金、刘白羽和其他团员出席作陪。"(《出席亚非作家紧急会议的外国朋友分别参观访问延安武汉沈阳》,《人民日报》,1966年7月20日)

7月24、25日 参加亚非作家紧急会议的九个国家和地区的十九名作家,到洛阳市参观访问。曹禺、杨朔等陪同参观。(《河南省志·外事志》第60页)

7月31日 下午,亚非作家常设局秘书长德希普里耶·森纳那亚克和夫人从广州乘飞机到达上海,曹禺与许广平、杨朔、郑森禹、李季、韩北屏等中国代表团成员,以及上海作家芦芒、茹志鹃到机场欢迎。(《出席亚非作家紧急会议的作家到上海》,《人民日报》,1966年8月1日)

8月1日 郭沫若在上海举行盛大酒会,欢送参加亚非作家紧急会议的各国作家。"中国代表团副团长许广平、巴金、刘白羽和部分团员"出席。(《郭沫若团长在热烈欢送亚非作家的盛大酒会上郑重宣布永远忠实于伟大的毛泽东思想永远忠实于亚非人民团结反帝斗争》,《人民日报》,1966年8月1日)

11月28日 中央文革召集文艺界大会,宣布要把"旧文化部"、"旧中宣部"、"旧北京市委"彻底砸烂。之后在"彻底砸烂文艺黑线"、"横扫一切牛鬼蛇神"的号召下,曹禺未能幸免。铁狮子胡同3号,大院门口被贴上"打倒反动学术权威曹禺"标语,家也被抄,与世隔绝。曹禺、焦菊隐、舒绣文、欧阳山尊、吕恩等等,被抄家,有的被抄三四次。(《北京人民艺术剧院大事记》)据王卫民[①]回忆:"'文革'初期抄他的家,他有存款几千元,金银首饰也有几千元,共有1万多元。有一个叫李某的演员,年青,把曹禺家放项链的一个匣子藏起来,为此,李某还挨过斗。"(《苦闷的灵魂——曹禺访谈录》第255页)

据曹禺回忆:

"四人帮"统治的那段岁月,真是叫人恐怖,觉得自己都错了。给我扣上"反动学术权威"的帽子倒是小事,自己后悔不该写戏,害了读者,害了观众。

在铁狮子胡同3号,我住着三间房子,有一间书房,抄了,封了。在我们大院门口张贴着"反动学术权威曹禺在此"的对联。我多少年不抽烟了,是斯大

---

① 田本相南开大学的学弟,毕业分配至北京人民艺术剧院工作,后调至中国社会科学院文学研究所,研究近代文学。

林逝世那年，我一下子就把烟戒掉了。这次又抽起烟来了。抽的是九分钱一盒的白牌烟，抽着抽着就放炮，是很次的烟。我抽得很凶很凶呀！那时，只给生活费啊！我觉我不配要钱。我也许是疯了，我老岳母剥下的白薯皮，我都吃。老岳母说："你这是干啥？"天天叫我检查，就知道骂自己，我不敢说自己是反革命，因为反革命是特务啊！

迎接不完的外调，我就怕外调。记得有一个小红卫兵来审问我，是为了我曾经写过一篇关于杨朔的《雪浪花》的评论。他问我，你为什么说只有共产党才是铁打的江山。我一下子还解释不出来，我说是很巩固的意思。他说，你的解释是反动的。就这么一个小孩子，整整折腾了一个下午，他说，下次还要来。那个年月，连小孩子也像着了魔似的。（《曹禺传》第 420 页）

12 月 12 日　北京航空学院"红旗"、地质学院"东方红"等群众组织在工人体育场召开 12 万人参加的斗争彭真、罗瑞卿、陆定一、杨尚昆誓师大会。会上彭真、刘仁、万里、郑天翔等人被批斗。27 日，首都红卫兵造反总部第三司令部在工人体育场召开有十万多人参加的批判刘少奇、邓小平大会。（《当代中国的北京》编辑部：《当代北京大事记（1949—1989）》第 244 页）

本时期　红卫兵将曹禺也抓到中央音乐学院礼堂，经周总理亲自过问，才放了他。据王卫民回忆：

"文革"初期，1966 年 10 月，抓"彭罗陆杨"，把曹禺捉走了。他一看彭真也在，他就害怕了；第二天，周总理知道了，给三司打电话，问他们抓曹禺干什么。第二天下午放回家来，北京人艺的造反派以后因为有周总理这样的话，就没有再敢触动他了。（《苦闷的灵魂——曹禺访谈录》第 255 页）

据李希凡撰述，曹禺同志曾这样叙述他第一次被红卫兵揪斗的经过：

那天早晨，也就六七点钟，我已睡醒，尚未起床，忽然有几个戴臂章的红卫兵闯了进来，向我喊道："快起床，跟我们走！"我觉得这一去谁知什么时候能回家，得穿得暖一点。我很镇静，就把棉裤、棉袄、棉鞋都穿上了，那时天还没有全亮，就被推上了一辆小汽车。车上是拉着窗帘的，七拐八拐，似乎路途并不远，就让我下车，进了一个小礼堂，我觉着他们绕来绕去，可能就是在棉花胡同的中央戏剧学院，把我推进礼堂后，叫我面壁，别说话，虽然礼堂没开灯，可一会儿天就亮了，礼堂里关了好几十人。我抬头一看，赫，这不是彭真吗？再一看，旁边瘦瘦的，还穿着西装的，就是夏衍，我很奇怪，他们都是"官员"，我怎么被抓到这里来了？这时，夏衍哆里哆嗦地给我支烟，我不抽烟，但这时还是接了过来，他又用火柴给我点烟，手抖了半天才点着。我说了一句："老夏，你穿得太少了……"夏衍苦笑了一下,我们都没再说话……到了八九点钟,来了两个红卫兵,叫我出去,我以为这是要提审了。谁知他们把我带进一间小屋,桌上摆着三个大馒头,一碗红烧肉,一碗鸡蛋汤,叫我吃饭,我不明白为什么,又的确饿了,心想吃了再说。你别说,那红烧肉还做得挺好吃。饭后,我就没再回礼堂,他们又把我带到一辆小汽车上,蒙上了我的眼睛,七拐八拐,把我送到了铁狮子胡同(即张自忠路)东口,在车上有红卫兵对我说:"我们没打你,也没骂你,还给你吃了红烧肉,对你不错吧,回去不许胡说……"我回来后,知道这是家里打电话给周总理办公室,听说是总理说了一句,你们抓他干什么,赶快放人……我想别人也是这样放的。唉,都是一群孩子!(《李希凡自述——往事回眸》第 386、387 页)

1967 年　五十八岁

1月1日,《人民日报》、《红旗》杂志发表题为《把无产阶级文化大革命进行到底》的社论。

1月7日,北京市召开"刘少奇、邓小平、陶铸反动路线大会"。

4月23日,北京市革委会在工人体育场召开"彻底埋葬旧北京市委反革命修正主义集团"批判斗争大会。会上,彭真、刘仁遭批斗。

4月26日,京剧表演艺术家萧长华因病逝世,终年89岁。

5月11日,中共中央发出通知,要求各单位"进一步深入地开展对党内最大的一小撮走资本主义道路当权派的大批判运动"。

7月,刘少奇遭批斗,进行抄家,限制、剥夺人身自由。

1月1日　《红旗》杂志第1期刊姚文元《评反革命两面派周扬》一文。文及:"一九五六年三月,周扬就迫不及待地在《建设社会主义文学的任务》的报告中,破天荒地一次封了五位所谓'当代语言艺术的大师'。他用双手奉上'大师'的皇冠,表现了自己是资产阶级'权威'忠实的代理人。"为此,曹禺成为"资产阶级反动'权威'",遂被造反派揪出斥为"黑线人物",关进"牛棚",接受审查。(《六十年文艺大事记(1919—1979)》)

1月9日　在中央戏剧学院遭"陪斗"。据晏学回忆:"那是1967年的1月9号,此前不久,江青在一次'讲话'中甩着哭腔煽动合同工和临时工造反,于是学院造反派在1月9号召开了工人斗行政干部的大会。这事本与曹禺老师无关,他从来也没管过学院的行政,但他被'揪'来了'陪斗'。在办公四楼小礼堂,造反派高坐在舞台上的主席台,曹禺老师和其他被斗的人在台下站成一排。曹禺老师显然事先不知道批斗的内容,开头他只是低着头听着,而当一个工人冲上去打一个跪着的干部时,他猛地抬起头,看着那打人和被打的。那眼神是惊痛,是惶惑,还是悲愤,我无法形容,但却让我永远记住了那一瞬间,记住了面对野蛮的那双眼睛。批斗会临散会时造反派发了'勒令',要曹禺老师每天到学校来听候'批判'。"(《怀念曹禺老师》,《倾听雷雨》第149页)

1月10日　在中央戏剧学院听候"批判"。据晏学回忆："'1·9斗争会'后第二天一'上班'，就看见曹禺老师站在东小院煤堆旁的雪地上。……那年冬天似乎特别冷，地上的积雪都没有化，曹禺老师孤零零、瑟缩地站在雪地里等候命令。"（同前）

3月8日　北京人艺召开全院会议。会上宣布：根据群众要求，将原党委班子中的曹禺、于民、田冲、于是之、童超、周瑞祥等，及其他被"隔离审查"的"放到群众中"参加运动。在此之前，上述人员以及"老大"（头号"黑帮"之意），均被放到首都剧场对面的汽车修配厂，"由工人阶级监督劳动改造"。（《北京人民艺术剧院大事记》）据曹禺回忆："在林彪、'四人帮'猖狂的时期，我和他①同住一间'牛棚'。十几个人同挤在一间不大的屋子里，潮湿，不见阳光，身下垫着稻草和自己家里送来的一些被褥。"（《情意深深忆菊隐》）

9月16日　在北京人艺（首都剧场）三楼排练厅"批斗"彭真。（《北京人民艺术剧院大事记》）据王卫民回忆：蔡安安是北京人艺造反派头头。1967年7月下旬，斗"彭罗陆杨"，蔡安安把曹禺弄出来，蔡安安非叫曹禺发言，结果弄得十分尴尬。（《苦闷的灵魂——曹禺访谈录》第255页）

9月26日　文革小报《文学战线》创刊，刊署名韧兵的《打倒"繁（蘩）漪党"！》一文，文章捕风捉影，以刘少奇同志观看《雷雨》后，及某次谈话中的一句话，对刘少奇同志展开批判，其写道：

十多年以前，中国"特号大人物"②，坐在他扶植和发展起来的"剧场艺术"的大剧院里，看了风靡三十年代的话剧《雷雨》，曾跟他的僚属说了一句惊人的语："繁漪将来可以做共产党员！"（中国赫鲁晓夫一九五六年对周扬等人谈关于《雷雨》的意见。——原文注②）

……然而曾经窃取了党政大权的"中国特号大人物"，竟介绍和宣布这样的人物可以"入党"了！我们不禁要问：你说这繁漪可以做党员的"党"到底是一个什么党？你想要这类人组成的"党"到底是要干什么？

据说这"特号大人物"多年以前，还是在战争岁月的革命圣地，就倾倒于《雷雨》。他宁可不让人读马克思主义书籍，也要叫人去背诵《雷雨》台词。这次看了《雷雨》演出，这个大人物不知如何称颂的好，大放了三声"礼炮"，说是："深刻，很深刻，非常深刻！"

---

① 指焦菊隐先生。
② 指刘少奇。

到底怎样个"深刻"法,我们不得而闻。……呜呼,共产党若果真被他们变成"繁漪党",那"整个中国就要改变颜色了!"……

11 月 14 日　北京人艺上午传达江青于 13 日作的关于"树队伍"的讲话,引起院内的重新分裂。当天,"毛泽东思想红卫兵"发表"战斗宣言",宣布重新成立。随即,"砸三旧兵团"、"革命大联合兵团"相继发宣言,宣布成立。从此,院内又分成两大派,开始了旷日持久的"派仗",完全处于无政府状态。遂即,院内掀起"清理阶级队伍"活动,曹禺等等被点名批评,"勒令"交代"罪行",有的被揪斗,有的被抄家。

(《北京人民艺术剧院大事记》)

据曹禺回忆:

有一段,我住在家里,不敢出房门。大院里也是两派在骂,夜晚也在斗走资派,一天到晚,心惊肉跳,随时准备着挨斗。我觉得我全错了,我痛苦极了。我的房间挂着毛主席像,贴着毛主席语录:"革命不是请客吃饭……"我跪在地上,求着方瑞:"你帮助我死了吧! 用电电死我吧!"真不想再活下去了,好几次都想死去。我想从四楼跳下去,我哀求着方瑞,让她帮着我死。方瑞说:"你先帮我死好不好?"我真是太脆弱了,还有老人,还有妻子,还有孩子,又怎么能把她们抛下。每每看到妻子的病弱的身体,看到孩子……还得痛苦地活下去。

晚间,是写不完的外调材料,我懂得这不能马虎,不能写错啊! 这是人命关天的事。但是,你写出来,如实地写出来,就骂你不老实,逼着你,打你! 记得上海来一些造反派,让我写外调材料。他们不满意,就让我读"最新指示",我念了二遍都念错了,又是打又是骂。"滚蛋! 走!""明天再写不出来,饶不了你!"(《曹禺传》第 421、422 页)

1968年　五十九岁

1月1日,《人民日报》《红旗》杂志、《解放军报》发元旦社论:《迎接无产阶级文化大革命的全面胜利》。

10月5日,《人民日报》发表毛泽东关于"广大干部下放劳动"的号召。随后,绝大部分干部被送到"五七"干校进行劳动。

12月18日,著名史学家翦伯赞因受迫害逝世,终年70岁。

10月下旬　北京人民艺术剧院成立"北京话剧团革命委员会",并改名为"北京话剧团"。(《北京人民艺术剧院大事记》)

11月23日　下午,北京话剧团召开"清理阶级队伍"动员大会。随即开始了"清队",全团有六十多人被以"走资派""反动权威""叛徒""特务""公安六条"等各种"罪名",集中关押在灯市东口该团舞美制作工厂的大楼里进行审查。连同未被关押的受审查人员共一百余人。(《北京人民艺术剧院大事记》)据王卫民回忆:"1968年搞大批判、清队,他没挨过斗。但是他很害怕,这个人胆子很小。工宣队把他集中了一段时间,就病了,高血压,住了协和医院,爱人还陪住,守着氧气瓶过日子。我记得没有让他站过,知道周总理保他。协和医院的人也认识他,一住就住了半年。"(《苦闷的灵魂——曹禺访谈录》第255页)

是年　北京师范学院革命委员会编辑的《文艺革命》第5期,出版《"打倒反动作家曹禺"专号》,封面套红印刷,配漫画一幅,红卫兵手抓曹禺等的画面,并黑字显示"打倒反动作家曹禺"。其中共包括8篇文章:

(1) 署名"本刊评论员"的《打倒反动作家曹禺》,文中将曹禺的《雷雨》《日出》《全民总动员》《蜕变》《桥》说成是"大毒草",并说:"曹禺从30年代到60年代,一直利用戏剧进行媚蒋亲美、反党反人民反社会主义的罪恶活动,他是一个彻头彻尾的反共老手,是一个不折不扣的'三开'人物,一句话,曹禺就是无产阶级专政的死敌。"

(2) 署名"红卫江"的《响的什么雷? 下的什么雨? ——批判反动剧本〈雷雨〉》,说"毒草话剧《雷雨》""是部美化资产阶级、污蔑劳动人民、宣扬阶级调和、阶级投降和资产阶级'人性论'的大毒草。"

(3) 署名"多奇志"的《中国赫鲁晓夫与〈雷雨〉》,说"中国赫鲁晓夫"[1]1941 年"在华东时,不许他的'前任'老婆读《新民主主义论》,却要求她背诵《雷雨》的台词";1954 年"观看了《雷雨》,当场拍着巴掌兴奋地叫道:'深刻! 很深刻! 非常深刻!'"1956 年"向旧中宣部的二阎王谈对《雷雨》的意见时,发了一道黑令'蘩漪将来可以作共产党员!'"

(4) 署名"井岗松"的《人妖颠倒,是非混淆——剖析大毒草〈日出〉的反动本质》,说《日出》"根本不是暴露旧社会黑暗的作品,而是地地道道的粉饰旧社会黑暗的大毒草",曹禺"实际上""是一个鬼话连篇的资本主义制度的辩护士"。

(5) 署名"千钧棒"的《砸烂曹禺为蒋贼树立的"纪功碑"——〈蜕变〉》,指《蜕变》是"反动话剧""大黑戏",是曹禺"投靠蒋贼进身之阶"。

(6) 署名"红艺兵"的《〈明朗的天〉是对抗社会主义改造的大毒草》,指时任北京市委书记彭真"要曹禺写戏来'配合'思想改造运动",创作《明朗的天》是"由资产阶级司令部直接策划的反革命大阴谋"。而大毒草《明朗的天》是"美化资产阶级知识分子,对抗社会主义改造运动","鼓吹阶级投降主义,组织反革命的基干队伍"。

(7) 署名"齐学东整理"的《工农兵奋起千钧棒,〈胆剑篇〉毒草现原形——全国一百多位工农兵来信综述》,指《胆剑篇》是"向党叫嚣"的大毒草,它的"要害是鼓动反革命复辟",是"为彭德怀鸣冤叫屈","宣扬阶级调和,美化封建帝王",曹禺更是"一个以伪装出现的反革命分子"。

(8) 署名"人艺齐学江,本刊资料组"的《曹禺反革命罪恶史》。这个所谓的"罪恶史",全文分解放前、解放后二个部分,摘录如下:

第一部分　解 放 前

曹禺(原名万家宝,别号小石),湖北潜江县人,生于一九一〇年,出身于大官僚家庭。其父万德尊是大军阀曹锟手下的"陆军中将",曾任宣化镇守使,后又担任黎元洪的秘书,是个双手沾满人民鲜血的刽子手,是个罪大恶极的吸血鬼。

一九三三年

当中国共产党领导下的工农革命运动蓬勃发展,蒋介石对中央苏区进行疯狂的军事"围剿"的时候,曹禺抛出了他第一个反动剧本《雷雨》。

---

[1]　此指刘少奇。

一九三五年

日本鬼子开始入侵华北,中华民族到了生死存亡的关头,……北京学生在毛主席领导下掀起了抗日爱国的"一二·九"运动。就在这个时候曹禺又抛出了第二部毒草剧本《日出》。

一九三六年

在天津河北女子师范学院教西洋文学,翻译了莫里哀的剧本《守财奴》。这时南京国立戏专校长余上沅(陈立夫、陈果夫的爪牙,CC特务)看上了这个狗奴才,来信约曹禺去该校任教,并答应以下条件:① 任教务主任;② 月薪220元(当时一般教员只100元);③ 将来由戏专保送赴美留学。一心向上爬的曹禺见有利可图,便积极投靠了余上沅,到南京国立戏专任教。这是曹禺投靠蒋介石的第一步。

年底,与三反分子马彦祥,大右派戴涯发起组织中国戏剧协会,纠集一批三十年代演员大演资产阶级黑戏。

一九三七年

抗战爆发,曹禺随戏专到长沙。中国戏剧协会改为职业剧团,大演阳翰笙的叛徒戏《李秀成之死》,文化特务张道藩的《自救》和曹禺自己改编的无聊闹剧《镀金》。

同年写出美化地主阶级丑化农民的反动剧本《原野》。

一九三八年

随戏专由长沙到重庆。和张道藩、余上沅、宋之的勾结合写国防戏《全民总动员》(后改名《黑字二十八》),为蒋介石的消极抗战涂脂抹粉。并与张道藩、余上沅一起登台表演。

一九三九年

三月,蒋介石发表臭名昭著的演讲"精神总动员",曹禺为了进一步投靠蒋介石,用四十天的时间赶忙炮制了反动剧本《蜕变》。……《蜕变》一出笼就引起国民党反动派的极端重视,在排演时,一向不到剧场来的伪教育部长王世杰也亲到排演场审查。国民党文化特务潘公展拿着剧本坐在台下一字一句地对照,和曹禺、张道潘、张骏祥研究修改。审查后,余上沅把曹禺找到伪教育部部长顾一樵家,叫曹禺在剧中加上蒋该死(蒋介石)"精神总动员"中的原话,曹立即加了上去。

曹禺结识了国民党资源委员会委员长钱昌照(蒋介石的亲信、曾和宋子文多次出国会见杜鲁门、艾德礼、戴高乐,借款求援)二人吃喝不分,形影不离,成了莫逆之交。并应邀到资源委员会演讲,为蒋介石效劳。

一九四一年

写出反动剧本《北京人》,为没落的封建地主阶级大唱挽歌。

一九四二年

五月,参加新中国剧社并任监事。

钱昌照对曹禺说:"你不要光写家庭男女问题的戏,写写工业戏吧。"曹禺马上答应,于是随资源委员会西北调查组到甘肃玉门、酒泉、敦煌,陕西西安等地方参观了一个多月,同行的除钱昌照外还有国民党中央研究院社会研究所所长陶孟和。在西安受到大军阀胡宗南的盛情招待,并请曹禺等看军事演习,在曹离开西安时胡匪特在郊外树林等候送行,并合影留念。

一九四三年

4月21日反动剧本《蜕变》在伪三青团中央团部公演,招待国民党党政要员,蒋该死也亲往观看……演出之后,蒋贼颇为赞赏,并对若干处剧情有所"指示"。于是曹禺按照其主子的旨意,苦心经营,修改了四个月,果然"更为精彩",被国民党审查机关列为"审定标准本",奖励各剧团上演,并先后得到伪中宣部、政治部、教育部的奖状、奖金一万五千元。蒋介石的狗崽子蒋经国也对《蜕变》"十分崇爱",并声称他要亲自扮演剧中的梁专员。

一九四四年

为了满足钱昌照的政治需要,曹禺开始写"工业剧本"《桥》。

有曹禺参加的中国剧作者联谊会还于1月24日通过了一封给美国剧作者的信,……

一九四五年

年底,美帝为了培养一批文化走狗,一眼看中了曹禺,由美国国务院向曹禺和老舍发出正式邀请,让他们到美国去"讲学",曹禺、老舍受宠若惊,欣然应允,马上和美国新闻处长、文化特务费正清勾搭上了,积极投到了美帝的怀抱。

一九四六年

年初……他在给美国国务院的"申请书"中献媚地写道:"感谢美国国务院这次的邀请,使我得到这样一个宝贵的机会,来从容而仔细地认识美国人民如何利用戏剧、电影、广播以及更近代的科学设施,使人们能快乐地生活在稳定、自由、幸福的民主空气里。"完全是一副洋奴的丑恶嘴脸!

三月初,上海文艺界欢送曹禺、老舍,参加会议的有吴祖光及美国文化特务费正清等人。……三月五日曹禺、老舍这两个民族的败类,乘坐美国兵船史葛将军号,和一千六百多名屠杀中国人民的刽子手——美国兵一起滚往世界反革命的大本营——美国。

曹禺"赴美讲学"实质上就是去接受特务训练。

四六年七月蒋介石撕毁停战协定向解放区猖狂进攻的时候,曹禺在从美国寄给张骏祥的一封信中说:"我们的希望寄托在和平,在国内分子合作,如今在单个的你死我活的时候,你想谁还听得下我们这一套?……真正的事业是自己的工作。"……曹禺在给张骏祥的另一封信中说:"我到处讲演,好莱坞有个××××,为各名演员组成,我与他们相处很好,我在那里讲演过,我提到中国演员的困苦,他们要捐款并且寄化妆品,×××给我和老舍开一茶会,我也大讲,他们当时捐了四十五万元,以后我们再写些文章号召一下。"……除此之外,他和反动分子勾勾搭搭,如出席国民党大使馆举行的国庆招待会,到各大学讲演,并和专写反华作品的作家赛珍珠,中华民族的败类、大汉奸林语堂等打得火热。他还和老舍一起参加哈佛大学举办的原子能讨论会,在会上与老舍狼狈为奸大反斯大林。曹禺的确没有辜负其主子所望,成了美帝豢养的一条忠实走狗。

冬季,曹禺怀着不可告人的目的滚回中国。

一九四七年

这时刚刚从美国滚了回来的曹禺,一下子又投到当时"第三种势力"的代表钱昌照的膝下……"第三种势力"——"社会经济研究会",这个反动集团的成员中有国民党行政院长的秘书吴景超、国民党立法院长童冠贤等。他们还办了个反动刊物《新路》,极力鼓吹英美式的资产阶级专政的道路。

一九四八年

曹禺这个蒋介石的忠实走狗为了表示对其主子的"矢忠",争先恐后地赶制了反动影片《艳阳天》,并亲自导演。

年底,全国革命胜利大局已定,经反革命修正主义分子金山串通,曹禺到北京参加了政治协商会议,从此混入了革命队伍。

第二部分 解 放 后

就是曹禺这样一个作恶多端的国民党反动派的残渣余孽,解放以后却被中国赫鲁晓夫及其爪牙彭真、周扬之流视如瑰宝,横加包庇,让他窃据了重要岗位,什么"全国剧协副主席""北京市文联副主席""北京人艺院长""中央戏剧学院副院长""中蒙友协副会长""全国人民代表大会代表""政协委员"等等,而且多次出国访问,参加各种国际性会议。曹禺这个老反革命,一下子变成资产阶级司令部的黑笔杆子。

他能够当面接受中国赫鲁晓夫的黑指示,中国赫鲁晓夫可以毫不掩饰地告诉他"要大胆地去写我们社会中的错误现象",要他"介绍西洋十九世纪的文学"。

他能和中宣部二阎王周扬互相吹捧,狼狈为奸。曹禺夸周扬是"马列主义文艺理论家",是"中国的日丹诺夫",而周扬则把曹禺封成"当代语言艺术大师"。

他能够陪同党内另一个最大的走资派到农村进行反革命的"视察",两个人在专车上大吃狗肉席。

他能够经常陪同大党阀彭真看展览、逛公园,登堂入室,促膝"谈心",甚至连彭真的发言稿都由他亲自"加工润色"。

一九五二年

曹禺窃据了北京人民艺术剧院院长的要职……生怕他那些毒草剧本《雷雨》《日出》等被工农群众识破,便想做一些换汤不换药的"修改",消息传到中宣部,周扬立即给曹禺打气说:"不要修改,应该保持本来面目。"曹禺见主子撑腰,马上撕下伪装,将《雷雨》《日出》等毒草按原样交出版社大量出版。

一九五四年

中国赫鲁晓夫找来曹禺陪他看《雷雨》,看完之后意味深长地对曹禺说:"深刻!很深刻!非常深刻!"

同年,曹禺又按照彭真的黑指示在旧市委张大中直接指点下,炮制了美化资产阶级知识分子,歌颂美帝奴才的大毒草《明朗的天》。……这个戏由周扬亲自协助修改,并把中国赫鲁晓夫和狗彭真找来看戏,看后赞不绝口。

一九五六年

彭真又亲自布置曹禺写一部歌颂资本家经过"和平改造"成为"新人"的"资本家三部曲",彭真对曹禺说:"北京的资本家不典型,上海的资本家多,可以去上海找材料。"曹禺立即照办。

同年七月,北京人艺走资派赵起扬将曹禺拉入党内,这个混蛋竟连入党申请书都没写,入党后从来不过组织生活,而赵起扬却说:"你交党费,看党内文件,这就算过组织生活了。"

同年十二月,曹禺发表了一篇极其恶毒的文章《陋规》……公开煽动牛鬼蛇神向党进攻,用心何其恶毒!

一九五七年

本年春……彭真又打电话给曹禺,叫他到上海找老反革命巴金,问巴金"对上海文艺领导有什么意见,对全国文艺领导有什么意见","启发"巴金向党进攻。果然巴金在曹禺的"启发"下抛出了一个系统的反党纲领,大叫"把文艺还给人民","不能由少数领导同志根据自己的好恶干涉上演或出版"。曹禺和巴金一个幕前,一个幕后,猖狂地喷射着反革命毒焰。事后,曹禺拉着巴金到彭真家中密谋,彭真大摆宴席进行犒赏,临走时还每人送了一架半导体收音机。

一九六〇年

彭真反革命修正主义集团的干将陈克寒按照刘仁的布置,叫曹禺写出了鼓动阶级敌人"反攻复国",为彭德怀翻案的大毒草《胆剑篇》。

一九六二年

中国赫鲁晓夫安插在内蒙的代理人乌兰夫亲自布置曹禺写一个描写汉元帝卖国苟安,大搞"屈辱外交"的剧本《王昭君》。

一九六三年

伟大领袖毛主席关于文学艺术的第一个批示发表了,吓得牛鬼蛇神一片惊慌,大党阀彭真惊魂未定,赶紧去找曹禺,叫他立即放下《王昭君》,马上到河北省去写一个抗洪的剧本。……曹禺这个老反革命,更是"心有灵犀一点通",立即披挂上阵,带病"工作"。事不凑巧,这时中国赫鲁晓夫为了对抗毛主席的批示,又把曹禺"召"了回来参加黑会,所以,抗洪剧本迟迟未出。

一九六五年

彭真反革命修正主义集团的另一个头子万里亲自布置曹禺写一个歌颂北京商业工作的剧本来对抗四清运动,为彭真的独立王国涂脂抹粉。

日后,1986 年 10 月 15 日,吴祖光先生将保存了整整 18 年的这份专号赠送给曹禺,并附了一封短信,云:"家宝兄:此物可命子子孙孙永宝之。"(影印件)

是年 曹禺靠边站了,并被冠名"反动作家","一个老反革命","一只蒋家门楼的叭儿狗","崇美、亲美的洋奴","刘、邓黑司令部的御用文人","国民党的残渣余孽"等等,日子很难过。据曹禺文述:

天一亮,隔壁人民大学的高音喇叭便叫嚣起来。起先我以为是批斗人,后来才渐渐听出是两派在互相斥骂,一阵阵刺耳激昂的辩论,一阵阵叫骂,连绵不绝。从清晨吵到傍黑。我烦恼,又说不出的惧怕,我是反动学术权威,这一切都像是针对我来的。尤其一位女高音,又念又喊,声调亢奋且单调,刺人耳鼓。酷热的夏天,本来在我的小屋里就很憋闷,现在更加不能忍耐。但是一定要忍耐。我犯了罪,我说不清是什么罪,我却诚心诚意服了罪。这种混沌的感觉像一口无底的陷阱。

半夜醒来,不知从什么地方传来一阵阵粗野的声音,那鬼哭狼嚎使我的胸口隐隐作痛。我心惊胆战。我觉得不久这群发疯的黑狼将会包围我,抓着我,用黑爪子抓伤我的脸、我的背,我感觉自己已缩成一团。我不愿叫醒睡着的方瑞和小欢子,她们沉沉地睡在另一间小屋里。白发的岳母瘫在木板床上,一夜一夜地咳嗽。四面是乌黑的海,黑浪滚荡着,时而漂浮起几个没有眼睛、没有面目的人头,发出声声惨叫……这大约是梦,我惊醒了。

我勉强安慰自己,用一颗安眠药只睡了两三小时。

白天走在街上,总能看到一群群被押着、被捆绑的人。那些人的脸上涂了一块块的墨迹,有的戴着尖塔一样的帽子,穿着被撕破的衣服,露出血淋淋的伤痕。造反派的小伙子们把他们的头一个个揪起来,要这些"十恶不赦的老狗"当街示众。

街道两旁站着看热闹的人,但是他们也都沉着脸,默不作声,甚至是肃穆。那些大喊口号的造反派是激愤的,也有些得意洋洋。老子把世界都征服了,你们早晚也有被收拾的一天。

街上的人越沉静,口号喊得越响亮:"打倒走资本主义道路的当权派!""打倒反动学术权威!""横扫一切牛鬼蛇神!"

队伍后面有时还跟着一队人,有高个儿有矮子,有胖有瘦,是革命群众。大家穿着一样的灰黄色的衣服,谁穿得越旧越破谁就更革命。只有他们胳膊上戴着的红袖标使他们显出一种耀武扬威的意思。碰到这样的情形我尽可能躲开,我有罪,这是我时刻不能忘的。

我羡慕街道上随意走路的人,一字不识的人,没有一点文化的人,他们真幸福,他们仍然能过着人的生活,没有被辱骂,被抄家,被夺去一切做人应有的自由和权利。我眼前又驶过一辆卡车,街上的人或扭头、或踮起脚看。那位白发的老人不就是大伙儿熟悉而且被敬仰的将军么? 他的头发几乎都掉光了,被两个莽撞的大汉倒拧着胳膊,四周挤满了气势汹汹的红卫兵,可他的目光我看到了,还是带着打不倒的威严。

连他都成了反革命,成了被扫荡消灭的对象,夫何可言! 这样的革命,这些革命小将,他们把我心中所信仰的那一点点道理全扫光了。我垂下头,折回家去。

内心多么沮丧啊,又压抑又气愤,但是更多的是恍恍惚惚。世界完全翻倒了,我不想再看到这个世界,那满墙的大字报,那些横行霸道的红卫兵。我住的院子有许多邻居,我走进院里,平时与我点头问好的老太太们、叫我"曹爷爷"的孩子们都不理我,因为我是染了麻风病的。最初的打击与悲伤似乎已被木然所替代,可在我心深处我永远不能不痛心。

回到家里,方瑞正抱着我们的女儿小方子说话。小方子是初中一年级的学生,十三岁的孩子,她见到我喊了一声"爸爸……",喊过就转身走开,坐到里屋的床边去了。我看见她流下眼泪。她觉出我在望她,就用袖子擦去泪痕,低下头玩手里的猴皮筋,一拉一松,一拉一松,一会儿就把猴皮筋扔到地上。

我们家门前有一棵海棠树,春天海棠开花的时候,小方子和她同班的女孩子们边唱边玩跳皮筋,"一二一,一二一,一二三四五六七,马莲开花二十一……"如今再没有同学,也没有玩耍。晚间方瑞低声告诉我,学校的红卫兵命令小方子每天一早去学校报到,报到之后就在教室外面坐着,不允许走进教室。这是对黑五类采取的办法。红五类还在教室的地上画一个圈,让这些黑五类的孩子一个个走进来,站到圈里。这是红五类们发明的一种游戏,她们玩得很开心。学校早已不上课了。

我和小方子说,能不能不去。

孩子说不行。她望了望我,转过身走出屋子。

我心痛极了。我有罪,把我抓去斗,狠狠斗死了,就算了;十来岁的孩子有什么错,为什么还要连累我的孩子们!真想紧紧抱着小方子痛哭,但是孩子不干,她没有心情受任何人的爱抚,连爸爸也不能勉强她。但我知道她是爱爸爸的,她湿润的眼睛对我闪出怜悯的光。她知道我在受罪,只是现在还没有被抓进去。

只有小欢子好些。她晚出生几年,还在上小学,因此比她的姐姐幸运。还有同学来找她,另外,两三个幼儿园时的小朋友也来家里和她玩。几个小姑娘凑在一起,不知道她们有什么可玩的。

小欢子不觉得世上的风暴,还是那样傻乎乎的,红润的小脸常常都在笑。时而还大声地唱革命歌曲。

"我是牛鬼蛇神,我是牛鬼蛇神……"这个歌她觉得很有趣,孩子们都觉得很有趣,"我有罪,我该死,我该死,我有罪……"小欢子高兴地反复唱。

姐姐冲到她面前:"唱什么,讨厌!"

妈妈说:"随她唱吧,她不懂。"

后来我被关进牛棚,难友们也都要唱这首歌。我之所以会唱,还是受小欢子唱的时候熏陶的结果。此乃后话了。

当时,我整天担心随时被抓去……(《已经忘却的日子》)

是年 是年起,曹禺不堪精神折磨发病,不得不住院(协和医院)治疗。(《曹禺》画册第 68 页)

1969 年　六十岁

1月1日,《人民日报》《红旗》杂志、《解放军报》的元旦社论《用毛泽东思想统帅一切》,传达了毛泽东的指示:"清理阶级队伍,一是要抓紧,二是要注意政策。"

3月17日,著名表演艺术家舒绣文受迫害致死。

11月12日,中华人民共和国主席、中共中央副主席刘少奇因在"文化大革命"中遭到政治迫害和人身摧残,在开封逝世。

4月11日　北京话剧团革委会研究决定,第二周起开展对赵起扬、欧阳山尊、曹禺、于民的批判,准备"解放"。(《北京人民艺术剧院大事记》)

8月13日　北京话剧团全团下放到南口农场二分场(果木场)劳动锻炼。(同前)

1970年　六十一岁

1月31日，中共中央发出《关于打击反革命破坏活动的指示》。后又于2月5日发出《关于反对贪污盗窃、投机倒把的指示》和《反对铺张浪费的通知》(以上合称"一打三反")。根据上述指示，各地纷纷开展"一打三反"运动。

1月　北京话剧团直接从南口转移到大兴县团河农场(原系犯人劳改农场)劳动改造。(《北京人民艺术剧院大事记》)据赵浩生访问记述：

曹禺说："我的遭遇还算好的。被关了几年，后来又劳改。劳动本来是很好的事，如果把劳动当惩罚、侮辱，那就不太好了。不只要劳动，而且跟家里隔离，甚至影响到孩子，一直搞得你神志不清，最后甚至会自己也觉得自己不对。因为他们成天逼你念叨着：我是反动文人、反动学术权威……

(您的最大罪状是什么呢?)"反动呀! 反动文人，反动权威，30年代文艺黑线，腐蚀了许多年轻人……真难说，我们写的东西最初出现的时候，还有人说过我们进步。他们逼着你招供，供了以后不但别人相信，甚至连你自己也相信，觉得自己是个大坏蛋，不能生存于这个世界，造成自卑感，觉得自己犯了大错，不要写戏了，情愿去扫街。这种自暴自弃的思想就产生了，这种思想上的折磨比打死人还厉害。"(《曹禺从〈雷雨〉谈到〈王昭君〉》)

是年　冬初，张颖"从外交部湖南干校回到北京"，前去看望"恩来同志和邓大姐"。那天"他问起文艺界许多同志的情况"，"恩来同志问我是否遇见过曹禺，健康如何? 精神状态如何? 部队的作家怎样了? 沈西蒙、陈其通、胡可，直问到刘川、漠雁……那一天，几乎是他所能记得起来的人，他都问到了。"(《思情日月长——周总理十周年祭》，《思情日月长——文艺家的挚友周恩来》第16、17页)

1971 年　六十二岁

是年　在北京,接受改造。

是年　驹田信二编译的《郁达夫·曹禺集》由日本河出书房出版。

1972 年　六十三岁

1月6日,陈毅元帅逝世。

7月26—30日　香港普及戏剧会在香港大会堂剧院演出曹禺名剧《雷雨》。导演麦秋,演员罗观翠饰繁漪,朱瑞棠饰周朴园,区伟林饰周萍,殷巧儿饰侍萍,陈红梅饰四凤,良鸣饰鲁贵,钟炳霖饰鲁大海,萧健锵饰周冲。(朱瑞棠先生提供)

9月30日　致信万昭。信说:

久不见你们,十分想念。前小达来医院,又未见到。我现已由医院回家疗治。有功夫,务请你们来一聚。

小达、彦林和孩子们都请来玩。日前,曾通公用电话,未知收到否? 让我们共同庆祝社会主义祖国二十三周年! (万黛、万昭提供)

12月29—31日　(香港)新法书院校友会戏剧组在香港大会堂剧院演出曹禺原著的《日出》。由莫德光、李文导演。演员李秀莹、刘慧美饰陈白露,马时亨饰方达生,刘兆基饰福升,黄志强饰潘月亭,李艳芳饰顾八奶奶,江锦安饰李石清,赵善强饰黄省三,李恩信饰胡四,吴羡瑜饰小东西。(《评〈日出〉》,《华侨日报》,1973年2月6日)

是年　在北京人民艺术剧院看守传达室。据王卫民回忆:"1972年军宣队来了,就把他放了出来,让他在人艺剧场的门口看传达室。于是国外就报道,中国的莎士比亚在看大门。剧院听到这个消息,就给军宣队提意见,于是又把他派到史家胡同56号看传达室。他掏厕所,打扫垃圾,很积极。……有人向军宣队反映过,说叫曹禺干这些事不合适。军宣队说,有什么不合适,这也是工作嘛!"(《苦闷的灵魂——曹禺访谈录》第255页)

据吴祖光文述:

……我听说,那时的国外报纸上曾经登载着:"中国的莎士比亚正在给剧团作看大门的工作。"我把这话告诉曹禺时,他说:"看大门已经是后来我最享福、最舒服的工作了。在那一段挨批挨斗的时刻,在'革命'群众无尽无休的声讨控诉之下,我的精神全部崩溃了,我已经从思想上认为自己确实犯了罪。我流着眼泪对着毛主席像认罪,痛悔。我从心底里认为我是罪孽深重,是不能被饶恕的,我的一生将就此结束,什么希望都没有了……"(《"巧妇能为无米炊"——浅谈曹禺新作〈王昭君〉》)

是年　林彪事件之后,曹禺从劳改农场回来了。家里冷清清的,老岳母已经去世了。女儿万方找到自己的出路参军去了,只有方瑞和小女儿在家。方瑞的身体更糟了,每天都要服安眠药,经常躺在床上,似乎精神上也崩溃了。据方琯德回忆:

> 我记得,曹禺好像是解放了,但还没有最后定下来。我去铁狮子胡同看他和表姐方瑞。他有病躺在一间房子里,方瑞躺在另一间房子里,那景象真是很惨很惨的啊! 但是,那个时候,人们又能给他多少帮助呢? 后来方瑞死了,曹禺像瘫痪了一样。他最亲爱的伴侣,终于没有熬过那最艰难的岁月,恨恨死去了。曹禺的心情坏到了极点! 有时,他一个人痴呆呆地守着空落落的房间,不思不想,守候着那无涯的暗夜。(《曹禺传》第 426 页)

1973 年　六十四岁

2 月 28 日,中国人民政治协商会议全国委员会在人民大会堂台湾厅举行纪念台湾人民"二二八"起义 26 周年座谈会。这是自 1966 年"文化大革命"发动以来,以政协的名义公开召集并见报的第一次会议。

2 月 6 日　香港《华侨日报》第六张第四页"剧影艺术"第 190 期刊黎觉奔《为〈胆剑篇〉演出欢呼!》一文。文及,"由市政局与紫荆剧社联合主办的粤语话剧《胆剑篇》,定期于二月八日至十一日在大会堂音乐厅作盛大公演"。该剧由"冯梁天、陈永强、章经、李志昂、翁筑雄、黄柏鸣"联合导演,演员有"郑子敦、黄思、伍永森、许淑娴……和新秀区伟林、黎伟民、麦炳昌、唐慧玲"并"动员了过百数的演职员于一'台'"。该报还刊《紫荆剧社创社纪念公演名剧〈胆剑篇〉》并《〈胆剑篇〉演员表》,具体介绍这次公演情况。

8 月　在烟台疗养。(《臧克家全集》第 11 卷第 787 页)

9 月　据张颖撰文:

一九七三年九月,当我离开北京外出工作前,总理和邓大姐在家里接见了我们和孩子。……总理特别关心文化大革命以来同志们思想改造的情况、工作和生活。……

走到门口,总理又转过身来问我:最近你见到文艺界的同志们吗?……我听说某某同志身体不太好,思想上有些包袱,你去看看他,替我问好。……第二天我立刻去看望这位同志,把总理的问候带给他。使他激动得流下了热泪。他让我向总理汇报他在文化大革命中受到的考验和锻炼,他对党的无限热爱和感激的心情!他并表示将用有生之年继续为革命工作。不久后总理又特别问了这位同志的情况。总理又立刻想到要为这位同志安排一些社会活动,鼓舞他更健康地工作和生活。(《雾重庆的文艺斗争》。按:张颖时在外交部工作,"接到命令,派往加拿大工作"。)

据曹禺回忆:

我还听张颖同志说,"文革"中她去看望周总理,总理问到我,并派张颖同志来看我。当她把我的情况告诉总理,知道我还没有解放,就同张颖同志商量,设法找一个同外国朋友见面的机会,公开报道我的活动,这样,促使下边赶快解决处理我的问题,把我快快解放出来。(《苦闷的灵魂——曹禺访谈录》第134页)

另据曹禺文述:

　　一九七三年,我失去了伴侣。一天,忽然一位多年不见的老朋友来到我家,她告诉我:总理让我来看看你。听到这句话,我不禁激动得老泪纵横;她还告诉我,总理想给我安排一点社会工作,使我分散一下思想,帮助我振奋精神。总理啊,你那么忙,可还记挂着我。事后我给总理写了一封信,向他表示,我愿意用自己的余年为党多作工作!那时候周总理已经病了,而且,"四人帮"也在凶残地迫害他。他和邓大姐让秘书给我回了信,教诲我要好好学马列,读毛主席的书,保重身体

10 月 20 日　"国务院文化组"布置:曹禺任第四届全国人民代表大会代表,要求填表上报。(《北京人民艺术剧院大事记》)

10 月 22 日　下午,从烟台休养归来。赵起扬等到车站迎接。文化局耿冬辰等到曹禺家中看望。晚,曹禺到青艺剧场看"三小戏"(即《赵家山》《爆破之前》《在新标准面前》)演出。(同前)

是年　在周恩来的关照下,待遇有所改善。(《周恩来年谱 1949—1976》(下)第640页)

---

[1]　曹禺夫人系 1974 年 7 月去世,曹禺文中所述"一九七三"有误;文中的"老朋友"系张颖同志。

1974年　六十五岁

3月10日,中共中央根据毛泽东上年8月14日的批示,正式发出文件,决定恢复邓小平党的组织生活和国务院副总理的职务。

7月13日　夫人方瑞逝世。曹禺为失去一个真正了解自己的朋友而悲痛万分。据张光年记述:"阿蕙来信说,曹禺的爱人方瑞于本月十三日服安眠药逝世。蕙要我写信去慰问。……晚街头散步,忧念曹禺,夜不能寐。"(《向阳日记》第189页)

据曹禺致万欢、万方信:

> 妈妈于74年7月13日故去,快五个多月了。我整整哭了两个多月,泪像是哭干了,然有时也还哭一两次。其实她死了,也一无所知,哭也无益,但终于要流不少的眼泪,我想无产阶级不会像我这样没完没了的想念着她,而想念着比她的死亡更重大的更艰难的事业。最近我倒是不大感觉寂寞了,但总是想念她对我的好处,其它一些关于她的琐碎的事就都不想了。十分可怜的妈妈哟!从明天(元旦)起,我要振作起来,以此来纪念我的亡妻!你们的母亲!

(万方提供)

据曹禺文述:

> ……我的这位朋友,在"四人帮"横行时,经常不断地探视我,在相对无言中,曾给了我多大的勇气与韧力啊!但是她身体衰弱了,没有等到粉碎"四人帮"的胜利到来,终于过早地离开我和孩子们,对于革命,对于社会,我的朋友是默默无闻的。然而我将永远感激她。因为她通过我,总想为人民的事业尽一点力。(《为了不能忘却的纪念》)

9月29日　作为北京话剧团代表参加国庆观礼活动,下午到北京市委党校集中。(《北京人民艺术剧院大事记》)

9月30日　晚,以文化艺术界代表身份参加周恩来在人民大会堂举行的国庆招待会。(《周恩来总理举行盛大招待会,热烈庆祝中华人民共和国成立二十五周年》,《人民日报》,1974年10月1日)这是曹禺"解放"后第一次参加公开活动,并在媒体上露面。

据陈白尘记述:"据说就在9月30日国宴前的一两天,才匆匆忙忙解放了曹

禺、郭兰英等人,结果是临时制备'行头',赶赴国宴的。"(《缄口日记》第 177 页)

10 月 7 日　上午,北京话剧团召开全团大会,曹禺传达参加国庆活动的情况和体会。(《北京人民艺术剧院大事记》)

10 月 28 日　是日起,北京人艺临时党委全体,以及曹禺、刁光覃、于民、童超、封智等 15 人,参加文化局召开的贯彻市委扩大会议精神的会议。会期 7 天。(同前)

12 月 4 日　晚,北京人艺临时党委听刘涛、戴兰芬等汇报招生情况。决定参加北京市创作会议的人员:欧阳山尊、于是之、刘厚明、蓝荫海、梁秉堃、童超、陈国荣、李光复、王为民。曹禺只出席听报告。(同前)

12 月 14 日　致信万黛。信说:

听二姐①说你已来北京,今天(14)等了一下午,不见你来。方才给东松树胡同打电话,又无法传呼。明天下午,你能来否?十分想念你,你和小达、小刘迈②一同来吧!

最近身体还是不大好,又在开创作会议(明日上午听报告)。几天都不大舒服,想给你写信,又无多大力气。只盼望你来看看爸爸。(万昭提供)

12 月 30 日　致信万黛。信说:

昨晚临睡前接到袁大夫电话,于是小达大忙,忙赶到北大医院门口,拿回刚宰好的鸡两只,大鲤鱼一条。接着又把大一点的鸡送到西石槽,又赶回来睡。今晚我将和小达两人共享你送来的鸡与鱼:炖鸡汤,酸辣鱼半只,半只红烧。我又请孙阿姨③共享,因为她也实在辛苦,连新年也没有假期。这算提前过元旦前夕。

昨晚间小达提到你的梦,不知为什么,我也很难过。夜半兴起,就想给你写信,一则爸爸无论如何不会过早死去,要多活几年为党再做点工作,更怕使你们失了父亲,你们是我的四个好女儿,真是一个我也舍不得离开。……(万昭提供)

12 月 31 日　致信万黛。信说:

收到你二十九日信,得悉一个优秀医务工作者故去,连我这从未见过他(付大夫)的人都悲痛。做一个高尚的人,一个脱离低级趣味的人,一个有益于人民的人,这位从未谋面的大夫是做到了的。你的信,我连读了几遍,最使我感动、使我受教育的是,这样一位伟大的做着普通医务工作,彻底为人民服务

---

① 此指曹禺二女儿万昭。
② 小达系指刘小达,万黛的丈夫;刘迈系指万黛之子,曹禺的外孙。
③ 此指曹禺家保姆。

的人物！让我们共同学习他吧。

方才发了信，又给你寄去一些小日历卡，你留一份，其余应给谁便给谁。

我一定按你的话做，要恢复健康，并且要为党做一点工作，我将尽力而为，想革命的心绝不会死的。我的四个好女儿，爸爸是多么想你们哟。放心吧，我身体似逐渐好转起来！明天下午，小迈、小达会来，二姐、彦林①他们也许会来吧。（万昭提供）

是日 晚，再致信万黛。信说：

不知为什么还想写给你一两个字。昨晚我和小达还请孙阿姨一道共享你送来的鲜鱼、活鸡。鲜鱼特别好吃，吃个精光，我认为这几年来还没有吃过这样新鲜的好鱼，不过下次你千万别买了。一则影响问题，二则你也没有多少钱。今晨我托老察②给你寄来一些小日历卡，不知你能及早收到否？送给一些贫下中农与同事，很好玩的。

今晚（三十一日）正是元旦前夕，可能老察来，二姐也可能来和我一道吃饭，我不会太寂寞的。晚八时又要听元旦社论，明晨九时，要到剧团谈体会，开座谈会，所以就更高兴了。

希望你今夜过得十分愉快。明晨元旦或许下午小达将带小刘迈来，我已给他准备了桔水与糖。小本子、画笔等已由小达交小刘迈了。（万昭提供）

是日 致信万方、万欢③。信说："你们四个姐妹我都疼，当然还是最疼爱的是你们这两个最小的。你们这两个小姐妹呀，你们量不出一个父亲如何疼爱两个没有妈妈的孩子的心啊！"（万方提供）

是月 致信万方④。信说："方子，我的爱方子，千万不要犯错误，多向领导与群众听取意见，这是年老的父亲的话，我也知道这是保守的，不成大事，但我真愁你如何写下去。你真能写出不犯错误的剧本么？我担心极了。你担的责任重大，你这样的小肩膀能承得住么？向我谈谈你究竟如何办呢？我觉得我在拉你的后腿，但是做一个父亲我就管不住这样那样地为你着急。"（万方提供）

---

① 此指万昭丈夫。

② 老察系指察世玺，时在新华书店工作，经常关心曹禺的一位年青朋友，给与曹禺很多帮助。

③ 信文经万方整理后，只说明信是 1974 年，妈妈方瑞去世后，爸爸给万方、万欢的信。原信未有日期，据内容推断应是 12 月 31 日写的。

④ 该信未注明具体日期，注有：万方告诉爸爸自己想写"文化大革命"题材。

1975年　六十六岁

1月5日,邓小平出任中央军委副主席兼解放军总参谋长。

2月28日,戏剧艺术家焦菊隐先生不幸逝世。

1月7日　北京市革命委员会召开扩大会议,经过协商选举,产生北京市出席第四届全国人民代表大会代表共 222 名。曹禺为代表之一。(《北京市出席第四届全国人民代表大会代表名单》,《北京市人民代表大会文献资料汇编(1949—1993)》第 545 页)

1月13—17日　作为北京市人民代表参加第四届全国人民代表大会第一次会议。

1月26日　致信万方。信说:

我今天咳嗽一整天,十分累,但我一点不发烧,才 36.8 度。我头疼,我是多么想你们！也许我们住一段时间又大吵起来,那自然更痛苦,但我真想念你们。孙阿姨不断提醒我,要给你们在春节前寄点吃的东西,不然两个没妈妈的孩子,春节时没有家里寄来的东西那是多么可怜哪！我写到这里,我的眼泪夺眶而出,古人说人可以痛断肝肠,原来是真有这种感觉。孩子,我的两最小的女儿,"每逢佳节倍思亲",第一想到你们的妈妈,第二便想到你们失去妈妈是多可怜,尽管咱们有党会教育我们,使我们感到温暖,但如何把妈妈再找回来,这真是万万不可能做到的事情。一念到此地,我忽然气短起来,似乎不能再做出什么来了。我体会到为什么方子一连三次在一天里给我打电话,我听到你的声音就像你在我身边。我也不知道你如何发展,但你说你同我说话,就像你们还在幼儿园时候似的,这句话说得对。你的心情我多么懂得呀,有个健康的妈活着时候我是多么感到自己还年青,而现在却真有些感到老了。

不谈这些吧,你们要好好保重自己的前途,要改造世界观,使自己成为一个坚强的人,万不可像我这个旧知识分子,入了党,没有改造好自己,还会伤感起来,这真不好啊！(万方提供)

3月12日　上午,首都各界人士五百多人在中山公园中山堂举行纪念仪式,隆重纪念孙中山先生逝世五十周年。曹禺作为人大代表身份参加纪念大会。(《隆

重纪念孙中山先生逝世五十周年》,《人民日报》,1975 年 3 月 13 日)

3 月 26 日　致信万黛。信说:

你要的《内科手册》已由老察同志觅来寄往卫生院(共两本)。《中国通史》正由老察同志寻觅,不久即可寄来。

你走后刘大哥又来陪我一夜。现在我身体比较好,万勿挂念。还是和往常一样,努力为人民服务。这是我们共同的目标。

爸爸时常想念你。如有工夫,一定给我来封信。欢子明天即到京,她来信说电告苏雷①,到车站接她,仿佛苏雷已成了我家中成员。此事爸爸也不想多管。方子对苏雷印象颇好,这只好随她了。你来信不必提及此事,因为你和我二人都不大认识苏雷,希望方子对日后的终身大事看得很准,不要弄错,爸爸也就放心了。……

林兆华同志已办好介绍信,四月初即可去镶牙。我是否能出去远行,这要看党委决定我能否去担任一定的创作工作。

今日下午林兆华同志将到我家,他说要和欢子一道再去跑跑关于房子的事。林同志总是很乐观,他说一定弄到手,“老头”不要亲自去跑了。

寄去的《内科手册》你自用一册,其它一本,你如愿送人,也是件好事。因为这两本书根本是买不到的。如果我能先到密云招待所或交际处住一阵,便带欢子一同来。但现在欢子又有一个职业问题,这也需要马上解决的。(万昭提供)

3 月 26 日—4 月 20 日　香港市政局主办“曹禺戏剧节”。(《〈雷雨〉在香港》,《曹禺、王昭君及其他》第 70、71 页)其间,演出了《北京人》《蜕变》《胆剑篇》,还演出了由李援华编写的包括曹禺各作品片断的话剧《曹禺与中国》。其中《蜕变》《胆剑篇》系在香港首次演出。参加这次演出的业余剧社有 24 个,工作人员达 250 多人。(《曹禺戏剧节》,《曹禺、王昭君及其他》第 77、78 页)导演团成员有朱瑞棠、李国庆、李援华、卢恩成、张汇、孙泽泉、袁报华、冯禄德、梁尧封。(朱瑞棠先生提供资料)

4 月 10 日　致信万黛。信说:

久不得来信,十分惦念。想必工作太忙,无时间来信。前两天去镶牙,不料五诊室老大夫又病了,只好再等十天去诊,那时想必你已回来了。这两天,我想在我那个存煤块的小花坛中,种一些中药材,你是否可弄一些常见中药的种子或移植枝干?并打听一下每种药名与培育方法。种种这些,可以增长中

---

① 万方的前夫。

药物的知识，也可以解闷。前曾向党委请示，可否在全国范围内旅行，疗养，并多看看祖国的建设与大好形势，党委说我的病还未见好，如中途恶化，就不如在京疗养为是，此想，大概"吹"了。但密云招待所之行或可成功。新房子是毫无消息，想已石沉大海了！（万昭提供）

5 月 17 日　致信万黛。信说：

方子约在本月十九日来京（为了学习调演节目），大约在月底又和他的同伴战友返沈阳。不知你何时返京休假？如能早些，在方子尚留北京的时刻归来，我们父女五人或与小达、彦林及小迈、唐迎一同照张像，那将是多么有兴味的事。（同前）

6 月 11 日　致信万黛。信说：

前信谅收到。已打听出欢子的人民医院（在白塔寺）系北京医学院属管，但最近又有消息，宽街中医院中药研究所可能进去（不是搞政工）。我已电告欢子，今其来电话，将告知她详情，嘱她即返京。一切见面再谈，你不必为她现在急办了。（同前）

7 月 12 日　致信万黛。信说：

收到你的信。欢子不久即归来。宽街中医研究所的事大约不会有问题。此乃一大好事（不搞政工）。七月十三日是方瑞阿姨的周年忌日，我已叫了小车。明日（十三）到她骨灰堂去哀悼一次。想起来真没意思，她死去又过一年了！！我不准备到不老屯，但或剧团是要去的。如他们有病，你一定去看。想起方瑞阿姨丧事，真得感谢你！真正忙了一星期，而爸爸那时简直不知身在何处。于今又是一年了！唉！（同前）

9 月 30 日　晚，邓小平[①]主持以中共中央副主席、国务院总理周恩来名义在人民大会堂举行盛大招待会，庆祝中华人民共和国成立 26 周年。曹禺与吴印咸、侯再林、胡可、浩然、华君武、张庚、吴雪等文化艺术界代表出席。（《热烈庆祝中华人民共和国成立二十六周年》，《人民日报》，1975 年 10 月 1 日）

11 月 15 日　晚，王炳南[②]和首都文艺工作者同日本"新制作座"剧团友好访华团的演员们亲切会见。曹禺与陈其通、李德伦、张均、杨春霞等文艺工作者参加会见。（《王炳南会长和首都文艺工作者会见日本"新制作座"剧团友好访华团》，《人民日报》，1975 年 11 月 16 日）

---

① 时任中共中央副主席、国务院副总理。
② 时任中国人民对外友好协会会长。

12 月 16 日　晚,王炳南举行宴会,欢迎以千田是也为团长、戌井市郎为副团长的日本戏剧家代表团。曹禺与杨骥、陈其通、孙平化、申伸、袁世海、李文化、谢芳、洪雪飞等"有关方面负责人和首都文艺工作者"出席。(《王炳南会长举行宴会,欢迎日本戏剧家代表团》,《人民日报》,1975 年 12 月 17 日)

是年　在周总理的关照下,张颖出面安排曹禺与正在我国访问的日本话剧界老艺术家千田是也等见面,并且进行了公开的报道。就这样,已经在中国社会上"失踪"了七年之久的曹禺又出来了。国外的许多媒体也纷纷报道"中国的莎士比亚曹禺复出了"。

是年　住所从北京张自忠路 3 号院中央戏剧学院宿舍迁至三里屯北 24 号楼。

1976 年　六十七岁

1 月 8 日,周恩来逝世。

4 月 5 日,发生天安门事件。群众自发悼念周恩来的活动被视为"反革命事件"遭残酷镇压。7 日,中共中央通过《中共中央关于华国锋同志任中共中央第一副主席、国务院总理的决议》和《关于撤销邓小平党内外一切职务的决议》。

7 月 6 日,朱德逝世。

7 月 28 日,河北唐山发生大地震。

9 月 9 日,毛泽东逝世。

10 月 6 日,中共中央政治局执行党和人民的意志,一举粉碎了"四人帮"反革命集团,结束了"文化大革命",得到全国亿万人民的热烈拥护。从此,中国进入了一个新的历史时期。

10 月 26 日,《人民日报》、《红旗》杂志、《解放军报》发表社论《伟大的历史性胜利》。

1 月 2 日　在北京话剧团,参加全团学习《人民日报》元旦社论。(《北京人民艺术剧院大事记》)

是日　作诗《我们要歌唱——敬读毛主席词二首》,发表于 2 月 10 日《北京文艺》第 2 期。后收入《曹禺全集》第 6 卷。

1 月 9 日　北京话剧团开会,根据上级分配名额,决定曹禺等人代表剧团参加周恩来遗体告别仪式。(《北京人民艺术剧院大事记》)

1 月 15 日　作为工农兵及各界代表参加在人民大会堂举行的周恩来同志追悼大会。(《党和国家领导人以及首都各界群众,隆重举行周恩来同志追悼大会》,《人民日报》,1976 年 1 月 16 日)

1 月 24 日　《人民文学》编辑部举行"学习毛主席词二首座谈会"。曹禺出席并在诗中说:"更喜万木蓓蕾初绽,新生事物,数不尽,一往直前! 词二首,传来大好消息,东风春气暖。""看! 钢筋铁骨,丛丛梅花红烂漫!"(《胜利的凯歌,进军的号角——"学习毛主席词二首座谈会"纪要》,《人民文学》第 2 期,1976 年 3 月 20 日) 据张光年记述:

"下午二时前阎纲来接我和臧克家,同乘车到前文联大楼参加《人民文学》召开的学习毛主席词二首的座谈会,是包括业余和专业作者四百人的盛会。会上见到多年未见的曹禺、陈其通、叶圣陶、曹靖华等同志。"(《向阳日记》第272页)

2月3日　何其芳致信杨慧中。信及:"曹禺同志的戏我大概都读过,他是一个写作认真、艺术水平相当高相当成熟的剧作家。但现在也患心脏病,不知今后还能写出重要作品否。"(《何其芳全集》第8卷第121页)

4月5日　"四五运动"爆发。据曹禺文述:

"天安门事件"是一场伟大的革命群众运动,这就是它的本来面目。怀念周总理,声讨"四人帮"。一九七六年清明时节,千百万人民群众在天安门广场,就是这样战斗的。

那个时候,我的孩子们天天到天安门广场去,深夜才回到家,没有一分一毫的倦容。我整天都在等她们,她们给我讲天安门广场上发生的一切,把抄来的诗词念给我听。在那几天里,我们常常是一夜夜地交谈,兴奋着、激动着,同时,也深深地忧虑。四月七日以后,家里沉默了,天安门广场沉默了,历史被颠倒,人们的心被扭曲。罪魁就是"四人帮"。但是,天安门广场的群众运动撒下的火种,始终在人民的心里亮着。有这样的人民,中国的前途是光明的。(《一声惊雷——赞话剧〈于无声处〉》)

5月14日　叶圣陶携家人游故宫,"遇曹禺,观其神态似不甚健康"。(《一九七六年日记》)

9月25日　在《人民戏剧》第5期发表纪念文章《永远铭记毛主席的教导》。后收入《曹禺全集》第6卷。

10月　粉碎"四人帮"。据曹禺文述:

十年前的那天,我的小女儿很晚回到家里,她一进门,径直走到我床前。……她说:"爸爸,咱们有救啦!"她告诉我"四人帮"被粉碎的消息。

我不信,我也不敢信;我怕,怕这不是真的,还怕很多很多……,我记得,那一夜我久久地在街上走,我看到每一个窗口,整座整座的楼都亮着灯,就像过年时一样。我走着,然而感到难以支持而站住了,我觉得我的心脏的承受力已经到了极限,从未有过的巨大!人生、历史、中国以及我自己的生命,在那时都化成了一个字眼!我不知我的声音有多大,或者究竟出没出声,我喊道:"天哪!"

没有经历过"文化大革命"的人,他们是不可能明白的,那种深重的、顽强的绝望,把人抓得有多么紧。

　　后来,我又听到第二个、第三个人告诉我。虽然仍然是关着门,压低了声音才敢说的,可是我终于已经有了相信的勇气和力量。我相信我是从大地狱里逃出来的。(《应该记住》)

　　12 月 17 日　　到北京八宝山革命公墓礼堂,参加著名作曲家郑律成追悼会。(《郑律成同志在京逝世》,《人民日报》,1976 年 12 月 18 日)据张光年记述:"下午同葛洛、冯牧去八宝山参加郑律成同志追悼会。见到曹禺、林林、胡可等同志。"(《向阳日记》第 303 页)

　　12 月 19 日　　原河北省话剧院院长蔡松龄病逝。27 日,蔡松龄同志追悼会在北京举行,曹禺参加追悼会,并讲话:"松龄是我们'剧专'首届毕业生,是我们最好的学生,我一定得来。"(《怀念蔡松龄同志》)

1977 年　六十八岁

6月17日,著名文学戏剧工作者阿英因病在京逝世,终年77岁。

11月21日,《人民日报》编辑部召开文艺界人士座谈会,批判"四人帮"破坏文艺的罪行和他们炮制的"文艺黑线专政"论,肯定"文革"前文艺工作的成绩。

1月4日　据张光年记述:"晚上曹禺的女儿万方、万欢来访。万方写了一首悼念周总理的诗,《人民文学》采用了。我向她提了几点修改意见。"(《文学活动日记(1977年)》)

1月19—23日　据张光年记述:"给《诗刊》看过两篇文稿。为曹禺看了两篇诗稿,看后(有删节)转给《人民文学》编辑部。老毕的《花朵》、韩瀚的长诗,该刊决定二月号用。"(同前)

1月25日　在《人民戏剧》第1期发表散文《亲切的关怀,巨大的鞭策》。收入《人民的好总理》(上)、《永恒的怀念》。后收入《曹禺全集》第6卷。

是月　《原野》由日本曹禺研究专家饭塚容译成日文,载《季节》杂志第4期。

2月10日　在《北京文艺》第2期发表长诗《难忘的一九七六》。收入《颂歌献给华主席》。诗文略有改动,题为《胜利的奠基》在本月20日《人民文学》第2期发表。收入《心潮集(诗词选编)》。后收入《曹禺全集》第6卷。

是月　散文《我们心中的周总理》收入《敬爱的周恩来总理,永远活在我们心中》第4集。后收入《敬爱的周总理我们永远怀念您·续编》、《周恩来与文艺》(下)以及《曹禺全集》第6卷。

春　方毅①在友谊宾馆召集一批著名作家举行座谈会,就作家如何创作科学题材的文学作品进行讨论。曹禺、徐迟、李准、秦牧、柯岩、白杨、黄宗英、周明等十几位文学艺术家出席座谈会。(《郭日方的诗意人生》第215页)

3月1日　为纪念毛泽东"双百"方针发表二十周年,《人民戏剧》编辑部召开戏剧工作者座谈会,曹禺与吴雪、王朝闻等出席会议并发言,曹禺说:"毛主席提出

---

①　时在中国科学院主持工作,任副院长、党的核心小组副组长。

的这一方针,是促进艺术发展和科学进步的方针。""要在戏剧上执行'百花齐放、百家争鸣'的方针,繁荣社会主义的戏剧舞台,要花大力气。打倒'四人帮',大家心里高兴,但只是高兴还不行。要振奋起来,拿起笔来创作新作品。"曹禺等发言题为《奋起金棒驱迷雾,好锄大地种新花——戏剧工作者座谈纪念"百花齐放、百家争鸣"方针发表二十周年》刊于是月 25 日《人民戏剧》第 3 期。

3 月 8 日　致信万黛。信说:

今天是三八劳动妇女节,热烈地祝贺你和你的战友们,光荣、愉快地过好这个伟大的节日。祝贺你们更好地完成,在无产阶级专政下继续革命的条件下,各条战线上的战斗任务。尤其在今天,正在防震期间,你们这个在劳动人民当中、全心全意地为人民服务的医疗队,一定会更好地完成这个艰巨而光荣的任务。

听说十月要有 4—5 级地震,想到你们正在紧张地准备各项战斗的防震工作,希望你和你的战友们一定会光荣地完成党交给你们这项在无产阶级革命专政下继续革命的医疗任务。

我相信,你——万黛会成为一个成功的带头人! 无产阶级的大公无私的模范! (万昭提供)

3 月 14 日　据张光年记述:"收到《人民文学》二月号。我介绍去的毕朔望、韩瀚、曹禺、郭绍虞的诗都发表出来了。看了一遍。还看了《红旗》和《人民日报》批判'四人帮'的重要文章。"(《文学活动日记(1977 年)》)

6 月 28 日　上午,往八宝山革命公墓礼堂参加阿英追悼会。(《阿英同志追悼会在京举行》,《人民日报》,1977 年 6 月 29 日) 据张光年记述:"上午偕阮章竞、克家、葛洛、退斐一行同去八宝山参加阿英同志追悼会并同遗体告别,休息室里见到郭老、茅盾、曹靖华、叶圣陶、胡愈之、楚图南、李何林、齐燕铭、林林等同志。还见到了黎澎、曹禺、瑞芳以及文艺界的许多熟人。"(《文学活动日记(1977 年)》)

8 月 13 日　晚,王炳南设宴欢迎日中文化交流协会理事长中岛健藏和夫人中岛京子,以及由中岛健藏先生率领的日本日中文化交流协会代表团。曹禺与楚图南、王冶秋、刘白羽、周立波、林林、吴作人、谢冰心、周巍峙、张光年、严文井、浩然等文化界知名人士出席。(《王炳南会长宴请日中文化交流协会代表团》,《人民日报》,1977 年 8 月 14 日)

9 月 13 日　致信王仰晨。信说:"稿①收到,改得很好。实在感谢!""但有些地

---

①　原文注:指《日出·后记》。

方,我又改了一些,又托朋友按格抄了一遍,以便付印。不知好否?"(《王仲晨编辑人生》第 436、437 页) 关于曹禺致王仲晨信。据王小平撰述:"家里现存有万伯伯给爸爸的三通信和一通明信片,前二信写于 1959 年,寄自青岛,提到一些政治生活问题和《曹禺选集》事;后二信写于 1977 年,寄自本市北三里屯,说的是《曹禺选集》再版后记的事。"(《曹禺伯伯漫忆》,《王仲晨编辑人生》第 440 页)

9 月 17 日 在《北京日报》发表散文《寄给远方的同志》,文后显示,该文系"北京人民出版社供稿"。收入《我站在毛主席纪念堂前》。后收入《曹禺全集》第 6 卷。

9 月 30 日 晚,华国锋在人民大会堂举行盛大招待会,庆祝中华人民共和国成立二十八周年。曹禺作为教育界人士参加。(《中共中央主席、国务院总理华国锋举行盛大招待会,热烈庆祝中华人民共和国成立二十八周年》,《人民日报》,1977 年 10 月 1 日)

10 月 12 日 在《人民日报》发表剧评《"从此旧剧开了新生面"——赞京剧〈逼上梁山〉》。后收入《曹禺全集》第 5 卷。文章批判了"四人帮"所谓的江青领导京剧革命,"开创了无产阶级文艺的新纪元"的谬论。

10 月 24 日 北京市文化局提议曹禺、朱琳为北京话剧团(北京人艺)出席北京市第七次人代会代表人选。是日,全团大会讨论通过。(《北京人民艺术剧院大事记》)

是月 参加在京召开的全国自然科学学科规划会议。(《全国自然科学学科规划会议在京举行》,《人民日报》,1977 年 11 月 8 日) 会议期间,访问了许多老科学家,收集素材,准备写一部反映老科学家与"四人帮"作斗争的话剧。据曹禺文述:"去年秋季,落叶如金的时辰,我参加了全国自然科学规划大会。在那个时候,我见到了、相识了无数攻关的人们。"(《红杏枝头春意闹》)

11 月 7 日 下午,中国人民对外友好协会举行茶会,欢迎以著名电影导演木下惠介为团长的日本电影代表团。曹禺与司徒慧敏、汪洋、钱筱璋、谢铁骊、崔嵬、成荫、李俊、李德伦、张瑞芳、于兰、朱琳、谢添、杨秋玲等文化电影界人士出席。(《外事往来》,《人民日报》,1977 年 11 月 8 日)

11 月 15 日 在《人民日报》发表书信体散文《攻关的人们》。后收入《曹禺全集》第 6 卷。该文赞扬了老科学家的攻关精神。

11 月 26 日 在《北京日报》发表散文《走向春天》(署名市七届人代会代表、剧作家曹禺)。后收入《曹禺全集》第 6 卷。

11 月 28 日 《人民戏剧》编辑部召开揭批"文艺黑线专政"论座谈会,曹禺与张庚、张东川、刘厚生、赵寻、李超、胡沙等出席,并发言。《人民戏剧》在是年第 12 期总题《砸烂"文艺黑线专政"论的精神枷锁》编发部分与会者发言,曹禺发言题为

《"黑线专政"论抹煞不了毛主席、周总理的丰功伟绩》。后收入《曹禺全集》第 5 卷。

12 月 4 日　为人民文学出版社重印《曹禺选集》(1961 年版)作《后记》。后收入《曹禺全集》第 5 卷。

12 月 7 日　《光明日报》第 2 版总题《打好文艺战线揭批"四人帮"的第三战役》整版刊发曹禺、张庚、古元等人文章,并加"编者按":"在教育战线揭发批判'两个估计'的同时,文艺界也开展了对'文艺黑线专政'论的批判。这是揭批'四人帮'反党集团第三战役的重要组成部分。'文艺黑线专政'论流毒极广,危害很大。不批,不足以平民愤;不批,无法砸碎这个精神枷锁;不批,不能正确地贯彻执行毛主席的革命文艺路线!……本报编辑部最近邀请文艺界人士举行了座谈,并从今天起陆续刊登他们的发言。"曹禺发言题为《不容抹煞的十七年》收入《"阴谋文艺"批判》一书。后收入《曹禺全集》第 5 卷。

12 月 13—26 日　中共中央宣传部邀集在京的社会科学界、文化艺术界、新闻出版界党内外人士举行座谈会,征求对当前宣传工作和拟于明年召开的全国宣传工作会议的意见。曹禺与茅盾、胡乔木、于光远、齐燕铭、周扬、冯至……刘白羽、张光年、林默涵、夏衍、周立波……萨空了、方钜成、邵公文等出席并发言。(《中宣部邀集宣传文化界党内外人士座谈》,《人民日报》,1977 年 12 月 31 日)

12 月 17 日　在《北京日报》发表散文《迎接霞光灿烂的文艺春天》。后收入《曹禺全集》第 5 卷。

是日　致信王仰晨。信说:"改稿①奉上。你的严谨、高度负责精神和你我二人多年的友谊,耀(跃)然纸上。衷心感谢!但此话也是多余,这样,反尔(而)见外了。你我都还年轻(虽早已六十有余)②,然要保重身体,劳逸结合才是,珍重珍重!!!"(转自海客甲:《闲适中的挣扎》第 34 页。按:海客甲,系王仰晨先生之子王小平的笔名)

12 月 19 日　下午,出席《人民戏剧》编辑部主办的"戏剧工作者学习《毛主席给陈毅同志谈诗的一封信》座谈会"。会上,"曹禺同志说,文艺创作要有逻辑思维,也要有形象思维。……古今中外的文艺作品都是在逻辑思维指导下,进行形象思维创作出来的,这是一条规律。离开了形象思维,写出来的就不是诗,不是戏,就不能打动人心,不能为群众喜闻乐见。"他还"激动地说:'毛主席的信给了自己很大的鼓舞,要下决心把总理生前嘱咐我写的剧本写出来,尽管我有病,但一定要尽快写

---

①　原注:指 1978 年版《曹禺选集·后记》。
②　原注:曹禺时年 67 岁,王仰晨时年 56 岁。

出来,不好好写,对不起周总理。如果我能活到八十岁就写到八十岁！今天形势太好了,我抑制不住,非写不行,就像泉水一样要涌出来,像火山一样要喷发出来。'"

《不因鹏翼展,那得鸟途通——记戏剧工作者学习〈毛主席给陈毅同志谈诗的一封信〉座谈会》,《人民戏剧》第 1 期,1978 年 1 月 18 日）

12 月 21 日 据张光年记述:"下午到钓鱼台参加中宣部文艺界座谈会,平化、黄镇同志主持,茅盾、曹禺、白羽、立波等同志发言,曹禺同志谈得琐碎,占了过多时间。"《文学活动日记(1977 年)》）

12 月 28—31 日 《人民文学》编辑部邀请在京的作家、诗人、文学评论家、翻译家和文学编辑等一百多人举行座谈会,就深入批判"四人帮"炮制的"文艺黑线专政"论,以及如何繁荣社会主义文艺创作等问题,进行热烈的讨论。曹禺与张光年、刘白羽、周扬、林默涵、袁文殊等出席,并发言。(《华主席为〈人民文学〉题词》,《人民日报》,1978 年 1 月 17 日）

1978 年　六十九岁

4 月 5 日,中共中央批准中共统战部和公安部的请示报告,决定摘掉全部"右派分子"的帽子。

5 月 27 日至 6 月 5 日,中国文联举行扩大会议,批判"文艺黑线专政"论,宣布全国文联及其所属协会恢复工作。

10 月 7 日,《中国青年报》复刊。

10 月 21 日,著名戏剧家齐燕铭在京逝世。

11 月 13 日,《于无声处》剧组应文化部、全国总工会的邀请赴京演出。15 日,正式公演。

11 月 14 日,经中共中央政治局常委批准,中共北京市委宣布,为 1976 年 4 月 5 日的"天安门事件"平反。

12 月 18—22 日,中国共产党第十一届中央委员会第三次全体会议召开。

1 月 7 日　《人民日报》刊消息《北京图书馆开放大批中外图书》。包括曹禺的《雷雨》《日出》等大批作品解禁,得以"重新与广大读者见面"。

1 月 25 日　下午,文化部召开庆祝大会,庆祝华国锋为《人民戏剧》题字①。曹禺作为中国戏剧家协会副主席与张庚、吴雪、冯牧、陈晓等出席。(《乘东风鼓干劲戏剧战线战鼓催春——英明领袖华主席为〈人民戏剧〉题字庆祝大会纪实》,《人民戏剧》1978 年第 2 期)

2 月 11 日　《中国新闻》刊《搁笔十年的剧作家曹禺重新提笔》一文,曹禺对记者说:"粉碎了'四人帮',我心情舒畅,精神焕发,觉得自己是一台添了油的机器,又可以为社会主义为人民开转了。"他还向记者表示,他"要赶快写","要把'四人帮'耽误的时间夺回来。我的笔要继续为革命冲刺,战斗到生命最后一息"。

2 月 14 日　作《重看〈龙须沟〉》一文,刊于 3 月 22 日《人民电影》第 2、3 期合

---

①　华国锋 1977 年 12 月为《人民戏剧》题词:"坚持毛主席的革命文艺路线,贯彻执行百花齐放百家争鸣的方针,为繁荣社会主义文艺创作而奋斗。"

刊。后收入《论戏剧》、《曹禺论创作》以及《曹禺全集》第 5 卷。

2 月 26 日—3 月 5 日 第五届全国人民代表大会第一次会议在北京举行。曹禺作为北京市的全国人民代表出席，并当选为第五届全国人大常委会委员。（《中华人民共和国全国人民代表大会公告》,《人民日报》,1978 年 3 月 6 日）

2 月 28 日 《人民日报》刊《中华人民共和国第五届全国人民代表大会代表名单》,曹禺为北京市代表之一。

3 月 10 日 在《北京文艺》第 3 期发表散文《献给周总理的八十诞辰》。收入《周恩来总理八十诞辰纪念诗文选》。后题为《你活着》收入《天上人间——忆念周总理文集》。原题收入《曹禺全集》第 6 卷。

3 月 18—31 日 全国科学大会在北京举行。（《全国科学大会文件》）曹禺出席大会并撰文盛赞这次大会,文章题为《红杏枝头春意闹》刊于 4 月 13 日《人民日报》。

3 月 20 日 修改旧稿,并加标题《读剧一得——和青年作者的一次谈话》与附注。收入《论剧作》一书。后收入《论戏剧》、《曹禺论创作》以及《曹禺全集》第 5 卷。

3 月 21 日 在《人民日报》发表散文《纪念易卜生诞辰一百五十周年》。后收入《曹禺全集》第 5 卷。

3 月 31 日 晚,尼泊尔全国评议会代表团乘飞机到达北京。曹禺作为人大常委会委员到机场迎接。（《欢迎尼泊尔全国评议会代表团》,《人民日报》,1978 年 4 月 2 日）

是月 去看望病中的郭沫若。据曹禺回忆:"今年三月间我去看望过郭老。他同我谈起曹雪芹,告诉我最近在一个人家发现了一个曹雪芹用过的书柜,他说这对研究曹雪芹大有益处。我没到他家之前,曾听说郭老身体情况不大好,甚为担心!见到他仍能这样地谈古论今,我很感欣慰,向他告辞时,我再三祝他多多保重。"（《沉痛的追悼》）

4 月 1 日 晚,人大常委会设宴欢迎尼泊尔全国评议会代表团。曹禺与贝时璋、张启龙、林一山等人大常委会委员出席。（《欢迎尼泊尔全国评议会代表团》,《人民日报》,1978 年 4 月 2 日）

4 月 2 日 晚,为欢迎尼泊尔全国评议会代表团访华,尼泊尔驻中国大使拉纳在大使馆举行酒会。曹禺与贝时璋、张启龙、林一山等人大常委会委员应邀出席。（《拉纳大使举行酒会》,《人民日报》,1978 年 4 月 3 日）

是日 晚,尼泊尔代表团乘火车离开北京前往大寨参观访问。曹禺与武新宇等到车站欢送。（同前）

4 月 3 日 致信巴金。信说:

读到你的信,十分感动! 老朋友不多了,我们见面,即不谈天,沉默中,也是很高兴的。你嘱我注意身体,抓紧时间写《王昭君》,我定当做到。

但有时,在京,各种会议真叫"铺天盖地"而来,又不能不参加,因此时间还是很少。我现在还得开一两个会,然后便躲起来,写点东西,写《王昭君》。

常感时间不多,便着急万分。(《曹禺巴金书简》)

4月4日　下午,中国戏剧家协会在北京东四八条举行话剧《丹心谱》座谈会,曹禺出席并主持会议。剧作者苏叔阳,导演梅阡,主要演员郑榕、于是之、胡宗温等,副院长于民出席座谈会听意见。(《北京人民艺术剧院大事记》)据载:"三月……中国儿童艺术剧院及北京人民艺术剧院分别演出的话剧《报童》和《丹心谱》受到了普遍的重视和赞扬。……为交流经验,推动创作,本刊编辑部先后于三月底及四月初召开了三次座谈会,邀请在京的戏剧工作者及两个戏的编导、演员参加。座谈会分别由中国戏剧家协会副主席曹禺、文化部艺术局负责人吴雪同志主持。"(《首都戏剧界盛赞新上演的两出好戏——记话剧〈报童〉和〈丹心谱〉座谈会》,《人民戏剧》第5期,1978年5月18日)

4月7日　北京话剧团召开临时全团会。黎光宣布北京市委文化出版部4月6日的通知:决定自即日起恢复北京人民艺术剧院的名称和建制,任命曹禺为院长。(《北京人民艺术剧院大事记》)据载:"经市委有关部门研究决定,自四月六日起,恢复北京话剧团原来名称:北京人民艺术剧院,曹禺同志为北京人民艺术剧院院长。"(《恢复北京人民艺术剧院名称》,《北京日报》,1978年4月8日)

4月8日　邓颖超致电曹禺,对剧院恢复名称和曹禺任院长表示热烈祝贺。电话内容如下:

我很想念你们这些文艺界的老朋友们,问你们好!

昨天听到你们要改成北京人民艺术剧院了,恢复原来的名称了,祝贺你们大家!也祝贺你又当院长了!今后的事情要多起来了,要多多保重身体,好好工作。

我昨天看了你们的《丹心谱》,是在彩色电视里看的,我觉得很好,祝贺你们成功!问候大家。

曹禺接电话后,立即向剧院党委作了汇报,详细转述了邓大姐的电话内容。党委立即向全院作了传达并出了喜报。(《北京人民艺术剧院大事记》)

4月13日　在《人民日报》发表散文《红杏枝头春意闹》。后收入《曹禺全集》第6卷。

4月18日　《人民戏剧》第4期总题为《在新的长征的道路上》刊发戏剧界参加第五届全国人民代表大会和第五届政协委员会的部分代表和委员的撰稿和谈话。

曹禺以"人大常务委员会委员、剧作家"名义发表谈话,谈话以《在新的长征的道路上》为题收入《曹禺全集》第 6 卷。本期《人民戏剧》还发表了曹禺的剧评《看〈最后一幕〉》。收入《周总理与抗敌演剧队》、《论戏剧》、《曹禺论创作》以及《曹禺全集》第 5 卷。

4 月 19 日　在《光明日报》发表剧评《看话剧〈丹心谱〉》。4 月 24 日《人民日报》转载该文。收入 4 月《新华月报》第 4 号、《文艺理论学习参考资料(下)》、《写作知识丛书——文学评论》、《论戏剧》,后收入《曹禺论创作》以及《曹禺全集》第 5 卷。

4 月 21 日　在《人民教育》第 3 期发表散文《一位教师的家信》。后收入《曹禺全集》第 6 卷。

是月　春暖花开。林默涵在北海仿膳设宴招待美籍学者赵浩生,曹禺应邀作陪。赵浩生称赞曹禺的剧作"是中国近代史进程中一团团耀眼的火种,一座座光辉的纪念碑"。(《留得青山在》)关于这次会见,赵浩生先生后来回忆:

> (1978 年)在北京一下飞机,国际旅行社的老朋友寇至中就告诉我两个要求都得到了有关方面的批准,同时还递给我一张请柬——文化部副部长林默涵当晚要在北海仿膳请我吃饭,同时邀请了三十多位作家、艺术家作陪。这一安排令我喜出望外,使我深切地感到打倒"四人帮"以后的北京确实是形势一派大好。……
>
> 走进仿膳,我对江青当年睡觉的地方并无特别兴趣,但对古色古香的大厅里满座的国宝级大师们却是肃然起敬。当晚到场的人中除主人林默涵外,还有曹禺、夏衍、臧克家、吴作人、李可染、萧淑芳、赵丹、张瑞芳……真是群星灿烂、满壁生辉。吴作人和李可染两位先生曾因我的一篇文章而受到株连,如今见到他们,使我觉得感愧交集。这次回国,我取道巴黎,特地买了两瓶最好的葡萄酒敬送给他们,聊表我的歉意。……
>
> 仿膳的菜肴果然名不虚传,但那天我并未记得我吃了些什么,给我印象最深的还是大师们的言论风采。那晚我们围坐在一张大圆桌前,曹禺先生坐在我的右手。我定睛审视这位天才的剧作家,发现他满面黑斑,表情也不甚明朗,和我记忆中的曹禺颇不一样;夏衍先生瘦骨嶙峋,行动不便,令人隐隐生出怜惜之情;赵丹也在谈笑风生之间现出老态。据说他们都是刚刚从"牛棚"中放出来的,劫后余生,还能复出活动,真乃文艺界之福,国家之福。饭后走出仿膳,闲步长廊桥头,荷塘月色,如诗如画。李可染先生对我说:"北海风光真不错,要不是沾你的光,我们怎么能进得来。"当时国内很多禁区刚刚开放,北海重新成为人民的北海,这些文学艺术大师们也获得了新生。

这是赵先生第一次见曹禺，之后和曹禺的交往是这样的：

　　……那天他到北京饭店来看我，面对着这位多年来我衷心崇拜的戏剧大师，我激动得简直说不出话来。和第一次见面相比，他显得轻松了许多。谈到自己在"文革"中的遭遇，他承认，当他每天被迫扫大街做苦工，被红卫兵指着鼻子臭骂他的作品全都是垃圾的时候，他确实产生了动摇，觉得自己的作品一无是处。

　　我们第一次在仿膳见面时，他刚刚走出"牛棚"不久，晦气尚存，情绪低落，跟我谈话的时候不断地扭着手指，他说这是为了防止骨节僵化。一年后我们再次相见时，他简直判若两人，我真是不敢相信眼前的曹禺就是一年以前的那个曹禺。那天我们应邀观看他的剧作《王昭君》，幕间休息时他从后台走出来邀请我们到休息室去喝茶。他步履矫健，满面红光，脸上的黑斑完全消失了。他兴高采烈地把他的新夫人李玉茹女士介绍给我们认识，从他的变化使人看到心理状态对一个人的影响有多大。

　　以后每次到北京我们都约时相聚。有一天我们同游长城饭店夜总会，他竟一时兴起伴随着摇滚乐翩翩起舞，直到午夜方才离去。还有一次，在上海，我们应曹夫人之邀到他们家里去吃晚饭。曹先生风趣地说，上海是他的"行宫"，他经常往返于京沪之间，享受一下"小别胜新婚"的甜蜜生活。我们在一起相处时，他总有许多讲不完的笑话，他的诚恳和天真赢得了大家的喜爱。有一次我向曹先生索求墨宝，他不但慷慨应允，而且裱好后亲自送来。他给我写的两句话是："一点浩然气，快哉万里风。"第一句是夸我有名副其实的浩然之气，实为过奖，第二句是说我不断地在太平洋两边飞来飞去，一次来回就鹏程万里，岂不快哉。他的墨宝秀丽温厚，字如其人，拜收墨宝之后我开玩笑地说，我对他写的第一句话有点儿不满，他连忙问我不满在何处，我笑道："你为什么不大大方方地捧我一下，说我'浑身浩然气'多过瘾，为什么说我只有'一点浩然气'呢？"他摇头晃脑地操着京白对我说："阁下有所不知，倘若我道你有浑身浩然气，你不成了妖怪了吗？说你有'一点浩然气'，岂不更潇洒、更高雅。阁下以为然否？"我当然连呼"高明"，然后我们就像京戏场面上的大笑一样"哈、哈，哈、哈，啊——哈、哈、哈、哈、哈……"

　　不久我听说他应邀访美，日程上列有康州。……

　　听说他到达耶鲁，我马上跟他取得了联系，想约他便餐小聚。不料他从早到晚日程排得满满的。无奈之下，我心生一计，打电话问他："我请你睡午觉成不成？"他欣然接受。他和英若诚准时到来，认认真真地在舍下小睡了半个小时,然后说要赶赴下一个约会。这一次的相见,时间虽短,但使我感受到了他乡遇故知、略尽地主之谊的愉快。

我问他访美的感想,他给我讲了一个小故事。他说有一天美国最红的剧作家、著名性感明星玛丽莲·梦露的丈夫阿瑟·密勒请他吃饭,密勒的代表作是《推销员之死》,由英若诚翻译成中文后被搬上了中国舞台。密勒驾车到纽约去接他,然后开往密勒在乡下的别墅去用餐。车子在大片树林草地中转了好一阵子,还没到密勒的住处,他问密勒何时才能到,密勒说:"十分钟前已经进了我的庄园。"说完这个故事他干笑了两声,然后自言自语地说:"希望中国作家以后也能有这样的气派……"

后来他就常常进医院,我们偶尔见面时也看不出有明显的病态。我询问他的病情,他开玩笑地告诉我,他进医院一半是为了养病,一半是为了躲避应酬。有一年"三八"妇女节,我在报上读到了他写的一篇纪念短文,十分精彩,我打电话向他道贺,他说这是他的由衷之言,他真的觉得妇女伟大。他对男人的看法也很精辟,他在一本剧作中写道:"男人是什么猴儿相,女人知道得最清楚。"

他从医院进进出出好几年,有一年我在美国的时候,突然听到了他去世的噩耗,伤心之极。我觉得这位伟大的戏剧大师永远不会死,他的剧作将流传百世,他的英名也将流芳千古。(《八十年来家国——赵浩生回忆录》第232—237页)

5月6日 文化部艺术局与《人民戏剧》编辑部联合召开豫剧《朝阳沟》座谈会。曹禺与贺敬之、吴雪、张庚、郭汉城、金紫光、胡沙等出席会议并发言。(《把演革命现代戏放在主导地位——在京戏剧工作者座谈豫剧〈朝阳沟〉》,《人民戏剧》1978年第6期)

5月13日—6月19日 美籍华裔作家聂华苓与美籍丈夫保罗·安格尔访问中国。《三十年后——梦游故园》在北京期间,于华侨大厦访问了曹禺和杨沫。其谈话摘录如下:

"曹禺先生,"我问,"您呢?现在在写什么?"

"也没有写什么。正在想写一个剧,是关于王昭君;她促成汉族和其他少数民族的团结。她嫁给胡族的一个首领,结婚以后,西汉末年,差不多有五六十年没有打仗。这个女性很难得,自己愿意出去嫁给胡人。她就是一个普普通通的官女。过去,嫁给胡人是不好的。"

"现在的观点不同了?"我问。

"对了!以前是很落后的观点。"

"现在是用新的观点来写王昭君。"杨沫说。

"现在写得很慢……"

"他现在身体不好,"杨沫打断了曹禺的话,替他解释,"他有心脏病。"

……

"希望像你们这样的作家能够到我们那儿去。我们在外面听说您受到很多迫害?"我问曹禺。

"主要是作品,"曹禺说,"他们不重视我们;我们也不愿意被他们重视!"

"就好像有那么一个浑身臭的动物,在你面前,它要你跟着它跑,"曹禺说,"你跟着它跑就弄得一身脏,一身臭!大家谁也瞧不起你!"

"所以我们就躲着远一点!"杨沫说。

"曹禺先生,"我说,"在外国有些人写过关于您的戏剧的书,您知道吗?"

"我看过很多。不止是美国,其他国家也有。我并不要这些。"

"你不要?"杨沫大声问。

"我并不喜欢要!不知道你是什么看法。我老觉得一个时代有代表那一个时代的作品,将来有人记住,就记住了!也许没人记得,就像大风暴里的尘土,一下子没有了!如果有人记得就老记得你。一个人不能够为争取这个而活一辈子!我现在岁数大一点,看得也清楚一点了。不知道你们听不听得下去,我还得这么讲:就是为人民做点事情。比方说,现在我们希望做一个现代化的强国,我们如果能尽一番力量,对我来说,我感觉这个非常重要。我这块砖,这块瓦,不晓得放到什么地方去了,但是,没有关系!只要我们整个大房子盖成功了。这一点,中国所有……爱祖国的人吧!对这一点都看得很清楚。我最近看了个电影剧本,就是《红色娘子军》的作者写的,写得不错!叫《从奴隶到将军》。"

……

"对于你,什么是力量最强的主题呢?"

"现在在中国,我老觉得,写作的人范围应该越写越广。像我们岁数大一点的,身体也不那么好,就不能下去生活。我愿意写人民所需要我写的任何东西,但是,我知道的生活太少。像她吧,我们这位大姐,"他指指杨沫,"她知道抗日方面的事不少,因为她参加过抗日战争,她有一大堆生活积累。她可以写那方面的东西。像我吧,我的生活积累比较少。因此,我只能写我所知道的很小一部分的生活。我感到有这么一个大问题:不是你所想写的就能写,必须是写你所知道的!"

"必须是你所熟悉的生活。"杨沫说。

"对！"曹禺兴奋起来了。"你所熟悉的，你才能写！像莎士比亚那样的作家，是很少的。作为世界上一个站得住的作家，主题不太多。甚至美国的剧作家，刚才谈到的二三十年代的 O'Neill，当然，我看他的剧本也不太多，我觉得他到晚期也没有东西可写了！他青春时期有几个剧本比较好。因此，我不能说，那几个主题，我要写，就能写了！"

"你是说你写的《日出》，你的《雷雨》正是反映在那个时代你所熟悉的生活，你把它写得好！"杨沫也说上了劲，"到后来嘛，咱们都有限制了。……我现在就写抗日战争这一段生活。曹禺先生呢，他在历史上完成了他那个时代的任务，把旧中国的种种黑暗表现出来了。那个生活他熟悉，他就能写出来！今天呢，他要再写……我看呀，"杨沫指点着曹禺，嗓门提得更高了，"你写知识分子准比写工农兵好！"

……

"像你们这样的作家，是不是有特别的地方给你们写作？"安格尔问。

"要找写作的地方，多的是！"曹禺说，"你找个好地方，住着写，就有好多人来找你。累得你要死！不如在家里，慢慢地写。而且，还有许多人送作品来给你看。受不了！我每天都有这样的作品看，看不完！我又不是个编辑！又不是个出版家！有人要来看你，因为你出了名！我有时候感觉到像个熊猫似的！受不了！"

"我只要做个普通的人！"曹禺几乎生气了，"作作家的人，就像演员，不愿意老叫人看！他的艺术叫人欣赏，而不是他这个人！人有什么看头？一个鼻子，两个眼睛，一张嘴要吃饭！和朋友聊聊天，就像今天这样，很有意思！假若老给人崇拜，受不了！'你了不起！你是伟大的人！你是我们民族的光荣！'你受得了吗？你还写东西吗？"（《访曹禺和杨沫》）

5月14日　《人民日报》刊报道《把演现代戏放在主导地位》："文化部艺术局和《人民戏剧》编辑部，最近邀请首都戏剧界人士举行座谈会，倡导推广河南省豫剧院三团多年来坚持创作、改编、演出现代戏的经验。""河南省豫剧院三团负责人王善朴等，应邀到会介绍了他们的经验。""文化部副部长贺敬之出席座谈会并讲了话。曹禺、冯牧、张庚、郭汉成、赵寻、金紫光、胡沙等戏剧界知名人士，以及艺术局负责人吴雪，豫剧《朝阳沟》编剧、导演杨兰春和著名豫剧演员常香玉，出席了座谈会。"

5月18—31日　《人民戏剧》在北京召开全国戏剧创作座谈会。18日，戏剧创作座谈会开幕，曹禺与周扬、夏衍、于伶、李伯钊、张庚、冯牧、吴雪、郭汉城等出席，并致开幕词,"他愤怒批判'四人帮'摧残建国以来优秀戏剧作品,迫害优秀剧作家的罪行。指出,一九六二年,在敬爱的周总理和陈毅同志的直接关怀下,在广州召开的全国话剧、歌剧、儿童剧创作座谈会,对繁荣戏剧创作起了积极的推动作用。'四人帮'却污蔑为'广州黑会'。现在,应该给广州会议恢复名誉。他谈到了当前戏剧战线的大好形势。希望大家能在会上围绕如何贯彻毛主席的革命文艺路线,执行'百花齐放、百家争鸣'的方针,繁荣戏剧创作,进行充分的探讨。"(《戏剧创作坐谈会在京召开》,《人民戏剧》第 6 期,1978 年 6 月 18 日;《繁荣戏剧创作,为新时期的总任务服务——本刊召开全国戏剧创作座谈会》,《人民戏剧》第 7 期,1978 年 7 月 18 日) 6 月 25 日《人民日报》以《澄清路线是非,推倒诬蔑之词,一九六二年广州创作会议方向正确》为题报道了这次会议以及曹禺的讲话,给与高度肯定。

5 月 23 日　出席全国人大常委会,会上邓颖超与曹禺亲切交谈。(《北京人民艺术剧院大事记》)

5 月 24 日　接邓颖超同志赠送的《革命文物》第 2 期一本。该期载有《周恩来同志在南开学校》一文。(《北京人民艺术剧院艺术档案资料》)

5 月 27 日—6 月 5 日　中国文学艺术界联合会第三届全国委员会第三次会议在北京隆重举行。会议宣布中国文学艺术界联合会、中国作家协会、中国戏剧家协会、中国音乐家协会、中国电影工作者协会和中国舞蹈工作者协会正式恢复工作。《文艺报》立即复刊。中国美术家协会、中国曲艺工作者协会、中国民间文学研究会和中国摄影学会也将陆续恢复工作。曹禺与刘白羽、欧阳山、张天翼、吕骥、钟敬文等出席,并发言。"会议决定在明年适当的时候,召开中国文学艺术工作者第四次全国代表大会。"(《中国文联举行扩大会议宣布文联和五个协会正式恢复工作,号召文艺工作者努力繁荣社会主义文艺创作》,《人民日报》,1978 年 6 月 6 日)

是月　在京接受美籍华人教授赵浩生的采访。访问记题为《曹禺从〈雷雨〉谈到〈王昭君〉》发表在香港《七十年代》杂志 1979 年第 2 期。该文后收入《论戏剧》、《曹禺论创作》以及《曹禺全集》第 7 卷。

6 月 3 日　往北京八宝山革命公墓参加老舍先生平反追悼会及骨灰安放仪式。(《原中国文联副主席、著名爱国作家、人民艺术家,老舍先生骨灰安放仪式在京隆重举行》,《人民日报》,1978 年 6 月 4 日) 据舒乙文述:

> 差不多二十年前,"文革"大难之后,几百名劫后余生的著名文人云集北京,为老舍先生开过一次隆重的平反会。……曹禺先生夹在人群中来到灵堂,拄着一支大手杖,在老舍遗像前深深地鞠了三个躬……所有人都鞠完了躬,大堂里已经空了,老舍家人们向遗像做最后的礼拜,这时,大门外跌跌闯闯地走

进一个人来,是曹禺先生。他一个人径直走到遗像前,又深深地向老舍先生鞠了三个躬……家人离开大堂,把"骨灰盒"捧到骨灰安放室,做最后的告别。突然,曹禺先生又来了,他一直没有离开八宝山墓地。……再一次对着老舍先生的遗像和"骨灰盒"鞠了三个躬……在场的人大受感动,泪如雨下。

曹禺先生和老舍先生是最好的朋友。他用九个躬告别了自己崇敬而挚爱的老友。(《向您九鞠躬,曹禺先生》,《倾听雷雨》第 272 页)

6 月 4 日　上午,中国戏剧家协会第二届常务理事会第三次扩大会议在北京召开。曹禺出席并讲话,"他激动地宣布:在'四人帮'横行的岁月中,迫使中国戏剧家协会及其在各地的分会,都处于名实两亡的境地! 现在我们要把'四人帮'强加给我们的种种诬陷不实之词统统推倒,恢复中国戏剧家协会!"就中国剧协现状提出"我们中国戏剧家协会也要积极准备,争取在最近正式恢复活动"。(《拨乱反正继往开来——中国文联全委会扩大会议期间剧协常务理事会举行扩大会议》、《中国戏剧家协会第二届常务理事会第三次扩大会议决议》,《人民戏剧》1978 年第 7 期)曹禺发言题为《团结全国戏剧工作者,高歌猛进!》刊于 7 月 18 日《人民戏剧》第 7 期,发表时有删节。后收入《曹禺全集》第 5 卷。

6 月 11 日　下午六时,老舍夫人胡絜清在北京八面槽首都饭庄设宴,招待老舍生前好友,曹禺与张光年、罗荪、陈白尘、林默涵、冯牧、贺敬之、谢冰心、沙汀、严文井等应邀赴宴。(《文学活动日记(1978 年)》)

6 月 12 日　北京人民艺术剧院二十六周年纪念日,在这一天恢复名称的剧院重新挂上"北京人民艺术剧院"名牌。(《北京人民艺术剧院大事记》)

是日　郭沫若先生因病在北京逝世。(《我国伟大的无产阶级文化战士郭沫若同志逝世》,《人民日报》,1978 年 6 月 15 日)

6 月 13 日　与黎光、于民、刁光覃、朱琳到北京医院向郭沫若遗体告别,并到家中看望亲属。(《北京人民艺术剧院大事记》)

6 月 16 日　晚,中华人民共和国国务院举行盛大宴会,欢迎西班牙国王胡安·卡洛斯一世和王后索菲娅陛下。邓小平主持宴会,曹禺与张光年、吕骥、吴作人、赵丹、徐迟、冯牧、刘诗昆、才旦卓玛、杨秋玲、白淑湘、林兰英、杨绛等首都知名人士出席。(《胡安·卡洛斯国王抵京,华主席到机场欢迎,国务院盛宴热烈欢迎西班牙贵宾,邓副总理主持宴会》,《人民日报》,1978 年 6 月 17 日)据张光年记述:"入席前小平同志率贵宾同出席人员及各国大使一一握手,曹禺、张光年、吕骥向小平同志报名,小平说:'见到了,都是熟人。'"(《文学活动日记(1978 年)》)

6 月 18 日　下午,郭沫若同志追悼大会在京举行。曹禺与马纯古、王冶秋、王

昆仑等在京人大常委会委员参加。(《首都隆重举行郭沫若同志追悼大会》,《人民日报》,1978 年 6 月 19 日)

是日　晚,观看《蔡文姬》演出。开幕前作简短讲话,悼念郭沫若同志。(《北京人民艺术剧院大事记》)据曹禺记述:"我听到郭老逝世的消息时,北京人艺正在上演他的历史剧《蔡文姬》。晚上,我到剧场去了,我是禁不住地要去看一看。"(《郭老活在我们的心里》)

6 月 20 日　在《光明日报》发表散文《郭老活在我们的心里》。后收入《曹禺全集》第 6 卷。

6 月 22 日　柳青同志追悼会在北京八宝山革命公墓礼堂举行。曹禺与谢冰心、周而复、臧克家、沙汀、杨沫等文艺界人士参加。(《著名作家柳青同志追悼会在京举行》,《人民日报》,1978 年 6 月 23 日)

7 月 8 日—8 月 10 日　港澳记者参观团访问黑龙江、新疆和河北省唐山市。其间,"在乌鲁木齐市,记者团听说剧作家曹禺正在那里写剧本《王昭君》,立即要求采访。采访后,几家报纸的记者连夜用电话或电报发回稿件,揭露了'四人帮'对艺术家的迫害,歌颂了打倒了'四人帮'后文艺工作者的新的精神面貌。"(《陪同港澳记者参观团采访的感想》)

7 月 14 日　作散文《为了不能忘却的纪念》,发表于 8 月 6 日《文汇报》。这也是为上海文艺出版社重版《家》所作的后记。后收入《曹禺全集》第 5 卷。

7 月 16 日　下午,政协全国委员会委员杨公庶先生追悼会在北京八宝山革命公墓礼堂举行。曹禺与王芸生、程思远、雷洁琼等参加追悼会。(《杨公庶先生追悼会在京举行》,《人民日报》第 4 版,1978 年 7 月 18 日)

7 月 18 日　在《人民戏剧》第 7 期发表纪念文章《郭老给与我们的教育》。收入《怀念郭沫若·诗文集》。后收入《论戏剧》和《曹禺全集》第 6 卷。

7 月 20 日　在《人民文学》第 7 期发表《沉痛的追悼》一文,该文是为怀念郭沫若而作。收入《怀念郭沫若·诗文集》、《呼唤春天的诗人》。后收入《论戏剧》和《曹禺全集》第 6 卷。

7 月 22 日　就一位同志来信询问自己不愿公开某领导批判《雷雨》的意见一事,致信北京人民艺术剧院艺术处,指出:"并无此事。我也不会如此狂傲,不许人批判的。"(《北京人民艺术剧院艺术档案资料》)

是日　上午,为创作《王昭君》剧本,乘飞机赴新疆体验生活。吴世良、万方陪同前往。(《北京人民艺术剧院大事记》)8 月抵"新疆的北部,离着伊宁不远"的地方,受到热情接待。返京后作散文《新疆札记》,发表于 10 月 8 日《文汇报》,后收入《曹禺全集》第 6 卷。

是月 某日晚,在首都剧场,接受山东师范学院胡授昌的访问。胡授昌写成访问记《就〈雷雨〉访曹禺同志》,刊于《破与立》第 5 期。

8 月 30 日 北京市文化局召开大会,为受"四人帮"迫害的八十名文艺界、戏剧界同志平反,大会宣布撤销对曹禺等二十八位同志的所谓"犯走资派错误""犯路线错误"的错误结论。(《为受林彪、"四人帮"迫害的戏剧家平反昭雪》,《人民戏剧》第 10 期,1978 年 10 月 18 日)

8 月下旬—10 月 5 日 英籍女作家韩素音于八月下旬来华,先后访问了北京、成都、昆明、大理、重庆、上海等地。其间,她采访了茅盾、周扬、夏衍、曹禺等文化界人士和著名作家。(《英籍女作家韩素音离京赴外地访问》,《光明日报》,1978 年 10 月 8 日)

9 月 1 日 上午,出席作协书记处会议。据张光年记述:"上午借和平宾馆八楼开作协书记处会。到茅盾、周扬、刘白羽、曹靖华、曹禺、谢冰心、严文井,加上作协筹备组李季、冯牧、孔罗荪、朱子奇、秘书长张禧(均列席)。"(《文学活动日记(1978 年)》)

是日 晚,在人民大会堂出席庆祝中日友好条约签订招待会。(《我国十一个人民群众团体举行盛大招待会,热烈庆祝中日和平友好条约签订》,《人民日报》,1978 年 9 月 2 日)

9 月 6 日 参加文化部文学艺术研究院①召开的"历史剧与民族关系座谈会"并发言。该发言以《关于话剧〈王昭君〉的创作》为题,在 12 月 18 日《人民戏剧》第 12 期发表。

9 月 15—21 日 出席北京市文联第三届理事会第二次扩大会议。15 日,大会开幕,曹禺作为北京市文联副主席出席并致开幕词。曹禺宣布说:"根据市委的指示,我在这里正式宣布:北京市文学艺术界联合会、中国作家协会北京分会筹备委员会、中国戏剧家协会北京分会筹备委员会、中国美术家协会北京分会筹备委员会,即日起正式恢复工作。"(《在新长征的道路上作出新的贡献——记北京市文联第三届理事会第二次扩大会议》,《北京文艺》第 10 期,1978 年 10 月 10 日) 开幕词题《北京市文联第三届理事会第二次扩大会议开幕词》刊于《北京文艺》第 10 期。

9 月 16 日 京剧表演艺术家盖叫天骨灰安放仪式在杭州举行。曹禺与夏衍、巴金等送花圈。(《盖叫天骨灰安放仪式在杭州举行》,《人民日报》,1978 年 10 月 18 日)

9 月 18 日—10 月 12 日 美国著名剧作家阿瑟·密勒(也有译为阿瑟·密勒)及其夫人访问我国。"密勒夫妇在北京期间,中国人民对外友好协会副会长、著名

---

① 即今中国艺术研究院。

戏剧家夏衍设宴招待,欢迎他们来我国访问,我国著名戏剧家曹禺、金山等作陪。"

（《阿瑟·密勒来我国访问》,《外国戏剧资料》1979 年第 1 期）

访问期间,阿瑟·密勒与曹禺多有交往,他在《中国见闻》(《在中国》)中是这样描述的:

当时我们的中国之旅才刚刚开始,我还不知道接下来很快会了解到的情况:跟法国人一样,中国人对出国旅游兴趣不大,因为他们认为自己的国家是世界的中心。只有干旱、洪涝、饥荒等一些极端的环境才会把他们送出国去,他们很少是因为好奇才走出国门。

我曾问过中国诗人、剧作家曹禺先生:"你读过很多外国文学作品吗?"

"看过一些。"

"美国的呢?"

"作家协会只有一本美国的译作。"

"是哪本?"

"《海鸥乔纳森》。但目前为止还只有作协成员才能读到它,公众都不行。"

"这是唯一一本最近翻译过来的美国书籍吗?"

"我还读过《爱情故事》。你对那些书怎么看?"

从他的表情上看不出他是想要我褒奖翻译这些书的中国人,还是要证实他个人对这些书的很低的评价。我说:"这些书还行,但我们还有更好的书。"他点了点头。"你知道为什么要选这些书翻译吗?"

"因为他们太流行了。人们认为这些书有助于我们了解美国人。"

"哦……"

在这个阳光明媚的下午,我们面对面坐着,对于面前这位作家的无知,我感到震惊,于是我想到了一则流传多时的有关英国人的笑话,就是关于伦敦头条新闻的那则:"浓雾——孤立的大陆。"有多少我认识的中国作家,能够像我一样自由地阅读任何国家的作品? 中国人口接近 10 亿,是人类总人口的 1/4,而美国人口大概只有 2 亿,难道他与我相比更应该抱有狭隘的偏见吗? 事实上,他的同胞比欧洲、俄罗斯和印度一半人口加起来的总和还多。我们谁的眼界更狭窄呢?

对这个问题我沉思良久,觉得是他更狭隘。(《中国见闻》,《参考消息》2007 年 7 月 3 日)

9 月 19 日　上午,在首都剧场,曹禺与黎光、刁光覃、夏淳、方程、于民带领北京人艺全院同志欢迎以许德珩、王首道、荣毅仁为首的全国政协副主席、常委、委员一行,并在一楼排练厅举行欢迎会,曹禺致词欢迎;黎光介绍剧院情况及导演、设计、主要演员等;许德珩讲话,随后,看了《女店员》一至六场连排和《忠诚》的排练,参观了《蔡文姬》的化妆室。至十一时结束。(《北京人民艺术剧院大事记》)

9月20日　晚,在首都剧场接待全国政协有关领导和北京市委领导观看《蔡文姬》。(同前)

9月21日　晚,在首都剧场陪同美国著名作家阿瑟·密勒及夫人观看《蔡文姬》,演出结束,上台与演员会见、合影,并到化妆室与演员交谈。(同前) 据阿瑟·密勒文述:

> 我……在观看了郭沫若的《蔡文姬》演出之后,北京人民艺术剧院的六十八岁导演①坚邀我同演员们一起座谈这出戏。……

> 导演曹禺年已六十多了……他叫演员们安静下来,听我详谈对演出的意见。我怕的就是这个。这出戏不管怎么富有异国情调,但没完没了的重复,使我感到沉闷。从我察觉到的观众的情绪来看,重复在中文里也是重复。

> "坦率地说,"我说,"我想大概是由于我不熟悉你们的历史,但是我必须告诉你们,这个剧本本身使我感到沉闷。"演员们的脸上马上掠过了惊讶的表情。当然,他们仍穿着华丽的中世纪服装,他们脸上的化妆更加突出了他们的表情。

> 曹禺惊讶地张大眼睛说,"你为什么认为它使你感到沉闷,你能谈一谈吗?"他是用英文说的,因为他在三十年代到过美国,有机会欣赏奥尼尔的剧作。他的两个著名剧本《日出》和《雷雨》,我早一天就读过了,觉得是描写三十年代早期腐朽的中国的上海生活的动人悲剧。说真的,以曹禺的内行,使我感到放心,可以大胆得近乎发疯地批评起一般被认为是伟大杰作的一个中国剧本。

> "我认为,"我答道,"在头一个小时内,故事就讲了四遍,可能是五遍。每次都有另外一批角色讲一遍,但每次都没有增添什么新内容。"

> 曹禺稍为沉默一下就马上跳起来高叫"好啊!",这时全体演员都鼓起掌来,向我拼命点头。"我们在这里苦苦思索了六个月,要想弄明白为什么这个戏这么沉闷,可是他看了一遍就能告诉我们!"演员们都高兴至极,七嘴八舌地怪起作者来,他们说话很快,但是含意是我很熟悉的,不等苏光翻译给我听,我就懂得了。

---

① 《蔡文姬》一剧原导演是焦菊隐,而非曹禺,这次演出是"文革"后重排。

"你是不是在这里呆一个星期把它改编一下?"曹禺建议道,演员们又鼓掌,点头表示赞成。分手的时候,我心里想,我们这么容易就能够互相了解真是难得,只有剧场才有这种普遍性的规律。不过当然,医生也是这样,而且物理学家、各种专业的人都生活在基本上相同的天地里,不分国籍或制度,只是我们的历史才有这样大的不同,使我们处于这样多种的成就、力量、软弱的水平上。(《阿瑟·密勒评〈丹心谱〉、〈蔡文姬〉、〈彼岸〉》。按:该文系阿瑟·密勒访华返美后所作《在中国》中的"第八节",全文发表于美国《大西洋月刊》1979 年 3 月号)

9 月 23 日　晚,在首都剧场陪同阿瑟·密勒和夫人,日本著名演员河原崎长十郎及夫人观看《丹心谱》,散场后,上台会见演员并合影。(《北京人民艺术剧院大事记》)

是月　王朝闻拜访曹禺,请他谈谈创作《雷雨》的经过,曹禺作了两小时长谈,谈到他对剧中人物非常熟悉,他的创作思想以及他对《雷雨》的人物创造和艺术技巧的运用,后由王育生整理题为《曹禺谈〈雷雨〉》,在 1979 年《人民戏剧》第 3 期发表。

是月　一个星期天,青年作者鲁刚到曹禺家拜访,恰先生因事不在。当天下午,在北京电影制片厂招待所,鲁刚接曹禺先生电话,约次日"下午来北影厂见我"。"次日下午不到两点,曹禺来了,北影厂的大部分领导都在厂门口迎接,然后一起到招待所,我则在招待所门口等着——这是遵从北影厂的安排,说是先让厂领导跟曹禺先生见见面,然后再到招待所见我。"(《拜见曹禺》,《过去的歌谣》第 151、152 页)

9—10 月　接受(新华社)记者韩舞燕采访。访文如下:

泼墨重绘王昭君

记者访问了著名剧作家曹禺。这位六十八岁的老人,新近从新疆草原风尘仆仆归来。

谈起充满奇异色彩的山上湖——天池,谈起景色秀丽的伊犁河谷,谈起著名的赛里木湖畔金色的草原,曹禺是那样的兴奋,那样的热情澎湃。他还叫他的女儿把在新疆拍的照片拿给记者看。记者看到曹禺骑马、跳舞的照片,不禁赞叹:哪像个年逾花甲的人呵! 曹老笑着说:"我还在赛里木湖畔牧民的帐篷里宿了一夜哩。多么好啊,那醉人的马奶酒,那牧民们弹唱的史诗一般的民歌,那些美丽的民间传说,真叫人难忘!"

到新疆去,曹禺是为了追踪我国古代兄弟民族交往的足迹,搜寻古代兄弟民族友好团结的佳事。从内蒙古草原到河西走廊,到天山南北路,是古代汉民族同西部兄弟民族交往的通道。

"这次西行收获不小,"曹禺说,"同我两次到内蒙古草原之行一样,深深体验到我国各兄弟民族间那种悠久、真诚、亲密的友爱和团结。"

"昭君出塞",千百年来成为多少诗人、画家、音乐家、戏剧家和民间说唱家们创作的题材,写出了多少脍炙人口的感人篇章。人们按照各人的经历和愿望,塑造了王昭君的形象,大多数人把她描绘成远离故乡、远嫁异族、悲切凄惨的女子。历史上真实的王昭君究竟是什么样的人物?古今作家、历史家们发表了种种见解。

敬爱的周总理以他渊博的历史知识,深邃的目光,给了一个马克思主义的回答:王昭君,是个应肯定的人物,发展中华民族大家庭有贡献的人物。周总理建议曹禺写一个王昭君的剧,促进我国各民族的团结与文化交流。

曹禺高兴地接受了周总理亲自交下来的任务。

从那一天起,曹老就投身于这项工作中。他翻阅了浩繁的史料,并且两次到内蒙古草原,参观昭君墓,搜集民间传说故事,踏看王昭君生前活动过的地方,并且着手写出了前两幕。但是,林彪、"四人帮"的疯狂破坏,打断了他的计划。曹老受到冲击,搜集多年的资料散失。幸好,剧本前两幕的初稿保存下来了。粉碎"四人帮"以后,曹禺重新开始了这项创作工作。到新疆去,就是为了到兄弟民族中去体验团结友好的感情。曹禺说:"是为了写《王昭君》,为了完成周总理的嘱托。"

话题又转回到王昭君身上,曹禺说,昭君出塞,完全不是什么悲悲切切的人间惨剧,不,这是兄弟民族大团结的一曲颂歌。西北地区与内蒙古流传着的那感人肺腑的民间故事,说明那里人民是多么怀念、尊敬王昭君。写王昭君,讴歌我国历史上的民族大团结,是为了鼓舞今日各族人民团结起来,为在我国实现四个现代化而努力奋斗。曹禺说:"我想,这或者是周总理委托我写《王昭君》的用意吧!"

在新疆,曹禺写完了《王昭君》剧本最后一幕的初稿。回到北京,他正在努力修改。

"可以看一看吗?"记者问。

"不,不。这还需要多次的修改,"曹禺笑着,摆着手说,"你还是等着看舞台上新的王昭君吧!"

那么好吧,我们殷切地期待着曹老的新剧本早日问世,早日演出!(《晚秋红叶正浓时——访几位老文艺家》)

10 月 8 日　在《北京日报》发表散文《怀念老舍先生》。后收入《往事与哀思》、

《论戏剧》和《曹禺全集》第 6 卷。

10 月 10 日　下午,出席北京人艺"文革"后新组建的艺术委员会第一次会议。会上,曹禺谈道:"北京人民艺术剧院是代表国家的四个重点剧院之一,全体同志都应当把它搞好。每个人都要把剧院看成宝贝,当成眼珠子一样爱护。请求各位向全院作宣传,并做出表率来对它要重视再重视。""我和中国剧协谈过:《人民戏剧》过去注意了批评表扬剧本、导演、表演、设计等。但还不够,还要批评表扬灯光、效果、化妆、服装道具等。我们北京人艺有这样的人才,有这样的大人才! 这样的人才要表扬、要介绍。他们是无名英雄应该好好表扬,应该让他们把自己的心得写出来。这样《人民戏剧》的约稿面就宽了。他们答应了,将来他们会知道这些东西的重要性。"(《北京人民艺术剧院大事记》)

是日　《北京文艺》第 10 期刊曹禺在北京市文联第三届理事会第二次扩大会议上的开幕词。后收入《曹禺全集》第 5 卷。

10 月 12 日　为即将由四川人民出版社出版的《王昭君》单行本作《献辞》。文说:"敬爱的周总理生前交给我这个任务,写王昭君历史剧。我领会周总理的意思,是用这个题材歌颂我国各民族的团结和民族之间的文化交流。"还说:"我把这个剧本献给祖国国庆三十周年,并且用它来纪念我们的敬爱的周总理。"

10 月 16 日　北京人艺党委和艺委会全体听曹禺创作的剧本《王昭君》,曹禺参加,会上并播放先生"亲自读剧本的录音"。(《北京人民艺术剧院大事记》)

10 月 17 日　我国著名作家赵树理骨灰安放仪式在北京八宝山革命公墓举行,曹禺与成仿吾、张光年、谢冰心、李伯钊等文艺界知名人士参加。(《著名作家赵树理同志骨灰安放仪式在京举行》,《人民日报》,1978 年 10 月 21 日)

10 月 18 日　《人民戏剧》第 10 期刊《话剧〈杨开慧〉座谈撷英》,并加"编者按":"话剧《杨开慧》在创作和排演过程中,曾多次召开座谈会,广泛征求意见。参加座谈会的有老一辈革命家、文艺工作者和工农兵群众。……这里发表的几位同志的发言摘要,是从几次座谈记录中选出来的,整理时本刊作了删节。"后本文收入《曹禺全集》第 5 卷。

本期还刊消息《最近重新出版的几种戏剧集》:"最近人民文学出版社和上海译文出版社,先后出版了国内外戏剧家的剧本选集和全集。""《曹禺选集》是根据一九六一年出版本重印的,收入曹禺同志的三部名剧:《雷雨》《日出》《北京人》。这次再版,作者自己写了一篇后记。"

10 月 20—25 日　《人民文学》、《诗刊》和《文艺报》三刊物编委会在北京远东饭店召开联席会议。会上各位编委本着真理标准问题讨论的精神,对新时期文学

的一些重要问题坦率地发表了意见。曹禺作为中国作协书记处书记与张光年、刘白羽、魏巍、冰心、唐弢等出席并发言。曹禺说:

> 刊物办得所以不够劲,主要是忘了将来。我们不光是摇旗呐喊,要从实际出发,干出东西来。没有生活,就产生不了《忆向阳》那样的好诗。作家要拿出作品来提倡。评论家要拿批评的激情来指路。评论家太重要了。《文艺报》作为评论的机构,《人民文学》《诗刊》作为作品的战场,需要有人来干,需要有马列主义的人来干。出了个《班主任》,好,又出了一批同类的作品,但高于这个作品的不多。缺点要谈。《人民日报》爱看了,因为它谈缺点。《文艺报》应谈谈过去的不足,就怕认为自己了不起。整个空气是放,是民主。再不干,对不起党。要敢于说话,不哗众取宠。当然也不能光说缺点,不说成绩。(《坚决贯彻"双百"方针认真实行文艺民主》,《人民日报》,1978 年 11 月 24 日;《真理标准讨论与新时期文学命运——〈人民文学〉〈诗刊〉〈文艺报〉1978 年 10 月编委联席会议纪要》,《红岩》第 1 期,1999 年 1 月 6 日)

11 月 24 日《人民日报》以《坚决贯彻"双百"方针,认真实行文艺民主》为题,报道了这次会议:

> 在三个刊物的编委联席会议上,作家、文艺理论家、诗人们,联系文艺工作实际,对实践是检验真理的唯一标准问题,展开了热烈的讨论。大家认为,思想战线的这场讨论,不仅仅是哲学问题,而是涉及各条战线的重大问题,文艺也毫不例外。要使社会主义文艺事业繁荣发展,必须从当前的实际出发,旗帜鲜明地站在为实现四个现代化的斗争的前列。历史就是这样尖锐地向我们提出了这个战斗的任务。文艺、文艺期刊要在实现四个现代化这场伟大的深刻的革命中当闯将,在意识形态领域里起扫清障碍、为四个现代化服务的作用。作家、艺术家应当深入三大革命运动实践,从社会生活实际出发,写出无愧于我们这个伟大时代的作品。
>
> 为时四天的座谈会,开得生动活泼,思想解放,充满民主的空气。发言的同志都讲老实话,讲真心话,畅所欲言,无拘无束。

10 月 27 日　上午,郭沫若著作编辑出版委员会在北京正式成立,并召开第一次编委会议。周扬任主任,曹禺与于立群、尹达、冯乃超、冯至、任白戈、成仿吾、刘大年、张光年、李一氓、李初梨、沙汀、宗白华、茅以升、茅盾、林林、林默涵、郑伯奇、胡愈之、侯外庐、钱三强、夏衍、夏鼐等为委员,并出席会议,会上,"周扬同志对编辑出版郭沫若著作的意义、方针和方法等讲了话,委员们充分发表了意见。"(《郭沫若著作编辑出版委员会正式成立》,《人民日报》,1978 年 10 月 28 日)

10 月 30 日　中国戏剧家协会召开《甜蜜的事业》^①座谈会。曹禺与吴雪、凤子、欧阳山尊、王玉成、张逸生、刘达华、赵健等参会并发言。会上，"他们称赞这个戏是一朵鲜花，从剧本到演出形式都有创造。大家认为，剧本提出计划生育问题在当前实现四个现代化的斗争中具有重要意义。"（《中国剧协召开喜剧〈甜蜜的事业〉座谈会》，《人民戏剧》第 12 期，1978 年 12 月 18 日）

是月　为三联书店成立三十周年题词："海上明珠。"（《生活·读书·新知三联书店成立三十周年纪念集》）

11 月 2 日　下午，往北京八宝山革命公墓，与夏衍、李伯钊、李世济、金山、凤子等戏剧界人士参加齐燕铭追悼大会。（《齐燕铭同志追悼会在北京举行》，《人民日报》，1978 年 11 月 3 日）

11 月 3 日　中国戏剧家协会召开吉剧座谈会，座谈吉林省吉剧团在京演出的四个传统折子戏《包公赔情》、《搬窑》、《闺戏》、《燕青卖线》，曹禺作为剧协副主席出席并主持会议。（《首都戏剧界称赞吉剧》，《人民戏剧》1978 年第 12 期）会上，曹禺说："三个戏，我最喜欢《包公赔情》。当然都不错。《闺戏》活泼，三个姑娘，三种性格。《燕青卖线》武丑演得好。我看过京剧《赤桑镇》，没给我留下什么印象。看了吉剧的《包公赔情》，使我产生了不起的感觉。它人民性强，表现了人物崇高的精神境界。"（《首都戏剧界关于吉剧的座谈纪要》，《吉林日报》，1978 年 12 月 8 日）后曹禺发言题为《一朵美的鲜花（代序）》^②收入《王肯研究资料汇编》，后题为《谈吉剧》收入《曹禺全集》第 5 卷。

11 月 6 日　巴金致信曹禺。信说："介绍宗福先同志来看你。他是《于无声处》的作者，这个戏你一定要看看。如果你还有时间，希望你同他谈谈。他喜欢你的作品，看来他对你的作品还下过功夫。你同他谈谈，对他会有帮助。"（《曹禺巴金书简》）

11 月 10 日　上午，为欢迎上海工人文化宫业余话剧学习班来北京演出话剧《于无声处》，《人民戏剧》编辑部邀请首都戏剧界人士举行座谈会。曹禺与周巍峙、贺敬之、冯牧、吴雪、张庚、赵寻、凤子、刘厚生、白桦等参加。会上，"大家一致认为，《于无声处》是一出好戏，是粉碎'四人帮'后第一个以歌颂首都人民在天安门广场悼念周总理、同'四人帮'作斗争为题材的好作品。"（《首都戏剧界人士举行座谈会，赞扬〈于无声处〉是出好戏，全国许多剧团积极排练准备公演》，《人民日报》，1978 年 11 月 13 日）曹

①　系广西壮族自治区话剧团演出之三幕喜剧，10 月在京演出，受好评。
②　原题注："本文是曹禺同志一九七八年十一月三日在中国戏剧家协会召开的吉剧座谈会上的发言，征得本人同意，作为本书的代序。题目是编者加的。"

禺发言说:"戏的演出还没有看到,剧本读了两个晚上。真是个了不起的好戏。"
(《惊雷的回响——本刊编辑部和中国剧协先后召开话剧〈于无声处〉座谈会》,《人民戏剧》第 12
期,1978 年 12 月 18 日)

是日 下午,参加北京人艺党委、院长联席会议。研究下年度的剧目安排。正
式审定明年第一轮剧目为《王昭君》、《茶馆》、《雷雨》。(《北京人民艺术剧院大事记》)

11 月 14 日 接待宗福先来访。据曹禺文述:

> 《于无声处》的作者宗福先同志十四日由沪抵京,晚上来我家探视。这时,
> 正是首都观众望穿秋水,等待《于无声处》剧组来京演出。我和这位年轻的作
> 者会见,对我来说,是一件很有意义的事。……在这位剧作者身上,我看见了
> 祖国社会主义新时期灿烂文艺的面貌。……(《一声惊雷——赞话剧〈于无声处〉》)

据周玉明文述:

> 因为我是随团记者……记得《于无声处》剧组 11 月 14 日到京的当晚,宗
> 福先就去看望他心目中的老师、中国戏剧家协会主席、著名剧作家曹禺。……
> 曹禺认为,《于无声处》这个戏最大的特点,最成功之处是"敢说话,敢说真话,
> 说了别人想说而不敢说的话"。他高兴地拍着宗福先的肩膀说:"你的一声惊
> 雷,使我不及掩耳。北京戏剧界真正轰动了。"……他热情肯定说:"你们创造
> 了好的经验,群众先审查。像马路上交通规则一样,过马路要一慢二看三通
> 过,通过还是好的,还有不通过的。群众审查是个好经验。"(《我们是理想主义的
> 守望者》,《〈于无声处〉三十年》第 118 页)

11 月 16 日 剧评《一声惊雷——赞话剧〈于无声处〉》载《人民日报》第 3 版。
后收入《论戏剧》、《曹禺论创作》以及《曹禺全集》第 5 卷。

是日 晚,为天安门事件的英雄谱写的颂歌——四幕话剧《于无声处》,在北京
举行首场演出。曹禺与周扬、刘白羽、冯牧、张光年、李伯钊、金山等文艺界知名人
士观看演出。(《话剧〈于无声处〉在京首场演出》,《人民日报》,1978 年 11 月 17 日)

11 月 18 日 《人民戏剧》第 11 期刊报道《戏剧也要受实践的检验——中国戏
剧家协会组织讨论"实践是检验真理的唯一标准"问题》:"最近一个时期以来,关于
实践是检验真理的唯一标准的问题,正在全国范围内展开热烈的讨论。……为此,
中国戏剧家协会召开了座谈会,邀请首都和外地部分戏剧界负责人及剧作家……
参加座谈会和讨论的,有曹禺、张庚……胡小孩等二十余人。"本期还刊《对外戏剧
交流活动简讯》:"中国戏剧家协会恢复活动后,三个多月来,曹禺等人接待了日本、
澳大利亚、瑞典、美国等国家的访华的戏剧家,如美国著名剧作家阿瑟·密勒,瑞典
《每日新闻》文艺版编辑、戏剧评论家、布莱希特研究者莱夫·塞恩,日本著名表演

艺术家河原崎长十郎,同他们进行座谈,交流彼此的戏剧情况。"本期还刊发了曹禺新作《王昭君》即将发表的消息。

11 月 20 日　新编五幕历史剧《王昭君》在《人民文学》第 11 期发表。为此,11月 24 日《人民日报》以《曹禺新作〈王昭君〉问世》为题刊发报道。

11 月 21 日　中国戏剧家协会在北京工人俱乐部召开话剧《于无声处》座谈会,曹禺作为中国剧协副主席与会,并主持会议,并代表中国剧协欢迎《于无声处》剧组来京演出,他最后发言说:"年青人走在我们前面了。专业文艺工作者们,老一辈的剧作家们,接受这一挑战,写出新的好作品来吧!"(《惊雷的回响——本刊编辑部和中国戏剧家协会先后召开话剧〈于无声处〉座谈会》,《人民戏剧》第 12 期,1978 年 12 月 18 日;《〈于无声处〉给人教益引人深思》,《人民日报》,1978 年 12 月 5 日)

11 月 23 日　致信李致。信说:

迭奉来电,昨日已航挂寄去《王昭君》(《人民文学》)两本,内有付印本,改动较多,请以此付印。如仍有错讹,切望代为改正。近影,昨已托人摄照,若有可用的,当即寄去。《王昭君》的手稿,多请人抄写,若必须我的亲笔,只好抄一两页奉上。另,有几个意见,不知可否斟酌:(一)此剧的普通本,能否早印出来?因索取者较多,有单印本更好一些。(二)可否由你社请人做些插图。最好请画家仔细读了剧本再画,如画得不满意,便不做插图,也可。

《胆剑篇》正改着,印刷格式可与《王昭君》一样。我于二十九日飞沪,离京前会把《胆》剧,航寄给你。

在京事仍杂乱。但赴沪也未必能闲下来,大治之年,还应为社会主义建设多做些工作,但总以干本行、写剧本为是,不要弄些"少慢差费"的事情缠住自己。(《曹禺致李致书信》第 9、10 页)

11 月 24 日　《人民日报》刊消息《曹禺新作〈王昭君〉问世》,文前言:"曹禺笔下的王昭君,是一个有胆有识的,为促进民族团结作出突出贡献的美好形象。"消息说:

曹禺为了写好这个剧本,翻阅了浩繁的史料,阅读了古往今来许多诗人、戏剧家的作品,并且两次到内蒙古和新疆,熟悉兄弟民族的生活习俗,搜寻兄弟民族世代友好往来的故事。蒙古族中流行的许多有关王昭君的美好传说,给了曹禺的创作以很大的助益。

曹禺对记者说:"由于'四人帮'的干扰,我被迫搁笔十多年,现在总算完成了。但是我非常难过,敬爱的周总理看不到了,周总理的意见我再也听不到了。我很惭愧,不知能否写出一个为周总理赞成的王昭君。我期待读者、批评家的意见,不断修改。"

11 月 25 日 致信巴金。信说:

感谢你给我一套英文本莎士比亚。这是我多年梦寐以求,而市上极不好找的剧本。不久(大约本月卅日)将有上海一行,我想问问你关于《雷雨》首次刊登情况,有些事情与年月,我完全忘记了。

罗荪受《人民画报》之托,要写一些你生平和创作的情形,附配于整版巴金的画面。他希望你提供一些有关资料。此事,我也觉得须(需)要你大力支持。

你写给我介绍宗福先同志的信已收到,我已见到宗同志,和他谈了话。下星期中(未离京前)还要和他再谈一次。这位作者十分谦逊,而且平易可亲,写作前途未可限量。

电影《家》正在首都上演,十分轰动。特告。罗荪附笔问安。(《曹禺巴金书简》)

11 月 28 日 据乌苇·克劳特①回忆:

……1978 年 11 月 28 日,在英若诚的陪同下我在北京人艺的办公室里第一次见到了曹禺,在见面之前我遵照曹禺的嘱咐正式向单位提出了申请。曹禺满面红光,一看见我就站起来,拄着拐棍先用德语背诵了歌德和格哈特·霍普特曼的作品片段。他为自己的行动不便表示道歉,说那是在农村生活了好多年之后落下的毛病,他的夫人在农村不幸过世了。曹禺行动迟缓的样子只是一个错觉。几个月之后我再一次见到他时他不但能自己走路,而且看上去年轻多了。那时他 70 岁。后来我们经常在一起办晚会,有时在友谊宾馆我的房间里,有时在英若诚的家里或者曹禺的家里。每次晚会上只要音乐一起曹禺总是第一个站起来跳舞!没过多久他又成家了。

第一次见到曹禺之前我曾经看过一篇介绍他的文章,文章中说他通常不会对自己的作品发表任何分析和评论,当时我还有些担心,但是见了他以后我的担心很快就消失了。见面结束的时候他送给我一本英文版《雷雨》,还在上面为我写了赠言。在写我的名字之前他想了几秒钟,然后写上了"无畏"两个字。英若诚面无表情地把它的意思翻译给我听,我一下就笑了出来,然后英若诚也跟着笑了起来,最后曹禺也加入了我们的笑声中。我向他们二位表示感谢并邀请他们有时间到家里来做客,他们都痛快地答应了。(《穿越界限》第 141、142 页)

---

① 原联邦德国(西德)人士。1974 年,年轻的乌苇·克劳特应中国外文出版社聘请来到中国工作,任德语专家。在中国工作期间,结交不少文艺界朋友,为中德文化交流做了不少工作,1984 年与中国演员沈丹萍结为伉俪,至今。

11 月 29 日　中午,宴请以杉村春子为团长的日本演剧人友好访华团一行十三人。晚,与欧阳山尊等陪同日本访华团观看《蔡文姬》。(《北京人民艺术剧院大事记》)

是日　在北京人民艺术剧院与导演谈《王昭君》一剧。为了帮助导演和演员理解剧本与剧中人物,他开列了参考书目 26 种,共 29 篇文章,供学习参考。(《北京人民艺术剧院艺术档案资料》)

是日　致信李致。信说:

奉上相片①。

抄稿②容后寄,实在太忙,未写成,明(30 日)我将起飞沪,大约十天即回京。(《曹禺致李致书信》第 12 页)

11 月 30 日　致信李致。信说:

前奉上肖像一张,系《人民日报》摄影记者张雅心所作,此张已向国外发出。若能用,请刊印"张雅心摄"字样。这是他的创作。

另文稿,我由沪返京后,再誊写一张给你。(同前第 15 页)

是月　月底,与赵寻同《于无声处》作者宗福先亲切交谈。谈话题为《〈于无声处〉三人谈》刊于 1979 年 1 月 18 日《人民戏剧》第 1 期。后题为《与宗福先谈〈于无声处〉》收入《曹禺全集》第 5 卷。

12 月 3 日　致信李致。信说:

奉上手稿两页,看看是否能用?

你真能追! 居然把我追到上海,也不放!

真是个了不起的出版家。(《曹禺致李致书信》第 17 页)

是日　下午,再致信李致。信说:

明晨当再写。

草稿按你的排法,重抄一边。(同前第 22 页)

早晨奉上一信。此时才见来函。我完全同意你建议如下的排法,十分好。前信的草稿做(作)废。(同前第 25 页)

12 月 4 日　再致信李致。信说:

昨日两信,谅达。

今又奉如你们要排的式样的手稿奉上,看看能用否?(同前第 28 页)

---

①　原注:指拟用在《王昭君》书上的作者近照。
②　原注:指拟用在《王昭君》书上的作者手稿。

12 月上半月　中国戏剧家协会召开座谈会,讨论话剧《陈毅出山》。曹禺与吴雪、刘厚生、张逸生、欧阳山尊、凤子、朱寨、田川等出席,并主持会议。"到会同志一致认为这个戏在塑造老一代革命家艺术形象方面,前进了一大步。"(《中国戏剧家协会召开座谈会讨论〈陈毅出山〉》,《人民戏剧》第 1 期,1979 年 1 月 18 日;《话剧〈陈毅出山〉即将在首都公演》,《人民日报》,1978 年 12 月 16 日)

12 月 15 日　茅盾致信曹禺。信说:"嘱写小幅,兹已写得,请正。因不知您的住址,只好挂号寄由文联转让,收到后请回示。"(《茅盾书简(九封)》,《茅盾研究》第 2 辑第 73 页)

12 月 17 日　致信巴金。信说:

不知说什么好,在飞机站上看见你和我招手,还是觉得你老了一些。我心里难过。我们两个老友,分别了,我总以为不知何日相见。其实,京沪两地相距不远,只两小时距离,但还是有些说不出的滋味。请你多多保重身体。我也必如此,遵照你的嘱咐。

此次赴沪,你几乎整日陪伴我。虽然话多余,我心中是十分感激的。但愿你不再见老,坚持多创作些好文章、好小说。其他活动,能推,便推。希望保佑你活到一百岁,看到 2000 年的中国,这在你自己要珍惜自己的体力与时间,你比我要更懂得多,无论在哪方面,你是我的良师、好友,我在你面前,总觉得自己是个幼稚的、不大懂事的人。

……

下星期四(21 日)晚 7:50 起,有彩色电视《访问曹禺》,望你看看,据说是北京电视台,但可能在上海转播。如此,你我二人又相见一次。

茅盾前辈送我手书小条幅一帧,我将裱它一下。你是否也用宣纸给我写一条幅,我将藏起来,盼极!(《曹禺巴金书简》)

是日　致信李致。信说:

十六日飞京。王昭君(《王昭君》)仍在改中。容后寄。但剧本中"献辞"有一句必须改为"我把这个剧本献给祖国国庆三十周年,并用它来献给我们的敬爱的周总理。"

第二个"献给",原为"纪念"二字。

信后附言:

《胆剑篇》是否再印? 望告。(《曹禺致李致书信》第 30 页)

12 月 18 日　在《人民戏剧》第 12 期发表《关于话剧〈王昭君〉的创作》一文,文尾注:"本文是曹禺同志在文化部文学艺术研究院召开的'历史剧与民族关系座谈会'上的发言摘要,题目是编者加的。"收入《论戏剧》及《曹禺全集》第 5 卷。关于《王昭君》创作背景,据周而复撰文:"《王昭君》是曹禺创作的另一部历史剧。我陪周总理和乌兰夫副总理观看人民艺术剧院演出郭沫若同志的《蔡文姬》以后,乌兰夫同志建议曹禺写王昭君。……他提出建议,周总理认为王昭君值得写,并提出汉族姑娘为什么不能嫁给少数民族,各个民族之间一律平等,汉族与少数民族通婚是正常的,不应有所歧视,鼓励曹禺执笔。"(《曹禺创作思想的轨迹》)

本期刊综合报道《惊雷的回响——本刊编辑部和中国戏剧家协会先后召开话剧〈于无声处〉座谈会》,文前加"编者按",刊发与会同志在两次座谈会上的发言摘要及会议报道。曹禺发言后题为《惊雷的回响——在〈人民戏剧〉编辑部和中国戏剧家协会先后召开话剧〈于无声处〉座谈会上的发言》收入《曹禺全集》第 5 卷。

12 月 21 日　上午,为纪念萧长华诞辰一百周年,中国剧协、中国戏曲研究院在中国戏曲学院召开座谈会,曹禺作为剧协副主席出席并主持会议。(《中国戏曲学院中国戏剧家协会,为萧长华百岁诞辰举行纪念活动》,《人民戏剧》第 1 期,1979 年 1 月 18 日)其讲话录音经整理题为《萧老的一生是光辉灿烂的——在纪念萧长华先生诞辰 100 周年座谈会上的讲话》收入《萧长华艺术评论集》。

12 月 22 日　《人民日报》刊消息《北京文化局平反昭雪工作进展快,为被林彪、"四人帮"迫害致死的马连良、荀慧生等著名艺术家平反昭雪,为受诬陷迫害的曹禺等一大批干部和知识分子落实政策》。

12 月 24 日　下午,彭德怀、陶铸追悼会在北京人民大会堂隆重举行。曹禺作为全国人大常委会委员参加。(《彭德怀、陶铸同志追悼大会隆重举行》,《人民日报》,1978 年 12 月 25 日)

12 月 25 日　据新华社北京 25 日电:"最近全国妇联举行了茶会,邀请在首都的文化艺术界知名人士,座谈用社会主义思想处理婚姻和家庭问题。"曹禺与李伯钊、谢冰心、严文井、陶钝、草明、曾克、狄辛、邓玉华、兰光、胡絜青等文化艺术界知名人士参加。(《为改变社会风尚努力创作文艺作品》,《人民日报》,1978 年 12 月 27 日)

12 月 26 日　西安话剧院在北京演出话剧《西安事变》,曹禺与杨尚昆、姚仲明、周而复、欧阳山尊等观看,并接见全体演职人员。(《陕西省志·文化艺术志》第 88 页)

是日　经中央政治局批准,中央戏剧学院恢复建制,曹禺任名誉院长,李伯钊为顾问,金山任院长。(《中央戏剧学院介绍》,《北京艺术》1982 年第 5 期)

12 月 27 日　在《光明日报》发表散文《为了那一天》,该文系曹禺为祝贺党的十一届三中全会召开而作。后收入《曹禺全集》第 6 卷。

12 月 31 日　晚,北京人艺举办新年晚会,曹禺出席并致新年祝词。(《北京人民艺术剧院大事记》)

是月　在上海。据魏绍昌回忆:

……一九七八年十二月,曹禺和他的女儿万方来上海,我才和他重新见面,不久他因有急事返京,巴金是去机场送行的。

临去前,曹禺留下两本刊登他新作《王昭君》剧本的《人民文学》,一本给我,一本给李玉茹,都是托巴金女儿小林转交的,因此我知道李玉茹也见过他了。……(《〈随想录〉读后杂写》)

其间,曹禺由任德耀陪着去看望李玉茹。据李玉茹回忆:

"文革"后,第一次见面是 1978 年。我为他在"文革"后写出《王昭君》十分高兴,本打算改编成京剧。他到上海是因为谢晋要把《王昭君》搬上银幕,请他来的。这次见面,不是 1953 年那个印象了,虽然他老了,衰弱了,但是当年那种感情的痕迹,那个样子又出现了。……(《苦闷的灵魂——曹禺访谈录》第 282、283 页)

其间,接受《解放日报》汤娟访问。据汤娟记述:"一个冬日的下午,阳光洒满大地。我怀着敬慕的心情,拜访了戏剧界老前辈曹禺同志。他是应上海电影制片厂的邀请来上海改编《王昭君》的电影剧本的。"采访题为《曹禺同志谈新作〈王昭君〉》刊于 1979 年 2 月 4 日《解放日报》。

是月　某日,在北京三里屯 24 楼 3 门 4 号家中接待学者胡叔和。(《忆曹禺》,《倾听雷雨——曹禺纪念集》第 183、184 页)

是月　广州话剧团演出曹禺的《雷雨》。导演孙风,舞台设计杜星,演员张健翎、谭尧中、苏江南、黄健、高钿、于伟夫等。(《重建十年来的广州话剧团》,《广东话剧运动史料集》第 3 集第 112 页)

1979 年 七十岁

1月,同读者阔别三十年的《剧本》月刊复刊。《人民戏剧》同时改版。《人民戏剧》、《剧本》都是戏剧专业刊物。改版后的《人民戏剧》以发表戏剧评论为主,并且刊载编剧、导演、演员以及舞台美术创作经验,开展艺术创作问题的讨论和争鸣,介绍国内外戏剧动态和各种戏剧流派及其代表人物。《剧本》月刊以发表作品为主,兼载戏剧文学评论及剧作经验等。

1月25日,郑伯奇因病在陕西逝世,终年84岁。

3月,中组部中宣部文化部文联召开文艺界落实知识分子政策座谈会。

4月1日,《上海戏剧》复刊,双月刊。

6月18日至7月1日,全国人民代表大会五届二次会议在北京召开,会议通过了全国工作重点转移和对国民经济实行调整、改革、整顿、提高的方针。

7月15日,《民族团结》复刊。2001年更名为《中国民族》。

1月2日 巴金作《再谈〈望乡〉》。文中谈及曹禺对《望乡》的一些了解:"曹禺最近来上海,闲谈起来,他告诉我,不久前他接待过几位日本影剧界的朋友,他们谈了一些关于《望乡》的事情。据说《望乡》给送来中国之前曾由影片导演剪去一部分,为了使这影片较容易为中国观众接受。……曹禺还听说,这部影片有些镜头是在南洋拍摄的,在拍摄的时候导演、演员、工作人员都吃了苦头,这说明影片的全体工作人员都非常严肃认真……"(《随想录》第1集)

1月5日 文化部主办的"建国三十周年献礼演出"在北京揭幕。至1980年2月9日结束。参加演出的话剧有《西安事变》、《陈毅出山》、《茶馆》、《王昭君》等。
(《建国三十周年献礼演出戏剧巡礼》,《中国戏剧年鉴1981》第94页)

1月6日 上午,在北京人艺给《王昭君》剧组讲剧本的创作构思、创作经过和有关该剧的历史资料。(《北京人民艺术剧院大事记》)

是日 晚,文化部设宴欢迎日本歌舞伎访华使节团。曹禺与黄镇、周巍峙、周而复、张海峰、毛联珏、夏衍、林林、吕骥、李和曾、袁世海、赵燕侠、李世济等出席。
(《文化部设宴欢迎日本歌舞伎访华使节团》,《人民日报》,1979年1月7日)

1月8日 晚,往首都剧场,出席日本歌舞伎演出开幕式,并观看演出。(《北京人民艺术剧院大事记》)

是日 在《北京日报》发表《今日送来长相欢》一文,该文系曹禺为欢迎日本歌舞伎访华使节团所作。后收入《曹禺全集》第6卷。

1月9日 下午,中国人民对外友好协会举行招待会,热烈庆祝中美建立外交关系。曹禺与吴作人、戴爱莲、吕骥、刘白羽等文艺界人士出席。(《对外友好协会举行招待会,庆祝中美关系进入新的发展阶段》,《人民日报》,1979年1月10日)

是日 晚,日本歌舞伎访华使节团在北京举行专场演出。曹禺前往观看,并对记者说,"日本歌舞伎的音乐、舞蹈、演技以至舞台设计都是很优美的、精湛的。它同我国的传统京剧有不少相似之处。"(《日本歌舞伎访华使节团在京专场演出》,《人民日报》,1979年1月10日)

1月10日 晚,和北京人艺党委、院长、艺委会剧本研究组、剧本组诸人听英若诚读美国作家阿瑟·密勒的剧本《推销员之死》,听后一致认为是一部好戏,应考虑列入剧目计划。(《北京人民艺术剧院大事记》)

是日 致信巴金。信说:

> 得来信并照片。幸得我二人同照一张,置诸桌面,如相见。你我都有些老,你尤甚。远行巴黎,切望不可住久,家中人,国内人,都惦念你!早早回来,免得人着急。今年我也可能出国,何时何地尚不可知,许多事知其不可行而行,这是一件。在京,还是那样。开会,写短文,见外友,实不胜数,总要事渐大,做一件是一件,实不想推托。但写剧本事未尝忘;你的话,我总要记住。忽发奇想,真想写本小说,作为最后"冲刺"。可见如何昏聩!

> 明日入三九,天气冷,请多穿些衣服,不要又感冒,真是惦念之极。告小林,《收获》稿,常在心中,然这些日,常来"苛捐杂税",只有瞎写,最近,又得写老舍八十诞辰一文,是党报约的,时间迫,不得不先写。为《收获》文,定会写得长,请你修改。我有些东西常是你改的,想起来,又是几十年前事,颇有些感慨。总想到上海去,见你与其他老朋友。弥来,越过,越有些多情,我有些冲动,有些伤感。难道是"回光返照"么。据说全国文艺界代表大会将在四月开。时间不巧,你在法国,恐不能相见也。……(《曹禺巴金书简》)

1月12日 《文艺报》编辑部和《电影艺术》编辑部联合邀请首都和在京的部分文艺工作者举行座谈会,学习和讨论周恩来在一九六一年六月十九日《在文艺工作座谈会和故事片创作会议上的讲话》^①。曹禺与张骏祥、陈荒煤、阳翰笙、周而复、赵朴初、艾青、李陀、于兰、夏衍、江丰、谢冰心、陈涌、史超、冯牧、袁文殊等出席，并发言。曹禺说，"周总理经常批评教育我，我听了很难受，感到自己工作没有做好。但同时又觉得很亲切，因为他讲得正确，我很心服，下次还想找他谈。有的同志说，总理不仅注意造成一种民主、平等的气氛，同文艺工作者亲切交谈；更重要的是，他谈话的内容事先都作了充分准备，从多方面找人了解情况，调查研究，听取意见，从不下车伊始，乱说一通。他发表意见时，也是用商量的口吻，不把个人的意见强加于人，一旦发觉别人的意见有道理，就修正自己的看法。同志们颇有感触地说，像周总理这样的民主作风，很值得我们某些领导同志认真学习。"（《认真学习周总理讲话，繁荣社会主义文艺》，《人民日报》，1979 年 2 月 6 日）

1 月 14 日　《人民日报》刊吴祖光诗作《读〈王昭君〉》：

读曹禺同志新作《王昭君》，写得入情入理，有声有色，信是大家手笔，钦服之余，喜成一绝：

巧妇能为无米炊，万家宝笔有惊雷；从今不许昭君怨，一路春风到北陲。

是日　致信李致。信说：

我实在忙得可以，不仅是各种会要开，而且各种必须写的稿件要写。

天天欠债，天天焦头烂额，以致忘给你寄信，无论如何，不回信总是错误的。请原谅。

《胆剑篇》改稿，过些天才能寄去，又耽误一段时间，这一年会比你我所想的还要忙一些，以致快成了一个"大人物"了，这种架子实在不好，确是坏作风！

（《曹禺致李致书信》第 33 页）

1 月 16 日　《南开大学学报》第 1 期辟专栏"曹禺新作《王昭君》笔谈"刊发宁宗一《〈王昭君〉为我们提供的历史剧创作经验》、杨成福《一幅真实的历史画卷》、薛宝琨《精美的剧诗》、焦尚志《浓墨重彩绘昭君》等文章。

1 月 16—18 日　香港青年话剧社在香港大会堂剧院演出《雷雨》。据文述："那次的演出，剧本是经过一些修改的，主要是作了一些更适合香港人生活节奏习惯的迁就，亦都是更加符合本地的演出条件。"（《香港青年话剧社演出〈雷雨〉追记》，《曹禺、王昭君及其他》第 72 页）

1 月 18 日　在《人民戏剧》第 1 期发表散文《让中美友谊之花盛开》（署名中国

---

①　这篇文章同时刊于《文艺报》1979 第 2 期（2 月 12 日）、《电影艺术》1979 年第 1 期（2 月 12 日）。但新华社 2 月 5 日电（2 月 6 日《人民日报》转），报道说《文艺报》、《电影艺术》全文发表了该文，并且组织文艺工作者学习讨论。这种提前报道，不知何故。

戏剧家协会副主席曹禺）。该文系曹禺为庆祝中美建交并欢迎美国剧作家阿瑟·密勒来访而作。收入《论戏剧》和《曹禺全集》第 6 卷。本期还刊《〈于无声处〉三人谈》。

1 月 20 日 《王昭君》导演梅阡、苏民，演员李婉芬、顾威、刘骏、张馨、郭莘华、梁月军、齐继华等赴内蒙呼和浩特体验生活。（《北京人民艺术剧院大事记》）

是日 因"文革"停刊多年的《大众电影》复刊。复刊第 1 期题为《从"望乡"谈起》编发曹禺等人对电影《望乡》的意见。后曹禺谈话题为《大胆地睁开眼睛——谈〈望乡〉》收入《曹禺全集》第 5 卷。

1 月 22 日 巴金作随笔《"毒草病"》。文及：

> 我最近写信给曹禺，信内有这样的话："希望你丢开那些杂事，多写几个戏，甚至写一两本小说（因为你说你想写一本小说）。我记得屠格涅夫患病垂危，在病榻上写信给托尔斯泰，求他不要丢开文学创作，希望他继续写小说。我不是屠格涅夫，你也不是托尔斯泰，我又不曾躺在病床上。但是我要劝你多写，多写你自己多年来想写的东西。你比我有才华，你是一个好的艺术家，我却不是。你得少开会，少写表态文章，多给后人留一点东西，把你心灵中的宝贝全交出来，贡献给我们社会主义祖国。……"
>
> 我不想现在就谈曹禺。我只说两三句话，我读了他最近完成的《王昭君》，想了许久，头两场写得多么好，多么深。孙美人这个人物使我想起许多事情。还有他在抗战胜利前不久写过一个戏（《桥》），只写了两幕，后来他去美国"讲学"就搁下了，回来后也没有续写。第二幕闭幕前炼钢炉发生故事，工程师受伤，他写得紧张，生动，我读了一遍，至今还不能忘记，我希望他、我劝他把《桥》写完。（香港《大公报》，1979 年 2 月 12 日）

1 月 24 日 下午，中国作家协会在北京新侨饭店举行中外文学家春节茶话会。曹禺与楚图南、周扬、刘白羽、张光年、冰心、周而复、贺敬之、周巍峙、臧克家、严文井、林林、朱子奇、陈荒煤、唐弢、艾青、戈宝权、叶君健、姚雪垠、李季、冯牧、杜鹏程、舒群、白桦等中国作家出席。（《为实现祖国四化和统一大业共同奋斗》，《人民日报》，1979 年 1 月 25 日）

1 月 25 日 下午，中国剧协在北京新侨饭店举行新春茶话会。曹禺出席并致新春祝词，"他说，多少年来，敬爱的周总理、人大常委会副委员长邓颖超同志亲临这个盛会，给全体同志以极大鼓舞。周总理和邓大姐一直关心我们，我们从心底里热爱周总理，热爱邓大姐。今天，邓大姐又来到我们中间，我们感到是自己的亲人来了！看到邓大姐这样健康，精神这样好，真是太高兴了。我们愿邓大姐多多保重,能常与我们见面。""他说,今天的团聚,来之不易。今天的盛会,既是庆贺新春,也是显示团结,更是迎接祖国的四个现代化建设。我们要用戏剧的武器,在新长征中努力战斗。时代要求我们解放思想,人民要求我们大胆创新。我们虽然取得一些成绩,但还差得很远,必须下苦功,写好戏,演好戏,为新时期的总任务大唱赞歌。"(《戏剧家的眼泪和欢笑》,《人民日报》,1979 年 1 月 31 日;《佳节迎亲人茶会庆新春——记中国戏剧家协会一九七九年迎春盛会》,《人民戏剧》第 2 期,1979 年 2 月 18 日)

1 月 26 日　北京人艺春节晚会的筹备工作基本就绪。经联系,邓颖超等领导同志准备参加除夕晚会。曹禺院长叮嘱做好接待准备。(《北京人民艺术剧院大事记》)

1 月 27 日　春节除夕,北京人艺在首都剧场举行春节联欢晚会,曹禺陪同邓颖超参加。(同前)

1 月 28 日　在《人民日报》发表《向台湾同胞拜年》一文。收入《中学语文阅读文选》,后收入《曹禺全集》第 6 卷。

是日　《人民日报》刊茅盾诗作《赠曹禺》:

> 当年海上惊雷雨,雾散云开明朗天。
>
> 阅尽风霜君更健,昭君今继越王篇。
>
> 　三十年代末,《雷雨》在上海演出,震惊剧坛。《明朗的天》为曹禺同志在解放后所写第一个话剧,《胆剑篇》是他所写的第一个历史剧。——作者附注

是月　参加《诗刊》大型报告会。据屠岸口述:

> 1979 年 1 月,在《诗刊》举行的大型报告会上,遇见曹禺。我问曹禺还认识我吗,他说:"怎么不认识,在北戴河是邻居嘛"。我说:"那个时候,你在写《王昭君》,我早就想读,十二年后才如愿。我拿到那一期《人民文学》,一口气就看完了,真好,但是演起来恐怕太长。"他说:"那是,我只愿给读者阅读"。我说:"莎士比亚的剧本,演的时候也是要压缩的。"他说:"对,《哈姆雷特》演出时只演一半,有时只演四分之一。"(《回忆田汉与曹禺》)

是月　《家》由上海文艺出版社重版,收入《为了不能忘却的纪念》一文,即《后记》。

是月　旧译剧本《柔密欧与幽丽叶》由人民文学出版社再版。

2 月 4 日　《解放日报》刊汤娟采写的《曹禺同志谈新作〈王昭君〉》。后收入《曹禺全集》第 7 卷。

2 月 9 日　为纪念老舍先生八十诞辰所作《我们尊敬的老舍先生——纪念老舍先生八十诞辰》载《人民日报》第 3 版。后收入《作家的怀念》、《老舍的话剧艺术》、《论戏剧》以及《曹禺全集》第 6 卷。

是日 新华社发文《曹禺建议出老舍先生全集》。

2月13日 著名作家郑伯奇追悼会在西安举行。据报道,"给治丧委员会发来唁电、唁函、送花圈的有……茅盾……曹禺……苏一萍等同志。"(《著名作家郑伯奇同志追悼会在西安举行》,《陕西日报》,1979年2月15日)

2月15—19日 为筹备第三次中国戏剧家协会代表会员大会,中国剧协在北京召开各地剧协分会工作会议。出席这次会议的有29个省、市、自治区剧协分会或有关部门负责人以及中国人民解放军总政治部文化部的戏剧工作者代表共35人。"这是'文化大革命'开始以来,各地剧协分会负责同志的第一次会面……与会同志一致指出:在二次剧协代表大会上认真总结一下建国三十年以来戏剧战线正反两个方面的经验教训,是非常必要的。""会议结束时,全国文联副主席周扬、阳翰笙同志,中国剧协副主席曹禺同志,文化部副部长周巍峙同志会见了与会同志,并讲了话。"(《中国剧协召开分会负责人工作会议》,《人民戏剧》第3期,1979年3月18日)

2月20日 上午,与黎光、方程、于民、蓝天野等代表北京人艺到北京展览馆吊唁刘仁①并献花圈。(《北京人民艺术剧院大事记》)

是日 下午,著名电影和戏剧导演、演员崔嵬追悼会在北京八宝山革命公墓礼堂举行。(《崔嵬同志追悼会在京举行》,《人民日报》,1979年2月23日) 曹禺与夏淳、石联星、蓝天野、于是之等参加并献花圈。(《北京人民艺术剧院大事记》)

2月21日 下午,刘仁同志追悼会在北京展览馆大厅举行。(《刘仁同志追悼会在北京举行》,《人民日报》,1979年2月22日) 曹禺与欧阳山尊、黎光等前往参加。(《北京人民艺术剧院大事记》)

2月26日 在北京礼士胡同中国剧协接待来华访问的美中学术交流委员会成员玛丽·布洛克、贾米森、罗伊·霍夫海因茨,并合影留念。(《曹禺》(画册)第154页)

2月28日 《剧本》2月号辟"学习周总理关于文艺工作的讲话"专栏,刊曹禺、丁一三、树元、赵寰等文章,曹禺文题为《几点随想》。后收入《周恩来与文艺(上)》、《论戏剧》以及《曹禺全集》第5卷。

是月 月初,为《王昭君》改编电影一事,曹禺再次去上海。王炼、谢晋两人将《王昭君》改成电影剧本后,刊于《戏剧与电影》1981年第7、8两期。

是月 五幕历史剧《王昭君》由四川人民出版社出版。四川省新华书店发行。

---

① 原中共中央华北局书记处书记、中共北京市委第二书记,因遭受林彪、"四人帮"迫害,于1973年10月26日不幸逝世,终年64岁。

内收《献辞》及《关于王昭君的创作》二文。

关于出版这个剧本。据李致回忆：

> 粉碎"四人帮"时，我在四川人民出版社任总编辑。1978 年我在庐山参加全国少儿读物座谈会，读完刊登在《人民文学》上的曹禺新作《王昭君》，激动不已。……

> 满怀激情，我到北京三里屯宿舍找到万叔叔。……提出出版《王昭君》。我把四川出版的《周总理诗十七首》和郭沫若、巴金的新著给万叔叔看，这些书的装帧设计和印刷质量首先吸引了他。正如以后他写信所说："作者可以欣赏一下自己的东西装潢在美丽、高雅的版本里。"我还表示可以在三个月内出书。万叔叔立即表示同意。

> 巴老得知我们要出版《王昭君》既为我们高兴，又多次叮咛要把书出好。也有人指责四川人民出版社是地方出版社，不该出曹禺这类大师的名著。我意识到这是出版界的一场变革和竞争，决心把书出好来回答关怀和指责，我们尽了最大的努力，终于在齐稿后三个月内，把《王昭君》的精装本送到万叔叔手中。……（《何日再倾积愫——怀念曹禺叔叔》）

据郭汉城文述：

> 当我坐在首都剧场，观看话剧《王昭君》的时候，第一个闪念就是想到我们敬爱的周总理。这个剧，是总理让曹禺同志写的。自交任务，至今已十八九年了，历尽挫折，终于功成。可是，我们的总理在哪里？我不禁向他常坐的位子望去，潸然泪下……

> 听说，曹禺同志接到出版社送来的《王昭君》剧本清样时，手捧剧本大哭，"总理啊，我总算完成您交给我的任务了！"（《一曲民族团结的颂歌》）

是月　月底，获对外文委侯甸信及赠诗《欣读〈王昭君〉》：

一

天娇代代崇青塚，绝域和亲盖战功。

凡六十年持玉帛，只缘沥胆息兵戎。

二

阴山底事拦胡马，汉共匈奴结一家。

词客只知浑不似，王嫱漠北教桑麻。

（《北京人民艺术剧院艺术档案资料》）

是月　接云南大学中文系教授马子华信，及附"读《王昭君》剧本，赋此寄万家宝先生"：

总理生前嘱殷勤，彩笔传真付曲文。

千载罗苑毛延寿，古史误解王昭君。

民族团结出紫塞，先生正义薄青云。

只因漠卿翻案剧，塚头万株草亦芬。（同前）

是月 云南滇剧院将《王昭君》改成滇戏排演。（同前）

3月2日 为《焦菊隐戏剧论文集》作序文，题为《情意深深忆菊隐——〈焦菊隐戏剧论文集〉序》，刊是年《艺术世界》丛刊第1辑。收入是年《新华文摘》第11期、《新华月报》第11期，后收入《论戏剧》、《曹禺论创作》、《人·事·艺》和《曹禺全集》第6卷。

3月3日 《广播电视节目报》刊节目预告《电台、电视台将播送优秀话剧〈雷雨〉》：电台将在17、18日分两次播送"文革"前北京人艺录音的话剧《雷雨》，演员有郑榕、于是之、朱琳、吕恩、胡宗温等；电视台将在10日第一套节目播送上海戏剧学院教师演出的四幕话剧《雷雨》，主演演员有邱世德、田世琴、雷长喜、于德光、赵兵、冯冰、赵国斌、谢文然。

3月6日 在《南方日报》发表剧评《闪闪发光的一出好戏——看〈陈毅出山〉》。收入《建国三十周年献礼演出——会刊》第2期和《曹禺全集》第5卷。

3月12日 晚，北京人艺《茶馆》彩排。曹禺邀请英国电视导演及制片人詹姆斯·巴特勒和查理·奈恩，德国朋友乌韦（苇）·克劳特及其父卡尔·盖施，英国朋友白露等来看演出。演出结束后，曹禺等陪同领导及外宾上台会见演员并合影。（《北京人民艺术剧院大事记》）

是日 《文艺报》第3期刊吴祖光《"巧妇能为无米炊"——浅谈曹禺新作〈王昭君〉》一文。为作此文，吴先生曾亲往"采访"曹禺。文中，吴祖光说：《王昭君》是曹禺同志从'文化大革命'以来搁笔十多年之后的新的里程碑。这个剧本的写成得来不易，回想这十多年的经历，真个恍如隔世。"

3月13日 上午，于立群追悼会在北京八宝山革命公墓礼堂举行。（《于立群同志追悼会在京举行》，《人民日报》，1979年3月15日）曹禺与欧阳山尊、刁光覃、朱琳等参加追悼会。（《北京人民艺术剧院大事记》）

3月18日 《人民戏剧》第3期刊《曹禺谈〈雷雨〉》。文前加编者语："去年九月，王朝闻同志拜访曹禺同志，请他谈谈创作《雷雨》的经过，曹禺同志作了两小时的长谈，内容殊为可贵。本刊征得曹禺同志同意，将记录作了整理，并经他亲自核正，发表于此。文中段落提示，为编者所加。"后收入《曹禺全集》第7卷。

3月24日 致信李致。信说：

《王昭君》新本收到，此书印得十分精致，见到的都一致说"好"。这要感谢组织工作者、印刷工人师傅、校对、设计、插图艺术家，以及所有的工作者们。这样迅速刊印出来，足见你社工作效率高，团结合作好。李致同志，你的话确是算数的。

《胆剑篇》正在付印中，我既忙又病，年近七十，此地工作杂琐异常，因此，耽误较久，但今后当尽力赶出寄去。

我们用了人民日报摄影记者张雅心同志创作，不知按规定有无些稿酬？

我等候《王昭君》的一百本。（《何日再倾积愫——怀念曹禺叔叔》）

3 月 25 日　《简谈〈雷雨〉》在《收获》第 2 期发表。后收入《曹禺全集》第 5 卷。

3 月 27 日　著名京剧表演艺术家马连良追悼会在北京举行。曹禺出席并致悼词。（《马连良、舒绣文、焦菊隐、苟慧生追悼会先后在京举行》，《人民戏剧》1979 年第 6 期）

3 月 28 日　据北京人艺记载："周瑞祥到文化部和卫生部找刘复之、钱信中两位副部长联系曹禺院长住院疗养事。经两位副部长的关照安排，于 30 日送曹禺到北京医院住院治疗。"（《北京人民艺术剧院大事记》）

4 月 6 日　致信李致。信说：

《胆剑篇》已奉上，航空寄去。略有更改。希望你们在排字、发稿时，仔细校阅，看出错字与不妥处，即请改误。

如何排印，我有些意（见），请求考虑。

①《王昭君》单行本印得很好！可否即依该本的排印与字体、大小、种种，排《胆剑篇》。

②《胆剑篇》的插图，不必再用原图，可否请人再画。但须印得清楚些。

③ 请也印一些精装本。

《王昭君》单行本至今在京书店不见，不知何故？①

……

我的新剧本尚无消息，现在既忙且病，须日后病愈，空闲时再寄。该本如能写成并发表后，是否仍请贵店印单行本，一定好好考虑。一时尚不能决定也。

各印刷所乱收一些旧稿②，开始很热烈，现已不知下落。我又记不得哪些文章给与何处，我打听一下，再向你报告。向你一再致意，十分感激。

---

① 原书注：《王昭君》1979 年 2 月出版，当年 10 月再版。

② 原书注：指曹禺的一些评论和散文，出版社拟结集出版曹禺的《论戏剧》。

《王昭君》印得那样好,我到处宣传。朋友们都很欣赏,大约稿子将源源而来,你们的努力是没有白费的。(《曹禺致李致书信》第 47 页)

4 月 8、9 日 在香港《大公报》连载《怀念我们戏剧界前辈——田汉先生》一文。题为《戏剧工作者的良师益友——怀念田汉同志》刊于是月 18 日《人民戏剧》第 4 期。后收入《曹禺全集》第 6 卷。

4 月 10 日 晚,在北京人艺接待宋任穷、贺敬之观看《茶馆》。(《北京人民艺术剧院大事记》)

4 月 11 日 下午,童第周追悼会在北京八宝山革命公墓举行,曹禺作为全国人大常委会委员参加追悼会。(《童第周同志追悼会在北京举行》,《人民日报》,1979 年 4 月 12 日)

是日 在《陕西日报》发表《看秦腔〈西安事变〉有感》一文。后题为《勇于实践的首创精神——看秦腔〈西安事变〉有感》刊 5 月 25 日《陕西戏剧》第 3 期。原题收入《曹禺全集》第 5 卷。

4 月 17 日 下午,赵起扬到北京医院看望曹禺。(《北京人民艺术剧院大事记》)

4 月 18 日 晚,在北京人艺接待巴金、华君武看《茶馆》演出。演出休息时,曹禺、夏淳、于民等会见了前来观戏的美国出版工作者协会代表团的文斯普·克恼姆、坦·拉克等一行 5 人,演出结束后与演员座谈。(同前)

4 月 21 日 晚,在北京人艺接待斯诺夫人劳斯·斯诺和阿瑟·密勒夫人英格·摩拉斯·密勒观看《茶馆》。并与老舍夫人胡絜青,该戏主演于是之、郑榕、蓝天野、胡宗温、英若诚、黄宗洛,舞美设计王文冲座谈。座谈中,密勒夫人将密勒戏剧集赠送曹禺。(同前)

4 月 22 日 在香港《大公报》发表《纪念莎士比亚四百十五周年诞辰》一文。文说:"我认为很有必要重新上演莎士比亚的剧作。我想中国应当有一套比较上口的莎士比亚的演出本,尽管这种演出本也许不能十分忠实于原著,但对渴望看到莎士比亚的演出的观众们,这是十分必要的。"

是日 晚,中国文学艺术界联合会、中国戏剧家协会和中国剧协北京分会筹委会在北京人民剧场举行演出活动,纪念已故著名戏剧家欧阳予倩诞辰九十周年。曹禺与赵寻、史若虚、吴作人、吴晓邦、金山、金紫光、张君秋、张庚、凤子、肖甲以及欧阳予倩的亲属等观看纪念演出。(《欧阳予倩诞辰九十周年纪念演出》,《剧本》5 月号,1979 年 5 月 28 日)

4 月 24 日 晚,在北京人艺与夏淳、于民、朱琳等接待习仲勋、万里、陈丕显等观看《茶馆》。演出结束后上台看望演员并合影。(《北京人民艺术剧院大事记》)

4 月 25 日　下午,田汉追悼会在北京八宝山革命公墓举行,曹禺与夏衍、阳翰笙、周而复、张瑞芳等文艺界人士参加。(《田汉同志追悼会在北京举行》,《人民日报》,1979 年 4 月 26 日)

是月　李玉茹赴欧洲演出经停北京,前往北京医院看望曹禺。据李玉茹回忆:

> 我们到欧洲巡回演出,在北京停留,曹禺正在北京医院住院,他的身体那么虚弱,他原来就有心脏病,还有胆结石,一个人躺在病床上。他的女儿都有各自的工作,照料不过来。我深深地感到,方瑞去世,给他的生活带来的困难太多了,我自己也有过类似的处境。"文革"中腰被打伤了,我一个人带着两个孩子,也是很艰难的。倒不是缺衣少穿,而是心情上的。这一次会面,我们谈起十年动乱,谈到劫后余生,都觉得是捡来的一条命。要做些对人民有益的事,都想把晚年过得更充实些,更好些! 打倒"四人帮"之后的生活,是太令人迷恋了,我们都感到应该珍惜这些用千百万人牺牲换来的好日子啊!(《曹禺传》第 444 页)

5 月 2 日　晚,在首都剧场接待全国人大常委会乌兰夫、康克清、何长工、王首道等观看《茶馆》。(《北京人民艺术剧院大事记》)

是日　《人民日报》刊消息《首都将演出"五四"以来部分优秀话剧音乐节目》,其中包括曹禺的《雷雨》。

5 月 3 日　晚,北京人艺为招待各界,专场演出《雷雨》,邓颖超前来观看。(《北京人民艺术剧院大事记》)

5 月 4 日　北京人艺为纪念"五四"运动六十周年演出《雷雨》。下午,北京人艺召开党委、院长联席会,研究出席全国第四届文代会人选,曹禺为上报人选之一。(同前)

5 月 7 日　晚,在北京人艺与夏淳接待斯诺夫人、密勒夫人观看《雷雨》,观后会见演员并合影。(同前)

5 月 8 日　上午,在北京人艺陪同斯诺夫人、密勒夫人看《王昭君》排戏。(同前)

5 月 10 日　上午,舒绣文追悼会在北京八宝山革命公墓礼堂举行。邓颖超主持,曹禺致悼词。(《著名表演艺术家舒绣文同志追悼会在京举行》,《人民日报》,1979 年 5 月 16 日)

5 月 11 日　下午,北京人艺召开外事小组会议。夏淳主持,陈宪武、英若诚、周瑞祥参加,并请于民、于是之、吴世良参加。首次研究出国演出问题。会上,夏淳传达了文化部周而复副部长昨天在舒绣文追悼会开始前给曹禺和他的通知和文化部艺术局长赵起扬告知的信息:中宣部部长胡耀邦已同意《茶馆》出国演出;文化部也已同意。周而复要剧院提出最低限度的人数、出访路线和时间,还提出能不能再加一个剧目,能不能以"中国话剧代表团"的名义,并提出要曹禺领队。曹禺提出请赵起扬带队,周表示同意。对其他问题,曹、夏当场均未表态。

随后,曹禺向夏淳谈了他的意见:① 不要匆忙草率地出去,一旦出去,就要"一炮打响"。② 不同意用"中国话剧代表团"的名义,只能以北京人艺的名义。③ 如要考虑增加一个剧目可考虑《关汉卿》或《雷雨》。

据此,会上初步交换了意见。倾向于赴西欧一线;第二个剧目可考虑《雷雨》。并决定由宋垠、刘涛、李绪文研究《茶馆》中群众角色的顶替安排,以尽量减少人数;请英若诚、吴世良考虑宣传工作的准备。

以上初步意见。待党委研究审定。(《北京人民艺术剧院大事记》)

5月14日 晚,在北京人艺与夏淳、周瑞祥等接待英国节日芭蕾舞团艺术指导丽莲·霍克毫瑟,新华社英国专家罗宾·波尔塔,英国戏剧专家菲利普和诺尼塔,美国专家柯弗兰、柯如恩等观看《茶馆》。(同前)

5月15日 晚,在北京人艺接待英国驻华大使伯西·柯立达及夫人比尔斯·柯立达,大使馆文化一秘韩奇福,英国《观察家报》记者吉蓬·威迪科观看《茶馆》。(同前)

5月16日 中国剧协邀请在京部分戏剧家讨论戏剧如何适应新形势,迅速、大力繁荣戏剧创作问题。座谈会由曹禺、赵寻主持。与会者有张庚、马彦祥、金山、刘厚生、梅阡、胡沙、凤子等。会上,大家认为,繁荣戏剧创作要"进一步打破'四人帮'在戏剧创作上设立的'禁区',扩大创作题材的范围。""不要硬性规定剧目比例,同时也指出一定要注意避免剧目工作中出现左右摇摆的现象。应该充分发挥现代戏、新编历史剧和优秀传统戏曲各自的作用。"同时,"中国剧协准备恢复创作委员会,加强组织创作,交流经验和情况,探讨戏剧创作中的问题等方面的工作。"(《创作要大上,措施要落实——中国剧协举行座谈会》,《人民戏剧》第6期,1979年6月18日)

是日 晚,在首都剧场,陪同胡乔木、邓力群、冯文彬等同志观看北京人艺演出的《茶馆》。(《北京人民艺术剧院艺术档案资料》)

5月19日 致信李如茹①。信说:"我这一个月,每天必出门(医院的门),开会,见外宾,为极令人头痛的事情奔忙。每晚归来,废然躺在床上,只有你妈妈的旧信与你们的来信,使我得到安慰与乐趣,有时竟看得忘了睡觉,因此第二天起来头

---

① 李玉茹之女。

痛。"(《没有说完的话》第 350 页)

5 月 22 日　焦菊隐追悼会在北京八宝山革命公墓礼堂举行。阳翰笙主持,曹禺作为中国剧协副主席、北京人艺院长致悼词。(《杰出的戏剧艺术家焦菊隐同志追悼会在京举行》,《人民日报》,1979 年 5 月 24 日;《马连良、舒绣文、焦菊隐、荀慧生追悼会先后在京举行》,《人民戏剧》1979 年第 6 期)

5 月 24 日　荀慧生追悼会在北京举行。赵鼎新主持,曹禺致悼词。(《马连良、舒绣文、焦菊隐、荀慧生追悼会先后在京举行》,《人民戏剧》,1979 年第 6 期)

5 月 26 日　赵起扬赴任北京人民艺术剧院(兼任)党委书记。下午,曹禺、赵起扬、黎光、方程、于民进行工作交接,就剧院的发展初步交换意见。(《北京人民艺术剧院大事记》)

是日　晚,接待美国《周末评论》主编诺曼·卡曾斯及夫人和律师尼瓦斯,欢迎他们来北京人民艺术剧院看《茶馆》。演出结束后上台会见演员并合影。并进行了座谈。(同前)

5 月 27 日　晚,在北京人艺与夏淳接待新华社社长曾涛观看《茶馆》。(《北京人民艺术剧院大事记》)

6 月 5 日　致信李如茹。信说:

关于《雷雨》中的周萍,你的看法是对的。他在当时是真爱其后母,但过了一段时间,在当时又是真爱四凤。此人过了一关,又有一关等他过去。他是懦弱子弟,而又颇能自圆其说。但其"说",其"理",都自然情有可原,也说得通,然总是令人不能相信他究是真是假。因此,关于周萍这个人——至今争论不休。不过有一点要紧,切不可硬把他演成一个"大反派",而"反派"尚不足解恨,还要在他鼻头上涂了块白脸,以"狠狠"地显出导演与演员如何当着许多观众展览他们是如何恨这个"坏家伙"。这是个粗劣的手法,不足与他们谈性格化的。(《没有说完的话》第 355 页)

6 月 6 日　再致信李如茹。信说:

我唯一的烦恼,就是感到腹中空空,知识太少。你妈妈以为我有点学问,你也以为我是个什么什么! 其实都不是! 我现在不知写什么! 甚至于怕写不出什么来了! 也许你妈妈会治我这种恐慌症、空虚病,但是妈妈是那样远,她像是在什么行星上遨游,而我是一粒尘土粘在泥泞的道路上。小如茹,我十分想念妈妈啊! 有了她,我可以说出许多话,许多感情,而她又是多么能劝解、分析、解释、安慰。我只是怕她累病了! 你看又许久不见她一个字了! 这怎么好啊!(同前第 357 页)

6月7日 老作家、艺术家在北京会见北京电影学院编剧进修班①毕业生。曹禺与夏衍、刘白羽、严文井、冯牧等参加,并在会上讲话,他告诫青年作者:"言不由衷的话不写;不熟悉的生活不要写;熟悉的生活但还没找出你所相信的道理来的,也不要写。"(《老作家会见并勉励青年电影编剧,多积累知识努力把电影搞上去》,《人民日报》,1979年6月23日;《电影艺术》1979年第4期)曹禺讲话后经整理题为《多写、多写、再多写——与青年电影剧作者的谈话》刊于7月25日《电影艺术》第4期。后收入《曹禺全集》第5卷。

是日 晚,在北京人艺接待加拿大作家协会主席查理·泰勒观看《雷雨》,演后会见演员并合影。(《北京人民艺术剧院大事记》)

6月8日 晚,在北京人艺与夏淳等接待美国著名演员马歇尔及夫人观看《雷雨》。(同前)

6月10日 上午,在北京人艺会见美籍朋友赵文猗(漪)女士。(同前)

6月11日 上午,参加北京人艺全院会并讲话。曹禺说:"人家老讲'北京人艺风格',到今天我也说不清楚是什么。但是我知道造成北京人艺风格的是什么,是大家有个严肃认真的态度;再一点是有一个坚强的党的领导。……我们常常念叨焦菊隐同志的成就,但是,使焦先生能充分发挥他的才能的、使许多老演员能充分发挥其才能的、使青年同志跟着老同志成长的,是党的领导。

还强调说:"北京人艺不只是中国的,也是世界的!现在是万里长征的第一步,在新的长征中,靠大家共同的努力。"(同前)

6月12日 在《文艺报》第6期发表《思想要解放,创作得繁荣》一文。后收入《论戏剧》、《曹禺全集》第5卷。

是日 北京人艺建院27周年纪念日。下午看电影,晚间举行舞会。曹禺参加部分活动,并与全院合影。(《北京人民艺术剧院大事记》)

6月14日 晚,在北京人艺与夏淳、周瑞祥等接待加中友协(加拿大)主席林南光夫妇,法国作家克罗德夫妇,美国驻华大使馆文化一秘唐占晞夫妇观看《茶馆》,演后会见演员,合影并短暂座谈。(同前)

6月17日 在香港《文汇报》发表《〈求凰集〉序》,题注:"剧作家吴祖光写了三个京剧本,《凤求凰》、《三打陶三春》和《红娘子》,收成一本,命名为《求凰集》。"继在1980年3月《红岩》(季刊)第1期发表,后收入《曹禺全集》第5卷。

---

① 这个进修班是粉碎"四人帮"以后,文化部电影局在1978年9月委托北京电影学院举办的。本届学员共45人,来自几个电影制片厂和17个省、市、自治区和部队。

6 月 18 日—7 月 1 日　出席第五届全国人民代表大会第二次会议。(《同心同德共商四化大计》,《人民日报》,1979 年 6 月 19 日)

6 月 18 日　在《人民戏剧》第 6 期发表《道路宽广,大有作为》一文。后收入《论戏剧》、《曹禺全集》第 5 卷。

6 月 19 日　晚,在北京人艺与方程、夏淳接待出席全国五届人大二次会议的代表观看《茶馆》。(《北京人民艺术剧院大事记》)

6 月 22 日　晚,在北京人艺与夏淳、方程、于民陪同彭真观看《茶馆》。演出结束后上台看望演员。(同前)

是日　致信李如茹。信说:

我赞成你的好友小成翻译如何写电视剧作的书,这样的书太少,应该多译。但,我知道读读它有一定的好处,知道"电视"的要求。但它一般说,并不能使你立刻写剧本。"写"须(需)要大量的生活实践,这才是万分艰苦的工作,而"人"是多么难以理解。

我一定把未发出给你们姐妹的信寄出,但不是现在,因为我总觉得作为一个老人,那样写出他对你们的老母亲的感情,我总觉得有些脸红。

我现在又天天开人代会,又想写东西。字一个写不出,形象一点也没有,头脑是空空的、木木的。我和你一样,定的计划完全落空。

你和小成同志译书的计划我十分赞同,千万立刻动手。凡事一耽搁,便如激流中一根羽毛,再也看不见、望不见了。

我还得立刻到剧院去陪一位领导同志看戏! 你看,这种事太多了! 类似的事也太多了! (《没有说完的话》第 358、359 页)

6 月 25 日　上午,北京人艺全院看《王昭君》连排。下午,党委艺委会联席会讨论(《王昭君》),曹禺参加。全院各部门也同时讨论谈意见。(《北京人民艺术剧院大事记》)

是日　致信李如茹。信说:

有时,我对自己失望极了。如果今后一个字也写不出,一点想法也没有,那不成今天世界上一个"老废物"(贾母的话)了么? 我想到这点,真是又害怕,又着急。其实,也忙,就是忙得毫无道理。一用脑,想问题,想写点什么,就烦躁不堪,就想逃出去,做那些不用脑筋的事。我真像一生就完了,白白地过去了。你想想,可怕不? 活着。就是得动,要加足了马力,干。而我现在做不到,这真是苦,苦闷极了! 怪不得,我现在好发脾气,我常做些使我因发了脾气而后悔的事。

老实说,我懒极了! 孩子,你懒,你还有些时间,可以追赶;我懒,就不成,时间不允许我再懒了。因此,我烦恼,烦恼得很呢! (《怀念老爸爸曹禺》,《倾听雷雨——曹禺纪念集》第50、51页)

6月26日 致信西德曼海姆民族剧院负责人海尔·克劳斯·文特。信说:

我们北京人民艺术剧院的全体艺术家和工作人员向您及你们历史悠久的剧院致以热烈的祝贺!

我们高兴地接到了贵院通过乌韦先生转达的希望《茶馆》一剧到贵国演出的口头邀请。我们对此甚感兴趣,对你们的盛情表示感谢。……有关组织工作、经费及在西德进行访问演出的具体问题,希望听到你们的意见。……(《北京人民艺术剧院大事记》)

6月30日 上午,陪同香港电影演员石慧在首都剧场看《王昭君》连排。(同前)

是月 在北京人艺会见法国驻华使馆代办马腾,马腾提出《茶馆》到法国演出。(同前)

是月 在北京人艺陪同美国喜剧大师鲍勃·霍普观看《雷雨》,演出后上台会见演员。(《曹禺》画册第154页)

是月 《作家的怀念》一书由四川人民出版社出版。收入曹禺《我们尊敬的老舍先生》一文。

7月1日 晚,在首都剧场会见前来观看《茶馆》的美国《读者文摘》总编辑爱德华·汤姆森及夫人、儿子,以及该刊副社长、亚洲地区销售主任托马斯·艾森考特。(《北京人民艺术剧院大事记》)

7月8日 下午,在家中接待四川大学中文系教师陆文璧。后者就《曹禺研究资料汇编》有关问题向曹禺同志请教。谈话由陆文璧整理,题为《曹禺同志访问记》在1980年8月《文学评论丛刊》第6辑发表。后题为《曹禺访问记》收入《曹禺研究专集·上册》,文中增加了7月15日访问曹禺的内容。

7月10日 国庆献礼演出办公室评论组举行京剧《谢瑶环》的座谈会。曹禺与张庚、吴雪、赵寻、马彦祥、李超、郭汉城、张东川、吴祖光、侣朋、郑亦秋、杜近芳以及外省驻会评论员等多人出席,曹禺主持会议。(《首都戏剧工作者座谈,京剧〈谢瑶环〉的新演出》,《人民戏剧》1979年第8期)

7月15日 上午,在家中再次接待陆文璧,并对他谈了对四川大学所编《中国当代文学研究资料·曹禺专集》的意见。在谈话中,曹禺说:"我将来在历史上到底占个什么地位,我是有自知之明的。像郭老、巴金、田汉、茅盾等等同志,他们是很了不起的人物。田汉的《关汉卿》《谢瑶环》看得很远，很深。""关于《王昭君》，将来肯定有一场大辩论。我这次是下了狠心要写她，我自己是估计到会有一场辩论的，可以聊备一格吧，但这是我自己的意愿，周总理曾经关怀过这件事，但这不是长官意志，因为他并没有规定我该怎么怎么写。《王昭君》是按照我自己的意愿写的。"

是日 晚，《王昭君》连排，北京人艺党委、艺委会审看。(《北京人民艺术剧院大事记》)

7月16日 下午，出席北京人艺党委、艺委会联席会，参加讨论《王昭君》导演、表演问题。曹禺强调指出：现在该对戏提出严格要求了。一个大问题是平、散，没有节奏，重点不突出，各演各的。要抓住这些主要问题下大力量解决。还点出，有的演员不用功，戏始终没进展。(同前)

7月17日 晚，在首都剧场接待即将离任的法国驻华大使克洛德·阿尔诺观看《茶馆》。并进行简短会谈。(同前)

7月19日 晚，在首都剧场接待我国驻荷兰大使丁雪松、驻尼日尔大使王传宾，以及原西德大使馆文化参赞及随员观看《茶馆》，演后德国客人会见演员。(同前)

7月25、26、27、28、30日 北京人艺《王昭君》连续招待演出。(同前)

7月31日 北京人艺正式公演曹禺新作五幕历史剧《王昭君》。导演梅阡、苏民、林兆华，舞美设计王文冲、宋垠、鄂修民。演员阵容：狄辛饰王昭君，李婉芬饰姜夫人、蓝天野饰呼韩邪、董行佶饰温敦，吕齐饰乌禅幕，赵韫如饰孙美人。(《北京人民艺术剧院(1952—2002)》画册)演出时曹禺接受新华社记者采访，当晚新华社发通稿，题为《曹禺谈中国历史剧》，文载次日《新华社新闻稿》。报道说：

> 曹禺认为："有着悠久文化历史传统的中国，历史剧题材是非常广的。这方面大可深入探索。"他强调："写历史剧，要正确反映历史事实，忠于历史唯物主义。"

关于《王昭君》这个戏。据该剧导演梅阡说：

> 曹禺同志在剧本里塑造的王昭君是一个完全崭新的艺术形象。……当曹禺同志向剧组演员们谈自己创作构想时，曾含泪地缅怀周总理建议写这个戏时的情景。总理在一次座谈中听到支边青年到内蒙草原安家落户，由于与蒙族青年恋爱结婚遭到家庭和各方面的阻力。总理表示：我们是一个多民族的大家庭，要鼓励通婚，鼓励自然融合和文化交流，历史上的王昭君就是一个好的典型。于是建议在座的曹禺同志写一个笑嘻嘻的昭君出塞。这大约是六十年代初的事。……

有人说曹禺的《王昭君》剧作是"奉命文学",我想这是对的。鲁迅就说他是遵"革命先驱者的命令",并以此为光荣。遵革命之命,遵总理之命有什么不好呢?但也有一种非议,说这是屈从于"长官意志",这就有点不尊重历史事实,忘记历史文献了。(《游"青塚"导演〈王昭君〉札记》)

8月2日　《人民日报》刊消息《北京人艺演出曹禺新作〈王昭君〉》。

8月5日　致信胡叔和。信说:

您的信和您写的《评传》,放在书桌里很久了,这些日子实在忙,又时常犯心脏病,今天才复信,我是很不安的。

我很想写点感想。我较仔细地读(了)您的大作《评传》的第一章。您用了很深的功夫,读了五六十万字的资料,写出八千字,这一章是有份量的,有分析,有敏锐的时代感。您对于所写的对象,是充满情感的。因此,既有说服力,又能感动人。

……

我希望您能这样继续写下去。《评传》这类文体很难写,尤其是写一个还未盖棺论定的人。

必须向您讲,我十分担心,您下的功夫,恰恰用在一个不值得您用心的人的身上。我很惭愧。

……

我不会评论。您对《评传》的大致立意与结构,我同意。(《曹禺评传》第397、398页)

8月10日　晚,全国剧协包场(首都剧场)观看《王昭君》。曹禺等接待李达、阳翰笙等剧协人员、国家民族事务委员会官员及英国驻华大使看戏。(《北京人民艺术剧院大事记》)

8月12日　晚,在首都剧场接待由中国作家协会接待的法国戏剧工作者自费旅游团观看《茶馆》。(同前)

8月14日　晚,在首都剧场接待杨静仁、黄镇,及国家民委文化司官员、法中友好团观看《王昭君》。(同前)

8月15日　在《民族团结》第2期发表创作谈《昭君自有千秋在——我为什么写〈王昭君〉》。后收入《曹禺论创作》,《曹禺全集》第5卷。

8月17日　国家民族事务委员会和中国戏剧家协会联合在北京民族文化宫十楼召开座谈会,邀集在京的著名戏剧工作者五十余人,畅谈观《王昭君》感想,对曹禺同志表示热烈的祝贺。国家民族事务委员会主任杨静仁、副主任姜平出席座谈会并发言。曹禺与北京人民艺术剧院《王昭君》剧组的导演梅阡、主要演员狄辛、蓝天野、赵蕴如、董行佶及舞美设计王文冲等参加座谈会,他说:"大家对我、对《王昭君》这个戏,说了许多溢美之词。总理生前一再用主席的话告诫我们,骄傲使人落后,虚心使人进步。总理对我们的希望非常之大,而我一生无非就写了这么几个戏。如果总理还在,他肯定会对这个戏给我提出许多好的意见,可惜现在听不到了。写完《王昭君》这个戏后我大哭了一场。总理永远活在我们心里,总理的话永远活在我的心里。我现在常有两个思想,一个是感到属于我的时间不多了,离和同志们最后一次说再见的时候不远了,一定要赶紧写;另外也感到浑身充满了力量,我有新的创作计划,还要继续写作。我一生经历了这么多时代,有幸遇到像总理这样伟大的人物,从重庆时起,就是在他亲切教诲、耳提面命下成长的,我一定不辜负总理的期望。一个人的进步是无止境的,改造是无止境的。这也是总理一贯的教导。我感谢大家,今后一定要更加努力,把大家的意见,当做修改好这个戏的基础。"(《文苑春浓话昭君——记〈王昭君〉座谈会》) 8 月 31 日《光明日报》以《民委和剧协联合召开〈王昭君〉座谈会》为题报道了这次会议;9 月 28 日《剧本》9 月号以《座谈曹禺同志新作〈王昭君〉》为题也报道了这次座谈会。

8 月 19 日　晚,在首都剧场接待李先念、林佳眉、荣毅仁等观看《王昭君》。(《北京人民艺术剧院大事记》)

8 月 22 日　晚,在首都剧场接待菲律宾文化考察团一行及菲驻我国大使雷耶斯和夫人及大使馆文化官员等观看《王昭君》的演出。(同前)

8 月 25 日　下午,参加北京人艺院长扩大会,研究生产安排及经费收支问题。会上,曹禺强调讲了反对骄傲自满、加强学习、努力提高的问题。他说:

我要谈谈北京人艺的"将来"问题、北京人艺风格问题。现在,《茶馆》组通过搞总结形成了一种空气,大家都愿意学习,这很好。但是,我们的水平如果不努力提高,我们的风格如果不向前发展,就会被人家超过。我们每个人都要张开眼睛看看别的团体。比如实验话剧院,人家处境困难,只有 50 多个演员,但人家干劲大,团结一致往前奔,50 多人可以同时演 3 台戏,跑群众找业余的,给我的印象是欣欣向荣,我们应该学习人家的"精气神",北京人艺不能"老大"。这两年来成绩不小,但感到有骄傲自满的东西,没有感觉到我们在艺术上要落后。北京人艺的风格,应该说是 17 年创造出来的,是前面给我们留下来的遗产。我们不能当"浪荡公子"。老牌子是靠不住的,固步自封是靠不住的,一个剧院要掌握全国的旗帜,必须要兢兢业业。也应该向外面学习。行政干部也要出去看看戏,行政干部也应当是有艺术水平的,人家说北京人艺了不起,如果我们自己也一起跟着说而不去提高,那就是既"老"且"大"。总之,觉得自己独一无二的空气要不得。(《北京人民艺术剧院大事记》)

8月26日 香港《文汇报》转载曹禺的创作谈《昭君自有千秋在——我为什么写〈王昭君〉》与张慧贤的报道《重现古美人,塑造王昭君:曹禺攀"第四高度"》。

8月27日 《人民日报》刊张锬《还它一个笑盈盈的王昭君——谈曹禺同志新作〈王昭君〉的创作及其演出》一文。文说:"读《王昭君》的剧本,看《王昭君》的演出,那个在我们许多人的童年时代就深深刻印在脑子中的哭哭啼啼的王昭君,已经不复存在;一个在历史真实的基础上进行了艺术加工的,笑盈盈的'丰容靓饰'、不仅'光明汉宫',也使胡地增辉的王昭君,终于出现在社会主义新文艺的舞台上。"

8月29日 晚,在首都剧场接待王震等官员看《王昭君》演出。(《北京人民艺术剧院大事记》)

8月31日 晚,在首都剧场接待菲律宾新闻代表团观看《王昭君》。(同前)

是月 致信万黛。信说:

我的恢复组织生活,党内外都无意见,现呈上级批,如无其他变化,想必批准的。

我很想写戏,但身体相当萎弱,连上楼都困难,强上楼,便更是闷,以致引起心绞痛。我出院此事,很想和你商量一下。(万昭提供)

是月 由曹禺题写书名的《论剧作》,由人民文学出版社出版。该书收入王朝闻、夏衍、柯灵、老舍、曹禺等作家文章。收曹禺《读剧一得——和青年剧作者的一次谈话》一文,文后附"作者附记":

这篇话是在一九六二年给一些写戏的同志们讲的。无疑问,有许多错处。我所讲的,只是一些写戏的技巧与借鉴,也可以说是我的一点体会。

我在这篇文章里,重点举了契诃夫的《海鸥》为例,说明一些写戏的方法。原意是为阐明"古为今用,洋为中用"。

本时期 接受香港记者舒歌采访,谈话题为《访曹禺》,收入《曹禺、王昭君及其他》,全文分"老作家成了大忙人"、"老作家身上的新气象"、"为《王昭君》曾三访边疆"和"身旁围绕四'千金'"四部分。据舒歌文述:

剧作家曹禺新作五幕历史剧《王昭君》,最近由北京人民艺术剧院演出。这是首都文艺界及戏剧爱好者盼望已久的喜讯。为此,我走访了曹禺,和他作了一次有意义的长谈。

剧作家曹禺仍是那么热情、爽朗,不像年逾古稀的老人。他兼职较多,工作很忙。他是全国人民代表大会代表,最近参加了第五届全国人民代表大会第二次会议,在会上他作了有关戏剧方面的发言。……在他客厅的茶几上放有报刊杂志新寄来的约稿信。他笑着说:"我只要有时间,很愿意多写。特别是,今年是中华人民共和国建国三十周年,更应当表示庆祝!"……

我认识曹禺有廿几年了,可是近年和他的几次接触,使我感到,在他身上有着一股新的生气。……他从近年来,国内一批一批的文学刊物相继创刊和复刊,文艺作品题材、体裁、风格的广泛多样,老作家纷纷重新执笔,青年作者大量涌现,谈到许多青年作者选材大胆、文笔新颖,又从文艺理论的探讨,文艺批评的活跃……一直谈到他新作《王昭君》剧本发表后,看到和听到的不同意见和看法。他说:这些意见有的是在刊物上发表的,有的是给他来信中提到的,有的是当面告诉他的。……

曹禺被迫搁笔十余年之久,但他没有屈服。……谈到写历史剧,他说:"写历史剧,就要忠于历史事实。"曹禺为了写《王昭君》,曾不辞辛劳地两次去内蒙古,还曾奔赴新疆少数民族地区,进行调查研究,体验生活。……

从房间布置和曹禺衣着,不难看出名剧作家是位生活简朴的人。在他客厅正中挂着一幅斗方的油画,画中是一位有着圆圆脸庞、大大眼睛,身着淡蓝色上衣,端庄文静的女性,身后衬托着青竹,更显得人物的高洁。这就是剧作家已故的夫人方瑞。她是位典型的贤妻良母,对曹禺照顾得无微不至,夫妻恩爱异常。在"文化大革命"期间,曹禺被关进"牛棚"时,方瑞感到前途渺茫,担心曹禺的身体,忧伤成疾,于一九七五年病逝,死时年仅四十七岁。曹禺为失掉爱妻曾极为悲伤。

……

曹禺生活很有规律,每天很早起床,打打太极拳,活动活动,有时到楼下散散步。他最得意的是,他已经戒烟三年了,香烟一点也不能吸引他了。曹禺充满信心地说,"人活七十古来稀",明年他将满七十周岁,他要好好锻炼身体,把过去丢掉的时间夺回来,多写点东西,为祖国四个现代化贡献自己的一切力量。(《访曹禺》,《曹禺、王昭君及其他》第64—67页)

9月1日　据北京人艺记述:"晚,胡乔木来看《王昭君》。曹禺、梅阡等陪同。演出后上台看望演职人员,合影,并谈了重要意见。乔木同志的讲话,由导演梅阡作了现场记录。曹禺看了记录整理稿后,嘱办公室张学礼用大字体抄写清楚,送乔木同志审阅。乔木同志审阅时,作了认真的修改(用铅笔)于6日送回剧院,又经曹禺阅后,于7日发简报(第17期)通报全院。"(《北京人民艺术剧院大事记》)　会见时,胡乔木说:

这是个很难得的诗剧,演出很成功。过去我看剧本的印象、意见,看了这个演出以后觉得都不存在了。戏很精练,前后很协调。我也看过报载座谈会的意见,现在看了演出,觉得那些意见不一定准确。那也许是用旧的剧作法、用对曹禺同志过去剧作的看法来要求这新的东西。这个戏还是有它的高潮,它也不必要那样戏剧性的高潮。……(同前)

9月5日 下午,北京人艺召开生产安排会议。于民主持。会议将结束时,曹禺赶来了解赴港演出的洽谈情况,审阅了给王匡社长的信,作了修改,以他的名义发出。(同前)

是日 晚,全国人大常委会包场在首都剧场观看《王昭君》演出。曹禺与夏淳、于民、梅阡、苏民等接待乌兰夫、谭震林、邓颖超、赛福鼎、姬鹏飞、朱蕴山、史良、江华、季方、康克清等看戏。中间休息时,邓颖超到后台看望演员。演出结束后,全体领导同志上台与演员合影。(同前)

9月10日 邓颖超致信曹禺,全文如下:

曹禺同志:

在1938年抗战初期的武汉,我第一个看的话剧就是你的剧作《日出》,接着又看了《雷雨》,并且动员恩来同志去看,我陪他又去看了第二次。四十年代初期在重庆,我又看了你的剧作《北京人》和根据巴金小说改写的《家》。其中在解放后,也重看过。特别是前天晚上,看了你的剧作《王昭君》的演出后,倍加喜悦和感动。演出是成功的,我虽未能看完全剧的演出,深感遗憾,但仍想争取弥补。

几十年来,做为一个爱好话剧的老观众,从你的剧作和演出中,使我深受感动,更得到教育。做为你的一个老观众、老朋友、老同志,向你表示衷心的感谢!匆匆草字,欲言不尽,祝你健康长寿,写出更好更多的剧本来。

邓颖超　七九年九月十号(同前)

9月12日 率中国作家代表团启程赴瑞士访问,吴世良担任秘书兼翻译。(同前)

9月17日 人民日报副总编辑安岗会见英籍女作家韩素音女士。这次对话提供了另外一种关于《王昭君》的声音:

主人:《三国演义》你看过吗?

韩:那倒是看过。我是个川戏迷。这次在四川看了川戏《王昭君》。

插话:请谈谈对话剧《王昭君》的看法。

韩:不谈了吧!文人不喜欢同文人在一起,总是互相看不起,互相有意见。一个作家也不喜欢听别的作家的意见。要说吧,那就是《王昭君》的戏里没有王昭君。

主人:曹禺在政治上是好的,完成了周总理嘱托的任务。至于戏嘛,观众是有一些意见的。像那个单于前夫人玉人,装成那个样子。

插话:在莎士比亚的剧本里,也有类似的形象。

韩:还有那合欢被,一对鸳鸯飞上天去了。

插话:这有点像《梁山伯与祝英台》中的一对蝴蝶了。

主人:曹禺早期的著作《雷雨》和《日出》是很好的。

韩:好些作家往往年轻时写出好作品来,后来就写不出来了。爱因斯坦四十岁以后,就没有多大成就了。(《韩素音会见记》,《新闻战线》,1979 年第 6 期)

9 月 18 日 《文汇报》刊徐开垒的访问记《访曹禺》。该文系徐开垒两次采访曹禺所记文字。后收入《孟小妹》、《论戏剧》以及《曹禺全集》第 7 卷。

9 月 22 日 致函西德曼海姆民族剧院的院长汉斯·迈耶先生。主要内容是收到了迈耶先生今年 7 月 25 日来函。接着谈了北京人民艺术剧院的准备情况,就赴德时间提出了建议;关于国际旅费如何负担等,俟双方政府有关部门研究后即函告等。(《北京人民艺术剧院大事记》)

9 月 26 日 以曹禺为首的中国作家代表团,圆满结束了对瑞士的访问,离开苏黎世回国。(《友好往来》,《人民日报》,1979 年 10 月 5 日)

是日 致信万黛①。信说:"我不久将赴瑞士,忙得异常。九月底即归来。"(万昭提供)

是月 接受《剧本》记者颜振奋采访。访问记题为《老当益壮的剧作家曹禺》,载 10 月 28 日《剧本》10 月号。据颜振奋文述:

今年国庆前夕,曹禺同志刚从瑞士访问归来。当我们去看他的时候,他满面红光,精神焕发,还沉浸在瑞士人民的友谊之中。这是他在粉碎"四人帮"后第一次出国访问,听说明年还要访问英国和美国。

老剧作家曹禺同志真是老当益壮。记得他参加第五届全国人民代表大会时曾说:"'四人帮'粉碎以后,我浑身有使不完的劲。"他听说广西人大代表冉大姑一百零五岁还坚持劳动,就表示要学习这种精神,争取活到二〇〇〇年,努力为人民写作。我们曾多次去看他,每次总觉得他心情越来越好,身体也比过去健壮多了。真是焕发了革命青春。

---

① 写的时间似有误,此时曹禺在返国途中。

......

曹禺同志在文化大革命前已经写了历史剧《王昭君》的前两幕。为了完成周总理交给他的任务，他接受了新疆自治区负责同志的邀请，到新疆参观访问，并在那里写完了全剧的初稿，回京后又在怀柔水库一带作了修改。

如果没有"文化大革命"，曹禺同志的《王昭君》可能在十年前就写成。但可以想象，当时的《王昭君》和现在的会有所不同。......同样可以想到，如果在"文化大革命"前写成了《王昭君》，呼韩邪单于思念玉人的场面可能不会如此动人。应当说在这一场戏中，剧作家是倾注了他思念与他共过患难的已故爱人的感情的。......

是月　在《戏剧学习》第 3 期发表《刻苦学习，加强实践》一文。该文系曹禺在中央戏剧学院全院大会上的讲话记录。后收入《曹禺全集》第 6 卷。

10 月 4 日　下午，在北京人艺会见美籍华人、美国华盛顿大学东方语文系教授时钟雯①女士。晚，在首都剧场接待市委、民委官员看《王昭君》。(《北京人民艺术剧院大事记》)

10 月 8 日　为重版《荀慧生演剧散论》作序。该书由上海文艺出版社于 1980 年 8 月重版(1965 年 10 月初版)。

10 月 12 日　在京观辽宁人民艺术剧院演出的话剧《报春花》。据曹禺说："我有幸昨天看了戏，剧场反应真强烈，每场落幕观众都热烈鼓掌，这不光是欢迎，而是他们高兴得无法用语言来形容的表示。"(《著名戏剧家曹禺和金山谈〈报春花〉》)

10 月 13 日　上午，中华全国总工会、全国妇女联合会、共青团中央和中国戏剧家协会为话剧《报春花》联合举行座谈会。曹禺作为中国戏剧家协会副主席主持会议，并对该剧作了高度评价。(《著名戏剧家曹禺和金山谈〈报春花〉》) 10 月 21 日《文

---

①　时钟雯，时任美国乔治·华盛顿大学东亚语文系主任。为介绍中国作家，曾访问了茅盾、巴金、曹禺、丁玲、艾青五位作家，历时两年，拍摄了一部纪录片，记录了五位作家接受访问的情况，还选用了有关五四运动、解放区、土改的一些历史镜头，以及中国影片《家》、《林家铺子》和话剧《日出》的片段。片名《回春之曲》在美国放映。后在多种场合放映。据谢芳回忆说："时钟雯是北京电影制片厂巴鸿导演的外甥女，在华盛顿大学任教。1980 年，北影演员剧团公演曹禺先生的名著话剧《日出》(我在《日出》中扮演陈白露)，时钟雯教授曾经邀一名摄影师到北京来为我们拍摄过话剧片段，收入她编制的纪录片中。"(转自《银幕内外》第 139 页，世界知识出版社，1986 年 12 月)

据吴晓玲记述："第十四届年会的日程是很紧凑的，事实上是开始于四月三日下午 3 时 15 分，由时钟雯教授(乔治·华盛顿大学)放映她访问茅盾、丁玲、巴金、艾青和曹禺的纪录片。放映之后，由 Edward Gunn (康奈尔大学)、林培瑞(Perry LINK，伯克莱加州大学)、李欧梵(印第安纳大学)、乐黛云(北京大学)和制片人时钟雯教授等主持评论，与会者对于五位作家的谈话内容展开了意见不同的讨论，发言者很自由、也很热烈。"(转自吴晓玲：《记北美中国演唱文艺研究会第十四届年会》，《天津演唱》1982 年第 9 期)

1984 年 4 月 8 日，美国驻华使馆举行宴会并放映"华盛顿大学时钟雯拍摄的教学影片《茅盾、巴金、曹禺、丁玲和艾青》(中国现代作家专辑)"(周红兴：《艾青的跋涉》第 577 页，文化艺术出版社，1988 年 12 月)

汇报》以《话剧〈报春花〉在首都舞台别具光彩——有关单位举行座谈盛赞该剧创作表演成就》为题对这次会议作了报道。

10 月 19 日　《辽宁日报》刊报道《著名戏剧家曹禺和金山谈〈报春花〉》。其中曹禺讲话题为《谈〈报春花〉》，收入《论戏剧》和《曹禺全集》第 5 卷。

10 月 15 日　《民族团结》第 4 期刊郭汉城的剧评《一曲民族团结的颂歌》，文及：

> 听说，曹禺同志接到出版社送来《王昭君》剧本清样时，手捧剧本大哭，"总理啊，我总算完成您交给我的任务了！"
>
> 曹禺同志的新编历史话剧《王昭君》，一扫千数年来的历史偏见，还历史以本来面目，这在我国戏剧、文学史上，是一件别开生面的大事。
>
> 《王昭君》成功的地方很多，值得我们认真地学习、探讨。……曹禺同志没有辜负周总理的嘱托，很好地完成了这个任务，谱写了一曲动人的民族团结的颂歌。……

10 月 30 日—11 月 16 日　中国文学艺术工作者第四次代表大会在北京举行。曹禺作为大会主席团成员参加会议。30 日上午，举行预备会，通过主席团名单、大会日程。下午，会议在人民大会堂隆重开幕。这是全国文艺工作者在新长征中的第一次盛会。至 11 月 16 日结束。(《第四次全国文代会隆重开幕》、《第四次文代会主席团名单》，《人民日报》，1979 年 10 月 31 日；《第四次全国文代会隆重闭幕》，《人民日报》，1979 年 11 月 17 日；《中国文学艺术工作者第四次代表大会及各协会会员代表大会日程》，《中国文学艺术工作者第四次代表大会文集》）

会议期间，曾请茅盾写字。据曹禺文述："在四届文代会上，我见到他，那次真是下了决心，当面请他为我写一幅字。很快，我就收到了。他的字苍劲方正。我立即送到荣宝斋裱好，今天，这成了多么珍贵的手迹。"（《我的心向着你们——悼念茅盾同志》）

是月　《戏剧艺术论丛》在北京创刊[①]，本辑"作品研究"栏刊田本相《〈雷雨〉论》、胡叔和《谈曹禺对王昭君形象的塑造》二文。

是月　在北京人艺小会客厅会见来访的香港电影演员夏梦。（《北京人民艺术剧院大事记》）

冬　温州市文工团上演话剧《雷雨》。导演周梅生，舞台设计吴成云、徐君豪。周梅生饰周朴园；刘燕饰繁漪；余丽丽饰鲁妈；何芳饰周萍；叶疾风饰周冲；李维滨

---

①　人民文学出版社编辑、出版。

饰鲁大海;王佳仪饰四凤;向维新饰鲁贵。(《曹禺剧作在温州》)

11月3日 在《人民日报》发表《"有朋自远方来"——欢迎英国老维克剧团来华演出》一文(署名中国戏剧家协会副主席曹禺)。后收入《曹禺全集》第6卷。

11月4日 晚,文化部举行招待会,欢迎英国老维克剧团,曹禺与吴雪、金山等北京戏剧界人士出席。(《文化部欢宴英国老维克剧团》,《人民日报》,1979年11月6日)

11月4—10日 中国戏剧家协会第三次会员代表大会在北京召开。4日上午,大会开幕,曹禺致题为《迎接社会主义戏剧繁荣的新时代》的开幕词,并主持会议。开幕词全文发表于《剧本》12期,《上海戏剧》第6期。10日上午,大会闭幕。曹禺出席并主持会议。(《中国剧协第三次会员代表大会胜利召开》,《人民戏剧》第12期,1979年12月18日)

11月6日 晚,往首都剧场,作为中国剧协副主席与北京戏剧界人士观赏英国老维克剧团演出的莎士比亚名剧《哈姆莱特》。观后对记者说,"我看了很多次《哈姆莱特》,这次老维克剧团的演出是最杰出的。"(《英国老维克剧团在京演出〈哈姆莱特〉》,《人民日报》,1979年11月8日)

是日 作为文代会代表会见记者并讲话。据新华社电:

历经半个世纪戏剧活动、中国话剧奠基人之一的曹禺,今天在文代会上接见记者时说:"中国的戏剧前途光明!"

曹禺正在为明年一月应邀去英国访问,到美国讲学,作准备工作。

他说:"这次文代会显示,青年一代文学戏剧家已经崭露头角。中国文化大有希望。"

曹禺对今天戏剧舞台反映生活的能力感到十分高兴。他说:"尽管新作者们在艺术上还有欠缺之处,但我相信,他们会在实践中成熟起来的。"曹禺热情地支持青年剧作家的创作活动。

在"四人帮"文化专制下,曹禺曾把自己比作"扔掉的破铜烂铁"。粉碎"四人帮"后第二年,他感到自己"枯木逢春"。今天,这位六十九岁的剧作家满面春风地告诉记者,他"离老年还远呢!"

"在这样的形势下,我还可以大有作为。"曹禺计划接连写出几部历史题材的话剧。"因为我熟悉中国历史,"他说,"我要写自己熟悉的东西,教育年轻一代。"(《访剧作家曹禺》,新华社电讯稿,1979年11月6日)

11月9日 在中国剧协第三次会员代表大会上被选为中国戏剧家协会第三届理事会理事、常务理事、主席。(《中国戏剧家协会第三届理事会理事、常务理事、主席、副主席、书记处书记、秘书长名单》,《人民戏剧》第12期,1979年12月18日)

11 月 10 日　下午,出席中国戏剧家协会第三届理事会第一次会议。(《中国文学艺术工作者第四次代表大会文集》)下午,中国作家协会第三次会员代表大会选举产生第三届理事会理事,曹禺当选理事。(同前)

11 月 16 日　上午,第四次文代会宣布大会选举文联全委结果,曹禺当选中国文联全国委员会委员。通过文联章程。大会后,全国委员会开会选举文联正、副主席。下午举行闭幕式。(《中国文联第四届全国委员会委员名单》,《人民日报》,1979 年 11 月17 日)

11 月 17 日　据田广才文述:"1978 年四次文代会在北京召开①,代表中,剧专的师生不少。张逸生等校友发起在大会闭幕后的次日在苏联展览馆餐厅②举行师生聚餐会,在北京的师生几乎都到了。大家见面颇有'大难不死又重逢'的感觉。到会的老师除万先生外还有杨村彬、王元美、陈白尘、陈瘦竹、吴祖光等,遗憾的是像焦菊隐先生等已不在人间了。"(《剧专十四年》第 265 页)

是月　《北京人》由中央人民广播电视剧团第三次重排公演。导演蔡骧、梅村,副导演周寰,舞台设计晓汀,灯光设计吕学先,化妆设计李德权,服装设计余琳,效果设计李宝昆,演员李宝昆、李耀宗饰张顺,梅村、李林饰曾思懿,李燕、邹道语饰陈奶妈,王显、马加齐饰曾文清,雷志民、崔志刚饰曾霆,余琳、相虹饰袁园,李晓兰、李星珠饰愫方,赵丽平、张志敏饰瑞珍,纪维时、车适饰江泰,陈加芹、王玉珍饰曾文彩,梅乘藻饰曾浩,徐恩祥、谢凌霄饰袁任敢,车适、崔志刚饰要账的,宋聪饰警察。基本上是原班人马,因"十年动乱"已分散全国各地,现又请回来参加演出。(《中央广播电视剧团演出〈北京人〉说明书》)

是月　由曹禺作序的《北京短篇小说选(1949—1979)》由北京出版社出版。序说:"我喜欢读短篇小说。但短篇小说实在难写,写得好就更难。北京出版社编了这本建国以来北京的作家和业余作者写的短篇小说选集,这是一件有意义的事情。""历史就是这样无情。这个集子在这个意义上,也可说是历史的一面镜子。读完这个集子,不能不引起我们思考一些严肃的问题,如真实是艺术的生命,如坚持'双百'方针的重要,等等。"

是月　由上海文艺出版社编辑的《往事与哀思》出版。收入曹禺《沉痛的追悼》、《怀念老舍先生》二文。

是月　《雷雨》(剧照连环画)由上海人民美术出版社出版,曹禺编剧,曹震云摄

---

①　时间有误,可能印刷错误。
②　系北京展览馆的"莫斯科餐厅",俗称"老莫"。

影,64 开本,印数 70 万,定价 0.30 元。（书影）

是月　香港《中外文学》11 月号刊刘绍铭《〈王昭君〉——曹禺第三部〈国策文学〉》一文。

是月　重庆市川剧团改编演出川剧《王昭君》。（《简明曹禺词典》第 334 页）

12 月 6 日　出席北京市"人代会"七届三次会议开幕式。（《北京人民艺术剧院大事记》）

12 月 7 日　在北京西城区月坛办事处,与著名京剧表演艺术家李玉茹登记结婚。据曹禺回忆:"那里都是年轻人,我们很不好意思。一道了姓名,办事员把我们引进另外一个房间,就这样办理了结婚登记。"（《苦闷的灵魂——曹禺访谈录》第 152 页）

关于曹禺与李玉茹婚事,据魏绍昌说:

最近居然还有人对我说这样的话:曹禺和李玉茹的婚事,起初他们自己也是否认的,弄得似真似假,但到第四次文代会期间,双方都正式承认了……曹禺和李玉茹本来是好朋友,一九四七年他们在上海就认识了,第二年我认识李玉茹就是曹禺介绍的,他还向我讲过李玉茹童年痛苦的身世。

解放初,曹禺夫人方瑞从北京到上海来,李玉茹跟周信芳在人民大舞台演出,我陪方瑞去看了李演的《赵五娘》,她们两人的友谊也是很好的。粉碎"四人帮"那年——一九七六年冬天,一天我在上海文联门口遇见李玉茹,我们谈到了在北京的曹禺,但因为大家都已十多年未通音讯,对他的劫后情况都不太清楚,不过我们已经知道方瑞于一九七四年不幸去世了,而李玉茹自运动以来,也一直过着寡居生活。……

……当我看到香港《文汇报》报道了他们的喜讯,并无意外之感,认为这是完全可能的事,一看就相信了。（《〈随想录〉读后杂写》）

12 月 14 日　《光明日报》第 3 版刊余尚、洁芒《历史性的功绩——谈曹禺同志新作〈王昭君〉》一文。

12 月 18 日　《人民戏剧》刊报道《在中国戏剧家协会第三次会员代表大会上曹禺、阳翰笙同志分别致开幕词与闭幕词》。文章详细解读曹禺、阳翰笙的开幕词和闭幕词。

12 月 20 日　晚,在首都剧场接待周而复观看《王昭君》。（《北京人民艺术剧院大事记》）

12 月 22 日　致信巴金。信说:

我即将赴英,行前,必须向你,我多年的兄长,告诉你一件事,不然是过不得的。

　　我已和李玉茹结婚了。我早该告诉你，并且和你事先商量。

　　我多次想对你说明白，我不好意思说。因为自从方瑞去世后，我也想再不结婚。后来，发现自己几次突然晚上犯病，叫不了人，几乎死去。感到需要，但仍不觉得什么！还是可以挨过去。"死"就死了。孩子们曾劝我结婚。我也觉得很难寻伴侣，我怕高级知识分子，也怕那些家庭妇女。实在不易找。很有几个人为我介绍，我看了，都不行。去年，忽然看见玉茹，我才想起这个念头，因为我认识她在三十多年前，那时她便对我谈过，她的出身与境遇。她也认识方瑞，恭敬她，称她为"方先生"，方瑞也觉得她人好。

　　我说这些，不是要为自己解释。对别人，我是不在乎的。只是对你，我必需讲一讲。我应该，使你明白我与玉茹相守的道理。我69，她56，前些天，才登了记。对外说，我们前半年已登了记，免得搞"吃糖"，乱哄哄，使人害臊的这一套。

　　其实，你早已看出。但不对你讲明白，我的心不允许我。这个人是好的，对我是十分体贴的，是心地良善的，是受苦人出身，经过旧社会的侮辱，知道人生很不容易过下去的。她老了，原不肯再嫁。我也老了，也不想再惹麻烦。在"文化大革命"中，她吃过大苦头，心已死了，我们原只想再做做朋友就算了。

　　但是不行，社会不允许，人言可畏，必有个法定的手续，才能相守。我们，我与玉茹，准备明年下半年在北京成个家，孩子们（她和我的）都同意，她们对这对老伴，都认为应该在一处互相照顾。当然，我们二人都做了一定的工作，现在两家孩子都喜欢我们。

　　你永远不能知道，我对你的感情是多深，多恭敬你。我与玉茹，结婚后，我还是想写东西，不负许多朋友的盼望。尤其是你，我的兄长，十分偏爱我，多年偏爱我的兄长。

　　我要写，一定写，但是写得好坏，便很不敢说。我感觉肚子空了，有时，确实有点"丧气"。觉得自己不行了。但我仍然想写，只要上天允许我多活几年。我这一生犯了多少错误，犯了多少自己都不能原谅自己的错误与过失。埋在肚子里，也很难过，但我却敢同玉茹讲，多少讲一点。自然，这不是政治上的大错误，和对朋友不起的事情。因为自省一遍，我没有。芾甘，我有错，你总是对我指点，对我劝告。我是感激你不尽的。

　　明年上半年赴英、法、美，看看。尽量看点东西。我心里总觉得这是去打发日子，因为已经答应人家，不得不去。

　　但明年下半年，我一定开始想东西，写东西，并且尽可能关门，不再应酬了。

这种社交来往,只有坚强的人能避开。这种无休止的"叩门",而这种"叩门"声,我现在觉得不是什么洋人、陌生者,而是"死神"的低声呼唤。因此,我这次下决心不开门了。有人说玉茹嫁我,是她做了大傻事,因为我比她大十三岁。我早死的可能性较大,我还有较重的心脏病。她是很健壮的。我想过这个问题,但我很爱她,她很爱我,我们真说得上来。也就不管这许多了。

如果发生什么意外,这也叫作"命该如此"!

蒂甘,我敬爱的兄长,我说了许多,仅为了玉茹和我的事,请你原谅我,我实在闷不住了才这样写,向你啰嗦。请原谅我吧!无论你认为我做的对,或者不对!(《曹禺巴金书简》)

12 月 25 日 巴金致信曹禺。信说:

我了解你的心情,但希望不要太激动,年纪不小了,应当保持冷静。我的意见在北京时对你讲过,我认为你们两个都是有才华的艺术家(当然你的才更高,还不曾完全发挥出来),都有自己的艺术生命和前途,你们的婚姻是不是会给彼此带来家庭幸福,我有点怀疑。但你既然决定了,而且做了,你有这权利。我没有理由反对,我只应祝福你们。我希望你们好好安排生活,使所有关心你、关心你们的朋友、读者和观众都放心。

你、你们好好地生活吧……既然自己考虑过了,决定了,还怕别人不了解干吗?还怕别人议论干吗?你有很高很高的才,但有一个毛病,怕这怕那,不敢放胆地写,顾虑太多。你应当记住,你心灵中有多少宝贝啊。不要说,你"感觉肚子空了"。连我也感觉到心里有扑不灭的火呢!你可以慢慢来,不用急。

你不久便要出国,出去看看,扩大眼界看看新东西,也好。你高高兴兴地、信心百倍地完成这个任务吧。回来建设你们的新家庭,以后你会写出好作品来。(同前)

12 月 28 日 《剧本》12 月号全文刊发曹禺的《迎接社会主义戏剧繁荣的新时代——中国戏剧家协会第三次会员代表大会开幕词》。是日《上海戏剧》第 6 期同时转发该文。后收入《论戏剧》和《曹禺全集》第 5 卷。

是月 《戏剧学习》第 4 期刊沈慧编译的《美国当代剧作家阿瑟·密勒欣赏我国话剧艺术》。文及:"密勒曾和曹禺及《蔡文姬》全体演出人员合影留念,刊载于美国《时代》周刊上,照片出自英格·莫拉什之手,标题为:'阿瑟·密勒的妻子英格·莫拉什为他和一位中国剧作家及北京人民艺术剧院的演员们留影'。"

是月　致信李致。信说:"承你多方帮助,《王昭君》与《胆剑篇》的精装本终于准备好,十分感谢,奉上我的近照一幅,留念。"(《曹禺致李致书信》第51页)

是月　剧本《胆剑篇》由四川人民出版社出版。后曹禺特选一册精装本,在扉页上题:

给蒂甘

家宝一九八〇年三月赴美前夕

(《一个小老头,名字叫巴金》第266页)

是年　曹禺研究资料集《中国当代文学研究资料·曹禺专辑》内部印行。《中国当代文学研究资料》系二十所高校中文系写作编辑的中文系教学、科研内部参考书。其中《曹禺专辑》由四川大学中文系承担,王兴平、刘思久、陆文璧编选。全书分上下册,包括如下内容:① 编者撰写的《曹禺小传》。②《曹禺的生活与创作》。收入曹禺自撰和别人访问、整理曹禺谈自己创作和创作道路的文章计22篇。③ 曹禺《评介文章选辑》。分总论和单篇剧作,计51篇。④《曹禺研究资料目录索引》。包括《曹禺著译目录索引》和《评介文章目录索引》。文章以发表先后依次收入,从1935年到1979年9月成书前。

是年　北京住所由三里屯北24楼迁至复兴门外大街22楼寓所①。

是年　年底,会见德意志联邦共和国曼海姆民族剧院经理阿罗尔德·佩特森和院长汉斯·迈尔先生,商议北京人艺《茶馆》访问德国事宜,并为德国客人举办宴会。(《祝贺曼海姆民族剧院〈屠夫〉演出成功》)

是年　广州话剧团演出曹禺的《日出》。导演孙人乐,舞台设计杜星,演员慎广兰(特邀)、陈皓明、荣若沛、苏江南、王华山、林乃忠、于伟夫、张乾、高钿、蒋逸芳、胡小涵、张向东、姚敏平等。(《重建十年来的广州话剧团》,《广东话剧运动史料集》第3集第112页)

---

①　这是国家特殊照顾的高级公寓房,使用面积约100平方米。

1980 年　七十一岁

1月1日,《电视周报》在北京创刊①。是日,中国戏剧出版社恢复。

1月23日至2月13日,中国戏剧家协会、中国作家协会和中国电影家协会联合在京召开剧本创作座谈会。会议最后,胡耀邦作了长达六小时的重要讲话。座谈会以讨论六场话剧《假如我是真的》(曾名《骗子》)为中心,兼及电影剧本《在社会的档案里》、《女贼》等。

8月31日,北京人民艺术剧院演出团离京赴香港演出《王昭君》,9月10日结束在港演出回到广州。

11月21日,新疆歌剧团进京公演《艾里甫—赛乃姆》。

1月10日　《读书》第1期刊《曹译〈柔密欧与幽丽叶〉》一文:"曹禺译莎士比亚剧本《柔密欧与幽丽叶》,采用优美的诗的语言,还加了必要的'舞台指示',受到戏剧界人士和广大读者的好评。这书是应张骏祥同志的要求,为演出而翻译的。它最初由重庆文化生活出版社出版于1944年。"

1月12日　晚,率中国戏剧家代表团启程赴英、法两国访问。英若诚、吴世良同行。夏淳、张学礼到机场送行。(《北京人民艺术剧院大事记》)

1月13日—2月7日　应英国文化委员会邀请,作为中国戏剧家代表团团长,与赵寻、英若诚及吴世良一行四人,出访英国、法国。访问期间,代表团观看了戏剧演出,访问了莎士比亚故乡。曹禺应英中文化协会和伦敦大学亚非研究所邀请,作介绍中国当前戏剧情况的讲演。英国广播公司及《卫报》、《观察家报》播出和刊发了对曹禺的采访。访问期间还会见了许多英国戏剧界人士。并于2月4日至6日访问了巴黎。在巴黎与国际戏剧协会秘书长让·达尔康特进行了会谈。代表团于2月7日返回北京。(《1980年大事记》,《中国戏剧年鉴1980》第40页)

据吴世良记述,访英期间,参观了英国国家剧院和剧院里的奥利维剧场、立脱顿剧场,"在奥利维剧场看了两个戏。一个是易卜生的《野鸭》","另一个戏叫《阿玛

---

①　周刊。中央电视台主办。后改为《中国电视报》。

德厄斯》"。在伦敦西部的闹市区看"西区"戏剧,"看了一个话剧和三个音乐喜剧,都是连续演了好几年的'红戏',我们看后印象颇深。"(话剧《夜与日》,以及《窈窕淑女》、《耶稣基督超级明星》、《埃维塔》三个音乐剧)"英国文化委员会""给我们安排了一个'边缘戏剧'"节目,"这个戏的名字叫《国王和我》。""这个戏的演出正是午餐时间,十二点半到一点半。地点在一个咖啡馆里,小小的前厅带卖夹肉面包和啤酒,观众可以买了面包边吃边看戏。"还在"小维克"剧院观看小剧场话剧《老水手》,"还参观了一个很有意思的单位,名叫'斗鸡场戏剧艺术工作间'。"(《访英印象杂记》、《访英印象杂记(续)》)

　　其间,还与赵寻由中国驻英大使柯华陪同,在伦敦海德公园拜谒马克思墓并留影。(《曹禺》(画册)第97页)

　　1月18—20日　访问英格兰中部莎士比亚的故乡——斯特拉特福。据林海记述:

　　　　曹禺一行在这里度过了繁忙而又丰富多彩的三天。他们参观了莎士比亚的故居……在"圣·特里尼蒂"教堂里,曹禺他们看到了莎士比亚的坟墓和据说是他自己留下的墓志……

　　　　最值得一提的是这里的莎士比亚研究中心……曹禺他们在这里看到了1623年首次出版的莎士比亚全集,看到了莎士比亚自己的藏书以及莎士比亚作为剧作家、诗人和演员的活动纪录。特别是这里还珍藏着莎士比亚亲笔书写的遗嘱。当中国客人向研究中心的主人告别时,曹禺说:"你们这里真是一个研究莎士比亚的宝库,为了保护人类的精神财富,英国人民做了多么出色的工作,我们很钦佩。"

　　　　在结束对莎士比亚故乡访问的时候,曹禺表达了大家对这位伟人的景仰之情:"莎士比亚的伟大和深刻是永久的,中国戏剧工作者也从这位戏剧大师的作品中得到了深远的教益。"(《曹禺在莎士比亚的故乡作客》)

　　1月18日　中午,皇家莎士比亚剧院举行午宴欢迎曹禺一行。宴会上,曹禺讲话并将一套中文版《莎士比亚全集》和他翻译的《柔密欧与幽丽叶》单行本赠送给该剧院。(同前)据曹禺说:"还有一件愉快的事,是皇家剧院为我们举行了一次招待会,和英国朋友们谈得很高兴。……在一片欢呼声中,我代表中国戏剧界,把最新的精装《莎士比亚全集》中译本送给'皇家莎士比亚剧院'。"(《曹禺在英国BBC电台》)

　　1月23日　到英国广播电台(BBC)对外广播部参观访问,受到该部总监格雷格森(R. E. Gregson)的欢迎,还接受BBC记者的采访,谈访英印象及观剧感想,曹禺答记者：

> 我应该感谢英国文化协会对我们的款待，并为我们安排得很好，见到了许多老朋友，结识了许多新朋友。他们给我留下很深的印象。英国朋友非常有礼貌，又非常热情，我和他们一见如故。到了这里，真是感到宾至如归。

> 在这里我曾和一群孩子一起看了柯勒律支（S. T. Coleridge）的《老航海者》（Ancient mariner）。在我还是很小的时候，就读过这首长诗。剧团的人告诉我，他们是为孩子们演出的，孩子们正在读这首长诗。看完戏后，我与一个孩子交谈了几句。……（同前）

看了萧伯纳的歌剧《卖花女》，曹禺说：

> 我非常喜欢，活泼生动，有深刻的思想意义，改编得很好。我还看了国家剧院的演出……在伦敦，我看了易卜生的《野鸭》；在莎士比亚的出生地——爱汶河上的斯特拉福（Straford-upon-avon），我看到了美国戏剧大师奥涅（尼）尔的《安娜克里斯蒂》，还有莎士比亚的《奥赛罗》。……（同前）

1月29日　在伦敦大学的东方和非洲问题研究所作关于近年来中国戏剧发展的报告，介绍了中国戏剧界三年多来的活跃景象。（《曹禺一行结束对英国访问》，《人民日报》，1980年2月5日）

1月31日　《人民日报》刊冯亦代《喜看〈北京人〉》一文。文说："我喜欢曹禺的戏，特别是《北京人》。……我总感到他写出来的不仅是文字的记录，而是用血泪描绘的一首现实生活的诗。"

是月　浙江话剧团复排的《日出》在杭州公演。（浙江话剧团：《飞鸿踏雪五十年（1949—1999）》纪念画册）

2月3日　离开伦敦前往巴黎。（《曹禺一行结束对英国访问》，《人民日报》，1980年2月5日）

2月4日　《北京日报》刊林海发回的"伦敦通讯"《曹禺在莎士比亚的故乡作客》，记述1月18日至20日曹禺一行在英格兰中部莎士比亚故乡斯特拉福访问的情景。

2月7日　出访英、法归来，夏淳等到机场迎接。（《北京人民艺术剧院大事记》）

2月13日　晚，中国戏剧家协会在首都北京饭店举行80年代第一春的春节联欢会。在京的中国剧协主席、副主席、理事会理事以及会员等共千余人出席了联欢晚会。（《中国戏剧家协会举行春节联欢会》，《人民戏剧》第3期，1980年3月18日）

2月20日　致信李致。信说：

> 前承致意由四川出版社出《曹禺选集》，我完全同意，但所选剧本略有更

改,内容是:①《雷雨》②《日出》③《北京人》④《家》⑤《王昭君》,共五个剧本。

前曾告你的同志(我忘记名字)说选《胆剑篇》,我仍觉得《王昭君》(这是粉碎"四人帮"后作,且系周总理嘱托)为宜。务请不要选《胆剑篇》。(《曹禺致李致书信》第 55 页)

2 月 28 日　致信李致。信说:

得来书,我仍赞同去年我们商洽好的计划,即,一本一本地出,最后成盒。

我原说出选集,是听你在京的代理人说出选集,我才提出这个计划。并非我原意。

你们的印刷工人与校对,尤其是编辑与负责同志,十分负责,令人感激备至。请一一为我致谢!

我三月十八日赴美,五月初回国,返京后,多作一些文字工作,不再想跑外洋了。李玉茹同志托我问你好。我常向她谈你。她十分想见你。

附言:

关于板(版)权问题,过去的书可以不必管了。因为文学出版社已出,不便收回,但如他们要问你们为什么印我的书,我可以商谈现在出版法未定,已谈不上版权问题。

至于以后书籍,如你们单独印刷,我们再商量,好否?

我于三月一日即飞返京,与玉茹同行。(《曹禺致李致书信》第 58 页)

2—3 月　赴美前夕,在家中接待张奇虹。据张奇虹回忆:"记得我登门向他(曹禺)求教的那一天,正是他将要赴美讲学的前夕。在我的恳求下,曹禺老师答应担任《威尼斯商人》一剧的艺术顾问。他在百忙中抽空到排演场指导排练,审阅舞台设计图及说明书等,对剧组进行了及时的指导和具体的帮助,保证了演出的艺术质量。"(《怀念你,我的恩师曹禺》,《倾听雷雨》第 155 页)

3 月 8 日　致信田本相。信说:

十分感谢您寄来您的著作。我因即将赴美,许多事情急待解决,只能十分粗略地拜读您的文章。您的分析与评论是很确切,也是深刻的。您的研究工作使我敬佩,有时间,应该和你长谈,但目前,许多事要料理。是否待我回国后,咱们再约一个较充裕的时间谈一下?我的作品确不值得用这么多力气,你费了大量时间去研究,使我很惭愧。

我即赴美,约五月中返京,当约请一谈。(《曹禺给田本相的信》)

关于这封信,据田本相记述:

今年二月,我把《曹禺剧作论》的书稿给了中国戏剧出版社,出版社的杨景辉同志建议我把书稿寄给曹禺同志,征求一下他的批评意见。我早就想向曹禺同志请教了,因为在我研究他的剧作过程中,不但在若干史实上还留下一些疑难,而且在对一些剧本的理解上也有把握不定的地方。但是,我总觉得书稿还没有写完,很不成熟,并且知道他工作很忙,过早地去麻烦他不大合适,就这样延宕下来了。杨景辉同志十分热情恳切,他说这样做对提高书稿的质量是大有裨益的,并且答应把书稿转给曹禺同志。于是,我便写了一封信连同书稿一起,由景辉同志送去了。大约过了不到一个月的时间,我就收到了曹禺同志于三月八日写给我的信。当时,他正在紧张地准备着去美国访问,在百忙中把十几万字的稿子看过了。这使我十分感动。他在信中给我以热情的鼓励,并约我在他访美回来后作一次长谈。(《曹禺剧作论·附记》)

3月14日 晚,法国文化与通讯部部长菲·莱卡及夫人等一行八人,由文化部周而复、李保求等陪同来首都剧场看《茶馆》。曹禺与于民、夏淳、陈宪武、周瑞祥等接待,演出后,外宾上台会见了演员并合影。(《北京人民艺术剧院大事记》)

3月16日 香港大埔六区文艺协进会剧团在新界演出《雷雨》片段。(《在新界演〈雷雨〉》,《曹禺、王昭君及其他》第73—75页)

3月18日—4月30日 应美中学术交流协会、哥伦比亚大学美中艺术交流中心的邀请,赴美讲学。在华盛顿、纽约等十个城市讲演《今日中国》,侧重谈戏剧。《纽约时报》、《基督教科学箴言报》、《新闻周报》、《华盛顿邮报》等多次以整版篇幅报道曹禺访美情况,《美国之音》播放了实况录音。讲学期间,还参观了肯尼迪艺术中心及剧场等。4月30日返国。(《1980年大事记》,《中国戏剧年鉴1981》第42页)

3月19日 抵达纽约。据曹禺记述:

我们在巴黎等了七个小时,然后乘法国航空公司的飞机到纽约,到纽约是第二天大约美国时间两点半。周文中先生[①],陈楚同志[②]的夫人,使馆的许多朋友们,还有於梨华都来接,另外还有米歇尔和利莎。我们一起住在"五月花"旅馆……。(《没有说完的话》第43、44页)

3月20日 据曹禺记述:

第二天一早上,就有《人民日报》的张彦同志来访,还有就是我们的大使馆

① 美籍华裔作曲家。时为哥伦比亚大学音乐教授,艺术学院副院长,美中艺术交流(交换)中心主任。
② 时任中国驻联合国大使。

柴振林①大使派了一位苏先生和我谈话,谈各方面的情况。

到了下午呢,就有一位白克姆教授带着我们——我跟老英,还有《人民日报》的张彦,去看帕坡先生。……我们谈了一些戏剧方面的问题,他问到中国的戏剧是什么情况,我就谈现在中国的戏剧很好、欣欣向荣,有许多青年剧作家。谈到写了不少的问题剧时,他就说是不是在莎士比亚与易卜生之间还有这么一种剧本,我说这个大概应该是有的,就是说能够写出这样的一种剧本——包括了整个的社会,也许谈的是某一种问题,但是它写的人性、写的人物、写的各方面,那么深刻,以至于整个的时代精神都包括在内,我想这种剧本将会传至于永久的。

他后来就请我们吃饭,在一个意大利的饭店吃饭。吃了不多久,白克姆教授就带着我们到哥伦比亚大学的梯彻学院的一个小剧场看《北京人》。……演完第一幕以后,我就到台上跟演员们见面,我大大地鼓励了他们,但说的话,也有说得夸张得太过了,但是已经说了就说了。确实有时候我觉得夸他们夸得太多了一点,不过,为着鼓励他们的信心呢,我说了。这个戏,他们确实很严肃地对待,同时,又很有点新,也带了一种很强烈的感情要把这个戏演好。这个导演,是肯特·波尔先生,翻译的人是罗先生。我看了,一直看到——我也是困得不得了,到了十二点,我们就走了。(《没有说完的话》第44、45页)

3 月 21 日　据曹禺记述:

今天上午,是二十一号了,赖亚利(?)②大使来,我们谈了半天,我把整个的经过向他汇报了一下子。

到了中午的时候,波尔先生跟罗先生都来请我们吃饭,中间我就谈了关于我们昨天观看《北京人》这个戏的意见。我觉得是不是可以缩短,但是我说缩短大约很难喽,要演三个半小时,我说最好能删掉一个小时,他们觉得很难。同时,我觉得有的演员好,但有的演得也并不是很好的,我很反对那个陈大妈这么跳,跳着跳着走路。我也觉得那件龙袍不要,还有许多吧,谈这些小问题谈了一通。到了中午……周文中先生来了,从周文中那儿晓得今天将会见《纽约时报》的一个记者理查德·查普特先生。后来他来了,他还带了教他

---

①　应是柴泽民,中国首任驻美大使,此处大概是录音误读。有资料显示:1979 年 1 月 1 日,中华人民共和国与美利坚合众国建交。原驻美联络处主任柴泽民,升任驻美特命全权大使。

②　据外交部网站显示,其时,中国在美大使,一是中国驻美国大使柴泽民(1979 年 3 月至 1982 年 12 月),二是中国常驻联合国代表陈楚(1977 年 5 月至 1980 年 6 月)。赖亚利可能是驻美副大使或常驻联合国副代表(大使)。

中文的一位张萧萧女士,我们谈得挺好,整个的记录是搁在另外的一个磁带上头了。

　　已经五点多了,一直等着利莎,利莎来了我们就去吃饭。我们同时约了在八点钟看一个叫做《歌舞线上》(Chorus Line)的音乐剧。(《没有说完的话》第45、46页)

据曹禺22日记述:

　　今天是二十二号了,昨天二十一号上午跟谢乌德先生①谈话,这个谢乌德先生由苏珊公司的苏珊领来的,谢乌德先生代表《纽约时报》跟我谈话,作一个访问,大致谈了谈中国戏剧最近的情况。这个人倒是非常和蔼,照了半天相。接着晚上就是刚才我说过的,看音乐剧去了。

3月22日　据曹禺记述:

　　今天呢,又由这个苏珊公司的苏珊自己带来了《时代周刊》的一个记者埃克曼先生,又谈了一点中国戏剧。在他访问以前,周文中先生来了,谈了四月一号的电视的问题。同时,我们新华社驻纽约的新闻记者于先生跟夫人要来谈,我答应他明天九点钟来,但是我这才想起明天十点钟还约了一个人。就是一位於小姐吧,约会排在十点钟,也许可以。

　　下午……大约五点钟吧,苏珊带了一个照相的来,他们等着阿瑟·密勒(Arthur Miller)来……他五点一刻到,来后我们谈了一会儿,很高兴地见面,我们作了一个磁带记录,还在屋子里照了相。……后来,他就把我们送到剧场,利莎正在等着我们,我们就看了一个戏。这个戏是英国剧作家品特(Hardd Pinter)写的,叫做《背叛》(Betrayal)。《背叛》这个戏阿瑟·密勒说不错,很值得一看。那么就看,一直看到十点半的样子,八点钟看,看了两个半小时。我觉得我又懂又不懂的,反正讲三角恋爱的问题。我还是想找剧本来看一看,我也很希望把《歌舞员应考》的剧本拿来看一看。

　　噢,我想起来了,今天上午,我们到"美国剧作者协会"去了,遇见拉维尔先生……他说有三千个剧作者,关于他们的各种权益吧,都由他来管。……后来他就给我介绍三个剧作家,一个叫做罗伯特·安德荪先生,这个作家写了不少东西,岁数相当大,大约六十多岁;另外的比较年轻的叫阿尔比;还有一个女的,名字想不起来了。……我后来跟这几个作家倒是谈得很有趣,因为都谈一

---

　　① 原书注:在三月二十一日录音中曾说要见《纽约时报》的查理德·查普特的记者,但这里见到的是谢乌德先生。是否人名有错,或者报社换人,不详。

　　但从曹禺记述看,21日上下午各有一次《纽约时报》的访问,可能都是该报的——编者注。

些本行的事情吧,仿佛搞得挺欢势似的。(《没有说完的话》第46—49页)

3月23日　据曹禺记述:

昨天是二十三号,上午新华社驻纽约的于主任,还有一位姓于的女同志①,访问我今后的行程同这两天看戏的情况,还有对《北京人》演出的看法。以后呢,是於梨华的女儿同一个姓何的小女孩来访问,她们也请我谈谈对于《北京人》的看法。关于中国戏剧的一些情况,我大致讲了一讲,也讲了很多吧。我问她妈妈好,她说她妈妈将要听我的公开讲演。

……

(下午午睡)起来的时候大概三点半……谭林邦在楼下接我们,我跟张彦、英若诚,还有他的夫人陈女士一块儿出去逛一逛大街……到唐人街的一个和平饭店吃饭。……最后就回家了,由张彦同志陪着我回家。张彦同志跟我很诚恳地谈起了关于我最近说话的情况,他觉得我说话还是要保持一定的尊严,另外态度不要太谦虚,因为谦虚当然好,这样谦虚却不对,他说"你是代表国家的"。我说这话我也觉得很对,今后必须要注意这件事情。

晚上,周文中来了一个电话,说要换一个人去华盛顿。……我看还是周文中更合适一点吧……。(《没有说完的话》第50、51页)

3月24日　上午,参加"一个华人报纸的新闻发布会",还有一个"美国之音"(的采访),用英文讲。(《没有说完的话》第51页)　下午,参加哥伦比亚大学为其举办的欢迎招待会,"在那里看见许多人,看见孙增爵,这是清华同学会的会长,看见了无数的大学教授和一些学者。……还有就是《北京人》剧组的许多人,导演波尔先生和翻译罗先生,还有一些演员,都在那里。再就是哥伦比亚大学教授一大堆,都是些学者吧。谭林邦也来,还有两位大使,赖大使来得早,很早就走了,后来陈大使也有事情,陈楚大使也走了",并作英文答词。(《没有说完的话》第52、53页)　据夏志清文述:

三月二十四日(星期一)五时—七时,欢迎曹禺的酒会,地点在国际关系研究院大楼(下面简称"国际大楼")一间较大的礼堂,去年钱钟书等来哥大,招待会也在此室举行。(《曹禺访哥大纪实——兼评〈北京人〉》)

三月二十四日我偕王洞走进欢迎会的会场,已五点半了,出席的人不少。……散会前,周文中致辞欢迎贵宾,曹禺用英文作辞谢……那晚有好几位六七十岁的华人及其家眷在场,想来都是曹禺的清华同学……(同前)

---

① 可能是余志恒、袁瑾二位记者,他们发回的报道是《话剧〈北京人〉在纽约上演记》。

是日 晚,招待会后,与周文中、英若诚"又到一个地方,到一个高级学术会议的会址,一个俱乐部","大家一边吃饭一边就谈了许多问题,多半谈的是中国方面将来究竟是不是还会乱,是不是怕请中国的青年学生到美国来留学,将来一到乱的时候他们是不是又要挨整这些事……"(《没有说完的话》第54页)

3月25日 上午,张彦来。中午,哥伦比亚大学的利莎·罗宾斯请吃饭,在"一个叫'金玉满堂'的地方,是哥伦比亚附近的一个四川馆子"。下午,由利莎·罗宾斯带去访问哥大研究戏剧系的主任白克姆教授,"谈得倒是挺好,很轻松",因"赶着六点半去看头一次演《北京人》",离开。(《没有说完的话》第57、58页)

是日 晚七时,在纽约曼氏剧场(哥伦比亚大学师范学院的霍瑞斯·曼剧场,Horace Mann Theatre)首演《北京人》,导演肯特·保罗(Kent Paul),舞台美术昆亭·秋玛斯(Quentin Thomas),剧本是由一位香港的留学生莱斯列·罗(Leslie Lo)翻译的。曹禺出席首演,并会见演员。据夏志清文述:

> 那晚看《北京人》,演员都是东方面孔……事后看"戏单"……全戏的主角都是纽约市当地的职业演员,也不尽是华裔的。曾皓祖孙三人都是日本人扮演的……江泰的太太曾文彩也是美籍日本人演的。演瑞贞的则为韩国人。愫芳、思懿、江泰、陈奶妈、袁任敢这几位角色才是美国土生或来自中国的华人演员扮演的。其中要算演江泰的毛俊辉(Freddy Mao)最出色。……(《曹禺访哥大纪实——兼评〈北京人〉》)

据《纽约时报》报道:

> 美国人可能从京剧、《白毛女》芭蕾舞剧或者敏捷的体操翻跟头方面来看待中国戏剧,那么值得推荐他们去看看中国第一流剧作家曹禺的话剧《北京人》,它正在哥伦比亚大学师范学院的霍瑞斯·曼剧院用英语演出。
>
> 这是一出三幕长剧,演出约三个半小时,它反映了中国,但是采用了西方戏剧的形式……这次演出采用莱斯列·罗的新译本,由肯特·保罗导演,并由东亚血统的演员参加演出。
>
> 正在纽约进行访问的曹禺先生,出席了首演。他说,他受到易卜生、奥尼尔的影响,在某种程度上说,这也表现在《北京人》一剧中。……
>
> 演出是由哥伦比亚大学戏剧研究中心和美中艺术交流中心联合举办的,剧本本身是属观众不怕时间长的时代的产物。为现代的、坐立不安的观众着想,似乎应该作些删节。……(《一出来自中国的戏剧:〈北京人〉》)

3月26日 据曹禺记述,一早,张彦来,"我们谈了谈,他说那个叫维克的不要见,就是那个写江青传记的人"。中午12时,"我跟英若诚,还有利莎一块儿找到

'演出人行会'这个地方",与"管事"的谈了许多关于美国演出业的事情。下午(三时)回到旅馆,"周文中先生同这个巴纳森小姐已经来了(《新闻周刊》的)",遂"开始访问",谈了"一些关于政治问题",以及中国情况。谈话间,苏珊来打断。接着又与周文中谈"到了华盛顿怎么准备",一些行程安排情况。晚,应利伯森之邀到"马迪森广场的一个大的场子去看马戏"。观后又参加"大型夜餐"。(《没有说完的话》第59、60 页)

3 月 27 日　上午,有来访者。还有清华同学会邀请活动。晚上,作一个公开演讲,"由哥伦比亚的校长主持,还有阿瑟·密勒也要讲几句话"。(《没有说完的话》第58、59 页。按:曹禺日记中,未提及白天的讨论会。不知为什么。)

上午,参加一个讨论会,据夏志清文述:

三月廿七日那场中美戏剧讨论会在国际大楼十五层会议室举行,讲定十时半开始,三时半收场,午餐地点则在哥大教员俱乐部。……

我去得迟,上午会议散席后才有同与会人士谈话的机会。其中有一位英文名字叫 Tsai Chin,原来是周信芳的女公子周采芹……(《曹禺访哥大纪实——兼评〈北京人〉》)

关于晚上的演讲,据夏志清文述:

三月廿七日(星期四)八时,曹禺在国际大楼演讲厅作公开演讲,亚瑟·米勒[①]致介绍词。(同前)

三月廿七日八时正,曹禺作公开演讲……哥大艺术院院长说了几句开场白后,即由密勒作介绍辞,讲了二三十分钟。……

读介绍辞,密勒先强调中美文化交流之重要。再说,文学、戏剧超过国家、文字的限制,具有大家都能欣赏的普遍性。曹禺的剧本读起来就让他联想到俄国、美国的戏剧传统。密勒特别提名称赞《雷雨》,说它的结构很具气魄。……

密勒演讲的时候,英若诚逐句低声翻译给曹禺听。……介绍辞读毕,曹禺站在小讲台后面开讲,先讲十分钟英文,自称三十年未讲英文,博得掌声不少,因为他英文讲得不坏。接下去用中文讲,英君逐句口译,讲了中国戏剧二千年的简史,可说毫无精彩。……现代剧作家,曹禺提名四位:田汉、夏衍、欧阳予倩、洪深,不知有无春秋史笔的深意。再一跳跳到解放以后的大陆,老剧作家的剧本他只提了老舍的《龙须沟》和《茶馆》。(同前)

---

①　即阿瑟·密勒。

据《纽约时报》报道①:

星期二(三月二十五日)晚上在哥伦比亚大学,东方会晤了西方。两人的会晤,是通过一个剧作家的眼光来探索差异的,并且发现差异并非十分差异。

中国第一流的剧作家曹禺先生和美国一位著名剧作家阿瑟·密勒,在国际事务学院的荫莱克·阿尔脱舒尔礼堂内,同在一个讲坛上讨论'现代中国戏剧'。四百多个座席和后部的站席都挤得满满的,亚洲和西方的听众像看明星一样,前来看这两位通常只以文字而不亲身出现在舞台上的人。主持人看到这种情景,心里热乎乎的。……

密勒先生在他的讲话中涉及许多方面。他说……"我所读过的曹禺的剧作,特别是三十年代早期写作的《雷雨》,都有庄重的结构,我看它们是继承了欧洲、俄罗斯和美国的——尤其是奥尼尔的——传统的。"……

曹禺先生简短地概述了中国的戏剧,它创始于二千年之前。他承认他自己从事这一行业仅仅五十五年,没有见过任何最早的这些剧本,虽然有一部较近期的,约有七百年历史的剧作,现仍在北京上演。……

他避而不谈对中国戏剧的展望,可是他说:"我们决不允许那种什么也不干,仅仅唱赞歌的文学。经过十年文化革命之后,人民的思想真正解放了。我们再也不允许一个作家由于他的思想而被定罪为反革命,不论他的作品受到欢迎与否。我想这才真正标志着'百花齐放'的时期。"(《站在两种文化桥梁上的眺望》)

是日 演讲之后,还在国际大楼参加了一个招待会。(同前)

3月28日 据夏志清文述:

三月廿八日(星期五)十时半开始,曹禺在同楼(即国际大楼)十五层会议室跟美国戏剧界人士交换意见,讨论题目为中共与美国戏剧界的新动态;此节目由哥大艺术院戏剧研究中心主持。(《曹禺访哥大纪实——兼评〈北京人〉》)

那天出席的黑人倒不少:演员、编剧、导演各行都有。……讲话最多倒是那位黑妇史都华(Ellen Stewart),她是辣妈妈实验剧团(La Mama Experimental Theatre Club)的创始人,《日出》就在她那家小剧场上演的,她告诉我《北京人》里大半演员也都是她的团员……曹禺自己可能真累坏了,也很可能感到此种文化交流会议毫无意义,饭后即乘计程车回旅馆休息去了。(同前)

那天午餐的气氛倒是很融洽的。曹禺、周文中、英若诚同我是一桌,还有

---

① 这篇署名报道,除时间与夏志清记述不同,地点、内容大致相同,只是翻译差别,如夏志清译的"国际关系研究院",这里译为"国际事务学院";"国际大楼演讲厅 Frank Anschult Auditorium",夏志清没译中文,这里译为"荫莱克·阿尔脱舒尔",大致差不多。

些别的人。……我问英君,你们二位来纽约后看了些什么戏? 他说看了三场:《歌舞员应考》,田尼西·威廉士(Tennesse Williams)的新戏《夏天住旅馆应带的衣服》(Clothes for Summer Hotel),英国剧作家平德(Harold Pinter)的新戏《背叛》(Betrayal)。……(同前)

是日　《纽约时报》刊署名理查德·F·谢泼德的报道《一出来自中国的戏剧:〈北京人〉》,后由李君维翻译成中文,发表于 6 月 10 日《读书》第 6 期。

是日　《人民日报》刊消息《〈北京人〉话剧在美国》,报道了 3 月 25 日《北京人》在纽约演出的消息。

3 月 29 日　《纽约时报》在第 12 版显要位置刊发理查德·F·谢泼德(Richard F. Shepard)《站在两种文化桥梁上的眺望》(A View From a Bridge Between Two Culture)的文章,报纸配发了曹禺和阿瑟·密勒比肩并坐,投入地交谈的照片。后由李君维翻译成中文,发表于 6 月 10 日《读书》第 6 期。

是日　《人民日报》转发新华社纽约 27 日电,刊余志恒、袁瑾采写的报道《话剧〈北京人〉在纽约上演记》,详细报道了《北京人》上演情况。

3 月 31 日　台湾《联合报》刊报道《“现代王昭君”曹禺——出差美国》。

是月　在纽约期间,到阿瑟·密勒家中作客。据曹禺说:“我去时……他亲自开了七个钟头的车来接我到他家去。进了家门,他不说这是我家,而是说这是我的土地。汽车开了十几里地还看不到房子在何处。后来看到一个山谷,上面有三幢房子,一幢他写作用,一幢他夫人(摄影家)工作用,当中一幢他们吃饭用。……”(《美国之行——曹禺同志赴美讲学归来答本刊记者问》)

是月　《王昭君》(连环画)由江苏人民出版社出版,曹禺原著,吴宗尧改编,张晓飞绘画。全书 184 页,64 开,售价 0.24 元。(《全国总书目 1980》第 342 页)

是月　《王昭君》(连环画)由浙江人民美术出版社出版,根据曹禺同名剧本改编,辛观地改编,徐有武绘画。全书 189 页,64 开,售价 0.23 元。(同前)

是月　作《〈李苦禅画集〉序》,画集由山东人民出版社于 1981 年 4 月出版。后收入《鲁版图书序跋集》《李苦禅纪念文集》。序说:“有人说,他的画水墨淋漓,气象万千。但我更感到他的画给了我们生命之感和热爱生命的感情:告诉我们人的伟大创造精神是无限的。”

4 月 1 日—9 月 15 日　中国作家协会文学讲习所举办第 5 期文学讲习班①。

---

①　文学讲习所成立于 1951 年 1 月,着重培养有一定文学水平的青年作家和工农作家,由老作家、理论家担任教学工作。

参加第 5 期文学讲习班的学员有蒋子龙、叶文玲等 33 人。学习期间,丁玲、王朝闻、冯牧、公木、刘宾雁等到文学讲习所讲了课。(《一九八〇年北京文艺大事记》,《北京文艺年鉴1981》第 542 页) 曹禺也曾往授课。据徐刚回忆:"有不少教师是长久没有露面的老作家,有在秦城监狱学《资本论》的丁玲;有自称为'出土文物'的萧军;有被定为右派分子发配到广西省的秦兆阳;有身体欠佳由亲人扶持他来授课的曹禺;还有著名的理论家王朝闻。"(《沧海一叶——徐刚文选》第 335 页)

4 月 2 日 由哥伦比亚大学美中艺术交流中心和亚洲协会联合举办的中华人民共和国现代话剧剧照展览会开幕。展览分三个部分:曹禺的戏剧;郭沫若、老舍、田汉和其他著名中国戏剧家的戏剧;在中国演出的西方戏剧。(《1980 年大事记》,《中国戏剧年鉴1981》第 44 页)

是日 据夏志清文述:"四月二日午时曹禺与同楼东亚研究所同人聚餐,并交换意见。"(《曹禺访哥大纪实——兼评〈北京人〉》)"那天的午餐座谈会听说情形非常尴尬。原来《江青同志》的作者魏露姗(Roxane Witke)也是研究所所员,曹禺一到,她就要请他吃饭,曹禺想来听了中共联合国代表团的话,只好婉辞。那天魏女士带了一篇打好的稿子,在座谈会上宣读,可能为她的江青同志作辩护,弄得大家很窘。"(同前)

是日 晚,出席"Asia Society 酒会",遇董浩云[①],"谈剧运,并摄影,周文中亦在。"(《董浩云日记(1948—1982)》(下)第 1353 页)

4 月 3 日 参加哥伦比亚大学东亚语文系举行的座谈会。据夏志清文述:

> 四月三日(星期四)中午,曹禺在肯德堂会见东亚语文系同事,同往附近中国馆子午餐,二时开始在肯德堂休息室(Lounge)举行座谈会,此节目由我主持。

> 第二天(四月三日),原定计划是十一点钟,曹禺先来参观我一堂"中国现代文学"的课,再约些中文助教、讲师、高级讲师一同去附近馆子午餐。后来……取消了。……

> 曹、英两位由负责人十二时十分带到我办公室,我们一伙人就乘两辆计程车到附近百老汇大街"蓉园"去吃饭(有一部分人先走去了)。……

> 二时许我同英君陪着曹禺进肯德堂的休息室,人已坐满了,看样子有五六十位。……旋即由我介绍曹禺,座谈会开始。

---

① 生于 1912 年,卒于 1982 年,浙江舟山人,中国东方海外货柜航运公司创办人。被誉为"现代郑和",是"世界七大船王"之一。

……我有时发问,非常不客气,如问他父亲有没有姨太太,家里有几个人抽鸦片。但这种"逼供"的方法,的确见效,曹禺打开了话盒子,讲了不少真话,至少有一大半是所有现成的传记资料上所未载的。曹禺讲了一小时半……重忆旧事,曹禺讲话的兴致真的提高了。

……

曹禺讲自己早年生活,讲两出戏,早已超过了一小时了。下午还有别的节目,他不想再说什么了。我说谈谈新戏《王昭君》吧,这样又多讲了十多分钟。曹禺说《王昭君》是周恩来示意要他写的,但不能算是"奉命文学",因为他自己对王昭君此人也极感兴趣。……明年《王昭君》要拍成电影,他已示意编剧人原剧有两三处可以改编,将来电影在纽约上映时,请诸位多多指教。讲到这里,座谈会看样子要结束了,我再问曹禺一个问题:是否在从事新剧本的写作?他说是的,但写的是什么题目他坚决不肯透露,是今装戏还是古装戏,他也不肯说一声。他说这不是卖关子,题目一旦泄露了,人家要问个不休,自己也不能定心写作了。(《曹禺访哥大纪实——兼评〈北京人〉》)

四月三日星期四下午三时半,曹禺先生在我肯德堂办公室小坐,室内还有不少我的同事和朋友。……桌上放着一厚册印第安纳大学刚出版的《中国文学选集》(Literature of the People's Republic of China,许芥昱兄主编),我想将来再同曹禺先生见面不知在哪一天,就请他在这本书的扉页上签个名罢。他也不推辞,用原子笔写到:"奉命签名,曹禺,一九八〇,四,三,纽约。"……

四月三日,我同曹禺最后一次聚会,下午的座谈会比较精彩,曹禺人也有精神,我做主持人,心里也高兴。(同前)

4月5日　托人转交(赠)夏志清亲笔题名《王昭君》一册。据夏志清文述:"书是我巫思一读的《王昭君》,卷首有作者近照,该页上新加了题字:'C·T·夏教授教正。曹禺一九八〇,四,五,纽约'。……曹先生虽然记不清我的中文名字(所以称我为'C·T·夏教授'),显然对我不无好感,临走前还托人带给我一本书,一件礼物,真的很为其友情所感动。"(同前)

4月7日　上午,与英若诚在麻省理工学院人文科学系会客室出席该校中国同学会主办的"与名剧作家曹禺先生一席谈"座谈会。(《曹禺》画册第100页)

4月7、8日　7日晚间和次日下午,曹禺转到哈佛大学做两次演讲,前场由"新英格兰区中国讨论会"主办,后场由燕京学社主办。他在两次演讲之间,还接受了台湾留学生陈晓林、王若愚的访问。"曹禺在演讲时指出,由于三十年代作家大多崛起于上海,而江青当时在上海的秽史连篇,所以待其掌权之后,唯恐受到这些老作家们的鄙视,或揭其底细,非将他们一一批斗不可。曹禺自谓唯一的罪名,不过是刘少奇曾于观看《雷雨》后称赞过一句'很深刻',结果他在'文革'时就被打入'刘派黑帮',先后抄家三次,书籍全部散失,妻子也被折磨而死。"(《在哈佛,会见曹禺》)

4月8日 庆祝中华人民共和国成立三十周年献礼演出评奖工作圆满结束。四月八日下午,在政协礼堂隆重举行了发奖大会,向获奖单位颁发奖状和奖金。北京人民艺术剧院的《王昭君》获创作、演出一等奖。(《献礼演出评奖工作圆满结束》,《人民戏剧》1980 年第 5 期)

4月12—15日 应印第安纳大学 Patten 基金会邀请,访问该校,下榻"印大学生联谊中心"。(《君自故乡来——曹禺会见记》)"曹禺在印大时,国际研究组的院长送了他一个别出心裁的礼物:一张导演用的座椅。一边是印大的名字,一边是曹禺的。曹禺感动之余,说:'我一定会继续好好写作。我自己写不完,我会叫我自己的儿女继续写。或者我应该说,我会叫我的朋友继续写。'"(同前)

4月13日 下午五时,刘绍铭与李欧梵到"印大学生联谊中心"去接曹禺到罗郁正家吃晚饭。餐后"看 T. Hernandez 教授导演的《日出》(节缩本)"。"曹禺老先生有点失聪,那天晚上的对白,他听了多少,实在难说。不过散戏后我们问他,他说已经很满意,最少比在纽约看的《北京人》好,尤其是那位演顾八奶奶的,其造型与体态佳绝。"(《君自故乡来——曹禺会见记》)据李欧梵回忆:

> 那次在印大的会面,令我印象至深的另一个场面是印大戏剧系(我当年申请却未获准入学)的师生为他演出的《日出》的一幕,他老人家观后几乎老泪纵横,看来十分感动。为什么一群二十几岁出头的美国大学生——内中没有一个人是华人——用另一种异国语言竟然能表现出原剧的气氛和意境?况且这些吃牛奶长大的美国中西部青年根本不知道"五四"新文学怎么一回事。

> 我观后立刻问曹禺:"这次演出,是哪一方面打动了您?"他脱口而出地答道:"陈白露!这个美国女孩把她演绝了!其实这个交际花出淤泥而不染,个性像白露般的清新,本来就是'五四'新女性的模子!只不过都市生活使她变了样子。"(《〈万家之宝〉——追忆曹禺》)

4月14日 据刘绍铭文述:"早上和下午,曹禺和英若诚都有零星节目,如与学生聊天、到戏剧系 Meserve 教授班上讲话,跟国际研究组的院长吃午饭等。"晚八点,出席"the Patten Lecture"举办的演讲会。"演讲前……罗(郁正)先生把曹禺的身世与创作介绍过后,就请印大出版社的 John Gallman 先生送给曹禺一个'意外的惊喜'——刚由香港空运来的第一本《原野》英译本。""曹禺演讲的题目,是《一九四九年以来中国话剧的创作景象》(Creative Vision in Chinese Spoken Drama since

1949)。"演讲的内容分"回顾"与"前瞻"两部分。回顾部分,是中国话剧运动的简单介绍。"前瞻部分曹禺说得不多。"演讲后回答观众问题半小时。"有人问曹禺为什么没有写过喜剧。曹禺答说,说说笑话容易,写喜剧是另一种本事。在他的朋友中,他说,只有老舍最有这种天赋,只可惜⋯⋯""演讲完后,一行又到基金会主办的接待会。"(《君自故乡来——曹禺会见记》)

4 月 15 日　据刘绍铭文述:"早上十时半至十二时,他和英若诚要到学生中心去跟在校的中国学生'随便聊聊天'(Informal Talk)。到的人,差不多有五六十个吧。曹禺一坐下来就说,'终于有机会说国语了!'""他的开场白所触及的,也是大陆现况的笼统问题。他说中国是个最先进,但同时也是个最落后的国家。⋯⋯"回答了一些政治问题后,"乃把问题拨正——与文艺创作者曹禺谈文学上的问题","我首先向曹禺招供,如果我今天重写《曹禺论》,我对他剧作的评价,会高许多。我对《雷雨》和《日出》二剧批评得极不客气,理由不外是那时我刚念完比较文学的课程,眼中尽是希腊悲剧以来的西方戏剧大师,而把曹禺的作品与易卜生、契可夫(契诃夫)和奥尼尔等人,平放着来看,那曹禺自然吃亏些。""我在曹禺面前修正了自己的'偏差'后,就问了以下几个小问题。""他的剧本,长度知名。旧版的《雷雨》是二三四页。⋯⋯可是一九四九后出版的,页数就少的多了。如《王昭君》,就只得一九一页,而且排印得非常'疏朗'。这是不是与年龄有关?""曹禺答得好。他说,以前的剧本,是写来给人家'读'的。现在是写来给人家'看'的(演出)。"(同前)

是日　下午四时二十分,曹禺一行飞往底特律。(同前)

4 月 17 日　中国笔会中心在北京成立,曹禺与巴金、夏衍、茅盾等 64 人为第一批会员。(《中国笔会中心简介》,《人民日报》,1980 年 8 月 6 日)

4 月 20 日　到美国西海岸的旧金山访问。据水晶文述:"三〇年代著名剧作家曹禺先生,在人民艺术剧院演员兼翻译家英若诚先生的陪同下,自四月二十日起,抵达美西岸旧金山湾区,进行了一连串的演讲交游活动。"(《长夜漫漫欲曙天——四看曹禺一笔账》)

据曹禺文述:

最使我高兴的,是在旧金山见到陈若曦。她是伯克莱大学中国研究中心的研究员。她遵嘱来接我⋯⋯我看见一位圆圆脸,衣着朴素,一双眼睛透着热情与明慧的中年妇女,和我中学时的老同学、好朋友林登,站在那里迎接我。林登已经两鬓斑白了,身材仍像当年那样比我高出一头,戴着一副黄色的眼镜,简直是一个气宇不凡的绅士。而陈若曦梳着北京人所说的娃娃头,额发整整齐齐,看上去像是个中学的学生。

> 后来,我的日程大都是陈若曦在安排。……由陈若曦陪伴着会见了许多朋友。……《天然生出的花枝》

4月21日　在柏克莱大学接受远东学系和中国研究中心的宴请,晚间在陈若曦家里聚会,作陪的有李欧梵、白先勇、水晶,主人特别置备了中国茶点,大家开诚相谈,从国内政治经济到剧坛影坛的种种情势。据水晶文述:"四月二十一日晚,曹禺等人抵达柏克莱的第二晚,在接受了远东学系和中国研究中心同人的欢宴后,陈若曦悄悄将他和英若诚先生带到家中,和几位朋友见面。这几位包括李欧梵、白先勇,一位在普林斯顿大学执教的数学系教授,连同笔者一共六人。"开始"大家的话题离不开政治",后来"从政治方面扩展到文艺方面去了"。(《长夜漫漫欲曙天——四看曹禺一笔账》)

据曹禺文述:

> 有一天下午,陈若曦告诉我说约好几位台湾作家在她家夜谈。我去了……那顿饭吃得痛快,谈得也痛快。白先勇、水晶、李欧梵,还有许多朋友,我们一起谈到深夜。……那一晚是我在美国最愉快舒适的时光,就像在家里一样。……《天然生出的花枝》

4月22日　据水晶文述:"第二天四月廿二日下午四时,在柏克莱大学生中心的'棕橡树室',有一个曹禺的演讲会,四时正,他在加大教授白之先生的陪同下,偕同英若诚先生翩然降临,发表一篇以讨论中国戏剧发展史为题的演讲。""在回答观众询问时,曹禺说,在'四人帮'掌权的十年里,天天批斗,天天四大自由,你鸣你放,我不鸣我不放,我反对就是反对民主,解释大字报攻击的地方就是反对革命,他愤怒地说:'大辩论,我的经验很多,那根本不是在辩论。'……""晚间,在中国研究中心研究员纪文勋先生家里,又一次特别意义的聚会,那便是清华大学师友会,原来曹和纪都是赵元任执教清华时的学生,在前一天晚上,陈若曦家里,曹禺便告诉我们,他选过赵的课,但是听不懂赵的话,课没上完便中途溜了,这次重来湾区,得拜拜老师。""那天晚上有雨……济济一堂来了许多人,包括曹禺、英若诚、赵元任夫妇、许芥昱教授、陈若曦、朱宝雍和中国研究中心的同人……"谈话甚欢。(《长夜漫漫欲曙天——四看曹禺一笔账》)

是日　《人民日报》发表张彦来自美国的报道《〈北京人〉·曹禺·百老汇》,讲述曹禺在美讲学及《北京人》上演等情况。

4月23日　下午,演讲;晚,到中学、大学同学纪文勋家作客。据金恒炜记述①:

---

① 金恒炜所述似与水晶讲的是相同的一件事,只是时间差一天。

"曹禺不像萧乾的平易近人,他静穆少笑,站在台上念他的讲稿,显得有些吃力。""在答话中,他说着说着,忽然谈到'批斗'……环顾一室说:批斗我的人比这个房子里的人多二三倍,这个起来骂我一顿,那个起来骂我一顿,我就这样站着不动,这就叫'坐喷气式飞机'。……""这是一九八〇年四月二十三日的下午。""那天晚上纪文勋在家中设宴款待曹禺。纪文勋与曹禺交情非比泛泛,他们从总角之交而中学而大学,三十年路隔道阻不问音讯,竟奇迹般的在域外相逢。""曹禺还算健谈,被各路英雄团团围住,依然有问有答。……"(《"不乐观怎么活得下去?"》)

4 月 24 日　到美国斯坦福大学演讲,并出席为他举行的宴会。据金恒炜记述:"次日他赴史丹福大学①演讲,有人对他只回顾过去不问将来有所质疑,他说:我最近欧美各地到处参观访问,没有办法静下来。这次回去后,我要闭门思过,好好地写,以前写的是历史剧,以后准备针对现实写一点东西。"(同前)

是日　据水晶文述:"下午,在三藩市中国城的东方书店的书展上,这个书展会的另一主持单位是印第安纳大学出版社……到会的人非常多,最后曹禺和英若诚驾到,才知道原来他们是贵宾。"(《长夜漫漫欲曙天——四看曹禺一笔账》)据曹禺文述:"在一个华文书店,她(陈若曦)介绍我认识了许芥昱先生。与这位头发斑白、蓄着山羊胡子、和蔼、学识十分丰富的老先生交谈,我十分快乐。听说他能写一手好字,做很抒情的文章,而且旧诗词也作得好。当他为我的讲话作翻译时,听着他娓娓动听的语音,选字用词的精彩生动,我由不得地赞美他。……还是许芥昱先生一两句谦逊、平和的话,使我安下心来。"(《天然生出的花枝》)

4 月 26 日　李欧梵、白先勇陪同曹禺访问旧金山一家中文书店,并为购书读者签名②。(《曹禺》画册第 104 页)

是日　中国文联、剧协、音协在北京联合举行关于田汉同志著作编辑出版问题的会议,会上决定成立田汉著作编辑出版委员会,负责出版《田汉文集》。编委会由夏衍任主任,周扬、阳翰笙、曹禺等二十五人为委员。(《田汉著作编辑出版委员会组织成立》,《剧本》6月号,1980 年 6 月 28 日)

4 月 30 日　与英若诚访美归来。(《北京人民艺术剧院大事记》)关于这次访美,曹禺在接受《人民戏剧》记者采访时,谈了访美情况,答说:"我这次访美,为时六周,跑了十个城市,所到之处纷纷邀请讲演,连理工学院都来约请。""我讲的题目是《今日中国》,侧重于谈戏剧。""在华盛顿我还参观了肯尼迪艺术中心,老板史蒂文斯,

---

①　今译斯坦福大学。
②　这应是 24 日下午的事。原照片提供日期有误。

比我还大一岁。以他这样显赫的身份,也以一个普通听众来听我的讲演。听完之后,他热情勃发,搞了一次豪华的大请客,把知名人士都请来了。他说要请《茶馆》在美国六个大城市演出,费用由他承担。他还不断与我商量如何把中国戏剧陆续介绍到美国去演出,真是个热心人。他还请我参观肯尼迪艺术中心的剧场,十分华丽,里面有一个为总统专设的包厢,装着三条通向三个国家首都的热线,其中有一条是通向克里姆林宫的。史蒂文斯开玩笑说,你如果拿起这个电话骂街,世界大战就开始了。"(《美国之行——曹禺同志赴美讲学归来答本刊记者问》)

是月 在《旅游》第 2 期发表散文《青冢》。后收入《曹禺全集》第 6 卷。

5 月 1 日 作为中国戏剧家协会主席与王炳南、夏衍、袁文姝等一同会见来访的日本演剧家代表团一行。(《简讯》,《人民日报》,1980 年 5 月 5 日;《日本演剧家代表团访华》,《人民戏剧》1980 年第 5 期)

5 月 3 日 致信万黛。信说:

王希琰①大夫送你一本最新出版的"Diseases of the Chest"(即《胸科疾病》)。此书既贵且重,持书上下飞机,十分费劲,望你仔细阅读,以报老父与希琰大夫之意。(万昭提供)

5 月 4 日 上午,英若诚在北京人艺向院长汇报随曹禺出访美国情况:曹禺此次访美很成功,在美国引起轰动。在美四十天,访问了十个城市和哈佛大学、耶鲁大学、加利福尼亚大学、哥伦比亚大学、纽约大学等八所大学。在美期间还会见了不少在美的和专程赶到美国见曹禺的台湾文化界人士。包括作家白先勇(白崇禧之子),都非常热情。美国著名作家阿瑟·密勒也很热情地接待了他们。(《北京人民艺术剧院大事记》)

5 月 6 日 晚,在首都剧场,与英若诚接待美国印第安纳大学出版社一行三人观看《骆驼祥子》。演出后上台会见演员并合影。(同前)

是日 致信万黛②。信说:

冰(箱一事),务(请转)告老杜,万不要退还,更无须为此烦恼。此事与老杜丝毫无关……万不要再多麻烦。爸爸老了,多一事不如少一事。老杜是个好人,不要使他为难,我就更不安了,你一定说到。……

你的护照事究竟如何,十分惦念。如需帮忙,( )通知我。

不要着急,办一件事总不是那样容易解决。因此万不要烦恼!……(万昭提供)

---

① 系曹禺在清华大学读书时的恩师王文显教授的女儿,美国密执安大学医学院的儿科医生。
② 原注:此信严重腐蚀,其中()处信纸已脱落,内容无法推测。()内勉强标出的文字也是一种猜测。

5 月 17 日　下午,刘少奇追悼大会在北京人民大会堂隆重举行。曹禺作为人大常委会委员参加追悼会。(《隆重举行刘少奇同志追悼大会》《参加刘少奇同志追悼大会的党政军等部门负责人和各界代表名单》,《人民日报》,1980 年 5 月 18 日)

5 月 20 日　与于是之、英若诚、吴世良往法国大使馆出席马腾参赞举行的宴会。(《北京人民艺术剧院大事记》)

5 月 23 日　下午二时半,田本相应曹禺先生之约,到木樨地 22 号楼 6 门 10 号的住所访谈,同去的还有杨景辉同志。曹禺从"齐桓公和晋文公的故事"说起,讲"齐宣王借用《诗经》和《巧言篇》里的两句诗""他人有心,予忖度之""来表达他的心情",从而说明"这个故事是说作家'有心',批评家能够'忖度'。批评家应是作家的知心朋友",继谈家事、谈师友、谈创作、谈到戏剧的现状。(《苦闷的灵魂——曹禺访谈录》第 2—26 页)

5 月 26 日　致信田本相①。信说:

> 请于本月 29 日(星期一)到北京医院一叙。请带本人工作证。

> 如不能来,望电告。……(原信影印件)

后田本相因故未能赴约,改为 6 月 22 日。(《苦闷的灵魂——曹禺访谈录》第 28 页)

5 月 29 日　作为剧协主席出席并主持中国戏剧家协会第三届常务理事扩大会议。会上,研究发展新会员以及增选常务理事等事宜。(《中国戏剧家协会举行在京第三届常务理事扩大会议》,《人民戏剧》1980 年第 7 期)

5 月 30 日　上午,赵起扬向曹禺谈了前天党委院长会上关于今后两年的设想,征求他的意见。曹禺完全同意,认为设想得挺好。提出一项建议:在建院三十周年时搞一个图文并茂的展览。(《北京人民艺术剧院大事记》)

夏　据王蒙回忆:

> 说到这里我想起一件有关曹禺的鲜为人知的故事。一九八〇年夏,曹老叫北京市文联(那时,曹兼任北京市文联主席)的人告诉我,他某日某时要到我家去。我当时住在北京前三门一个总共二十二平方米的住房里,闻之深感不安。到了他指定的时间,他老来了,说是来看望"学习"。他说是再过几天"七一",北京市委要召开一个座谈会,他该如何发言,希望我给"讲讲"。我颇意外,便胡乱谈了谈要强调三中全会精神呀之类的。我当然也借此机会表达了我对于曹老的剧作的喜爱与佩服。我们回顾了五十年代我把一个剧本习作寄给他,他接待了我一次并赏饭的情景。他说:"我一直为你耽心……"他还感慨

---

① 曹禺原信日期落款是:1980.3.26。但那时曹禺还在美国,应是笔误,系 5 月 26 日。

地说:"这几十年我都干了些什么呀! 王蒙你知道吗? 你知道问题在什么地方吗? 从写完《蜕变》,我已经枯竭了,问题就在这里呀! 我还能做些什么呢?"他的说法非常令我意外,我也为之十分震动。然而,我无法怀疑他的认真和诚恳,虽然平素他说话或有夸张失实的地方,也有喜欢当面给旁人戴高帽的地方。(《永远的雷雨》)

6月5日 下午,在首都剧场观摩四川谐剧艺术家王永梭的示范表演。(《北京人民艺术剧院大事记》)

6月6日 上午,中国政协文化组和中国剧协联合举行话剧《故都春晓》座谈会。曹禺以剧协主席身份参加,刁光覃、石联星以政协文化组的名义参加。(同前)

6月7日 下午,北京人艺召开党委会。研究出席北京市第四次文代会代表名单,曹禺名列其中。(同前)

6月9日 下午,北京人艺召开院务会议,刁光覃主持。英若诚汇报了英国著名导演托比·罗伯森拟来华排戏的情况,会上研究确定,北京人艺争取请他来执导一个莎士比亚的戏。决定请曹禺出面与剧协商量争取。并决定给文化部写报告。(同前)

6月11日 中国戏剧家协会在北京举行报告会,曹禺介绍访美观感。(《曹禺同志介绍访美观感》,《北京日报》,1980年6月21日)

6月12日 北京人艺建院二十八周年纪念日。下午,参加纪念茶话会。(《北京人民艺术剧院大事记》)

是日 冰心因病住院。"曹禺听说冰心住院,即写信给冰心:'听说你生病,比较重,我十分着急……'信封上贴着邮票,曹禺却在信封上写着'急件',焦急心情溢于笔端。"(《冰心全传》(下)第284页)

6月16日 与蓝天野、英若诚等至北京八宝山参加西德朋友乌苇·克劳特母亲的追悼会。(《北京人民艺术剧院大事记》)据乌苇·克劳特回忆:"参加追悼会的人分别来自外文局、出版社、友谊宾馆、医院、北京人艺、北影厂、文化部、卫生部、德国大使馆,还有在北京工作的外国人如巍璐诗和傅莱。很多文化和艺术界的朋友也前来悼念,如曹禺、汪洋、凌子风……黄宗江、阮若珊、黄宗洛。""曹禺是在场的客人中职位最高的(他当时是全国人大常委会委员),他在追悼会上首先发言,随后《北京周报》的负责人和傅莱也分别发了言。"(《穿越界限》第167、168页)

6月17日 致信巴金。信说:

回国仍如纽约那样忙，长此以往，还是不听你的话，将会弄得一点东西写不出。

我想不久离开北京，或许到上海，躲起来。上海虽热，至少比在京每日乱糟糟，打发日子的好。

你来信，我已赴美。此事前后已在给鸿生信上谈起，总之，我是十分歉然的。

现在我大肥胖，偶尔也犯点心脏病。六月份还要开北京市文联。大约我是"无事忙"那种人，别人也看出我这个毛病了。（《曹禺巴金书简》）

6 月 21 日　上午，与刁光覃、梅阡、田冲、叶子出席北京市文联第三届理事会。（《北京人民艺术剧院大事记》）

是日　致函在广州的习仲勋同志，请他帮助与新华社香港分社联系，落实《王昭君》赴港日程。（同前）

6 月 22 日　下午，在北京木樨地家中，再次接待田本相、杨景辉的访问。本次谈话及 5 月 23 日谈话，经田本相整理，并经曹禺亲自审定，题为《我的生活和创作道路——同田本相的谈话》，在《戏剧论丛》1981 年第 2 期发表。后收入《曹禺论创作》和《曹禺全集》第 5 卷。曹禺谈《北京人》部分，经田本相整理，曹禺审定，题为《曹禺谈〈北京人〉》收入《曹禺论创作》一书。

是日　晚，邀请美籍石油专家夏勤铎观看北京人艺演出《骆驼祥子》。（《北京人民艺术剧院大事记》）

6 月 23 日　致函新华社香港分社王匡，请协助尽早落实《王昭君》赴港演出日程。（同前）

6 月 24—30 日　北京市文学艺术工作者第四次代表大会在京举行。（《北京市文学艺术工作者第四次代表大会文集》）

6 月 24 日　上午，北京市文学艺术工作者第四次代表大会开幕，曹禺为大会主席团成员，主持会议并致开幕词。（《文代会昨天隆重开幕》，《北京日报》，1980 年 6 月 25 日）开幕词题为《北京市文学艺术工作者第四次代表大会开幕词》刊于 7 月 10 日《北京文艺》第 7 期，收入《北京市文学艺术工作者第四次代表大会文集》。后收入《曹禺全集》第 5 卷。

6 月 27 日　晚，在首都剧场，与英若诚会见前来观看《骆驼祥子》的英国"英中文化协会"副主任布鲁克小姐。（《北京人民艺术剧院大事记》）

6 月 30 日　北京市文学艺术工作者第四次文代会闭幕。曹禺当选北京市文联主席和中国戏剧家协会北京分会主席。（《市第四次文代会胜利闭幕——大会一致通过了决议,选出了市文联和各协会的主席和副主席》,《北京日报》,1980 年 7 月 1 日;《北京市文联正副主席名单》,《北京市文联各协会正副主席名单》,《北京文艺》1980 年第 7 期)

是月 香港《明报》月刊 6 月号(第 174 期)特辟"曹禺特辑",刊夏志清、刘绍铭、金恒炜和水晶四人文章,分别题为《曹禺访哥大纪实——兼评〈北京人〉》《君自故乡来——曹禺会见记》、《"不乐观怎么活得下去?"》和《长夜漫漫欲曙天——四看曹禺一笔账》。

7 月 1 日 下午,陪同万里会见美国女作家於梨华和她的丈夫、纽约州立大学奥本尼分校教授孙至锐。(《万里副总理会见女作家於犁华》,《人民日报》,1980 年 7 月 2 日)

7 月 7 日 致信小林、鸿声①。信说:

> 听说爸爸病了,我十分着急。他住在华东医院。我怕寄不到信,还是托你们交给他。爸爸的病究竟如何?他是否要出国?目前的健康状况是否可以出国开会?爸爸年纪大了,他实不宜再那样劳累,这是很不适宜,不合理的。你们想想,究竟应该如何?
>
> 请你们来信告诉我。如爸爸看了我的信,要复信,你们就代他写几个字。

(《曹禺巴金书简》)

7 月 10 日 巴金复信曹禺。信说:

> 信收到,玉茹同志也来过了。谢谢你的关心。其实你不用着急,我要是患重病,会叫人通知你的。这次只是因感冒发高烧,小林她们拉我看门诊,一来就给留下,从二日起要住到十四日。下旬到北京来。(同前)

7 月 12—31 日 由中国戏剧家协会、文化部艺术局、中国艺术研究院戏曲研究所联合召开的全国戏曲剧目工作座谈会在北京举行。参加这次座谈会的有来自 29 个省、市、自治区以及中直单位主管戏曲工作的负责同志、戏曲工作者共二百多人。曹禺与贺敬之、周巍峙、周扬及有关方面的负责同志出席了座谈会。会议中心内容是总结三年来戏曲剧目工作的经验,肯定成绩,探讨当前存在的问题,进一步繁荣和发展戏曲事业,更好地为人民服务、为社会主义服务。(《全国戏曲剧目工作座谈会在京举行》,《人民戏剧》1980 年第 8 期)

7 月 12 日 全国戏曲剧目座谈会在北京开幕。曹禺作为中国戏剧家协会主席出席,并主持会议。(《肯定成绩,解放思想,立志改革,戏曲剧目座谈会开幕》,《人民日报》,1980 年 7 月 15 日)

是日 《人民日报》刊消息:"由文化部主办的庆祝中华人民共和国成立三十周

---

① 巴金女儿、女婿。

年献礼演出结束后,演出办公室为了向全国推广优秀剧目,交流创作演出经验,进一步繁荣文艺创作,编辑了三部选集,将由四川人民出版社出版,在全国发行。"有《得一等创作奖话剧剧本集》、《献礼演出创作经验选集》和《献礼演出评论选集》。曹禺剧本《王昭君》编入《剧本集》,于 1981 年出版。

7 月 14 日　为庆祝新疆维吾尔自治区文代大会的召开,作散文《我们一同歌唱》,在 9 月 14 日《新疆日报》、11 月 10 日《新疆文学》第 11 期发表,后收入《曹禺全集》第 6 卷。

7 月 18 日　晨,飞上海休养。(《北京人民艺术剧院大事记》)

7 月 25 日　据北京人艺记述:"晚,文化部周而复副部长来电话提出:《王昭君》赴港时间最好提前到 8 月下旬至 9 月上旬期间。因为现在香港正出现了'曹禺热',应抓住时机。"(同前)

7 月 26 日　下午,北京人艺召开党委扩大会议。研究《王昭君》赴港演出问题。"刁光覃汇报了昨日与港澳工委商谈的情况,会议传达了周而复副部长的意见,传达了曹禺于今日上午自上海来长途电话谈的意见及中午请示赵起扬的意见。曹、赵均认为应该按周而复同志的意见于 8 月下旬赴港,莫失良机。"(同前)

7 月 27 日　周瑞祥致电曹禺汇报"昨日党委会上的决定"。(同前)

7 月 28 日　在《剧本》7 月号发表《戏剧创作漫谈》一文。收入《中国戏剧年鉴1981》、《中国文学年鉴 1981》、《论戏剧》、《曹禺论创作》以及《曹禺全集》第 5 卷。

7 月 31 日　致函《北京周报》汪溪。为在该报工作的乌苇(即乌苇·克劳特)请假,以便担任《茶馆》赴德演出的同声翻译。(《北京人民艺术剧院大事记》)

是月　廖沫沙题诗《赠曹禺同志》:"壮士不愁霜鬓老,美人何患晚霞红。生花自有神来笔,畅写回春四化功。"(《廖沫沙文集》第 4 卷)

是月　《王昭君》(连环画)由甘肃人民出版社出版,曹禺原著,于秀溪改编,孟庆江绘画。全书 158 页,大 64 开,售价 0.22 元。(《1980 全国总书目》第 342 页)

是月　北京人艺《王昭君》再次公演。(《北京晚报》,1980 年 7 月 19 日)

是月　据《剧本》月刊 1980 年 7 月"稿费清单"①记载:(姓名)曹禺,(题目)戏剧创作漫谈,(字数)5 800,(实发金额)60 元,(通讯处)剧本月刊万方转交。(影印件)

8 月 6 日　据新华社北京 6 日电:中国戏剧家协会、上海戏剧学院和北京人民艺术剧院最近分别收到了英国朋友赠送的一批书籍。这些书籍包括自文艺复兴直

---

①　原件现藏于天津戏剧博物馆。

至今日的英国优秀戏剧文学作品,以及一些专业书籍。这批书籍是今年 1 月以曹禺为团长的中国戏剧家代表团访问英国时,英国文化委员会副总会长舍伍德向代表团赠送的。(《英国朋友向中国剧协等单位赠书》,《人民日报》,1980 年 8 月 7 日)

8 月 9 日　在《人民日报》发表"《〈茶馆〉的舞台艺术》序言",文后附"编者附记:《〈茶馆〉的舞台艺术》一书由北京人民艺术剧院编辑,将于 9 月初由中国戏剧出版社出版。"后收入《曹禺全集》第 5 卷。

8 月 10 日　香港戏剧界人士在李援华府上举行"曹禺与其新作《王昭君》座谈会",出席者有谭然文、黎觉奔、李援华、莫纫兰、张秉权、梁时杰、陈德恒。温小雯记录。会上,从《王昭君》的主题、人物、结构、编剧手法等方面谈了各自的看法。(《曹禺与其新作〈王昭君〉座谈会》,《曹禺、王昭君及其他》第 109—126 页)

8 月 15 日　自上海致电北京人艺:"因要参加人代会,且身体不好,决定不去香港了。"(《北京人民艺术剧院大事记》)

8 月 27 日　香港《文汇报》第 10 版刊张慧贤访问记《在上海访曹禺》。文说:

七十岁的著名剧作家曹禺访美归来一直很忙,最近在上海探亲疗养。他听说北京人民艺术剧院应香港联艺娱乐有限公司的邀请,就要到香港演出话剧《王昭君》,同广大港澳同胞见面,感到非常高兴。

他说,"话剧多少年来很少同香港同胞见面,这可能是第一次,我为中国话剧事业高兴。我相信港澳同胞和在香港的外国朋友会欢迎这个历史话剧的,因为它代表了中国近年来话剧事业的一部分成绩。北京人民艺术剧院是个有着相当艺术水平的话剧艺术团体,剧院有许多老一辈的话剧艺术家,现在能给港澳同胞看一看这个戏,也是大家所希望的。"

曹禺说,"《王昭君》是十多年来的一部新的历史剧,它同过去的《王昭君》不一样,过去舞台上的王昭君留给人们的印象是个悲悲切切、哭哭啼啼的妇女形象,她极不愿离开故乡,离开自己的故国。而我塑造的这个王昭君是个欢欢喜喜的、为了民族团结有抱负的王昭君。这个对王昭君的看法,早在一九六三年,董必武同志为昭君墓题词就有了……董老这首诗在艺术形象上还了昭君的本来面目。"

曹禺说,"我并不反对过去文人所写的诗词,戏曲,因为他们受到历史的局限性,同时有一些艺术性也是很高的。我只是想根据历史事实写出一位有远见卓识的王昭君,她为了民族和睦团结,愿意远嫁,而且长期住下去,生儿育女,同匈奴人民共同创造幸福生活。昭君出塞,单于和亲,曾在汉朝的民族关系史上创造了六十多年的安定与和平。"

　　曹禺说,"任何一个新观点,都会有人赞成,有人不赞成,有人说我把王昭君写'过'了,我也感到剧本是有些缺点的,我慢慢搜集意见,准备修改。不过,现在来不及了,因为港澳同胞要求《王昭君》快点去。好在有北京人民艺术剧院的导演、演员和舞台艺术家们进行了再创造,它可能会让港澳同胞看了高兴的,如果有这个结果,我就满意了。"

　　曹禺说,"最近我心脏病经常发作,如果健康允许,我很愿意应他们的邀请去香港。因为北京的朋友、香港的朋友都希望我能去。首先见见港澳同胞,看看香港文艺界的老朋友们,如果能直接听到他们的意见我就太高兴了。"

　　曹禺最后说,"我趁你访问我的机会,请你代我向港澳同胞和香港文艺界朋友们问候,祝他们工作美满,身体健康。"

是日　香港《新晚报》刊署名夏令人的"特写"《曹禺不来令人失望》。文说:

　　日前公布的一项消息,说曹禺本月底要来香港,还率领北京人民艺术剧院七十多名艺人同来,演出新作《王昭君》。

　　近日消息又传来,说曹禺不来了。这消息,是几天前证实的。

　　曹禺不来,因为曹禺是"人大"代表,而五届"人大"第三次会议,定在本月底至九月初召开。

　　曹禺要开会,不会有人异议。定了来,却又不来,就会使人不高兴。

　　不高兴,见不到曹禺,此其一;公布了的消息不兑现,此其二;安排不周全,此其三。

　　八月底,九月初召开"人大"会议,消息早已传开,人人知晓。⋯⋯事情反复,容易使人产生情绪。看来,主办机构需要费心疏导疏导了。

　　曹禺不来,最感不快的,是话剧界、话剧"发烧友"。

　　听说,自从传出曹禺来港的消息,话剧团里,热闹异常,临时成立了欢迎曹禺的工作小组,筹备多项活动,诸如出版专辑、组织茶聚、座谈会等等。

　　话剧界,接到曹禺来港的消息,大概是两三个星期。十多天的时间,专辑的稿件,已经写好、辑好、编好,而且交出版社印刷了。

该版还刊《王昭君》公演广告。广告显示:北京人民艺术剧院著名演员演出五幕历史剧《王昭君》,作剧:曹禺;导演:梅阡;演出地点:香港新光戏院;演出时间:一九八〇年九月四日起;票价:五元、十元、二十元、三十元、五十元;预售日期:一九八〇年八月廿八日起;预售地点:新光戏院(上午十一时至下午十时)普庆戏院(上午十一时半至下午八时);香港联艺娱乐有限公司主办。

　　是日　由上海回到北京。准备参加五届人大三次会议。(《北京人民艺术剧院大

事记》)

8月28日 北京人艺刁光覃致电演出公司叶明辉：曹禺因身体不好并需参加全国人大会议，故决定不去香港。请他通告香港有关方面。(同前)

8月30日—9月10日 第五届全国人民代表大会第三次会议在北京举行。曹禺作为本届人大常委会委员出席。(《五届人大第三次会议隆重开幕》，《人民日报》，1980年8月31日；《第五届全国人民代表大会第三次会议胜利闭幕》，《人民日报》，1980年9月11日)

8月31日 晚，北京人艺《王昭君》赴港演出团乘火车启程赴港，曹禺到车站送行。(《北京人民艺术剧院大事记》)

是月 浙江话剧团在上海演出《日出》，曹禺观看并上台祝贺。(《飞鸿踏雪五十年(1949—1999)》纪念画册)

9月1日 传曹禺将率《王昭君》剧组赴港演出，为此香港良友图书公司出版《曹禺·〈王昭君〉及其它》。该书督印人：黎觉奔；编辑：编辑委员会。全书分"欢迎《王昭君》公演特辑"、"专论"、"创作·研究"、"文荟"、"曹禺戏剧在香港"、"曹禺、《王昭君》评论小辑"、"曹禺与其新作《王昭君》座谈会"、"参考资料"八个部分，书中收入曹禺《昭君自有千秋在——我为什么写〈王昭君〉》、《道路宽广大有作为》、《多写、多写、再多写》和《戏剧创作漫谈》四篇文章，以及黎觉奔《为曹禺的〈王昭君〉演出欢呼》……忆扬的《从刘绍铭博士的〈曹禺论〉谈起》、卢敦的《往事知多少》、李援华的《曹禺与中国》、莫德光的《剧中两代是一生》、姚汉樑的《雷雨在香港》、梁时杰的《排练曹禺剧作的体验》、罗忼烈的《昭君和昭君诗》、张秉权的《曹禺年表(初稿)》、陈丽卿的《北京人民艺术剧院介绍》等文。

9月3日 由曹禺任艺术顾问的莎士比亚名剧《威尼斯商人》由中国青年艺术剧院演出，张奇虹导演。(《中国戏剧年鉴1981》第49页) 演出说明书中附有曹禺的贺词。在祝辞中，曹禺说："有人把《威尼斯商人》当作正剧来演，有人把它看成是悲剧。我认为它是个浪漫喜剧。"(《威尼斯商人》演出说明书)

9月4日 在《北京晚报》发表《写在〈威尼斯商人〉上演之前》一文，该文系曹禺为帮助中国青年艺术剧院的演员和观众理解《威尼斯商人》而作。后收入《曹禺全集》第5卷。

是日起 北京人艺在香港正式公演《王昭君》。

是日 为祝贺《王昭君》在香港公演，吴祖光在北戴河的题辞"巧妇能为无米炊"在香港《文汇报》刊载。

9月5日 新华社发电讯：北京人艺在港演出《王昭君》受到好评。

9 月 9 日　晚,与周巍峙往首都剧场观看北京人艺演出《左邻右舍》。(《北京人民艺术剧院大事记》)

9 月 10 日　香港《海洋文艺》第 7 卷第 9 期刊忆扬《浅谈曹禺剧作》一文。作者认为:"综观曹禺的剧作,可以看到中国社会的发展,亦可看到作者的思想随时局发展而转变。""如果以西方既定的界说来评论《雷雨》,它显然不能算作上乘悲剧(High Tragedy),而该属于下乘悲剧(或称传奇剧、通俗剧或煽情剧 Melodrama)的类型。……我认为《雷雨》是属于通俗剧或传奇剧的范畴。可是,我们不能认定传奇剧比不上西方所界定的'悲剧',而低估《雷雨》的价值,悲剧与传奇剧是各有不同的作用的。""我觉得作者写《日出》、《原野》与《北京人》时,仍抱有宿命论的意识。""可是,在抗战时期,曹禺开始转变了。他经过'正在想'……而'蜕变'。""在后期的三个作品中,我喜欢《胆剑篇》,却不大欣赏《明朗的天》。"而"在《王昭君》一剧中可以学到不少技巧。曹禺对于对比的运用,气氛的营造,悬疑的处理,台词的精炼,人物的直接、间接的多方刻划,是非常高明的。至于他写作态度的认真,经过调查、研究才下笔,更足为我们学习的榜样"。"最后,我期望曹禺的到港与《王昭君》的演出能在香港引起话剧界对中国戏剧的关心。"

9 月 12 日　闻赵丹住院,很想去看望。据曹禺文述:"九月十二日的半夜,电话铃响,我听到瑞芳急促的声音,说明天下午四时在北京医院门口,她托人在门前等着,可以一同进去。听她的语气,她的心里一定也是沉重的。"(《怀念赵丹同志》)

9 月 13 日　下午,如约前往北京医院看望赵丹。据曹禺文述:

我们轻轻敲开门。阿丹躺在病床上,左边挂着输液瓶,两个青年人立在床前望着他。没有看见黄宗英同志,她日夜服侍,这时出门不知办什么事去了。

阿丹似乎闭着眼睛,动也不动。

……

他不肯谈他的病,我们也不肯问他的病。见着老朋友,赵丹仍是很开心的。他提起一九三七年为了业余电影演员剧团要演《原野》,如何与我初次会面;抗战初,如何在宜昌江岸巧遇,又在那个江城一个破旧漏雨的剧场里,我们一同演抗战戏;如何在重庆街头上见着我,拉我到他山顶小屋里看他画画。

临行,赵丹定要和我们一个一个地握手。我心里难过极了。(同前)

9 月 14 日　在《新疆日报》发表《我们一同歌唱》一文,文系为 9 月即将召开的"新疆维吾尔自治区文学艺术工作者代表大会"而作。11 月 10 日《新疆文学》第 11 期转载该文。后收入《曹禺全集》第 6 卷。

9月15日 致信李致。信说:

前两天我接到四川人民出版社编辑部一位蒋同志①的信,他向我要《日出》《北京人》的剧本,要我改好,定稿的本子。

我现在太忙,实在没有时间再看这些旧东西,你们如果想单印我的剧本,就按照人民文学出版社的本子就可以。(《曹禺致李致书信》第63页)

9月17日 下午,北京人民艺术剧院在香港新光戏院演出《王昭君》。何文汇②观后,撰文评说:"话剧的灵魂——剧本(我是指演出用的剧本,因为一个剧本可能有很多版本)——却令我很失望。""首先是剧本的主旨含糊。"继是"剧本的台词也令我吃惊。《王昭君》分明是古装剧,演员说的却是绝对的现代白话;用的是夸张的比喻式修辞,既累赘又重复"。"总的来说,这个话剧力量薄弱,情节不是发展得不充分,就是交代得不清楚。""这是一个欠缺真实的话剧,我无法领受到一点感染力。"《王昭君》的上演本是经过删削的。听说原剧本要演六小时多。我不知道足本《王昭君》的故事是不是比删削本完整,但是一个两小时多的话剧已经显得这样沉闷(而且还是由功力深厚的演员去演),足本演起来的效果我实在不敢想象。"(《我看曹禺的〈王昭君〉》,《明报月刊》1980年10月号)

9月19日 下午,参加北京人艺赴德《茶馆》演出团全体会,并讲话。曹禺说:

这次你们出去,人家是把我们看做中国话剧的尖子,是代表中国的艺术家。你们每一个人都不是代表个人,而是代表一个团体,代表一个大剧院,代表国家! 你们代表的是祖国! 你们是有文化有修养的艺术家,在任何时候、任何方面都不应该给祖国抹黑。祖国是自己的暖水热土,是我们的骄傲! 话剧是第一次出国,你们第一位的任务是把戏演好,把戏"打红"。

出去一次,总希望你们学回点东西来。要争取多看看别人的戏,德国、法国、瑞士的话剧水平都是很高的,应该多看点,多学点。回来作一个实实在在的报告,写出有内容的文章来,向祖国汇报。这才是真正的收获。(《北京人民艺术剧院大事记》)

是月 去杭州养病。(同前)

是月 《明报月刊》9月号刊黄佩玉《论曹禺新作〈王昭君〉》一文。文评就有关《王昭君》的争论,评说:"《王昭君》一剧是能够符合历史的基本真实的,有人指责'不合乎古代社会的真实是个失败之作',不知所指的'古代社会真实'究竟是什么?

---

① 原注:指四川人民出版社戏剧编辑蒋牧丛同志,曹禺在四川出书的责任编辑。
② 时为香港中文大学中文系讲师,还从事话剧导演工作。

如果历史上的昭君剧,由于种种具体的原因,未能按照历史的基本真实来创作,今天曹禺能够这个样子做了,不是更好么?"曹禺从新的历史角度,发掘这个历史人物的思想内容,一反传统的红颜薄命之说,赋予王昭君一个美丽的灵魂,是应该得到高度评价的。"

10 月 1 日　致信万欢。信说:

方才得到你的信,看见你给爸爸做七十大寿卡片,使我想起你和姐姐,小方子,小时候也给爸爸做过生日卡片。一恍(晃),已二十余年,爸爸老了,你们也成大人,想起来这几十年过得真不容易,心里难过。但也觉得你们两个姐妹都肯干,坚强,有上进心,我也安慰许多。(万方、万欢提供)

10 月 6 日　致信万昭。信说:

来信、稿件收到。我的意见记录①也看见,你所说的三种意见,我都同意。电影化与缩短剧本尤其重要。

戏能跳出旅馆,分割大段对话,变动结构都应该。只怕六万多字,仍嫌长了。

我不大主张一定忠实于原作,大致不差就很好。我对上海的《王昭君电影剧本》就是这样讲过,因此,我自己就提出要更改许多原编的思想、结构、感情。王炼、谢晋等同志颇能领会我的意见,加以发挥。集思广益,改正你自己的不正确的东西,我觉得这一年来,我是受益的。(万黛、万昭提供)

是日　致信万欢。信说:

好欢子,小女儿,你只有读书,将来到医院吃苦耐劳,由实习大夫到住院大夫一步一步地实践,成为一位真正的好科学家! 欢子,千万相信自己的能力! 学问是一点一点积累而成的,经验也是如此。你完全可以成为真正的科学家,或者是一位妙手回春的好大夫。宝贝女儿,我相信你。(万方、万欢提供)

是日　致信吕恩。信说:

你十分客气,你的文章过多溢美之词,实不敢当。

你的信使我想起四十年前在渝州初见你的时候,大约你才十几岁。岁月如流,大家都有些见老了。

你是一个出色的演员,演戏、演电影,都得到观众的赞许。作为一个艺术

---

① 原信注:1979 年 12 月 29 日,曹禺对女儿万昭、女婿唐彦林详谈了对他们改编《日出》电影剧本初稿的意见。事后,万昭将谈话整理成书面材料请父亲审定,曹禺在其后页写道:"此意见稿,不一定都对,仍以我最近写的一些想法作参考好些。爸爸"

家,你已为祖国添了光彩,我是引为骄傲的。(《吕恩深情忆曹禺》)

10月7日 下午,政协全国委员会常务委员会在政协礼堂举行第十三次会议,会议通过政协全国委员会关于隆重纪念辛亥革命70周年的决定和辛亥革命70周年纪念筹备委员会名单。曹禺为筹委会委员之一。(《政协常委会举行第十三次会议,决定隆重纪念辛亥革命70周年》、《辛亥革命70周年纪念筹备委员会名单(共171人)》,《人民日报》,1980年10月8日)

10月8日—11月12日 文化部艺术一局、中国剧协创委会、剧本月刊编辑部和浙江省文化局、剧协浙江分会在杭州联合举办戏曲、歌剧现代题材作品讨论会。(《以文会友,精益求精——记戏曲、歌剧现代题材作品讨论会》,《剧本》12月号,1980年12月28日)"会议进行期间,中国戏剧家协会主席曹禺同志曾去看望参加讨论会的作家们并讲了话,文化部艺术一局局长赵起扬、中国剧协副主席赵寻同志专程由北京至杭州参加会议。"(《戏曲、歌剧现代题材作品讨论会在杭州举行》,《剧本》1980年11月号)

在杭州期间,还曾多次接受汤洵和《解放日报》记者汤娟的采访,后汤洵作《曹禺在杭州》一文,刊于1981年《西湖》第1期,汤娟写成《他登上山巅之前——访剧作家曹禺》一文,刊于1981年3月9日《解放日报》。

10月10日 著名演员赵丹在京逝世。11日,曹禺由上海致电(北京人民艺术)剧院,告之以其名义给赵丹送花圈。(《北京人民艺术剧院大事记》)

10月11日 致信李致。信说:

收到你的信,你不来北京了,我却到了上海,住复兴中路1462弄3号,我的爱人处。

来上海是为避开忙不完的琐事,第一,干本行,写剧本主要是按巴金的意思,把《桥》的下半写完;其次,修改所有过去的剧本,算是一个定稿吧;其三,如可能,写个新的,或独幕,或多幕剧,限期在明年秋季完工,因为1982年秋,可能要到日本一趟。

这三件事做起来,可以从今日忙到离国,也未必做得完。但时日不待,只有拼老命干。我想问你几个问题:

一、前次送寄的《雷雨》与《原野》修改本,你收到没有?何时付排?排后,我要看清样,因为错误还是很多。你社的编辑部,看到,也请为我修改。

我不知对印《戏剧集》具体的安排。时间表是怎样的?我猜,你社的书要排印的,很多。是否排得上号?我问这话,致兄,我确实不着急。因此,我从不讲在1983年要出《戏剧集》。因为我看,你的肩上,工作挤压得重,时间又急迫,到时,是不易完成的。你和我都难办到。虽然,"生死恋"的决定是敲定了。

我看,可能只有往下推。

其实这无关紧要,我就想知道你社是否有个具体的按(安)排?有个时间限制?到时,我可以"应卯"。

当然,到 1893(1983)年底,若能印出,还有两年工夫。但,为期也不算太长。我现在明白一件事,即,乘精神、体力还好,赶紧补过,把从前浪费的时间追回一点,写点东西,由你出版。

二、目前《日出》修改本快搞定了。你如不急,我便缓缓。先把《桥》后半,写出来。这也要费时间。还不知究竟能否写得出。我想把这个戏写到解放前。

三、感谢你,送我很多《胆剑篇》。感谢你的深情厚意和"有求必应",使我想起童年时在我父亲衙门里的后荒园中的神树,上面悬挂着很多小小的匾和红布,上面一律写着"有求必应"字样。

四、我不明白你为何不出川?是否你的病还是相当重?我以为,你要适当地做些运动。我常游泳,现在心脏病,反尔(而)好些。运动过力,那当然犯心绞痛。你不能游泳,打太极拳,常走路,比光躺着,好得多。

然而,跑出医院,大量办公,且无休止。只等到又病倒,非进医院不可。即便一次比一次重。真得注意。

我最近常想,好人少,好朋友更少,谈得来的朋友也少,因此朋友如你,有病,便担心,这也是自私心重吧。总之,我不愿意听见你病。蒋同志来,问他,他说不清楚,但总似乎你对工作放心不下,没有人为你负责,只好自己强免(勉)出来干。真是如此?蒋同志并未说多少,我奇怪,我总有这样感觉。

信旁附言:"十一月将开人大,我将与老巴一同去北京,那就是十一月中旬或下旬。听说,巴金已归来,我还未去看他。"(《曹禺致李致书信》第 66、67 页)

10 月 15 日　在《文汇报》发表《怀念赵丹同志》一文。收入《他活着——忆赵丹》及《曹禺全集》第 6 卷。

10 月 17 日　致信万昭。信说:

这两天,还不舒服,但因已答应杭州大学讲话,我想在讲话前,看看你们的《日出》电影文学剧本,边看,边在稿子的边沿上写了我的意见,意在使你们早日知道我的看法。

此次修改很见功夫。你们用了心,已经有些电影化,但仍感你们舍不得改动剧本。忠于原作,要在精神,不在词句用了多少。若能形象化多一些,多删一些过长的篇落,稍加变化也许能破去一些单调乏味的地方。

此剧本应以陈白露为主角。她不只是贯穿事件的引线者,也是旧社会的见证者,她又是人海浮沉中的旧社会人物。她是有良心的,软弱而又倔强,她的死,不是为钱逼的。是个年轻的女人还不大懂旧社会,怀着一腔热情,尚未看明白旧社会,便由于各种个人、历史与周围情况的原因,以为自己不能改变旧社会为她定下的桎梏,不如在最美、最年轻的茂盛时期死去。这是幼稚的想法,但也是一个罕见的勇敢的女子的念头。不想在枯萎时期,为人轻蔑地死去,愿在人生的高潮中离弃人间,不忍继续受各难堪的污辱和损害。她已看见旧社会中,地狱之下还有地狱。她看不见任何希望与理想,她不是前进的青年,她是堕落的,但她明确地知道自己不能再长此生于混沌世界里。她的"死"是消极的,但她仍是经过一番折磨、痛苦、灾难,终为社会逼得看不见生路。即便有达生或比达生有魄力的朋友,也是救不活的。她在短短的二十三岁,已经沉溺得够深的了,是当时世界残酷势使她陷入泥坑,思想境界愈过愈趋绝望。然而,有一点,她不是苟且偷生的,在这一点,她与那得过且过的人大不相同。因此,我十分赞同你们把方达生与她最后的对话放在最后,放在她死前一刻。那是十分有力的改动的。拍电影,也许难,但只要有好演员,懂得透,她便能支撑住这个场面,甚至为整个电影添了光彩。她这个人物应写得有发展、有层次、有变化,要演得深刻一些。她对一切人都有估价的。交易所这场添得很有必要,其他各种人在家里的场面很好。

但仍有舞台味,必须完全电影化。你们如有精力,再在这个基础上(好的,千万不要改动,如我以上提过,或稿本上提过的种种,都不要动),再做提高。但你们必须每个地方想透了,再动笔,古人说"意在笔先",这是规律。

很高兴,你们有毅力,一次比一次改得好!你可大改动,忠于原作在精神,不是在结构,或在章句。(《没有说完的话》第 317、318 页)

10 月 27—31 日 国际戏剧协会召开第 68 届会议,通过接受中国戏剧家协会参加国际戏剧协会作为正式会员国的决议。(《中国话剧史大事记》第 501 页)1981 年 2 月"国际剧协中国中心"正式成立,主席曹禺,副主席赵寻,秘书长刘厚生。

10 月 30 日 在杭州,应杭州大学《语文战线》编辑部邀请,特地为部分中学语文教师介绍他的名剧《雷雨》,并为该刊题词:"诚重劳轻,求深愿达。"曹禺谈话题为《曹禺与语文教师谈〈雷雨〉》刊于 1981 年 2 月 20 日《语文战线》2 月号。

是月 在杭州接受《文化娱乐》杂志记者采访,访问经整理题为《曹禺谈〈王昭君〉》刊于 1981 年《文化娱乐》第 2 期。

11 月 3 日 看望参加"戏曲、歌剧现代题材作品讨论会"与会代表,并讲话。

讲了九个方面的问题,提醒与会者注意:一、作者问题应远一点;二、写戏不在于如何结局,而在于提出问题;三、要反映生活的真实;四、不要怕"对号入座",不要绕道走;五、剧作家应该是思想家;六、提高美的鉴赏能力;七、多研究传统戏的编剧技巧;八、小剧场好处多;九、奥尼尔的《安娜·桂丝蒂》是一部深刻的社会问题剧,值得借鉴。该讲话以《我对戏剧创作的希望》为题,发表在《剧本》1981 年第 4 期上。

11 月 10 日　美国《时代》周刊在《世界》栏目以《中国:"我们从遭受的重难中学习"》为题,刊登一组他们在中国的采访见闻,采访对象有副总理、知识分子、剧作家、前红卫兵、新闻工作者。其中"剧作家"采访的是曹禺,报道说:

现年 70 岁的曹禺是中国戏剧家协会主席,中国最著名的剧作家之一。自 1979 年西方艺术形式在中国恢复以来,中国的戏剧家一直很勇敢。在过去两年中,几十个剧本批评了中国的缺点,突出了因政治动乱和贪污无能的领导者所造成的个人困苦。戏剧家们还小心翼翼地触及曹禺所称的"一度成为禁区"的爱情。

曹禺在北京西区的寓所是简朴而舒适的,他热情地在这个寓所内欢迎客人。他享有国际声誉,到过很多地方(今年春天曾访问纽约),因此,他对中国艺术自由的评价具有老练的见解。他说,"对电影的管制仍然太多。"每年上演或发表的 200 部新话剧受到的对待就好得多。他说,"这些日子里,高层已没有什么干预。每个剧团可决定自己的演出剧目。"

曹禺像大多数作家一样,在"文化(大)革命"期间成为体力劳动者。"我们现在称那段期间为'十年浩劫',"他说,"我们受了很大的苦。我们深深地陷入一种封建主义的精神状态中。人们认为上级说的话一定是对的。每一件事都成为对忠心的考验,一个人的话成为法律。即使如此,他们还是阻止不了我们提出这样的问题:中国为什么陷于这样的境地? 我们应采取什么措施来防止这种情况再发生? 正是对探讨这些问题的需要引起大量新剧本涌现出来。"

没有独立的报纸,一个持不同政见的作家发表超越党当局所定的模糊的限制的作品是不可能的。但曹禺是乐观的,这是可以理解的。他回忆说,即使在五十年代,剧本里也须有工农兵。他忆述说,在标准的框框戏剧中,"……你描写一个成为模范工人的英雄,然后他受了伤,但伤还没有好就回去工作。这些戏千篇一律。但现在情况正在改变,我们对变化深有感觉。中国甚至可能产生一个欧根尼·奥尼尔,产生本国的莎士比亚。"(《美〈时代〉周刊总编辑一行访华见闻》,《参考资料》第 49 页,1980 年 12 月 3 日)

11 月 11 日　上海人艺在上海艺术剧场演出曹禺译作《柔密欧与幽丽叶》。艺术指导黄佐临、丹尼,导演嵇启明、庄则敬、陈奇,设计崔可迪、韩纪扬,演员俞洛生、奚美娟、王国京、李国梁等。(《上海话剧志》第 68 页)

11 月 27 日　致信张奇虹。信说:

读了来信并你的文章。

任何作品与演出,总要有些不同意见。不要引为不安。多让专家说两句,是好的。

你自己写文章答辩……你这样一位多年的导演,不能多听几句不中听的话,我以为不大合适吧。

我从来不认为我是莎士比亚专家。有人要这样看我,我从不敢"自以为是"。我希望你也不要这样看我。当一个专家,何等努力读书,下多少年功夫,我是知道的。我仅仅是一个写戏的,没有什么学识。

你的种种烦恼,是可以理解的,希望你能平心静气地对待这种事情。(《怀念您,我的恩师曹禺》,《倾听雷雨》第 158 页)

11 月 30 日　偕夫人李玉茹到温州参观访问,当晚,在温州大戏院观看地区瓯剧团演出的大型历史剧《貂蝉》。(《曹禺剧作在温州》)

是月　《王昭君》(连环画)由湖北人民出版社出版,曹禺原著,韩学金改编,李久洪绘画。全书 158 页,64 开,售价 0.24 元。(《1980 全国总书目》第 342 页)

是月　广州粤剧一团在广州上演红线女和陈笑风主演的七场粤剧《昭君公主》。红线女、秦中英(执笔)根据曹禺的话剧《王昭君》改编。导演李紫贵。关于改编,据记述:"一九七八年,话剧《王昭君》问世。红线女给曹禺同志写了封信,谈了自己改编《王昭君》的想法。四次文代会期间,红线女又和曹禺同志当面谈过,得到他的支持。曹禺同志鼓励她:'大胆创作,要有自己的特点,百花齐放嘛,不要照搬话剧。'"(《成功的改编,精彩的演出——评红线女改编、主演的粤剧〈昭君公主〉》,《人民戏剧》1980 年第 12 期)

12 月 2、3 日　在温州军分区礼堂作了两场报告。后走访了温州地市委,并调查了温州地方戏曲发展历史,并为地市文物馆挥毫题写了"物华天宝,人杰地灵"八个大字。

在温州期间,曹禺、李玉茹夫妇在温州市文化局局长叶洪生,著名摄影家、温州市展览馆副馆长孙毅等人陪同下,游览了素有"东海蓬莱"之称的温州名胜江心孤屿。此外,还游览了被北宋著名科学家沈括誉为"天下奇秀"的雁荡山。(《曹禺剧作在温州》)

12 月 4 日　据北京人艺记述:"英国爱丁堡戏剧节负责人卓蒙德致函曹禺,要求于明年 1 月初来华看《茶馆》。随即向文化部姚仲明副部长等作了汇报,并将译文寄曹禺(上海)。"(《北京人民艺术剧院大事记》)

12 月 10—18 日　香港话剧团在香港大会堂剧院公演曹禺的《日出》。导演陈有后,演员张宝之饰陈白露,林尚武饰方达生,何伟龙饰张乔治,朱瑞棠饰潘月亭,周采茨饰顾八奶奶,何文蔚饰黄省三,利永锡饰李石清,卢伟儿饰黑三,刘小佩饰翠喜。(朱瑞棠先生提供资料)

12 月 11 日　由上海返京。(《北京人民艺术剧院大事记》)

12 月 12 日　下午,中国剧协、北京市剧协在北京中山公园中山堂举行茶会,欢迎北京人民艺术剧院《茶馆》演出团和北京京剧院赴美演出团归来,刘厚生主持,曹禺出席并讲话。(《中国戏剧年鉴1981》第 54 页)

12 月 20 日　在《人民日报》发表《〈老舍的话剧艺术〉序》。该文系曹禺为《老舍的话剧艺术》一书所作,该书由克莹、李颖编,文化艺术出版社 1982 年 1 月出版。收入 1981 年 2 月 25 日《新华文摘》第 2 期、《论戏剧》、《曹禺论创作》以及《曹禺全集》第 5 卷。

是日　上午,在北京八宝山革命公墓,北京人艺为剧院老演员戴涯举行平反昭雪追悼会。曹禺与阳翰笙、马彦祥、吴雪、张庚、刘厚生、白杨及香港的姜明等送了花圈。(《北京人民艺术剧院大事记》)

12 月 20 日—1981 年 1 月 9 日　由文化部艺术教育局和中国戏剧家协会联合主办的"舞台美术理论座谈会"在北京召开。会议期间,曹禺与周扬、贺敬之、周巍峙、林默涵等接见与会人员。(《全国舞台美术理论座谈会在京召开》、《戏剧艺术》1981 年第 2 期)大会一致通过了中国舞台美术学会章程和学会领导机构人选。大会主席宣布了舞台美术家自己的学术组织——中国舞台美术学会正式成立。曹禺代表剧协和戏剧界人士,对中国舞台美术学会的成立表示热烈的祝贺,并发表了热情洋溢的讲话。他说:"舞台美术为戏剧的演出和发展作出了贡献,他们是无名英雄。""希望大家充分发扬民主,搞好团结,在学术讨论中畅所欲言。通过这次会议,成立自己的学术组织,以促进舞美艺术发扬光大,迎接更光辉的未来。"(《舞台美术理论座谈会的盛况》、《文艺界领导同志在舞美理论座谈会上的讲话(摘要)》、《中国舞台美术史上的一次盛会》第 1—4 页)

12 月 21 日　新疆歌舞团首次来京演出维吾尔族古典歌剧《艾里甫—赛乃姆》。(《中国戏剧年鉴1981》第 55 页)

12 月 22 日　晚,外交部、文化部联合邀请外国驻华使节在首都剧场观看《茶馆》。曹禺与夏淳、于民、周瑞祥等接待二部官员及使节。(《北京人民艺术剧院大

事记》)

12月23日　出席并主持国家民委、文化部、中国剧协联合召开的维吾尔族古典歌剧《艾里甫—赛乃姆》座谈会。该剧受到与会者的高度评价。(《中国戏剧年鉴1981》第55页)据曹禺撰文:"看戏后的第二天上午,我参加了民族事务委员会和中国戏剧家协会为这个戏举行的座谈会。会上请来了首都艺术界的各方面的专家。大家都发自内心地赞扬,同时又提出了许多好的建议,为了使这个戏更加紧凑,更加完美。上海的一位歌剧专家表示,希望这个戏不断地加工,登上世界的歌剧舞台。"(《赞维吾尔族歌剧〈艾里甫—赛乃姆〉》)

是日　下午,参加中央戏剧学院为维吾尔族校友返校举办的联欢会。(同前)

是日　致信巴金。信说:

回来已十天,又恢复从前的日程,既忙且累。北京人艺的同志们要我写信给你,想请你为《雷雨》演出本,写个"序"。

我也很盼望你能写,但不知你的健康如何? 上海的事忙,你是否还有精神写这种东西?(《曹禺巴金书简》)

12月27日—1981年1月24日　文化部艺术一局、中国戏剧家协会创作委员会和《剧本》月刊编辑部在京联合举行话剧剧本讨论会。曹禺与贺敬之、陈白尘、陈荒煤、赵寻、赵起扬、凤子、李之华等参加讨论会。(《为了话剧创作的繁荣与发展——话剧剧本讨论会散记》,《剧本》1981年2月号)

12月27日,讨论会在北京开幕,曹禺作为中国剧协主席出席并讲话。(《话剧剧本讨论会在京召开》,《剧本》1981年1月号) 1981年1月17日下午,曹禺"给与会人员上了一课,分析美国著名剧作家奥尼尔的《安娜·桂丝蒂》。他对这个戏的第一幕进行了细致的艺术分析。他说,这个戏是一个真正的社会问题剧,有几点值得我们借鉴:一,作者对人生看得比较全面,看得深;二,写得非常含蓄,不一目了然;三,主要人物写得非常丰满,陪衬人物也有性格特点;四,情节曲折生动,发展变化幅度很大,大起大落,但都入情入理。曹禺同志殷切地希望中青年作者写社会问题剧时,尽量写得深刻一些,不要遇见什么事情就写什么事情,没有看透就写,是不行的。他说,'你们写戏,要给人们以希望,但不是作假,要根据生活的可能性。要写出令人可亲可信的正面人物,同时,也要揭露丑恶的东西。我赞成写正面人物打倒反面人物,但也要可信。反过来,如果打不倒,反面人物压倒了正面人物,我希望剧评家不要大惊小怪,不要吹毛求疵,因为这种事情生活中不是没有。如果这样写的话,也许使我们更憎恨那些反面的东西。'他说,我国目前形势大好,确实比以前好得多,但阻碍我们前进的困难和问题也不少。我们的剧作家要坚持四项基本原则,努力写出好的作品,帮助我们的人民和国家更迅速地前进!"(《为了话剧创作的繁荣与发展——话剧剧本讨论会散记》,《剧本》1981 年 2 月号)

12 月 29 日　中国木偶皮影艺术学会在京成立。(《中国木偶皮影艺术学会,中国舞台美术学会先后成立》,《人民戏剧》1981 年第 2 期;《中国文艺年鉴 1981》第 108 页)　曹禺与周扬、贺敬之、周巍峙、林默涵、高占祥、张淑义等出席成立大会表示祝贺。(《木偶皮影艺术学会在京成立》,《人民日报》,1981 年 1 月 2 日)

12 月 31 日　中国剧协在首都剧场三楼宴会厅举办联欢会,曹禺同首都戏剧界人士及日本话剧人社演剧友好访华团全体成员共度新年,并致新年祝词。(《北京人民艺术剧院大事记》)　据载:"首都戏剧界与日本话剧人社演剧友好访华团全体成员举行联欢。吴雪、曹禺等参加了联欢会。中国戏剧家协会主席曹禺致词。"(《中国戏剧年鉴 1981》第 55 页)

是月　《戏剧学习》第 4 期(中央戏剧学院建院三十周年特辑)刊曹禺《贺词》。后收入《曹禺全集》第 6 卷。

是月　英译本《原野》由香港大学出版社、印第安纳大学出版社出版。弗·C·兰德、刘绍铭合译。

是年　连环画《胆剑篇》由人民美术出版社出版,该版系再版本。根据曹禺创作的剧本,由邱扬改编,陈长明填曲,程十发绘图。(影印件)

是年　接受美国《华尔街日报》驻北京办事处记者秦家骢①采访。据陈君、王燕文述:

> 当然并不是所有采访都无果而终。1980 年时(秦家骢)对曹禺的一次采访,就辗转成功了。当时,秦家骢和曹禺已经很熟悉了,经常一起吃饭、看戏。但是,曹禺说"朋友归朋友",要接受一个外国记者的采访,就必须通过正式渠道通知他。
>
> 秦家骢只好把电话打到外交部新闻司,然后就是等待批准。外交部的工作人员按照程序联系了北京市外办,北京外办又找到某个戏剧组织。不知道是哪个环节出了问题,有个人说了不。
>
> 秦家骢不甘心。转天,他见到了曹禺,还是坚持采访。后来曹禺告诉他,外交部又把电话打到曹的家里,说有个外国记者要采访他。外交部问清楚是"小谈"而不是"大谈",就答应了。(《外媒走中国》)

---

①　1979 年 4 月,秦家骢飞到北京,和《纽约时报》《华盛顿邮报》《洛杉矶时报》记者一起,成为第一批来到"文革"后的中国的美国记者,在当时中国首都最高的、18 层楼的现代化建筑物——北京饭店设立了《华尔街日报》办事处。

是年　北京红旗越剧团①在北京演出越剧《昭君公主》,由黄钟根据曹禺话剧《王昭君》改编,吴小川导演。演出将原作五幕改为序幕"请婚",以及"奉诏"、"受封"、"收刀"、"合欢"、"惊变"、"辨奸"、"平叛"、"晋庙"八场。设计王希平、崔忠良,编曲闻曙维,配器吴华,打击乐设计王涛,武打设计高牧坤,舞台监督洪艺,灯光设计王玉明。演员:张玲玲、万馥香饰王昭君,张少鹏、付定宽饰呼韩邪,丁苗芬、郑时豪饰温敦,徐中兰、林美嫦、陈家伟饰王龙,毛玉棠、裴愉庆饰汉元帝,应菊芬、顾晶莹饰孙美人。除在北京演出外,1980 年此剧还赴上海等地巡回演出。(《简明曹禺词典》第 342 页)

是年　中国建筑学会建筑历史学术委员会在北京召开"纪念圆明园罹难 120周年"学术讨论会。会议讨论通过了发起"保护、整理及利用圆明园遗址"的倡议书。曹禺与宋庆龄、沈雁冰、习仲勋、许德珩、张爱萍、荣毅仁等 1583 人在《保护、整修及利用圆明园遗址倡议书》上签字。后《倡议书》刊于《圆明园》第一集(圆明园罹劫一百廿周年纪念专号)。

---

①　时为文化部直属剧院。

1981 年　七十二岁

1 月,《人物》杂志创刊[①]。

2 月 10 日—4 月 7 日,英国艺术家托比·罗伯森等来华与北京人民艺术剧院合作排演莎士比亚名剧《请君入瓮》。

3 月 27 日,沈雁冰(茅盾)因病医治无效,在北京逝世,终年 85 岁。

4 月,电影《苦恋》开始遭批判。

5 月 12 日,文化部直属院团 1980 年新创作、新改编、新整理剧目评比演出发奖大会在政协礼堂举行。

6 月 28 日,著名昆剧表演艺术家侯永奎因病在北京逝世,终年七十岁。

8 月 24—31 日,文化部、中国戏剧家协会、北京市文化局、中国戏剧家协会北京分会、中国京剧院、北京京剧院六单位在京联合举办梅兰芳逝世二十周年纪念演出。

1 月 3 日　《小剧本》[②]复刊。本期刊曹禺贺文《漫谈小剧本创作——贺〈小剧本〉复刊》。3 月 25 日《新华文摘》第 3 期转载该文。后收入《论戏剧》《曹禺论创作》和《曹禺全集》第 5 卷。

是日　巴金复信曹禺。信说:

信收到。你要我为《雷雨》演出本写序,我应该写。但是我目前身体很坏,有两个毛病:一、一动就感疲劳;二、写字困难,字越写越小,也越慢,手不太方便。去年年底赶写完《创作回忆录》这本小书,身体垮了。现在得休息一个时期。因此序文我不打算写了,而且我近来写文章爱发牢骚,发多了也不大好。为了健康我必须搁笔,请你原谅。我什么时候要写一篇关于你的文章谈我们将近五十年的友谊和对你的期望,但总得在一两年后,等把身体养好才行。(《曹禺巴金书简》)

---

① 双月刊。《人物》编辑部编辑,生活·读书·新知三联书店出版,新华书店北京发行所发行。

② 前身是《〈剧本〉农村版》,1956 年创刊,1958 年改名为《小剧本》,出版 49 期停刊。复刊后,由中国戏剧家协会主办,《剧本》月刊社编辑,中国戏剧出版社出版。

1月4日 《北京戏剧报》(周报)在北京创刊。中国戏剧家协会、北京市戏剧家协会联合主办。曹禺担任社长。1982年第1期改名为《戏剧电影报》。本期头版刊曹禺的《"跳加官"——代发刊词》。后题《跳加官——〈北京戏剧报〉代发刊词》收入《曹禺全集》第6卷。

1月5—12日 英国爱丁堡国际艺术节负责人约翰·卓蒙德应中国戏剧家协会主席曹禺邀请来华访问。约翰·卓蒙德此次来华,主要是为了考察中国话剧。(《中国戏剧年鉴1982》第42页)

1月6日 中午,以中国剧协主席名义在北京和平门烤鸭店宴请英国爱丁堡戏剧节负责人卓蒙德。(《北京人民艺术剧院大事记》)

是日 致信苏予。后题为《给苏予同志的一封信》在7月15日《新港》第7期"作家书简"栏目刊发。后题为《深刻地观察时代——关于〈开拓者〉的一封信》收入《曹禺全集》第5卷。

1月8日 致信巴金。信说:

> 读了你的信,看见你的字写得更小了,我很难过。你写东西吃力,你疲劳过度,你"身体垮了",都使我说不出地苦痛。我不愿看你有一点一丝老态,因为你的精神从不曾老过。然毕竟你的身体,我看到你,是不如从前了。你的"芝麻"大的字使我感到异常。我当时便想复信给你,问问这是什么原故,在医学上是什么原故。但我不愿意问你,我就是拖延,不愿问。一直拖延三天,我认为你应该问问专家,这究竟是什么原故。只要是因为老,写字写小了,这是自然的衰退,是不可抵挡的。芾甘,你就认真休息,不要再工作,不要写到深夜。你的工作与精神已经鼓舞所有的朋友与热爱你的读者。你必须留有余地,你说你要休息。如果你认真做到,我是非常快乐的。只怕你还在日夜在严寒的冬天,瑟瑟缩缩地写你的文章。我深深晓得你有一肚子的话要说,要迸发出来。你也应该讲出你这一生所受的种种的苦恼、压迫、折磨与你短暂的快乐。
>
> ……
>
> 今天我在人民日报看见一篇关于你的一小篇文章,也许你已读过,但仍然寄给你。我爱所有的真正赞美你的品格的真文章。(《曹禺巴金书简》)

信附言:"'序',我告诉北京人艺,他们会找人写的。这是无关紧要的。"

1月9日 中国舞台美术学会在京举行成立大会,推举孙浩然为会长。曹禺出席并讲话。(《中国木偶皮影艺术学会,中国舞台美术学会先后成立》,《人民戏剧》1981年第2期;《舞台美术理论座谈会在北京举行》,《人民日报》,1981年1月14日)后讲话题为《重视舞台美术在戏剧艺术中的地位》，在《舞台美术与技术》1982 年第 2 期发表。

1 月 15 日　巴金复信曹禺。信说：

　　信收到，谢谢你的关心。我的主要毛病是疲劳过度，消耗太多，快走到油干灯尽的地步。这半年来我一直在为多活、多写奋斗，自己多次在文章里呼吁。但总会有办法的。现在我许多会都不参加了。这次常委开会我也请假，失去了同你见面的机会，觉得可惜。

　　还有一件事，我鼓吹、宣传、建议由作协创办一所现代文学（资料）馆。我愿意为之出力，将来也要找你帮忙，你可以捐出些你自己的宝贵资料。这是一件好事。（《曹禺巴金书简》）

1 月 21—23 日　中国戏剧家协会天津分会在天津市召开第二次会员代表大会。曹禺作为中国戏剧家协会主席专程到会祝贺并讲话。（《中国戏剧年鉴 1982》第 43 页）

1 月 22 日　与夫人李玉茹一起去天津。参观周恩来青年时期在天津革命活动纪念馆，并题字："尽道人间春色满，岂忘雪里寸心丹，向敬爱的周总理学习。"（《北京人民艺术剧院艺术档案资料》）

1 月 23 日　参观南开中学，并题字："得天下之英才而教育之。"（同前）

是日　晚，《雷雨》由罗马尼亚布加勒斯特大学中文专业同学演出，导演达娜，剧本翻译杨玲（伊拉娜的中文名），她把剧情缩成了两幕。整个演出大约用了五十分钟。（《掌声伴随〈雷雨〉声》）

1 月 25 日　在《新疆日报》发表剧评《赞维吾尔族歌剧〈艾里甫—赛乃姆〉》。后收入《论戏剧》和《曹禺全集》第 5 卷。

是日　在北京人艺前三楼宴会厅，参加由诗刊社、北外英语系、北京大学西语系、北京人艺等联合举办的"彭斯之夜"（为纪念英格兰诗人彭斯所办）活动。（《北京人民艺术剧院大事记》）

1 月 26 日　与茅盾、夏衍、阳翰笙、赵寻联名在《人民日报》发表散文《想想孩子们吧！》。后收入《曹禺全集》第 6 卷。

是月　由北京市文学艺术界联合会主办的《北京艺术》月刊在北京创刊。本期刊曹禺贺词《强有力的竞争者——祝贺〈北京艺术〉创刊》。后收入《曹禺全集》第 6 卷。

是月　《人生》杂志在北京创刊。本期刊曹禺《从"关关雎鸠"想起的》一文。后收入《曹禺全集》第 6 卷。

2 月 1 日　致信巴金。信说：

收到你一月十五信，我因赴天津开会，回京又料理杂事，直到现在，才写信给你。

你说"快到灯尽的地步"，你心里的火焰永远不会熄灭的！千万读者会因你书中的热烈的感情，认识人生，更加愤发，多少人在盼望着你多写，多留下几部好作品，大作品！

在你面前，我感到你的生命力是旺盛的，虽然表面看，你老了一些。

我十分相信你，"最后的（我不喜欢这'最后'两个字！！）计划"会完成。你完成后，休息一阵，再写，再写，想想萧伯纳，九十多岁还在写文章，写戏，写了《苹果车》，那是多么有劲的一部作品，多么有益于英国社会的作品！你，巴金！也会如此，也必然如此！你会长寿的！你会写下去！

你能把那些纠缠不已的人们，为私事打搅你、请求你的人们撇开，那是最好不过的。

我们都不想永垂不朽，我们的文章并非"千古事"，但是是非得失，我们还是知道一点的。……

我也要学学你，写点东西。也许把《桥》续写，也许是写点与现实有关的东西，但肚里空空，我将寻找！寻找使我真能喷出熊熊火焰的东西！

我赞成你主张办一个现代文学资料馆，可惜，我从前从不好留稿子，但今后，我写点什么，一定留底稿（当然较像样子的底稿）。老巴！我的老朋友，我的老哥，祝你身体好！祝你春节愉快！（《曹禺巴金书简》）

是日 致信万黛。信说：

似乎很久，很久没有给你写信了。我收到你两封信，我在这几个月中时刻想到你，同时就要写信。但一肚子的话，总是无从说起，而且这几个月到南方去讲学，写点小文章，治疗，谈话，看戏……忙得不知如何是好。回到北京，又要处理三月来积压的书信与事件，又见外宾，又开会，既忙且累。提笔便放下，直到今天夜深，才定下心给你写几个字。……

此次我去南方到杭州大学、浙江大学一共讲学十天，到温州讲演一次。祖国的山水与人民是可爱的。但祖国与人民还在困难时期。物价涨，生活困苦，虽比起以前，农民工人有比较优裕的生活，然而赤字多，各种改造与体制改革都还是问题。

只有一件尚堪告慰，政府与党中央似乎明白过去的错误，知道目前如再不努力，离山穷水尽的时候便不远了。因此，人民有觉悟，领导人也认识，不改不行。

看吧！我们这一辈人是尝过历史种种艰难与罪孽,我想,这也到"物极必反"的时候了。……

以上是我在一个月前写的,这个月到天津开会讲话,办事,接待各方客人,还是忙。

但,孩子,我将在最近三月内停止这些活动。我要写戏！我已是七十一岁了！

今天已 1981.2.1 日了,过两天便是春节,很想在旧年前给你写信,但是晚了,这封信,你收到时已过了春节。

最近党中央又发了文件,主要是大家鼓革命精神,树正气,打歪风,安定团结,为四化建设尽力。形势比以前是好的,整个看,将来有希望,但团结还不足,物价大约可以刹住。总之一切,政治、经济、文化、教育都要大大整顿一下了！(万昭提供)

2 月 2 日　中国戏剧家协会主席团、书记处书记在京成员联席会议正式批准成立国际剧协中国中心,推举曹禺为主席,赵寻为副主席,刘厚生为秘书长。(《中国戏剧年鉴 1982》第 43 页)

2 月 3 日　晚,北京人艺新排话剧《谎祸》彩排。段君毅、焦若愚①等市府官员审看,曹禺与赵起扬、夏淳等陪同。(《北京人民艺术剧院大事记》)

2 月 13 日　北京人艺重排《日出》建组,导演刁光覃。(同前)

是日　晚,原联邦德国驻华大使修德和夫人自费请瑞士、奥地利、葡萄牙使馆大使诸人往首都剧场观看《茶馆》。演出前,曹禺会见修德和夫人。(同前)

2 月 14 日　中午,以中国剧协主席名义在北京东来顺饭庄宴请英国导演托比·罗伯森(来人艺导演话剧《请君入瓮》)和他的助手、舞台美术家艾伦·拜瑞特,刘厚生、周保佑、夏淳、英若诚、吴世良作陪。(同前)

2 月 15 日　《北京戏剧报》刊报道《四化需要这样的好戏——曹禺谈〈血总是热的〉》:"一个积雪未化的晚上,中国剧协主席曹禺看了《血总是热的》后,激动地对中铁话剧团演员说:'你们半个月就排出这个戏来,赶得对,出来得越快越好!'

"曹禺认为,这个戏及时提出了当前的一个重大问题;剧本写得不错,非常激动人心,是'很鼓舞我们斗志的好戏'。他说,四化需要这样的戏,党和中国需要这样的戏!"

2 月 17 日　下午,在北京人艺给《日出》剧组作报告。(《北京人民艺术剧院大事

---

①　段君毅,时任北京市委第一书记;焦若愚,时任北京市代理市长。

记》）这是曹禺看了《日出》的排练，与剧组同志谈话。谈话以《自己费力找到真理》为题，在 6 月 18 日《人民戏剧》第 6 期发表。后收入《论戏剧》《曹禺论创作》和《曹禺全集》第 5 卷。

2 月 18 日 据曹禺记述："晚八时，到首都剧场参加欢迎 Toby Robinson（注：托比·罗伯森，英国著名导演，研究莎翁权威）与 Alan 的元宵节晚会。"（《没有说完的话》第 5 页）

2 月 21 日 据曹禺记述：

中午英国大使馆请罗伯森吃饭，邀请了剧协负责人曹禺、赵寻等人。主人：Cradock 大使与 Lady Cradock Htmter 夫人，viva Harl 小何，新来的领事大胡子。

饭后赵寻、英若诚、吴世良到我家中讨论四月初英、日两方戏剧家安排剧场时间问题。

签同意赵（赵寻）、刘（刘厚生）赴西欧开会。

谌勇与王某持八期《北京戏剧报》来，我又发怒，极不好，实应改过。但又迁怒欢子，摔保温杯。欢子屡次诉苦，想弃医学外语，多次劝告不听，实难忍耐。然仍应约束自己。大不必发火，心脏病几发作。（《没有说完的话》第 5、6 页）

是日 新华社题为《曹禺谈中英文化交流》播发新闻稿，曹禺从英国导演托比·罗伯森来华导演莎士比亚喜剧《一报还一报》（即《请君入瓮》），谈到莎士比亚在中国。（《新华社新闻稿》第 17 页，1981 年 2 月 25 日）该文后收入《曹禺全集》第 7 卷。

2 月 22 日 据曹禺记述：

读"呻吟篇"，应自常存度量，宽宏不燥，不褊浅，勿空自懊恨。……

我立志要从七十一岁起写作二十年，到九十一岁搁笔。要练身体，集材料，有秩序，有写作时间。放弃社会活动，多看书。记录有用的语言。改生活习惯。每日练字，锻炼身体。（《没有说完的话》第 6 页）

2 月 23 日 据曹禺记述：

上午写广播剧序。我写作不勤奋，不能一气呵成草稿，再徐图修改。

与张梦庚通电话，他劝我今晚到吉祥看上海王正屏的《坐寨盗马》，梅葆玖的《王宝钏》（老舍本）日后还演。

新侨①买"葡萄酸"、"黄酒"，晚间伴玉茹看杨至芳的《玉堂春》与王正屏的戏。见到周扬同志，约日后访见他。（同前）

---

① 应是"新侨（饭店）商场"。

2 月 25 日　上午,往北京工人俱乐部,参加北京市文化局、北京市文联联合举办的 1980 年度新创剧目颁奖大会。(《北京人民艺术剧院大事记》)

是日　据新华社 2 月 25 日电,第五届全国人民代表大会常务委员会第十七次会议,今天下午在人民大会堂开始举行。(《调整今年国民经济计划,争取财政收支平衡》,《人民日报》,1981 年 2 月 26 日)会议为全体会,曹禺作为常委会委员应参加会议。

2 月 26 日　据曹禺记述:

> 上午九时前送玉茹到"人艺"听 Toby 导演讲课,即到大会堂参加五届人大十七次常委小组会。……会毕十一时半赴"人艺"听 Toby 导演讲课,满屋听众。……(《没有说完的话》第 7 页)

是月　《文化娱乐》第 2 期"作家创作谈"栏目刊郑祖武记录整理的《曹禺谈〈王昭君〉》。谈到有人对于《王昭君》的不同看法,曹禺说:"第一种是讲王昭君这个人像今天党委书记一样,懂得掌握政策,又像个外交官,这样讲,我是应该考虑的。第二种是讲周总理叫我写的,《王昭君》是'遵命文学'。写戏嘛,想写才写得好。即便是遵命,也要看遵谁的命,人民要你这样写,希望你这样做事情,遵人民之命是好的。文学与政治关系是文学为人民服务,遵奉人民之命。……所以讲我这戏是遵命文学,我是遵奉人民之命。第三种是台湾省的人讲我《王昭君》是国策文学,这问题最近才弄清。"

3 月 5 日　据曹禺记述:"下午又开会组织讨论决议。"(《没有说完的话》第 7 页)

3 月 6 日　下午,出席五届人大常委会第十七次会议。(《五届人大常委会第十七次会议结束》,《人民日报》,1981 年 3 月 7 日)据曹禺记述:

> 今日惊蛰。……上午原想开始正规习字,写文章。不料漠南(安柯钦夫)来,电询梅益同志,关于他的调职事。……
>
> 下午开大会通过各种提议。
>
> 返家吃晚饭,饭后找赵寻同志,谈到我的书不在戏剧出版社出版,改在四川人民出版社出版。赵答,作家出书可以自主。拟明日告李致。(同前)

3 月 7 日　据曹禺记述:

> 胡叔和来信说戴××十一日午来京。……
>
> 下午梅葆玥送来明日《王宝钏》戏票。闲谈。
>
> 读秦牧《骨朽人间骂未销》,此文说出一个真理,阴险毒恶元凶,未有不败露,康生型人可以写。
>
> 昨天又觉得杜甫应写成戏。(《没有说完的话》第 8 页)

3 月 8 日　据曹禺记述:

我夜读上影寄来《王昭君》电影文学本,我读到深夜二时,今晨五时又读,我欢喜非凡,王炼、谢晋以及许多同志,改得十分好! 我喜不成寐。……

下午三时三十分与玉茹、孙世新(注:金山夫人)同到空军总医院探望金山。(同前)

3月10日 致信李致。信说:

收到你的信,嘱我把剧本全交四川人民出版社出版,我现在已告中国剧协赵寻同志(他是第一书记)我的决心与过去如何答应你的情形,他已完全同意。现在我们可以说正式约定了。

你说的功(工)作,即,把《雷雨》等书校刊一遍,我即着手。中国戏剧出版社已出《雷雨》单现(行)本,样式、纸张,极潦草,我是剧协主席,始终不愿发表意见。今后,我要嘱他们不必再出了。

你说加插图,那自然好,但万不可用任何剧团的剧照。过去,这件事情有负你的盛情,我是很不安的。

新序或后记,我不想写了,因为实在无心思写。我的时日不多,颇想写新剧本,发表后,由你社出版。

各处欠债多,必须写点东西还债。但希望今后写出的东西还是看得过去的。(《曹禺致李致书信》第71页)

3月11日 致信巴金。信说:"《十月》本年七、八月份正是三周年纪念。《十月》编辑部十分盼望你能为他们写一篇东西,无论是什么。态度非常恳切。介绍该刊编辑章仲锷同志面谒。你若能见他,《十月》的编辑们会很感谢的。"(《曹禺巴金书简》)

3月13日 据曹禺记述:"西德关愚谦(玉茹友)与其妻海佩春(德人)来访,海君以黄庐隐为博士研究题,我请北京图书馆戚志芬帮她找材料。关君请我赴德(由德国大学请)讲学,我辞却,我已不想到国外耗费光阴。"(《没有说完的话》第8、9页)

3月18—22日 中国戏剧家协会、中国戏曲学院、北京市文化局、中国剧协北京分会在京为著名京剧表演艺术家侯喜瑞先生舞台生活八十年举行纪念活动。(《"活曹操"侯喜瑞舞台生活八十年,中国剧协等单位举行纪念活动》,《人民日报》,1981年3月20日)

3月18日 上午,中国戏剧家协会、中国戏曲学院、北京市文化局、中国剧协北京分会为庆祝京剧表演艺术家侯喜瑞舞台生活八十周年举行隆重纪念会。曹禺与张君秋、刘厚生、史若虚、张东川、李超、任桂林、李洪春、李万春、李紫贵、郑亦秋、苟令香等三百余人出席纪念会,并在会上讲话。(《侯喜瑞舞台生活八十年纪念会在京举行》,《人民戏剧》第 4 期,1981 年 4 月 18 日;《"活曹操"侯喜瑞舞台生活八十年,中国剧协等单位举行纪念活动》,《人民日报》,1981 年 3 月 20 日) 曹禺讲话题为《一代名家,不同凡响——在侯喜瑞先生舞台生活八十年纪念会上的祝词》在是年《戏曲艺术》第 2 期发表。经谢振东记录整理题为《谈侯喜瑞对人物形象的创作——在京剧表演艺术家侯喜瑞艺术生活八十周年庆祝会上的讲话》刊于《贵州戏剧》1982 年第 2 期。后收入《中国戏剧年鉴 1982》、《论戏剧》以及《曹禺全集》第 5 卷。

3 月 19 日　上午,在家中接受美国广播电视公司(A.B.C)导演艾伦·克拉克、顾问哥德蒙采访。访问的主要内容有:曹禺的创作情况;去年访问美国的观感;中国在粉碎"四人帮"以后新起的作家有哪些成熟的;北京有多少剧院,演出情况如何等。(《北京人民艺术剧院大事记》)

3 月 21 日　据曹禺记述:

> 下午三时赴剧协学习,赵寻同志报告中央的精神,要文艺界领会中央文件的实质,不要忽左忽右;也不要打棍子,应教育帮助,费些精神。……

> 与玉茹同往人民剧场看为侯喜瑞八十年舞台生活纪念演出。《牛犀下书》《战宛城》,都不甚好。×××不太称职。艺术家不可懒,不可混,不倚老卖老。剧场见周扬同志,他说茅盾病重危。

> 我告赵寻《雷雨》、《日出》不在戏剧出版社再版,赵应允。(《没有说完的话》第 9 页)

是日　据周而复文述:"三月二十一日晚上,曹禺同志和我谈完了中国戏剧家协会准备参加欢迎以千田是也先生为首的日本话剧访华演出团的设想,忧心忡忡地低声告诉我:听说茅公最近病情恶化,大夫讲这几天很危险!……"(《永不陨落的巨星——痛悼茅盾同志》,《光明日报》,1981 年 4 月 12 日)

3 月 22 日　据曹禺记述:"上午到北京医院探视茅盾。其子韦韬终日侍奉。茅盾老比往日好,终日吸氧,闭目喘气。韦韬说:'爸爸,曹禺来看你!'他睁开眼说:'谢谢。'气息弱。看样子,可能有好转希望,他已八十五岁,气力衰竭。我很痛苦。"(《没有说完的话》第 9 页)

据曹禺文述:"这次,在茅盾先生去世前,我赶到医院探望,他已借助氧气艰难地呼吸着。……我回家打电话给几位同志,告诉他们韦韬说的话,使这些同志们放心。没想到这竟然是我和茅盾先生最后的一次见面。"(《向茅盾先生学习》)

3 月 24 日　据北京人艺记述:"上午,党委、艺委会看《请君入瓮》全剧连排,曹禺参加。"(《北京人民艺术剧院大事记》) 据曹禺记述:

晨四时三十分起,写致芾甘①信,响应他建议成立"中国现代文学馆",将见报。

晨九时,到北京"人艺"看 Toby 导演的《请君入瓮》(Measure For Measure),并参观 Alan 的舞台装置。戏排得非常好,演员大见进步。莎翁的剧本极深刻,人物语言,非吾等所能想象。舞台布置雄伟辉丽,有特色。我建议要 Toby 任("人艺")导演,尚未与国人商量②。

下午韦启贤来,携去年在杭州讲演稿,再作改动。(《没有说完的话》第10页)

3月26日 中国戏剧家协会为加强会员之间的联系和团结,促进学术探讨和情况交流,恢复"戏剧茶座"。首次活动在政协礼堂举行,曹禺作为剧协主席出席并讲话。(《中国戏剧年鉴1982》第45页)

3月27日 据曹禺记述:

上午五时三十分起床写日志,略(做)体操。准备下午在宣传部学习会上讲话大纲。叶向真来电话,茅盾于昨晚逝去。我十分悲痛,大纲只好草草准备。

下午二时三十分赴宣传部学习。五时三十分散会。急赴北京医院探悼茅盾遗体,到119房,已换新床单,人去室亡(空),很难过。

告荒煤约夏衍看《原野》。(《没有说完的话》第10页)

3月28日 据曹禺记述:

(上午)为崔美善写节目单上(独舞会)几句话,交朱子奇,他又添了两句,我请崔、李(编舞)不必来看戏。

下午二时三十分到宣传部学习。

上午刘(刘孝文)、梁(梁思睿)二同志,为他们编的《三十年话剧综览》求序。(《没有说完的话》第11页)

是日 致信黎舟③,推荐刘孝文、梁思睿即将编纂的《三十年上演话剧综览》。信说:

我读了刘孝文、梁思睿同志编纂的《三十年上演话剧综览》(前言和说明),认为这是十分重要的戏剧类书,是中国话剧工作者必须参考的专著。如文化艺术出版社能予早些出版,我以为这将对世界与中国各大学、各剧院团研究话

① 即巴金先生。
② 这里大概是指与"人艺"的同志们商量。
③ 原注:文化艺术出版社原负责人。

剧人士有好处的。我答应为他们写序,希望能做些宣传。祝好。(《中国上演话剧剧目综览(1949—1984)》第 2 页)

3 月 30 日　据曹禺记述:

下午二时三十分赴中南海宣传部学习。

晚间七时赴长安剧院看北昆的《荆钗记》,改编、演出、演唱均好,尤以"雕窗"、"投江"为好。回家找"南传奇"《荆钗记》及《中国戏曲史》对比,今本确实精彩,与原著大相径庭。戏曲改革,实在需要。加了"双吊",排演也好。应宣传此剧,歌颂不应"富易变,贵易妻",夫妻信守不渝。这与今日世风多离弃不同,应赞扬。(《没有说完的话》第 11 页)

3 月 31 日　据曹禺记述:

上午,八时三十分赴宣传部学习。

发出罗郁正、如茹、李致、欢子信,两封致美信,致华嘉附君朴君(亲家,万黛公)。

晚间同玉茹看《请君入瓮》,戏"生",台词也快,布景虽尽力,但庞大得压住戏中人物。演员被约束得成傀儡,上台"走样",无喜剧气氛,可能成为失败的悲剧。但 Toby 及其他艺术家下了极大功夫,要改剧院演员的夸张,下"猛药"教他们自然、真实。但他不知剧院风格、演员与中国观众。外国专家往往趾高气扬,我们应尽力,但不能一味迁就。一切纸做的物,应有自知之明,放下架子。我以主人,仍鼓励几句。(《没有说完的话》第 11、12 页)

是日　致信李致。信说:"已告剧协我将在四川人民出版社出全集。剧协已印了剧本,已出单行本二种,我告以不再版,卖完即可。"(《曹禺致李致书信》第 73 页)

是月　《上海戏剧》第 2 期刊消息《〈雷雨〉将搬上芭蕾舞台》:上海芭蕾舞团"今年又准备把著名剧作家曹禺的《雷雨》搬上芭蕾舞台","舞剧由朱国良、杨晓敏同志改编,著名芭蕾舞艺术家、上海芭蕾舞团团长胡蓉蓉同志担任主要编导。目前,创作组同志正在积极紧张地排练"。

是月　曹禺阶段性传记《曹禺在四川》由四川大学王兴平同志写成,并在《戏剧与电影》是年第 3、4 期连载。

是月　连环画《王昭君》由上海人民美术出版社出版,陈长明改编,笑雨、汤云绘画。

4 月 1 日　据曹禺记述:

今日与周瑞祥电话,谈 Toby 无礼貌,并嘱告英若诚。我心胸狭隘,不应发怒。

上午蔡骧来(曹禺剧专学生),谈了他将赴江西拍电视剧《战地鸳鸯》。他在北京电台。我告他应一生为电视剧献出些好东西。他希望我看稿本。不久叶向真托人送《原野》英译本,托阅读。她说,要争取到威尼斯参加影赛,并说《原野》拍摄是得到中宣部允许的。

下午到中宣部听林杉(影协)发言,荒煤发言,汪峰发言,返家。

读茅盾同志《回忆录》,极有感触。茅盾少得母教,读书多,勤奋,与郑振铎等组织文学研究会,与郭沫若、成仿吾论战。茅是正确的,正派的。

晚间,朱子奇率李仁顺、崔美善来,并舞"东方的微笑",他们为独舞会奔走。中国艺术家待遇太薄,她们月仅九十元工资。(《没有说完的话》第12页)

4月2日 在《人民日报》发表《致巴金——响应建立"中国现代文学馆"》一文。是年《档案工作》(《中国档案》)第3期转发。后收入《曹禺全集》第6卷。

是日 晚,莎士比亚喜剧《请君入瓮》(又名《一报还一报》)在首都剧场举行首演。(《〈请君入瓮〉在京首场演出》,《人民日报》,1981年4月4日) 来我国进行访问的英国外交大臣卡林顿和夫人、英国驻华大使柯利达和夫人以及英国使馆的官员等出席首映式。曹禺、宋之光、吴雪等陪同。(《北京人民艺术剧院大事记》)

是日 据曹禺记述:

《人民日报》发表《致巴金——响应建立"中国现代文学馆"》一文。

上午方子来,我把悼茅盾的文章内容、程序与结尾词句都和她讲清,以为她可以坐下帮我边谈边写。但她下午还有学习,我给了她二十五元阿姨月费,她就走了。来去匆匆,我颇难过。

下午陈默、司容谷、杨景辉为出书事来谈,我坦直告他们,杨君空说两年,我等待两年,工作不见,忽然出了按旧版印来那本封面庸俗的《雷雨》来塞责。他们工作压力大,不必再敷衍我。

晚间赶到首都看《请君入瓮》,英大使与夫人,外交大臣与夫人,Carrington爵士都来看。戏毕上台,我说感谢的话,外交大臣也说了几句。后到客厅酒会。(《没有说完的话》第13页)

是日 致信李致。信说:

最近看了《原野》的电影,我们都觉得还好。如果能在国内上演《原野》剧本,想必有人要看。

我有个意见,先印《原野》,以后印《雷雨》《日出》等,你看如何!

你如同意,我即找本《原野》校刊一下。不同意,我仍持原议,校改《雷雨》,寄给你。听候你的复音。

最近蒂甘来,我们常见面,他将于 21 日飞沪。(《曹禺致李致书信》第 77 页)

4 月 5 日　据曹禺记述:

上午看儿童电视剧《不及格的妈妈》与《居里夫人》……此电视剧剧本好,剪裁好,演得深,朴素有力,启发上进心,为人谋幸福,坚强而锲而不舍。

晚间看电视《革命家庭》,于兰、孙道临合演……但收局不佳,"派你到延安",此乃无办法的办法。

闻老巴将来京,为发奖中篇小说,或悼茅盾。今日下午《解放日报》记者约"悼文",颇烦,求索不已,苦恼甚。(《没有说完的话》第 13、14 页)

4 月 6 日　据曹禺记述:

"有些人虽然口头上也喊要抓紧时间,但是从来不抓紧时间。他们对过去,老是忏悔,忏悔;对将来,老是幻想,幻想;而对于现在,对于正在进行的时间,却老是让它轻轻地滑过去。"——读《语言战线》一九八一年第二期有感。

上午玉茹抄写悼茅盾文,但我未想好,思想正在游离中,总写不出来。一则过去懒动笔,苦思不得。二则对茅盾先生的确不熟悉,满腔敬慕之意,终于难下笔。

下午,韦启贤来,先闲谈。后二人共同商定了《我对戏剧创作的希望》的清稿,即发表在《剧本月刊》上。赵寻同志的意见颇确当,均一一照改。(《没有说完的话》第 14 页)

4 月 7 日　据曹禺记述:

读《当代中国作家风貌》①,文笔简练流畅。我国作家怀大志,勤奋,要做大贡献。

香港三联书店分店编辑副主任潘耀明来访,送《当代中国作家风貌》一书,问写作计划,我告以后十年,写三部戏,目前杂事太多。复索题字,照相。他应常寄香港杂志来。送《王昭君》一本。

下午到中宣部学习,听江峰反对建立"中国画研究院"。王蒙、凤子、李连庆讲话。

晚间与玉茹同看四川"人艺"的《赵、钱、孙、李》,写三中全会后,农村富裕的斗争经过。喜剧,剧很多人看。我代表剧协赞美他们的劳作,应学习他们为农民写戏。(《没有说完的话》第 15 页)

---

①　该书作者署名彦火,即潘耀明,香港昭明出版社有限公司,1980 年 5 月。书中收曹禺近照一幅及签名。1982 年 8 月再出《当代中国作家风貌续编》。

4月8日 晚,日本话剧访华演出团在北京首都剧场首场演出《华冈青洲之妻》,廖承志、黄镇观看。(《日本话剧访华演出团在京举行首演》,《人民日报》,1981 年 4 月 10 日)

是日 据曹禺记述:

上午为崔美善独舞会①题词,斟酌许久。朱子奇同志十分同情她,一再托我写,我便答应。我应作自己的剧作,却屡因这类事,不能如愿。看来,好凑热闹与懒散是我的大病!

下午参加学习会,听林默涵发言。

晚七时半即到首都剧场看日本话剧访中演出团的《华冈青州之妻》,戏很好。休息间,外办同志把我放在廖承志与黄镇之间,我与有吉佐和子又谈话较多,我好在多人前说话,不知谦让。也是好"凑热闹",突出自己的毛病。(《没有说完的话》第 15 页)

曹禺为"崔美善独舞晚会"题词是:"变幻矫健,流旋飘逸。神采扬扬,震动四方。"(《舞之以心动之以情——著名舞蹈家崔美善的表演艺术》)

是日 《人民日报》刊《沈雁冰同志治丧委员会名单》,曹禺为委员会委员。

4月9日 据曹禺记述:"上午到中南海学习,听赵寻讲话。送周巍峙回家。返家午餐,急赴飞机场与玉茹同接巴金、李小林。迎接的还有吴强、孔罗荪。仓促中把巴老之手包失落,幸尔飞机场 Taxi 的司机送交机场,电告作协,已拾到。小林把杭大录音带来。"(《没有说完的话》第 16 页)

4月10日 中午,中国文学艺术界联合会、中国人民对外友好协会和中国戏剧家协会在人民大会堂举行招待会,欢迎正在北京访问演出的日本话剧访华演出团。曹禺与周扬、夏衍、王炳南、阳翰笙、周而复等出席,并与日本戏剧界的老朋友千田是也、杉村春子、水上勉、有吉佐和子等 51 位日本朋友亲切见面、交谈。(《中日戏剧界朋友在京聚会》,《人民日报》,1981 年 4 月 11 日)

是日 据曹禺记述:

上午又赶一篇悼茅公文,由《文汇报》记者拿去。玉茹帮我抄写,并提意见。另一稿拟交《中国青年报》,尚缺《解放日报》一稿。悼文如此赶写,且致三处,此奇事,已失哀悼之意。

上午十时到国务院招待处看巴金,他到冰心那儿探病。我们把昨日接他时买的水果送给苻甘。他此次身体好,我很安慰。

---

① 9月,东方歌舞团为崔美善举行"崔美善独舞晚会"。

中午到人大会堂参加欢迎"日本访中话剧演出团",邀玉茹同去。

下午一时三十分返家略休息,即赴北京医院同向茅盾先生遗体告别。他像在酣睡,面上有水珠似汗,真不像死去。(《没有说完的话》第 16 页)

是日　《人民日报》刊消息《我国最近有一批图书译成外文出版》,其中有《雷雨》。

4 月 11 日　下午,沈雁冰(茅盾)追悼会在人民大会堂西大厅隆重举行。曹禺与成仿吾、王炳南、林默涵、贺敬之、曹靖华、丁玲、艾青、刘白羽、沙汀、张光年、冯至、陈沂、陈荒煤、臧克家、姚雪垠等出席。(《沈雁冰同志追悼会在京隆重举行》,《人民日报》,1981 年 4 月 12 日)

4 月 12 日　据曹禺记述:

早晨复改《解放日报》悼茅公文《天地共存》,玉茹又抄一遍。九时前赴首都剧场与玉茹看日本童话剧水上勉的《文那啊,从树上下来吧!》。看了戏见水上勉君,戏甚好。儿童剧别具风格,且易在广场、工厂、街道演出,有音乐歌唱。

到新侨购软些的点心给芾甘吃,他牙不好。

出去送芾甘点心,即赴赵寻家茶会,有杉村春子、石泽秀二(青年座)、村冈允平(日中文化交流常任理事事务局次长,此行秘书长)、中村多津(排优座女演员)、伊藤巴子(剧团中间排优)。吃气锅鸡与米线。

晚看电视《第二次握手》。(《没有说完的话》第 17 页)

是日　纪念茅盾先生所作《向茅盾先生学习》在《文汇报》发表。后收入《曹禺全集》第 6 卷。

4 月 14 日　中午,日本话剧访华演出团在人民大会堂举行宴会,感谢中国方面对他们这次访问演出给与的热情友好的接待。曹禺作为中国戏剧家协会主席出席,并"在联欢会结束时正式宣布,授予曾为中日文化交流作出贡献的中国人民熟悉的老朋友千田是也和杉村春子为中国戏剧家协会荣誉会员"。(《日本话剧访华演出团在京举行答谢宴会》,《人民日报》,1981 年 4 月 15 日)

是日　下午,中国剧协在人民大会堂举办与日本话剧访华演出团的联欢会。曹禺作为中国剧协主席参加并致词。(《北京人民艺术剧院大事记》)

4 月 16 日　为纪念茅盾先生所作《"我的心向着你们"——悼念茅盾同志》在《中国青年报》发表。后收入《曹禺全集》第 6 卷。文中谈到自己与茅盾的交往情况。

4 月 20 日　晚,西德驻华大使修德和夫人,应中国文联邀请以美国知名艺术家代表团名义来访的周文中教授和舞美设计家李名觉来首都剧场观看《请君入

瓮》,曹禺与夏淳、英若诚、周瑞祥等接待。演出结束后,上台会见演员并合影。(《北京人民艺术剧院大事记》)

是日 在《戏剧论丛》第 2 期发表《我的生活和创作道路——同田本相的谈话》。8 月 25 日《新华文摘》第 8 期转载该文。后收入《攻坚集》、《北京作家谈创作》、《论戏剧》、《曹禺论创作》及《曹禺全集》第 5 卷。

4 月 20 日—5 月 10 日 "中国木偶皮影艺术学会"在江苏省扬州市召开部分省、市木偶皮影艺术编导座谈会。出席座谈会的有黑龙江、河北、湖南、广东,四川,江苏、北京、上海、天津等十六个省、市的五十多名代表。曹禺作为中国戏剧家协会主席出席会议。(《中国戏剧年鉴1982》第 14 页)会上,曹禺就当前文艺界的形势、党的文艺方针和如何繁荣、发展木偶皮影艺术问题作讲话。(同前第 46 页)

4 月 21 日 在《人民日报》发表《今日复何日,共此好时光——贺日本话剧访华演出团》一文。后收入《曹禺全集》第 6 卷。

是日 鲁迅诞辰一百周年纪念委员会在北京成立。曹禺为委员之一。(《鲁迅诞辰一百周年纪念委员会成立》、《鲁迅诞辰一百周年纪念委员会名单》,《人民日报》,1981 年 4 月 23 日)

4 月 22—28 日 北京市第七届人民代表大会第五次会议举行。曹禺作为大会主席团成员之一出席会议。(《北京市第七届人民代表大会第五次会议主席团、秘书长名单》,《北京市人民代表大会文献资料汇编(1949—1993)》第 656 页;《北京人民艺术剧院大事记》)

4 月 25 日 据曹禺记述:

> 方子(万方)来,听我讲幼年故事录音。我不赞成在《人民戏剧》发表,我想日后自己写,不知办得到否。

> 下午冰岛客人(在挪威任导演)来,谈很久。……同来有周宝佑、吴世良等。送他《雷雨》,六时才走。

> 晚赴市人大主席团开会。回家叶向真来,玉茹、叶又谈到十一点。(《没有说完的话》第 17、18 页)

4 月 26 日 上午,清华大学七十周年校庆大会在清华大礼堂举行。曹禺与荣高棠、李昌、宋平、武衡、熊向辉、高沂、周培源、于光远、钱学森、朱光亚、高士其等校友参加。(《清华大学举行七十周年校庆》,《人民日报》,1981 年 4 月 27 日)

是日 上午,校庆大会后,往清华大学音乐室,与端木蕻良、王辛笛、陆以循、王松声等在京文艺界校友欢庆校庆,并和在校文艺社团的同学进行座谈,并发言。据载:

> 1933 级老校友曹禺说,这次返校看到学校的变化,看到老校友们,非常高

兴,重回故地感到亲切,许多景物给他带来了难忘的回忆。同方部,那是演戏的地方,在那里他演过易卜生的《娜拉》,在"清华学堂"门前和孙浩然等一起演过他们自己编写的宣传抗日的戏。……他说学理工的应该学一点人文的专业,多懂点文学、艺术有很大好处,人的知识面不能太窄,太专了就发呆。专攻一门的专家都要学点文艺,要成为一个通材而不是一问三不知。……希望学校的乐队、话剧队经常开音乐会、演戏。他祝同学们科学学得更好,文艺方面也提高修养,并和老校友们一起为四化而献身。(《艺苑群芳萃——记部分文艺界校友清华园聚会》,《清华校友通讯》复 4 期第 8、9 页)

是日　为纪念茅盾先生所作《天地共存》在《解放日报》发表。后收入《曹禺全集》第 6 卷。

4 月 28 日　在《剧本》4 月号发表《我对戏剧创作的希望》一文。文尾注:"此文是曹禺同志八〇年十一月三日在杭州召开的戏曲、歌剧现代题材作品讨论会上的讲话,根据录音整理。"是年《新华文摘》第 6 期转载该文。收入《论戏剧》、《曹禺论创作》以及《曹禺全集》第 5 卷。

4 月 30 日　据曹禺记述:

上午九时国际广播日语部录我对"日本话剧访华演出团"讲话。刘开宇来电,又决定于五月三、四日赴扬州(木偶剧团)。韦启贤来,中国作协来电五月十日瑞士大使馆欢宴瑞士作家代表团,我应十日前返京参加。

下午香港唐乙凤女士(画家)由中国新闻社高瑜介绍来访,并拍照,应为写几个字。问夏衍同志,唐是靠近我们的进步朋友。(《没有说完的话》第 18 页)

是月　由曹禺作序,山东人民出版社出版的《李苦禅画集》问世。

是月　成都市歌舞剧团在京演出藏族神话舞剧《卓娃桑姆》。(《外省、市剧团在京演出简况》,《北京文艺年鉴 1982》第 599 页) 曹禺曾往观看,并参加座谈。(《我所喜爱的舞剧》)

5 月 2 日　致信李致。信说:

我赞同由四川人民出版社出《曹禺全集》,内容除了剧本外,还有什么,我还不敢定。好在还有十年,我想,从现在 71 岁到 81 岁,还有十年。这十年,我想再赶写点东西,剧本或其他。我的议论(关于剧本与编剧意见)与散文(我不会写散文,也许今后可以学,学着写好一点的东西),也许可以包括进去。

我从不留底稿,也不留剪报。我将来有文章,较好的,我会剪下,寄给你们。但目前,你是否托人代为收集一些? 看看有否值得印的。我的《迎春集》,几乎没有什么可留下的。我的讲演,经我整理修改后,有一部分可以印。我看全集,先不要预告其中有什么内容,不知你以为如何?

我已校对好《雷雨》,用的是戏剧出版社版本(印得最糟,是一种不大用心的,甚至是全不用心的版本)。但做清样用,还是可以。现随信挂号寄去。我校对不仔细,希望你看出毛病,再改正。

我正在校对《原野》,根据是芾甘的文化生活出版社的本子,好容易才借来这本。借主凤子,希望改了后的《原野》旧本,仍还给她。不知办得到否?

我非常高兴,看见四川人民出版社在《人民日报》上受了赞扬,这是你和四川人民出版社的所有工作者应得的荣誉。我以为四川人民出版社是中国人民的出版事业,有远见,有干劲,严肃、负责的好同志才能办出这样的事业。

……

我于五日将赴扬州,十日前即返京。时间短促,还得在那里说几句话。其实,本想在那里,略事休息的。

《原野》校完后,即寄去。仍请你和你的同事们改正。(《曹禺致李致书信》第83、84页)

5月4日　中国舞协召开藏族神话舞剧《花仙——卓瓦桑姆》座谈会,曹禺出席并讲话。讲话经整理题为《我所喜爱的舞剧》刊于《花仙——卓瓦桑姆(藏族神话舞剧)》一书,继载于1983年1月20日《四川日报》。后收入《曹禺全集》第5卷。

5月6日　香港女画家"唐乙凤工笔重彩画展"在北海公园画舫斋开展。(《香港女画家唐乙凤画展今天在北海开幕》,《北京日报》,1981年5月6日)曹禺参观画展并为之题:"美哉多彩,粲然耀眼。"(《曹禺全集》第3卷封图)

5月6—10日　在扬州访问。(《曹禺致李致书信》第83、84页)其间,与端木蕻良等参观鉴真和尚寺庙并与寺庙住持合影。(《曹禺》画册第87页)

5月12日　据曹禺记述:

扬州之行,甚疲乏。……

李致兄来函,催印戏剧集,并列启事。李兄情意恳切,当奋发编校与写作,不能再昏聩虚度。(《没有说完的话》第18页)

5月13日　致信李致。信说:

连奉两书,回京后始读到。关于《戏剧集》《戏剧全集》《全集》,我以为用《曹禺戏剧集》较妥。我写剧不多,只有九本(除写了一半的《桥》外),称《全集》颇可笑。《桥》你若能弄《文艺复兴》刊载《桥》两幕两期给我,我很想据巴金意,续写成一个整剧,那也不过十本,若用《戏剧全集》似乎有广告性,但不大实在。其他,我试想三个路子:

一、今后，七十一岁后，要多写"戏"。能多少，便多少。我意至少五本，到八十一岁。

二、独幕剧集，我记得曾改编《镀金》两幕，若谋来，看看可否列入。如今后，能写些独幕剧补入，也未可知。总之，我六月后，除必要的社会活动，开会外，我不想参加了。

三、关(于)《论戏剧》，据说零散的有一些，不知你社能否代为收集一下，挂号寄给我校读，再挂号寄回？我素不留剪报。四川大学中文系出了《中国当代文学研究资料·曹禺专集》，上册有曹禺著译目录，但谈创作似亦不多。也许，日后再写一些。过去文章总要先看看，是否能用，不知也。我正修改《原野》，此本较难。须一些时间，无论如何，我当尽力在这两年把你所定的剧本校毕出版。然而，必须你与你社大力支持，各方寻觅资料，提出意见，才成。

你身体好，但轻了十几斤。似亦不妙，若是运动减食，以至于此，还好。不然，仍宜再查验。你说，怕两年中有事务变动，因此，急需刊印拙著，想后继无人。我是十分感谢，并同意的。如能再(在)二年中出齐，当然好。但夜长梦多，事与愿违，也是可能。我目前手下无《蜕变》《胆剑篇》，前半年，你社似寄一批《胆剑篇》，后遍查家中书柜无着，不知何故。

电影剧可不收。今后若写新剧，将发表在期刊(《收获》我欠债甚多，其他刊物也不少)，但书必在四川人民出版社，你说出大 32 开，分精平二版本，书前有作者照片及手迹，插图 3—5 幅，都想得极周到。(《曹禺致李致书信》第92、93 页)

5 月 15 日　据曹禺记述：

九时英若诚同志陪哥伦比亚大学出版社的 John Moore(约翰·牧尔)先生来，签了《北京人》的印书合同。约翰·牧尔颇有礼貌，托我介绍中国小说译英文。我提茅盾的《林家铺子》、《春蚕》、《子夜》已译；巴金的《寒夜》、《家》已译；还有人民文学出版社的《短篇小说选》。可译的有茅盾的《蚀》("幻灭"、"动摇"、"追求"三部曲)，老舍短篇小说(他的长篇大都译出)，蒋子龙的《开拓者》。牧尔说一个月后，邮寄《北京人》英译本稿给英若诚，由他校对。

晚沈钧儒先生之女沈谱来，问我心脏病，未多谈，即离去。(《没有说完的话》第 18、19 页)

5 月 16 日　据曹禺记述：

上午作协外委会范宝慈同志来谈 Wiscon 大学东方语言文学系主任、红学家、"五四"运动史家、金石家、旧诗词人、美籍华人周策纵教授于下星期一下午三时来访事。

天津文联《新港》杂志来人约稿,未复话。下午三时人大常委会开紧急会议,议宋庆龄病危,一致通过授予她中华人民共和国荣誉主席。常委表决隆重异常,我很感动。通知她已被认入党。(《没有说完的话》第19页)

5月18日 《湖北日报》以"本报北京专电"报道,曹禺观看湖北省京剧团演出《徐九经升官记》并谈话。谈话题为《曹禺谈〈徐九经升官记〉》刊于5月20日《长江日报》。后收入《曹禺全集》第7卷。

5月20日 据北京人艺记述:

晚,我院的老朋友乌韦先生和白霞小姐在剧场前三楼宴会厅举行婚礼。

婚礼按我国民间的结婚礼仪进行。

曹禺、夏淳、于民等及我院主要艺术人员和各部门负责人,新娘、新郎邀请的不少知名人士均参加了婚礼。(《北京人民艺术剧院大事记》)

是日 据曹禺记述:

上午与玉茹共读《京剧花旦》文章,即将在《戏剧论丛》发表,未读完。

下午看《原野》电影。在政协遇孔罗荪、唐弢、吴祖光、叶向真同志等。叶约明晨来谈《原野》当时座谈会意见。

与欢子、玉茹同赴乌韦、白霞婚礼。中式旧礼,跪叩不已,十分可笑。人多拥挤,西德大使及夫人、周巍峙均来。

斯琴高娃《归心似箭》(女主角)跳蒙古舞很好。遇黄宗英。(《没有说完的话》第19页)

是日 巴金复信曹禺。信说:"信早收到。汝龙的事,你没有办法,只好算了。有机会时,不要忘记替他讲两句话。吴强明天又赴京,我身体不好,这次发奖大会我就不参加了,否则我们还可以见面谈谈。四川出版你的全集的计划我赞成。多保重,还得写出两本好戏来。"(《曹禺巴金书简》)

是日 《语文学习》第5期刊《创作的回顾——曹禺谈自己的剧作》(夏竹整理)。文中,曹禺谈了《雷雨》、《日出》、《王昭君》等剧的创作意图和创作情况。

5月21日 据曹禺记述:

六时醒,心病犯了,十分难过,不能动。

午前叶向真来谈明日整天录像计划,她十一时才走。

十一时半赴医院,医生说大致无妨,但应犯病即来就医,或告医生来诊,恐万一心肌梗塞,不好抢救。嘱必须休息,不能继续工作。

致蓝天野信,并请北京"人艺"全体题字。告蓝天野,请北京"人艺"能书、能画者与同志们都在纪念册上留上字迹。(《没有说完的话》第20页)

是日　致信蓝天野,信说:

承你允诺写纪念册(或画),并邀请我院各书、画专家都在册上留念,十分感谢。

奉上北京人民艺术剧院纪念册,请按下列意见,托北京人艺所有同志们一一写几个字,画几笔、写个字,甚至仅签上名:

① 不要称我为"院长",更不要写些赞美的词句。我想在我更老时,刻刻看见北京人艺的老朋友们的笔迹。即便年轻的同志,也无妨作书、作画,或签字,都好。如果写上年龄、籍贯,更好。但不写,也一样。

炊事员、服务员、舞台与剧场各处工作人员都要留下笔迹,画上两笔,就更好了! 不要忘记后台老王与老姚,炊事员老赵和其他炊事员。还有许多许多北京人艺各处服务、工作同志,如院长办公室、票房、杨经理、白同志、陈同志等等。一个不漏。

② 你们几位书画大家,于是之、苏民、于民、蓝天野,还有李行简(李玉华爱人)、李玉华更要画。以及其他能画、能刻,如院中各大舞台美术家,韩希愈、辛纯和许多想不起,及想起又叫不出名字的大艺术家,一位也不要漏。

自然,周瑞祥、张学礼、花芳,与总务科、政治处等等诸友,都不可不请! 司机、机器房、锅炉房等同志都要写上一笔。

③ 几位院创领导,都请书写几句。

④ 所有演员,全不能漏掉。

⑤ 请你想个纪念册上题签的"名目",候一切都书好,再请一书法家,或戏剧老前辈题款。

⑥ 务请包好,(一)不要弄脏。(二)不要掉了。(三)交与某同志,务请不耽延,早些书写。不要放在一处,便永不传下去写。

⑦ 纪念册的每页都有夹层,须插进垫纸后,方能书、画。不然,便会墨汁透到反页。签字,也是如是。

这点很重要。

⑧ 各位北京人艺同志,要完全签上名。爱写什么,便写什么。但你们几位大艺术家要给些好字、好画。你们一定做得到的。

⑨ 纪念册,如不够用,当再送上。请通知我。

⑩ 此事务请天野兄一直管到底。万一有事外出,也请一位十分负责同志,一管到底。

⑪ 退休的同志们也请写几个字。

我万分感谢所有北京人艺的同志们。几十年相处,虽快,也不容易。写你们的心里话,不要客套。指责、批评更好。(《附:曹禺给蓝天野的两封信(一)》,《倾听雷雨》第69、70页)

5月23日 黄裳致信杨苡。信及:"巴金……他因不能照常工作,感到烦躁。近来常找他去谈天,精神甚佳。今晨又去,曹禺夫妇亦来,谈得高兴。他说,等《随想录》第三本交稿后,就要开始锻炼了。"(《来燕榭书礼》第80页)

5月24日 观中央戏剧学院78届导演进修班演出《马克白斯》。(《"黄泉前后人,少壮须努力!"——在中央戏剧学院导演进修班毕业典礼上的讲话》)

5月25日 参加中央戏剧学院78届导演进修班毕业典礼,并讲话。他要求大家做好司令员,要有独创精神,讲话经整理题为《"黄泉前后人,少壮须努力!"——在中央戏剧学院导演进修班毕业典礼上的讲话》发表在9月《戏剧学习》第3期。后收入《曹禺全集》第5卷。

是日 全国优秀中篇小说、报告文学、新诗发奖大会在北京举行。(《首都隆重举行大会给80篇优秀作品发奖》,《人民日报》,1981年5月26日) 据曹禺记述:

夜改《原野》。

今日得巴金短信,促我继续为汝龙找房,并鼓励写信。已复信。

晨即起拟讲话大纲,到中央戏剧学院讲话,并与导演进修班合影。

十时半始赶到"京西宾馆"参加诗、报告文学、小说发奖大会。白桦的诗得第一名奖,这很对。文章不好,便批评;文章好,便奖励。外报也有公平评论。

听周扬讲话,仅半小时。与冯至约下周见面,他应允详谈,并可记录,关于杜甫的一生可写处,与历史上应写的文人或人物。

晚七时赴民族宫参加中国儿童剧院二十五周年纪念。遇周巍峙、王光美、严文井。周来院长讲话。

严劝我再写十个剧本,我感动。(《没有说完的话》第20、21页)

5月27日 晚,听取北京人艺周瑞祥、韩希愈汇报纪念建院三十周年筹备工作进展情况。(《北京人民艺术剧院大事记》)

5月28日 致信巴金。信说:

你不能来,仅以书面作讲话,也见了报纸,大家倒是都能看到了。

最近见了一位美籍教授周先生,谈锋甚健。他说你身体很好,有精神,听了,真是欣喜。

汝龙房子事,有机会便说、便叫,但文艺界中领导,是无用的。我还得遇见,或打听出正管他这一段的人,才能有效。我最近犯点小病,已好。下星期,我会找汝龙,面谈一次。前因后果明白了,才可找出个路子来。北京房子事比登峨眉山还难。只有常催,常办,还得有耐性等,才成。(《曹禺巴金书简》)

5 月 29 日　宋庆龄治丧委员会成立,曹禺为委员之一。(《宋庆龄同志治丧委员会成立》,《人民日报》,1981 年 5 月 30 日)

5 月 31 日　上午,往北京八宝山革命公墓,参加北京人艺老演员费茵追悼会。(《北京人民艺术剧院大事记》)

是日　为庆祝“六一”国际儿童节,木偶皮影艺术为少年儿童服务演出周开幕式在中央音乐学院礼堂举行。曹禺与吴雪等出席。(《首都木偶皮影艺术演出周开幕》,《人民日报》,1981 年 6 月 1 日)

是日　致信李致。信说:

《原野》已较仔细地校对,并改动一些地方。这本子是十二版(文化生活出版社)。我虽尽力用心改,但仍恐有不少错误。你太忙,请你手下的编辑们细看一下。我忽发现写此剧本并非为了写“复仇”,而是为了写“农民受尽封建压迫的一生和逐渐觉醒”,我当时的觉悟不过如此。我很想在新本后,写一个短短的后言。如能今年内出版,最好。因为此电影大约最近在国内(放)映。《原野》重读,使我惊异昔日胆子确大,今日都大不如从前了。我将继续写剧本。

改动大处:① 大星的形象;

② “鼓”改“磬”声;“老神仙”改为“老道姑”;

③ “洪老”改为“老魏”;

④ 有些句子改动了。

但绝大部分保留原样。

我的年轻时照片正在各处觅寻、翻拍,即将寄给你。(《曹禺致李致书信》第 97 页)

是月　为王石之、李光晨选编的《首都舞台美术设计资料选》一书题写书名。

是月　由曹禺题写书名的《中国现代戏剧电影艺术家传》由江西人民出版社出版。该书收入曹禺(田本相撰)、焦菊隐(秦瑾、蒋瑞撰)、梅兰芳(许姬传撰)、严凤英(王冠亚撰)、夏衍(袁良骏撰)、赵丹(张久荣撰)等戏剧电影艺术家的传记。

6 月 5 日　在木樨地家中接待田本相,就《我的生活和创作道路——同田本相的谈话》一文与田本相交换意见。曹禺谈道:

最近,我看了叶向真导演、刘晓庆和杨在葆主演的电影《原野》,这部片子拍得不错,镜头很漂亮,刘晓庆和杨在葆演得也很好。不过,我总觉得他们把我这个戏的意思弄得跟原来不一样了。有机会,你可以看看,这么一个拍法怎么样?我还得再思索一下。正好,《戏剧论丛》把你整理的那篇谈话的校样拿来,我看了。觉得关于《原野》主题的那段话得修改一下。我是这样修改的,你看合适不合适:"《原野》不是一部以复仇为主题的作品,它是要表现受尽封建压迫的农民的一生和逐渐觉醒。"我请柳以真把校样寄给你,你再看一看。(《苦闷的灵魂——曹禺访谈录》第 49、50 页)

6 月 9 日 据曹禺记述:

听《原野》录音睡着了。因精神不佳,身体困倦。上午谈生平简历。

下午四川人民出版社杨字心、李定周来谈《曹禺戏剧集》事,取照片,要各戏剧照。定蒋牧丛为责任编辑。

下午天气凉爽,精神仍疲乏不堪。收到而复的《散文小议》。

晚间读《小说月报》第一篇,讲先订货竞争,复又合作的××经理二人。其结构是政策方针所指定的那样配凑,实不可耐。现在似乎文章又一切往"好"处写。可喜乎? 可虑乎? (《没有说完的话》第 21 页)

6 月 10 日 据曹禺记述:

下午三点开人大常委会,买《白居易评传》与烟。

晚看电视,关肃霜的《铁弓缘》。电影不及舞台好。我看过她在舞台演出,电影剪裁与武打,都不见光彩,化装也不"美"。结果,演员演京剧旦角饰姑娘,拍电影经常显老,不吸引人。京剧夸张,大不宜电影。(同前)

6 月 12 日 上午,郑州市京剧团青年演员李如华,由组织出面在北京拜著名京剧表演艺术家张君秋为师,曹禺和在京的著名戏剧家、艺术家金家光、史若虚、任桂林、李玉茹等出席拜师仪式。拜师会上,曹禺作题为《少壮须努力》的讲话,讲话对戏剧界拜师学艺问题和当前戏剧工作中的某些问题,做了语重心长的指示。(《青年演员李如华拜著名京剧艺术家张君秋为师》,《河南戏剧》1981 年第 5 期) 讲话题《"少壮须努力"——在张君秋同志收徒仪式上的讲话》在 6 月 25 日《北京戏剧报》发表,继在《河南戏剧》第 5 期发表。后收入《论戏剧》和《曹禺全集》第 5 卷。

是日 上午,《人民戏剧》组织在京部分老戏剧家参加以如何继承与发扬党领导戏剧事业的优良传统,加强并改善党对戏剧的领导为题的座谈会。曹禺与张庚、马彦祥、舒强、赵寻、阿甲、刘佳、傅铎、张东川、张梦庚、李之华、夏淳、蓝光、李玉茹、刘厚生、方杰等出席,并主持会议,他说:"我们今天聚在一起,回顾走过来的道路,研讨如何促进戏剧事业的更大的发展,有什么就说什么。人生六十而'耳顺',什么话都听得进去了。请大家真正做到畅所欲言,各抒己见。"(《继往开来——在京部分老戏剧家座谈继承发扬党领导戏剧的优良传统》,《人民戏剧》1981 年第 7 期)

6 月 15 日 据曹禺记述:

晚间到"首都（剧场）"看《日出》，很好。剪裁适当，演得有分量，没有乱动，上台是新演员，刁光覃导演。合影并谈话。北京"人艺"青年演员谦虚上进，有"人艺"风范。导演干净，结尾尤佳。

十四日收到石羽同志信，详述在剧校各友为我回忆过去事，情重谊笃，满溢字里行间。反复读，见旧人情，与浮薄少年相去不可以道里计。"当面输心背面笑！"前句"晚将末契托少年"。杜甫心力交瘁，迫饥寒于暮，日遇轻薄幼儿，与之委婉求温饱，痛曷可言！

又收到骏祥信，也坦爽可亲，如见其人。（《没有说完的话》第22页）

据北京人艺记述："晚，由刁光覃执导的《日出》彩排。刘导生、胡絜青、江雪等看戏，曹禺在看戏后向演员们谈了进一步提高的要求。""彩排后即拆台，准备赴济南演出。"（《北京人民艺术剧院大事记》）

6月16日　据曹禺记述：

与刁光覃电话谈《日出》。

昨下午收到巴金寄来的《探索集》（他的回忆录之二），精装本，捆得紧，面乱。表面是他自己写的，大约是老人亲自走路到邮局发的。玉茹为我再捆好，压在一摞书下。今午拿出，平整一点，还是皱巴巴的。我读了《忆老舍》、《赵丹同志》、《小狗胞弟》几篇。他的感情真诚、热烈，一团火热的心。我敬爱他的文章，更敬爱他的为人！（《没有说完的话》第22页）

6月17日　据曹禺记述：

今晚玉茹赴北京烤鸭店为庆祝×××收徒，邀我，未去。拜师风吓人！

晚间原想先找汝龙再到北京"人艺"的院庆会（注：二十九周年纪念），却到首都电影院看了一半《芨芨草》。意境好，其（极）新鲜，但卖票不佳。到院庆会已九时，饮啤酒，跳舞，十时半返家。未吃安眠药，便睡着了。

读《探索集》，巴金的真话，实在的。他勇敢、诚实，言行一致，一生劳动，求学问、求真理。巴金使我惭愧，使我明白，活着要说真话。我想说，但却怕说了很是偏激。那些狼一般"正义者"将夺去我的安静与时间。这"时间"，我要写出我死前最后的一二部剧本。

下午方荣翔来送票，此人可亲，似诚实的。（《没有说完的话》第23页）

6月18日　在《人民戏剧》第6期发表《自己费力找到真理——1981年2月17日在北京人艺〈日出〉剧组的谈话》一文。

是日　据曹禺记述：

我觉得"拜师"是一种"走后门"的变态，"师"可帮他走一切方便之门，真正教什么,真正教材大概没有的。

下午一点半到医院看病,胆结石。约明晨七时三十分复看。在这之前叶女士来谈,约与周而复下午四时与她会晤。

······

到人大会堂招待日本作家,搞错日子,回家晚餐。与玉茹去吉祥看《姚期》。(《没有说完的话》第23页)

6月19日 晚,济南,山东剧院,北京人艺复排《日出》彩排,招待山东省党政官员及各界群众。导演刁光覃,舞美设计赵保潭、韩晓风、李玉华,严敏求饰陈白露,杨立新饰方达生,么文平饰张乔治,韩善续饰王福生,李廷栋饰潘月亭,刘静荣饰顾八奶奶,修宗迪饰李石清,徐月翠饰李太太,郭家庆饰黄省三,许福印饰黑三,张兴亚饰胡四,徐秀林饰小东西,刘骏饰翠喜,严燕生饰小顺子。(《北京人民艺术剧院(1952—2002)》画册)

6月24日 下午,日本能乐访华团在首都剧场举行观摩演出。(《日本能乐访华团在京举行观摩演出》,《人民日报》,1981年6月25日)据曹禺记述:

十一时吃午餐,略睡即与玉茹看日本"能"乐(一时三十分至四时),上台祝贺。

回家略休息即赴人大会堂宴请"能"乐客人,十时回家。(《没有说完的话》第24页)

6月25日 据曹禺记述:

上午六时半起,与而复通电,告我如何回美研究生信。

······

与周而复通电,美研究鲁迅的学者信,他收到。告我如何办理,约与他同往大连。

晚赴北海仿膳,日"能"乐上田昭也的告别晚宴。"能"演出成功,主人颇得意。吴主任与周宝佑将同行。(同前)

6月26日 据曹禺记述:

九时可能到中央戏剧学院开"大百科全书"戏剧部会议,主持者是办公室主任王领明。我提议:一、中国话剧起于何时何地?是否春柳社是话剧的起源?(春)柳即在中国本土,产生了话剧;二、周总理应列入戏剧卷内;三、南开新剧团应多记载。

下午访王蒙,谈了许多。临行他送我两本书。王蒙谈论十分敏锐。(《没有说完的话》第25页)

6 月 27 日　下午,为纪念中国共产党建党六十周年,中共北京市委在人民大会堂北京厅举行座谈会。曹禺与侯镜如、闻家驷、李双喜、浦洁修、陈伦芬、赵燕侠、王一知、章旭昭、钟惠澜、吴益修、杨希顺等出席,并发言。(《北京市委举行纪念"七一"座谈会》,《人民日报》,1981 年 6 月 28 日)

6 月 28 日　据曹禺记述:"今晨金山与孙新世来,谈一上午,并进午餐。谈《日出》与《原野》演出,以及可写的材料。新世同志谈了青年状况。想起来中国可忧虑者甚多,虽竟晨谈笑,然心中凄苦。"(《没有说完的话》第 25 页)

7 月 1 日　下午,往人民大会堂,出席首都各界庆祝中国共产党成立六十周年大会。(《北京人民艺术剧院大事记》)

7 月 5 日　晚,在首都剧场小礼堂,观看由中国外国文学学会和中国音乐家协会外委会主办的"德语国家文学音乐晚会"。(《一次难忘的文学音乐晚会》,《人民日报》,1981 年 9 月 7 日)

7 月 7 日　李玉茹离京返沪。曹禺"十分难过"。(《没有说完的话》第 25 页)

7 月 8 日　据曹禺记述:

　　下午三时中央电视台郭玉祥偕日本放送协会田川纯三、奥道雄池成启与翻译潘桂松、司机白金生、梁来福来访。寒暄后即谈"我与鲁迅的关系"(其实太简单),"我从鲁迅学习了什么",谈了近三个小时。后到鸿宾楼请他们吃晚餐,以我的名义。欢宴后,回家已九时。

　　九时半叶向真偕香港舒琪(叶健行),电影评论家、导演周锦祥(录音),香港《新晚报》编辑杨莉君来夜谈,神聊到十二时才走。罗德安也来,我累极。

(《没有说完的话》第 26 页)

7 月 9 日　应张梦庚之约,为《京剧漫话》一书作序。该书由张梦庚、佟志贤、王雁编写。序说:"我相信这本书的出版,对青年将会起到普及京剧艺术知识的作用;对于京剧爱好者,也有参考价值;对于那些热爱我国京剧艺术的外国朋友,这样的作品,会受到他们热烈的欢迎。"

7 月 14 日　往法国驻华大使馆,出席庆祝法国国庆宴会。(《北京人民艺术剧院大事记》)

7 月 15—17 日　中共中央宣传部、文化部、中国文联联合召开座谈会,座谈党的十一届六中全会精神。曹禺与夏衍、张光年、冯牧、李伯钊、王蒙、张君秋、项堃等文艺界人士出席,并发言。曹禺说,"今年上半年戏剧界的形势很好,《一代英豪》、《北上》、《平津决战》这些戏都有较大影响,反映农村题材的也有一些好的和比较好的戏。对出现的问题,要批评帮助,不要一团和气,也不要一片火气,要以理服人。"

（《总结历史经验推动文艺事业更大发展，中宣部、文化部、文联邀集首都文艺界人士座谈六中全会精神》，《人民日报》，1981年7月17日；《首都文艺界继续学习座谈六中全会文件，团结一致振奋精神繁荣文艺》，《人民日报》，1981年7月19日）

7月18日　晚，杨尚昆设宴招待欧洲议会主席韦伊夫人。曹禺作为人大常委会委员出席作陪。（《人大常委会欢宴欧洲议会主席》，《人民日报》，1981年7月19日）

是日　《人民戏剧》第7期题为《继往开来——在京部分老戏剧家座谈继承发扬党领导戏剧的优良传统》刊发参加（6月12日）座谈会的张庚、舒强、李之华……曹禺等人的发言，曹禺发言题为《我的一生始终接受着党的教育》，后收入《曹禺全集》第6卷。

7月19日　致信日本导演艺术家内山鹑。信文如下：

内山鹑先生：

很高兴读到你七月十一日来信。荣幸地得悉民艺剧团将由你导演在日本上演我的剧本《日出》，当然我是同意的。有一点我想提出：对日本观众来讲，这原本可能太长，希望在你翻译时将它删节到二个半—三小时就差不多了。希望你们的演出一如既往地获得成功。

你父亲和伯父都是我的朋友，我们已是老朋友了。我还记得内山嘉吉先生的形象面容。在一九五六年我访日时，他请我看了日本儿童戏。迄今我记忆犹新。他老先生近来身体可好？请代我向他致意，并祝你工作顺利，演出成功。

曹禺　七月十九日（影印件）

是日　晚，欧洲议会主席韦伊夫人举行答谢宴会。曹禺作为人大常委会委员应邀出席。（《欧洲议会主席韦伊夫人举行答谢宴会》，《人民日报》，1981年7月20日）

7月21日　在《北京日报》发表剧评《看话剧〈金子〉随想》。收入《论戏剧》和《曹禺全集》第5卷。

是日　致信巴金。后收入《曹禺全集》第6卷。

是日　晚，与于是之、朱琳、胡宗温等往西德驻华大使馆出席宴会。（《北京人民艺术剧院大事记》）

7月26日　据曹禺记述：

得从文信，终于找到叔华"Ancient Melodies"（古代乐曲），乃给萧乾的。电吴士良（注：吴为英若诚夫人，曹禺秘书），吴遍寻无着。拟下午访沈从文，给他书。该书已绝版。

须明日在"当代文学研究会"开学典礼讲话。（《没有说完的话》第26、27页）

7 月 28 日　下午三时,在木樨地家中,接待田本相访问。田本相就写作《曹禺传》请教曹禺先生,并听取他的意见。谈话聊了许多,谈起自己,曹禺说:

> 我已经 71 岁了,我想活到 80,90,我不是怕死;但是,人总是要死的啊! 我还想写剧本,多写几部剧作。

谈到当下剧本创作和剧本的"散文化"现象,曹禺说:

> 这倒是个问题,重要问题。自然剧本是难写的,很难啊! 不像小说,我看这些年小说是上去了;可是好剧本少,管得太严啊! 层层审查,另外剧作家生活太苦,只是一点稿费,怎么够? 上演税我是主张恢复的,现在是平均主义,没有剧本怎么演戏啊! 剧本养着剧院,不给上演税说不过去,那是难以维持再生产的啊!

谈到写《曹禺传》,曹禺说:

> ……我是希望你多写的。但是《曹禺传》,不能写得那么呆板,应当把我的心情苦闷写出来,否则,谁愿意看呢? 应该有点文学性。

> 如果你要写我的传,能不能先搞一个年表给我? 一些人把我的生平弄得很乱了,我的想法是不是先把年表搞出来,这样我便于回忆,也可以纠正一些错误。我要好好回忆,你也多做些工作。写这样的传,这得四五年才能准备起来的呀! (《苦闷的灵魂——曹禺访谈录》第 50—55 页)

7 月 29 日　出席由中国社会科学院文学研究所主办的"当代文学讲习班"开学典礼,并讲话。曹禺认为:"研究当代文学的方向,要走到何处去? 这是个大问题。"他表示:"你们是研究,不是学究。所以,不要有学究气。……你们要批评之、议论之,来促进当代文学,甚至于造成一代文风。""就是为日后当代文学史打下很好的基础,靠各位同志们的智慧,靠各位同志们的深刻研究。"他期望:"各位在研究时……要客观一些。""写东西最好有点文学色彩。……有独到的见解。"要有"实事求是的精神",还要"大胆"一些。最后,他说:"必须立足于'决议',立足于四项基本原则,立足于双百方针,实事求是。必须要改造世界观,思想改造还要不断学习马列主义,毛泽东思想。……"

曹禺讲话经整理题为《曹禺同志的讲话》刊于 10 月《当代文学研究参考资料》(内部刊物)第 10 期。

是日　北京人艺《日出》在青岛市延安剧场演出,至 31 日,共 3 场。(《北京人民艺术剧院大事记》)

是月　乌韦·克劳特多次访问曹禺后所作《戏剧家曹禺》(中文译本)在《人物》第 4 期发表。

8月2日　在北戴河休假。据曹禺记述：

上午六时起，睡得好。搭一位海军某长的车到海滨镇，有方子、杨振明、颜振奋，同在起士林吃冷饮。后访吴茂荪，又访王昆仑，搭王车归来。

闻瑞芳、作人夫妇、叶浅予、戴爱莲都来了，都没有访候。暂时想清静，此地虽僻远，然有静思之趣。静中可深想，可立志。比笑谈了一暑天要好些。

……

晚间与耿其昌和李维康说京戏。李唱李清照《声声慢》昆曲。听他们谈戏剧（京剧）界各种不平、困难：体制不立，赏罚不明，不能裁冗人，不能拔奇才，吃大锅饭，一律平等。非改制不可。

晚谈话间得赵寻同志电话，告返京开会，定四日下午三时乘车返京。（《没有说完的话》第27页）

是日　据北京人艺记述："曹禺自北戴河返京，准备参加中央召开的宣传工作会议。"[①]（《北京人民艺术剧院大事记》）

8月3日　在北戴河休假。据曹禺记述：

晨雨未停，冒雨早餐。回屋改《日出》一上午。……

午餐后未眠，仍改《日出》，三时太疲乏，到海边游泳。……

"是苦亦思，乐亦思。"此真言有尽而思无穷。以此攻学问，写剧本，何愁不得。偏遇此"孽障"，匿影藏形，迟迟不来！实命也！

晚间又改《日出》，终完毕。但有赘语数段未写，留诸近日。（《没有说完的话》第28页）

8月12日　《长江日报》"湖北作家"栏刊张凡《壮心不已的曹禺》一文。

8月14日　在北戴河休假。据曹禺记述："阮若珊托要北戴河中央戏剧学院宿舍地址，又请玉茹当学院教授，讲京剧与话剧民族化的问题。与玉茹信，赞同她任上海京剧院副院长事。"（《没有说完的话》第28、29页）

8月18日　《人民戏剧》第8期总题为《以〈决议〉[②]为指导，繁荣戏剧事业》刊曹禺、张君秋、杨春兰、王正、范钧宏等人的学习心得，曹禺文题为《满怀信心》，收入《中国文艺年鉴1982》、《曹禺全集》第5卷。

8月19—26日　文化部、中国文学艺术联合会联合召开首都部分文艺工作者座谈会。曹禺与刘白羽、张光年、艾青、金山、赵寻等文艺界人士出席，并发言。"曹

---

① 此处记录的曹禺回京时间似有误。
② 即《关于建国以来党的若干历史问题的决议》。

禹说,十年内乱,造成各种混乱思想。资产阶级自由化的侵蚀,使有些人思想更混乱。……我认为在党中央的领导和帮助下,我们的文艺界和各条思想战线必然会更蓬勃发展,文艺作品以及各方面的事业,都会更加繁荣。"(《加强对文艺的领导,改变涣散软弱状态》,《人民日报》,1981 年 9 月 10 日;《中国戏剧年鉴 1982》第 53 页)

8 月 28 日　致信李致。信说:

　　我想今后,尽力杜绝琐事,致力于《戏剧集》,并补写《桥》的后一半。如可能,写点独幕剧,试试,究(竟)如何? 尚不可知。

　　总之,时间不多,年过七十,如再不赶写点东西,将遗憾终生。

　　幸有你鼓励我,你多年对我的深厚情谊,催我前进。如今,"当面输心背面笑"的风尚,实不可取。我想,早晚,社会上这套西洋把戏应该撤(拆)穿,也必须撤(拆)穿!(《曹禺致李致书信》第 100 页)

8 月 30 日　为纪念梅兰芳逝世二十周年,文化部、中国戏剧家协会、北京市文化局、中国剧协北京分会等单位在北京人民大会堂江苏厅联合召开座谈会,探讨继承和发展梅派艺术。曹禺与马彦祥、吴雪及部分梅派弟子出席,并讲话。曹禺说:"梅兰芳是一位爱国主义者。他蓄须明志等作为,说明中国的知识分子是有骨气的;梅兰芳又是一位戏剧革新家,他把中国戏曲发展到一个新的阶段。"(《首都戏剧界和梅门弟子座谈》,《人民日报》,1981 年 8 月 31 日)

　　是月　在北戴河消夏,并与来此的戏剧界人士互动交流。(《戏剧家们在北戴河》,《人民戏剧》第 9 期,1981 年 9 月 18 日) 其间,某日晚,曹禺和几位同志谈创作、艺术修养及其他。谈话经整理题为《海滨月夜,曹禺闲谈》刊 11 月 3 日《小剧本》第 11 期。后收入《论戏剧》,题为《曹禺夜谈创作、艺术修养及其他》收入《曹禺论创作》及《曹禺全集》第 7 卷。

　　是月　《戏剧与电影》第 8 期刊王炼、谢晋根据曹禺原著《王昭君》改编的电影剧本《王昭君》。

　　是月　《戏剧艺术》第 3 期刊孙浩然《世界屋脊上的奇葩——记〈柔〉剧的藏语演出》一文。

　　是月　影山三郎在日本《悲剧喜剧》第 370—373 期连载《〈雷雨〉翻译始末》一文,回忆《雷雨》日译本产生的过程。《雷雨》在东京演出后,影山三郎在《东大新闻》发表一篇介绍《雷雨》的文章,很快在中国留学生中传开,这消息由一位推着售货车卖肉食的大婶告诉了影山三郎,由她搭桥结识了邢振铎,两人出于对翻译的共同爱好,决定把《雷雨》翻译成日文。(《曹禺传》第 188 页)

　　9 月 6 日　致信万黛。信说:

读了你给欢子的信,我非常高兴,也有些难过。这一年多住异地之苦,与各种困难、艰辛,你尝的差不多了。当然,你耐心刻苦,这使你能够逐渐适应美国的各种环境。……

说来说去,我希望你永远保持中国人的民族自尊心!中国人的"脊梁骨"!对一切异国人的来往,不卑不亢,有礼有节,充分表现中国人的高尚品格与文化修养,这就是祖国的好女儿,也是爸爸的好女儿!

……

我应该讲讲我自己了,现在正召开人大常委会,听了许多好报告,参加非常有意义的小组讨论。我曾到北戴河休息,我在那里虽然游泳两天,但连续被召回开中宣部和文化部以及文联的两次关于思想战线问题的座谈会。这个会很重要,我都发了言,这是党内的会。现在文化各方面的领导,党中央说"涣散软弱",对于思想十分错误的作品、言论、文章不能理直气壮地批评,而自我批评尤其难! 这会是对中国全局,即,各机构、各组织、各文化、教育……事业,就要整顿的开始,我想这个思想整顿至少需两年。思想领先。目前中国事情复杂……。

可惜我在京事情太忙,开会,外事活动,看戏,开人大常委会,许多记者的访问,有中有外,还有必须写的文章,如序、介绍等非写不可。我的字拙劣万状,却还要题书签,你看可笑不! 又推不却! 只好每日被琐事拖着。

但我想,在今年秋末冬初要坚决辞却这一切琐事。专门写戏,或编《曹禺戏剧集》,应该补遗的文章。我已是七十几岁,不能再荒废时间。我到八十几岁时,这十年间,定要写出一点像样的剧本,多看点好书(我一生读书太少!)。这是非做不可的。人生百年,为时不多。我的心思是急如星火的。(万昭提供)

9月10日 路透社播发《路透社北京九月十日英文电》(记者:阮迈可)。电文说:

共产党报纸《人民日报》今天说,作家们批评了直言不讳的军人作家白桦。

……

《人民日报》引用著名的剧作家曹禺的话说,现在"对资产阶级自由化进行严肃的批评"和维护马克思主义正统观念比批评左的思想更重要。

曹禺六月份曾对本社记者说,他感到高兴的是,对白桦的批评似乎结束了,他没有料到会继续批评白桦。(《路透社评我首都部分文艺工作者座谈会》,《参考资料》第 18845 期,1981 年 9 月 11 日)

是日 上午,北京人艺演员训练班在剧院北四楼排练厅举行开学典礼,曹禺与

刁光覃、夏淳、于民及全体党委、艺委会成员、各部门负责人出席，曹、刁、夏相继讲话。(《北京人民艺术剧院大事记》)

9 月 11 日　中国笔会中心举行会员大会。曹禺与卞之琳、王佐良、艾青、冯至、叶水夫、孙绳武、玛拉沁夫、杨沫、沈从文、林林、陈冰夷、草明、唐弢、臧克家、萧三、魏巍等出席。(《中国笔会中心会员大会侧记》，《人民日报》，1981 年 9 月 30 日)

9 月 12 日　下午，在北京人艺接待日本戏剧家内山鹑。内山鹑是为日本民艺剧团排演《日出》，特来北京人民艺术剧院学习并作研究工作的。(《北京人民艺术剧院大事记》)据曹禺文述[①]：

> 内山鹑先生返国之前，特地到我家来访问。虽然陪同来的，有翻译和一些朋友，他用汉语和我聊天。他拿出剧本向我提出一些问题，我也向他谈谈我的意见。譬如剧本的删减，女主角的个性等等。……每个剧作家，都爱惜自己的作品，我觉得，我的剧本，却需要导演的剪裁。

> 那天，内山鹑先生，指出发行的剧本，小有失误，如引文中《圣经》里《旧约》的章次，角色出场的位置等，大约不下十多处。他拿着他翻译的《日出》日文本，我拿着过去和现在的版本对照看。他的话，果然是对的。我们好像共事多年的朋友，毫无拘束地交换着意见。……(《作者的话》影印件)

9 月 14 日　在《人民日报》发表《舞蹈大家——崔美善》一文。文系曹禺观看朝鲜族舞蹈演员崔美善的表演，对她优美的舞姿大为赞赏而作。后收入《曹禺全集》第 6 卷。

是日　陈丹晨[②]至北京北纬旅馆访巴金。谈及电影《苦恋》和曹禺。据陈丹晨撰述：

> 我想想，也够巴老为难的了！于是，我又说起曹禺在一次会上的发言。他说看了《苦恋》，气愤极了，恨不得一头把电影银幕撞碎(大意)。我对曹禺从来就很崇拜，但对他跟风特别紧，批判别人用语特别激烈，直到如今"文革"以后还是这样，颇为大感不解。我知道巴老和曹禺是几十年的老朋友，所以问巴老："他为什么这样？难道过去的教训还不够吗？"

> 巴老沉吟了一会，说：

> "嗨！一个人有一个人的想法和做法……"(《走进巴金四十年》第 109、110 页)

9 月 17 日　据曹禺记述：

---

①　该文系曹禺应邀为《日出》在日本公演而作，未在国内发表。
②　时任《文艺报》副主编。

上午改《镀金》。

告高莽要《能说话的猪》及其他小说。

告北图找 Labriche(拉伯里奇)剧本,想译《Le Chapeau de Naille》,约下午去取。

下午到北图取书,借两本 Labriche 作品。"Lamoudre uni"有方子与玉茹。

到中国书店购《英法大词典》、《小说字词释疑录编》、王朝闻《美学新论》……

……

晚又改《镀金》,对照原文,为了增加喜剧气氛,我改了不少词句。(《没有说完的话》第 29 页)

9 月 19 日 晚,全国人大常委会举行宴会欢迎塞内加尔共和国议会代表团。曹禺作为人大常委会委员出席宴会。(《人大常委会欢宴塞内加尔议会代表团》,《人民日报》,1981 年 9 月 20 日)

9 月 20 日 据曹禺记述:

上午八时写《镀金》后记,直到十二时。……

六时三十分赴首都剧场看《咸亨酒店》,演出很好,尤以孔乙己、阿Q、狂人出色。庆贺编导梅阡同志与全体演员,忘记贺舞美人员。(《没有说完的话》第 29 页)

是日 据北京人艺记述:"《咸亨酒店》晚上彩排。请党委、艺委审查,并邀请新闻记者、观众代表观看,听取意见。曹禺、欧阳山尊来看戏。"(《北京人民艺术剧院大事记》)

9 月 21 日 下午,塞内加尔驻中国大使马马杜·塞尼·姆邦格和夫人在大使馆举行招待会。曹禺作为全国人大常委会委员应邀出席招待会。(《迪亚议长一行离京赴外地访问》,《人民日报》,1981 年 9 月 23 日)

是日 致信万黛。信说:

我最近一天三班,几乎每日招待从国外来的友人,昨天 News Weekly(《每周新闻》)的三位记者来家中访问,虽在美未识,但见着美国朋友,由不得心里热乎乎的。我觉得美国人直爽,聪明,勤奋,有时天真得可爱之极,有时,他们不自觉地显露出他们深沉的见解与学识,简直是惊人。一句话,我十分爱美国人,美国的人民,美国的知识分子,他们是认真,严肃,勤奋,完全不是有些人乱说的那样!我不知你已经有此意否?

我现在身体不大行了。事太多,到晚心闷,且胸痛,靠药能解决一点问题,但长此以往,总非良策。周扬、赵寻等同志与医生都劝我要休息一段,不能长在北京。要外出一段。现在国庆节即将举行，外国朋友来得多，我已支持不住。……

你现在也感到，在外国千好万好，不如祖国的一滴水好！但多少人，朋友，同学亲戚，和我在盼望你学成归国。然而，这确实一个关口过去，又一个关口。只看你如何征服了，但我真正相信，你有一种特殊的毅力会克服任何困难，学得到最先进的医学知识。你的才能也得保证这一点。

不要担心，我虽不健康，然还能渡过，在我来说，是比较困难的日子。我不大相信"唯意志论"的人，那些人是骗子，我们在十年浩劫领教过了。但我们这种普通人有点意志能力，而不是过分夸张它，这种意志，是能帮助我们克服眼前那种不太大的困难的。（万昭提供）

9 月 23 日　　上午，在家中，接待周瑞祥来访，谈曹禺为建院 30 周年纪念册、舞台艺术论文集和舞台美术集写的序言。曹禺逐字逐句读了他写的三篇序言，对遣词、用字、标点都作了认真的推敲。他要求将三篇初稿都打印出来，发给党委的同志和一些主要艺术干部征求意见。并要求在稿子上作修改、提意见，然后统一交他，参照修改。他还为舞台艺术论文集定名为《攻坚集》，他认为："北京人艺是党和人民培育的一支攻坚的战斗队伍。""北京人艺的一些成果，都是在反反复复与困难、与矛盾、与复杂事物的斗争中取来的。""在这个集子里，这些文章，是作者三十年间'攻坚'的体验与探索。'无坚不克'，这是应该提倡的精神。但'不怕攻坚'，这是北京人艺的艺术家曾经走过的道路，是北京人艺多年来立足于话剧一角的根本精神。"他还要求周查阅《诗经》，核对序言中所用的"鞠我"、"育我"的出处。（《北京人民艺术剧院大事记》）

是日　　上午，中国戏剧家协会在北京东四八条召开话剧《咸亨酒店》座谈会，曹禺作为中国剧协主席出席，并主持会议并作发言。"他说，用《咸亨酒店》的演出来纪念鲁迅诞辰一百周年，很有意义。这个戏是丰满的，表现出封建社会的恶毒、腐朽、不人道。只有少数几个伪善君子在得意，绝大多数人民被封建势力压迫着，被封建思想愚弄着，这正是鲁迅最恨的地方。这个戏的设想是大胆的，看后很受感动。当狂人跳河之后，封建社会的长明灯并没有熄灭，而封建势力的声音——神庙里的经还更大声地响着。这正如孙中山所说的，革命尚未成功，同志仍须努力。辛亥革命并未能改变中国的面貌，并没有推翻封建社会。孙中山和鲁迅的思想是一致的。孙中山是用革命的行动来讨伐满清，鲁迅是用文学作品来揭露封建社会的黑暗。接着，曹禺同志对这个戏做了细致的分析，并指出一些可以进一步提高的地方。"（《中国剧协召开话剧〈咸亨酒店〉座谈会》，《剧本》10 月号，1981 年 10 月 28 日）

9月24日 中国戏剧家协会、剧协北京分会、福建省文化厅、福建省京剧团在北京民族文化宫举行《真假美猴王》座谈会。曹禺与赵寻、张君秋、马少波、夏淳、袁世海、李万春、吴祖光等到会,并先后发言。曹禺说:"这出戏前天看了,就像小时候躲在小房间里一遍又一遍地看着《西游记》那样有趣。""总的说来,这出戏很成功。"(《首都戏剧界座谈〈真假美猴王〉》,《福建戏剧》1981年第6期) 后发言题为《〈西游记〉与美猴王——在首都戏剧界座谈〈真假美猴王〉会上的发言》收入《论戏剧》和《曹禺全集》第5卷。

9月25日 日本著名戏剧家河源长十郎病逝。北京人艺以曹禺、刁光覃、夏淳、于民、朱琳、于是之、蓝天野及人艺全体的名义发唁电。(《北京人民艺术剧院大事记》)

9月28日 由中国各团体、政党及其他方面知名人士、学者和社会活动家发起组成的中国国际交流协会在北京正式成立。曹禺与于是之、王蒙、艾青、张光年等100多人为协会理事。(《中国国际交流协会成立》,《人民日报》,1981年9月29日)

是日 下午3时半,在家中听取周瑞祥汇报,关于《攻坚集》序言的意见。因曹禺即将赴上海疗养,行前匆匆,但对大家的意见十分重视,立即提笔修改,再次订正了文字和标点,作为定稿。并叮嘱:凡我们剧院出去的东西,一定要仔细校订,不能有错别字,不能丢这个丑。他举例说:比如序言中"终于攻破前人的窠臼"的"窠"(kē),千万不要读成、更不要写成"巢"(注:因为打印稿上将"窠"打成了"巢",故以此为例)。

周还向他转达:夏淳等希望他为《雷雨的舞台艺术》写一篇后记;蒋瑞等请他为《焦菊隐论文集》写序言。老院长均慨然承诺,立即用特大封套将这两个题目装好,大字标明"待办"。(《北京人民艺术剧院大事记》)

是日 《剧本》9月号刊出版预告:《戏剧创作漫谈》一书即将出版。收入曹禺在杭州"青年编剧讲习会"的报告,题为《我对戏剧创作的希望》。

为了纪念曹禺同志从事戏剧创作五十周年,经曹禺同志同意,四川人民出版社将出版《曹禺戏剧集》,包括曹禺同志全部戏剧作品和有关论戏剧的文章,现初步拟定为《雷雨》、《日出》、《原野》、《蜕变》、《北京人》、《家》、《明朗的天》、《胆剑篇》、《王昭君》、《独幕剧集》、《论戏剧》等十一集。曹禺的新作将随时增补。

《曹禺戏剧集》定为大32开,精、平装同时出版。每本书前,均印作者照片和手迹,每部多幕剧都配插图。已定的十一种拟在一九八三年曹禺从事创作五十周年出齐。今年计划重新出版《原野》等剧作。这些剧本重新出版时,曹禺同志都作了重要修订。

9月30日　赴上海疗养。(《北京人民艺术剧院大事记》)

是月　《曹禺戏剧集·原野》由四川人民出版社出版。

是月　周信芳女儿周采芹返国。在京期间,中国戏剧家协会为她举行酒会,曹禺与金山、吴雪、刘厚生以及梅葆玖等人出席,对她表示热烈欢迎。(《访英籍著名戏剧家周采芹》)

是月　上海芭蕾舞团将话剧《雷雨》改编成芭蕾舞。

是月　《影剧美术》第5期"花絮"栏刊消息《曹禺与〈原野〉摄制组在一起》:彩色宽银幕故事片《原野》是根据曹禺同志的同名话剧改编的。不久前,该片摄制组请曹禺同志审查了影片并进行了座谈,曹禺同志看完影片后激动地说:"没想到这部电影搞得这样好,远远超过了舞台剧,应该谢谢同志们。"

座谈中曹禺同志还谈到有关《原野》影片的其他细节问题及对电影与话剧不同的艺术表现手段等问题进行了探讨。

最后,摄制组请求曹禺同志为影片片名题字,曹禺同志说:"我只会写剧本,不会写毛笔字,还是请书法家去写吧。"大家忙说:"您是原作者,会给影片提高色彩的。"曹禺同志说:"提高色彩的只有你们这些电影艺术家……"盛情难却,曹禺同志只好提笔写了"原野"两字,他边写边说:"我的字不好,给你们影片黼了卷。"

是月　由凌子(叶向真)根据曹禺原著改编并导演的影片《原野》,在意大利威尼斯电影节上获"最受推荐电影"荣誉称号。(《沉睡中的唤醒》)

10月4日　香港《明报》刊署名彦桦《访问曹禺谈文艺创作》一文。

10月6日　《人民日报》刊消息《为庆祝我国国庆,罗马尼亚出版中国戏剧选》:为庆祝中华人民共和国成立三十二周年,最近罗马尼亚"世界出版社"出版并发行了《二十世纪中国戏剧选》。其中收入曹禺的《雷雨》。

10月7日　据曹禺记述:

一整天改《纪念鲁迅》稿。韦启贤按我说的大意写稿,前段须重写,写了三遍始成。韦君确实下了功夫,大致能用。小如茹借来《文艺月报》一九五六年第十期,读唐弢同志文章《鲁迅与戏剧艺术》,十分佩服。须再把韦稿重写几段。(《没有说完的话》第30页)

10月8日　《人生》创刊,本期刊曹禺《从"关关雎鸠"想起的》一文。后收入《曹禺全集》第6卷。

是日　据曹禺记述:

上午托如茹借鲁迅书籍,唐弢文集多种,作参考。……

下午天气突冷,仍下雨。我仍就借来的鲁迅书籍查改稿件,也添了几段。

《没有说完的话》第30页）

10月9日　致信万方。信说：

　　小方子，你不能再玩了，爸爸心里真着急。这么大岁数，还不能"迷"在创作里，将来如何得了？我以为人活着总要有一点比较可以自豪的内在的理想，万不能总想着有趣好玩之事。要对爸爸说真话，要苦用功。必须一面写作一面多从真实生活中找素材，积累素材。素材要记下来，一句话，一个人物，一点小故事，分门别类地记。日后要拿出来看，要想。不然记过的东西也等于白记。每晚回家不能写时，就把一天的材料记下来，订成一本书。你最好买个活页本，这样更方便。方子，我不是说要你做个苦行僧，但必须有志气，你喜欢干的事看准了，就坚持下去。为自己选择的道路去苦干。（《父亲的信》）

10月12日　据曹禺记述：

　　又读《桥》，不知如何改法。

　　何志雄同志（芭蕾舞团）来电，约好晚七时三十分，胡蓉蓉来访。

　　上午读毕《桥》上半部，觉得可能续下去。现在是又要找材料，找抗日胜利后的情况，或在渝或在上海。……

　　晚七时三十分胡蓉蓉，叶×（注：原文如此），与《雷雨》主要演员都来。胡蓉蓉讲话，想法很好，确实下了功夫。十时走，很累，虽兴奋也累。十二时睡。

《没有说完的话》第31页）

10月13日　据曹禺记述：

　　我终日在读《桥》，看如何续法？前面应大压缩。许多技术语与人物应删一些。

　　下午读如茹借来的《金陵春梦》第五册，讲日投降前后。拟修改《桥》的意见。（同前）

10月16日　据曹禺记述：

　　上午搞《桥》材料，读书。

　　下午看《雷雨》联排，遇陈沂同志。《雷雨》芭蕾舞很精练（炼），演、编、舞很好，演员有几场也好。但他们的基本训练工夫是不够的。陈沂和我都说了许多鼓励的话，我最后说："行百里者半九十，你们只走了十里，还要苦练。"关于演员及有关人员的营养问题，我们大家都谈了，应反映。（《没有说完的话》第32页）

10月19日　据曹禺记述：

　　构思《桥》。

　　十时许到巴金家。巴老说："现在一个作家要给自己下结论的时候到了。

写点东西,留给后代人看。""写了登不出,放几年也无所谓。"

我每见巴金,必有所得。我一向无思想,随风倒,上面说什么,便说什么,而且顺着嘴乱讲。不知真理在何处。

下午收到韦启贤信,很感动。唐弢同志如此诚恳、热忱,他为那篇文章下了一天工夫,是鲁迅先生作风,不可及也! 得学。

……

已经到了给自己下结论的时候了! 一个作家要给自己下结论,写点东西给后代看。

一定要独立思索,不能随风倒,那是卑鄙的、恶劣的行为。

既错了,便不要再折磨自己,想起没完。让过去成为过去,自己清醒些! 今后,不再上当。少说,错误少些。

但写作却要从自己心里想写的,写下去,不说违心话。写评论,不夸张;写散文,应说真话。自己真感到的再写,更不要,为了文字的漂亮,为表现虚伪的激情。那样写出以后,自己看了,就会觉得丑的灵魂在自己心目中,在众人的眼睛中,表现得更"丑",自己会痛苦万状。

不要为自己一生所犯的各种错误、缺点、失当的地方,就反复思念、后悔、痛苦得没有止境。"君子坦荡荡,小人长(常)戚戚!"这要自己常常想想。

我觉得我常为文字的"把戏"(即俏皮、痛快淋漓、引用典故的恰当……)把自己变成一种不正确的"思想"的"把戏"。如同为了一时的光彩(极浮浅而庸俗的),宁用一尖刀在自己的心窝处,划一道口子,流血不已。

我自己一生,总感到"轻浮",但非改不可! (同前第32、33页)

10月23日　黄裳致信杨苡。信说:

回来第二天即去看巴(金)先生……他这次在京,耀邦同志请吃饭,由贺敬之等陪同前往,谈得很好。巴公仍说明了三年来文艺界形势大好,应加珍惜。胡也赞同的。胡谈了批评问题,说:一,大喝一声;二,留有余地;三,耐心帮助,决不再搞五七年那种事。巴说是啊,损失太大了。……谈话大致如此。周扬已辞去中宣部职务,改任顾问,这样的顾问还有黄镇、张平化。贺敬之很不赞成他辞职,胡主席说,辞就辞罢,周扬夫人坚主他辞职,说这样可以让他多活两年云。

那天曹禺和李玉茹也来了。巴公对曹禺在座谈会上的第二次发言加以批评。说北京很多人都对他有意见,曹禺是满肚皮有苦说不出的样子。巴公劝他把《桥》写完,他好像颇有兴趣。但说,这戏"是"骂国民党的,但看来和今天怎么那么像啊！他怕人家说他"影射"。曹禺给我读了一遍他在此戏前写的一段 Motto，是个希腊诗人的诗，大意为"让我自由、自由地看，想，表现自己的意念……"他是很激动的。（《来燕榭书札》第87、88页）

10月28日　在《剧本》10月号发表随笔《学习鲁迅》。文系曹禺为纪念鲁迅诞辰一百周年而作。后收入《曹禺全集》第5卷。

10月29日　在上海完成北京人艺建院30周年纪念册序言第二次修改稿并致信人艺的周瑞祥、苏民，信说：

> 读了你们的改稿。你们十分认真从事，这是你们多年来的精神。我深受感动！
>
> 我熟读了七八遍，仍感到有些未尽意处，或枝蔓纷杂的地方，都加以改动，甚至于在你（注：指苏民）用红笔修改的段落与辞句，或删、或改，做凄（些）更（改）动。我都用黑色或蓝色笔改的。
>
> 我想提请注意的是：
>
> 1. 关于赵起扬同志的段落，作了一些改动，尽量符合真实情况，去了几处的形容词。也删改一些。这样，使他心里也觉得踏实些。
>
> 2. 最后几段，我删去几行，似乎显得"精神"一点。
>
> 3. 请用复写纸再抄四份，送一份给我，余三份，仍请几位负责同志再斟酌，看看还有什么毛病？这文章代表我院，万不可疏忽。
>
> 4. 如大家无意见（如有毛病我愿再改），是否应交上级审阅，请斟酌。如不须再审，即交排印。清样我还请寄送二份，仍看有否可改的地方？我想总会有的。
>
> 5. 苏民同志加上的"校正演员的创作目标"，我开始颇觉陌生。细想一下，大约是指演员进行创造人物的过程中，常有中途失迷的情况。这句话是有道理的，还是用了。（《北京人民艺术剧院大事记》）

10月31日　在上海会见京剧《东邻女》编剧戈明和唱腔设计黄山，谈话经黄山记录整理题为《曹禺谈〈东邻女〉》载11月17日《福建日报》。后收入《曹禺全集》第7卷。

是月　《当代文学研究参考资料》第10期刊《曹禺同志的讲话》。文系曹禺在当代文学讲习班开学典礼上的讲话（经陆文壁整理）。

是月　在上海观看福建省京剧团演出京剧《东邻女》。

是月　中国京剧院一团在北京演出根据曹禺原名话剧改编的京剧《王昭君》，改编戴英禄、邹忆青。（《简明曹禺词典》第341页）导演李紫贵。演员杨春霞饰王昭君,李宝春饰呼韩邪,王忠信饰汉元帝。(《京剧大观》第 43 页)该剧在唱腔、念白方面作了大胆的改革,演出后引起较大反响。发表的剧评有:胡冬生的《跃马扬鞭新昭君》,载 11 月 1 日《北京戏剧报》第 44 期;樊栋卿的《改革京剧念白的新尝试——观京剧《王昭君》有感》,载 11 月 8 日《北京戏剧报》第 45 期;王树藩的《唱腔的改革》,载《新观察》1982 年第 1 期。

11 月 2 日　据曹禺记述:

上午六时半起来,到桃江路花园练操。回来稍改为日本演出《日出》的《作者的话》。

翻阅雨果的传记。忽然想:《桥》应该写三部,讲中国的社会变化。一、解放前,抗日战争胜利时。二、"四人帮"时期。三、时下——一九八一年。《桥》仍未做好。

……

本想到苏州看昆曲传字辈演员会演,给赵寻、刘厚生信,已得刘电,欢迎去。这两天有雨,我也忙于工作,闻该会演颇有别扭,我不喜到苏州就讲话等等。终于不想去了。

我有不少毛病,或者说贵族、老爷的丑恶习惯:① 不交朋友,我孤独。在家里苦思冥想,恨自己,悔光阴过去。一生懒惰,华而不实。② 不四处找朋友,尤其找处境困难的人谈话。不真去认识各种人的生活,只图在个人孤独的家庭生活中,过得舒适些。有点小事便抱怨,有点小机会,便管不住自己吹自己。不沉着,不多思考就说就闹,过后又后悔。③ 未想明白,便发表意见,又随风倒,不肯独立深思。④ 我有"官"气,仿佛随时都在做"官"。(《没有说完的话》第 33、34 页)

11 月 3 日　据曹禺记述:

下午与玉茹乘 96 路汽车到武康路站下车。巴金身体好,走路健步,上下楼尤见好。很高兴,略谈,送我们《创作回忆录》。

谈起:"不管人家怎么谈,不要响! 时间是个考验,群众会鉴别。"

告诉我《原野》在香港,颇为轰动。上下三次楼,找香港报纸——一张《文汇报》给我看。我见老巴默然为我高兴,又谈了些《原野》受欢迎情况。(同前第 34、35 页)

是日　《小剧本》第 11 期刊曹禺剧本《镀金》(独幕剧)及《〈镀金〉后记》,并配李少文《〈镀金〉题图》。"后记"收入《论戏剧》和《曹禺论创作》;剧本及"后记"分别收入《曹禺文集》第 3 卷,《曹禺全集》第 5 卷。

本期还刊载了郦子柏、王韧、田文整理的《海滨月夜,曹禺闲谈——关于创作、艺术修养及其他》一文。

11 月 4 日　据曹禺记述:

上午新艳秋、费玉策、江苏省文化局副局长来访。

……

晚雨大,仍去看江苏省京剧教师与上京三团合演的戏。梁慧超有功夫,大受欢迎,我也开眼界。但《杀四门》的武功虽好,不见人物。不知别的戏,他演得如何?

新艳秋仍唱得好。七十二岁了! 人是可以不老的! 只要真诚,用心于功夫上。(《没有说完的话》第 35 页)

11 月 5 日　据曹禺记述:

读巴金的《创作回忆录》。他是个伟大的人! 因为一生他在追求光明、理想,他有勇气,说真话,交许多真朋友,总在工作,一时不停。乐观! 沉着! 但感情与思想是沸腾的;他衷心爱一切美好的事物与人;他那样爱新生力量! (同前)

11 月 6 日　为创作烦恼。据曹禺记述:

上午……大略改好送去《日出》演出的《作者的话》。

下午……心中焦急,未完成计划……。

多顾虑! 太多! 非静下心来,实实地做事。必须不顾任何小事,搞好写作。(《没有说完的话》第 36 页)

11 月 9 日　于上海致信李文敏①。信文如下:

得来书,才知《日出》在日本上演,是在 11 月中旬,看来,这篇《作者的话》早已迟了。但仍抄写,请你给赵寻与刘厚生二同志看看,改一下,免出差错。请立刻发出,寄给内山鹣先生。并请代我道歉,说我以为是明年春天上演。我确实这样记下的。

事已如此,也没办法。只好请你快办吧! 反正,晚寄去,比不寄去,好得多。

久未见赵寻同志的消息,十分惦念他,不知他是否已从西藏回京? 感谢刘厚生同志发来电报,我正犯心绞痛,连天气闷,上海又连阴雨,终未能去,很不安,请告厚生同志。

---

①　时在中国剧协外联部任职。

宝佑健康如何,很惦念。请为问好。我不久即返京。

读了你的要信,我在《作者的话》中,改正一些地方,谢谢你! 祝

安好

曹禺　　1981.11.9

日本戏剧界朋友们名字的前后排列,请厚生同志斟酌一下。我对他们的地位如何,前后秩序,并年章法。

信眉处还写有:这篇东西,被改动多了,可否抄一清稿寄去?(影印件)

11 月 10 日　香港《镜报》第 52 期刊王一桃的访问记《访曹禺》。据文述:"这次访问,给我印象最深的是他说话谨慎,声音细小,而且谈话中不时要闻花露水。"(转自《王一桃散文选》)

11 月 12 日　上海《文汇报》刊消息《开拓芭蕾舞民族化道路》:"上海芭蕾舞团坚持芭蕾走民族化道路……根据曹禺同名话剧改编创作了大型芭蕾舞剧《雷雨》,并将于本月十三日正式公演。""舞剧《雷雨》以推动全剧发展的繁漪和周萍这两个人物为中心……《雷雨》中没有群舞场面,而八个性格迥异的人物,都各有独特的舞蹈动作和造型,这在舞剧创作中,也是一个新的尝试。"

11 月 13 日　上海芭蕾舞团首演芭蕾舞剧《雷雨》。编导:胡蓉蓉、林心阁、杨晓敏,作曲:叶志纯,舞美设计:杜时象、朱士扬、张小舟、程漪芸。时钟琴、杜红玲饰繁漪,汪齐凤、魏金字饰四凤,凌桂明、杨新华饰周萍,凌玮、茅惠芳饰侍萍。(《简明曹禺词典》第 340 页) 演出受到文艺界和广大观众的好评。关于改编,据介绍:"这个剧本在改编成芭蕾舞的过程中,得到了曹禺的热情帮助。他不仅向演员们介绍自己创作的过程,分析人物的思想性格,还多次到排练场观看他们的演出。他称赞他们演得好。"(《曹禺名剧〈雷雨〉首次搬上芭蕾舞台》,新华社电讯稿,1981 年 11 月 22 日)

11 月 14 日　致信巴金。信文收入《曹禺全集》第 6 卷。

11 月 15 日　晚,上海戏剧学院表演系七七级学生毕业公演话剧《家》。曹禺前往观看,并上台会见演员。他说:"我主张大胆地删,以后谁能搞一个连休息共两个半小时的演出本,那就更好了。当然,删要看导演的'本事',如高老太爷死后,陈姨太逼瑞珏出去生孩子一节,过去的很多演出都把它删了,你们没有删这是对的,这段戏对体现主题很重要,不能删。"(《曹禺在戏剧学院看〈家〉》) 他还赞扬说:"你们的戏搞得很好,主题鲜明,节奏感强,特别是第一幕的两场戏很难演。'婚礼'、'洞房'搞得不好就会像'文明戏',你们没有'文明戏'的味道,闹与静处理得相当好。"(《曹禺观看我院演出〈家〉》)

是日　据曹禺记述:

我确实感到自己想写什么,便写什么!不能有个东西箍着我的头,什么思想,什么条条框框妨碍我的笔。"自由"当然不能绝对的,但写作时必须"自由",任自己按自己已有的观念、思维、感情——爱的、憎的、纯挚的情感去写!不然,我将憋死!

看了《家》(上海戏剧学院),我又犯急躁病,感情用事,太不沉着,当面指责导演,并且当着许多领导!若说出来,是我的浮躁,架子大,盛气凌人。虽然,后来在台上,着实表扬了导演(我看时,确实觉得导得真好!)和所有的演员等等,但想起自己的浮躁,还是不安。我说了真话,却说得太过,不讲究词句,还是不好!(《没有说完的话》第36、37页)

11 月 16 日　据曹禺记述:

上海芭蕾舞团来电,请十七日看时钟琴演"繁漪",她演后即赴京参加常委会。

晚陈其五来电,请看藏书楼的报纸,他答应可送来。

得李致信说:一九八三年可出《戏剧集》,由蒋牧丛负责,写详情。

晚看电视,中国女排得世界冠军,我大喜。怕输,不敢看,只看授奖。(同前第37页)

11 月 19 日　致信巴金。后收入《曹禺全集》第 6 卷。

11 月 20 日　再次致信巴金。后收入《曹禺全集》第 6 卷。

11 月 21 日—12 月 26 日　上海首届戏剧节在上海举行。21 日开幕。开幕式后,上海芭蕾舞团演出芭蕾舞剧《雷雨》。(《首届上海戏剧节隆重开幕》,《文汇报》,1981年 11 月 22 日)

11 月 21 日　据北京人艺记载:"今天收到曹禺自上海寄来的建院 30 周年纪念册'序'的第 3 次修改稿及给周瑞祥信。信中说明了几处文字改动。而后说:'此稿似可以发,但清样须送来我亲自校阅'。"(《北京人民艺术剧院大事记》)

11 月 26 日　据曹禺记述:

上午与玉茹雨中访南京路花园坊 1173 弄 9 号旧居。三十九年前了!

……

《新民晚报》李小峰之女来访,谈及芭蕾的周朴园的处理。

下午应写信:① 北京人大代表。② 托周瑞祥取工资,报飞机票。

午睡中想起《桥》的种种可改的人物与结构,立刻记在正读的书上。晚间也在想《桥》的立意。(《没有说完的话》第38页)

是日　《文学报》刊曹禺《出色的贡献——在上海首届戏剧节上的祝辞》。后收入《中国戏剧年鉴 1982》和《曹禺全集》第 5 卷。

11 月 28 日　据曹禺记述：

> 这两天想回京开会，因在上海也心神不定，写不出东西。……
>
> 再老不出面，使人误会，以为××犯了政治上的错误，决定回京。
>
> 玉茹同意，即告人大办事处（上海）买四号（星期五）飞机票。
>
> 上午到"国际"看吴雪，他提到芭蕾的《雷雨》。
>
> 下午二时看昆曲《×××》，写、排、演都很好，但作者有些自负。我赞誉了他，他更有些自负了。今后，不可乱赞誉人。孩子与玉茹说我在外面易夸奖，人们往往以此为荣，其易生误解。
>
> 想《桥》的结构不通，十分苦恼。（《没有说完的话》第 38、39 页）

是日　《解放日报》第 4 版刊何士雄采写的《曹禺谈芭蕾舞剧〈雷雨〉》。后收入《曹禺全集》第 7 卷。

11 月 28 日—12 月 19 日　歌剧剧本讨论会在北京召开。这是第一次全国性的讨论歌剧创作的专业会议。11 月 30 日举行了开幕式。会议结束前，《剧本》月刊编辑部和戏剧出版社联合举行了茶话会，招待到会的全体同志。曹禺到会并讲了话。（《进一步发展和繁荣歌剧事业——歌剧剧本讨论会情况报道》，《剧本》3 月号，1982 年 3 月 28 日）

11 月 29 日　据曹禺记述：

> 我应重新成为一个"新人"，把我的过去种种虚荣、赞誉与毁谤都忘记，不想有些人们在我背后的话，不想过去的荒诞、疑虑、多心、胆怯，追求名声、享受、安逸。我要成一个一心为真实，为理想，为人民做好事，说真话的人！不再犹豫，不再怕人们对我的歧视、轻蔑，因为那些人的称赞，我过去太重视了，以致于迷了路。我的阳光快尽，烛火将熄，但我还有时间改我的过去种种谬误——随波逐流，赶潮流，听人们说过的话自己又重复一遍那种话。我要说我的真心话。
>
> 我写下来。我要追求一种高尚的生活，坚硬而真实的生活。我要真实地看见人民的生活，为人民而生活，为人民而写作。
>
> 我还要多读古时的、今天的书，充实我的心灵。我要沉默，我要往生活的深处钻研，必须不怕穷、不怕苦。我要弃掉过去的生活，放弃这个"嘴"的生活，而用这"脚"踩出我的生活，用"手"写出真实的生活，明显而又火一样为人民所急需的真理！我要想！！！（《没有说完的话》第 39、40 页）

是日　致信万欢。信说：

最近,我十分认识一切事情要办好,无论是求学与写作,都需要愉快的心情。不要以为"心情"本来就"坏",怎么就会好起来? 我的经验(最近得来的)是愉快的心情,可以由自己争取的。大约,必须钻进工作或学问中去,不要皱着眉,总以为是苦差事,自己非做不可。……万不可太着重"兴趣",万不可怕苦。……要苦干! 干,干,就会从中得到兴味,对学问的爱好,对工作的感情……你要争得学问的成就,这是苦的,累的。但是苦中有乐,干下去,就有浓厚的兴趣的。

……

昨日吴雪由京来,看了我。我今晨也去看他一趟。他看了《雷雨》的Ballet,认为很好,很高兴,他想明年要邀他们在北京上演。(同前第331、332页)

11月30日 据曹禺记述:

生活中各行各业都充满了有抱负的青年,每个人都在为崇高的理想和目标奋斗着。

平时要"仁者不忧,智者不惑,勇者不惧,达者不恋"。

热爱是最好的老师,着迷是最好的朋友。(同前第40页)

是月底 在上海家中收看"上海电视台播放长篇弹词《武松》",还"去西藏书场听了上海评弹团建团三十周年的纪念演出"。(《评弹知音谈评弹》)

是月 《福建戏剧》(双月刊)第6期刊曹禺《〈西游记〉与美猴王——在首都戏剧界座谈〈真假美猴王〉会上的发言》一文。后收入《论戏剧》和《曹禺全集》第5卷。

是月 由中国戏剧家协会天津分会主办的《剧坛》在天津创刊。本期刊路工的访问记《〈雷雨〉之前——访著名剧作家曹禺同志》。

是月 影片《原野》在香港公映,受到热烈迎欢。在观众的要求下,只得又加映两场。(《沉睡中的唤醒——曹禺谈〈原野〉》)

12月1日 在上海家中,与李玉茹跟弹词演员杨振雄、杨振言围坐在取暖器旁促膝交谈。曹禺认为,"艺术是相通的。唱京戏的要听评弹,演话剧的也要听评弹,戏剧学院的学生,包括表演系、戏文系的学生都要听评弹。话剧虽然讲究现实主义,不能过分夸张,但要学习评弹、京剧的美学观。"(《评弹知音谈评弹》)

12月2日 上海市工人文化宫业余话剧队演出话剧《路》。曹禺前往观看,并在会见编、导、演时讲话。他说:"这出戏真是剧本写得好、演得好、导演得好,舞美和灯光都令人满意。这个戏给我的感触极多,打动了我——在这里我不说'感动'。"(《曹禺谈〈路〉》)

12月2—13日 文化部、中国剧协、中国音协、中国歌剧研究会筹备组联合召开歌剧座谈会。曹禺与贺敬之、周巍峙、吴雪、张庚等出席，并讲话。会间，中国歌剧研究会宣布正式成立。（《发扬革命传统，振兴歌剧艺术》，《人民戏剧》第 4 期，1982 年 4 月 18 日）

12 月 3 日　在上海寓所接待《文学报》记者采访，谈上海戏剧节。访问题为《带了头，干得好——曹禺谈首届上海戏剧节》载是月 31 日《文学报》。后收入《曹禺全集》第 7 卷。

是日　上午，严庆澍①追悼会在北京八宝山革命公墓礼堂举行，曹禺与巴金、夏衍、谢冰心、艾青、沈从文等送花圈。（《严庆澍先生追悼会在京举行》，《人民日报》，1981 年 12 月 4 日）

12 月 4 日　从上海回京参加中国人大五届四次会议。（《北京人民艺术剧院大事记》）

12 月 9 日　致信李玉茹。信说：

今天一大早改写一点那个为《上海画报》写的稿子……

我告你《上海画报》的稿子事，你要电告××，我赶了一夜，要请他在清样上审阅，因为后一段，我提到"负责同志们要继续给艺术家以充足的培育与滋养"，这是指的他。他很敏感，不要得罪他，他如不满意，就在清样中，删去此句，你为我加一句别的。如能不须加，更好。你可以说我问他这一句是否要？其实他已经为上海芭蕾舞团加了营养费了。我方才又看了附稿一遍，删去此句，仍能接住，不需要再加另句话。玉茹，不要因为这句话伤害了他的感情，我看，就删去这句话吧。如尚未给《上海画报》，即爽快地在原稿上涂去此句（第三页最后一行）。涂深一点，免得他猜想。如已发出，也请你电告《上海画报》编辑部，删掉此句。我只希望你的环境安安宁宁，不要有任何人、任何事干扰你的安宁。我写一句错话会影响你，再，这句话，也不是必须的。

其次，关于该稿的副题"看芭蕾舞剧《雷雨》有感"，原有"有感"二字，我删了。正题是："为中国文化争光"，原是我对今后芭蕾舞的愿望，而不是歌颂舞剧《雷雨》。如还是加上"有感"二字，那么，表示愿望的感觉，多一些。没有这二字，仿佛只是称赞舞剧《雷雨》。不知你如何看？要好？不要好？我现在觉得还是加上好。但我方说的什么"负责同志们要继续给艺术家以充足的培育与滋养"，删去为上策。删了吧！（《没有说完的话》第 69、70 页）

曹禺信及的这篇文字题《为中国文化争光——看芭蕾舞剧〈雷雨〉有感》刊于

---

①　时为全国政协第五届委员会委员、广东省政协委员、中国作家协会会员、香港《新晚报》负责人。

《上海画报》(双月刊)1982 年第 1 期。副题还是保留了"有感"二字,最后一段删去了某些话。文尾落款:"1981.12.8 夜半于北京"。信及那句话,还是改了,文(最后一段)说:

> 芭蕾是一种世界性的艺术。从文艺复兴到今天,五百多年来的变化与发展,由意大利传遍到全世界。它是一种既有普及的群众基础,又有提高的广阔前景的艺术。中国介绍芭蕾,时间短、进步快。但是,今天无论首都和上海,都需要大跨一步,大下功夫,提高体力,严格结实地科学地打下芭蕾艺术与技巧的深厚基础。聘请世界芭蕾的好教师与我国芭蕾的好教师协同教练。摸出中国芭蕾舞的路子来。要如中国的体育界一样,登上国际高峰。"说"容易,"做"很难。这需要我国文化领导者与艺术家们下大决心。
>
> 中国的芭蕾,一定要发扬中国人的气魄与实力,为国争光,为中国文化争光。

是日 晚,与贺敬之在首都剧场观看话剧《谁是强者》,演出后与编剧、导演、主演座谈。曹禺说:"这是一个站得住的好戏,是一个喜剧。可贵的是:有人物、很深刻、很生动。看了戏很兴奋,演员一个是一个,都演得很好。这个戏扶了正气,打了邪气。"(《北京人民艺术剧院大事记》)

12 月 9—27 日 《日出》由东京民艺剧团上演,翻译兼导演内山鹑,陈白露由真野响子饰,方达生由西川明饰,潘月亭由大森义夫饰,李石清由小泽弘治饰,翠喜由箕滴康子饰,小顺子(小东西)由松田史朗饰,张乔治由三浦威饰,黄省三由长浜藤夫饰,王福升由杉本孝次饰,胡四由山吉克昌饰,顾八奶奶由入江杏子饰。曹禺为这次演出写了《作者的话》。(日本《民艺之友》第 214 期)12 月 13 日《人民日报》题《东京上演曹禺名著〈日出〉》报道了这次演出。

12 月 10 日 在《文汇月刊》第 12 期"戏剧春秋"栏发表散文《我爱北京人民艺术剧院》。后题为《纪念北京人艺建院三十周年》,载 1982 年 10 月 30 日《戏剧论丛》第 2 辑。后收入《曹禺全集》第 6 卷。

是日 《文学报》刊载《曹禺谈〈路〉》一文。后收入《曹禺全集》第 7 卷。

12 月 12 日 中国戏剧家协会在京召开主席团扩大会议。曹禺与关肃霜、李伯钊、张庚、张君秋、吴雪、金山、赵寻、袁雪芬、刘厚生、凤子、吴荻舟、韩林波、李超、胡可、葛一虹、吴祖光、陈书舫、尹羲、阿玛次仁和剧协各部门负责人共 30 人出席,并主持会议。会上,讨论贯彻落实中央对文艺工作的指示精神,克服涣散状态。
(《中国戏剧家协会举行主席团扩大会议》,《人民戏剧》第 1 期,1982 年 1 月 18 日)

12 月 16 日 参加由《人民日报》文艺部、《文艺报》编辑部举办的《谁是强者》

座谈会,并发言。座谈纪要于《人民日报》12 月 30 日发表。(《北京人民艺术剧院大事记》) 会上,曹禺说:"这个戏结构巧妙,曲折有致。忽儿山穷水尽,忽儿柳暗花明;电灯忽儿亮,忽儿灭;厂子一会儿工作,一会儿停止工作,都围绕着'关系学'作文章。"曹禺同志还赞扬了这个戏的舞台美术,简单经济,下去演出携带方便,值得推荐。"(《积极反映四化生活,正确表现社会矛盾——首都文艺界人士座谈话剧〈谁是强者?〉》,《人民日报》,1981 年 12 月 30 日)

是日　据曹禺记述:

上午九时先打针,后到人大会堂开文联的会。荒煤、周巍峙、贺绿汀发言,十一时三十分散会。我在十二时到北京饭店,看吴仰前、吴承欢、凌子,与美商签字。还有罗丹及其他人。饭后三时送凌子、罗丹到新家。他们送我关于《原野》剪报。

……

晚餐时《工人日报》记者送稿审正,改了半天。与欢子、菲菲游泳。又到首都剧场看戏,见习仲勋同志来看戏。(《没有说完的话》第 40、41 页)

12 月 17 日　在《北京日报》发表剧评《一出鼓舞人心的好戏——看话剧〈分忧〉》。后收入《论戏剧》和《曹禺全集》第 5 卷。

是日　在《工人日报》发表《工人阶级真是了不起——同天津市第二电子仪器厂〈分忧〉剧组座谈时的发言》一文。

12 月 18 日　据曹禺记述:

上午八时半到民族宫开中国作协大会。巴金主持,他写稿读,非常沉着,我看他疲劳得很。冯至谈起请 Dusen Matt(杜笙·麦特)的信,已告而复,又电告赵寻。

黄源宣与我谈莎士比亚学会事。

下午又开作协小组会,听了胡耀邦、乔木文件。到科技电影院看《现代启示录》,没有什么意思。(《没有说完的话》第 41 页)

12 月 18—22 日　中国作家协会第三届理事会第二次会议在北京举行。出席会议的理事一致选举巴金为中国作家协会主席。中国作协副主席张光年在会上宣布,聘请叶圣陶、肖三、曹靖华、谢冰心、夏衍、胡风、臧克家、张天翼、曹禺等为中国作家协会顾问。(《巴金当选为中国作协主席》,《人民日报》,1981 年 12 月 23 日;《作协三届理事会二次会议闭幕》,《人民日报》,1981 年 12 月 24 日)

12 月 20 日　《文汇报》刊发耿龙同志《就芭蕾舞剧〈雷雨〉请教曹禺同志》一封信。信中对芭蕾舞剧《雷雨》的不足之处,提出了批评。文说:"最近我看了根据您的话剧本改编的芭蕾舞剧《雷雨》后,多年来在我脑子里的印象完全变了。在改编者的笔下,您原来寄予十分同情和怜悯的人物变成了被谴责的罪人,而您着力鞭挞的人物,却被赋予深深的同情。他们的污秽行为和阴暗心理,被作为高尚的情感在颂扬。话剧中没有正面表现的乱伦、偷情,却在舞剧中以美好的形式表现了出来。在这里,美与丑、善与恶、是与非被混淆了。"

12月21日 据曹禺记述:

上午到人大浙江厅,乔木同志接见作协理事会部分人员。巴金谈"无为而治","爱护作家"等。乔木同志大谈"有为与无为,治与不治",实即反驳。大家谈及新华书店发行问题,有冯至、韦君宜,我也说话。又激动万状,实不可取,今后一定改。

打针,见赵寻同志,请他改改那篇关于上海戏剧节谈话。

下午发出修改稿,又电告如茹,请她告《文学报》编辑候我修改稿刊印,并发急电给《文学报》。

晚间,周而复、孔罗荪、我,请巴金、欧阳山、马识途、黑丁、陈残云等在森隆便饭。(《没有说完的话》第41页)

12月23日 据曹禺记述:

上午到新侨饭店找巴金,文学艺术出版社请吴印咸同志为我、巴金、欧阳山、孔罗荪、李小林等拍照。

上午十时许访见叶圣老,遇上海育才中学校长段力佩,求叶老字。

下午游泳六千米。回来有中央戏剧学院学生刘书彰送《鸣凤》。

回家,蒋代平(兆和先生的女儿)送来兆和先生李太白像,奇妙。大师手笔实不凡,虽是复制创作,也是亲笔画。蒋先生信人也,前两日应送画,今日即来。我立刻回电谢他,又听见蒋琼夫人的声音,明日拟往谢他。(同前第42页)

12月30日 患感冒住北京医院,夏淳、周瑞祥前往看望。(《北京人民艺术剧院大事记》)

是月 由曹禺作序的《中国戏剧年鉴(1981)》在北京创刊,由中国戏剧出版社出版。《序言》说:"《中国戏剧年鉴》是一本记载中国戏剧各方面情况的类书。出版《戏剧年鉴》是我国戏剧运动中前所未有的创举,是我们今天戏剧繁荣的标志,应该是我们的一项重要工作。""我以为'年鉴'的'鉴'字,值得我们揣摩。'鉴'是一面镜子,让我们每年照一照戏剧运动的真面貌。既可回顾过去,也可展望未来。它会使我们视野开阔,望见中国戏剧艺术的黄金时代的到来。"

是月 《郭沫若全集》编辑出版委员会成立,曹禺任委员。

是月　田本相著《曹禺剧作论》由中国戏剧出版社出版发行。

是月　印地文本《雷雨》、德文本《日出》由外文出版社出版。

是年　为天津人民艺术剧院题写院名。(《五十年风采》第 1 页)

是年　由安徽大学中文系胡叔和撰写的《曹禺评传》部分章节,在《艺谭》第 2 期发表,至第 3 期载完。

是年　周而复作《赠曹禺》①:

　　　　　　巴蜀相携四十春,白衣苍狗识风云。

　　　　　　青衿走笔抒胸臆,垂老经营判伪真。

　　　　　　多少冥蒙雷雨夜,依稀新旧北京人。

　　　　　　欣逢盛世天同乐,待读新篇说古今。

是年　参加中国剧协在历史名城安庆召开的全国戏曲创作、观摩大会。当曹禺看了安徽黄梅戏学校学员班表演的传统黄梅戏《天仙配》后,称赞小"董永"韩军"是个难得的人才"!(《曹禺向他投出欣喜的目光——记安徽省黄梅戏剧院新秀韩军》)

---

①　该诗发表于 1997 年 3 月 19 日《人民日报》,诗末附:"后记:得悉曹禺噩耗,悲痛不已,特撰挽联:人生年华有限,作品生命无穷;携往寓所灵堂吊唁。余与曹禺结交五十余年,一九八一年曾以小诗赠之,现发表,以志哀思。"

1982 年 七十三岁

7月7日,人民艺术家金山因脑出血在北京逝世,终年71岁。

8月20日,《人民戏剧》编辑部发出改版消息,《人民戏剧》1983年起恢复《戏剧报》原名。

9月1日—10月2日,为了提高中青年话剧作者的思想水平、艺术修养和编剧技巧,中国戏剧家协会和中国剧协安徽分会于9月1日至9月下旬在安徽省安庆市联合举办中青年话剧作者读书会。来自全国部分省、市、自治区的三十多位剧作者参加了这次读书会。

11月24日,戏剧家李健吾逝世。

11月26日—12月10日,第五届全国人民代表大会第五次会议在北京举行,通过了新的《中华人民共和国宪法》。

1月1日 据曹禺记述:

少讲话,或不讲话,言多必失。

要讲话就应该冷静,会好一点,万勿激动。

表态,就不应有意气,仍须冷静。不动感情。多考虑!(《没有说完的话》第42页)

1月4日 《新民晚报》第2版刊报道《曹禺看滑稽戏——赞赏这剧种出现的新颖风格》。后收入《曹禺全集》第7卷。

本版还刊报道《〈路灯下的宝贝〉受欢迎》:"滑稽戏《路灯下的宝贝》现正在北京影剧场上演。""戏剧界著名人士曹禺、沈西蒙等看后,不仅高度评价这出戏,而且对滑稽戏有了良好而又深刻的印象。"

1月15日 在《新民晚报》发表随笔《为评弹说几句话》。后收入《曹禺全集》第5卷。

1月18日 在《人民戏剧》第1期发表《〈攻坚集〉序》。后收入《论戏剧》和《曹禺全集》第5卷。

1月24日 春节除夕,夏淳、于民看望曹禺并致春节祝贺。(《北京人民艺术剧院

大事记》)

1 月 28 日　在《剧本》1 月号专栏"新的一年新的期望"发表寄语《要生活，也要胆识》。后收入《论戏剧》和《曹禺全集》第 5 卷。

是月　内山鹑所译《日出》，载日本《悲剧喜剧》杂志本年第 1、2 两期。

2 月 4 日　《电视周报》刊种荣茂采写《曹禺同志谈〈日出〉》一文。文及："曹禺担心有些青年人，看了《日出》，会学里面的消极东西。所以他特别强调：'这个戏没有一个光明人物，没有一个值得我们学习。演这个戏就是让大家知道旧社会是怎么回事。认清我们必须要推翻那个旧社会，让它永远不再回来。"

2 月 5 日　《南国戏剧》第 2 期刊凌子、吉恩根据曹禺原著改编的同名电影文学剧本《原野》。

2 月 7 日　致信李致。信说：

关于我的全集问题，我是早和你商定，明确由四川人民出版社出版的。前曾邮去《原野》修改稿，希望能早些看到清样，我再亲目（自）校对。最近我的记忆力益发差了。不知四川人民出版社究竟收到没有？

我还准备材料，续写《桥》，也可算做一本戏。不然这个戏只写一半，便放下，究竟可惜。我很想知道四川人民出版社关于出全集的按（安）排，我好按时把我的旧剧本，一本本修改好，寄给你。

前一阵，有人以个人身份，劝我同时由中国戏剧出版社，以上、中、下三册出我的全书，硬说这种办法与四川人民出版社出全集，并行不悖。我当即严词（辞）拒绝。我告来人，我已完全答应四川人民出版社出全集，不能更改。一年前，该社副主编陈默同志与其他编辑来我家商谈同时出版，我早已声明不能同意。不知忽然又有这种劝说，现在究竟搞些什么？

我怕中国戏剧出版社，又不顾我的主张可能来和四川人民出版社磋商。如果有这类事情，请你告诉我，我将和他们直接谈判。作者的书应该由作者本人决定出版的地方。这是作者的权益，不能强勉。(《曹禺致李致书信》第 106、107 页)

2 月 10 日　为北京人民艺术剧院《舞台美术选集》作序。该书由中国戏剧出版社于 1983 年 8 月出版。序说："北京人艺的舞台美术家，是在丰沃的生活土壤里培植、成长起来的。他们为形成北京人艺特有的艺术风格贡献了他们的青春和精力。他们将继续创造，继续发挥舞美艺术的力量，把有限的舞台空间，推到无限广阔的天地中去。"

2 月 23 日　下午，致信李致。信说：

收到你两封信，并《书友》。

巴老十卷选集①修改本都已寄给你,我更应从速寄去《戏剧集》修改本。

这两天,我正在北京医院等候胆切除手术。不久,即把《日出》修改本寄四川人民出版社。我大约在北京医院医治一个月。以后或在上海疗养。你来信,请寄北京人民艺术剧院转给我。我出院后的地址,北京人艺会知道,转寄。(《曹禺致李致书信》第109页)

2月26日—3月3日 中国戏剧家协会第三届常务理事会第二次(扩大)会议在北京召开。曹禺出席并致开幕词。(《中国剧协第三届常务理事会第二次(扩大)会议在京召开》,《剧本》3月号,1982年3月28日)

是月 在《天津文史资料选辑》第19辑②发表《回忆在天津开始的戏剧生活》一文。经修改在3月14日《天津日报》发表。该文收入南开大学出版社出版的《南开话剧运动史料》一书。后收入《曹禺全集》第5卷。

春 应天津剧协邀请前往作报告。住在湖北路天津警备区招待所,在此两次接待赵大民,为《天津剧作》题写刊名,并题词"希望有更多新作品问世";为天津剧协写贺词(天津剧协恢复工作)。(《戏剧诗文选》第3卷第173、174页)

3月1日 因患胆结石在北京医院作手术,成功。(《北京人民艺术剧院大事记》)

3月8日 致信万方、万欢。信说:

我在上海生活很好,安静,偶尔散步。……你们素知爸爸最懒于写信,何况现在有时间,还要再次修改《日出》旧本,似略有进展。

……

现在爸爸仍到华东医院,继续治疗。(《没有说完的话》第338、339页)

3月13日 北京市人大七届六次会议召开,因病请假。(《北京人民艺术剧院大事记》)

是日 晚,看话剧《谁是强者》电视转播。(同前)

是日 陕西省戏曲研究院艺术顾问墨遗萍追悼会在西安举行。曹禺与周扬等发唁电并送了花圈。(《墨遗萍同志追悼会在西安举行》,《当代戏剧》1982年第4期)

3月14日 下午,夏淳、周瑞祥往北京医院看望曹禺。先生可下床行动,情况良好,精神也很好。与夏淳、周瑞祥交谈,对《谁是强者》的几位演员,在肯定的前提下,指出了一些应该提高或应该注意的地方。随后,又谈了他对一位曾访问过他的

---

① 原注:即《巴金选集》(十卷本),四川人民出版社一九八二年出版。四川人民出版社以一年的速度出齐,这在当时实属不易。

② 该辑封一显示:天津人民出版社,一九八二年三月;版权页显示:一九八二年二月第一版,一九八二年二月第一次印刷。有可能该刊是二月印刷,三月面世。

同志写的文章的看法。该同志于一年前访问过他一次,现在写了一篇访问记请他审看,说有刊物想发表。曹禺对此文很不满意。他讲道:有时有些同志访问他,交流中往往是很随便的。所以,他所说的一些话并不都是经过深思熟虑的,难免有不准确、不贴切之处。可是有的访问者往往就借用他的一些话来写文章,用以批评其他的研究曹禺作品的人。往往用一两句话就把别人费时费力研究出的看法给压回去。说曹禺是如何如何讲的,一句话就否了人家的劳动。这种做法是很不妥当的,先生常为此感到恼火。他认为这位一年前的访问者所写的文章也有这方面的问题,很不妥当。所以不同意发表,并给作者写了一封信,表明不赞成这种作法,但又怕信中火气太大,伤了这位访问者。于是拿出信稿让夏、周看,征求意见。夏、周对个别词句稍作了改动,对一些句逗顺序提出了一些调整建议。(《北京人民艺术剧院大事记》)

3 月 17 日　下午 3 时,田本相至北京医院看望曹禺先生。谈话间,田耕①等人前来看望曹禺,并就约田本相写《曹禺传》征询先生意见。(《苦闷的灵魂——曹禺访谈录》第 61—64 页)

3 月 24 日　致信田本相。信说:

读了你的信②,很想约你一谈。

但目前,我正校阅《原野》新本清样,大约在一星期内,可以弄完。那时,我可能已出院,回家了。

不久我将请你来谈。

我有空,便记一些我偶尔想到的人和事。等我见着你再讲。(同前第 294 页)

3 月 25 日　《戏剧电影报》社编辑委员会在北京成立,并召开第一次会议。曹禺任该报社社长。(《中国新文艺大系(1976—1982)史料集》第 894 页)

3 月 29 日　下午 3 时,田本相如约至北京医院北楼 205 室拜访曹禺。曹禺为了这次谈话,有"事先写好的提纲",谈往事、家事、朋友。还给田本相开列了一个可访问的详细名单,并逐一介绍了他们的情况。(《苦闷的灵魂——曹禺访谈录》第 64—89 页)

3 月 30 日　病愈出院。(《北京人民艺术剧院大事记》)

3 月 31 日　致电田本相。电话说:

---

①　时任北京十月文艺出版社总编辑。

②　原注:最早是中国戏剧出版社约我写《曹禺传》,我写信告诉曹禺先生,同时希望就如何写他的传的问题,向他请教。

……不久,我将去上海住一段时间。这样,你找我就不方便了,也就没法协助你了。

……

我去上海,北京的杂事太多。一方面,我想休息一下,一方面也想做些事,看能不能安静下来写点什么。如果你方便的话,有机会到上海出差,我会在上海的家里同你畅谈。那里有个好处,不像北京有那么多干扰,我盼望你能到上海来。(《苦闷的灵魂——曹禺访谈录》第 90 页)

是日 致函"中央戏剧学院财务科同志"。信说:"请把我的五月份工资①交给北京人艺张学礼同志或史群吉同志,我已于四月飞沪长期休息,学礼同志全代我处理一切。"(函件(写的便条)现藏于天津戏剧博物馆)

4 月 1 日 《剧坛》第 2 期刊载高长德《"少——多——少"——曹禺同志和天津人艺演员谈戏》一文。文讲,某日天津人民艺术剧院《闯江湖》剧组的导演和几位主要演员拜访曹禺情况。谈到演戏,曹禺讲:"我们的话剧走了几十年的写实主义道路,国外恐怕也是这样,尽管他们有各种流派,但终究还要走写实主义的路。要形于外、动于中,这是写实的东西。你们这次演得好,亲切、真实、不夸张。但是,要演下去还是值得深挖的。……梅兰芳做过很好的比方,少——多——少。这就是说,一开始没有深入,表演上东西少,后来以为越多越好,到了晚年他才认识到越少越好。这个少是精炼了。"

4 月 2 日 赴上海休养。(《北京人民艺术剧院大事记》)

是日 中国笔会中心在北京举行会员(扩大)会议,接收新会员 95 人,选举副会长 13 人。曹禺与丁玲、王蒙、叶君健、艾青、冯至、冯牧、朱子奇、刘白羽、严文井、陈荒煤、夏衍、萧三等 13 人为副会长。(《中国笔会中心举行会员大会》,《人民日报》,1982年 4 月 3 日)

4 月 8 日 致信李如茹。信说:

一口气读了你的戏! 这是一个十分感人的剧本。……你写了一曲歌颂光明与欢乐的诗歌! 你将会得到人们的认识,只要你长此用功,奋斗下去! 你是有才能的! 相信一个七十二岁老人的话吧!(《没有说完的话》第 362 页)

4 月 15 日 在苏州观看苏州市京剧团胡芝风主演的《百花公主》,并与苏州市京剧团的部分演员和干部进行座谈。会上,曹禺说:"我们到苏州来,看了苏州各方

---

① 曹禺 1980 年工资表显示,当时月工资 320.2 元。有意思的是:曹禺身为北京人民艺术剧院院长,却一直在中央戏剧学院拿薪水。可能是"历史遗留问题"。

面的文化,今天上午又看了苏州市京剧团的《百花公主》,确实给我们印象很深。……这个戏的现实意义,使我产生一些有积极意义的联想:我们的青年人应该向老革命学习。""现在北京、上海、天津,各大城市有那种所谓情节离奇剧,是'卖钱'的戏。这种戏无思想意义、无真实感、无深厚的人的感情,没什么大意思。而你们这个戏,很有内容,尤其是各位同志演得那么好,很不容易。"(《曹禺、赵寻、金山谈胡芝风主演的〈百花公主〉》)

4 月 18 日　在《人民戏剧》第 4 期发表《评论需要学识与胆识》一文。后收入《论戏剧》,《曹禺论创作》和《曹禺全集》第 5 卷。

4 月 21 日—5 月 10 日　在扬州出席文化部艺术一局、中国戏剧家协会、中国木偶皮影艺术学会联合举办的中国木偶皮影艺术部分省、市编导座谈会,并就当前文艺界的形势、党的文艺方针和如何繁荣、发展木偶皮影艺术问题作了讲话。(《中国戏剧年鉴 1982》第 46 页)

4 月 22 日　由李玉茹代笔致信田本相。信说:

收到您的信,曹禺同志十分高兴。知道您工作顺利,许多同志、老朋友热情为您提供资料,这使您的写作摸到一些线索。

曹禺同志来沪休养,较出院时好多了,只是年龄长了,恢复起来很慢,我希望他能在沪把身体彻底养好,为今后再多工作几年,打好基础。

信中谈到您可能五月中旬来沪,我们在上海欢迎您。(《苦闷的灵魂——曹禺访谈录》第 295 页)

4 月 23 日　为四川文艺出版社即将出版的《曹禺戏剧集·日出》作《重印〈日出〉后记》,1985 年 2 月出版。后收入《曹禺文集》第 1 卷。文说:

重印《日出》,我改正一些错字,作了较少的更动和删节。

……

我写剧本,素来冗长,经常犯话多、重描、场次繁……许多毛病。因此,每次演出,必须大作删节,才符合今天演出时间,大约两个半小时的要求。删节得恰当,确实看导演、演员与其它(他)舞台艺术家们如何下功夫了。

我写剧本,经常希望它像小说一样吸引读者坐下来读读,有点兴味。这自然是我的妄想,也许今后我改掉这毛病,也许我改不掉。我不赞同"书斋剧本",即只为了读,不为演的剧本。剧本还是为了演出写的。但如果它也能吸引读者翻翻,岂不更好么?

有一点请求,演出这个戏,还是不要乱动,(不是说不大加删节)。如果添上些不相干的东西,或硬加上与作者原意相违背的布局,结构和台词等,这就是"乱动"。

4月29日 为即将创刊的《中国文艺年鉴》题辞:"莫怀文章寸心知,自有群众鉴得失。"

5月10日 上午,北京人艺周瑞祥致电在上海的曹禺,汇报人艺接待原西德"曼海姆民族剧院"来访演出情况。(《北京人民艺术剧院大事记》)

是日 《新民晚报》刊载李葵南《曹禺谈芭蕾舞剧〈雷雨〉》一文,该文是李葵南请教曹禺先生而作。后收入《曹禺全集》第7卷。

5月13日 致信万欢。信说:

> 前日李致同志来说你曾信询峨嵋(眉)山之游,暑期畅游四川仍在你思虑中,可知你尚不至于病痛。虽从客人得知你的一点消息,我也宽慰不少。

> 我在沪仍每日修改旧作……独你们常未来信,惦念不已,耿耿于心。(万方提供)

是日 为中央戏剧学院编剧干部进修班毕业班题写条幅:

用心读书,认真工作。

要说真话,做一个有益于人民的人。

书奉 中央戏剧学院编剧干部进修班同志共勉。

曹禺 1982 年 5 月 13 日

5月16日 出席上海市文化局为西德曼海姆民族剧院举行的招待会。(《北京人民艺术剧院大事记》)

5月17日 文化部和中国戏剧家协会联合举办第一届(1980—1981)全国话剧、戏曲、歌剧优秀剧本评奖,在北京首都剧场举行颁奖大会。(《剧本创作的新收获——全国优秀剧本评奖侧记》,《剧本》6月号,1982年6月28日)本届评委会由28人组成,曹禺为主任委员,张庚、陈白尘、吴雪、胡可、凤子为副主任委员。(《1980—1981年全国话剧、戏曲、歌剧优秀剧本评奖委员会名单》,《中国戏剧年鉴1983》第86页)

5月21日 在上海复兴中路1462弄3号李玉茹家中接受田本相访问。田先生此行系专程赴上海收集《曹禺传》资料。据田本相记述:"这是一座三层小楼,自家独住。一进门,就是一间大厅,颇为宽敞。先生从楼上下来,望上去,他的身体好多了,精神颇佳,谈吐甚好。我们稍微说些寒暄的话,先生就说,这里不安静,我们还是到楼上去谈。这样,就到二楼,他的书房里。事先,我同先生说好录音的,他早就把一台录音机放在桌子上,等我把录音准备工作做好,便开始了长谈。"(《苦闷的灵魂——曹禺访谈录》第91页)

5月26日 下午3时,在上海家中二楼书房接受田本相访问。(同前第103页)

是日　下午,周瑞祥致电在上海的曹禺,汇报纪念建院 30 周年活动安排。(《北京人民艺术剧院大事记》)

5 月 28 日　下午 3 时,在上海家中接受田本相访问。这是田本相一周内第 3 次访曹禺,谈了许久,谈了很多。据田本相记述:

> 这次谈得兴致勃勃,但谈到最后他是太累了。确实我也不忍心了,但他却仍然坚持谈下去。最后他开玩笑地说:"你把我的东西都挖得差不多了,能否写好就看你自己,也靠你自己了。"……(《苦闷的灵魂——曹禺访谈录》第 116 页)

> 同曹禺先生这样集中的谈话,以后是再没有过。在这 3 次谈话中,使我更接近了他的灵魂。但是,我也坦白地说,由于我的水平,由于我访问的经验不足,更由于我的无知,未能把他心灵中的宝贝引发出来。越到后来,我似乎越感到这点了。但是,他的身体,再也不允许我再作这种刨根问底的追索了。

> 但是,也必须说,在上海的一个星期的时间,给我留下了最美好的回忆!

(同前第 141 页)

是月　金山、赵寻至曹禺上海家中,讨论文汇报评奖活动发言稿。据曹禺文述:"记得去年五月文汇报举办评奖活动时,金山同志和赵寻同志到上海去祝贺,在我家里讨论发言稿时,我们认为群众性的评选活动是促进艺术繁荣的好办法。戏剧、电影、电视剧都是演给观众看的,归根到底,人民是评价一部作品价值的最高权威。"(《热烈的祝贺,真诚的希望》)

是月　在《舞台美术与技术》第 2 期发表《重视舞台美术在戏剧艺术中的地位——在中国舞台美术学会成立大会上的讲话》。讲话说:"多年来,我们对同志们的成就认识是很不够的。现在可以说,没有舞台美术就没有戏剧。不是光有几个导演、几个演员就能演出一个戏了。"

是月　连环画《王昭君》由陕西人民美术出版社出版。封面显示:《王昭君》,原著曹禺,改编褚福章,绘画王重圭、庞先健、赵秀如、钱尔成。版权页显示:陕西人民美术出版社出版,陕西省新华书店发行,64 开本,印数 1—16 000,定价 0.23 元。

6 月 1 日　在上海致信周瑞祥并附致阳翰笙、李伯钊邀请信①。给周瑞祥信说:

> 挂号信收到,遵嘱写的给翰老、伯钊同志信,奉上。如不妥当,请在上面修改寄来,我再抄寄。

---

①　系邀请阳翰笙、李伯钊参加 11 日北京人艺院庆纪念大会的邀请信。

我院 30 周年纪念,我因病不能参加,实感遗憾。你们各位同志十分辛苦,30 年工作,尽心尽力,为北京人艺做出了成绩,应该充分估计,大大庆贺。然凡事总在盈满中易保守,易退步。好话听多,可以鼓舞人心,也可生骄满情绪,似不可不防。我们相处 30 年,相知也深,相爱也切。

知道我院各事都欣欣向荣,在奋斗中日见成就。衷心喜悦,不可言喻。谨祝北京人艺所有同志们胸怀大志,宽阔眼界。今日之成就与来日之功绩,不过是沙丘与泰山之比。我们现在应该庆贺,但更可庆贺的,是我们无限的将来!

　　　曹禺　　1982.6.1 上海（《北京人民艺术剧院大事记》）

6 月 4 日　下午,夏淳、周瑞祥到阳翰笙和李伯钊家中,当面转交曹禺的信,并郑重邀请他们参加纪念会并讲话。两位老领导均欣然允诺。（同前）

6 月 7 日　致信李如茹,信说:

《戏剧动作浅探》读完。

题目恰当,内容还扎实。《动作与意向》一段,说得精辟,但细节的重要性似有夸张。

整个论文是好的,自然,没有掉书袋气。

你写了"戏"（《凤凰》）,作为初写长篇者,是上上作,又写了这样一篇论文,很精致、准确、逻辑性强。（《没有说完的话》第 363 页）

6 月 7 日　北京人艺以曹禺、刁光覃、夏淳、于民及全院同志的名义,致信邓颖超,向她汇报剧院纪念建院 30 周年情况。（《北京人民艺术剧院大事记》）

6 月 8 日　就院庆事宜再次致信周瑞祥。信说:

来信敬悉（指 7 日寄给他的信,汇报纪念会邀请领导同志的情况,并请他审阅由周瑞祥起草的刁光覃代表他在纪念会上的发言稿）。

纪念会上刁光覃同志的讲稿已读过,我看很好。想不出可以修改的地方。

请哪些位领导同志,我都同意。见着习总①、乌兰夫同志,尤其是邓大姐（万一她能来的话）,务请再三致意。其他各位领导以及同行、朋友与前辈们均烦一一问候。

你们辛苦了! 30 年工作确是尽心尽力的。稿中提得全面,行政人员、前台工作人员、各行艺术家,以及中青年人才都提了。是否可以提一句我院各方面工人的贡献呢? 没有他们,我们的艺术力量将无从发挥。他们是很辛苦的。看看有否恰当地方热诚地提一下。我的意见,仅供参考。看得出撰写此稿已

① 系指习仲勋同志。

费了很大的精力了。在其它会上表示我们的敬意也好,请斟酌。

我真是想回京参加纪念会的。但是,反复考虑,我的病与写作计划都不允许我北归。一到北京,公事私事,纷至沓来,我将支撑不住。我总感到时间不多,要追回我浪费的许多光阴。我还是不回去了,请向阳翰老解释一下,感谢他对我多年的关怀。

请向刁、夏、于和所有的艺术家、行政人员、前台、作者和各方面的工人同志们致敬意。是他们一步一步走过北京人艺 30 年的,真是由衷的尊敬,由衷的感激啊!

曹禺　1982.6.8 下午,刚刚收到来信后(同前)

6 月 10 日　致信万方。信说:

我以为人生只此一次,不悟出自己活着的使命则一事无成,势必痛悔为何早不觉悟,到了一定的年龄便知这是真理。

这几年,我要追回已逝的时间,再写点东西,不然我情愿不活下去。爸爸仅靠年轻时写的东西维持着精神上的生活,实在不行,但创作真是极艰苦的劳作,时常费日日夜夜的时间写的那点东西,一遇到走不通想不通的关,又得返工重写。一部稿子不知要改多少遍。当然真有一个结实的大纲与思想,写下去只是费时间,倒不会气馁。

最近读了《贝多芬传》,这位伟大的人激励我。我不得不写作,即便写成一堆废纸,我也得写,不然便不是活人。

我一生都有这样的感觉,人这个东西是非常复杂的,又是非常宝贵的。人,还是极应当把他搞清楚的。无论做任何事情,写作、做学问,如果把人搞不清楚,看不明白,这终究是一个极大的遗憾。

爱因斯坦说"热爱是最好的老师"。他说自己一生的成就都得益于此。我想加一句:"着迷是最好的朋友。"

希望你能真正在创作中得到平静快乐的心情。(《父亲的信》)

6 月 11 日　北京人民艺术剧院在北京首都剧场举行建院三十周年庆祝会,曹禺委托刁光覃代他出席并讲话,邓颖超与乌兰夫,万里、习仲勋、谷牧、邓立群、周巍峙等应邀出席。(《北京人民艺术剧院欢庆建院三十周年》,《人民戏剧》第 7 期,1982 年 7 月 28 日;《北京人民艺术剧院大事记》)

6 月 12 日　北京人艺建院 30 周年纪念日。剧院印制了由曹禺作序的纪念画册。序文题为《纪念北京人艺建院三十周年》在《戏剧论丛》第 2 辑发表。后收入《曹禺全集》第 6 卷。

6月16日　致信李致。信说：

有两件事，需麻烦你：

① 我前一阵，寄旧剧本的修改本和信给蒋牧丛同志都无回复。我怕万一邮失，又去查。若丢了，即便太可惜。务请告牧丛速回信，收到哪些本子和信？我曾请他提意见，也未见复。

② 我的女儿万欢放暑假，她将来成都，并游峨眉、乐山等地。她无处住。你能否介绍一个地方住？不需要钱，更好。要钱，就得少一些。她是学生，简陋点，是无妨的。她吃食自备。请你想个办法，立刻告诉我，或介绍另一个朋友，我再写信去。

……

我正在改写《桥》，在上海有材料，有些好意境，似乎今年年底，这部新剧本可以完成。但需要安静与时间，不能受干扰。因此北京人艺 30 周年纪念，我不参加，全国文联的会，也不去开了。其余《明朗的天》《王昭君》《胆剑篇》，因无需大动，暂放下。但如急要，我放下《桥》的写作，即把这三本东西略事修改，寄去。（《曹禺致李致书信》第 114、115 页）

6月20日　致信李致。信说：

我去了几次信，都未见复。

我只是急于想知道前几次航寄的书与信，究竟收到与否？"文化生活出版社"的几个旧剧本约五本，《雷雨》《日出》《蜕变》《家》与《北京人》，都费点精神修改的。遗失了，不只可惜，是我再无精力做修改了，请务必复信，以慰下怀。

现已仔细读完《王昭君》，只改一处。即《献辞》中第一行"感谢华主席和华主席为首的党中央……"，把"华主席和以华主席为首"的字样删去，改为"感谢党中央"，就成了，即可发排。我就不寄《王昭君》的修改本了。

前托寄来《胆剑篇》简装本两本来，不知何时才寄到上海？来了，即修改，寄去。我已觅得《明朗的天》，不久也修改寄去。

我正在写《桥》，前半（前两幕）也要大改动一下，好与此时准备写出的后半协调。我不参北京人艺卅周年纪念，也不开全国文联的会，只为了专心致志写这本《桥》。现在正收集资料，写片断，想结构中，确有些吃力。我答应给《收获》发表。但写成此稿，今冬未必能脱稿，大约从现在起不断写，明春末可成。我很喜爱在《文艺复兴》杂志发表的旧稿两幕，那是用了极大精力、体验生活、收集资料写成的。因此，如印成为书，希望在新剧本后，附印登在《文艺复兴》上原来的两幕，不知可否？

此外,我希望你们能帮我收集一些资料。因《桥》整个地点是重庆。重庆在 1943 年(也不一定限在 1943 年左右,只要四川的各种报告文学、生活琐事,街头巷尾的生活小书都要。)前后的世态、风俗、言语、袍哥的用语和生活、各种小(吃叫)卖声,滑干(竿)上路,前呼后应的行话,孔祥熙或其他要人的贪污案件(案件大,已被进步报纸披露,却又被蒋家王朝草草了事,但为进步人士大加攻击的丑闻种种)⋯⋯又如重庆或上中等人住的房屋(在嘉陵江边的)与在歌乐山上的最讲究的别墅或南岸山上孔祥熙与四大家族为他们自己盖的最阔绰的别墅,或为他们的情妇添置的别墅,这些别墅详细描写或他们如何豪华的布局与他们生活与排场。

我已有的这种种材料,都不够,需李致兄牧丛同志大力帮助收集。

我听说重庆文史资料有这类材料,成都文史资料,也未常(尝)不可。但这类文史资料不可能借出。还是要收罗那些街头小店的书籍,小通讯。最好,能找到这段抗日时期的小说,描写重庆或成都的小说、报告文学均可收。画报更好。

如不能收集,不能寄来,可否告我这些材料的名目,哪个书店出版?我好在上海去找。(《雾城斗》一书,我已看,这类解放前地下斗争的书,我不大须(需)要。)在成都的四川抗日时期的生活、风俗、习惯,也未常(尝)不可。(**《曹禺致李致书信》**第 119—121 页)

6 月 21 日　致信李致。信说:

我托你代为收集资料种种,这只可当作闲话,万不可当真,你们的事如此忙迫,我还在加重你们的负担,这确是太不成话。其实这些资料,我可以找上海的四川朋友寻问。巴金老了,且忙。实在无办法,我找他托人帮我,也不难的。(**《曹禺致李致书信》**第 123 页)

6 月 26 日　下午,在上海复兴中路 1462 弄 3 号李玉茹寓所。接待来自天津的洪忠煌和吴立冈,二位年轻人向先生请教话剧史的有关问题。谈话经洪忠煌、吴立冈整理,题《曹禺同志的谈话》,刊于 2006 年《曹禺研究》第 3 辑。

7 月 3 日　致信万方。信说:

我最近又问了李小林,如你最后一次把小说按《收获》编辑的指示,再次修改一遍,定可登载。要删改那些"自我叙述,感情不恰当的地方",我听不明白。大约你会明白的。

不怕改!不怕两三遍地改,十几遍地改。美国一作家,拿出一部小说之前,他改了二十四遍。到了二十五遍,拿出来,他还要在校样上大改。耐性与韧性,百折不回的精神对你万分需要! 我相信你的才华。但一定要不怕折磨!"大器晚成!"万不丧气。偶有挫折,便感到一无是处,自己一生都完了! 这是软弱的人,没有出息的人的软弱表现。天下事只有干到九十九分,还差一分时,还得拼命攀上这"一分"。这"一分"往往比登天还难,比过去"九十九分"时用的劲,还要多得多,还要苦得多。这就需要坚强! 需要信心! 需要无限量的自信! 你是有前途的,我的孩子,我的好方子!

你的毛病就是"浮",不重! 不要图快,图轻省,不要以为现在只是人事关系。你真是作家,读者、编辑就承认你。爸爸认为你是有才能的,文字掌握得较好的。连李伯伯都说你'有才能',他这样忙,大约看了你的稿子,才对我说这句话。你要苦干哪!(《没有说完的话》第320页)

7月13日 致信万方。信说:

金山同志逝世,我非常痛心。……真是太可惜了,太可悲了!

……

方子,你一定要认真地干,用心用力地写! 天才是"牛劲",是日以继夜的苦干精神。

苏雷已写了两篇小说,更是可喜。劝他投稿。但事前,必作充分准备:一,再改它十几遍……二,不怕退稿。Jack London(杰克·伦敦)的勇气、志气与冲天干劲,百折不回的"牛劲"是大可学习的。……三,你们还要观察,体会身边的一切事物、人物,写出他们! 完全无误,写出它们的神态、风趣和生动的语言。不断看见、察觉出来那些崇高的灵魂在文字间怎样闪光的。你们必须有一个高尚的灵魂! 卑污的灵魂,是写不出真正的人会称赞的东西的。

我的话……绝不是给木头人,木头脑袋写的。(《没有说完的话》第322、323页)

7月18日 在《人民日报》发表《广播剧是大有前途的》一文。文后附:这是曹禺同志为《广播剧选》写的序言,标题是本报所加。题为《特殊的魅力——〈广播剧选〉序言》,刊于26日《广播节目报》。后题为《〈广播剧选〉序言》,收入《曹禺全集》第5卷。

7月26日 致信万黛。信说:

最近我身体逐渐好转,每日练操,游泳,已是常态,还是不必忧虑的。

……

我在京事多,开会见外宾,听报告,主持一定的工作,写短文,见记者等等。由晨七时到夜十二时才可入寝。

为了避免这些事,我出院后即由京飞沪。京中事均托人办理。

我在沪已养了三个多月。此地朋友虽多,均未访问,我只见了巴金老友一人。探望我的人极少。我现在定下心,专力写作。过去三十余年多浪费过去,今日定将有生之年,做自己力所能及的创作。同时整理旧稿,预定至晚明年底,或后年初,出一个全集(戏剧)。上海天气今年较凉爽,伏案久了,便立起休息。尽管年事看高,我已七十二,然体力尚能支持。工作进行比较缓慢,总在日日进行。龟步虽缓,想终能走到目的地的。

希望再能活十年,若能写出一、二好东西,对祖国、人民和党稍有贡献;我深深爱着我的国家和人民,那么,我在'死'终于来临之前刻,我也许不会感到那样惭愧,那样内疚。

因此,北京人艺三十周年纪念会,及各种会议我都未返京参加。我的工作只是搞一点创作,其他事情都不是我的能力所及。

……

日本戏剧界与日中文化交流协会过去请我赴日,我都未成行,今秋又来邀请。是否赴日? 仍不能下决心。赴日十天访问,但前后总需一月。目前常感时日不多,屈指可数。除非组织决定要我赴日,我不能推辞。不然,似仍以不去为宜。

前两天金山同志晚七时脑出血,翌晨四时故去。他是一个极好的同志,他不知如何安排工作,终于未能竟其愿。我很悲痛,也为国家痛惜失去这样的人才。

你们夫妻到华盛顿一游,如见着柴大使,请为我问候。你们都应注意健康,万不可疏忽大意。你们是医生,当比我了解得多。(万昭提供)

8 月 16 日　致信田本相。信说:

我提起法(国)莫洛亚写的传记,只是为您参考,并非请您学他如何写。我以为无妨广泛读一些东西,受一些能吸收的有益的影响。硬学往往失去自己的风格。您在创作中,文笔很好,有特色。

最近我读了您写的关于我的剧本的书,我受益很大,指出的缺点,有些是很对的。我要注意。我惭愧,费了您许多精力,其实,我的那些东西,不值得下这样大的功夫。

我读了莫洛亚的《三仲马》,不大喜欢。我以为那位大仲马的父亲十分可爱,他的子孙,尽管很出名,但大不如他们的第一代。

也读了莫洛亚的《雪莱传》,似乎这本比《三仲马》好些。

……

现在正在续写过去的《桥》，但不想写工商业者，还是写知识分子，比较知道一些。但体力大不如前，工作很慢，有时对自己很失望。我总在为自己找点道理，鼓起勇气，继续写下去。（《苦闷的灵魂——曹禺访谈录》第295、296页）

8月20日　据北京人艺记述："今天接到全国剧协来函，内称：全国剧协将于今年10月派戏剧家代表团访日。由曹禺任团长，蓝天野为代表团成员，日方特邀朱琳随团访问。代表团于10月20日启程，时间两周。接函后即由办公室通知了本人。"（《北京人民艺术剧院大事记》）

是月　由曹禺作序，北京人民艺术剧院《艺术研究资料》编辑组编辑的《攻坚集》由中国戏剧出版社出版。书中收入曹禺《郭老活在我们的心里》、《我的生活和创作道路——同田本相的谈话》二文。

是月　《北京艺术》第8期刊高瑜访问记《沉睡中的唤醒——曹禺谈〈原野〉》。文分"历史上一直被看作是'关门戏'""与闻一多先生终生难忘的合作""我的戏一贯很浓，《原野》尤烈""为什么起名为《原野》?"和"睡了四十年，这次确实醒来了!"几部分，曹禺给与一一解答。

是月　去上海治病。（《北京人民艺术剧院大事记》）

9月1日　上午，专程由上海抵安庆，出席全国中青年话剧作者读书会开幕式，并致开幕词。晚，与读书会的剧作者们一起收看十二大开幕式的实况转播。（《记中青年话剧作者读书会》;《全国中青年话剧作者读书会在安庆举行》，《黄梅戏艺术》1982年第1期）9月19日《人民日报》题《中青年话剧作者读书会》报道了这次会议。

曹禺开幕词题《在全国中青年话剧作者读书会上的开幕词》在11月15日《戏剧界》第6期发表。曹禺说："我们这次读书会正好是在党召开第十二次全国代表大会期间。十二大是具有伟大历史意义的一次大会，标志了我国历史发展的新的转折，是党和祖国的新的希望，我们热烈地祝贺十二大的召开。在这次代表大会上，胡耀邦同志要作重要的政治报告，这是一份党的重要文献。在这次读书会上，我们要认真学习这个重要的报告，领会报告的精神实质，并以它来指导我们的思想和行动。我们要反映伟大的时代，完成党交给我们剧作者的历史使命，让戏剧在促进四化建设和建设社会主义精神文明方面发挥更大的作用。"

9月5日　给参加读书会的剧作者讲课。"他诚恳地倾吐了自己的肺腑之言，生动具体地介绍了自己的读书的历程，从中外名著中吸取丰富营养的经验，详细介绍了《北京人》由生活到典型的创作过程。"（《记中青年话剧作者读书会》）曹禺讲稿经整理，以《和剧作家们谈读书和写作——在中青年话剧作者读书会上的讲话》为题，在10月28日《剧本》10月号发表。后收入《曹禺全集》第5卷。

9月9—14日　台湾"财团法人两岸关系文教基金会"在台北国立中正文化中心演出曹禺的《北京人》,编导姚树华,演员:刘明饰思懿、陈慧楼饰曾皓、叶雯饰愫方、刘伟明饰文清、邓智鸿饰袁任敢、谭宗尧(北京人艺特邀)饰江泰、丁也恬饰文采、姚黛玮饰袁园、张凤书饰瑞珍、徐天祥饰曾霆。(台北演出海报)

9月10—15日　日本戏剧家内山鹑为导演《日出》专程来华访问。访问期间,观摩了北京人民艺术剧院演出的《日出》,并与《日出》剧组的导演、演员、舞美工作人员等分别进行了座谈。(《中国戏剧年鉴1982》第54页)

9月11日　据曹禺说:"前天,我跟《安徽日报》的一位记者谈心,因为看了工厂,又看了农村,觉得到处是朝气蓬勃。我对他说,我想起了唐朝诗人王勃在《滕王阁序》里写的八个字:'物华天宝,人杰地灵。'"(《探索人生,追求真理——曹禺同志九月十三日接见安庆市文艺工作者时的讲话》)

9月12日　于安庆致信王余[①]。信文如下:

读了你的信,致玉茹信,那天坐(座)谈会的我的发言记录稿。

我十分高兴。

西藏族神话舞剧《卓瓦桑姆》给我极深的印象,我以为这是藏族同胞在近几年来发展藏族文化的高峰,是应当受到全国人民的赞美的。

不料我这时,忽在川忽在皖,现在安庆才受(收)到这封信,那篇发言记录我已拜读,似乎没有什么可改动的。

寄上,如果不用,就拿去发表吧。

很抱歉,耽搁许久。

敬祝

安好

曹禺

1982.9.12　安庆

衷心预祝你们在香港演出《卓瓦桑姆》舞剧获大成功!

9月13日　在安庆会见安庆文艺工作者并讲话。讲话经"黄旭初根据录音记录整理"题为《探索人生追求真理——曹禺同志九月十三日接见安庆市文艺工作者时的讲话》载《黄梅戏艺术》第1辑。

在讲话中,曹禺说:"你们市文联主席耿龙祥同志,称我为'大师',大作家,这不对。我既不是大师,也不是什么戏剧的大作家。老实说,我只是一个普普通通的写

---

①　时为中国作协四川分会专业创作员,舞剧《卓瓦桑姆》作者。

作的人。""我们这些在文艺工作岗位上能够做点事情的人,是中国土地上的'佳种',我们应该有一种深沉的灵魂。有灵魂的人,必须想到将来要干什么? 想到祖国要干什么? 认得这张嘴不仅仅是为了吃饭和说话而长的,这张嘴是为了说明我们心中的思想甚至理想的。这样,我们就会觉得活着的意义大一些。"

9月15日 下午,《戏剧界》编辑部邀请出席全国中青年话剧作者读书会的部分同志,在安庆马山宾馆进行座谈。曹禺与凤子、严青、兰光、陈冰夷、颜振奋、杨哲民、柏松龄、房子、邢益勋、宗福先、汪义群等出席,并讲话。(《鼓励·鞭策·希望》,《戏剧界》1983年第1期)讲话题为《重视编辑工作,办好戏剧刊物——在〈戏剧界〉编辑部召开的座谈会上的讲话》在《戏剧界》1983年第1期发表。后收入《曹禺全集》第5卷。

9月17日 离开安庆并寄语读书班的作者。据报道:"9月17日,曹禺同志离开安庆时,语重心长地对作者们说:'你们是很有前途的,都是有成就的,但希望你们还要多写,各种各样的东西都要写,话剧、电影、小说、散文……写了还要认真地改。要多写,多改。希望你们再接再厉,写出更多更好的作品,贡献给人民。'"(《记中青年话剧作者读书会》)

是月 河南豫剧院三团进京演出《朝阳沟内传》。特致信编导杨兰春,信文如下:

> 杨兰春同志:
>
> 早听说《朝阳沟内传》。十分想看,很应该看。
>
> 但是,我现在正不舒服,心绞痛。同时,还要做出国的准备,实在无力看个好戏。写此庆贺
>
> 河南豫剧院三团各位同志的成功!
>
> 兰春同志你又编导出很好的戏来!
>
> 曹禺 八二年九月(《戏曲编导杨兰春》第65、66页)

是月 在安庆接待参加全国中青年话剧作者读书会的"小孩子"江婴,指点其写作。后江婴写了《憋得发蓝的眼睛——忆曹禺对我的一次教诲》一文,在1983年《戏剧界》第2期(三月、四月号)发表。

是月 《曹禺戏剧集》之《原野》卷,由四川人民出版社出版,书前印有出版预告:"我社将在1983年曹禺从事创作50周年以前,陆续出版下列著作:《雷雨》《日出》《原野》《蜕变》《北京人》《家》《桥》《明朗的天》《胆剑篇》《王昭君》《独幕剧集》《论戏剧》。"

是月 《中国文艺年鉴1981》在北京创刊,中国文艺年鉴社编,文化艺术出版

社出版。收入曹禺《戏剧创作漫谈》一文。

10 月 6 日　致信万方。信说：

孩子，你不老，不要因为看电视中一个镜头，就觉得容颜变了。这是自然的规律。现在爸爸上楼必经人扶着加上拐杖才行，这是生理的"老"。我不是唯意志论者，但我仍以为人要有一股劲，一股令敌人丧胆、令亲人奋起的那股勇气。我抄一句摘自小说上的话给你看：

"雄心不取决于年岁，正如同青春不限于黑发，也不忍随着白发而消失。"

……

世上就是有"为理想，为信念"的人！！多数人是浑浑噩噩的，混日子，自私自利，不好不坏的普通动物。再有，就是你们这几个"小家伙"，自以为懂得今日社会的某些黑暗，与一些可鄙可悲的小人，自以为这个社会，再变得好，也不过如此，因为"人"就是那么一种不可救药的无耻魂类。

我看你们这种想法是错了的！甚至是大错！只要想想你们这三个可爱的小朋友能如此畅谈心腹，你们就不相信有好人？推而广之，就是不相信世上有种雄心壮志的人么？你觉得你的'知音'少，难道后一种人，就会跟你们一样无知音，无朋友，无一群想共同改造世界的人么？你们遇不着，只因为你们视野太窄！而且真有傻瓜似的真英雄一不善于言论，二即便能雄辩，你们也难碰得着。（《没有说完的话》第 325—327 页）

10 月 8 日　晚，秘鲁部长会议主席曼努埃尔·乌略亚·埃利亚斯在人民大会堂举行答谢宴会。曹禺与谷牧等出席宴会。（《乌略亚主席举行答谢宴会》，《人民日报》，1982 年 10 月 9 日）

10 月中旬　就《雷雨》改编，孙道临赴京拜访曹禺。据孙道临文述："十月中旬，我到北京拜访了曹禺同志，他很爽快地同意了。但怎么拍？我提出两个方案供考虑，一是采取舞台纪录形式，一是尽可能电影化。曹禺同志赞成后者，他认为采取舞台纪录形式没大意思，不如不拍。""他说：改编是一种再创作，何况这部作品已发表了数十年，早已不是我个人的，而是属于社会的了。你大胆去创作吧！"（《谈〈雷雨〉的电影改编》）

10 月 13 日　收到北京人艺同志们的签名画册后，致信蓝天野。信说：

你费了精神，同志们也费了精神，一笔一画，凝聚着盛情与往事。一生来，得友人赠书不少，然这两本纪念画册是和我的生命相连在一起的。

我感谢北京人艺的朋友们，朋友们的心似乎就在这些册页里怦怦地跳着，你想，我怎么能不感动啊！（《附：曹禺给蓝天野的两封信（二）》，《倾听雷雨》第 70、71 页）

10 月 16 日　中国现代文学馆筹建处于北京万寿寺西院正式成立。曹禺与周扬、贺敬之、华楠、王政柱、刘导生、张大中、刘白羽、艾青等前往祝贺。(《中国现代文学馆筹建处正式成立》,《人民日报》,1982 年 10 月 17 日)

是日　中华全国台湾同胞联谊会的会刊《台声》第一次顾问和编委会会议在北京举行。曹禺与丁玲、王蒙等知名人士为该杂志顾问。(《〈台声〉杂志明年元旦问世》,《人民日报》,1982 年 10 月 21 日)

是日　致信巴金。信说:

今晨参加"现代文学馆筹备处"建立典礼,乔木、周扬、朱子奇、罗荪、艾青、王瑶等都来了,部队方面,有总政部主任、后勤部方面,市里刘导生、房管局单位等,各新闻机构与电影记者也参加。

由乔木同志亲手挂牌,摄了影。大家巡视全地一周。这个馆包括万寿寺全部,规模很大。乃慈禧的休息行殿与佛寺并在一处的庭院,前后约有十进,亭台楼阁、木、石、花、草都有,但都败落。如修葺好,乃世界少见的中国民族形式的"文学馆"。

乔木主持三方(军、市、作协)的交接、定界的会议,大家决定两星期内作好协议书,要符合原风景区要求,与文学馆现代设备的需要,一切办法,今后处理,将作汇报给乔木,再定下以后的计划。据说井上靖与日本当代文学馆馆长,将于明年来京访问此馆。看来,我国现代文学馆将尽量早些修葺、改造成功(有一条:保证原样,不得建筑西式大楼,改动了已有的风格)。

罗荪说,已于前日向你电话讲得仔细。

我看地点好,已有的格局与民族风格房屋、庭园,很有味道。这件事是正式地上马了,大家都很高兴。此事即作宣传,想明日即会见报,香港大公报与新华社有报道,你会看见的。我将于廿一日飞日,十一月四日归来。(《曹禺巴金书简》)

10 月 19 日　为提高《中国文艺年鉴》编辑水平,以适应文化艺术事业发展的新形势、新局面,文化部举行座谈会。曹禺与周扬、朱穆之、刘白羽等 40 余人参加,并在《签名录》上签名,在会上发言。曹禺说:

多少年来,我们就缺少这类书。

中国的文学艺术,在今天是全世界的事。我们到过几个国家,可以说,每到一个国家,他们对于最近发生的中国文学艺术方面的问题,都很清楚。比如关于《假如我是真的》这出戏,我刚到瑞士,瑞士东方研究院的人就跟我谈东谈西,谈得非常仔细,问的问题也相当尖锐。所以我们有这样一部书,是很容易解答这些问题的。特别是《年鉴》上有一篇胡耀邦同志的讲话，对这些问题的解释是比较清楚的。我到美国去也是这样。我倒不是说能解答所有研究中国现代文学专家们的问题，而是说我们应该有这样一本书。这本书能够使我们把我们的意见很真实地拿给全世界看，这是非常重要的。(《文化部召开的〈中国文艺年鉴〉座谈会发言纪要》,《中国文艺年鉴 1982》第 265—268 页)

10 月 20 日　致信李致。信说：

> 感谢你和四川人民出版社托牧丛飞京带来《原野》，得到新书，十分喜欢，装桢(帧)美、大方，印刷讲究，插图有几幅很好。
>
> 即将赴日，十一月四日即返京，玉茹和我同行。(《曹禺致李致书信》第 125 页)

10 月 21 日—11 月 4 日　应日本日中文化交流协会邀请，率中国戏剧家代表团于 10 月 21 日离京赴日本访问。(《中国戏剧家代表团赴日本访问》,《人民日报》,1982 年 10 月 22 日) 此行得到日本戏剧界的热情接待，观看演出，出席座谈会，日程排得很满。曹禺会见了《日出》的日译者内山鹑，还有许多日本的曹禺戏剧研究专家。

其间，代表团访问了正值纪念创立百年的早稻田大学，并在早稻田大学发表讲演；在东京宝冢女子艺校观看学生演奏民乐；在京都岚山拜谒周恩来诗碑；拜访日本诗人、剧作家木下顺二；看望日本著名女演员山本安英，她曾表演木下顺二剧作《夕鹤》千场以上；拜谒中岛健藏墓；日本友人松岛壮在静冈露西亚餐馆宴请中国代表团。(《1982 年戏剧日志》,《中国戏剧年鉴 1983》第 60 页)

10 月 22 日　千田是也等日本同行在东京俳优座剧场招待曹禺等。并设生鱼宴招待代表团。(《曹禺》画册第 106 页)

10 月 25 日　上午，与吕复、朱琳、蓝天野出席日方安排的一个日程，商谈邀请《茶馆》访日演出事。并请代表团回国后向中国演出公司及有关方面转达他们的邀请，促其实现。日方参加人员：千田是也、杉村春子、村冈久平，以及民主音乐协会代表、日本松竹株式会社代表和"中国话剧《茶馆》上演委员会"代表西田辰雄等。(《北京人民艺术剧院大事记》)

是日　东京的日本同行举行酒会，欢迎中国代表团，曹禺致祝酒词。祝词题为《三访日本》在 11 月 3 日《光明日报》发表。收入《中国戏剧年鉴 1983》和《曹禺全集》第 6 卷。

10 月 28 日　在《剧本》10 月号发表《和剧作家们谈读书和写作——在中青年话剧作者读书会上的讲话》。收入《中国戏剧年鉴 1983》,《论戏剧》,《曹禺论创作》和《曹禺全集》第 5 卷。

10 月 28—31 日　美国密苏里大学戏剧系学生在密苏里州堪萨斯城表演艺术

中心演出曹禺的《家》,英若诚导演。8 月,英若诚应聘赴美国堪萨斯市密苏里大学任客座教授。他把曹禺据巴金同名小说改编的四幕剧《家》译成英文,作为该校戏剧系学生实习排演剧目并亲自执导。此剧被誉为是"西半球的首次演出",该校戏剧系推出的"一部舞台力作"。(《从在美国排演〈家〉想到的》;肖纪:《美国人演〈家〉》;王育生:《美国演员是怎样排练〈家〉的——访戏剧家英若诚》)

据美国密苏里大学校长乔治·A·罗素致王炳南①信:

……英先生在来美国前已完成了曹禺所著的《家》的英文译本。在他的导演下,我校学生于 10 月 28、29、30、31 日演出了该剧。演出获得巨大成功,受到广大观众热烈欢迎。从首都华盛顿,富布赖特基金会的代表们特地赶来堪萨斯城观看演出。《家》的演出录像带,将于 1983 年初在有线电视上播放。(转自《北京人民艺术剧院大事记 1983》)

10 月 30 日　在《戏剧论丛》第 2 辑发表散文《纪念北京人艺建院三十周年》。

10 月 31 日　在日本,率代表团参观鉴真和尚寺庙,并同庙堂住持和尚谈话。

(《曹禺》画册第 111 页)

是日　在《戏剧电影报》发表《对中青年剧作者的希望》一文。该文系《和剧作家们谈读书和写作》第三部分,有若干改动。后收入《曹禺论创作》和《曹禺全集》第 5 卷。

是月　访日前夕,作散文《美好的感情》,表达了中日两国人民和睦相处的友好情谊。收入《万叶散文丛刊(第一辑)·绿》和《美好的感情——中国戏剧家访问日本散记》。

是月　《新闻战线》第 10 期刊《曹禺谈记者要有基本功》一文,该文是丁彬萱访问曹禺后经整理成文。文中,曹禺说:"当好一名新闻记者是不容易的,好像得有一点特殊的本领,换句话说,要有点基本功。""写具体的人,具体的事,万万不能渲染夸大。事实一定要准确,评价,定要恰当。总之一句话,要实事求是。"又谈及摄影记者的工作,他说:"要拍摄一张好的新闻照片,摄影记者的基本功似乎还包括另外一些内容。"还说:"我不主张拍作家就一定要是在看书或写作,拍画家就一定要是在挥毫作画。只要把人拍得神态自然,能在一定程度上反映出人的精神面貌,就很好嘛。"

11 月 2 日　据饭冢容回忆:

1982 年 10 月 21 日到 11 月 4 日,曹禺先生作为中国戏剧家代表团团长访

---

①　时任中国人民对外友好协会会长。

问日本。那时,我是第一次见到他。11 月 2 日,我的母校东京都立大学中文系举办一个座谈会,曹禺先生与戏剧评论家方杰先生一起来参加会议,并同与会者一起畅谈。那天到会的日本学者,除了我以外,还有松枝茂夫、佐藤一郎、松井博光、木山英雄、新村彻等人。(《曹禺先生与日本》,《曹禺研究论集——纪念曹禺逝世周年学术研讨会论文集》第 34 页)

11 月 4 日　晚,与朱琳、蓝天野访日归来,夏淳往机场迎接。(《北京人民艺术剧院大事记》)

11 月 15 日　《戏剧界》第 5 期刊《在全国中青年话剧作者读书会上的开幕词》。后收入《曹禺全集》第 5 卷。

11 月 16 日　往人民大会堂,参加"纪念郭沫若诞生九十周年"座谈会并发言。座谈会由中国文学艺术界联合会、中国社会科学院、中国科学院、中国作家协会联合举办。(《首都文艺、科学界人士举行座谈会,纪念郭沫若诞生九十周年》,《人民日报》,1982 年 11 月 17 日)

11 月 17 日　致信巴金。信说:

这两天时常想到你如何在医院病床上打发日子。这种治疗的办法不能动,不能起床,处处需要人照护,实在令人难熬。不知你究竟每日是怎样过的。

大约罗荪已到沪,向你仔细谈了现代文学馆的种种,这件事办到现在总算正式开了头,以后希望能够很快动工,尽早开馆。(《曹禺巴金书简》)

11 月 21 日　晚,上海市昆剧团来在北京举行首场公演。曹禺与吴作人、冯牧等前往观看。(《上海市昆剧团来京公演》,《人民日报》,1982 年 12 月 23 日)

11 月 28 日　朱琳、蓝天野陪同日中文化交流协会的井上靖和白土吾夫至曹禺家中看望曹禺。(《北京人民艺术剧院大事记》)

11 月 29 日　致信洪忠煌。信说:

来信诵悉,读了《曹禺同志的谈话》,我看可以。访日归来,复晚了。

你们的领导同志和各位编《天津话剧史》的同志们很严肃,认真。这确是写好这本书的保证。

我的意见不一定对,但你们的精神十分感动我。(《附:曹禺致洪忠煌同志》,《南开话剧史料丛编·剧论卷》第 421 页)

11 月 30 日　五届全国人大五次会议分组审议宪法修改草案。曹禺作为北京代表出席并发言,他说,"宪法修改草案把发展教育、科学、文化事业都单列一条,对我们这些文化人来说,是极大的鼓舞。"(《人大代表在分组审议宪法修改草案时指出》,《人民日报》,1982 年 12 月 1 日)

是日 在北京木樨地 22 号楼家中接待田本相。据田本相记述：

曹禺先生从上海回来,参加五届人大会议。正在会议期间,他打电话给我,让我去取一份材料。

正是初冬的季节……晚 7 时到他家里。看来,先生的身体很好,满脸的光泽,精神也很好! 也可见在上海休养是相当理想的。(《苦闷的灵魂——曹禺访谈录》第 141 页)

是月 上海沪剧院一团演出沪剧《日出》。改编:何俊、姚声黄;导演:周中庸;艺术指导:凌琯如;作曲:万智卿、吴斌、徐音萍;服装造型:刘超、陈国梅;舞美设计:潘根才、王鲁平;灯光设计:金长烈、俞鹤强。演员:马莉莉饰陈白露,陆敬业饰方达生,王明道饰王福升、吴斌饰张乔治、邵滨孙、周福泉饰潘月亭,张萍华饰顾八奶奶,张清饰李石清,石红饰李太太,顾智春饰黄省三,李灵珠饰胡四,臧来宝饰黑三,许帼华饰小东西,吴素秋饰翠喜,赵民强事小顺子,张菊芬饰交际花,凌娟娟饰刘太太,陆伟良饰电梯工。(《简明曹禺词典》第 338 页)

12 月 1 日 致信巴金。信说:

又许久没给你写信,惦念之极。那天井上靖到我家里,谈起你在医院,气色比平时好,他很放心。……

小祝来信说上海电影厂想请我,在十二月廿日接我去上海住一阵,谈谈《雷雨》电影本的事。请告诉他,"正中下怀!"我十分想乘此机会看看你。当然,我会写信答复他。

目前,人大开得很有精神,讨论新宪法,大家都十分热烈。昨日,听了赵紫阳的第六个五年计划报告,有内容、有办法,我很高兴,我们这个民族这个祖国、这个社会确有可能富强起来。想想几十年我们盼望着、盼望着。受苦受难近百年的中国老百姓有一天确能幸福,过着一个真正像"人"的生活,有一个理想能为之奔走,流汗、流血,而不至于白混了一场! 这岂不令人兴奋。当然,这要许多用极大的韧性、干劲与确实可靠的措施才能保证其实现。然而,这要时间,也许我们都不能看到了。但能望见这个远景,也是极大的安慰。

我像是大作宣传,但我不想宣传,我确感到有这样热烈的空气,这样的决心!

因此,我很想写点东西,当然不是关于现代的题材。我不懂,也不知道今天的生活与工作。只是想写点什么!

活着太不容易了! 多少风风雨雨,经过来了,然而前途光明,还是需要真正的人去做,去认真地干。不为自己,为了大家,为了祖国,甚至是为了人类,抛弃许多东西,放下啰啰嗦嗦许多杂念,做一番事业,巨大的有益于世界的事业。从我们这方面说,大约就是写一点像样的有益于人民的东西。

我最近常"犯傻"(北京土话),有一些莫名其妙的想法,又道不出,也许终究要变成个"半疯"儿(也是北京土话)吧。

我很想念你。真希望拿起笔来,再写出不少的好作品,大作品。我们需要伟大的灵魂,伟大的心,要有这样气质的巨人来为中国文化添上光彩。而今天,虽然有不少有才能、有前途的青年作家,但是太不够了!太不够了!也许我们的子孙会出现一些如莎士比亚、如托尔斯泰、如曹雪芹、如关汉卿……这样的概括人类的才智与想象的人。然而目前的眼光太窄了,气魄太不宽阔了。

也许我举的,如许多挑剔者说的,都太沉腐了,太旧了,日后伟大的作家是我这种无知的梦幻者不可能想象的。那确是有这种可能的。因为我究竟是个"半疯"儿!说些糊涂话,只为了排除你在病床上的单调感。我毕竟是极浅薄的,正如我平时说笑,也落于庸俗一样。(《曹禺巴金书简》)

12 月 7—19 日   为进一步贯彻十二大精神,开创戏剧工作的新局面,提高戏剧评论和戏剧期刊的质量,中国戏剧家协会在北京召开全国戏剧评论和戏剧期刊工作座谈会。曹禺因病未能出席开幕式,由陈刚代表致书面开幕词。(《中国剧协召开全国戏剧评论和戏剧期刊工作座谈会》,《戏剧报》1983 年第 1 期) 17 日下午,曹禺与周扬、夏衍等接见了代表、工作人员并讲了话,还同大家合影留念。(《全国戏剧评论与戏剧期刊工作座谈会在京召开》,《剧本》1 月号,1983 年 1 月 28 日) 曹禺致词题《全国戏剧评论和戏剧期刊工作座谈会开幕词》收入《中国戏剧年鉴 1983》。文说:"从建国以来,还没有专门召开过研究戏剧评论和戏剧期刊的会议,因此这次会也可以说是一次创举吧!"

12 月 10 日   致信李致。信说:

闻你已来沪探望叔叔,又听说你将进宣传部,不再搞出版事业。此亦意中事,是不可抗拒的历史发展。从四川人民出版社想,是大损失。也许从整个的大事业看,这样安排很正确。(《曹禺致李致书信》第 127 页)

12 月 11 日   致信巴金。收入《曹禺全集》第 6 卷。

12 月 15 日   茅盾文学奖首届授奖仪式在北京人民大会堂举行,曹禺与丁玲、韦君宜、张光年、冯至、冯牧、艾青、刘白羽、沙汀、陈荒煤、陈企霞等出席大会。(《茅盾文学奖首届授奖仪式在京举行》,《人民日报》,1982 年 12 月 16 日;《茅盾文学奖首届授奖大会在京举行》,《文艺报》第 1 期,1983 年 1 月 7 日)

是日   被中华人民共和国文化部聘请为文化部艺术委员会委员。(《苦闷的灵

魂——曹禺访谈录》第91页）

12月22日　致信李致。信说：

巴老总是关心朋友，病中还嘱你出书事。其实，使我最着急的，倒是目前，迟迟未能动笔，不能早些把《桥》写出来，使他徒徒关怀，不见成果，觉得对不起他。

你说出我的剧本，要负责到底，我是很感谢的。一生总想写一点确有点水平的东西，而今，却有思衰力竭的样子，很不甘心，这几天，病下来，知时日不多，确是明白生命的意义在于有点东西，拿出来，而不在于取求什么了。

明年一年(季)度能否把稿子出齐，看现在病状，可能有点问题，但如能在明年一月初即赴沪，在上海又能安心写作，也许明年二季度末，会交出全部稿子。其实，明年能否出版，并非大事。晚些出，毫不足虑。只希望在你亲自关注下能印出书来，无论何时，都是次要的。

……

前为赴日，四川人民出版社的印刷装订工人费了大力赶出《原野》若干本，送给日本朋友，他们确是赞美这样的版本，我也觉得很光彩。我现在作为给牧丛的信，提了几句，不知适当否？不可用，就不必拿出来，已说得太迟了。(《曹禺致李致书信》第131、132页)

12月23日　晚，广州粤剧团在北京人民剧场举行首场演出，著名粤剧表演艺术家红线女主演根据曹禺的话剧《王昭君》改编的大型古装历史粤剧《昭君公主》。中央和有关方面负责人习仲勋、杨尚昆、廖承志、周扬、朱穆之、吴冷西、曹禺、吴雪、张庚等观看演出。(《红线女率团来京演出粤剧〈昭君公主〉》，《人民日报》，1982年12月24日)

12月28日　在《人民日报》发表《神妙的舞台——祝贺全国舞台美术展览会》。后收入《论戏剧》和《曹禺全集》第5卷。

12月31日　夏淳、于民前往北京医院看望曹禺。(《北京人民艺术剧院大事记》)

是月　中国舞台美术学会与文化部、中国剧协、中国美协联合主办的"全国舞台美术展览"在北京中国美术馆开幕。为答谢各方面对展览的支持，文化部、中国剧协、中国舞台美术学会在北京饭店举行茶话会。曹禺与贺敬之、孙浩然到会并对展览的成功表示祝贺。(《中国舞台美术学会大事记》，《中国舞台美术家名鉴》第580页)

是月　由曹禺作序的《广播剧选》，由中国戏剧出版社出版。

是年　合肥市青年京剧团参加合肥市青年演员艺术汇报演出。曹禺看了专场演出《李慧娘》、《赤桑镇》、《罗成叫关》、《将相和》之后，题词："引高歌于世，播佳种

在田。"(《中国戏曲志·安徽卷》第 445 页)

是年底　美国乔治·华盛顿大学东亚语文系主任时钟雯教授编导的一部介绍当代中国作家的纪录片《回春之曲》,在华盛顿肯尼迪中心放映。该片系时钟雯"请了一位摄影师同她一起来到中国,访问了茅盾、巴金、曹禺、丁玲、艾青五位作家,并广泛搜集了各种有关资料。在经费有限的条件下,她得到关心中美友谊的各方人士的支持,经过将近两年时间的努力,终于制成了美国第一部介绍中国当代作家的纪录片"。这部长约一个半小时的纪录片,除报道了五位中国作家接受访问的情况外,还选用了有关"五四"运动、解放区大生产运动和土地改革的一些珍贵的历史镜头,以及中国影片《家》《林家铺子》和话剧《日出》的片断。这就不仅向美国观众介绍了五位中国作家的经历、文艺思想和作品,而且也有助于他们了解整个中国革命文艺诞生和发展的历史背景。《纽约时报》和《华盛顿邮报》都对这部影片作了介绍。(《一部介绍中国作家的美国影片》,《人民日报》,1983 年 1 月 9 日)

是年　大嫂去世。据曹禺侄子万世雄说(1984 年访问记录),叔叔对我的母亲十分尊敬。我们家自祖父和父亲死后,实际上是我母亲一人支撑着,她从 27 岁守寡直到两年前过世。(《苦闷的灵魂——曹禺访谈录》第 267 页)

是年　《雷雨》《日出》由外文出版社出版阿拉伯文版。

1983 年　七十四岁

　　2 月 4 日、22 日，中国戏剧家协会连续召开座谈会，座谈戏剧团体的体制改革问题。

　　3 月 20 日—5 月 10 日，美国著名剧作家阿瑟·密勒应中国戏剧家协会邀请来我国，为北京人民艺术剧院导演他本人的剧作《推销员之死》。

　　9 月 10 日，北京人民艺术剧院《茶馆》剧组赴日演出。在日本演出 25 天。获得巨大成功。

　　10 月，四川省川剧团来京汇报演出。

　　1 月 1 日　致信李致。信说：

　　　　我前日动个小手术，取下喉头活体，究竟如何？需节后才知，医生说，用喉头镜看了，并无异征，不会有问题。

　　　　我住北京医院，门禁较严，探视需带工作证或介绍信。我的电话是 556031 转 560 找我。探视时间是一三五七日，但如无其他病变，不久即回家。返家前，当电话告知你。(《曹禺致李致书信》第 135 页)

　　1 月 4—29 日　电视剧艺术委员会在京召开全国电视剧导演艺术理论座谈会。全国各省、市电视台、电影系统和戏剧院团的电视剧导演 40 余人出席会议。广播电视部部长吴冷西及首都文艺界著名人士曹禺、马彦祥、张庚、吴雪、李超、白杨、吴祖光、罗荪等先后到会，就电视剧的发展与提高发表了各自的见解。会上，"曹禺同志说，有些电视剧质量不能令人满意的原因之一是屏幕上可相信的英雄人物太少，可相信的人物也不太多。加强电视剧的真实性是很重要的问题。""曹禺同志在发言中谈到，电视剧由于历史太短，还没有充分形成自己的特色。他认为电视剧既不必向话剧靠拢，也不必向电影靠拢，要经过实践和研究，探索出电视剧自身的道路。"(《总结实践经验，探索艺术规律——记全国电视剧导演艺术理论座谈会》，《电视文艺》第 3 期，1983 年 3 月 8 日) 30 日《人民日报》题《全国电视剧导演座谈会强调，努力提高电视剧质量》报道了这次会议。

　　1 月 5 日　中国友谊出版公司在京成立。曹禺为该公司名誉副董事长。

是日　致信巴金。后收入《曹禺全集》第 6 卷。

1 月 7 日　唐弢的《我爱〈原野〉》在《文艺报》第 1 期发表。文中，唐先生说："我爱《原野》，觉得这无愧是曹禺的作品，它保持了作家一贯的倾向和特点，同时又进行着新的探索。剧本对于人物性格的塑造，以及每个人心理活动的描写，便是今天，也仍然有很多地方值得我们借鉴和学习。"文后附有作者附记："曹禺同志的《原野》，最近由四川人民出版社重排出版，这个剧本几十年来没有重印，有些年轻作家甚至根本不知道曹禺写过这个戏。现就个人观感，写成此文，聊当介绍。"

1 月 8 日　致信巴金。信说：

> 昨夜又读《探索集》（随想录之二），你说，说真话得自卢骚（梭）。他是你的启蒙老师。你今天的种种真话，想亦可启发众人说几句心里话。但也未必，世风如此，恐未见得有此神效。我们爱社会主义，爱人民，爱祖国，说出话，也是为了改改一些邪气，其意也是帮助党改正党风，吐吐民间真气，使昏昏然者能稍清醒，使蒙蒙然者知中国尚有可为。一呼百应，固然听来顺耳，然千呼不一应者，亦大有人在。我们是国民一分子，义当吐，则吐，不可因目前有希望，便有些飘飘然心满意足。顺其上，而逆于心，使大部分人还在昏聩中讨生活，而党内还有不少各种不义，不信，不知羞耻，不为人民操一点心的东西，在那里掣肘，仍在争名夺利，作"大人"状，作各种口是心非的事情。予岂好辩哉！予不得已耳。
>
> 目前仍是聪明人太多，报纸宣传了些真共产主义的人，终是凤毛麟角，为了鼓励今人，做大宣传，这也是可以的，应该的。独今日人心不复昔日，信心不足，党的威信降低，大多事情慢而又慢，能真心诚意的，响应党中央号召的，究有多少机构。也许大乱之后，拨乱反正的工作确属不易。今后三年整党，如能认真执行，搞得彻底则有可为。党员若诚心诚意为人民工作，恢复解放初日面貌或更呈新风，前途确是乐观的。
>
> 中国人民与知识分子是最善良的，最知好劣的，但有一丝好风，便乘风而起，愿为祖国效命，效死，效忠，无所憾。一切在领导，在认真的领导；在知民心，在真知民心。过去上面说瞎话，下面听瞎话，尚有何希望。今日上面有了觉悟，下面（尤在党员中）仍旧作风，遇事拖延，敷衍，先为自己，甚至独有自己，则事无可为。不改党风，不认真整党，则一切上面的话与指示都可因人而变，因人而换形，而换骨。偷一两句"指示"一变而为保他个人身家权利的"指示"那便毫无指望。
>
> 我确实看见一些真正的党员，好党员，那是人民的脊梁骨。只可惜人太

少,不过我也相信,有这类人领导,作正义呼声,作安排,作措施,真看见这些年腐败的症结所在,确实对症下药,下大决心,放下官架子,少做空议论,与民同心协力,则事确是大有可为。我信如此,更希望"翻两番""更高的精神文明"等都成为事实。如不能亲身见到,儿孙们见到一个文明强盛的国家屹立神州,这是何等幸福。

拉拉杂杂发些空议论,也是病中呻吟语。其实,我在医院,仍旧日日忙于求得一点知识,忙于办事,尤其使多年相处的北京人艺能得一个好书记,好的第一把手,做今后的领导,不然这个老剧院也是岌岌可危,苟混时日。然至今,无着落。真是"上穷碧落下黄泉,两处茫茫皆不见",不是真不见,而是无人真关心,遇事掣肘,都不顺心,一个小小的剧院,改革一下都如此困难,大机构可想而知。

也许,这种想法还是不对,大有大的"好"处,众目睽睽,不得不变。大约,小有小的"难"处才是真的。

……

《文艺报》登了唐弢的《我爱〈原野〉》,据说写得好。《原野》久不得认识,倒无所谓,只是曾与《苦恋》(该剧全国评论也是不公,我妄去评论,系旧日恶习!)同在文学家们面前共在一上午同放该电影以便批判,此一着,诚属意外,数十年前旧作,也拿出来"鞭尸",威风凛凛,真是得意之极!(《曹禺巴金书简》)

1月12日 致信巴金。信说:

《真话集》尚未收到,我和玉茹急等着读。你知道,有时,我们感到不愉快,尤其是我,时常有些感伤,甚至是气馁,拿你的随感文章读几篇,便快活,便振奋起来。

我仍好做梦,梦境总是考试不及格或一生无路可走,住在穷窄的小店里,前途暗淡,再便是与方瑞东奔西走,被郑秀追逐。醒来,虽然感到松快,然常一天不悦。梦真是怪。曹老靖华总梦他和人打架或与特务拼搏,我绝无这类有战斗气势的梦,即在梦中,我也是一个孱头!

上次曾向你谈起我一生曾做过两三次彩色梦。在医院中,居然梦起孩童时游玩,走入美丽的森林里,那真是破天荒的奇迹。我写表态文章总"雄赳赳气昂昂";卧梦中,便显出原形。一个人表起态来,可以有七十二变化。但梦中,却似被金箍棒打醒,真面目出现,我常因此十分讨厌我自己!

我现在对自己的坏习惯——"懒"与"乱"特别恨。但最无办法的,是我竟对这个"懒"字,已似根本不可克服。我常想如果这几十年来有十分之一——

任何作家的十分之一的勤奋,我会写出多少东西,当然,我不是说写好东西。但无论如何,量上要多一点。

我恨我自己,许多时间都是在好热闹与懒散中混过去了。

以上是十一日晚间写的。昨晚在电视里看了峨眉电影制片厂的《弯弯的石径》……整个戏,自然真实,又极精致聪明。一个简单极了的情节,我以为,剧本、导演、演员都好。想不到四川新建的电影厂摄制出这样一部有回味的片子。茆甘,我是好夸张,你一看,就许摇头笑了,笑我总是如此冲动。不过,你也一定以为不错,虽然你不至于如我这样把它赞美到天上去。

我总希望我能如你所望于我的,今后能写点东西,然提起笔来,总是茫茫然。也许我正在头脑发懵的时候,不知哪天,有一个小神仙飞到我面前,用棍子一点,我突然开了窍,就像山洪暴发一样,我走笔如飞,写出些像样的东西,我觉到那时,我见你,才不至于羞惭。虽然,我非常明白,我便今后一字写不出,你也不会发恼!(同前)

1 月 20 日　致信夏淳。信说:

致乔木同志信已阅,写得很好。已签了名。为了说得更清楚、更恳切、更仔细,是否仍请刁光覃(如他尚未进院治疗)、于是之同志等一道见他?

此外,剧目《车站》《小井胡同》,我和你的意见一样,希望尽可能早排早演,早日争取实践中修改、加工,多多征询观众意见,以期成为一个成功的剧目。

北京人艺小剧场是一个可以勇敢地实验各种各样剧目的地方,是一个可以大胆地培养演员、导演、舞美、灯光的地方,也是在四项原则指导下,可以放手培植"百花""百家"的地方。《车站》似乎是一个小剧场的下一个较理想的剧目。敬祝一切顺利,但需要大下功夫。(《北京人民艺术剧院大事记》)

1 月 22 日　致信万黛。信说:

我到了一趟日本,比较累,回国后又开会,就病倒。先是一夜脸肿了半边,看了医生,睡个午觉,起来脸肿成个西瓜,住了院,抢治了三天,高烧退了,后来医生才告诉我面上三角危险区生了疖疮,幸尔早入医院,不然会成急性脑膜炎,就很危险。不久,玉茹阿姨赶来,看护一个多月,中间又喉痛不止,察无病源又疑为喉癌,经会诊与活体检查,终有结论,不是癌,是慢性喉炎。我已出院,二十五日(八三年一月)即飞沪疗养。上海影片厂等我商量《雷雨》拍摄电影,由孙道临同志任编导,他已写出二稿,我必须去沪,他今年将赴美,行前计划将此片拍制成功。(万昭提供)

1月25日　赴上海休养。(《北京人民艺术剧院大事记》)

1月28日　在《剧本》1月号发表散文《新年的祝愿》。后收入《曹禺全集》第5卷。

是月　致信万欢。信说:

> 我仍住在饭店,家里太冷,只偶尔会去吃饭。我只恨把时光错过三十余年,我误自己的好时间,你不能学我。但至今我不服老,我仍要写,只要写,只有艺术,才是我的生命。
>
> 最近读《贝多芬》传,这位伟大的人,激励我不得不写作,即便写成废纸一堆,我也是得写,不然,便不是个活人。
>
> 我总觉得必须自己在拼命工作,才是活人,不然等于死了!
>
> 上海正在下雪,一片白,白皑皑的雪花中有无数人在奔忙,这就是人生。
>
> 欢子,不要只为家庭生活而活着,你要的是生命。爱情只是生命的一部分,只有学知识,干事业,才是生命的最重要的大部分。我至晚三月二十五日回京,我总是想着你一个人在孤寂的环境中而焦急,你一定得跳出来。跳出孤寂与愚蠢的圈子,欢子,我的爱女,爸爸相信你将有所成就。(万方提供)

是月　据孙道临文述:

> 1983年1月初,曹禺同志专程来沪研究改编本问题。这时,我就时代感的问题向他请教。他认为,(《雷雨》)剧情发生在1918年,这样定下来是可以的。但也不一定搞得那么明确,更不需要把1918年发生的什么大事硬塞进影片中去。他认为《雷雨》不像茅盾同志的《子夜》写得那样实。在《子夜》里,许多细节都是清清楚楚计划好了的,而他写《雷雨》,主要是从个人的一些感受出发,并没有在时代细节的描绘上下那么多功夫。但他认为《雷雨》所写的情节和人物本身就是具有时代感的。何况,这剧本中,事件已写得很多了,没必要再加上些军阀打仗之类的内容,那样越写越实,而且像贴标签,没什么意思。剧情虽发生在1918年的天津,但在拍摄时,也不必事事局限在此时此地。例如服装,就不一定那样严守1918年的样式,也还要看今天的观众看着是不是舒坦,能不能接受……。(《谈〈雷雨〉的电影改编》)

2月3日　《哈尔滨日报》刊何一之《哈尔滨首演〈雷雨〉》一文。作者回忆了1940年参加演出《雷雨》的情况。

2月4日　上午,梅熹追悼会在北京八宝山革命公墓举行,北京人艺以曹禺名义送花圈。(《北京人民艺术剧院大事记》)

2月7日　黄裳先生往上海某医院看望巴金,恰遇曹禺。关于这次见面,及曹

禺和巴金几次见面情形,黄裳先生的记述很动人:

> 前天到医院去探望巴老。坐下不久,曹禺来了。这是我最近第二次在医院里看到他。回想年来几次与曹禺相遇也总是在巴金家里。他们是老朋友,谈起天来热烈而随便,海阔天空地谈着许多事情。坐在一旁听他们谈话也真是一种快乐。他们对谈,有时也争论。曹禺的耳朵不大好,带着助听器也还是时时把头凑到巴金身边去,因此巴金说话时就比平常更放大了声音。我坐在对面,他们就像发表演讲似的面对着我这个唯一的听众,摆出他们的看法,好象时时想打动、说服我。这可真是非常的有意思。
>
> ……
>
> 近来曹禺常常从北京到上海来往一阵子。他是来工作的。工作之一是想完成他三十年前没有完成的剧本《桥》。工作是艰巨的,重拾旧梦并不如想象的那么容易,可是这是值得努力以赴的工作。在巴金家里有几次都谈到了《桥》。曹禺说他在设法找在《文艺复兴》上发表过的前两幕原作;他在努力寻忆、收集四十年代重庆的生活印象;他在努力继续写。有时表现出非常吃力的样子。这时巴金就给他打气。"打气"并不能概括他们对话的全部气氛。发生在两个老朋友之间的对话使我这个旁听者受到了非比寻常的感动。巴金已经是近八十岁的老人了。我看他就像推着一部车子过桥,他吃力,但耐心,一点点地使劲地推。他微笑着,说着笑话,但总不离开主要的目标。笑话有时是有点辛辣的。这时曹禺就像个爱娇的孩子,要躲闪;但也会承认自己的有些举动有时是可笑的。在这种地方我看到了曹禺的诚直,天真,这是非常可爱的性格。我想,他总是会被一步步推上桥顶的吧。(《珠还记幸》第220—224页)

是日　上海市长宁沪剧团公演沪剧《原野》。编剧:罗国贤、高雪君;导演:高雪君;音乐设计:山泉;主要演员:张杏声、朱彩铃。共演出28场。(《中国戏剧年鉴1984》第561页)

2月9日　致信万欢。信说:

> 这两天我每日走(都)在讨论《雷雨》拍片的事,现仍住在静安宾馆209号,将在此地过春节。希望快点弄完《雷雨》,我好搬回复兴中路家中。
>
> ……
>
> 我最近看了《人到中年》,很受感动。医生是个崇高的职业,只有高贵的灵魂才能在从事医务中得到幸福,安慰。现在中年大夫真是辛苦,制度不健全,待遇低。目前正在改革,也许到了你成大夫的时候一切会变得好些。……我以为人活着总有一点理想,有个比较可以自豪地内在的理想。如果只比地位

与日后的舒适,则今后的日子即便比往日好些,自己也会不满足的。其实说说你不知是否听得进去?我总想在你大有可为的时候对你多讲讲,不然真到了中年,自己还在埋怨这个行业如何辛苦,而看不见工作中的光明与理想,岂不更苦。(万方提供)

2月13日 与夫人李玉茹一起,参加上海市迎新春联欢会。会上碰见陈丕显同志,他们亲切握手,互问近况。(《本市各界人士欢聚一堂共庆新春》,《解放日报》,1983年2月14日)

2月14日 大年初二日。应邀去孙道临家。共同商量将《雷雨》搬上银幕一事。据任泽撰文:

> 今年春节过得特别热闹……著名表演艺术家孙道临更是意兴未尽,因为在这新的一年开拍之际,他为把话剧《雷雨》搬上银幕,相约著名剧作家曹禺和夫人李玉茹,上影演员剧团团长张瑞芳、严励夫妇在农历正月初二到家中举杯聚首,畅谈当年《雷雨》演出时的情景,热情地就自己的创作设想听取了曹老和大家的意见,度过了一个美好而有意义的春节。

> 曹老总是鼓励孙道临"放心大胆地改"。十分信任地表示,改编《雷雨》的设想,都已经装在孙道临的头脑里了,他理解我的意思,我们的意见是相通的。

(《曹禺、孙道临谈〈雷雨〉的改编》)

2月22日 由上海致电(报)北京人艺,祝贺《绝对信号》演出百场。电文如下:

> 《绝对信号》在小剧场公演一百场,我向作者、导演、演员、舞美、灯光及全体工作者热烈祝贺!你们获得观众衷心称赞,立了功!另外,祝全院同志好!此时,我以为,勇敢沉着走大道的人们,总会得到应有的敬重与发展。很关心我院体制改革。曹禺(《北京人民艺术剧院大事记》)

并致电即将到中国的杉村春子。电文如下:

> 杉村春子先生:

> 您率领12位日本艺术家为《茶馆》赴日演出来京作周密准备,我代表北京人艺热烈欢迎您们!杉村春子先生亲自来华主持工作,为中日戏剧文流更作贡献!我衷心敬佩您感谢您!曹禺。(同前)

是日 就剧院改革事宜致信周瑞祥。信说:

> 来信奉函。感谢你给我讲得那样仔细,几乎像我也在院里和你们一同研究工作。

> 我十分高兴,你们几位同志掌握得十分稳,院里所有同志们确也见地高,

真是久经考验的艺术家,不为一时的风云四涌所迷,反对了"突出一个包字,落实一个钱字"。群众真是英雄,想的词妙极了。

我遵嘱今日发了两个电报,一致林兆华,祝《绝对信号》一百场。另附上一句:"我以为,此时勇敢沉着走大道的人们总是会得到应得的敬重与发展。"另一电致杉村春子,感谢她率领十二位艺术家来华为《茶馆》做准备工作。

体制改革的讨论方案我看是相当周到的。现在,群众想着北京人艺的全局,不忘记来日发展的方针。这是北京人艺的艺术家与工作人员之所以立得稳、过得硬的地方。

"出好戏、出人才、出理论"这是何等气魄。我看有些地方的人,忽然不知所措,一声炮响,四处开花,文艺事业不是一拥而上、诗歌遍地的事业。何况今日有些人还对孔方兄念念不忘呢! 我爱北京人艺所有的同志们,他们究竟成熟了! 深刻了! 看得远了!

院分两队(注:指演员分为两个队),有一定的自主权,又有个全局的打算。将来如实践中还有问题,逐渐改变,以期协调、有效,既发挥集体智慧,又使个人的才能在社会上有所造益,庶不致窝住每个人的才智。如能达到这种境界,这是理想的方案。

密勒先生定下日期来京导演他的戏,所订计划均妥善。只要与各方密切合作,事事仔细考虑,以期演出成功。文化交流事业得以进展,这真是要靠各位同志的努力了。

久未与英若诚同志通音讯,他很忙,便中些(且)书一二字,聊慰下怀!

我很内疚,不能与诸位同志开会讨论。然也只好如此。多年不知院内事,在京也是东奔西跑,不能专心致志在院多用心,只有恳求同志们谅解。

戏目安排,承惠示,我看相当妥当。但有一句话:必须提高质量,不可停滞。各老中青艺术家万不能器小易盈,听太多恭维,忘其所以是绝难成事的。

我院事极多,十分得力的工作干部仍似不足。这方面的调整,大有可作之处。目前已比往日好得多,但各得其所,适宜处理,大需整顿。然也不可过急,要慎重些。拉杂闲谈,叨在多年交识,正确与否,未多考虑,只供诸位同志作偶尔想起来参考。实多空谈,言之汗颜!

我在上海还有一阵。年事虽不太高,然时间却已不多。颇想在笔墨上再尽一点力,只不知身体尚允许我与否。十分想念人艺的各位同志,人老一些,便更思念相处多年的朋友。(同前)

2 月 23 日　由上海就北京人艺有关事宜致信夏淳。信说:

来信并讨论方案早奉悉。以事稽延至今才复,请原谅。

起扬同志来院事,以你进行的各方面的情况看,确实渺茫。前春节电视联欢,有我院节目,观众中瞥见黎光同志在座,是否又有点好消息? 朝思暮想,费尽精神,终不能争取一位党领导,今天的事,确不好办。

然而,读到你的信的后半,读到我院体制改革小组与群众讨论结论,真是增加信心。各位负责同志各处征询意见,开各种会讨论,大家的思想似颇一致。即北京人艺的一贯方针不要乱套。培养人才、提高质量、争取好剧本上演,促成一套艺术思想体系,为人民、为社会主义服务。

北京人艺过去的成绩须发展,承包责任制实行起来,还是要继承与发展北京人艺的艺术风格,万不能成为一味追求经济利益,只在"钱"上打主意的、或在"风头"上打主意的思想所干扰。改革是为了提高精神文明;文艺事业究竟不是买卖! 我看了"剧院方针任务与改革的目的"这一段,大家提出的缺点很切实,可见要求改革的呼声是多迫切。此段最后提出"出人才、出好戏、出理论"与"做到国家、剧院、个人三有利"。这样的目的是明确而又适合北京人艺的现状的。

演出队分两个,自行管理艺术、思想与演出工作。有一定的个人参加队外活动的可能,由院里主管部门负责签订合同,这可以保证北京人艺的演出与演员在外面演出合理的工作时间。

演出剧目需由主管院长批准,服从统一安排。这一点,需要选择真知全局为何事、什么是好剧本的人。

其实,一切改革要订好制度,都需要好的人选。

我感觉到,我院有人才,患在不能善用。

目前人员臃肿,应适当简化,然先求用人得当,人尽其才,然后才能谈到裁减。

我多年不知北京人艺各方面事情,只是在此地空谈,与你闲扯一扯。其实我是十分内疚的,谈这些话,首先感到惭愧。

今后如有艺术委员会组织,人选要注意能负责、有鉴别力。艺委会要真起作用。(同前)

2 月 26 日 高行健、林兆华致信曹禺。二人首先对曹禺的关心表示感谢,继就有关戏剧问题提出了他们自己的看法。3 月 15 日,曹禺复信"(林)兆华(高)行健同志与各位参加《绝对信号》演出的同志们"。曹禺在信中称赞北京人艺不固步自封,"《绝对信号》的优异成绩是北京人艺艺术传统的继续发展"。同时非常赞同他们提出的"充分承认舞台的假设性,又令人信服地展示不同的时间、空间和人物的心境"的创作方法,而且强调"令人信服"4 个字的重要性。二信题《关于〈绝对信号〉的通信》,在 5 月《十月》第 3 期发表。后收入《创作寻踪》《高行健戏剧集》及《曹禺全集》第 5 卷。

是日　吴雪致信曹禺。信说:

> 中央戏剧学院刘孝文同志来看我,谈到你鼓励和支持她编写《三十年上演话剧综览》一书,你并答应为这本书写序,真是太好了。现在这本书的一切准备工作都作好了,就等你的序了。不知你何时能回北京,我冒昧地让她把材料寄到上海来,希望见谅!《中国上演话剧剧目综览》第 4 页)

春　与李玉茹往北京中南海拜会邓颖超,并在西花厅前合影。(《曹禺全集》第 2 卷插图说明)

春　在北京家中接待中国青年艺术剧院导演张奇虹,张奇虹谈了《原野》的删节、修改方案及对这台戏的艺术构思,由于"我对剧本的改动是比较大的,所以精神上作了充分准备,听取他的意见和批评。"对张奇虹的方案,曹禺说:"你的胆子够大的。我同意你的删改。支持你把这部话剧搬上舞台。但,你要有精神准备,遇到的困难会很多。"(《怀念您,我的恩师曹禺》,《倾听雷雨》第 159 页)

3 月 7 日　中午,在上海静安宾馆设宴招待黄彬,饭后为梁镇国、黄彬①《谈京说鼓》一书题字:"星垂平野阔,月涌大江流。"(《忆戏剧大师曹禺二、三事》,《江西文艺史料》第 21 辑第 245—247 页) 该书作为《江西文史资料》1994 年第 1 期印制,曹禺为之题写了书名。

3 月 8 日　应邀到上海电影制片厂,与孙道临谈电影《雷雨》的改编。(《曹禺全集》第 1 卷插图说明)

3 月 14 日　致信田本相。信说:

> 收到来自哈尔滨胥树人同志信,述说哈尔滨某大亨姚锡九通过官方,强迫改删《雷雨》中鲁大海台词一段事。
>
> 我转给你,也许对你有用,也许对《新文学史料》有用,请阅过②。(《苦闷的灵魂——曹禺访谈录》第 296、297 页)

3 月 15 日　晚,与李玉茹前往中国大戏院,观看上海沪剧院演出的沪剧《日出》。第四场演完后是休息时间,主要演员与曹禺见面。"曹禺高兴地对他们说:

---

① 梁镇国曾为李玉茹司鼓。黄斌系梁镇国爱人。
② 原书日期有误,应是 3 月 14 日,在此更正。

'不错,不错,演到这样真不简单。我看沪剧听不懂,我不懂上海方言。但你们的表演很细腻,使我看懂了、理解了。你们演得非常认真,有些地方真的相当不错。不容易啊!……'""演出结束后,曹禺夫妇到台上祝贺演出成功,和演员们一起合影留念。"(《曹禺先生观〈日出〉》)

3月18日 据《沈从文年谱》:"曹禺前来探望,并赠1934年上海第一出版社初版的《从文自传》。在该书封面上题有:'久望得《从文自传》,竟托京中国书店觅到,喜可知也。'这是曹禺于1982年7月23日购得此书后题写在上面的。"(《沈从文年谱》第638页)

3月20日 黄永玉致信曹禺。信文如下:

家宝公:

来信收到。我们从故乡回京刚十天,过一周左右又得去香港两个月,约莫6月间才能转得来。事情倒不俗,只可惜空耗了时光。

奉上拙诗一首,是类乎劳改的那三年的第一年写的。诗刊朋友向我要近作,而日下毫无诗意抒发,将信将疑从匣中取出这首给他看,却说好。人受称赞总是高兴。但这诗不是好,是公开的私事满足了人的好奇心而已。不过我老婆是衷心快意的,等于手臂上刺着牢不可破的对她的忠贞,让所有的朋友了解我当了36年的俘虏的确是心甘情愿。歌颂老婆的诗我大概可以出一个厚厚的集子了,只可惜世界上还没有这么一个经得起肉麻的出版社。说老实话,真正地道的情诗、情书、情话,怎么能见得人?伟大的鲁迅特精熟此道,说是"两地书",买的人图希奇,打开看来却都是正儿八经,缺乏爱情的香馥之感。全世界若认真出点这种东西,且规定人人必读的话,公安局当会省掉许多麻烦,人到底太少接触纯真的感情了。

曹公曹公!你的书法照麻衣神相看,气势雄强,间架缜密,且肯定是个长寿的老头,所以你还应该工作。工作,这两个字几十年来被污染成为低级的习俗。在你的生涯中,工作是充满实实在在的光耀,别去理那些琐碎人情、小敲小打吧!在你,应该:"全或无";应该:"良工不示人以朴"。像伯纳·萧,像伏尔泰那样,到老还那么精确,那么不饶点滴,不饶自己。

在纽约,我在阿瑟·密勒家住过几天,他刚写一个新戏《美国时间》,我跟他上排练场去看他边排边改剧本,那种活跃,那种严肃,简直像鸡汤那么养人。他和他老婆,一位了不起的摄影家,轮流开车走很远的公路回到家里,然后一起在他们的森林中伐木,斫成劈柴,密勒开拖拉机把我们跟劈柴一起拉回来。两三吨的柴啊!我们坐在密勒自己做的木凳饭桌边吃饭。我觉得他全身心的细胞都在活跃,因此,他的戏不管成败,都充满生命力。你说怪不怪;那时我想到你,挂念你,如果写成台词,那就是:"我们也有个曹禺!"但我的潜台词却是你多么需要他那点草莽精神。

你是我的极尊敬的前辈,所以我对你要严! 我不喜欢你解放后的戏。一个也不喜欢。你心不在戏里,你失去伟大的灵通宝玉,你为势位所误! 从一个海洋萎缩为一条小溪流,你泥溷在不情愿的艺术创作中,像晚上喝了浓茶清醒于混沌之中。命题不巩固,不缜密,演绎、分析得也不透彻。过去数不尽的精妙的休止符、节拍、冷热、快慢的安排,那一箩一筐的隽语都消失了。

谁也说不好。总是"高!""好!"这些称颂虽迷惑不了你,但混乱了你,作践了你。写到这里,不禁想起莎翁《马克白》中的一句话:"醒来啊马克白,把沉睡赶走!"

你知道,我爱祖国,所以爱你。你是我那一时代现实极了的高山,我不对你说老实话,就不配你给与我的友谊。

如果能使你再写出 20 个剧本需要出点力气的话,你差遣就是! 艾侣霞有两句诗,诗曰:"心在树上,你摘就是!"

信,快写完了,回头一看,好像在毁谤你,有点不安了。放两天,想想看该不该寄上给你。

祝你和夫人一切都好!

晚　黄永玉　谨上
3 月 20 日

我还想到,有一天为你的新作设计舞台。

永玉　又及

我还想贡献给你一些杂七杂八的故事,看能不能弄出点什么来!

永玉　又及(转自《曹禺传》第 471、472 页,《曹禺》第 256—258 页)

关于这封信。据李辉撰述:"收到曹禺的第一封来信(可惜此信暂未找到)后,黄永玉于 3 月 20 日回复曹禺,并随信附去他写于'五七干校'期间的长诗《老婆呀! 不要哭》。"(转自李辉:《1980 年代的曹禺与巴金》)

3 月 21 日　第一届大众电视金鹰奖,第二届繁荣电视剧飞天奖授奖大会在昆明举行。曹禺应林辰夫之邀,由上海飞抵昆明参加授奖仪式,并讲话。(《电视发展史上一次空前的盛会》,《大众电视》第 5 期,1983 年 5 月 7 日) 还为本次大会题字:"大众电视授奖大会。"题字、讲话以《热烈的祝贺、真诚的希望》为题刊于 5 月 7 日《大众电视》第 5 期。后讲话收入《曹禺全集》第 5 卷。

是日 《羊城晚报》刊傅真、赵君谋采写《曹禺谈电视剧》一文。后收入《曹禺全集》第7卷。

3月22日 致信田本相。信说：

> 来参加大众电视在昆明发奖会，恰故人范启新君来，道及三九年我来昆导演《原野》（闻一多先生亲自做舞美，凤子、孙毓棠参加表演）及《黑字二十八》（即在渝的《全民总动员》，我与宋之的合写）盛况。他写一张大事记①，语焉不详。范启新在昆明地址是：昆明翠湖北路小吉波一号。我已把你的计划告诉他，他知此次公演事，甚详。如有兴趣，请通信询问，他愿供给资料及演出背景，但似仍须核对。

> 范君是我在江安剧专教书时学编剧的同学，曾在云南大学任现代文学史等课，现年老退休。

> 24日即飞沪。匆匆。顺颂（《苦闷的灵魂——曹禺访谈录》第297、298页）

3月23日 《春城晚报》刊该报记者晓源采写《电视剧要走自己的道路——剧作家曹禺一席谈》一文。后收入《曹禺全集》第7卷。

是日 《云南日报》刊报道《曹禺谈我国电视剧的发展》（未署名），配曹禺近照一幅，及曹禺为《大众电视》授奖大会的题词："胜友，如云。"该文后收入《曹禺全集》第5卷。

是月 致信万欢。信说：

> 我每天晨至晚，六时起赶写《桥》，实际又重想结构，有时半夜二时起搞到十时，或十一时，便头昏，心闷，只好放弃。目前想得有些眉目，然而离完全的大纲还远。真是老了！人老就怕懒，怕丧失对自己写作的信心。（万方、万欢提供）

是月 由曹禺致发刊词之《莎士比亚研究》创刊，由浙江人民出版社出版。发刊词题为《向莎士比亚学习——〈莎士比亚研究〉发刊词》刊于4月5日《人民日报》。收入6月25日《新华文摘》第6期，题为《〈莎士比亚研究〉发刊词》，后收入《曹禺全集》第5卷。

4月2日 复信黄永玉②。信说：

> 你鼓励了我，你指责我近三十余年的空洞，"泥濿在不情愿的艺术创作中"。这句话射中了要害，我浪费了"成熟的中年"，到了今日——这个年纪，才

---

① 即曹禺随信附范启新写的一页简述，曹禺在其上写有眉批：此次演出是昆明地下党组织的。据范君查询。他说"曹禺参加此会（指1939年4月16日的一个座谈会）"我记得似不确。

② 系对黄永玉3月20日信的回复，内容只是"后面十页""谈他读黄永玉批评之后的感受"的部分。

开始明白。

你提到我那几年的剧本,"命题不巩固,不缜密,演释、分析得也不透彻",是你这样理解心灵的大艺术家,才说得这样准确,这样精到。我现在正在写一个剧本,它还泥陷于几十年的旧烂坑里,写得太实,也陈腐,仿佛只知沿着老道跋涉,不知回头是岸,岸上有多少新鲜的大路叫走。你叫我:"醒来啊,把沉睡赶走!"

我一定! 但我仍在朦胧半醒中,心里又很清楚我迷了道,但愿迷途未远,我还有时间能追回已逝的光阴。天下没有比到了暮年才发现走了太多的弯道,更可痛心的。然而指出来了就明白了,便也宽了心,觉得还有一段长路要赶,只有振作起来再写多少年报答你和许多真诚的朋友对我指点的恩德。永玉,你是个突出的朋友……更使我快乐的是我竟然在如此仓促的机遇中得到你这样以诚真见人的友人……(**转自李辉:《1980 年代的曹禺与巴金》**)

关于此信,据李辉撰文:

十余天后,曹禺从上海回信黄永玉,八行笺,他足足写了十五页,长达两千多字。从回信看,曹禺是以非常快乐的心情来阅读黄永玉的来信(包括诗歌)的。他称赞黄永玉的情诗:"我确没想到你会写给我这样一封长信,这样充满了人与他所爱的那样深厚的情诗,我一生仅看见这一首……又多么是我想遇多年,终于见到的情诗。"类似的赞誉,写满前五页,曹禺如同站在舞台上激情独白一样,在信中渲染他的这种喜爱,他甚至描述自己如何情不自禁地读一段,又站起来,在客厅里"蹀着轻快的步子"。(同前)

4 月 5 日　致信万欢。信说:

我非常想念你,担心你日后的工作问题。我可能在五月间返京,许多话,可以当面谈。家中琐事请你劳神,我回家,一要忙外面的事,二要忙写作,要努力利用我暮年这短短的几年工夫。

尤其因为最近每夜起早写作,着凉,小病一场,体质又见弱衰。更感身体不行,又不得不努力写作,怕万一长逝,一点东西都没留下,真是矛盾异常。欢子,我最小的爱女,我不知如何是好,非常悔恨往日把时间虚度浪费。思之痛心!

我近来觉你与姐姐都知上进,且逐渐走上正道,使我提起兴奋,有了信心。我给姐姐的信,你要读读。人生只此一次,若不战胜私念,决心想为人做点有益事,则日后必感痛苦。无论学医、治学、写作,都是一个道理,不悟出自己活着的使命,则将一事无成,且必痛悔为何早不觉悟。爸爸近来,异常奋发,又万

分苦恼,即以早未觉悟,早未明白,在私念中浪费大半生命。(《没有说完的话》第335 页)

是日 《江西师院学报》刊华忱之《重评曹禺的〈原野〉》一文。作者认为:"《原野》是一部既富有社会意义和艺术特色,同时也存在着某些缺陷的作品。但瑕不掩瑜,它的成就是主要的。"

4 月 13 日 据新华社莫斯科 4 月 13 日电:"据《莫斯科新闻报》报道,苏联布拉戈维申斯克(海兰泡)的阿穆尔话剧院正在上演曹禺的名著《雷雨》。今年 7 月份,阿穆尔话剧院将到莫斯科来演出《雷雨》。"(《苏联上演曹禺的〈雷雨〉》,《人民日报》,1983 年 4 月 14 日)

4 月 23 日 北京人艺以曹禺、刁光覃、夏淳、于民、于是之名义致电西安话剧院,祝贺该院建院 30 周年。(《北京人民艺术剧院大事记》)

4 月 24 日 上午,西安话剧院在西安人民大厦举行建院三十周年茶话会。"在建院三十周年前夕,习仲勋、杨静仁、舒同、贺敬之、孔从洲、曹禺、吴雪、林默涵、苏一平等领导同志专门为西安话剧院题了词;剧院还收到了吴祖光、舒强、夏淳、李之华、黄佐临、杜宣、胡絜青、张瑞芳、新凤霞等文艺界知名人士,以及北京人民艺术剧院、上海人民艺术剧院、中国戏剧家协会陕西分会等单位的贺词、贺电、贺信五十多件,对西安话剧院表示了衷心的祝贺和殷切的期望。"(《西安话剧院隆重举行建院三十周年庆祝活动》,《当代戏剧》1983 年第 6 期)

4 月 25 日 被选为湖北省出席第六届全国人民代表大会的代表。(《李先念陈丕显当选六届人大代表,湖北选出人大常委会主任、省长、和政协主席》,《人民日报》,1983 年 4 月 26 日)

4 月 27 日 由上海回京,准备出席《中国大百科全书·戏剧》编委会。(《北京人民艺术剧院大事记》)

4 月 28 日 与夏淳到中央戏剧学院参加《中国大百料全书·戏剧》编委会。(同前)关于《中国大百科全书·戏剧》卷编委会成立。有资料显示:

《中国大百科·戏剧卷》分编委组成名单①
(草案)

顾问(按姓氏笔画为序)

于 伶 马彦祥 阳翰笙 李健吾 吴纫(仞)之 张 庚

陈白尘 罗念生 夏 衍

---

① 名单原件由方继孝先生收藏。其中落款年代不详。

主任委员

　　曹　禺　黄佐临

副主任委员(按姓氏笔画为序)

　　刘厚生　孙家琇　金　山　葛一虹　廖可兑　舒　强

委员(按姓氏笔画为序)

　　凤　子　孙浩然　吕　复　李之华　吴　雪　吴祖光

　　苏　堃　阮若琳　胡　可　杨村彬　赵铭彝　赵　寻

　　夏　淳　汤弗之　虞哲光

(保留若干名中年委员名额)

　　　　　　　　　　　　　　中国大百科出版社(章)

　　　　　　　　　　　　　　　　(10 月 16 日)

　　　　　　　　(转自方继孝:《旧墨五记:文学家卷·下编》第 174 页)

据方继孝撰文:

在这份编委组成名单的顶部有这样一段批注:

　　现已流行一种风气:顾问众多! 形成不顾不问之风!

在顾问"吴仞之"处有"? ——似欠相称?"

顾问栏中的"陈白尘"和"张庚"被蓝笔圈上并被移至主任委员处,亦有批注:

　　可能张庚将主要任戏曲。那么是否考虑陈白尘? 干练、坦荡、负责而公心!

主任委员栏中的"黄佐临"被移至副主任委员栏中。

委员中的赵寻处批注:

　　应可与黄佐临同入副主委。

关于这份编委名单,曹禺先生有信[①]致刘厚生同志。照录如下:

　　厚生同志:

　　来信敬悉。

　　大百科全书分支委名单已读,我看不出什么问题。我同意白尘应入主任委员一列。吴纫(仞)之同志若尚能工作,参加委员事务当然好。据说吴纫(仞)之同志病久不大活动,列为顾问,未为不可。惟我对他的情况不大了解。"名单学"乃专门学问,只有请高明的先生们定夺吧!

　　　　　　　　　　　　(《旧墨五记:文学家卷·下编》第 175 页)

----

① 　此信无落款时间,根据名单出炉时间,此信当在 1983 年 9、10 月间。

4月30日　上午,至北京人艺看望阿瑟·密勒。(《北京人民艺术剧院大事记》)

是月　上海芭蕾舞团在京演出三幕芭蕾舞剧《雷雨》。随后中国舞蹈协会举办芭蕾舞剧《雷雨》座谈会。与会同志对舞剧《雷雨》给与了肯定。(《〈雷雨〉声中的启迪——芭蕾舞剧〈雷雨〉座谈会纪实》)

5月1日　下午,与夏淳、英若诚到竹园宾馆看望阿瑟·密勒。(《北京人民艺术剧院大事记》)

5月3日　下午,参加美国使馆为阿瑟·密勒来华排戏举行的酒会。(同前)

5月4日　中午,在家中设便宴招待阿瑟·密勒和夫人。夏淳、英若诚作陪。(同前)席间,曹禺从书架上拿来一本装帧讲究的专册,上面裱着著名画家黄永玉写给曹禺的一封信①,他逐字逐句地念给阿瑟·密勒和在场的朋友们。据阿瑟·密勒日后记述:

> 74岁的曹禺是北京人民艺术剧院院长,因此,他有一部配了司机的专用车,及其他一些优待。比如,他住在一套宽敞明亮、通风良好的公寓房内,房子坐落在城外的一条新开的、较为现代化的大路旁。"文革"中,他的藏书全被抄走,一本也没还。只是不久前,他那张用了多年的很漂亮的大理石桌面的写字台被退了回来。
>
> 今天在他家吃午饭时,一向热情奔放的曹禺从书架上拿出一个本子,把一封长达数页的信拿给我看。那信上的字迹非常漂亮,连我这个外国人都懂得欣赏。写信的是他的一位老朋友、名画家黄永玉。曹禺逐字逐句地把信译了出来,要点是:"我最亲爱的老朋友……作为一个艺术家、作家,你曾是一片大海,而今却成了一条小溪。我们何时才能再读到您的宏篇巨制? 1942年以后你写的东西都是假的,一点不美,毫无价值。国家对你那无比的才华到底做了些什么,弄得你非失去它不可?"
>
> 以上只是我大致的翻译。这信对曹禺的批评,用字不多但却相当激烈。曹禺念着信的时候,神情激动。信是用8行书写的,字迹凝重。在英若诚为他翻译时,他妻子、女儿、英格和我在一旁听着。当念完他那亲切的称呼,接着念那段江郎才尽的哀歌时,我想,这只不过是在开玩笑,在说中国式的机智的俏皮话。虽然严厉,但最后会笔锋一转,那严厉的口气也就会缓和下来。但这封信却一狠到底。我真不明白当曹禺恭恭敬敬地(如果不是柔情一片的话)把这封信裱在专册里,现在又把它念给我听时,他是怎么想的。(《在北京的推销员》)

---

①　即3月20日黄永玉的信。

5 月 5 日　《推销员之死》再次彩排,曹禺同有关部门领导及话剧界人士观看并上台看望演员、合影。(《北京人民艺术剧院大事记》)

5 月 7 日　晚,往北京人艺首都剧场,代表中国剧协和北京人艺出席话剧《推销员之死》首演式。演出结束后,曹禺等上台向阿瑟·密勒和夫人、作曲阿列士·诺斯热烈祝贺演出成功,并以中国戏剧家协会和北京人艺的名义献了花篮。随后在首都剧三楼宴会厅举行了酒会,各方外宾均参加,宾主频频举杯。祝贺首演成功。(同前) 据阿瑟·密勒记述:"演出结束时,观众掌声不断,无人离去。……剧场内,摇晃着的聚光灯射到我身上。于是,我拉着英格走上舞台,与曹禺、英若诚、朱琳及其他演员站在一起。一大丛百合花被搬到舞台上。观众席里的电视摄像机正朝着我们瞪眼睛。"(《在北京的推销员》)

5 月 11 日　《人民日报》第 2 版刊《中华人民共和国第六届全国人民代表大会代表名单(共 2 978 名)》:曹禺为湖北省人大代表。

是日　致信蒋牧丛。信文如下:

知道四川人民艺术剧院排《原野》,请你向他们说一声。

一、那个金子唱的歌无曲调,其实可不必唱,除非这个戏已经大大删节,才能容下金子那样回忆往日唱的情歌。

二、此剧须排得流畅、紧凑;怎样删改都行。但不可照我的原本硬搬上舞台,以为那是忠于原作。导演要有自己的创造,自己的想象,敢于处理;此剧太长,最好能在三小时或二小时半演出时间之内。不要把观众"拖"死,留得一点余味,才好。

三、"序幕"与"第三幕"更要大删! 剧本写得热闹,到了舞台,往往单调,叫人着急。第三幕,有五景,很不好弄。如果没有生动、松快、流畅、浪漫一点的办法,就留下仇虎与金子最后一点,几句话,几个能动人心的动作,其余完全可以不要(绝不要把五个景都搞出来,那是危险的)。我看过两次演出(大约我只看了这两次),都不好。那个第三幕只能留给人想象。一实了,人"拖"死,"累"死,演员与观众都受不了。

要大胆一些,敢于大改动,不要使人看得想逃出剧场,像作噩梦似的。《原野》是讲人与人的极爱和极恨的感情,它是抒发一个青年作者情感的一首诗(当时我才 26 岁,十分幼稚!)。它没有那样多的政治思想,尽管我写时是有许多历史事实与今人一些经历、见闻作根据才写的。不要用今日的许多尺度来限制这个戏。它受不了,它要闷死的。我为四川人民艺术剧院的艺术家们作难;但我衷心祝愿他们能够成功!

再,服装不一定按剧本写的那样。要美一些,金子可以艳丽一些。

美工是否那样写实(整个剧不要太写实)?可否"虚"一点?留给人想象。换景必须快。灯光要照见演员的脸。但,无论如何,这个戏需要了不起的好演员,既能激情,又能松弛,放得开,又会含蓄,要观众看着,一点不吃力。这就要内心的真感情,不是要弄机巧。不要演戏!

他们的词句要读得明白,读得美一点。仿佛仇虎杀人后有一段关于生和死的独白,要说清楚,叫人听得见。不要毫无内容的抑扬顿挫,不要那么多的手势。如果是个好——真正好的演员,只站在那里,用真实的情感,有训练的声音,就足能表现了。又及。(转自《曹禺传》第464、465页)

5月13日　致信李如茹。信说:"我在京,不愉快,只是开会、看戏、见洋人,身体比在上海好。""你说要写的字,候我有功夫,一定寄去。"(《没有说完的话》第364页)

5月14日　为庆祝中国人民解放军总政治部话剧团建团三十周年,题辞祝贺:"祖国的信任,社会主义的前途,使我们放弃一切私念为人民服务。"(《北京人民艺术剧院艺术档案资料》)

5月18日　致信李如茹。信说:

> 身边有闲话,完全可置之不理。我与妈妈从不为你考试想过什么!考试是国家大事,岂可以各种闲言蜚语定夺取录与否?作最坏的准备:考不上。自己更发奋用功。人要正。心要宽,眼光要远。社会上有些狭隘浮浅的庸人,只知死水中的孑孓与蛆虫在蠕动,不知海天鲲鹏在飞跃。中国事往往被此种孑孓所误,因它无头脑,只在浑浊的水中、空气中散布毒菌。有点真志气的人不可与这种恶浊虫豸接触,更无须听其唠叨也。(《没有说完的话》第366页)

5月20日　为刘孝文、梁思睿编纂《三十年上演话剧综览(1949—1984)》①作序文。序说:"《三十年上演话剧综览》终于由中国戏剧出版社接受出版,这对于从事话剧事业的人们是一件可喜的事。""关于话剧的研究,可做的工作很多。今后话剧的发展和前途也是值得我们重视的事。想想过去,看看现在,望望将来,这本书作为研究者的工具,也是大有益处的。"(《序》,《中国上演话剧剧目综览(1949—1984)》)

是日　致信刘孝文、梁思睿。信说:

> 来信诵悉,奉上"序"一则,不知可用否?
>
> 近来身体不大好,字(写)不出长文。好在这类文字只能作为介绍用,出版

---

①　该书后由巴蜀书社于2002年1月出版。作者"注:本书原名《三十年上演话剧综览》,于1986年8月又续编5年,现定名为《中国上演话剧剧目综览(1949—1984)》。本书原交中国戏剧出版社出版,后改由巴蜀书社出版。"

社同志们也许不在意的。（同前）

5 月 24 日　致信万昭。信说："星期六（二十八日）《推销员之死》不演出，休息。望挑好日子速告 550091 张学礼同志，他将票放在传达室。"（万黛、万昭提供）

5 月 29 日　上午，同北京人艺党委、艺委会等领导审看新排剧目《车站》和《过客》。（《北京人民艺术剧院大事记》）

5 月 30 日　晚，接待胡乔木等观看《推销员之死》。（同前）

是月　话剧《北京人》连环画由上海人民美术出版社出版。版权页显示：《北京人》，上海电影演员剧团演出；编剧：曹禺；导演：顾而已、叶高；连环画改编：杨季纯、潘培元；摄影：张福祺；上海人民美术出版社出版，新华书店上海发行所发行，64 开本，印数 70 001—197 000，定价 0.33 元。

是月　《四川大学学报》第 2 期刊秦川《谈曹禺对〈原野〉的修改》一文。作者通过"曹禺亲手厘订编选的"新版《原野》①与旧版②比照，发现"经作者添改删削者约一百四五十处，其中涉及人物、内容及对话改动较大的约十余处，随手改动的标点之类尚不在此内"。由此出发，从"仇虎·焦大星"、"洪老·洪老六·老杨及其他"、"庙与庵·木鱼磬声与鼓声"、"我又活了，活了！"几方面谈了具体改动之处。

6 月 1 日　《四川人民艺术剧院》演出《原野》。导演彭光年，主要演员翁显樵、晓欣、程启天。共演出 21 场。（《中国戏剧年鉴 1984》第 550 页）

6 月 2 日　上午，在家中接待北京电视台许玉环，谈拍摄介绍北京人艺的电视片，先生很重视，要求"一定要拍好"，并要求全院各部门积极配合。（《北京人民艺术剧院大事记》）

是日　到第六届"全国人大"会议报到。（同前）

6 月 4 日　上午，第六届全国人民代表大会第一次会议在人民大会堂举行预备会。曹禺出席并当选为主席团成员。会后，会议主席团举行第一次会议。（《六届人大一次会议举行预备会，会议主席团首次会议同日举行》、《六届人大一次会议主席团和秘书长名单》，《人民日报》，1983 年 6 月 5 日）

是日　下午，在家中接待北京电视台拍摄人员，配合拍片。（《北京人民艺术剧院大事记》）

6 月 6 日　第六届全国人民代表大会第一次会议在京开幕。曹禺作为主席团成员出席。（《六届全国人大一次会议在京开幕》，《人民日报》，1983 年 6 月 7 日）

---

①　指四川人民出版社即将出版的《曹禺戏剧集·原野》版本。
②　作者注文：指《原野》1950 年 11 月文化生活出版社最后一次再版本，这也是本文所依据的旧版本，此后从未被收集与排印过。

6月7日 第六届全国人民代表大会第一次会议通过"第六届全国人民代表大会教育科学文化卫生委员会主任委员、副主任委员、委员名单"。曹禺被选为该委员会委员。(《第六届全国人民代表大会教育科学文化卫生委员会主任委员、副主任委员、委员名单》,《人民日报》,1983年6月8日)

6月8日 《广播节目报》第25期第8版刊消息《芭蕾舞剧〈雷雨〉搬上广播》:"为纪念话剧《雷雨》创作五十周年,本台将芭蕾舞剧《雷雨》搬上广播,请上海芭蕾舞团管弦乐队来台做立体声录音,解说也有新的突破和尝试。作曲:叶纯之。指挥:程寿昌。"并预告:"八日二十点半《中国音乐信箱》播送录音访问记:曹禺同志谈芭蕾舞剧《雷雨》和它的录音剪辑,欢迎到时收听。"访问记系接受中央人民广播电台记者采访录制。曹禺就芭蕾舞剧《雷雨》的改编和演出,回答了记者的提问。

本期还刊曹禺题词:

　　　　说尽心中无限事

　　　　听中央人民广播电台

　　　　《芭蕾舞剧〈雷雨〉录音剪辑》书贺。

　　　　　　　　　　　　曹禺　八三.六.八　北京

是日 致信田本相。信说:

　　来书诵悉,我每晨八时左右总在家,五时即起,如您方便,可随时打电话来。

　　植物神经紊乱症,也曾得过,需时日,但应休息。《××研究资料》太劳神①。不过您一向认真,成书想必十分丰富。饭冢容先生请代问候,国外材料难找,大约日本、苏联较多,美国少一些。

　　我一时不回沪,请来电话约时间晤谈,我们许久不见了。

　　承不嫌麻烦,居然找得儿时作品,令人感佩。《曹禺传》设想,既与出版社谈过,也就可以了。夏际,我在北方,请来电话约晤。(《苦闷的灵魂——曹禺访谈录》第298、299页)

6月10日 《文汇月刊》第6期发表刘晓庆《我的路》。文说:"如果说,我在表演上真正的开了窍,那就是在《原野》。""曹禺看了影片,证明了我感觉的正确。他对我说:'很好,很动人,你演得比我写的还要好!'他即席挥毫,为我题了八个字:'诚重劳轻,求深愿达。'"

6月11日 上午,六届全国人大一次会议主席团在人民大会堂举行第二次会

---

　　① 田本相注:我写信给曹禺先生,说我得了"植物神经紊乱症",住院医疗而无大效。那时,我同胡叔和同志合编《曹禺研究资料》。

议。(《人大会议主席团举行二次会议》,《人民日报》,1983 年 6 月 12 日)

是日　中国戏剧家协会在北京召开剧协主席团扩大会议。曹禺作为剧协主席出席并主持会议。会上与会者"结合文艺、戏剧战线上的情况,畅谈了学习赵总理为六届人大所作的政府工作报告的体会","对书记处成员作了调整,通过了剧协新书记处成员人选"。(《中国剧协召开主席团扩大会议畅谈学习赵总理政府工作报告的体会》《中国剧协主席团扩大会议》,《戏剧报》第 7 期,1983 年 7 月 18 日)

6 月 12 日　北京人艺建院 31 周年纪念日。晚,出席联欢会,并接待各方领导和老领导老院友。至晚 10 时结束。(《北京人民艺术剧院大事记》)

6 月 15 日　下午,与陈丕显、阿沛·阿旺晋美、班禅额尔德尼·却吉坚赞、朱学范、余秋里、荣毅仁、楚图南等到叶剑英住所看望老师并合影。(《人大代表看望叶剑英同志感谢他为民为国贡献卓越》,《人民日报》,1983 年 6 月 16 日)

是日　致信田本相。信说:

前函谅达。收到昆明范启新同志信并国民党禁演《雷雨》抄件两份,兹奉上。范教授的猜想,可能是对的。写《蜕变》并演出,当时又碍于众议,不能立刻禁止,只好泄愤于其他剧本。(《苦闷的灵魂——曹禺访谈录》第 299 页)

6 月 16 日　为吴泰昌寻得《日出》初版本题字。据吴先生回忆:

1983 年,我去上海,有机会到一家古旧书店仓库里翻书。……我觅到了好些现代文学史上我心爱的作家的初版本书,有些初版本上还有作者的签名。我高兴得在付款时忘了拂去从头到脚的灰尘。

回到北京,有天我去看望病中的曹禺老师。他问起上海之行的种种情况,当我提起买到一些好书时,他笑着说:你又发财了!我从提包里拿出他的《日出》初版本,他接过去直瞪着全黑的书皮,急促地翻着,又忙问我从哪里买到的?我说,送给您。他连声说谢谢。他将书拿到书房里去了,叫我先坐坐。有些时没来看望他了,见他今天开心,我也高兴,特别是他刚刚住医院出来。不一会,他抱了几本书回到客厅。说感谢我的一片好意,送我三本重印的书,手里仍拿着我送给他的 1936 年巴金主编的文学丛刊编印的《日出》初版本。他站在我面前说:"这本书对我当然宝贵,但你是爱书人,还是你保存好。"他说,还为我写了几句话。我小心地翻开发黄的、已见破碎的扉页,上面写着几行秀丽的毛笔字:

泰昌:你喜欢在浩若烟海的旧书中寻觅版本,居然找到巴金和我的旧书,这自然是你的。

曹禺 83.6.16

他还在扉页的右下角认真地盖了一方印章。他从书架上找了一个大信袋,看着我将新书旧书都装好。(《扉页上的话语》)

6月18日 《人民日报》刊《毋忘团结奋斗,致力振兴中华,圆满完成人民托付的庄严任务——六届人大一次会议部分代表在分组会上的发言摘要》。其中曹禺发言被摘要为《要保证精神产品的质量》:

湖北代表曹禺(北京人民艺术剧院院长)说,党的十一届三中全会以来,我国的文艺事业欣欣向荣,中青年作家多了,特别是女作家多了,杂志多了,好作品多了,中国文学家到国外讲学的多了,国外研究中国当代文化艺术的人也逐渐多了。但是,我们的精神产品,质量不高,是个普遍性的问题。赵总理在报告中,对这个问题讲得很在行,讲得非常及时,值得我们文艺工作者和做文艺领导工作的同志好好学习。现在有的文艺作品确有庸俗化、商品化的味道,不应该出版的旧书也出版了,奇奇怪怪的电影、小说也出来了。对青少年影响很不好,社会上发生的一些不良现象,不能都叫文艺界负责,但文艺界的恶劣作品是有影响的,应该负有一定的责任。对精神产品的商品化,一定要有足够的警惕,一定要及时采取有效措施,切实加以纠正。这不是阻止文艺发展,而是推动文艺进步。

6月19日 出席北京人艺演员训练班毕业典礼并讲话,会后合影。(《北京人民艺术剧院大事记》)

是日 《人民日报》刊《中华人民共和国全国人民代表大会公告第二号》。公告第六届全国人民代表大会常务委员会委员长、副委员长、秘书长和委员由第六届全国人民代表大会第一次会议于 1983 年 6 月 18 日选出。曹禺被选为人大常委会委员。

6月20日 晚,和共青团北京市委、纺织局、国棉二厂等单位的有关同志观看北京人艺演员班排演的《王建设当官》。听取对剧本的意见,以便修改。(《北京人民艺术剧院大事记》)

6月24日 北京市文联召开学习六届人大《政府工作报告》座谈会,曹禺作为人大代表、北京市文联主席出席并发言。"曹禺说,我们现在正处在一个蓬蓬勃勃的时代,我们这个时代的人民,还是要靠点精神的,精神食粮的重要不亚于物质产品。我们的作家艺术家要有时代感和责任感,要十分珍重自己负有的重大责任,十分珍重自己的重大使命。同时,必须首先提高作家的思想艺术素质,才能提高作品的思想艺术素质。我们一定要警惕'完全商品化'和不顾社会效果的倾向。我们的文艺作品决不能背离为人民服务、为社会主义服务的方向,要坚持以爱国主义、集体主义、社会主义、共产主义的思想教育人民。"(《增强时代感现实感,提高精神产品质量》,《人民日报》,1983 年 6 月 28 日)

6 月 30 日　《舞蹈》第 3 期刊谢明《舞剧〈繁漪〉断想》一文。舞剧《繁漪》由胡霞斐、华超创作,南京军区歌舞团演出。"舞剧只有五个人物,没有华丽的服装和布景,没有令人吃惊的特技,没有受人赞赏同时又受人挑剔的'托举'",是"以女主人公的心理历程来征服观众"。

7 月 3 日　《曹禺同志谈芭蕾舞剧〈雷雨〉和它的录音剪辑》正式在上海人民广播电台播出。(《简明曹禺词典》第 340 页)

是日　致信李如茹。信说:

大约前两天寄给你一封信,也是为了录取后到北戴河休息事。录取多半可成,只是不接到通知不算数。人间事极复杂,人性也难测。你既然学习文学,对人须彻底了解,不然,便无从学起。

……

我一切都好,只是胸闷难忍,幸有苏合丸在身,常服仍见效。我十分惦念你和你的前途。孩子们总是人的最大希望。年老如爸爸,将来究竟如何,实难预测。不要多思虑,想便想在事业上。即奉挂号你买的签了老师与师母的名的《原野》。其实大可不买,我还有。(《没有说完的话》第 367 页)

7 月 5 日　当代艺术大师李苦禅追悼会在政协礼堂举行,曹禺与叶浅予、黄胄等参加。(《李苦禅教授追悼会在京举行》,《人民日报》,1983 年 7 月 6 日)

7 月 7 日　在《文艺报》第 7 期发表《"威利,你为什么要这样?"——看了北京人艺〈推销员之死〉的演出》。后收入《曹禺全集》第 5 卷。

7 月 12 日　《人民日报》刊消息《攻坚集》:"为纪念北京人民艺术剧院建院三十周年,由北京人艺《艺术研究资料》编辑组编辑的《攻坚集》,最近已由中国戏剧出版社出版。全书收编了有关表、导演、舞台美术等方面的文章共四十六篇,其中有曹禺、焦菊隐、欧阳山尊、夏淳、梅阡、刁光覃、叶子、赵韫如、朱琳、于是之、童超、郑榕、董行佶等同志的著述。"还刊《中国当代文学研究资料丛书》:"《中国当代文学研究资料丛书》共有二百四十余册,预计一九八七年全部出齐。《丛书》规模宏大,比较系统。已出版或即将出版的,有茅盾、巴金、丁玲、艾青、刘白羽、孙犁、曹禺、贺敬之、闻捷、王蒙、峻青、茹志鹃等人的研究专集。整套丛书分别由福建、江苏、浙江、四川、贵州、新疆、云南、湖南、山东、内蒙古、少儿和解放军等二十一家出版社分期分批出版,上海书店承担了丛书征订任务。"

7 月 18 日　所作《不要辜负人民的期望》一文,在《戏剧报》第 7 期发表。后收入《曹禺全集》第 5 卷。

7 月 18—30 日　日本话剧人社第三次访华团一行十三人应中国戏剧家协会邀请,访问了北京、西安、南京、上海。访华团在华期间参观了中央戏剧学院、上海戏剧学院以及各地的话剧团,观摩了话剧、戏曲传统戏等的演出,并与各地同行就舞台美术、话剧的历史和现状以及今后的发展等问题进行了座谈交流。我国戏剧界知名人士曹禺、陈白尘、黄佐临、赵寻、刘厚生、孙浩然等分别会见并宴请了代表团。(《日本话剧人社第三次访华团到我国进行友好访问》,《戏剧报》第 9 期,1983 年 9 月 18 日)

7 月 20 日　致信巴金。信说:

我听说你已经写文章了,而且发表在报刊上。我多想读到你在病后,又执起你真实、热情的笔来为人类写出最诚挚、炽烈如火的大文章! 快寄给我一份,我想读,急于想读。读你的文章,就像见着你。你知道,我多想见你,多想拥抱你! 我二人几十年的友情,我却从来没有拥抱过你,大约,你不大喜欢太表面的情感表示;再,中国人不习惯这种表达感情的方式,而我每总想拥抱你一次,或亲亲你的发丝如银的白头。我爱你,又十分敬重你,以至不敢,或者不好意思这样表示!

不要忘记你快八十,我也七十三岁,我们能相见几次? 一想到这个,我不是酸楚,而是悲哀! 认识你,很不容易。你是一个不好外露的人,我却像一个九岁的男娃娃。记得么? 有一次在你的客厅里,我忽然跳跃起来,甚至于滚在地上,那才倾吐出我的喜悦,而话是表现不来的。

听说你还急于你的病伤好得不够快,上楼不方便。你好得够快了! 只是行动不方便而已,也是小小的不方便。人老,不能性急,徐徐地缓缓地生活。你能长寿,你能活到一百岁。那时,我九十四岁了,我们见了面,真正拥抱一次,并且要为这两个老头照一张相,庆贺我们活得那样长,而多少有一点贡献。

我的兄长,我的苹甘,我有些感伤,而你不太欣赏我这一点的。但即便你不欣赏,我也欢喜你这样的不欣赏。这个世界,能有比真诚还幸福的么? 我真切地希望你写更多、更真实、更热情,更对人类有贡献的大书,你是个长寿的老人,你到一百岁,还神志十分清楚,还写好文章!(《曹禺巴金书简》)

7 月 22 日　在北京木樨地家中,接待来访的青年画家戴卫。戴卫将《曹禺戏剧集》的封面设计和插图交曹禺过目,征求先生的意见。曹禺给出极高的评价。曹禺为戴卫题书:

中国装帧艺术自陈老莲先生的创作起,才受到重视。"为他人作嫁衣裳",一般艺术家都认为是下乘,而不知装帧本身就是伟大的艺术。戴卫同志是八十年代有远见、有才能的大装帧艺术家,凡是经过他的彩笔为著作画的装帧与插图的人,无不佩服,尤其是膺赏他的高尚风格与艺术道德,我就是其中的一个。(《一个"为人作嫁"者的追求》)

是日　巴金复信曹禺。信说:

信收到。写字很吃力,不多写了。我仍是一个病人。

文章寄上一篇。还有两篇中间讲到你,等香港寄来再转寄上。(《曹禺巴金书简》)

7 月 26 日　上午,六届全国人大常委会的委员们在人民大会堂就关于严惩严重破坏经济的罪犯问题进行座谈。陈丕显副委员长主持座谈会并讲话。曹禺与许涤新、洪丝丝、爱新觉罗·溥杰、林丽韫、刘瑞龙、段苏权、罗叔章、刘达等委员出席并在会上发言。(《人大常委会委员座谈认为不可麻痹松劲,继续抓紧抓好打击严重经济罪犯斗争》,《人民日报》,1983 年 7 月 27 日)

7 月 27 日　下午,中国笔会中心在北京召开会员大会。副会长夏衍、艾青、刘白羽、冯牧、朱子奇、叶君健、曹禺以及五十多位著名作家、诗人和翻译家出席大会。"曹禺、戈宝权、黄源、杨沫、冯亦代等同志在发言中谈到,我国正在进行社会主义现代化建设,国际地位越来越高。可是,目前我国文学在世界文学的地位却很不相称。中国笔会中心自 1980 年成立以来,在国际上以文会友,做了很多工作。今后,要进一步加强中外文学交流,更多地向国外介绍我国文学界的情况和成就,向国内介绍外国有代表性的文学作品和文学动态,为繁荣世界文学事业、增进我国与各国作家间的了解、团结和友谊而努力。"(《中国笔会中心召开会员大会》,《外国文学》第 8 期,1983 年 8 月 28 日)

7 月 30 日　致信祝鸿生[①]。信说:

天气酷热,未能通询。《日出》改编电影剧本,上海电影厂邀我与万方二人担任,并正式来函,我已正式应允。十分承情,毋庸再提。

我与万方已应允上影邀约,改编《日出》电影剧本,似宜早为宣传,免生枝节,不知你以为然否?前次湖南(潇湘)电影厂约中央戏剧学院某人来商谈改编《日出》为电视连续剧,我当即拒绝,他们也从此作罢。此一枝节也。(《曹禺晚年书简》)

是月　《日出》连环画由上海人民美术出版社出版,上海新华书店发行,全书189 页。版权页显示:《日出》,辽宁人民艺术剧院演出。编剧:曹禺;导演:万籁

---

①　巴金女婿,时为上海电影制片厂文学编辑。

天;连环画改编:万籁天、简美英;摄影:张福祺。

8月15日 致信万欢。信说:

收到你的信,异常高兴。恭喜你正式毕业,成了医科学士。这个头衔得来太不容易,你下了苦功夫,你表现了你的才能与毅力,你迈进了社会,走上正规的道路,我万分盼望你能步步胜利。然而你仍必须本着一向的"吃苦""求实"精神,你日后才能获得幸福和真正的人生大道。我看你很能办事,而且有独立的精神,我为有你这样的女儿而自豪。(《没有说完的话》第336页)

8月19日 《人民日报》刊消息《莫斯科上演话剧〈雷雨〉受到观众欢迎》:"莫斯科最近上演曹禺的名著——话剧《雷雨》,受到观众欢迎。《雷雨》是由苏联阿穆尔州话剧院演出的。"

8月30日 著名戏曲教育家史若虚追悼会在北京八宝山革命公墓举行。曹禺与张庚、俞振飞、林默涵等送花圈。(《著名戏曲教育家史若虚同志追悼会在京举行》,《戏曲艺术》1983年第4期)

是月 曹禺作序、北京人民艺术剧院舞台艺术资料编辑组编的《舞台美术选集》由中国戏剧出版社出版。

是月 为《李宏林电视剧本选》作序,在9月13日《辽宁日报》及是年《电视文艺》第12期发表。后收入《曹禺全集》第5卷。

是月 《电影评介》第8期刊报道《名剧〈雷雨〉再次被搬上银幕》:"著名演员孙道临根据著名剧作家曹禺同志的处女作、代表作之一的《雷雨》改编的电影剧本,已列入上影厂生产计划,正在积极筹拍中。""该片由孙道临亲自执导,主要演员现已确定,由顾永菲饰繁漪,孙道临饰周朴园,秦怡饰鲁妈,马晓伟饰周萍,张瑜饰四凤。""《雷雨》摄制组为了体现我国二十世纪初,'五四'运动前的生活气息和风土人情及典型环境,特选定用天津火车站附近的水塘边作一外景,其他外景还将在北京、苏州、上海等地拍摄。"

9月2日 北京人民艺术剧院《家》剧建组。导演:蓝天野;舞美设计:韩西宇、方坤林、鄢修民。(《北京人民艺术剧院大事记》)

9月5日 下午,为帮助青年演员理解《家》,为他们讲《家》及其背景。(《北京人民艺术剧院艺术档案资料》)

是日 致信李致。信说:

信早拜读。我万分欢迎,你领振兴川剧代表团来首都公演,我与玉茹将多多学习,多观摩,一定要写篇学习心得,表示感谢。玉茹将由沪特为看川剧代表团来京学习(她读我信告,将专诚(程)来学),并想托你转恳川剧大师教她一二出川戏,尤其是《打神告庙》,她耳闻我多次宣扬,更想学会,学明白,以广学识。

再,北京人艺正在排演《家》,一群演员托我请求看川剧,为增加一点知识。

你说给戴卫(戴卫,画家,曾为《曹禺戏剧集》设计封面并画部分插图)写的小幅字,给你,当从命。但我已忘记大小,见面时,你告我是若何尺寸,定办。我字之拙而俗,你是知道的。你既教我写,我就厚着脸皮写。(《曹禺致李致书信》第 140 页)

9 月 6 日　上午,在家中听取夏淳、周瑞祥就《茶馆》剧组访日有关事项汇报,并作指示。曹禺嘱咐说:"到日本后,第一件事就是要到我驻日使馆汇报请示。在日期间遇有大事也要及时向使馆请示。""到了日本,要争取多看看日本的戏,日本的戏,演得很见功夫。看之前,请人先讲讲故事,要仔细地看。"还强调:"对我们的一些主要演员的身体健康要特别加以注意,他们都是宝贝! 对英若诚、朱旭、林连昆等一批演员要重视。"并"特意嘱托"到日本后要去拜会日中文化交流协会的井上靖、白土吾夫等先生并代他问候。(《北京人民艺术剧院大事记》;周瑞祥:《〈茶馆〉访日演出日志》,《难忘的二十五天——〈茶馆〉在日本》第 169 页)

是日　致信杉村春子、千田是也、井上靖和白土吾夫。信文如下:

敬爱的杉村春子女士:

我怀着十分欣悦的心情给您写这封信。因为,恰逢中日和平友好条约签订五周年之际,您第一次访华时演出的优秀剧目《女人的一生》,现正由我们剧院在首都剧场公演,深受各界观众的热情欢迎。同时,老舍先生的杰作《茶馆》也即将与贵国观众见面。这是贵我两国戏剧界之间的友谊日臻亲密的象征,也是我们共同为增进两国人民的友谊所作的实际贡献。值得庆祝,值得高兴。

您是《茶馆》访日演出的发起者、倡导者和全力以赴促其实现的组织者。鲁迅先生说过:"人类最好是彼此不隔膜,相关心,然而最平正的道路,却只有用文艺来沟通。"您是热心于用文艺来促进两国人民"不隔膜,相关心"的不倦的实践家,对您的热忱和精力,对您多年来为日中友好不辞辛劳,不怕险阻,坚若磐石,不遗余力,我深表敬佩和诚挚的谢意。请您向为《茶馆》访日而操劳的日中文化交流协会、民主音乐协会、松竹公司、日本新俳优协会诸位先生和女士们转达我的诚挚谢意。在北京人艺《茶馆》访问演出期间,仍请您多方关照,多方指教,以期圆满完成任务。

至此　敬候

安好　　　　　　　　　　　　　　　曹禺　　1983 年 9 月 6 日

敬爱的千田是也先生：

流水光阴，东京别后，又是一年！目前正值贵我两国和平友好条约签订五周年之际，又逢我国传统的中秋佳节，故人不来，月圆人缺！回忆去年中日剧友的真挚交欢，依依难忘。我遥祝先生健康长寿！祝日本所有好友日进千里！祝贵我两国的传统友谊万古长青！

我院《茶馆》赴贵国访问演出得以成行，是先生及杉村春子女士等诸位人长期奔走、筹划之功，您为增进贵我两国戏剧界的友好交往和人民友谊，多年来不辞辛劳，不怕险阻，坚若磐石，不遗余力，我和我院同人衷心感佩，深表谢忱。北京人艺《茶馆》访日演出团在贵国演出期间，尚祈多方关照，不吝指教，以期圆满完成友好交流的使命。

至此　　谨祝

大安　　　　　　　　　　　　　　　　　　　曹禺　1983 年 9 月 6 日

致井上靖和白土吾夫先生信内容与上信大致相同。(《北京人民艺术剧院大事记》)

9 月 8 日　晚，带领部分《茶馆》剧组人员至原西德大使馆，参加修德大使为祝贺乌韦编辑的《东方舞台上的奇迹——〈茶馆〉在西欧》一书出版举行的酒会。(同前)

9 月 9 日　致信田本相。信说：

奉上印刷品"国立剧专在江安"一件，也许有用。

十七日前，可否电话通知晤谈日期，我在十七日前在家。(《苦闷的灵魂——曹禺访谈录》第 299 页)

9 月 10 日　《茶馆》剧组启程赴日，曹禺等到机场送行。(《北京人民艺术剧院大事记》)

是日　晚，中国戏剧家协会邀请出席全国第五届妇女代表大会的戏剧界代表参加茶话会。曹禺作为剧协主席出席并主持茶话会，他"首先向光荣出席妇代会的代表致以衷心的祝贺和亲切的问候，并欢迎大家对剧协工作提出宝贵意见"。(《中国剧协邀请妇代会戏剧界代表座谈》，《戏剧报》第 10 期，1983 年 10 月 18 日)

9 月 13 日　在《辽宁日报》发表《〈李宏林电视剧本集〉序》。后收入《曹禺全集》第 5 卷。

9 月 14 日　下午，在北京木樨地家中，接待如约来访的田本相。田本相将收集到的《玄背》目录及《今宵酒醒何处》的残稿给曹禺看过，先生很高兴。田本相还带来一部《宣化县志》，曹禺很感兴趣，说道："宣化葡萄是特产，这上面一定记载了吧！这部县志，你是需要参考，我也要翻翻，说不定还能帮助我回忆起一些事情。

宣化对我是很重要的地方。……"(《苦闷的灵魂——曹禺访谈录》第 144、145 页)

9 月 15 日　中国青年艺术剧院《原野》剧组正式建组,曹禺、吴雪等亲临会场,并讲话。曹禺说:"《原野》是我二十六岁写的,这么多年来总是磕磕碰碰的。有些人的评论,不让我这样写戏,总希望我走老路子,但是作为一个艺术家总是想探索,把我的所恨、所爱、所想表现出来。"(《〈原野〉排演追记》)

是日　在《光明日报》发表剧评《谈电视连续剧〈红楼梦〉的改编》。收入《电视连续剧〈红楼梦〉(综合画册)》,后收入《曹禺全集》第 5 卷。

9 月 24 日　上午,与北京人艺同志到北京电视台审看介绍人艺电视片《繁星》第 1 集样片。(《北京人民艺术剧院大事记》)

9 月 26 日　晚,至首都剧场观看《王建设当官》彩排。幕间休息,会见北京国棉一厂的党委、工会、共青团等同志,征求他们的意见。演出后,与学员们(演员)合影,勉励他们说:"这是万里长征的第一步,今后还要长期努力学习。"(同前)

9 月 27 日　上午,前往北京医院参加冯乃超遗体告别仪式。(《冯乃超同志辞世》,《人民日报》,1983 年 9 月 28 日)

是日　晚,至工人俱乐部观看川剧《巴山秀才》首演。(《〈巴山秀才〉创作演出回顾》,《川剧艺苑春烂漫》第 205 页)

9 月 29 日　中国剧协北京分会、《戏剧电影报》在全国政协礼堂会议室举行川剧《巴山秀才》座谈会,曹禺作为中国戏剧家协会主席、剧协北京分会主席、《戏剧电影报》社社长出席并讲话,他说,"我们要学习振兴川剧的经验,改革和发展中国戏曲艺术。"(《借振兴川剧东方繁荣戏曲艺术》,《戏剧电影报》,1983 年 10 月 9 日)

9 月下旬—10 月　四川省振兴川剧赴京演出团演出川剧《巴山秀才》、《绣襦记》、《禹门关》及小型现代戏《丑公公》等。其间,文化部艺术局和中国戏剧家协会组织 3 次座谈会,曹禺与阿甲、刘厚生、郭汉城、黄宗江、袁世海等出席座谈会,并在座谈会上说:"川剧振兴,关键在领导。四川省委提出了'振兴川剧,务求实效,千锤百炼,精益求精'的具体要求,推动了川剧艺术的发展。我感谢四川省委这样重视祖国的戏曲,感谢各位老艺术家、中青年艺术家为此做出的贡献。川剧振兴,京剧也要振兴,所有戏曲都要振兴!"(《首都戏剧界盛赞振兴川剧演出团演出》,《戏剧报》12 期,1983 年 12 月 18 日)

是月　湖北省歌舞团赴北京演出《编钟乐舞》。曹禺为之题词:"大哉洋洋乎,编钟乐舞,奋起蹈励,振兴之声。"(《金声玉振鸣楚风——〈编钟乐舞〉的创作与演出》,《武汉春秋》1984 年第 5 期)

10 月 6 日　文化部外联局转我国驻马来西亚大使馆文化处致北京人艺函:马

来西亚的穆斯塔德·诺准备排演《雷雨》,请北京人艺提供资料。经曹禺等领导同意,提供《雷雨的舞台艺术》一册,剧照、景照、人物照各一套。(《北京人民艺术剧院大事记》)

10月8日　在《人民日报》发表《为振兴川剧欢呼》一文。后收入《中国戏剧年鉴1984》和《曹禺全集》第5卷。

10月9日　在《戏剧电影报》发表《空谷足音——欢迎四川省振兴川剧汇报演出团》一文。后收入《曹禺全集》第5卷。

10月14日　上午9时,北京市文化局和北京市剧协在民族文化宫联合举行欢迎《茶馆》访日演出团归来茶会。曹禺出席并致辞,曹禺说:"《茶馆》访日演出所获得的成功,固然是由于有老舍先生的精彩剧本,有焦菊隐先生和夏淳同志的精彩的导演和各位演员们的精彩表演,但更为重要的是党的方针政策的正确,是党的领导和支持。……党中央、周总理早就为中日友好和文化交流播下了种子。我们要为此继续努力,继续奋斗下去! 要把老一辈开创的中日友好和文化交流的事业世世代代传下去。《茶馆》访日演出的最大成功之一,就是在日本青年中做了促进中日友好的工作,播下了友谊的种子。"(《〈茶馆〉访日演出日志》,《难忘的二十五天——〈茶馆〉在日本》第187、188页)

10月18日　致信李致。信说:

振兴川剧来京演出,大得成功,奋发首都戏剧界,确立信心,至可庆贺。

……

承嘱告,写了两张字,似比以前的条幅小些。字极拙劣。相知如你是不会见笑的。(《曹禺致李致书信》第145页)

10月20日　致信李致。信说:

奉上为左清飞①同志题字,请转交。(《曹禺致李致书信》第147页)

10月26日　致信巴金。信说:

我十分想念你。听说你身体与精神都健旺,很是高兴。我想望望你,但又胆怯,因为你一再嘱我写的《桥》到今日还无着落。觉得对不起你对我殷切的期望。然而我还是那句话:必写出! 只是要晚一些。我把这情况也告知李致,这次川剧来京,我费了点时间,还有其他接待事宜也耽误我。你又该笑了,家宝就是爱热闹! 其实写不出东西来时,空虚,也苦闷极了。感觉自己那点货

---

①　原注:左清飞,四川省川剧院演员,在《绣襦记》中饰李亚仙。一九八三年秋,左清飞曾随李致拜望曹禺。

已经挤干了。有时甚至悲观！这两天,情绪又好起来。大约否极泰来！

济生给我写了一封十分热情的信,我想复信,现在又有家人来。过两天再写信给他。(《曹禺晚年书简》)

是日　致信祝鸿生、李小林。信说:

收到你们的信很久,因为一则这几天整党与各民主党派一道开会,占了许多时间。二则李致领振兴川剧大团体在京汇报演出,场场都看了,还开会。写文章把时间占了一些。川剧振兴了,在京获得巨大成功。影响很大,似乎全国都要振动起来。

……

《日出》电影剧本正在构思,大纲搞出来,就可以动笔。我与方子希望能如期交稿。不负重托。当然不会太好。只有留待大家讨论,继续修改。请告厂领导同志们！

我至早也在十一月中旬返沪,因为还有日本的杉村春子在十一月要来,因为她对《茶馆》大力帮助,《茶馆》才能在日本演出成功。我必须在京好好招待,欢迎她,感谢她。当然我要和方子同时搞《日出》影本,尽量少见人。(同前)

是月　曹禺、于伶、刘厚生等著《美好的感情——中国戏剧家访问日本散记》一书,由中国文艺联合出版公司出版,书中收入曹禺《美好的感情》一文。

是月　据曹禺回忆:

一九八三年十月间,山西省蒲州梆子青年演出团来首都演出,二十四场中,我大约看了八场。任跟心的《挂画》《烤火》《打神告庙》,崔彩彩的《放裴》《双锁山》,郭泽民的《跑城》《贩马》《黄逼宫》和另外一位武生演员演的《伐子都》,都非常精彩。这些戏我每场必看,有的看了两遍,如任跟心的《挂画》《烤火》。……(《回忆蒲州梆子》)

11 月 3 日　中国戏剧家协会邀请在京的部分戏剧家座谈,讨论如何高举社会主义文艺旗帜,清除精神污染问题。曹禺作为中国剧协主席出席并主持座谈会,李伯钊、赵寻、胡可、舒强、张云溪等十位同志发言。"与会同志认为,戏剧战线这几年成绩是主要的,但也存在着精神污染,主要表现在:(一)创作上出现了资产阶级自由化倾向。有的作品宣扬资产阶级人性论,用资产阶级的人性取代无产阶级的阶级性、革命性;有的作品由于过分渲染了现实生活中的消极面,在一定程度上动摇了人们的共产主义信念;有些作者不反映当前四化建设沸腾的生活,认为'反映生活离现实愈远愈好';有的作者在'创新'的口号下,竭力宣扬和实践西方现代派的艺术主张,等等。(二)有些演出活动商品化。部分剧团和演员片面追求票房价值,自由放任。(三)演出剧目混乱。一些宣扬资产阶级人生观、道德观、世界观的拙劣作品有所泛滥;某些明令禁演的充满封建阶级思想糟粕的坏戏又被有的剧团搬上舞台。"(《中国剧协召开座谈会强调加强学习、净化舞台、坚持正确的文艺方向,曹禺主持,李伯钊、赵寻、胡可等在会上发言》,《人民日报》,1983年11月5日)

11月4日 致信巴金。信说:

有件事告诉你。邓颖超大姐十分关心你的健康,托我说,请你好好保重身体,一定注意自己的健康。

其次,全国政协每月有主席们的会议,下月就会举行。她说,如你能来京,与其他主席们见见面谈谈,那就太好了,但如身体状况不许可,自然,不可能来,千万不要勉强,身体要紧。其三,她很希望你能谈谈对政协的意见,和其他什么意见,请你写封信给她。

邓大姐平易近人,也很真挚,对你很关心、尊重。

因此我写信告诉你。我想下月会有通知来。我真不敢说你现在的健康是否还能允许你这样长途跋涉。到了北京,定有许多朋友和青年作家要见你,这是应该考虑的,我想,对你来说,过多的劳顿与谈话是很不相宜的。

目前,正如你所说,我仍在爱热闹。——在北京,许多事躲不了,只有如此。

(《曹禺巴金书简》)

11月5—15日 由《戏剧报》主办的话剧表演艺术讨论会在北京召开。会议就如何进一步提高话剧表演艺术水平展开了热烈的讨论。曹禺作为剧协主席出席了5日的开幕式并讲话,于15日出席了闭幕式。(《为塑造真实鲜明的舞台形象而努力——本刊举行部分省市话剧表演艺术讨论会》,《戏剧报》第12期,1983年12月18日)

11月6日 以杉村春子为团长的日本戏剧家代表团抵京。(《周扬会见日本戏剧家代表团》,《人民日报》,1983年11月10日)

11月7日 下午,在北京人艺接待来访的杉村春子等日本戏剧家,并与之座谈。先生致词欢迎,并就《茶馆》访日再次向杉村春子先生致谢。座谈后往华都饭店,参加全国剧协为欢迎杉村春子一行举行的茶会。(《北京人民艺术剧院大事记》)据载:"以杉村春子为团长、铃木光枝为副团长的日本演剧家代表团一行八人,于十一月六日来华访问。十一月七日下午,他们与首都话剧工作者及正在北京参加话剧表演艺术讨论会的十六个省市的数十名表演艺术家进行了联欢活动。杉村春子的老朋友,中日友协会长夏衍,中国戏剧家协会主席曹禺,中国文联书记处常务书记、剧协副主席赵寻,中国戏剧家协会书记处常务书记刘厚生,也参加了联欢会。会上,宾主们发表了热情洋溢的讲话,并即席表演了精彩的文艺节目。"(《日本演剧家代

表团与中国话剧表演艺术家联欢》,《戏剧报》第 12 期,1983 年 12 月 18 日)

是日　《戏剧报》编辑部邀请唐弢、晏学、田本相举行曹禺剧作座谈会,该刊主编刘厚生、方杰也参加了座谈。高度评价了曹禺五十年来的话剧创作成就。座谈发言经整理以《立于世界戏剧之林的中国剧作家——曹禺》为总题,刊于 12 月 18 日《戏剧报》第 12 期。

11 月 8 日　晚,于首都剧场,曹禺等接待杉村春子一行观看话剧《女人的一生》。演出结束后,上台会见演员并合影留念。随后在北京人艺"文化交流中心"举行欢迎酒会。(《北京人民艺术剧院大事记》)

11 月 9 日　下午 5 时,曹禺等在翠华楼宴请杉村春子一行。(同前)

11 月 10 日　下午,中国文联召开在京部分著名文学艺术家座谈会,就学习贯彻党的二中全会精神,抵制和消除精神污染问题交流了心得体会,进一步推动文联各协会以及全国文艺界对二中全会精神的学习。曹禺与贾作光、侯宝林到会发言,谢冰心、周巍峙、王朝闻、刘开渠、胡风等递交书面发言。文联副主席夏衍、书记处书记赵寻、文联所属各协会负责人以及文学艺术界百余人出席了座谈会。(《文艺界搞好整党学习要把自己摆进去》,《人民日报》,1983 年 11 月 11 日)

11 月 12 日　据载:"人大常委会副委员长胡厥文、黄华,全国政协副主席程子华、胡子昂、周培源和首都各界知名人士曹禺、于光远、马海德、廖沫沙、姚雪垠、李一氓、张君秋以及中外记者 300 多人,今天下午来到人民大会堂,参观全国烹饪名厨师、名点心师制作佳肴美点,并且兴致勃勃地品尝各地的风味菜点。他们赞扬菜点名师的精湛技艺,并鼓励名厨师们继续为丰富人民生活、发扬祖国文化遗产做出贡献。"(《人大、政协部分领导人等参观名厨师制作佳肴美点》,《人民日报》,1983 年 11 月 14 日)

11 月 15 日　《戏剧报》《戏剧论丛》联合举行推荐青年演员任跟心、郭泽民、崔彩彩演出的座谈会。曹禺与赵寻、阿甲、刘厚生、郭汉城、马少波、蓝翎、李超、翁偶虹、李玉茹、刘长瑜、张学津、戴月琴等出席,并讲话,曹禺说:"任跟心、郭泽民、崔彩彩所以成为优秀的演员,重要的原因在于他们继承、发展了蒲剧这个古老剧种几百年积累下来的艺术成果。"(《蒲剧的新局面和戏曲的振兴——推荐任跟心、郭泽民、崔彩彩演出》,《戏剧报》第 12 期,1983 年 12 月 18 日)

11 月 20 日　周日,张大中、黎光代表段君毅[①]看望曹禺,并就北京人艺党委书记安排征求意见,北京市委决定调林挺[②]出任人艺党委书记,曹禺表示同意。(《北

---

①　时任北京市委书记。
②　时任北京市宣武区委第一书记。

京人民艺术剧院大事记》）

11月25日—12月8日 第六届全国人民代表大会常务委员会第三次会议在人民大会堂举行。曹禺作为常委会委员出席。（《六届人大常委会三次会议开始举行》，《人民日报》，1983年11月26日；《六届全国人大常委会三次会议闭会》，《人民日报》，1983年12月9日）

11月29日—12月2日 六届全国人大常委会三次会议连续举行五次全体会议，进一步深入讨论加强社会主义精神文明建设、争取社会风气根本好转的问题。发言的委员们一致认为，全国人大常委会这次着重讨论意识形态领域的大事，分清是非，统一认识，非常重要。坚持四项基本原则，集中力量进行社会主义现代化建设，这是明确载入现行宪法的。搞精神污染，散布形形色色的资产阶级和其他剥削阶级腐朽没落的思想，散布对社会主义、共产主义和共产党的领导的不信任情绪，是不符合宪法的，如果我们听之任之，人民的思想就会受污染、被搞乱，四化建设就必然受到影响。这是关系国家根本大法的贯彻执行、关系社会主义事业的成败的大问题，必须认真对待，一抓到底。只要我们保持清醒的头脑，严格按照党和国家的方针、政策办事，清除精神污染、加强社会主义精神文明建设就一定能够健康地顺利地进行。

曹禺出席并发言，他"在介绍了戏剧方面的一些精神污染的情况后说，清除精神污染，首先要认真学习，提高认识，明辨是非。他建议将邓力群在全国文化厅局长会议和全国广播电视宣传工作会议上的讲话一杆子插到底，传达到基层学习研究，消除一些同志的思想顾虑，保证清除精神污染的工作健康进行。"（《六届人大常委会三次会议全会讨论加强精神文明建设争取社会风气根本好转问题》，《人民日报》，1983年12月3日）

是月 为母校南开中学题词：

南开新剧团启蒙我学习戏剧

南开母校我永远不能忘记（《南开逸事》第290页）

12月4日 致信万昭。信说：

来信（?）悉，关于《日出》，陈怀凯同志曾来信，征求我是否同意北影拍摄该剧本。我告以三月间可来沪一谈，再做最后决定。

现在上影孙道临同志正与我讨论拍《雷雨》事，已有他的改编本。

北影究竟准备得如何？我不知道。负责人看来是很积极的。你们想必比我知道得多。我尚未接到陈怀凯的复信。（万黛、万昭提供）

12月10日 中国戏剧家协会、总政文化部联合召开话剧《火热的心》座谈会。

曹禺作为剧协主席出席并讲话，"曹禺同志说：'看完《火热的心》，心里真是暖烘烘的。'他向编剧、导演和全体演员表达了深深的敬意。曹禺同志说：'描写正面人物，没有概念化地去写，表现出作者独到的创作思想和创作方法。剧中梁子如做了许多好事，但没有堆砌感，写得很流畅。梁子如是八十年代的雷锋，人物的高度是很高了，但仍然让人感到可信，因为作者写的不是高不可攀的神，而是活生生的人。在写落后人物韩枫思想转变时，作者处理得恰如其分。第五幕结尾梁子如和韩枫坐在台阶上这场戏真是神来之笔。'曹禺同志最后指出：'在我们社会主义戏剧舞台上，一部《火热的心》是不够的，我们的剧作家要多写这样的好戏。'他意味深长地说：'剧作家要深入到生活的各个领域，就会发现群众中，有千千万万颗火热的心。'"（《话剧〈火热的心〉座谈会侧记》，《剧本》1月号，1984年1月28日）　曹禺讲话题为《让〈火热的心〉更多一些吧！》刊于1984年1月19日《解放军报》。后收入《曹禺全集》第5卷。

12月11日　中午，中国文联及各文艺协会在北京饭店举行宴会，欢迎以会长井上靖为团长的日中文化交流协会代表团，并庆祝热心从事日中文化交流工作的白土吾夫第一百次来华访问。曹禺与阳翰笙、吕骥、徐肖冰等出席。（《欢迎日中文化交流协会代表团》，《人民日报》，1983年12月12日）

12月12日　致信祝鸿生。信说：

连接来信与小林函。我仍忙于各种不得不办的事，回复迟了。请谅解。

我把小林关于爸爸住院，不能来京开会及身体状况的信交与邓大姐，并说了爸爸感谢她的话。她极关怀爸爸的健康，嘱我到沪代她买鲜花赴医院慰问。

目前我刚开完人大常委又遇着招待外宾等事。但我仍在空时与方子着手《日出》电影剧本。时间不足，似将拖延时日（本年内不能交稿），是否能允许再晚些时候交稿。但也不会拖得太久。此事鸿生想必十分为难，我与方子都着急，然剧本写不出，亦无可奈何。俟《日出》初稿完事，当来沪商议。

我从罗苏得知爸爸的健康逐渐恢复。我们全家都很高兴。务请你与小林为我向爸爸问好。久不见他，仿佛过了几年似的。十分想念他！（《曹禺晚年书简》）

12月15日　上午，文化部、中国文联、中国剧协、田汉著作编辑出版委员会在人民大会堂联合召开纪念田汉诞辰85周年、逝世15周年纪念会。曹禺与邓颖超、周扬、贺敬之、夏衍、阳翰笙等200余人出席。会议由朱穆之主持，曹禺与周扬、阳翰笙、夏衍、司徒慧敏等在纪念会上讲话，吕骥作书面发言。（《田汉诞生八十五周年逝世十五周年纪念会在京举行》，《人民日报》，1983年12月16日；《田汉同志诞生八十五周年和逝世十五周年纪念会在北京隆重举行》，《戏剧报》1984年第1期）

12 月 18 日　在《戏剧报》第 12 期发表杂文《坚持和发展毛泽东文艺思想,抵制和清除精神污染》。文说:"戏剧界要深入贯彻二中全会精神,坚决抵制和清除精神污染,就必须掌握毛泽东文艺思想这一锐利武器,更高地举起社会主义文艺旗帜。"

本期"艺术研究"栏题《立于世界之林的中国剧作家——曹禺》刊唐弢、晏学、田本相、刘厚生、方杰文章,文前加"编者按":"曹禺是中外享有盛誉的著名戏剧家。从一九三三年发表《雷雨》到现在,他整整走过了五十年的创作历程。为了进一步加强对曹禺和他的剧作的研究,本刊编辑部于十一月七日邀请著名文学家唐弢、中央戏剧学院副教授晏学、《曹禺剧作论》一书的作者田本相三位同志举行曹禺剧作座谈会。本刊主编刘厚生、方杰也参加了座谈。这里发表的文章,就是根据座谈会上的发言整理成文的。"

本期还刊消息《〈戏剧报〉将举办"一九八三年首都戏剧舞台中青年优秀演员奖"评选活动》。

12 月 19 日　上午,往协和医院参加北京人艺老演员赵恕遗体告别仪式。(《北京人民艺术剧院大事记》)

12 月 23 日　中国青年艺术剧院导演张奇虹请曹禺至青艺,观看《原野》全剧的初次连排。观后,曹禺给剧组讲话,他说:

> 真是不错。我觉得很好,很受感动。……看出用极大热情,演出这个戏。演得是不错的,裁减得也不错。刚一开始很好,把后面的牛头马面摆在前面很舒服,改得好,将来演出可能是很成功的。很动人! 我都很难过。父、子、女三人跪着磕头,封建压迫。农民当时觉得到了地府会有公正,居然看到地狱——你们把这个意思充分地表现出来了,而且放到开头,让人们一下子就明白了。
>
> 另外你们加上了虎子、金子两小无猜的戏,加的也很好。小黑子不要了,确实可以不要。我的剧本要叫导演、表演、舞美的才能都发挥出来。只要这样,怎么改我都喜欢,只要不离题。这次你们改,不但不离题,而且是丰富了。……
>
> 我总的感觉是,我写这个戏的时候,毛病就是太浓了,紧张得厉害。你们要放,不要太紧张了,要收得住,收敛一些。否则就容易只看见动作,看不见内心。如果内心感情再深些,外表动作就不会那么冲。比较能控制得住的是金子。当然提这一个人也不好。你们的戏离上演还早,还可以琢磨,整个很吸引人。但是过了就空荡,紧张到崩断的时候就让人难受。
>
> ……

不过这个戏我觉得不是精神污染。我看不出来！① （《怀念您，我的恩师曹禺》，《倾听雷雨——曹禺纪念集》第 160—163 页）

是日　致信祝鸿生、李小林。信说：

昨下午看了电影《寒夜》（仅仅是个"双片"，只有对话），我以为十分好。汪文宣演得深刻，潘虹称职，甚至于可以说相当好。母亲也好。整个气氛感动我，确实有重庆味道。汪文宣夫妻两次在咖啡座的场面都真实感人，恰如其分，此时潘虹也演得很动人了。

夫妇分别一场排得精彩。表演下了工夫。摄影确有《寒夜》小说的气氛。总之，整个工作都看出工夫。我不愿说得太好，因为怕宣传多了，反而使爸爸看了说"夸得过分"。总之，是一部拿得出去的好片子。

我、玉茹、方子，看了，（是罗丹邀去的。）他们都满意，方子哭了几次。

我与方子正在搞《日出》，但每天总有一两件事打扰我！（《曹禺晚年书简》）

是日　北京十月文艺出版社召开现代作家传记作者座谈会②。唐弢、马良春应邀出席。会上，就传记文学如何把科学性与文学性结合起来为中心议题，各抒己见，畅所欲言。"田本相同志在发言中说：'原先是准备在年底交一个写作提纲给社里的，但从目前我掌握的材料来看，我还不能做到。这半年来，我心中一直在酝酿着，作了些调查，也读了若干传记，同曹禺同志本人也曾交换了意见，他也向我提出了一些忠告。'……'我的中心点，在于写出一个我所认识和理解了的曹禺来，要有我的独到的认识和把握，可能这样的传记就会有些特点。'……'曹禺曾对我说，一个传记作者应当对其所写的人物有一个透彻的了解，要融化所掌握的材料，我想也是这个意思。'……"（《传记文学的科学性和文学性》，《中国现代文学研究丛刊》1984 年第 2 辑）

12 月 24 日　上午，赵恕追悼会在八宝山革命公墓礼堂举行，曹禺献花圈。（《北京人民艺术剧院大事记》）

12 月 26 日　毛泽东诞辰 90 周年纪念日。上午，在北京的中共中央委员和候补委员，中央顾问委员会委员，中央纪律检查委员会委员，全国人大常委会委员，全国政协常务委员前往毛主席纪念堂瞻仰毛泽东的遗容，参观毛泽东、周恩来、刘少奇、朱德纪念室。曹禺作为全国人大常委委员随同参加。（《党和国家领导人与首都各界人士瞻仰毛泽东同志遗容》，《人民日报》，1983 年 12 月 27 日）

---

①　原注：曹禺的上述讲话，是青艺《原野》剧组根据录音整理。
②　北京十月文艺出版社拟出版一套现代作家传记丛书。已组稿的有：《鲁迅传》（作者林志浩，已出书）、《郭沫若传》、《曹禺传》（田本相）、《赵树理传》（戴光宗）等。为此召开这个会议。

12 月 31 日　晚,观看北京人艺新排话剧《小巷深深》彩排。演出结束后,曹禺和北京有关官员与演员座谈,曹禺说:

> 问题剧容易使人感到枯燥无味。这出戏也有问题剧的意思,但不同于一般的问题剧,而是一出境界非常高的戏,一出有灵魂的戏。戏里接触了许多学术问题,但不枯燥,是一次成功的演出,也可以说是一曲动人的交响乐。
>
> 我特别感到兴奋的是,我看到了我们剧院中青年演员在成长起来。这出戏不是靠老演员来撑台,中青年演员们都不错,是人艺风格。由此我感到,我们剧院在培养中青年演员上胆子大、有成效。北京人艺大概可以不垮了。我之所以这样说,就是希望你们继续努力,人艺要有新的发展,就是要靠诸位拿出艺术良心来从事我们的事业。
>
> 尚丽娟比以前演得好。我告诫过她,不要因为上过《戏剧报》的封面就晕乎起来。现在看来,她没有糊涂。梁冠华演的丁志良很朴实,比王建设好……你们都应当向林连昆学习,他台词说得好,咬字狠,但又不过分,特别是那段介绍贝多芬的台词,很不好说,但他说得热情饱满,使人感动。他的热情不只是功夫问题,而是他对生活有热情。(《北京人民艺术剧院大事记》)

是年　上海市长宁沪剧团演出沪剧《原野》。编剧罗国贤、高雪君,导演高雪君,作曲山泉,舞美设计胡成美,灯光设计陈鉴康,服装造型王钿。演员张杏声、沈明浩饰仇虎,朱彩玲、吴梅影饰金子,董健华、程建化饰大星,顾绮珍、顾珍珍饰焦母,潘震新、杨中平饰常五,程建华、董健华饰白傻子。(《简明曹禺词典》第 338、339 页)

1984 年　　七十五岁

4月17日,首届《戏剧报》梅花奖授奖大会在京隆重举行。

10月1日,首都举行阅兵式和群众游行,隆重庆祝中华人民共和国成立35周年。邓小平发表讲话,高度评价新中国成立以来,特别是党的十一届三中全会以来取得的光辉成就。

11月6日,以杉村春子为团长的日本演剧家代表团一行八人来华访问。

12月29日—1985年1月5日,中国作家协会第四次代表大会在京举行。

1月5日　晚,至北京护国寺人民剧场观看潜江县荆州花鼓戏剧团演出的荆州花鼓戏《家庭公案》。(《曹禺与〈家庭公案〉》,《曹禺研究》第1辑第29页)据曹禺文述:"演出结束后,我怀着极其亲切的感情见到了剧团的艺术家们。我们相互欢呼着握手,像久别重逢的兄弟姐妹,我心里说不出的高兴。"(《潜江新花》)

1月7日　应邀为故乡潜江县刊物《潜江史志资料》题写刊名,并对其中涉及的自己的家世和小志作了个别文字修改。(《简明曹禺词典》第53页)

1月11日　上午,至北京民族文化宫参加由北京市文化局和北京剧协主办的《家庭公案》讨论会,并发言。曹禺说:"这个戏在北京的演出是十分成功的。前几天林默涵同志就对我讲,有个好戏要到北京来,希望我看看。后来,潜江的同志又到我家里谈了这个事。看了戏,对人物对故事熟悉了。"(《曹禺与〈家庭公案〉》,《曹禺研究》第1辑第30页)

1月14日　在《人民日报》发表剧评《一面镜子——〈劳资科长〉观后》。后收入《曹禺全集》5卷。

1月15日　上午,在北京木樨地寓所接待潜江《家庭公案》的编剧、演员和随团采访的《湖北日报》记者等人。(《曹禺与〈家庭公案〉》,《曹禺研究》第1辑第30、31页)

是日　《人民日报》刊易凯报道《文化部、中国剧协分别召开座谈会高度赞扬〈家庭公案〉是一出难得的好现代戏》:"连日来,王震、秦基伟……以及曹禺、吕骥、张庚、马彦祥、吴雪等观看了由湖北省潜江县荆州花鼓剧团演出的《家庭公案》,称赞它是一出难得的现代戏。1月12日,文化部、中国剧协分别召开座谈会,就《家庭公案》演出的成功,畅谈了戏曲如何表现现代生活,及中国歌剧的发展等问题。"

1月16日 北京市文联自是日起举办"庆祝建国三十五周年文艺作品征集评奖"活动。评奖委员会在北京成立,曹禺任主任。(《一九八四年文学纪事》,《中国文学研究年鉴1985》第473页)

1月19日 上午,中国文联和中国电视剧艺术委员会联合主办的首届中日民间电视艺术交流活动在首都剧场开幕。曹禺与阳翰笙、金照、陈荒煤、丁峤、吴雪、陆石、李庚等文艺界、电视界负责人出席开幕式。会后放映了日本电视纪录片《现代中国的妇女》、电视连续剧《阿信》。(《首届中日电视艺术交流活动在京举行》,《人民日报》,1984年1月20日;《北京人民艺术剧院大事记》)

是日 《解放军报》全文刊发曹禺在中国剧协与总政文化部联合召开的话剧《火热的心》座谈会上的发言,题为《让〈火热的心〉更多一些吧!》。后收入《火热的心(五幕话剧)》(代序二)。后收入《曹禺全集》第5卷。

1月23日 周瑞祥向曹禺汇报春节团拜会的安排,曹禺同意所作安排。(《北京人民艺术剧院大事记》)

1月24日 上午,北京市文化局在北京人艺文化交流中心举行春节团拜会,曹禺与林挺、刁光覃、于民等参加。(同前)

是日 致信祝鸿生。信说:

向你报告几件事:

1. 这些天可以说日夜赶《日出》电影稿本。我和万方用了相当大的心力写这个本子。除了吃睡和绝对必要办的事,全部精神放在这个写作上。

我们即将完成这个稿子,正由万方抄写。预料在春节前(即本月卅一日),把底稿交给你与文学部审阅。我想,如果能得到你们初部[步]首肯,提去(出)意见,我们可作初步修改,再打印。

万一你们文学部觉得大致不差,是否可以在春节中,即作特别处理,在假日内打印成本,以便及时征求党委与同行们的意见,再行修改,务期做到不致误了在本年内拍摄的任务。

2. 我与玉茹正在设法购买本月卅一日的机票。购得,即电告你,请你派车接我们一下。

3. 我们感谢你的好意为我们订下有暖气的旅舍,以便继续工作。如机票购不成,听说年前很挤,必早早再电告你到沪日期。

4. 万方过了春节就来上海,我与玉茹争取在沪过节。但请不必告诉任何人。到处来回拜节、应酬,弄得住在旅馆也不得安心。我们感到有些疲乏,需要稍稍休息。

5. 日后党委与同行们举行讨论如何修改,或提出什么要求,我希望先叫万方用心听记。我暂不参加,可以使朋友们畅所欲言。

6. 很怪,写完了,舞美,我却想到导演、演员、制片人种种问题了。

这个稿本,似乎需要很称职的演员,(当然,导演更重要,舞美、制片都要紧。)尤其是演陈白露的演员,这个草本把她写得相当重。中国目前演技,使人总觉得不真实,不自然,很多造作。《日出》在舞台上演得较久,许多角色已经"脸谱化",如顾八、胡四、乔治等都千篇一律。即潘月亭、李石清等,也演得十分浅薄没有个性。大家都不下心研其历史,环境,人的内心变化,台词、动作的意义。这个戏像是天天炒冷饭,一点新滋味,新鲜感,真正想吃一下的心情都没有了。鸿生,你是我的朋友,我才胡说一泡。这些话不一定是对的。

老爸爸说:"什么时候家宝来?"很感动我!我好伤感。听了,几乎他的声音就在耳边,不断地叫我。我真想立刻到上海看他。希望他已经回到家里养病了。(《曹禺晚年书简》)

1 月 25 日　下午,北京人艺召开党委会。曹禺提出,要考虑从中央戏剧学院表演系 80 班毕业生中吸收演员之事。(《北京人民艺术剧院大事记》)

1 月 26 日　在《光明日报》发表《潜江新花》一文。后收入《曹禺全集》第 5 卷。

1 月 27 日　下午,北京人艺召开全院会。最后曹禺代表全院热烈欢迎林挺(新任命的党委书记)、黎光来院工作。他指出,这是中央领导和市领导对北京人艺的关怀,他要求全院同志要支持新领导班子的工作,大家要团结一致,为共同的事业理想努力工作。他强调:话剧演员的"根"在舞台上,所以要热爱舞台艺术,不断提高思想修养和艺术修养,要重视舞台艺术实践,不要过分热衷于搞电影、电视,不要去追逐名利。要下大功夫培养接班人,对刚毕业的这批学员要加强教育,提高他们的思想水平和艺术水平,多给他们舞台实践的机会。(《北京人民艺术剧院大事记》)

1 月 28 日　晚,在北京人艺文化交流中心参加春节团拜会并讲话向大家祝贺春节。(同前)

1 月 29 日　致信万黛。信说:

你决定回国是完全对的!你这样的决心是应该的,在目前盲目崇拜国外的世界的空气中,你表现一个中国人,真正中国人的精神。你挑选了一个崇高的、有良心的中国人的道路!回来吧,我的孩子!我为你有这样的决心与爱国的精神而自豪。我想,你的母亲和孩子也为你这样的决心自豪。你这样决定,准备回国供(贡)献知识与才能,真是暖和我们这些老人的心。你的朋友、同学、同事与时常想念你的老师们总在想念你,希望你早早回来,下定决心回来为医学事业贡献力量。把你学的新知识——尤其是你使用计算机为医疗、为医学研究服务的高级学问,早一些介绍到祖国来!(万昭提供)

2 月 13 日　致信田本相。信说:

《戏剧报》开了个小座谈会,我曾多次劝阻,一是这类纪念太多,二是累朋友费精神,三则文艺界的师友很多有大成就的,我实则不值一谈。

累您在住院时期,还参加这种会,心中很是不安。

还惊动了唐弢同志和晏学、厚生同志等。我拜读了发表后的文章,更感到惶恐!

您的信,我转给唐弢同志看了。因为您对他的谈话也是说讲得好。

那个什么《曹禺传》,费了您的精神,我总是不安。您工作十分严肃、认真,我十分佩服。还是那句老话,这个题目不值得浪费您的心神和时间。

务请多多保重!我现在上海,家在复兴中路 1462 弄 3 号。(《苦闷的灵魂——曹禺访谈录》第 300 页)

2 月 15 日　上午,北京人艺周瑞祥致电在上海的曹禺,请曹禺向上海歌剧院为王树元请假。下午,曹禺回电,已与上海歌剧院谈妥,同意王来京。(《北京人民艺术剧院大事记》)

2 月 20 日　法国驻华大使马乐在上海向我国著名作家巴金授予法国政府颁发的荣誉勋章证书。曹禺应邀出席授勋仪式。(《巴金接受法国荣誉勋章证书》,《人民日报》,1984 年 2 月 22 日)

2 月 22 日　与万方合作改编的《日出》电影文学剧本完成第二稿。(铅印本原件)

是月　春节期间,至医院看望巴金,并受邓颖超委托致问候。据文述:“那是 1984 年春节,邓颖超委托去上海的作家曹禺,带着一束鲜花去慰问正在住院治疗的巴金。”(《邓颖超看望巴金》)

是月　“一九八三年首都戏剧舞台中青年优秀演员奖”评选委员会成立并举行第一次会议,决定命名中青年优秀演员奖为“梅花奖”。曹禺与张庚、马彦祥、吴雪、张君秋被聘为评委会顾问。(《“一九八三年首都戏剧舞台中青年优秀演员奖”评选委员会成立并举行第一次会议,决定命名中青年优秀演员奖为“梅花奖”》、《“梅花奖”评选委员会名单》,《戏剧报》第 2 期,1984 年 2 月 18 日)

是月　《雷雨》在马来西亚上演。导演说:“《雷雨》的艺术成就已超过易卜生。”(马来西亚《星洲日报》,1984 年 2 月 18 日)

3 月 10 日　中国青年艺术剧院决定公演《原野》。(《〈原野〉排演追记》)

3 月 15 日　为纪念我国杰出文学家、人民艺术家老舍 85 岁诞辰,中国文联、中国作家协会、中国戏剧家协会、中国曲艺家协会和北京市文联在人民大会堂隆重举行"首都文艺界纪念老舍 85 岁诞辰座谈会"。曹禺因在上海休养,未能出席,作书面发言(代)。(《北京人民艺术剧院大事记》;《深切怀念人民艺术家老舍》,《人民日报》,1984 年 3 月 16 日) 据张光年记述:"上午去人大会堂西大厅参加文联、作协等团体联合举办的老舍诞生八十五周年纪念大型座谈会,夏衍主持会议。周扬讲话,巴金、冰心、曹禺的书面发言都充满情致,彭真、仲勋同志在会议中间来到,大家高兴。彭真讲话,胡絜青答词,都亲切动人,会后摄影留念。"(《文坛回春纪事》第 529 页)

是日　《文汇报》第 4 版"电影与戏剧"栏刊陈珏的访问记《访曹禺》。文说:"孙道临改编导演的影片《雷雨》不久将与观众见面,恰好曹禺同志也南来上海,笔者到他下榻之处作了访问。""《雷雨》拍摄成电影,这已经是第三次了。曹禺最近看了《雷雨》的试片后说,影片能把原剧的八个人物、纷繁的事件,忠实而集中地再现到银幕上,是很不容易的尝试。""这次他到上海就是应上影厂之邀,亲自执笔把它(《日出》)改编成剧本的。……《日出》的改编,曹禺想尝试着完全打破原剧的时地一致,调动电影艺术的长处,展现广阔的场景,把他在几十年前创作话剧时想表现,而又因为舞台的限制无法直接表现的种种意念,都搬上银幕。……曹禺告诉笔者,《原野》不久也将由北京青艺重新搬上舞台;导演在剧作家本人的首肯下,作了较大的改动。曹禺来沪前,刚刚看过这出戏的连排。"最后,"曹禺同志还希望晚年能写出新的剧本,为人民贡献自己的全部精力。宝刀不老,曹禺同志始终磨砺着他的笔锋。"

3 月 19 日　是日起,中国青年艺术剧院在北京人民剧场上演曹禺名剧《原野》。导演张奇虹,舞台设计苗培如,演员杜振清饰仇虎、宋洁饰金子、韩静如饰焦母。这次演出,张奇虹对原剧本进行了压缩和删改,将原来的三幕五场改为序幕、一幕、二幕和尾声。连演二十场。(《〈原野〉排演追记》) 而据《中国戏剧年鉴 1985》记载,《原野》起演日期是 3 月 4 日,共演出 63 场。(《1984 年部分剧院、团演出新剧目概况》,《中国戏剧年鉴 1985》第 360 页)

3 月 21 日　上午,严青(原北京人艺艺术处负责人)追悼会在北京八宝山革命公墓举行,曹禺未参加,送花圈。(《北京人民艺术剧院大事记》)

3 月 22—25 日　中国青年芭蕾舞演员汪齐凤和王才军与菲律宾芭蕾舞团演员在菲律宾文化中心大剧场同台演出世界著名舞剧《唐·吉诃德》选场和根据作家曹禺写的《雷雨》改编的中国芭蕾舞剧选场等。(《我青年芭蕾舞演员在菲演出受到热情赞扬》,《人民日报》,1984 年 4 月 1 日)

3月28日　下午,北京人艺召开中层干部、各党支部委员、各民主党派代表联席会。北京市市委宣传部、文化局官员宣布人艺新领导班子任命,林挺任党委书记、曹禺任院长、于是之任第一副院长、宋垠和周瑞祥任副院长、黎光任顾问。新班子中,曹禺不负担具体领导工作。(《北京人民艺术剧院大事记》)

是月　根据曹禺剧作《雷雨》改编的同名影片,由上海电影制片厂拍摄完成。原著曹禺,改编孙道临,导演孙道临,摄影罗从周,总美术韩尚义,美术瞿然馨,作曲吕其明,演员孙道临饰周朴园、顾永菲饰繁漪、马晓伟饰周萍、秦怡饰鲁妈、张瑜饰四凤、钟浩饰周冲、梁同裕饰鲁大海、胡庆树饰鲁贵。

拍片期间,曹禺曾陪同摄制组外出找景。据韩尚义文述:

> 在创作准备阶段,曹禺多次同我们谈当年写《雷雨》的印象。他说:"我写作时,太年轻,人生经历不足……我和当时的年轻人一样,渴望出现几位先行者,唤醒万马齐喑的腐恶社会,使人从愚昧中,从麻木中醒过来……《雷雨》只是当时的一块石头,并没有雕成什么器候。只受了阳光雨露的恩泽,才成为一块可以投机的石头。"他又说,他在天津读书的时候……甚至到地痞流氓出没的地方看热闹……。

> 于是,曹禺不仅对这部片子给与众多关怀,鼓励我们大胆创造,而且亲自陪我们赴天津、无锡去察看当年周家的环境和鲁家的房子。他说《雷雨》中的"周公馆"、"杏花巷"没有规定是天津,只要有北方味道就可以了。……(《曹禺:〈雷雨〉是块石头》)

4月1日　是日起,北京人民艺术剧院正式公演《家》。(《北京人艺明起公演名剧〈家〉》,《人民日报》,1984年3月31日)共演出33场。(《中国戏剧年鉴1985》第360页)但据《北京人民艺术剧院大事记》记述,北京人艺正式公演《家》的日期是4月3日晚。导演蓝天野,副导演田春奎,舞美设计韩西宇、方堃林、鄢修民,童弟饰高老太爷,吴桂苓饰高克明,任宝贤饰高克安,谭宗饶饰高克定,陈浩饰觉新,张永强饰觉民,崔麟饰觉慧,王淑华饰觉英,张华饰觉群,罗历歌饰瑞珏,胡宗温饰钱太太,王姬饰梅小姐,吕中饰陈姨太,郑天玮饰鸣凤,秦在平饰黄妈,宋丹丹饰婉儿。同时,中央电视台2频道播映英若诚在美国密苏里大学执导的《家》,播映前先播放曹禺、英若诚关于《家》的讲话。

4月3日　在上海华东医院会见来访的中岛健藏的夫人中岛京子一行。(《日中文化交流》第364期,1984年5月1日)

是日　《北京日报》刊英若诚《从在美国排演〈家〉想到的》一文。

4月10日　第四届电视剧飞天奖(1983年度)评选揭晓。曹禺为本届评选委

员会顾问。(《第四届电视剧飞天奖集刊 1983 年度》)

4 月 12 日   致信田本相。信说：

> 介绍中国唱片社劳为民、黄群二同志,请予接见,并便中协助为感![①](《苦闷的灵魂——曹禺访谈录》第 301 页)

4 月 17 日   《北京晚报》刊吴祖光《他们考得不错》一文。该文系祖光先生观张奇虹导演的《原野》后所作。文说:"剧本我在四十年前就读过了,但是这次看了青艺的演出,我想,虽然作者反复强调剧中主人公仇虎越狱重返家乡是为报焦阎王杀父、杀妹、夺地毁家之仇,但实际上写的不是私仇,而是阶级仇恨,结尾仇虎的几段话,是十分鲜明的号召农民起义的口号。剧本写成于 1936 年,迄 1949 年全国解放的十三年中,这样的主题是犯忌的。1936 年曹禺只有二十六岁,他的这个第三部作品比之前两个剧本,在思想境界上是一个飞跃,他的胆识令人敬佩。"

4 月 18—21 日   洛阳市举办电影《雷雨》首映式。(《洛阳六十年大事纪略》第 69 页)

4 月 19 日   《团结报》刊该报记者潘鸣采写的《曹禺谈他改编电影剧本〈日出〉》一文。后收入《曹禺全集》第 7 卷。

4 月 20 日   在《人民文学》第 4 期发表《我很想念老舍先生》一文。后收入《曹禺全集》第 6 卷。

4 月 21 日   在上海华东医院 716 病房接待彭嘉强。席间,谈《雷雨》写作,并应为《修辞学习》题词。后彭嘉强写访问记《〈雷雨〉写作的前前后后——访著名剧作家曹禺》刊于 7 月 1 日《教学通讯》第 7 期。

4 月 23 日   在上海华东医院 716 病房接待再访的彭嘉强。席间,与彭谈语言艺术,并将"为《修辞学习》创刊两周年题的辞"交予彭,曹禺题:"学习语言艺术是当前迫切的事,祝《修辞学习》创刊两周年"。(《心中话笔下文——著名剧作家曹禺谈语言艺术》)

是月   中央戏剧学院导演系 79 级毕业演出《家》。(《中央戏剧学院·演出说明书集锦 1950—2004》)

是月   在上海华东医院接待《老人》杂志特约编辑施琦民。谈话中夸赞山西的《名作欣赏》,说"这个刊物办得真不错"。(《"这个刊物办得真不错!"——著名剧作家曹禺盛赞〈名作欣赏〉》)

---

①   原书(田本相)注:中国唱片社上海分社拟为曹禺先生制作一个唱片,将他的讲话声音保留下来。前面需要一篇有关曹禺先生的介绍文字,曹禺先生请劳、黄两位编辑找我来写。后来,听说这个唱片出版了,但是,我只收到稿费,却始终没有收到唱片社答应给我的唱片。

5月1日 为一六六中学 120 周年校庆①题词:"拼却老红一万点,换将新绿百千重。师辈用尽心力培育新人,春风桃李多出校门。"后收入《曹禺全集》第 6 卷。

5月4日 致信田本相。信说:

> 奉上《日出》电影剧本,是我和女儿万方合改的。这个剧本和话剧本大不相同。但这是两部不同的东西,虽然主题是一致的。有人不赞同这样改法,但我认为电影是给更多人看,因此,就那样改动了。但这不是说话剧本的《日出》不对。我仍以(为)话剧本《日出》(尤其是陈白露)是准确的,是比较站得住的,虽然"挤"进去事件太多了。寄给您,只为您消遣,而不是为了您研究,我的东西是不值得研究的。

> 另外,我也寄给您海外华侨寄来两张影印件,翻出我在 1949 年给佐临与桑弧的信,因为您可能保存它。放在我手里,总是遗失,不知落在什么地方了。

> 不久,我(约中旬)返京,当和您联系。

> 再:更多人说电影本《日出》,改得好,但我仍以为《日出》的话剧本是比较站得住,甚至于比较深些。又及

> 《日出》电影稿本即在五月份《收获》发表,与此次寄来的本子,稍有不同。

(《苦闷的灵魂——曹禺访谈录》第 303 页)

5月11日 由上海返京,准备参加全国人大会议。(《北京人民艺术剧院大事记》)

5月14日 上午,第六届全国人民代表大会第二次会议在人民大会堂举行预备会议,会上通过第六届全国人大第二次会议主席团和秘书长名单。随后大会主席团举行第一次会议。曹禺为主席团成员,并出席会议。(《六届人大二次会议举行预备会,会议主席团首次会议同日举行》、《第六届全国人民代表大会第二次会议主席团和秘书长名单》,《人民日报》,1984 年 5 月 15 日)

5月15—31日 第六届全国人民代表大会第二次会议在北京举行。(《六届全国人大二次会议在京开幕》,《人民日报》,1984 年 5 月 16 日;《六届全国人大二次会议胜利闭幕号召全国人民同心同德努力开创四化建设新局面争取更大成绩迎接建国三十五周年》,《人民日报》,1984 年 6 月 1 日)曹禺作为人大常委会委员、主席团成员出席。

5月24日 晚,中国笔会中心在北京举行酒会,欢迎以国际笔会会长、瑞典著名作家佩尔·瓦斯特贝里为首的国际笔会领导成员来华访问。"出席酒会的有中国笔会中心副会长艾青、冯至、曹禺、冯牧、严文井等。文化部部长朱穆之也出席了酒会。出席酒会的还有瑞典驻华使馆临时代办卡尔松、委内瑞拉驻华使馆临时代

---

① 创建于 1864 年,前身为"贝满女中"。

办古斯塔沃·杜布克等。"(《中国笔会中心为国际笔会领导人访华举行酒会》,《人民日报》,1984 年 5 月 28 日)

5 月 25 日　上午,在北京家中接待辛夷等人,并为《戏剧创作》题词:"为人民、为社会主义的戏剧事业奋斗终身"。据记述:"我们这次是专程去北京,请戏剧界的老前辈为我们的《戏剧创作》题词"。"时间是最无情的。曹禺同志还要赶到人民大会堂去开会,他是利用开会前的短暂的时刻,接见我们并为《戏剧创作》题词的。"(《难忘的时刻——记曹禺同志为本刊题词》,《戏剧创作》第 5 期,1984 年 9 月)

是日　下午,往人民大会堂出席六届全国人大二次会议主席团第二次会议,并发言。(《六届人大二次会议主席团举行二次会议》,《人民日报》,1984 年 5 月 26 日)

是日　在《收获》第 3 期发表《日出》电影文学剧本,系与女儿万方合作,剧本后附《后记》。《后记》收入《曹禺全集》第 5 卷。

5 月 27 日　致信巴金。信说:

> 我在京,就是忙,不知所云,忙得昏天黑地,到夜间扑在床,已经喘不出气来。当然,这话也是我的夸张。你知道,我好说过头话的。因此,不要相信我。我愿早日返沪,热死我,也比瞎忙好! 好得多!(《曹禺巴金书简》)

5 月 29 日　下午,北京人艺演员幺文平遗体告别仪式在八宝山革命公墓举行,曹禺送花圈。(《北京人民艺术剧院大事记》)

是月　辛宪锡著《曹禺的戏剧艺术》由上海文艺出版社出版。

是月　日本大阪关西大学中文系学生用汉语表演话剧《雷雨》。(《在日本看〈雷雨〉》)

是月　据荣海兰记述:"今年 5 月底至上海,偶然翻阅英文版的《中国日报》,看到北京青艺正上演《原野》的报道……我与几位由美同来的戏剧界朋友立即改变原计划,风尘仆仆地赶到北京,终于看到了日思梦想的《原野》。整个演出是那么紧张、感人,从头到尾将我们的心紧紧揪住了。更令人兴奋的是,剧作家曹禺先生与我们同观演出。散戏后,我们邀请曹禺先生、导演、演员等同聚建国饭店,祝贺演出成功。这些朋友虽刚认识,却因共同爱好而显出无比的相亲。我们谈着,笑着,直到深夜。"(《在北京看〈原野〉》)

6 月 3 日　上午,复信朱栋霖。①信说:

> 来示并大作早已读过。我不大好读书,至今引为遗憾。从您的文章里……谈到我的那几本戏,您也有独到意见。……我的作品,如果还算个作品的话,是不值得您下了这大精神的。

---

①　朱栋霖,时在苏州大学任教,曹禺研究学者。这之前,朱栋霖就曹禺创作中的一些问题写信给先生。

今天下午田本相同志可能来访,他正在写个年表。我想把你问的种种交给他看。我自己答不上来,我从不留过去的记载。关于《日出》某些角色原指的是哪些真人物。这些都是猜测之词,不足深究的。

……

我近来开会多,见人多,写作简直停下来。岁数较大,而无长进,是件难堪的事。(《大师的勉励》,《倾听雷雨——曹禺纪念集》第199、200页)

是日 下午3时,在北京木樨地寓所接待如约拜访的田本相教授,谈往事。先生身体还好,据田本相记述:"看来他的身体很好,说是在上海华东医院住院两个月,主要医治心脏病、肠胃病。"(《苦闷的灵魂——曹禺访谈录》第150页)

6月6日 中国戏剧家协会举办的1982—1983年全国话剧、戏曲、歌剧优秀剧本授奖大会,在福州市隆重举行。曹禺与张庚、陈白尘、赵寻、凤子被聘为"剧本评奖委员会"顾问。(《评奖委员会名单》,《1982—1983年全国优秀剧本授奖大会纪实》,《剧本》1984年第6、7期)

是日 致信田本相。信说:

奉上信一封①,似冼星海同志曾与《日出》写过曲子,不知对您有用否?(《苦闷的灵魂——曹禺访谈录》第304页)

6月9日 在北京木樨地家中接待黄如文、柯可②。他们向曹禺请教剧作的有关问题。"话别时,曹禺关切地询问我们在京的研究计划,并热诚地邀请我们过两天一起去看看青艺新排的话剧《原野》。"(《南粤葱郁忆芳踪》,《倾听雷雨》第226—233页。

按:柯可原文:"一张与曹禺见面的合影,凝固着1984年6月9日下午那难忘的时刻,珍藏于我的影薄里。说起这次在北京复兴门外大街22号楼曹禺家中的会面,还有一段文字缘呢!"其文中,柯可又提及曹禺"写于1984年6月4日的宝贵回信"。柯可又说:"经过一年准备后,我和导师黄如文教授专程赴京,登门拜访了这位享誉全球的剧作家。"这"一年准备"似是接到曹禺回信后。不知是否接曹禺信即赴京,还是接信"一年"后去的。但从"三日后"观《原野》,又似是此日期。)

是日 中国剧协北京分会举办的戏曲表演艺术讲习班举行结业式。曹禺与马少波、魏喜奎、马祥麟等出席,并讲话。(《志在戏曲"起飞"》,《戏剧电影报》,1984年6月17日)该讲话题为《学而优则"美"——在北京市戏曲表演艺术讲习班结业式上的讲话》,刊于17日《戏剧电影报》第25期。后收入《曹禺全集》第6卷。

6月13日 为北京人民艺术剧院周瑞祥等撰写的《难忘的二十五天——〈茶

---

① 系苏州秦启明致曹禺信,秦先生就冼星海曾给《雷雨》作曲一事,请教曹禺。
② 黄如文,时为华南师范大学教授;柯可系黄如文教授的研究生。

馆〉在日本》作序。该书由北京出版社于 1985 年 7 月出版。序说:"老舍先生的史诗剧《茶馆》终于在日本演出,获得了广大日本观众的热烈欢迎。他们的称赞与友好的感情使我深深感动。遥望东方的日本,云山浩渺,水波荡漾,我们相隔万里,可是一本戏的演出震动中日两家朋友的心。"

是日　晚,往中国青年艺术剧院观看张奇虹导演的新版《原野》。并会见了美国奥尼尔中心主席乔治・怀特,演出结束后,曹禺上台和演职员合影。(《导演艺术构思》第 110 页)

6 月 14 日　北京人艺向北京市文化局报送离退人员名单及安排意见。根据国务院《关于高级专家离休退休若干问题的暂行规定》,曹禺、刁光覃、夏淳、田冲、梅阡等 5 位暂缓离退。(《北京人民艺术剧院大事记》)

6 月 18 日　晚,北京人艺在北京海淀影剧院公演《红白喜事》,曹禺前往观看演出。(同前)

6 月 21 日　下午,中国人民对外友好协会举行电影酒会,庆祝中国与爱尔兰建交五周年。会上放映故事片《雷雨》。(《对外友协举行电影酒会庆祝中国爱尔兰建交五周年》,《人民日报》,1984 年 6 月 23 日)

7 月 5 日　下午,中国国际文化交流中心理事会在北京人民大会堂成立。理事会由我国各界有社会地位、学术声望的专家、学者、知名人士 125 人组成。理事长为彭冲。(《中国国际文化交流中心理事会在京成立》,《人民日报》,1984 年 7 月 6 日)曹禺被聘为该中心理事。(中国国际文化交流中心,第一届理事会名单,www.cicec.org.cn)

7 月 14 日　《南方周末》刊《大好时光辛勤笔耕——〈雷雨〉问世五十周年访曹禺》。该文系吴绪彬不久前访问曹禺所作。文述:"因为工作关系,我前年和去年都曾访问过曹禺同志。这位闻名于世界的戏剧家留给我的印象是:他的确老了,但难能可贵的是人老心不老,他的性格还像从前那样年轻,爽朗的笑声,风趣的谈吐,给人以老而不衰,青春永在的感觉。当我问起对影片《雷雨》的看法时,他谦虚地说:'影片用了我的剧本,我不拟多讲,怕不客观。在上海的时候,孙道临同志和我谈过,说'影片的好坏,要由观众来评定'。我认为他的话很对,影片的社会效果究竟如何,要由广大观众来评审。我同他都不应该多讲。不过,我愿意谈谈该片的摄制组。'谈到这里,他轻轻捶了几下腰部,又兴奋地接着说:'上海电影制片厂搞得很认真,影片的摄制组是一个顽强的摄制组。尤其是孙道临同志花费了很大心血,搞成现在这个样子,真不容易!早年上海新华影业公司和香港凤凰影业公司曾先后将《雷雨》拍成电影,不过我没看过。这次第三次搬上银幕,我看了之后,很佩服孙道临。他对影片各方面进行了周密的艺术构思,对每一个工作环节都是他自己认为完全满意了,才能算数。因此,可以说《雷雨》是他用尽全力搞出来的一部片子。'"

7月21、23日 中国代表团在美国演出《家》片段。据载:"7月,美国奥尼尔戏剧中心为了纪念中心成立二十周年,邀请了很多国家的代表团,并且要求各个代表团用四天时间,各自突击排演出一台从未排演过的戏来。""中国代表团只有三人,陈颙、黄宗江和《外国戏剧》的编委谢榕津。……他们拉来了正在密苏里大学导戏的英若诚,还有一位热心的志愿兵——黄宗江的女儿丹青,她正在美国学习社会学。""'中国夜'的演出定在7月21和23两天。第一个节目非常符合中心的要求,是从未搬上过舞台的段子《我和奥尼尔的对话》。这是我国现代戏剧的开拓者之一洪深先生在1932年写的。接着演出了曹禺改编的巴金名著《家》的片断《新婚之夜》。宗江在这次讨论中提出:越是民族性的东西越有国际性。《家》以它反映中国社会的深刻、准确,加上宗江和丹青细腻的表演,赢得了观众的理解。"(《"中国夜"在美国戏剧节》)

是月 赴北戴河休养。(《悼曹禺大师》,《新视野》1997年3期)

8月31日 在《华东师范大学学报》第4期发表《〈蜕变〉写作的前后》一文。后收入《曹禺全集》第5卷。

9月5日 在上海作《看了〈青丝恨〉的排练》一文,在《文汇月刊》10月号发表。后收入《曹禺全集》第5卷。《青丝恨》系李玉茹编写的京剧剧本。该文认为为"出人出戏"而进行的《青丝恨》的排演是一次可喜的尝试。

9月11日 为夏家善、崔国良、李丽中所编《南开话剧运动史料(1909—1922)》作序。题为《一部值得一读的好书——〈南开话剧运动史料〉》在10月17日《人民日报》发表。后收入《曹禺全集》第5卷。

是日 致信夏家善、崔国良、李丽中。信文如下:

南开学校话剧运动史料编辑部夏家善、崔国良、李丽中同志们:

前奉手书并活动史料清样一份,我在病中,写了一个短序,寄上请裁正。还望不久寄来序清样一读,活动史料印样是否寄还,请信告上海复兴中路一四六二弄三号李玉茹转我。

敬祝我校周年大庆

曹禺 一九八四.九.十一

(《关注南开话剧历史》,《曹禺与天津》第131页图)

9月18日 《戏剧报》第9期刊消息:"最近,北京三家话剧院及中央戏剧学院调整了领导班子。北京人民艺术剧院院长曹禺,第一副院长于是之,副院长宋垠、周瑞祥。"

9 月 19 日　　致信夏家善、崔国良、李丽中。信文如下:

来书奉读。所改的清样甚好,兹寄回。"南开中学"改为"南开学校"符合全文名"南开学校"的提法也恰切。另写了"序"与"曹禺"数字,请挑选。(《关注南开话剧历史》,《曹禺与天津》第 132 页图)

9 月 29 日　　致信万方。信说:

人(生)毕竟是壮丽的,尤其是我们又有了信心,祖国在前进。不管前途有多少风波与许多卑微、险恶的小人在挡道。人是伟大的,是在土地上生根结实的,是任何眼前与将来的恶魔阻止不了的。

让我们花一次钱,庆祝一下,道出我们这三十几年的折磨与辛苦吧。我们还是有一伟大的民族和祖国,我们有成绩,但更重要的是我们这些普普通通的老百姓胸中永不失去信心的勇敢、力量。

共产党是历经黑暗与挫折,终于学会领导中国的党,虽然眼前有不少党员是有罪的,是不会再在党中留什么位置的。

我与你都在伟大的时代中,忘记那些荒唐的历史,创造新历史吧。(《没有说完的话》第 328、329 页)

10 月 3 日　　致信田本相。信说:

祝贺您把年谱下册写完,交南大出版社印,十分好。

范启新兄提及我与柯灵与佐临信复印稿,我未见到。我来往京沪间,信易遗失,也许这封信并不重要。

年谱上册,我在校勘,断断续续,尚未看完。现决于近日内看毕,寄交给你。

您说已写了五万字稿已交一学报发表,当然好。我总是不安,回顾一生,耗费时日,恍惚间已是老年,祖国形势日趋大好,想再鼓把劲,写点东西,常以疾病中止。如假以时日,即写得不成样子,也应努力。

打算十一月初旬左右返京,近上海冷暖不定,不知北京如何?国庆日只在电视中看到天安门前阅兵游行盛况,感奋不止。(《苦闷的灵魂——曹禺访谈录》第 301、302 页)

是日　　于上海致信万黛。信说:

这一段在北医内科整日看病,并和同事们在讲谈你在美的心得,不知你身体吃得消否?从你说的每日锻炼、学习、工作情况,似乎你还能胜任。仅仅听听古典音乐便足以休息身心,这是最好的习惯。我猜你的事情多,任务重。我曾对你说过,国内生活还是清苦,只有心爱祖国的知识分子,才能受得住目前种种困难与阻力。建设中,你有所贡献,这便是幸福!我目前是不安的,我回想一生,懒散与胡混,加上我那些极无兴趣的工作,使我浪费几十年,悔恨莫及。然而想来想去,来日无多,也只有在夕阳西落的年岁中,还是尽把力,写点东西,才能说稍稍对得起国家和孩子们。然经常写不出,其痛苦,难于形容。我只有下决心再干几年,即便无所成,也没白度这即将逝去的晚年。这一点,我是万分羡慕你的。你的信给我力量。你的大量工作,激发我摒弃疲劳、消极的坏情绪,要振作,再振作,要鼓把劲,再鼓把劲。我不愿耗费今天的光阴。这是多么伟大的时代,今天空气中有一种激动人心的电火,我们的社会即便背上昆仑山那样的旧包袱,也被那电火点燃,冲奋前进。当然有不少阻力,但你会感到奋发勇猛的精力将会冲倒一切。我们有希望,有使全世界震惊的将来。但看阅兵队伍时,小平同志立在车上那样镇静、威武的气势。我并不崇拜个人,我却以为我从他得来的印象,是领导有信心、国家能办好。我们将以我们的能力、智慧、韧性,使将来的中国能称雄于全世界。这个文明世界,黛儿,你会看到的,你也贡献了自己的力量。

......

我曾为贝满女中写过他们要我题的纪念校庆的话,已挂号寄去两次了,终未复信,不知是否我把地址记错了。你说你以"六十年代的大学生"的称呼自豪。这是值得我与所有老人重视的青年精神,是立志远大充满活力的精神。我非常爱你这样的态度。

我身体只能说不太坏,有时心闷痛,有时咳嗽,有时犯一种莫名其妙的烦厌忧郁症。......你不要耽(担)心,我会保重的。(万昭提供)

10月13日 致信田本相。信说:

十月六日信收到。整理稿已读过,略有改动,不知是否可以?您的文章好,我的话也借此生光了。

年谱(上册已航空挂号寄去。)下册清样寄到,我当细读。嘱写几句话,自然应当。您费大量的时间和精神,我总感到很不心安。请千万保重身体,不要过于劳累。李玉茹同志向您问候。(《苦闷的灵魂——曹禺访谈录》第304页)

10月18日 《戏剧报》第10期题《戏剧百家国庆抒怀(下)》①刊曹禺、黄佐临、阿甲、吴祖光、新凤霞、杨村彬等人的国庆献辞,曹禺的献辞说:"三十五年来的社会主义戏剧事业有了空前的发展,但在新的形势下也面临着新的问题。在这伟大变

---

① 9月18日《戏剧报》在第9期题为《戏剧百家国庆抒怀(上)》刊载俞振飞、张君秋等戏剧家的国庆献辞。文前加"编者(按)":在中华人民共和国成立三十五周年大庆的日子里,全国戏剧工作者抚今思昔,感慨万端,欢呼我们的国家开始进入了最好的时期。从这期起,我们分两期发表戏剧百家的国庆献辞。(以编辑部收到的时间前后为序)

革的年月里,我们要全力以赴,振兴戏剧,以无愧于伟大的时代。"

10 月 23 日　致信田本相。信说:

来信敬悉。您写的评传,获得高手奖誉,非常可喜,玉茹和我向您热诚庆贺。"音实难知,知实难逢。"逢其知音,倍觉庆幸。

我与玉茹将于十一月初赴京,她写的《青丝恨》也不久在京公演。您若有空,当请来指教。《年谱》俟读全后再遵嘱写几个字。天气渐寒,诸多珍摄为幸。(《苦闷的灵魂——曹禺访谈录》第 305 页)

10 月 28 日　在《剧本》10 月号发表散文《祖国正在全面改革》。该文系为"热烈庆祝中华人民共和国成立三十五周年"而作。文说:"戏剧要为四化建设服务,要大力抓好繁荣创作这个中心环节。应当帮助作家解放思想,调动创造性与积极性。领导戏剧创作还应克服过去长期形成的'左'的做法。在新的历史时期中,我们不要以老的观念和老的眼光去对待新的经验和新的事物,不要用老一套的办法来解决急速发展的现实生活中出现的新的问题。"

11 月 1 日　致信田本相。信说:

我素不留旧稿,偶见废纸几张①,奉上。作为纪念。我十一月上旬回京,谨奉闻。(《苦闷的灵魂——曹禺访谈录》第 305 页)

11 月 4 日　致信夏家善。信说:

拜读十月十七日函,最近不舒服,迟迟作复,至以为歉。

文献片《曹禺的创作道路》,我以为不值一做。今日文艺戏剧界,大有作家,他们的贡献大,都可供同志拍文献片。我看,不必费力了。

署名"小石"的改译剧本,我料想,可能是我做的。不读该本,实在想不准。

各位同志工作辛苦,用在我的剧本创作上,甚歉疚,也为你们惋惜大好时间。匆匆敬祝安好。(转自《曹禺与天津》第 138 页)

11 月 5 日　晚,由上海返京,准备参加中国人大常委会。(《北京人民艺术剧院大事记》)

11 月 6 日　为《蒲剧艺术》四周年作《回忆蒲州梆子》,在 12 月 18 日《戏剧报》第 12 期发表。后收入《曹禺全集》第 5 卷。

11 月 8 日　第六届全国人大常委会第八次会议在人民大会堂召开联组会议,审议中英关于香港问题的协议文件。曹禺出席并发言。(《六届全国人大常委会八次会

---

①　原注:所谓"废纸几张",是他写的一篇未曾发表的散文——《水木清华》的手稿,送我作为纪念。我将它全文引用到《曹禺传》之中。手稿仍为我珍藏着。

议举行联组会议,审议中英关于香港问题的协议文件》,《人民日报》,1984 年 11 月 9 日)

11 月 14 日　由中国戏剧家协会主办的第一届全国戏剧理论著作评选在京揭晓。田本相著《曹禺剧作论》获"戏剧理论著作奖"。(《第一届全国戏剧理论著作奖评选结果揭晓》,《戏剧报》第 12 期,1984 年 12 月 18 日)

11 月 18 日　巴金 80 寿辰前夕,致信巴金。后收入《曹禺全集》第 6 卷。

11 月 20 日　中国戏剧家协会在北京为中国旅行剧团成立五十周年和著名戏剧家唐槐秋逝世三十周年举行纪念会。曹禺与阳翰笙、阿甲、冯亦代、舒湮、项堃、马少波、周岙等出席会议,并讲话。(《中国剧协集会纪念中国旅行剧团成立五十周年、唐槐秋逝世三十周年》,《中国戏剧》1984 年第 12 期)　曹禺在会上作题为《唐槐秋与中国旅行剧团》的发言,对唐槐秋先生给以极高评价:"唐槐秋先生是我的前辈,如同阳翰老、田老、欧阳老是我的前辈一样。……对于这么一位大人物,值得我们纪念,值得我们好好怀念。……他对中国话剧的贡献是很大的。……一是他的剧团教育了演员。……第二,他培养了观众。……演出中国最好剧作家的作品。比如阳翰老、田老、欧阳老、于伶、石凌鹤、吴祖光、马彦祥、丁西林等等,他介绍了许多老作家。可以说,这许多作家帮助了中旅。反过来说,这个职业剧团使这些作家提起兴致来写戏。所以,他不只是拿出好戏来培养观众;同时也鼓励了启发了中国作家继续写戏,写好的戏,写进步的戏,来教育观众、培养观众。……今天,话剧产生了不少优秀的剧作家,有的是直接地,有的是间接地受了中国旅行剧团这个职业话剧团一种说不出来的影响。历史传统永远不能忘记。"(《唐槐秋与中国旅行剧团》,《戏剧之家》1998 年第 5 期)

11 月 21 日　下午,北京人艺召开党委会,曹禺中途参加,并发言。"他说:对于我院演员借出去拍电影要特别慎重,尤其是青年演员。要告诉他们,话剧演员的'根'在舞台上。舞台上的根基不深,出去拍电影电视多了,会影响舞台上的创造,甚至不会在舞台上演戏了。我们还是好好地培养我们舞台上的好演员,把小字辈们尽快培养出来。"(《北京人民艺术剧院大事记》)

11 月 22 日　《戏剧报》《戏剧论丛》联合邀请首都戏剧界人士,就上海京剧院编演的《青丝恨》的成就与不足进行座谈。出席座谈会的有曹禺、张君秋、阿甲、赵寻、吴祖光、刘厚生、马少波、于民、杨毓珉、孙毓敏、杨淑蕊、陈刚、杜高、游默、霍大寿、朱以中以及本剧的编剧与艺术指导、上海京剧院副院长李玉茹,院党委书记吴平,著名演员孙鹏志、黄正勤、孙正阳,本剧导演董绍瑜、吕颖等也出席了座谈会。座谈会由方杰主持。会上,曹禺说:"正如方杰同志所指出的那样,上海京剧院的这么多老演员扶植新一代,这种精神非常好。这是第一点。第二点,我觉得做一个好演员很难,但是做一个好教师更难。最近一期的《戏曲艺术》里面有篇文章,讲到了从好演员到好教员的谢锐青,这很好。我们许多老一辈的演员做出过很大的贡献。像张君秋同志,培养了许多好演员,我们需要更多的这样的张君秋。第三点,我不谈整个戏,只讲一个道理。郑板桥是个大艺术家,'扬州八怪'之一,他竹子画得非常好。他说他刚刚画竹子的时候,少而不能多,继而能多时,又不能少,要达到第三阶段的少,工力最难。艺术创作都是这样的,开始是少,后来尽量求多,多了之后还需再求简炼。就是说,在丰富中求简炼。我感觉这个戏正在向多走,即刚进入第二阶段。对京剧我确实是外行,希望上海京剧院的同志自己讨论研究一下。"(《努力开发京剧艺术的新领域——首都戏剧界人士座谈〈青丝恨〉》,《戏剧报》第 1 期,1985 年 1 月 18 日)

11 月 24 日　上午 9 时,在北京木樨地家里接待来访的田本相。田本相将《曹禺年谱》初稿交曹禺先生审定修改。他们谈到反右时期,曹禺说:"这段历史太痛苦了! 吴祖光、孙家琇都是我的好朋友,当时非批判不可,不批判不行,违心地写了。(他沉默良久,说:)中国的知识分子可悲,可怜,有时也是无耻的!"(《苦闷的灵魂——曹禺访谈录》第 153、154 页)

是日　致信田本相。信说:

你走后,我突然想起一个可以询问的人。我在江安曾住在张鼎耕先生家。其长子张安国是当时党的领导人之一,其长媳曹继照也是地下党员。他们二位可能知我在江安一些情况。他们有一个孩子名张邦宠,现在八一电影制片厂工作。安国同志现来京,住邦宠家中。我目前实无时间与安国同志一见,详情您可告诉他。

张邦宠的电话是:365431(八一总机)转 264,可托邦宠与其父联系,定一个日子,你们无妨一谈。安国同志是一位和蔼可亲的老人,他会帮助你把当时江安的各种情况和你谈的。电话以中午或晚上打好,他们能在家。①(同前第 305、306 页)

11 月 27 日　晚,杉村春子一行来首都剧场看《女儿行》,曹禺与刘厚生、朱琳陪同看戏,蓝天野、周瑞祥等参加接待,演出后曹禺等陪同外宾上台会见演员,合影。随后,在剧场三楼文艺交流中心举行酒会,欢送她们明日离京赴外地访问。(《北京人民艺术剧院大事记》)

11 月 28 日　《中国文学》双月刊在新侨饭店举行创刊招待会。曹禺与叶圣

①　原注:几次想到江安访问,都因身体不行而作罢。亏得曹禺先生及时地告诉我张安国同志来京的消息,使我从安国同志处了解到许多第一手的材料。

陶、张光年、冯牧等出席,并讲话。曹禺说:"我们的老大姐、老前辈、二十年代的丁玲同志和舒群同志,创办《中国文学》这个刊物,这对我是极大的鼓舞,也可以说,是对我们大家的极大鼓舞。刚才,我匆匆忙忙地看了'编者的话',有几句话触动了我经常所想的一些问题。它在最后谈到'文艺上的思想问题是学术问题,可以自由讨论,各抒己见。'这个地方,我觉得丁玲同志和舒群同志真正是提倡百家争鸣的。尤其是在今天,形势大好,思想解放,每位同志都有一大堆好意见、好材料、好作品正在酝酿中,所以,当着有什么问题发生的时候,我们的领头者丁玲同志、舒群同志的这种看法是有远见的。丁玲同志和舒群同志组织这么大一个《中国文学》刊物,这是一件极好的事情。祝《中国文学》健康地成长,勇敢地成长,开辟一个在文学方面、编辑文学杂志方面又一个新天地!"(《〈中国文学〉双月刊创刊招待会记略》,《中国文学》1985 年第 2 期)

11 月 30 日 下午,北京人艺在首都剧场前三楼文艺交流中心举行欢送离休退休老同志的大会,曹禺出席并讲话。(《北京人民艺术剧院大事记》)

12 月 3—5 日 中国莎士比亚研究会成立大会在上海召开。3 日开幕,曹禺未出席,由孙道临代为宣读他的开幕词。(《中国莎士比亚研究会成立大会暨首届年会隆重开幕》,《戏剧艺术》,1985 年第 1 期) 开幕词题为《作莎士比亚的知音》刊于《戏剧界》1985 年第 2 期,题为《作莎士比亚的知音——中国莎士比亚研究会开幕词》载《莎士比亚研究》第 3 期,后收入《论戏剧》、《曹禺全集》第 5 卷。4 日,大会选出胡乔木任名誉会长,曹禺为会长。5 日闭幕。(《胡乔木任中国莎士比亚研究会名誉会长》,《人民日报》,1984 年 12 月 7 日)

12 月 5 日 在北京木樨地家中接待《当代戏剧》的杜耀民等,并为该刊题词:"为建设有中国特色的社会主义戏剧努力。"并为杜本人题词:"锲而不舍,金石可镂,锲而舍之,朽木难断。"(《录以备忘的会见——记曹禺同志为本刊题词》)

12 月 5—25 日 全国人大常委会派出视察组视察四川、湖北两省的一些城市。(《人大常委会派出两个视察组视察三省一市后提出报告,经济体制改革正向着纵深发展,本世纪末奋斗目标完全能实现》,《人民日报》,1985 年 1 月 21 日) 曹禺为视察组成员。

12 月 8 日 据艾芜记述:"下午……到文联参加四川剧协召开的欢迎曹禺的大会。与曹禺和他的夫人李玉茹在会上见面,互相问候。曹禺对人很热情,和我一道摄影。据李玉茹讲,曹禺已七十五岁,耳力差了。"(《艾芜全集·日记(1983—1992)》第 19 卷第 162 页)

12 月 11 日 下午,与李玉茹应邀参加重庆市川剧青少年"新苗奖""调演奖"授奖大会。并为"新苗奖"获得者题词"培养新苗,贵在领导;苦学生材,良师为宝;

振兴川剧,惊人功效"以表祝贺。会前,走访了抗建堂旧址,并接受《重庆日报》记者黄铁军访问,谈往事,谈川剧,访问题《三十八年又重来——访著名剧作家曹禺》刊于 12 月 14 日《重庆日报》。

12 月 12 日　在重庆渝州接见重庆剧协的同志和他在前国立剧专任教时的学生。并为重庆剧协题词:"我们这只文艺队伍是热爱党、热爱社会主义、热爱人民的好队伍。"(《重庆剧讯》1985 年第 1 期)

12 月 15 日　以叶林为组长的全国人大常委会视察组离开四川前往湖北。(《全国人大常委会视察组结束在四川的视察》,《人民日报》,1984 年 12 月 16 日)

是日　曹禺与叶林、陈宗基、刘达、李桂英、阎明复等 15 名全国人大视察组成员抵宜昌,入住彝陵饭店。(《宜昌市大事记要(一九八四)》,《宜昌市地方志资料选编》1986 年第 5 期)

12 月 17 日　上午,视察组成员视察了毛涤纶厂、彩陶厂、快餐面厂,并听取了这些单位负责人的汇报。后往视察葛洲坝工程和彩陶厂,曹禺为二单位赋诗云:"悠悠万世水利功,矻矻多年智无穷;黄炎子孙终有党,亿万雄才乘东风。""云作衣裳花作容,中华儿女夺天工;缤纷五彩争颜色,织女应羞银河中。""彩陶素称古,今翻新泥土;瓶净藏明月,忽起天马舞。"(同前)

是日　据艾芜记述:"下午《成都晚报》魏秋菊来谈曹禺。问:'那天剧协欢迎会上,为什么曹禺会对你说那么多崇敬的话?'我说只有曹禺本人才能回答。但我也说了一些,我同曹禺三十年代发表作品,到现在许多年了,一直是友好的。三七年在长沙认识。五二年响应文联的号召,在北京一个小组学习,然后大家到生活中去。曹禺和我同到鞍山体验工人生活,他因事未去,我去了。五三年秋天,我从鞍山到北京,曹禺在北海公园招待划船,并请吃饭。以后少见了,但一相见,总是高兴的。"(《艾芜全集·日记(1983—1992)》第 19 卷第 164、165 页)

12 月 18 日　为纪念洪深诞辰 90 周年,《戏剧报》第 12 期刊本刊记者采写的《马彦祥、曹禺、葛一虹谈洪深》。后曹禺谈话题为《洪深九十周年诞辰谈洪深》,收入《曹禺全集》第 6 卷。

12 月 19 日　与视察组诸人抵荆州,到访荆州博物馆。后往沙市视察,住江津宾馆。在此接待荆州老乡(《荆州报》记者)鲁家雄,为荆州博物馆题词:"古楚多国宝,呆呆复煌煌。荆州博物馆,珍藏复珍藏。"又为潜江人大题词:"明月故乡晓钟,远隔千里心同。不知今夜何处?犹在思想梦中。"并为鲁家雄题"乡情"二字。(《浓浓翰墨书乡情——我与戏剧大师曹禺的一次难忘会面》,《曹禺研究》第 1 辑第 153—155 页) 二词分别题《古楚多国宝》、《乡梦》收入《江陵吟》(上卷)。

本时期　在宾馆接受《沙市报》记者王家绵的采访,后题为《雷雨关山故园情》发表。(《采访名人的艺术》,《新闻战线》1986年第3期)

12月25日　于武汉作诗《编钟》。后发表于1995年5月10日《诗刊》5月号,收入《曹禺全集》第6卷。

12月26日　曹禺所在的全国人大常委会视察组结束在湖北的视察,从武汉启程返回北京。(《全国人大常委会视察组回到北京》,《人民日报》,1984年12月27日)

12月27日　晨,由湖北返抵北京。(《北京人民艺术剧院大事记》)

12月28日　在《剧本》12月号发表《希望大批优秀人才茁壮成长》一文。该文是曹禺为《剧本》月刊创办中国戏剧、电视剧创作函授中心而作。文说:"我希望把函授中心作为戏剧教育事业来办,出人才、出作品。""我希望广大参加学习的青年作者和学员们能多读,多思,多写。"

本期还刊载了曹禺为"中国戏剧、电视剧创作函授中心"的题字:"中国戏剧、电视剧创作函授中心。"

12月29日　中国作协第四次会员代表大会在北京开幕。(《中国作协第四次代表大会在京开幕》,《人民日报》,1984年12月30日)

是月　曹禺戏剧集之《雷雨》、《北京人》、《明朗的天》、《蜕变》由四川人民出版社出版。

是年　与李伯钊、萧乾等观看中央戏剧学院导演系79班毕业演出《培尔·金特》,演出后与演员合影。(《曹禺》画册第126页)

是年　苏联出版由尼科里斯卡亚撰写的《曹禺创作概论》一书。(《中国文化在俄罗斯传播》,《汉学研究》第1辑第110页)

1985 年　七十六岁

3 月 26 日，位于北京西郊万寿寺的中国现代文学馆举行开馆典礼。

4 月 5 日，我国第一届布莱希特讨论会（又称第一届布莱希特周）在京举行。由中央戏剧学院、北京第二外国语学院和国际剧协中国中心联合举办。国内外几十位学者、戏剧家应邀出席，国际布莱希特协会主席泰洛夫参加大会并作了题为《布莱希特与东亚艺术》的发言。

4 月 17 日，著名戏剧教育家、剧作家李伯钊在京病逝，终年 74 岁。

4 月 18 日，第二届《戏剧报》梅花奖揭晓。

6 月 8 日，著名文艺理论家胡风在京逝世，终年 83 岁。

7 月，《文艺报》改版为报纸版，每周一期。

11 月 21 日—12 月 15 日，1985 年全国戏曲观摩演出在京举行。

1 月 2 日　《新剧本》在北京创刊①，本期刊曹禺贺词《祝贺〈新剧本〉的诞生》。贺词说：

> 我相信《新剧本》会在促进北京市，乃至全国的戏剧事业发展方面，起到积极的作用。我希望不断地有新的剧作家，新的戏剧作品，在这块新的花圃上出现。……

1 月 4 日　上午，北京人艺召开党委、院长联席会。会上讨论到：原拟议中的纪念曹禺创作生涯 50 周年活动，拟推后到人艺建院 35 周年时再举行。（《北京人民艺术剧院大事记》）

是日　据张光年记述："下午主席团扩大会，各省、市、区代表团正副团长参加，我主持会议……其间剧作家苏叔阳大声插话，说曹禺将任剧协主席，不宜在作协屈居主席团成员。也有人鼓掌。"（《文坛回春纪事》第 614 页）

1 月 5 日　下午，中国作家协会第四次会员代表大会胜利闭幕。闭幕会上通过了新的《中国作家协会章程》，通过了作协理事和顾问名单。曹禺被选为理事。

---

①　双月刊（逢单月二日出版），编辑、出版：《新剧本》编辑部。

（《生活在"出新"的时代，创作更多更好作品，中国作家协会第四次代表大会闭幕》，《人民日报》，1985 年 1 月 6 日；《中国作家协会第四届理事会名单》，《人民日报》，1985 年 1 月 6 日）

1 月 6 日　中国作家协会第四届理事会举行第一次全体会议，用无记名投票选出主席团成员 32 人。曹禺未被选为主席团成员。（《作协理事会选出主席团，巴金当选作协主席》，《人民日报》，1985 年 1 月 8 日）据张光年记述："上午 8 时，大会党组同志碰头会，9 时理事会。我支持不住了，后段请王蒙主持。他就选举副主席、主席团委员作了恳切的说明和吁请(吁请选上大会党组提出、经中组部同意的候选人名单)。……晚饭后听到选举结果，刘白羽、曹禺、欧阳山、贺敬之四人落选(刘只选上主席团委员)，不胜遗憾！"（《文坛回春纪事》第 615 页）

1 月 7 日　据张光年记述："上午主持新的主席团第一次会议，宣布了主席、副主席、主席团委员共三十二人的名单，提出未当选的欧、刘、曹、贺四人是否增聘为顾问。大家不赞成，认为明年理事会还有补选机会。……"（同前）

1 月 10 日　《明星》月刊在北京创刊。曹禺被聘为该刊名誉主编。

1 月 10—21 日　第六届全国人大常委会第九次会议在北京人民大会堂举行。（《六届人大常委会第九次会议开始举行》，《人民日报》，1985 年 1 月 11 日；《六届人大常委会第九次会议闭会》，《人民日报》，1985 年 1 月 22 日）曹禺作为本届常委会委员出席会议。

1 月 11、12 日　出席六届全国人大常委会第九次会议分组讨论会，并发言。曹禺说，授权国务院可以制定暂行规定是合适的。现在全国各地都十分迫切要求改革，我们有些旧的规定已跟不上实际的变化。建国以来，我参加了历届全国人大的工作，从来没有像现在这样拼命地搞立法，但这还不够。因此，暂时把一些权力授给国务院，的确很有必要。（《六届人大常委会第九次会议的委员们分组讨论一致表示，适应经济体制改革和对外开放的需要，赞同授权国务院制定暂行规定或条例》，《人民日报》，1985 年 1 月 14 日）

1 月 13 日　晚，在首都剧场接待李锡铭、贾春旺[①]观看《阵痛的时刻》。（《北京人民艺术剧院大事记》）

1 月 15 日　上午，六届全国人大常委会第九次会议在人民大会堂举行全体会议。（《六届人大常委会九次会议举行全体会议》，《人民日报》，1985 年 1 月 16 日）曹禺作为委员出席会议。

是日　《河北日报》第 4 版"剧坛轶事"栏刊文《曹禺少年时期曾在宣化居住》(署名"鉴民")。报道说："最近，宣化戏曲志编纂小组的同志们在调查史料时获悉：

---

①　李、贾时任北京市委书记、副书记。

我国著名戏剧家曹禺少年时期,曾随父母在宣化居住多年。""宣化戏曲志编纂小组的同志,专程前往首都北京拜访名震剧坛的曹禺大师。全国戏剧协会办公室负责同志给曹禺挂通了电话,曹禺同志追思往事,笑忆当年说:'少年时我曾随父母在宣化看过山西梆子等戏剧,回想起来,如今的印象还是很深的。'他爽朗地笑着说:'似乎当年听过的腔调又在耳边回响。'""据悉,曹禺同志曾以当年在宣化欣赏地方戏曲为题材写过多篇杂感文,辑在名为《夜兰小谱》一书中。"

1月21日　下午,六届全国人大常委会第九次会议在人民大会堂闭会。(《六届人大常委会第九次会议闭会》,《人民日报》,1985年1月22日)会议通过全国人大十个对外双边友好小组主席、副主席和小组成员名单。曹禺为全国人民代表大会中国法国友好小组主席。(《全国人大十个对外双边友好小组主席、副主席和小组成员名单》,《人民日报》,1985年1月22日)

1月23日　至中国评剧院,出席中国评剧院建院三十周年纪念会,并讲话。讲话题为《曹禺同志的讲话》载1986年《中国评剧》第1卷①。会上,曹禺说:"在中国评剧院的不简单的历史进程中,你们创作了许多新剧目。……你们有这样轰轰烈烈的成就,是因为有一个团结精神,就是作家、导演、音乐家、美术家和表演艺术家有这样好的一个共同的美学观点,就是为当代的现代的健康的剧目,创造出最美丽的演出,表现时代精神。……你们把大家过去瞧不起的一个剧种,创造成为一个最光荣、最能表现中国人民愿望的,最能表现时代精神的、高尚的、最为人民喜闻乐见的一个剧种。这是我们最引为光荣的。"还为这次纪念会题写"一曲能令万古传"以表祝贺。(《中国评剧》第2卷第144页)

是日　致信巴金。信说:

> 我仍在北京"混",以你的说法,"热闹"着,大约在二月十日左右才能到上海相见。我颇不乐。一切事都想不开。希望大解脱早些到来。人生旅途走到极限,一切也只好罢了。(《曹禺巴金书简》)

1月29日　致信田本相。信说:

> 大作年谱下册已读毕,记忆力不好,究竟能改正多少,实不敢讲。特挂号奉寄。(《苦闷的灵魂——曹禺访谈录》第306页)

是月　据范泉说:"我和曹老认识,是在1985年1月,经周而复兄介绍,为了创办刊物,一起吃过饭,还通过两次信。"(《现代作家书信集珍》第810页)

是月　题书西安秦俑馆。《兵马俑词》:"兵马俑,兵马俑,昔时兵马今时俑,铁

---

①　中国评剧院院刊,1986年3月创刊,内部发行。

甲映雪战红旗。马骁腾,兵士猛,带长剑兮挟秦弓,岂甘千古埋土中! 出不入兮往不返,穷追骄寇缚长缨。安得造化回天力,起汝重现凌厉功。东南西北正念汝,永鼓燕赵健儿风。"(《咏秦诗》第 168 页)

是月 武汉歌舞剧院在天桥剧场、北展剧场演出大型歌舞诗乐《九歌》。(《首都乐坛动态》,《中国音乐》1985 年第 2 期) 曹禺为该剧题诗:"九歌煌煌,宏伟雄壮。金声玉振,千古永芳。"(《九歌》,《武汉通览》第 1024、1025 页)

2 月 7 日 应上海电影制片厂邀请飞赴杭州,研究《日出》改编电影事宜。(《北京人民艺术剧院大事记》) 在杭州期间,接受莫小米的访问,谈创作。访谈以《访老剧作家曹禺》为题,刊于 3 月 26 日《杭州日报》"作家与作品"栏,题为《访曹禺老人》载 6 月《当代青年》第 6 期"名人专访"栏。

本时期 应邀参加"杭州电视台建台一周年茶话会"。① (《曹禺全集》第 4 卷插图文字)

2 月 12 日 至上海电影制片厂会见电影《日出》摄制组,并座谈。导演于本正请曹禺谈了他对改编电影剧本及对剧中人物的看法。曹禺说:"改编电影很费劲,终于搞成了。影片基本上以陈白露为主,话剧中陈白露的戏也重,但线条没有电影明显。所以,陈白露如果演不好,整个电影就搞不好。""整个戏是暴露旧社会的。我写陈白露,是写知识妇女受压迫。不能使人看了影片后,感到陈白露是下流的、自甘落后的。要是这样,那就失败了。所以人物的分寸感,一定要掌握好。"这次会见,武璀以《她聪明美丽骄傲……——曹禺再谈陈白露》为题,刊 14 日《新民晚报》。后题为《曹禺再谈陈白露》收入《曹禺全集》第 7 卷。

2 月 20 日 除夕日。于上海致信万方、万欢。信说:

> 方子,你大概是最快乐的! 你不要在春节中忘记读于本正的镜头本。你须细读,注上你的意见。早些寄来,我想在旅馆中与于君谈,即三月一日前,一定把你、我的意见婉转告诉他。听不听,随他。但我们必须说透,说明白。你看如何,务请听我的话!(《没有说完的话》第 340 页)

2 月 21 日 天津《今晚报》刊张念亲采写《曹禺谈陈白露》。后收入《曹禺全集》第 7 卷。

是月 出席中央戏剧学院职工代表大会,并与大会人员合影。(《曹禺》画册第 128 页)

是月 《曹禺戏剧集·日出》卷由四川文艺出版社出版。书后附曹禺作于

---

① 原图说明是 1 月参加的,似有误。曹禺 1 月还在京,应系 2 月参加的。

1982 年 4 月 23 日的《重印〈日出〉后记》。

春　为《荆州揽要》题词:"《荆州揽要》是一部立于荆州地区的百科全书。自古以来,荆州是出人才,出财富的地方。我们荆州要为祖国富强,为四化建设贡献力量。"(《题词》,《荆州揽要》)

3 月 9 日　第五届电影"金鸡奖"评选在北京揭晓。(《第五届电影"金鸡奖"评选揭晓》,《人民日报》,1985 年 3 月 10 日)鉴于《雷雨》全部采用同期录音,成绩出色,该片录音师苗振宇、冯德耀获得本届金鸡奖最佳录音奖。(《第五届"金鸡奖"评选纪实》,《电影艺术》第 5 期,1985 年 5 月 3 日)

是日　下午,北京人艺召开党委、院长联席会。会上谈了纪念建院 35 周年和纪念曹禺创作活动 50 周年的准备事宜。(《北京人民艺术剧院大事记》)

3 月 11 日　上海人民艺术剧院在上海瑞金剧场首演曹禺的《家》。总导演黄佐临。表演顾问张瑞芳、孙道临,导演虞留德、刘桐标,舞美设计杜时象,作曲金复载,演员乔奇、孙毓才、陈奇、严丽秋、许承先、张晓明等。导演将 4 个多小时的四幕剧删减为 2 个多小时 6 场,加序幕和尾声,曹禺观看演出,并与黄佐临先生亲切交谈。曹禺对导演说:"你这么一删,我并不觉得删掉了什么,所有的戏你都保留了,而且主题更清楚、明确突出了。"5 月 13 日该剧赴成都、自贡、重庆巡演。(《上海话剧志》第 230、231 页)

3 月 16 日　于上海致信范泉。信文如下:

收到您的信,我并没有写新剧本,只是想写而已。

我收到周而复同志的信,也催我为四月中旬发稿写点东西,但是现在我突得北京全国文联的紧急任务,需要我到朝鲜人民共和国,由三月二十日到四月四日。事情繁杂,回来又要总结,还要准备开全国剧协代表大会,参加全国文联大会,大约都在四、五月间。我实在无时间赶写文章。务请您多多原谅,并转告周而复同志。容我以后写出点东西,报盛意。匆匆　敬祝

撰安

曹禺　1985,3,16,于上海

(《现代作家书信集珍》封页图)

3 月 20 日　下午,应朝鲜文学艺术总同盟的邀请,以全国人大常委会委员、中国戏剧家协会主席曹禺为团长的中国文联代表团乘火车前往朝鲜民主主义人民共和国进行友好访问。(《中国文联代表团离京赴朝鲜访问》,《人民日报》,1985 年 3 月 21 日)

3 月 21 日　抵达朝鲜首都平壤。(《朝鲜政务院副总理会见我文联代表团》,《人民日报》,1985 年 4 月 6 日)

是日 中国工商银行天津分行三楼会议室,上海电影制片厂新片《日出》开拍的第一个镜头在此拍摄。(《第一个镜头——电影〈日出〉拍摄现场散记》,《天津日报》,1985年3月24日)

3月26日 下午,第六届全国人民代表大会第三次会议在人民大会堂举行预备会议。会议通过了六届全国人大常委会第十次会议提出的六届全国人大三次会议主席团和秘书长名单。曹禺被选为主席团成员。(《六届人大三次会议举行预备会,会议主席团举行第一次会议》、《第六届全国人民代表大会第三次会议主席团和秘书长名单》,《人民日报》,1985年3月27日)

3月31日 朝鲜政务院副总理金焕接见以中国全国人大常委会委员、中国戏剧家协会主席曹禺为团长的中国文联代表团,同他们进行了亲切的谈话。(《朝鲜政务院副总理会见我文联代表团》,《人民日报》,1985年4月6日)

是月 冯亦吾题诗《寄曹禺》:"曾将戏剧喻人生,我欲登台百不成。悟得其中真境界,方知扮演在无形。"(《冯亦吾文集》第403页)

是月 《大众电影》第3期刊晓舟采写《曹禺对王馥荔谈翠喜》一文。后收入《曹禺全集》第7卷。

是月 在《外国戏剧》第1期发表《我所知道的奥尼尔——为〈奥尼尔剧作选〉写的序》。该期封面标题《曹禺谈奥尼尔》。题《我所知道的奥尼尔》收入《外国当代剧作选(一)》,后原题收入《曹禺全集》第5卷。

4月7日 访朝归来。(《北京人民艺术剧院大事记》)

4月18—24日 中国戏剧家协会第四次会员代表大会在京举行。18日下午,中国戏剧家协会第四次会员代表大会在北京京西宾馆隆重开幕。受大会主席团委托,曹禺主持开幕式,并致开幕词。(《中国戏剧家协会第四次会员代表大会开幕词》、《中国戏剧家协会第四次会员代表大会召开》,《剧本》5月号,1985年5月28日)开幕词题《肩负起时代交给我们的重托》在29日《人民日报》发表,"发表时略有删节"。全文刊于5月28日《剧本》5月号。收入《新华月报》第4期。后收入《曹禺全集》第5卷。

4月24日 中国戏剧家协会第四次会员代表大会举行闭幕式。曹禺主持大会,并讲话。"他指出习仲勋同志的重要讲话给大会代表以极大鼓舞。大会期间,大家发扬了民主,会议开得生动活泼。曹禺同志说,我们一定要执行中央指示精神,努力把戏剧工作做好。"

闭幕式上理事的监票小组宣布当选理事的名单。接着大会通过两个决议:一个是原则通过题为《改革、提高、团结,振兴戏剧》的报告的决议,决议委托原报告起草小组根据代表提出的意见,对该报告进行修改,由中国戏剧家协会主席定稿发表。另一个是原则通过《中国戏剧家协会章程》的决议,决议请中国戏剧家协会第四届常务理事会建立《中国戏剧家协会章程(草案)》修改小组,根据代表提出的意见修改章程,由中国戏剧家协会主席定稿发表。

闭幕式之后,中国戏剧家协会第四届理事会举行第一次会议,选出中国戏剧家协会第四届理事会常务理事 85 名,选出常务理事后,又紧接着在理事会上选出中国戏剧家协会第四届理事会主席和十四名副主席。

本届会上,曹禺当选中国戏剧家协会第四届理事会理事、常务理事和理事会主席。(《中国戏剧家协会第四次会员代表大会闭幕》、《中国戏剧家协会第四届理事会常务理事名单》、《中国戏剧家协会第四届理事会主席、副主席名单》,《戏剧报》第 6 期,1985 年 6 月 18 日)

4 月 25 日　致信田本相。信说:

我赞同您编选我的剧本四个,《雷雨》、《日出》、《原野》、《北京人》。用文化生活出版社的版本,未常(尝)不可。但可否印得好些? 并注得(明)是根据解放前文化生活出版社的版本? 最近,外宾要的很多,我无法应付,可否另印一些精装本? 我好送人。书价(款)请从版税中扣除。

九月份关于我的学术讨论会,我可能不来了。我多半仍要出国。而且即使不出国,我也不想参加,我始终认为这个讨论会是不值得你们这些有供(贡)献的评论家与学者浪费精神的。(《苦闷的灵魂——曹禺访谈录》第 307 页)

4 月 27 日　文化部、中国文联、全国政协文化组、中国剧协、中国影协、中国青年艺术剧院和中国艺术研究院话剧研究所在政协礼堂联合举办洪深诞辰 90 周年纪念会。曹禺与夏衍、廖沫沙、周巍峙、姜椿芳、刘厚生、马彦祥、吴雪及洪深夫人常青真、女儿洪铜等出席纪念会。(《首都文学艺术界集会纪念洪深诞辰九十周年》,《人民日报》,1985 年 4 月 28 日)

4 月 28 日　在《人民日报》发表《伯钊同志,你永远在我们中间》一文,文系为纪念李伯钊所作。后收入《曹禺全集》第 6 卷。

5 月 2 日　致信田本相。信说:"奉上像片及签名,请转上。""我的学生张正安来信一则,奉上,是否对您有用。"(《苦闷的灵魂——曹禺访谈录》第 308 页)

5 月 4 日　《南方周末》刊载刘龙祥采写的《文坛三杰巴金、曹禺、万籁鸣盛会记》。文中讲述了万籁鸣、曹禺夫妇在巴金家中愉快之景,三位老人的"开心大笑","万老和曹老还非常有兴趣地谈起了家谱"。介绍说:"曹老自 1979 年与李玉茹结为夫妻后,常来上海小住。他十分关心我国戏剧事业的发展,最近,适逢上海(人民)艺术剧院将曹老在四十年代改编的《家》剧搬上舞台,巴老和曹老经常在一起研究剧中人物的性格如何适应八十年代青年,使之更具有现实意义。"

5月14—22日 由上海市文化局、中国戏剧家协会上海分会、上海昆剧团主办的"上海昆剧精英展览演出"在上海艺术剧场举行。演出之前,曹禺与张庚、王元化、刘厚生、黄佐临等写来贺词。(《上海昆剧志》第269页) 曹禺观看了首场演出,并讲话,他激动地说:"我开始对你们自称'精英演出'有些疑惑,看了你们的演出,果然是精英!"(《兰香四溢是精英——上海昆剧精英展览演出掠影》,《戏剧报》第7期,1985年7月18日)

5月28日 《剧本》5月号刊曹禺在《中国戏剧家协会第四次会员代表大会的开幕词》。

是日 致信万黛。信说:

> 收到你的信,十分高兴。你能到福州讲学,在儿童时候受教育的地方,把你的学问传授给当地的医学界,这是极大的幸福。此外还能游览孩提时玩过的地方,回顾儿童世界的心情,这真是最好的机会。我羡慕还能出去开阔眼界的人,因为我已经担负不起精神和体力的劳顿。最近作协请我与玉茹阿姨和文学界人士到香港,我就辞去。身边虽有人照顾我,但我也不堪烦扰。你青年、中年都过得奋发有为,到今天为了成就,在国内多跑跑,多望几眼祖国的山河,祖国今日的成就,(当然,也看出今天改革中许多不足,有待于改善的缺点),将会激发你更大的爱祖国的心胸,对祖国的情感才是最高、最深的情感。人生如梦,为祖国献出自己的一点滴心血,这样的人才是可敬的人。我是不大赞成把祖国忘在脑后的人物,即便他是爱因斯坦。
>
> ……
>
> 我一生所作不多,到了晚年,才明白不只学识不足,修养不够,连笔都拿不动了。当然,还是想有所作为,不甘于赖在人民与国家身上,成为累赘。但努力情况,大不如前,心有余,力不足,事半功倍(事倍功半),究竟能否在生前写点什么,都不得而知了。
>
> 那旧书柜你不用还给我,当作一点纪念物你就用下去吧。……我目前心绪不太好,总希望安静一点,不要"折腾"。(万黛提供)

是月 《曹禺戏剧集》之《论戏剧》卷由四川文艺出版社出版。书前《出版说明》:这个集子"包括了曹禺在1982年年底以前有关戏剧方面的绝大部分文章",是"曹禺同志出版的第一部戏剧论文专集",全书收录曹禺文章70篇,分为4个部分:戏剧总论、剧评、对戏剧家的回忆和评价、谈自己的作品和创作经验。并有附录,收录了王育生、徐开垒、赵浩生、张葆莘等人的访谈文章 8 篇。

6 月 11 日　致信李莉①,信中对李莉剧本提出意见。信说:"从头看完《激流》电视剧本,我以为这部稿子可以用作电视剧的稿本。我随读,随写几点意见,但都不充分。""我一气读完这个《激流》电视剧本,觉得其中处处有黄金,但也时而看出渣滓。有地方应重写,有地方应大删。""写剧本从来要有一个基调,有一个主要的动机或主要的思想。激流可以山崩地裂,但流到平原上,它确存一种不可抗拒的暗流在波涛底层涌动前进,其力量比形之于外的风浪要有力得多。其内在的思想动力,也比形之于外种种情节、人物、言语,要有力得多! 我不知道讲清楚这个道理没有?""其二,我以为觉新这个人物不可写得过于重复。他的犹疑不决,安于旧礼(或不安于)教训淫威下讨生活,甚至拉着别人下水,应描写,应在适当时刻,着重描画,但不可一味写他那种忧郁、妥协,以至于害了人又害了自己的那种怯弱、糊涂,写到使人不可忍耐的地步。""因此,整理剧本,尤其整理剧本的思想与情调(当然不能置原书于不顾)是当前紧迫的事。要耐心,要锲而不舍,反复颠倒修改,要有个与前些次《激流》的拍摄有独立不同的见解,这是立足点。"(《没有说完的话》第 341—344 页)

6 月 20 日　致信万方。信说:

我十分想听戏剧文学座谈会上的录音,一因急需为剧协办事,二因自己孤僻,必须听一些青年人的呼声。青年有责任感,且从实际斗争中折磨出来的,他们的话就更应该听。希望回京即见你,听听录音,但主要的是看看你,和你谈谈。

……

你改编《原野》,要放开拘束,要富于想象与奔放的感情。不要被原本束缚住,要有所创造。

《红旗》来长途电话,约我写一篇关于《四世同堂》的电视剧。此电影(电视剧),我仅看了很少的几部,但已觉得非凡,我答应他们回京后再看几部,即写。你见过这个连续剧否,北京电视台放的你若看过,盼望你能谈谈你的意见。……(《没有说完的话》第 330 页)

6 月 27 日　作《悼董行佶同志》。该诗文也是曹禺为董行佶题写的碑文。(《话说北京人艺》第 180 页) 在 11 月 17 日《光明日报》发表。后收入《曹禺全集》第 6 卷。

是月某日　据曹禺文述:

今年六月间的一天,和我相识多年的吕正操同志突然来到我家里。一推

---

① 李玉茹女儿。

门就大声叫道："曹禺,你知道陈若曦又来了么?她现在正在福建探亲,你打个电报,快请她到北京来。"……并且告诉我:"陈若曦到北京来了,我要请她。"

巧得很,吕正操同志刚走,电话铃响,是陈若曦的声音,她从北京饭店打来的,说要见我,不是我去就是她来。我告诉了她吕正操要请她吃饭,不知她是否晓得这位大名鼎鼎的将军。她说:"请他到我这里吃饭,一块儿聊聊,不好么?他的电话号是什么?"我告诉了她。

不久,陈若曦又来了电话:"和他定了,他约我们,你,你的夫人,与英若诚明天在钓鱼台午餐。"

翌日,我们到了钓鱼台,老实话说我从来没有在这个高贵的国宾馆吃过饭。果然,进门便风光非凡,不尽的山石、游廊、涓涓清溪,鱼在水中荡漾,小桥流水,琼花碧草,真是人间天堂。一座精致的小楼藏在密密的林荫中。我们被引到一所宽阔的大厅里。正在谈天的时候,钓鱼台的经理请我们参观这个地方。

……

我请陈若曦到我家吃饺子。还请了老朋友吴祖光和《文艺报》的吴泰昌。他们都是说笑话的能手,所以回想起那一顿饭,真是笑声不绝。……(《天然生出的花枝》)

是月 《曹禺戏剧集》之《家》由四川文艺出版社出版。书后附曹禺作于1978年7月14日的《为了不能忘却的纪念》一文。

7月3日 由上海返京。(《北京人民艺术剧院大事记》)

7月9日 上午,苏民、宋垠、周瑞祥、赵崇林在北京家中向曹禺汇报工作。(同前)

7月14日 《南方日报》第4版刊署名"阿秋"的报道《〈日出〉开拍的前前后后》。文说,《日出》"这次的改编,没有受话剧的束缚,是一次新的再创作"。演员方舒"毛遂自荐扮演陈白露","但在接受扮演这个角色的任务后,她又认为自己有欠思量,深感演好陈白露这个人物很不容易"。在拍摄"翠喜的丈夫"打翠喜一场戏时,扮演翠喜的演员王馥荔"挨了三记耳光"。

7月22日 南开大学为了保存一些著名校友的影像资料,决定拍摄曹禺先生纪录影像。上午9时,田本相陪同南开大学的焦尚志教授、夏家善和两位录像同志来到曹禺北京家中拍摄。(《苦闷的灵魂——曹禺访谈录》第154页)

7月31日 作散文《天然生出的花枝》,在9月25日《收获》第5期发表。作为陈若曦《天然生出的花枝》一书序文收入该书。后收入《曹禺全集》第6卷。

是月　重庆话剧团导演徐九虎专程赴京访曹禺,就演出《蜕变》请教曹禺先生。曹禺谈了他为什么写《蜕变》,以及剧中梁专员、丁大夫等角色问题。这次访问,吕贤汶(石曼)题为《曹禺谈〈蜕变〉》,在 10 月 18 日《重庆日报》发表。后收入《曹禺全集》第 7 卷。

8 月 5 日　在《瞭望》周刊第 31 期发表剧评《一部极其出色的电视剧》。文说:"《四世同堂》是我国电视剧中极成功的一部,它包括了老舍先生长篇小说《四世同堂》里最精彩、最感人的部分。一开头,小彩舞(骆玉笙)的演唱,感情饱满,技巧纯熟,把整个故事主题都唱出来了。"

8 月 9 日　致信万欢。信说:

前天(7 日)上午送你上飞机,看着看着,你就没入人群中,怎样垫起脚望你也见不着你了,我想飞机是准时起飞的。妈妈与姐姐拉我到程世鉴①家,见程老太太,主要是怕我直接回家想起你已飞美,空空的家,没有你,太难过。……

今天上午到医院看病,医生说血色素很低,容易治好,现在除服中药补血,又打 1000M. GB12,每周二次,两个月会好,下星期一、二仍需照相验血,一定查出病因来。你放心吧,爸爸一定听你的话,把身体养好,好日后在飞机场接你。

……

老实说,这两天全家都有点强为欢笑,都在心里念记着你。我想,不久,过一两个月就会好些的。我只是有点疲乏,但是精神还是很好。我要写点东西,这在以后再说。你一定要安心读书,保养身体,我相信你会成功,读得好,工作得好,与人相处得好。我只是惦记你,其实你没什么使我不放心的地方。你不要忙于写信,有功夫写一封你在 Emory 大学的情况,就可以了。不要天天写信! 你要用功,还得保养你的科学脑袋瓜子! 多少朋友与学院的人要复信,就留在后几个月逐渐写吧。(万方、万欢提供)

8 月 12 日　上午,到老舍先生家中拜访,并带去为胡絜青画作的题字:"宁知霜雪后,独见茂松心。絜青大家写松。"(《"侵略者必死于侵略"——曹禺在老舍家谈〈四世同堂〉》)据方诚文述:"就在中央电视台八月十二日开始播出电视连续剧《四世同堂》的当天上午,我国著名戏剧家、七十五岁高龄的曹禺先生,挂着手杖,兴致勃勃地来到了老舍先生的家里。"谈到《四世同堂》一剧,曹禺说:"《四世同堂》,真是剧本

---

①　万方的丈夫。

改得好,导演导得好,演员们演得也好。我主张,让全世界看看,特别是让日本看看,看一看老北京人是怎样在日本侵略者的铁蹄下生活的,看一看爱国者们是怎样同侵略者进行顽强斗争的。"(同前)

8 月 16 日　在《红旗》杂志第 16 期发表《永远珍美的玫瑰——看电视连续剧〈四世同堂〉》一文。后收入《曹禺全集》第 5 卷。

8 月 18 日　《经济日报》刊方诚的《"侵略者必死于侵略"——曹禺在老舍家谈〈四世同堂〉》一文。后收入《曹禺全集》第 7 卷。

8 月 20 日　致信田本相。信说:

读八月十二日信,南开母校如此深情,对多年培养的学生,鼓励厚爱备至,真是万分感动。

十月之行,定应母校之嘱,除非有非常、特殊情况,必将来津拜望各位师长。

所谓"曹禺戏剧学术研究会"题目过大。若必须出席,可否免予说话。最好是仅见见面,表示感谢之意而已。(《苦闷的灵魂——曹禺访谈录》第 308、309 页)

8 月 22 日　苏联对外友好和文化协会联合会、苏中友协和苏联对外友好和文化协会联合会戏剧家协会联合举行晚会,纪念中国著名京剧艺术家荀慧生诞辰 85 周年和中国著名剧作家曹禺 75 寿辰。中国驻苏联大使李则望和其他外交官员应邀出席晚会。(《苏联纪念荀慧生诞辰和曹禺寿辰》,《人民日报》,1985 年 8 月 24 日)

8 月 21—26 日　中国舞台美术学会全国理事代表会在京举行。23 日上午,在中央戏剧学院实验剧场举行开幕式。曹禺出席开幕式,并发表讲话。(《舞美繁荣今又是——中国舞台美术学会全国理事代表会侧记》)但据《戏剧报》报道:"7 月 21 日至 27 日,中国舞台美术学会召开了 1985 年全国理事代表会议。"(《中国舞台美术学会召开理事代表会》,《戏剧报》第 9 期,1985 年 9 月 18 日)会上,"曹禺同志高兴地说,中国舞台美术学会在进步,在发展,这是有目共睹的事实。中国的舞台美术已经在国际上赢得了很高的声誉。接着他谈到两个问题,一是民族性问题,一是普及性问题。他说,舞台美术应找到我们的'根'。我们是中国人,是中国的美术家,我们必须创造出具有我们自己民族特色的,为中国人民喜闻乐见的舞台美术。他希望有一部中国的舞台美术史问世,这将有助于舞台美术的发展。"(《舞美繁荣今又是——中国舞台美术学会全国理事代表会侧记》)后讲话经整理题为《创造我们民族的舞台美术》,在 9 月 23 日《人民日报》发表。

8 月 23 日　在北京木樨地寓所接待田本相及南开大学摄制组一行。续拍曹禺先生的影像资料。其间,谈天津,谈他的老师。还为田本相题字"梅花香自苦寒

来",并接待来访的《瞭望》杂志记者,谈电视连续剧《四世同堂》。(《苦闷的灵魂——曹禺访谈录》第 155、156 页)

8 月 24 日　曹禺夫妇在田本相陪同下重访清华大学,在清华大学有关领导接待下,走访了曹禺熟悉的图书馆、曾演过戏的同方礼堂。曹禺先生不顾劳累坚持到当年《文学季刊》编辑部的所在地——三座门大街 14 号寻访。这是先生最后一次回清华,回三座门,南开大学摄制组拍下先生珍贵的影像。(同前第 156—158 页)

8 月 26 日—9 月 6 日　第六届全国人民代表大会常务委员会第十二次会议在北京人民大会堂举行。(《六届人大常委会第十二次会议开始举行》,《人民日报》,1985 年 8 月 27 日;《人大常委会第十二次会议闭会》,《人民日报》,1985 年 9 月 7 日)　曹禺作为常委会委员出席。他在审议《中华人民共和国居民身份证条例(草案)》和《中华人民共和国外国人入出境管理法(草案)》、《中华人民共和国公民出入境管理法(草案)》的分组会上,与梅益提出修改意见,"梅益、曹禺委员认为,鉴于现在审批手续上的拖拉现象和个别办理手续人员的不正之风,建议在条文中加上这样两条:第一,要求执行机关提高工作效率,加快审批手续;第二,对执法犯法人员要给与严厉制裁。"(《六届人大常委会第十二次会议举行分组会议审议居民身份证条例草案、外国人入出境管理法草案、我国公民出入境管理法草案》,《人民日报》,1985 年 8 月 31 日)

8 月 30 日　上午,中国文联和中国作协联合在政协礼堂举行座谈会,纪念抗日战争、世界反法西斯战争胜利四十周年。曹禺与夏衍、陈荒煤、李焕之等出席,并在会上发言。到会者普遍认为,抗日战争仍然应该成为当前我国文艺界反映的一个重要领域。(《首都文艺界举行座谈会,纪念抗日战争、世界反法西斯战争胜利四十周年》,《人民日报》,1985 年 8 月 31 日)

是月　上海人民艺术剧院在上海上演曹禺名剧《家》,总导演佐临,执行导演虞留德、刘桐标。演出着力于创造诗的意境,突出人物的内心世界,导演对原剧本作了剪裁。9 月,该剧应邀赴日本演出,受到日本戏剧界好评。(《中国话剧史大事记》第 552 页)

9 月 2 日　上午,出席北京人艺演员训练班开学典礼,并讲话。会上,向学员颁发学生证和剧院的纪念册。(《北京人民艺术剧院大事记》)

是日　为《曹禺年谱》写序①。文说:

我曾应允为这本书写序,但当时却不曾想到这本书叫《曹禺年谱》。

---

①　原注:我和张靖编写的《曹禺年谱》出版时,拟请他题字,并没有请他写序。可能是事情多,记忆有误。当他这篇序寄我后,我思之再三,以为曹禺先生自己为自己的年谱写序,似乎不甚合适。于是,便征得先生同意,没有发表。这里,我把它作为一封信发表出来,作为纪念。

不赞同好心的朋友们记下我一年一年的琐屑,竟然记到年老,我终于变成一个干枯的老头儿。

我早就感到我的一生是微小、琐碎的一生,不应该下工夫做这样的探索。

我的记忆力自幼便不好。如今,昨天的事,今天便讲不清楚。此书的作者曾问过我一些往事,我简直答不上来。南开大学出版社送来这书的校样,我看了,我惭愧,我烦燥(躁),我说不明白什么道理,我简直没有心思去回忆,去思索,很快就送还了。

然而,不应埋没田本相同志等的努力,他们东奔西跑,走了许多地方,采访了许多人,用了几年工夫,才考订出这本书。

这本书所写的人不值一谈,但认真、严肃去做一件事情的严谨态度,却是可佩的。(《苦闷的灵魂——曹禺访谈录》第 309、310 页)

9 月 3 日 为《曹禺论创作》一书作序文。后收入《曹禺全集》第 5 卷。

9 月 5—16 日 上海人艺在东京阳光城剧场公演《家》,连续演出 10 天,共十六场。受到好评。(《日本观众喜欢〈家〉》,《文汇报》,1985 年 9 月 22 日)

9 月 5 日 六届全国人大常委会第十二次会议继续举行联组会,进一步审议审计署审计长吕培俭关于审计机关建立以来的工作情况的报告和国家经委副主任朱镕基关于当前产品质量状况和改进措施的报告。曹禺出席并"对产品质量问题发了言"。(《彭真在人大常委会联组会上指出国家正抓紧解决产品质量下降问题》,《人民日报》,1985 年 9 月 6 日)

9 月 6 日 巴金致信萧乾。信及:"我常说 30 年代的朋友中有 3 个人才华超过我若干倍,他们是从文、曹禺和萧乾。"(《俩老头儿》第 171 页)

9 月 10 日 第一届教师节,中央戏剧学院召开庆祝建院 35 周年纪念会。曹禺与周巍峙等亲往祝贺,并做亲切的讲话。(《中央戏剧学院庆祝建院三十五周年》,《剧本》第 10 期,1985 年 10 月 28 日) 据张光年记述:"上午偕阿蕙、安戈去棉花胡同参加中央戏剧学院建院三十五周年校庆及教师节。……上午一直坐在主席台上,听校长徐晓钟、名誉校长曹禺、教师代表孙家琇、文化部代表周巍峙及学生代表先后讲话致词。"(《文坛回春纪事》第 670、671 页)

是日 下午,在中央戏剧学院小剧场,和剧专校友聚会。席间,有些校友请先生签名留念,先生为王怀冰①题写"秉德无私,参天地兮",取自屈原《九章·橘颂》。(《愧对曹公》)还有校友提议要在江安筹建"国立剧专纪念馆",曹禺为之题写"国立

———————————
① 原名王熙波,国立剧专第 14 届理论编剧专业(专科)学生。

剧专江安纪念馆"馆名,并题词:"我们喝过江安的水,吃过江安的粮,忘不了江安人民对我们的恩情,让我们一道为四化建设,为祖国富强奋斗终身。"(《剧专十四年》第191、192页)

9月13日　为即将创刊的《文艺理论家》题词:"知识丰富点,思想开阔点;脚踏实地,少作空谈。"(《文艺理论家》创刊号第3页,1986年1月)

9月15日　致信李莉。信说:"庆贺你拍的电视剧《镶玻璃的小伙儿》大成功。"(《没有说完的话》第345页)

9月18日　《新华社新闻稿》第5710期刊记者盛祖仁的《曹禺谈话剧》,文说:

中国有五十多年创作经验的剧作家曹禺并不坚持传统的方式而认为应该支持目前一些中青年编导们创作现代剧的尝试。

最近,北京上演了几个现代剧。无论从主题和表现手法都与传统的话剧不同。评论家对此褒贬不一。拿《野人》来说,支持者认为这个以保护生态环境为主题的话剧打破了老框框,是实践新戏剧观念的一个突破。反对者则说它晦涩难懂,一团含糊,并援以观众不多为证。

曹禺认为这些现代剧应该继续上演。但在分析上座率不高的现象时曹禺说:"剧场是属于观众的,演戏、写戏的人首先要懂得观众、了解观众。"

"你不能强迫一个不愿吃辣的人去吃麻辣豆腐。"他说。

这位中国戏剧家协会主席希望这些具有创新精神的剧作家要把观众放在首位。他说剧作家必须懂得由于文化背景的不同,中国观众有自己的特点。

曹禺认为,随着电影电视、尤其是电视的越来越普及,戏剧的观众有越来越少的危险。为改变这种状况,除了靠剧作家本身努力多出些好作品外,关键还在于从小学开始就注意对孩子进行艺术教育。

"任何艺术要培养观众,都得从学校教育入手。"他说。

身为全国人大常委委员的曹禺建议在大专院校里多办些剧团以扩大戏剧的影响。

9月17日　为《一个演员的自白》[①]作序文。序说:"我要坐下来,细细地读一本书,那就是两位青年同志用心翻译的劳伦斯·奥立维尔的《一个演员的自白》。这是一本值得推荐的译文,你会看见劳伦斯·奥立维尔通过他们生动流畅的译文,又那么杰出不群地活生生地在我们面前重新生活一次。"

9月20日　晚,至首都剧场,观看北京人艺演出《小井胡同》。(《北京人民艺术剧

---

①　该书由李小棠、晓明翻译,漓江出版社1986年5月出版。

院大事记》)

9月23日　在《人民日报》发表《创造我们民族的舞台美术》一文。文尾注：本文系根据作者在中国舞台美术学会1985年全国理事代表会上讲话整理。"后收入《曹禺全集》第5卷。

9月24日　中国戏剧家协会黑龙江分会第二次会员代表大会在哈尔滨开幕。会上宣读了各界给大会发来的贺电、贺信。曹禺以中国剧协主席名义致贺电：祝贺代表大会的召开。向与会同志致以亲切的问候。祝大会成功！"(《中国戏剧家协会黑龙江分会第二次会员代表大会会刊》)

9月25日　在《收获》第5期发表散文《天然生出的花枝》。后收入《曹禺全集》第6卷。

9月28日　在《剧本》9月号发表《从夏衍那里学到了什么——在纪念夏衍同志从事文学创作六十五周年暨戏剧与电影创作五十五周年座谈会上的讲话》。文中关于《赛金花》部分,《戏剧界》1986年第1、2月号(第1期)题为《应该重新认识〈赛金花〉》予以摘录。后全文收入《曹禺全集》第6卷。

是月　苏联戏剧家代表团访华。曹禺欢宴客人并祝辞。在祝辞中,"他说：'在中国文艺工作者的心里,经常保持着对苏联人民和苏联文学艺术的感情,从这点来看,我们从来没有分离过。'他从自己接触过的俄苏文学作品谈起,谈到中国和苏联这两个具有悠久文化历史的国家多年来的文化交流,谈到苏联戏剧家的到来正值我们的祖国进行着空前的改革和为实现四个现代化而努力奋斗,他希望大家加深了解,为了增进友谊,为了维护世界和平,最后他说：'人民之间的友谊与文化的交流是不会断的,谁能用一把剑截断黄河和伏尔加河呢！它们总是在向前奔流。这就是我们的前途和信心。'"(《久违了,苏联戏剧界的朋友们》、《苏联戏剧漫谈——中苏戏剧工作者座谈会随记》)

是月　第一本《曹禺年谱》由南开大学出版社出版。田本相、张靖编著。全书11.6万字。年谱正文,是根据当时掌握的资料编纂。入目的是曹禺自1910年至1984年的事情。虽经"曹禺同志亲自审阅""并作了修订","但它是不完善的,甚至会有不少错误和缺漏"。

9—10月　《中国当代文学研究资料·曹禺研究专集》由海峡文艺出版社分上下册出版发行。据介绍,1981年10月后《中国当代文学研究资料》丛书被列为国家资助的重点科研项目。经过内部交流,征求意见,修订,原《曹禺专辑》改名为《曹禺研究专集》出版。新《专集》内容作了较大的调整和增订。全书仍分四个部分：(一)关于曹禺生平和创作的资料。包括编选者重新写的《曹禺传略》、曹禺谈自己的生活和创作的文章及他人关于曹禺生平和创作的论文、访问记。由原来 22 篇增至 33 篇。(二)评论文章选辑。由原来 51 篇增至 83 篇。(三)曹禺著作系年(1933 年—1983 年 1 月)。原《专辑》的"目录索引"改为"系年"。增添原《专辑》未收的涉及过去政治运动的文章。并对有些剧作发表的时间作了改订。(四)评介文章目录索引(1935 年—1983 年 1 月)。原《专辑》共收 424 篇,新《专集》共收 608 篇。

10 月 2 日　致信田农。信文收入《曹禺全集》第 6 卷。

10 月 3 日　上午,与夏淳、于是之赴天津,应邀出席"曹禺从事戏剧活动六十周年学术讨论会"。(《北京人民艺术剧院大事记》)

10 月 4、5 日　由南开大学、中国戏剧家协会天津分会、天津人民艺术剧院联合举办的"曹禺从事戏剧活动六十周年学术讨论会"在天津南开大学召开。曹禺应邀回到母校参加,并在开幕式上讲话。(《曹禺戏剧活动六十周年学术讨论会在津举行》,《戏剧报》第 11 期,1985 年 11 月 18 日) 10 月 6 日《人民日报》以《天津举行曹禺从事戏剧活动六十周年学术讨论会》为题报道了这次会议。

10 月 4 日　在隆重而简朴的开幕式上,南开大学校长滕维藻教授发表了热情洋溢的讲话,祝贺曹禺 60 年来在戏剧活动和戏剧创作上所取得的成就,祝他健康长寿,并代表师生向他赠送了礼品。曹禺致词时,表达了他对母校的深挚的感激之情。他说:"我今天回来,是长期的愿望,是少小离家老大回。我深深感激开导我、教育我,使我走上戏剧道路的南开的老师","是南开母校给我机会认识祖国在世界上的地位,教我知识,更教我做人,使我懂得活着的道理","回想起南开创办者张伯苓校长经常教诲我们的'公''能'两个字,'公',用今天的话来说就是大公无一私,为人民服务,'能'就是要培养建设现代化的才能和实际工作能力。"并表示:"一定要在沸腾的新时代再出一把力。"还勉励母校的学友们"创造有中国特色的社会主义精神文明"。(《前言》,《曹禺戏剧研究集刊》第 1 页)

10 月 5 日　正是阴历 8 月 21 日,曹禺的生日。在田本相、焦尚志、夏家善等陪同下,曹禺和女儿万方先访故居。他的旧居原来在天津意租界二马路 28 号,现已改为河东区民主道 23 号。再访他原来曾经任教过的河北省立女子师范学院,即现在的天津美术学院。每到一处,先生边看边讲,回忆着那时的情景、人物、故事。(《苦闷的灵魂——曹禺访谈录》第 159—163 页)

10 月 6 日　回到母校南开中学。在师生代表举行的欢迎会上,曹禺发表热情洋溢的讲话。讲话题为《寄语少年朋友——1986 年 10 月 6 日在南开中学的讲话》,收入《曹禺读本》。后题为《永远做一个很好的南开人》,收入《曹禺全集》第 6 卷。

10月7—12日　中国话剧文学学术讨论会①在北京召开,曹禺与夏衍、吴祖光、张颖、刘厚生等参加会议,并在开幕式作重要讲话。他在讲话中提出"首先要提高演出质量,要写出好本子,拿出好戏来。同时,我们还要重视话剧的普及工作,要花大气力,下苦功夫,扶持各类学校中的业余话剧运动。……现在也应多培养票友。这一点,京戏的情况要比话剧好。我觉得,在学校开展业余话剧活动是很好的辅助教育。"讲话题为《话剧的新时代就要到来了——在中国话剧文学学术讨论会开幕式上的发言》,在11月18日《戏剧报》第11期发表。21日《人民日报》题为《中国话剧文学学术讨论会在京举行》对会议进行了报道。

10月11日　为纪念小白玉霜题词②:"李再雯同志继承中国评剧优秀传统,使它更加发扬光大。为《中国评剧》纪念小白玉霜题。"(《中国评剧》第2卷第5页)

10月12日　天津《今晚报》第2版"文苑人物"栏刊李永君采写报道《曹禺话当年》。文中,曹禺回忆了在天津时期生活。最后"当记者询问起曹禺的近况时,他说:'前不久,我跟女儿万方改编了电影剧本《日出》,最近我很想写反映知识分子题材的戏。'当我问他是什么内容时,曹禺笑了笑说:'我在写东西的时候不是主题先行,不像茅盾那样有一个详细的计划,而是边想边写,现在我公务繁忙,岁数大了,身体也不好,所以一直没有动笔。等我写好后再告诉你罢。"

10月14日　致信万欢。信说:

一想起你,我很自豪,你是国家派出求学的好学生,一定要争气,一定要功课好。所谓'品学兼优'这是老话,但在今天就有特殊意义。因为不管听到什么小道消息,那总是小道,中国是日趋好转,各方面都见好。自然有不正之风,这在改革中是不可避免的,有些无言官的属狗之辈早已忘记自己是中国人,只知道赚钱,非法弄钱,这是狗"彘"("猪"的意思)不若的东西,毫无价值。幸而这些人不算太多,而且有些已经法办了。孩子,我们国家开始讲法制,这当然还不完全,但毕竟讲法制了。

……

我要在十一月二十一日与方子一同飞往重庆,参加他们邀请我们去的'雾季戏剧节'。在重庆几天,我可能飞上海看妈妈,我和她分别已两月了,小方子

---

①　这次讨论会是由中央戏剧学院、北京大学、北京师范大学、南开大学、苏州大学、南京大学、上海戏剧学院、中国剧协研究室、中国艺术研究院话剧研究所、中国戏剧出版社、中国现代文学馆联合举办的。会上讨论了中国话剧史、戏剧观、戏剧研究方法、戏剧教学等问题。在讨论会的基础上,中国话剧文学研究会宣告正式成立,在讨论会的基础上,中国话剧文学研究会宣告正式成立,推选陈瘦竹、葛一虹任名誉会长,田本相、黄会林、董健任总干事。(《中国话剧文学研究会成立》,《戏剧报》第11期,1985年11月18日)

②　系为"纪念小白玉霜诞辰65周年逝世20周年"所书。

可能飞回北京。休息一下。

天津为我办个"曹禺戏剧学术讨论会",小方子陪我去了三天,我与她都很累。这次还是找她,爸爸现在已经无人陪伴走不了远路。(万方、万欢提供)

10 月 15 日　北京市首届"振兴京昆艺术节"隆重开幕。曹禺作为中国剧协主席出席开幕式。(《北京市举行首届振兴京昆艺术节》,《新剧本》第 6 期,1985 年 11 月 2 日)

是日　在北京木樨地家中接待潜江县宣传部一行,并为支持筹建"潜江县博物馆"致信朱穆之(时任文化部部长)。信文如下:

穆之部长同志:

介绍湖北省潜江县委刘汝成同志向您汇报关于潜江博物馆事宜,潜江是我党老根据地,文物很多,务请您接见,并给与指正和帮助。

十分感谢,敬祝公安

曹禺　1985.10.15

(《情浓意切故乡人》,《曹禺研究》第 1 辑第 160 页)

10 月 18 日　为北京市残疾人联合会题词:"冰霜磨炼后,能开天地春。"

10 月 19 日　《戏剧报》举行推荐河北梆子剧院一团演员裴艳玲、张慧云座谈会,曹禺与吴祖光、黄宗江等出席并发言。曹禺说,"像裴艳玲、张慧云这样的演员是极其难得的奇才,是中国的国宝,要加倍爱护。要在生活、待遇上给与关心照顾,保护她们的艺术生命。最后,他勉励裴艳玲、张慧云:'山不厌高,水不厌深,欲穷千里,更上一层。'"(《裴艳玲、张慧云是具有真功夫的演员——本刊推荐演出座谈会侧记》,《戏剧报》第 12 期,1985 年 12 月 18 日)

10 月 21 日　与方琯德、吕恩、杨薇应邀赴重庆参加"雾重庆艺术节"。(《北京人民艺术剧院大事记》)

10 月 22—31 日　中国戏剧家协会、中国艺术研究院、中央戏剧学院、中国剧协上海分会、四川剧协、重庆文联、重庆市文化局等单位联合举办重庆(首届)雾季艺术节。22 日,艺术节举行开幕式,曹禺与陈白尘、吴雪、张颖、吴祖光、张瑞芳、凤子、刘厚生等出席,并讲话。(《众彩纷呈的重庆雾季艺术节》,《戏剧报》1985 年第 12 期;《重庆雾季艺术节胜利召开》,《上海戏剧》1985 年第 6 期) 讲话题《能开天地春》刊于 1986 年《戏剧与电影》第 1 期。后题为《能开天地春——在重庆雾季艺术节开幕式上的讲话》收入《曹禺全集》第 5 卷。艺术节期间,重庆市话剧团演出了曹禺的《蜕变》。

10 月 22 日　为《戏剧与电影》题词:"为创造有中国特性的社会主义戏剧与电影奋斗。"(《曹禺为本刊题词》,《戏剧与电影》第 1 期,1986 年 1 月)

10 月 23 日　为重庆市话剧团演出《蜕变》题词:"中国,中国,你是应该强的。

祝贺重庆市话剧团演出《蜕变》成功。"（重庆市文化广播电视局：《中国话剧的重庆岁月》第 264 页）

10 月 24 日　四川文艺出版社的蒋牧丛、《龙门阵》杂志的詹静尘等至渝州宾馆拜访曹禺，并为之送行。曹禺接受访问，并为《龙门阵》杂志题字："进了《龙门阵》/便飘飘然若神、若仙，/魂游四方，乐不可支。/其文章既通俗，又富韵味，/长知识、多诗意，做到这步，/固有多少作者的好文章，/然也难煞编辑了。"（《龙门阵》1986第 1 期封页）詹静尘撰文《山城雾季访曹禺》，在《龙门阵》1986 年第 1 期发表。

是日　由重庆回京。（《北京人民艺术剧院大事记》）

10 月 25 日　上午，北京人艺召开全体党员会。由党委副书记赵崇林代表党委作党委的集体对照检查。曹禺参加并讲话。他首先联系自己做检查，谈到作为院长对剧院关心得不够。特别是作为一个剧作家没有给剧院写出好剧本来。他说他写的《王昭君》是"太过于为政治服务了"，"太急功近利了，没有写好"。这是因为学习不够所致，他希望大家帮助他，帮助他在为人方面和写作上都像一个共产党员。

他认为党委的对照检查是实事求是的，是有眼光的、有远见的、有进步愿望的。党委没有自夸自己的功劳，也没有推卸自己的责任，而是勇于承担责任。

他认为，检查中说现在北京人艺名不符实的提法，"太苛刻"了。北京人艺是世界上最好的话剧院之一，北京人艺不是保守的北京人艺，而是前进的北京人艺，是事业心很强的北京人艺。问题是要下更大的功夫把它办的更好。

谈到争取观众问题，他谈到，关键是要"玩艺儿好"！千万不能站到台上教训台下的人，你一教训，人家就会走。

谈到后继人才问题，他指出：《茶馆》、《蔡文姬》等等许多保留剧目都要有新人，不能老是现在这些人。你们老一辈的同志要收徒弟，于是之、朱琳，你们要收徒弟。

他请民主党派的同志对党委的检查有意见就提，也希望提出怎么把剧院领导好的办法。（《北京人民艺术剧院大事记》）

是日　下午，至北京政协礼堂，出席纪念台湾光复四十周年大会，并发言。他说，"作为一个大陆的知识分子，一个文艺工作者，我向在台湾的同胞、同乡、同学讲几句话。我们分别得太久了，我们之间的想念一天比一天悠长，也一天比一天迫切。这想念不是一个人对另一个人的想念，而是分离的同胞手足的油然而生的怀恋，也是儿女对母亲，母亲对儿女的深情。台湾，是我没有去过的地方，也是我最想去的地方。那里有我的故旧，有我儿时的南开同学和清华大学的许多老同学、老学长,还有我的多少同行。我真希望有一天我们能自由来往了,我们就可以经常见面了。我们是在同一条文化长河中向前的人,我们应当一起划桨,一起领略河上无限美好的风光。我愿意去台湾探望你们,也在这里等着你们的到来。在北京、在上海、在西湖、在黄山、在大江南北、长城内外都有无数的人在等待欢迎你们。这是我们都在期待着的日子。"(《首都各界集会纪念台湾光复四十周年》,《人民日报》,1985 年 10 月 26 日)

10 月 26 日　《人民日报》刊吴坚报道《〈日出〉搬上银幕》:"上海电影制片厂摄制、于本正导演的彩色宽银幕故事片《日出》,在北京试映期间获得好评。看过试映的观众认为,影片脱离了舞台四面墙的框框,更多地反映了三十年代旧中国的生活实景。它是一种完整的电影艺术,而不是舞台剧的再现。""影片通过三条线交叉发展,一条线是陈白露和方达生之间的爱情线,也是该片的主线;一条是潘经理和银行职员李石清之间的明争暗斗;另一条则是小妓院中翠喜和小东西那种受人凌辱欺侮的悲惨遭遇。情节流畅、清新、感人,并具有较高的艺术感染力。方舒饰演的陈白露,王馥荔饰演的翠喜都很成功。"

10 月 27 日　致信来新夏。信说:

> 在津诸承厚遇,衷心铭感。忽得手书,赐赠大作《林则徐年谱》,拜读之余,深获教益。先生致学态度谨严,内容丰富,文章自成一格,培植后学,定起作用。
>
> ……
>
> 近日赴渝参加重庆雾季艺术节,归来始获大礼,迟复,想不见怪也。(《悼曹禺》)

是日　致信崔国良。信说:

> 在渝见南京大学陈白尘教授。他的研究生正致力于中国话剧史,曾闻我出版社已印《南开话剧运动史(料)》一书。他们急需该书一读;尤其是《新村正》剧本。据说此剧早于胡适的《终身大事》,应有所改正。
>
> 陈白尘教授住南京中央路一四一号内二号,务请挂号惠寄一册,俾(裨)益话剧历史。(《关注南开话剧历史·附致崔国良的信》,《曹禺与天津》第 134 页)

是日　致信于是之。信说:

> 奉上美国大学来信①,不知已复否?
>
> 若何处理,均请斟酌,复信若需签字,请代签。(该信现藏于北京人民艺术剧院)

---

①　指美国密苏里大学邀请英若诚赴美函。

是月 《李斛画集》由人民美术出版社出版。收入 1957 年作《曹禺像》。

是月 在北京观看河北省河北梆子剧院裴艳玲等演出《钟馗》。并为之题词："为河北梆子戏曲改革更新，为祖国地方戏增添神彩，为世界舞台作出光辉的贡献。"(转自《世纪之星》第 55 页) 据王仲德介绍,曹禺先生工作很忙,但他抽空三次看戏并看望演员。第一次看《钟馗》,戏结束前 10 分钟,因有其他活动要他参加,在剧场走廊里他回过头来激动地对我们说："地方戏这样改革很好! 裴艳玲这样的演员是国宝! 这个戏我还要再来看一次。"过两天,他果然又看了一次《钟馗》。在座谈会上,他深情地说："演戏很不容易呀! 二十年前我看过你们演出,记得还有位姓张的女演员唱得也很好……"我们告诉他,那位女演员在文革中受迫害,在文革结束时病故了。曹禺先生沉默了一会儿,接着说："裴艳玲是国宝,像这样的人才是国宝! 请转告省领导,一定要爱护这样的人才!"(《深切的怀念,巨大的收获——曹禺学术研究会闭幕词》,《曹禺研究论集——纪念曹禺逝世周年学术研讨会论文集》第 320 页)

初冬 在北京寓所接待潜江园林青酒厂诸人。后为湖北园林青酒题词："万里故乡酒,美哉园林青。""并在信中为园林青酒写下良好祝愿:'园林青酒厂领导嘱题字,奉上,祝酿酒更佳,名扬世界!'"(《香醇美酒,浓香乡情》,《曹禺研究》第 1 辑第 163、164 页) 之后,1991 年秋,园林青酒厂 40 周年之际,又为之题："园林春光,家乡美酿"。(同前)

初冬 上午,在上海寓所接受胡良骅采访,谈电影《日出》。是时,与先生约好的浙江美术出版社编辑到访,他们请先生为一套世界名著连环画写序,《日出》也在选题之中,先生欣然应允。(《心中,充满着阳光——曹禺谈电影〈日出〉》)

11 月 5 日 致信万欢。信说:

> 我和妈妈要到十一月二十五日,或月底回京。妈妈不得已,还得唱一次戏,还得教戏。因光拿工资不做事是绝对不行的,但现在物价涨,工资已大不如以前的价值。
>
> ……
>
> 上影拍的《日出》还可以,大家都说好。听说还要送到法国戛纳去展览呢。
>
> 最近我还是写不出东西,但身体却比以前好。……
>
> 本来我要到法国去,现在人大常委怕我到外国犯心脏病,变成华罗庚。不去最好,因为爸爸已经老了,而且衰弱了。(万方、万欢提供)

11 月 8 日 在《人民政协报》发表《台湾,我心往神追的地方》一文。后收入《曹禺全集》第 6 卷。

11 月 16 日 上午,北京人艺已故演员董行佶骨灰安放仪式在北京万安公墓

举行,苏民代表曹禺宣读先生写的碑文。(《北京人民艺术剧院大事记》)

11 月 17 日　在《光明日报》发表诗作《悼董行佶同志》。后收入《曹禺全集》第 6 卷。

是日　《天津日报》刊焦尚志《曹禺寻故居》一文。

是月　《外国当代剧作选(一)》([美]尤金·奥尼尔著)由中国戏剧出版社出版。龙文佩选编。书前收曹禺《我所知道的奥尼尔》一文。

12 月 8 日　为《〈世界文学名著〉连环画丛书》作序。题为《中国需要这样的普及》刊于 1986 年 6 月 5 日《文学报》。原题刊于 1986 年 7 月《美术之友》第 4 期。后收入《曹禺全集》第 6 卷。

是日　在《解放军报》发表《我为什么把〈日出〉改编成电影?》一文。12 月 17 日《人民日报》(海外版)第 8 版转发该文。后收入《曹禺全集》第 5 卷。

12 月 11 日　上午,至首都剧场,参加由文化部、中国戏剧家协会、北京人民艺术剧院联合举办的焦菊隐诞辰 90 周年、逝世 10 周年纪念会。曹禺作题为《这样的戏剧艺术家》发言。曹禺说,焦先生是我真正感受到彼此心灵相通的戏剧艺术家、一位杰出的导演,他成功地导演了《蔡文姬》、《关汉卿》、《茶馆》等话剧,令人不能忘怀。曹禺说,同焦菊隐合作的许多导演、演员、舞台美术工作者,从焦菊隐那里得到启发、教益和灵感,在合作中,他们成熟了,有些已成出色的戏剧家。曹禺回顾说,焦先生年轻时创办了中华戏曲专科学校,培养出许多著名的京剧表演艺术家。他很早就主张话剧要继承我国民族的表演形式。他在北京人艺的导演实践中,实现了他对话剧民族化的设想,显示出他卓越的才能。他的探索已越来越被今天的人们所理解了。(《首都文艺界举办焦菊隐诞辰八十周年逝世十周年纪念活动》,《戏剧报》第 1 期,1986 年 1 月 18 日)　发言在 14 日《北京日报》发表。12 月 12 日《人民日报》题为《焦菊隐诞辰八十周年逝世十周年纪念大会在京举行》报道了这次纪念会。

12 月 13、14 日　中国戏剧家协会主席、副主席第四季度工作例会在京举行。曹禺(主席)与于是之、刘厚生、张庚、吴祖光、李默然、杨兰春、胡可、徐晓钟、郭汉城(副主席)出席,并主持会议。(《中国剧协召开主席、副主席工作会议》,《戏剧报》第 1 期,1986 年 1 月 18 日)

12 月 14 日　在《北京日报》发表《这样的戏剧艺术家——纪念焦菊隐诞辰八十周年、逝世十周年》一文。后收入《曹禺全集》第 6 卷。

12 月 16 日　文化部、全国文联、电影家协会、戏剧家协会在人民大会堂联合召开茶话会,庆祝夏衍同志从事革命文艺工作五十五周年。(《中国电影艺术研究中心、中国电影家协会、北京电影学院在首都联合召开"夏衍电影创作与理论讨论会"》,《当代电影》1986 年第 1 期） 曹禺出席并发言。发言题为《在夏衍的目光里》,载 1986 年《戏剧报》第 1 期。

据张光年记述:"上午在人大会堂二楼大厅参加文化部、文联、作协、影协、剧协联合举办的庆祝夏衍同志从事革命文艺工作五十五周年茶话会。……茶话会由王蒙主持,简短致词后,周巍峙(代表文化部)、李一氓、我和曹禺、吴祖光、谌容相继发言。……"(《文坛回春纪事》第 690 页)

12 月 18 日 《人民日报》(海外版)刊潘慧南采写《曹禺谈〈日出〉》一文。后收入《曹禺全集》第 7 卷。

12 月 18 日—1986 年 1 月 1 日 中南五省(区)戏剧创作座谈会在广州召开。曹禺与吴祖光、张颖等专程由京赴会。18 日,座谈会开幕式在广州白云宾馆举行。曹禺作了热情洋溢的讲话。"曹禺对在戏剧不景气中坚持苦斗的年轻剧作者表示钦佩。他激动地说,新的一年是虎年,我们要借一点虎威,把戏剧事业办得虎虎有生气。"(《中南五省(区)戏剧创作座谈会在广州、深圳等地召开》,《编者的话》,《剧本》1 月号,1986 年 1 月 28 日) 讲话题为《危机里蕴育着生机》,在《剧本》1986 年 1 月号发表。

1986 年 1 月 1 日座谈会在深圳闭幕[①],曹禺在闭幕式上说:"中国民族的、社会主义的戏剧是大有前途的,为了反映新的时代精神,我还要继续写作。"他希望各级领导都能长期地、扎扎实实地促进戏剧事业的发展。(《曹禺说戏剧事业大有前途》,《羊城晚报》,1986 年 1 月 2 日)

12 月 19 日 在《解放日报》副刊《朝花》发表《怀念焦菊隐》一文。后收入《朝花》一书。

是年 据郑逸梅记述:"中国唱片出版社根据上级指示收集当代文化名人声音档案,以灌制密纹唱片作永久保存,委上海分社办理。第一批名单 7 人,系刘海粟、巴金、曹禺、贺绿汀、万籁鸣、俞振飞及我。我所述者为写作经历,计六十分钟,片名'妙笔生花七十载',并附讲稿及照片。"(《郑逸梅自订年表》,《郑逸梅选集》第 3 卷)

---

① 《剧本》报道闭幕时间是 1 月 2 日,似有误。

1月1日,天津建立的全国第一个戏剧博物馆开馆。

1月20日,广播电视部改为广播电影电视部。

1月25日,《中国文化报》在京创刊。文化部主办。

3月4日,丁玲在北京逝世。

3月25日—4月12日,第六届全国人民代表大会第四次会议在北京举行,大会原则批准国务院制订的《中华人民共和国国民经济和社会发展第七个五年计划》。

3月20日,第三届《戏剧报》梅花奖在北京揭晓。

9月20日—10月10日,上海昆剧团应文化部约请赴京汇报演出。抵达北京。

1月2日　《文学报》刊载胡良骅采写的《心中充满着阳光——曹禺谈影片〈日出〉》。后题为《曹禺谈影片〈日出〉》收入《曹禺全集》第7卷。

是日　《羊城晚报》刊葛云生报道《戏剧创作座谈会在深圳闭幕,曹禺说戏剧事业大有前途》。

1月5日　致信万黛。信说:

你的信我离广州返京前夕才收到。到京已三日下午,听说,你已知我三日返京。等你的电话,未得。……

订书事即办,只不知如何写法,才望你能来,当面告诉。(万黛、万昭提供)

1月8日　下午,在北京寓所接受《瞭望》杂志记者王嫣采访,谈《日出》改编为电影的经过情形。后题为《访曹禺谈〈日出〉》,刊2月10日《瞭望》第6期。后收入《曹禺全集》第7卷。

1月15日　胡风追悼会在北京八宝山革命公墓礼堂举行。曹禺与艾青、唐弢、肖军、聂绀弩、叶君健、周海婴等文艺界人士参加。(《胡风同志追悼会在北京举行》,《人民日报》,1986年1月16日)

1月10—20日　六届人大常委会第十四次会议在北京人民大会堂举行。(《六届人大常委会十四次会议开始举行》,《人民日报》,1986年1月11日;《三月二十五日召开六届人大四次会议》,《人民日报》,1986 年 1 月 21 日） 曹禺作为常委会委员出席会议。

1 月 16 日　出席六届全国人大常委会第十四次会议,并发言。"曹禺委员说,近几年来国家颁布的法律、法规实在不算少了,这是历史上立法最多、最好的时期。关键的问题在于有法不依,执法不严。打击经济犯罪,既要教育群众知法,又要教育各级干部首先守法、执法。专政机关要敢于碰硬,敢于冲破保护层、关系网,把大案、要案彻底查清。"（《出席六届全国人大常委会第十四次会议的委员们希望司法机关狠抓大案要案,打击经济犯罪活动》,《人民日报》,1986 年 1 月 17 日）

1 月 16 日—2 月 17 日　南开大学外文系英语专业学生组成的《雷雨》剧组在王大瓃副校长率领下,赴美国作访问演出,在美国明尼苏达州的圣·克劳德州立大学、明尼苏达大学等九所大学以及加利福尼亚州的斯坦福大学共 10 所大学演出了罗兰·费希尔改编的曹禺名作《雷雨》,共演出 10 场,观众达 4 000 余人。（《南开话剧编演纪事(1909—2009)》,《南开话剧史料丛编·编演纪事卷》第 563 页）

1 月 18 日　《戏剧报》第 1 期全文发表曹禺在夏衍同志从事革命文艺工作五十五周年集会上的发言《在夏衍的目光里》。后收入《曹禺全集》第 6 卷。

1 月 19 日　《深圳特区报》刊葛芸生采写的《曹禺赞深圳特区文化》。后收入《曹禺全集》第 7 卷。

1 月 23 日　致信万黛。信说:

从你生下来到今天,这几十年的经历确给人以足够的深深的想念,深深的思索。也许这封信你收不到,你已离开中国探亲去了,我希望你仍旧能读这几个字,我很思念你,七十六岁的父亲,想起头生子,总免不了有各种的感情,当然我很爱你。你也应当把你的感情分给许多与你有密切关系的人。我们分别很久了。你我都是比较成熟的人。我记得最近有一次送给我北京大鸭儿梨的时候,我给你谈了很长的话,几乎不允许你有一刻插嘴的功夫,然而我是发自内心说给你听的话,你未置可否? 我猜不出你究竟如何想法,但这也不关重要。"心"愿意关着,任何钥匙也是打不开的。

……

本来可以早给你写信,但开会,见人,琐事太多,终于不能及时给你写封信。

父亲毕竟是父亲,这句话的含义很多,只有你这样敏感的孩子会充分理解这句话。

人是复杂的。但人也有一点人性,大约这就是作为人可贵的地方。

还是那句话,很想念你,遗憾是不能都敞开"父"与"女"的心长谈,这不责怪你,似乎也不能完全责怪我。

可能这是我给你最后的一封信,因为你在美的地址,我如果得不到也就无法多给你谈谈心了。

我老一点,但是不甘心就匆匆地死去,希望能写一点东西,哪怕非常不像样,也没有关系。人不是为"名"活着,而是为做一个真正的人活着。(万黛、万昭提供)

1 月 26 日—2 月 23 日　香港举行第 14 届艺术节,中国青年艺术剧院应邀赴港演出曹禺名剧《原野》,张奇虹导演。香港总督尤德欢赏此剧后,操着流利的汉语对导演张奇虹说,他从 1942 年就读过曹禺的《雷雨》、《日出》,今天能看到《原野》,心里很高兴。还请她代问曹禺先生好。这使张奇虹感到吃惊,想不到这位"港仔"对曹禺剧作如此熟悉。(《赴港演出纪事》)

1 月 28 日　《剧本》第 1 期"剧作家的话"栏刊《危机里蕴育着生机》一文,文系曹禺在"中南五省(区)戏剧创作座谈会"开幕式上的发言。后收入《曹禺全集》第 5 卷。

另,本期版权页显示:封面(刊名)题字曹禺。

是月　《张伯苓纪念文集》由南开大学出版社出版①。收入曹禺《回忆我在南开开始的戏剧生活》一文,及为纪念张伯苓校长诞辰 110 周年的题词:"高山景行得天下,英才而教育之。"

是月　上旬,南开大学外语系英语专业学生用英语排演的《雷雨》在校内首演。(《南开话剧编演纪事(1909—2009)》、《南开话剧史料丛编·编演纪事卷》第 563 页)

2 月 6 日　下午,至北京人艺参加离退休老同志春节茶话会。晚,陪同北京市有关官员观看《上帝的宠儿》彩排,并上台看望演员、合影。(《北京人民艺术剧院大事记》)

2 月 7 日　《人民日报》刊消息《今年将有更多香港同胞回内地过春节》,文及:"今年春节期间,北京青年艺术剧院将在港演出根据曹禺名作改编的话剧《原野》。"

2 月 10 日　下午 3 时半,在北京家中接待来访的田本相和杨景辉、黄金铎(中央戏剧学院老师)。田本相将拟就的《曹禺文集》编辑方案交先生征求意见。交谈中,曹禺谈及:

我正在为《上帝的宠儿》写一篇剧评,前天从 7 点写到 1 点,非常疲倦,疲

①　该书版权页显示出版日期是 1 月,其封页所刊曹禺、周培源、彭真等的题词落款却都是 3 月。另据 4 月 4 日《人民日报》报道:由天津南开大学编辑的《张伯苓纪念文集》,4 月 3 日出版发行。

倦极了。我的耳朵不好,坐在第一排,什么也听不到,但是演得好极了。这个戏你应当去看看。我现在一做事就疲倦,人来了,我就说不完,等人走了,像一摊泥一样。巴老前些年也和我说,他感到疲倦,我也到了这个阶段。

我想我快要死了,不行了。丁玲怎么样了,我前些天看她,已经不省人事了,不能呼吸,插进一个管子呼吸。叶老还好,只是耳朵聋,但头脑清晰。周扬,我第一次去看他,他还认出我来,说:"曹禺同志……",但很快又糊涂起来。我76岁了,不行了! 我还要写点东西,写点新的,我老是开头,开了几次头,都放下来了。一些熟悉的朋友,一个又一个走了。这太残酷了! (《苦闷的灵魂——曹禺访谈录》第163、165页)

2月17日 与艾青、魏巍、姚雪垠、骆宾基、马烽、陈登科等到医院探视丁玲。(《丁玲年谱》,《丁玲纪念集》第81页) 据王增如文述:"晚上7点多,曹禺在女儿万方和女婿陪同下,挂着拐杖来到ICU:他直奔丁玲床前,大声说:'老朋友来看你了,老朋友来看你了! 你会好的,你会好的!'似乎要把丁玲从死亡的边缘呼唤回来、从病房出来,见到陈明和祖慧,他禁不住老泪纵横,同他们紧紧拥抱,他拍着祖慧的肩膀说:'我的女儿呀,你妈妈一生做了了不起的事!'"(《无奈的涅槃——丁玲逝世前后》,《左右说丁玲》第176页)

2月18日 下午2时,为庆祝1986年元宵佳节,中国戏剧家协会在政协礼堂举办"迎春联欢会"。在京中国剧协会员及各界朋友二千余人参加。曹禺与刘厚生、张颖代表中国剧协向大家拜年,并作热情洋溢的讲话。他在讲话中祝全体来宾新春愉快,身体健康,在虎年取得更大成就。(《中国剧协举办八六年迎春联欢会》,《戏剧报》第4期,1986年4月18日) 曹禺讲话题为《劲可鼓,不可泄》,在4月18日《戏剧报》第4期发表。

2月22日 晚,北京人艺在(首都)剧场前厅举行庆元宵迎春晚会,曹禺等出席。(《北京人民艺术剧院大事记》)

是月 朱栋霖著《论曹禺的戏剧创作》一书由人民文学出版社出版。全书共6章,以曹禺研究为基点,侧重于探讨建构关于戏剧文学美学研究与戏剧艺术理论的批评体系。

3月8日 在《文艺报》第8期发表《人的悲剧——看〈上帝的宠儿〉》一文。后收入《曹禺全集》第5卷。

3月12、13日 为探讨《日出》、《雷雨》、《原野》这三部影片的创作经验,以及由名著、舞台剧改编为电影的创作规律,《电影艺术》编辑部在北京召开为期两天的座谈会,邀请首都话剧、电影界的艺术家、理论家、评论家二十余人进行座谈。(《本刊召开《日出》《雷雨》《原野》影片座谈会》，《电影艺术》第 4 期，1986 年 4 月 3 日）后《电影艺术》以《银幕向舞台的挑战》为总标题，在 5—8 月的第 6、7、8 期连载了与会者的发言，在电影界、戏剧界、文学界产生了广泛的影响。7 月《中国建设》（中文版）第 7 期刊车薪报道《曹禺"三部曲"改编的电影之得失》，对此次"曹禺剧作改编学术讨论会"作了综合评述。

3 月 18 日　《戏剧报》第 3 期刊消息《我国将举办首届莎士比亚戏剧节》。消息称，首届"中国莎士比亚戏剧节"将于 1986 年 4 月起在北京、上海两地举行。此项活动由上海戏剧学院、中央戏剧学院、中国莎士比亚研究会、中国话剧艺术研究会主办，届时将举行纪念演出、学术讨论会、巡回展览等项活动。目前已组成筹备委员会，曹禺同志任主任委员。预计两地各自演出莎剧均在十台左右。这是中国第一次举行莎士比亚戏剧节。

3 月 19 日　香港中华文化促进中心的陈载礼离京回港。日前，陈先生就《茶馆》访港专程拜访曹禺。（《北京人民艺术剧院大事记》）

3 月 24 日　下午，第六届全国人民代表大会第四次会议举行预备会，会议宣布：六届人大四次会议于 3 月 25 日开幕，选举产生大会主席团，通过"第六届全国人民代表大会第四次会议主席团和秘书长名单"。曹禺为主席团成员。随后大会主席团举行第一次会议。（《六届人大四次会议举行预备会，会议主席团举行第一次会议》、《第六届全国人民代表大会第四次会议主席团和秘书长名单》，《人民日报》，1986 年 3 月 25 日）

3 月 25 日—4 月 12 日　第六届全国人民代表大会第四次会议在北京举行。（《第六届全国人民代表大会第四次会议在京开幕》，《人民日报》，1986 年 3 月 26 日；《六届全国人大四次会议闭幕》，《人民日报》，1986 年 4 月 13 日）曹禺作为本届人大常委会委员、主席团成员出席大会。

是月下旬　中央戏剧学院导演干部专修班和进修班师生在北京首次公演古希腊悲剧《俄狄浦斯王》。（《艺文短波》，《人民日报》，1986 年 3 月 15 日）曹禺曾往观看，并上台与演员合影。该剧同年应邀赴希腊演出。（《曹禺》画册第 129 页）

4 月 1 日　《电影评介》第 4 期刊（《珠海特区报》）王界明采写的《曹禺谈〈日出〉》。文系王界明在珠海采访曹禺所作。访谈中，曹禺主要谈了电影《日出》的情况。

4 月 7—13 日　中国戏剧家协会在北京召开有各省、市、自治区剧协分会负责人参加的工作会议。曹禺与张庚、吴祖光、胡可、徐晓钟、郭汉城、刘厚生、张颖等人出席，曹禺、张庚分别在开幕式和闭幕式上讲话。曹禺在讲话中指出，"戏剧危机"从反面帮我们搞了一次总动员，现在大家都动起来了。首先是创作上的大胆探索和创新,开始出现了我们盼望已久的生动活泼的局面。他在列举了近年来出现的一大批反映四化建设,具有时代精神和深受观众欢迎的新剧目的同时,特别提到了一批探索性剧目。他说,这类剧目一经发表或演出,常常伴随着一场争论,这是自然的,不足为怪的。只要不违背四项基本原则,没有低级趣味的格调,就应当允许试验,有的还应当加以支持和鼓励。因为这些艺术上的探索和试验会给戏剧创作带来某种启发和推动力,有利于戏剧表现手法的丰富和多样化。其次,在戏剧理论研究方面,也出现了好势头,对于一些新观点、新概念、新方法的争论和探讨,同样有助于戏剧创作的繁荣和发展。(《繁荣戏剧创作,发展舞台艺术——记中国戏剧家协会工作会议》,《戏剧报》第 5 期,1986 年 5 月 18 日)

4 月 8 日　晚,至北京人民剧场,出席第三届《戏剧报》梅花奖授奖大会,并发表讲话。曹禺回顾了三届梅花奖的评选活动,指出,梅花奖有力地鼓舞了广大中青年演员勤学苦练,争取在舞台上创造深刻动人的艺术形象。他希望全国各剧种的中青年演员更加刻苦学习,努力攀登艺术高峰。(《第三届〈戏剧报〉梅花奖授奖大会在京举行》,《人民日报》,1986 年 4 月 9 日;《第三届〈戏剧报〉梅花奖授奖大会在首都隆重举行》,《戏剧报》第 5 期,1986 年 5 月 18 日)

4 月 9 日　晚,中国人民对外友好协会与中国戏剧家协会在人民剧场举行酒会与演出晚会,招待各国驻华外交使节。曹禺出席并致欢迎词。(同前)

4 月 10—23 日　首届中国莎士比亚戏剧节在北京和上海同时举行。其间,曹禺和黄佐临有一段精彩的对话。曹禺说:"任何一出戏没有大演员是不行的。"黄佐临接道:"没有大导演也不行。"(《莎剧在我们这里闪耀光彩——首届中国莎士比亚戏剧节上海演出侧记》,《戏剧界》1986 年第 4 期)

其间,为安徽省黄梅戏剧团题词:"衷心祝贺安徽省黄梅戏剧团演出《无事生非》获得极大成功"。(《黄梅新华香更浓——〈无事生非〉晋京演出散记》,《黄梅戏艺术》1987 年第 3 期)

其间,为西安话剧院演出《终成眷属》题词:"西安话剧院演出《终成眷属》,为中国首届莎士比亚戏剧节添了光彩。"(《西安市志·第六卷·科教文卫》第 160 页)

其间,曹禺在北京接见出席莎剧节的英国友人;在上海戏剧学院会见莎剧节上海组委会中心组并合影;会见国际莎士比亚协会主席菲力浦·布洛克班克及其夫人;参观上海戏剧学院莎剧节演出剧目;在上海观看辽宁人艺演出《李尔王》,并与演职员们合影;曹禺、张君川、刘振元、黄佐临、俞洛生,布洛克班克夫人等观看《驯悍记》并与剧组演员合影;江泽民同志到莎剧节组委会中心组,并与曹禺亲切交谈。(《曹禺》画册第 123、124 页)

4 月 10 日　由上海戏剧学院、中央戏剧学院、中国话剧艺术研究会、中国莎士比亚研究会主办的首届中国莎士比亚戏剧节在北京和上海同时举行开幕式。曹禺作为中国戏剧家协会主席、中国莎士比亚研究会会长出席在北京中央戏剧学院举行的开幕式，并致开幕词。在上海开幕式上，由乔奇代读曹禺的书面开幕词。(《首届中国莎士比亚戏剧节在京沪同时开幕》，《人民日报》，1986 年 4 月 11 日；《中国莎士比亚戏剧节在京沪举行》，《戏剧报》第 5 期，1986 年 5 月 18 日)　开幕词以《为中国莎士比亚戏剧节而作》为题发表在 11 日《人民日报》(海外版)，题《戏剧界的盛举——为首届莎士比亚戏剧节而作》发表在 11 日《文汇报》。后收入《曹禺全集》第 5 卷。

4 月 11 日　上午，全国人民代表大会第四次会议主席团在人民大会堂举行第三次会议，曹禺出席并发言。(《六届人大四次会议主席团举行第三次会议，通过有关决议草案和法律草案》，《人民日报》，1986 年 4 月 12 日)

4 月 16 日　在上海戏剧学院实验剧院贵宾室，刚从北京抵达上海的曹禺看望参加戏剧节的表、导演艺术研讨会的同志，并讲话。(《曹禺谈莎士比亚戏剧节》)

是日　晚，至长江剧场观看西安话剧院演出《终成眷属》。(《曹禺》画册第 121 页)

4 月 18 日　晚，至上海戏剧学院实验剧场观看辽宁人民艺术剧院首演《李尔王》。演出前，会见主演李默然，并代表中国剧协邀请《李尔王》去北京演出。(《曹禺、李默然在〈李尔王〉首演前的十几分钟里》，《戏剧人生》第 431 页)　其时，为辽宁人民艺术剧院演出《李尔王》题词：“衷心祝贺以李默然同志为首的辽宁人民艺术(剧)院演出的《李尔王》获得极大的成功。”(《曹禺题词》，《辽宁人民艺术剧院(1954—1994)》建院四十周年画册)

4 月 21 日　晚，与黄佐临等观看安徽省黄梅戏团演出的黄梅戏《无事生非》。“曹禺看完戏上台……热情地对全体演职员说：‘首先我代表莎协对你们这样极大的成功表示祝贺。确实，整个戏非常完整，莎士比亚到你们手头突然变得更亮了。莎士比亚这次在我们的舞台上发光，不仅是莎士比亚的力量，也是你们从导演、演员到所有舞台人员都出了力量。我相信这个戏不只是今天受欢迎。’曹禺还说：‘你们这个戏是中国戏曲吸收莎士比亚非常好的一个榜样，如果每一个剧种都像你们这样能够从莎士比亚得到灵感，得到完美的艺术表现，那么中国的戏曲将会出现一个新的境地，我代表莎协感谢所有的今天在舞台上出力的同志们。’”(《莎剧在我们这里闪耀光彩——首届中国莎士比亚戏剧节上海演出侧记》，《戏剧界》1986 年第 4 期)

4 月 23 日　出席莎士比亚戏剧节在上海举行的闭幕式，并致闭幕词。(《首届中国莎士比亚戏剧节闭幕》，《人民日报》，1986 年 4 月 25 日)　曹禺说：“因为他，莎士比亚，是热爱生活的巨人，他也是赞美人类的一切进步与发展的巨人。他是开拓者，是爱国者,是深知人性与人的哲学的伟大诗人。一句话,他是永生的,因为他属于要和平、要安定、要幸福、要光明的未来的人民,他属于我们。"曹禺闭幕词以《莎士比亚属于我们——首届中国莎士比亚戏剧节闭幕词》为题,刊载于 6 月 18 日《戏剧报》第 6 期。闭幕式还宣读了英国首相撒切尔夫人给中国戏剧家协会主席曹禺的贺信。

4 月 24 日 《文学报》刊柳俊武采写的《文化艺术既要引进也应输出——曹禺谈莎士比亚戏剧节》,后题为《曹禺谈莎士比亚戏剧节》,收入《曹禺全集》第 7 卷。

4 月 25 日 在戏剧节期间观看了杭州越剧院演出莎士比亚晚年作品《冬天的故事》,于是日在上海寓所会见剧团人员。对剧目改编提出中肯意见。(《"说不尽的莎士比亚"——悼念曹禺先生》)

4 月 29 日 在上海家中接待到上海演出《原野》的张奇虹,并为之题字:"宝剑锋从磨炼出,梅花香自苦寒来。"(《怀念您,我的恩师曹禺》,《倾听雷雨》第 164 页)

是日 致信乔羽。信说:

> 久未见,想近日创作诗歌、戏剧,更为精绝,钦羡不已。我的女儿万方在你教导之下,改编《原野》作为歌剧院剧本,经人推荐,我读了似还可以。

> 《原野》经她改编,颇有些歌剧味道,禺以为仍应求歌剧前辈如兄者帮助指导,始可言是中国歌剧。

> 中国自己的歌剧方兴未艾,披荆斩棘者有人而后继人才似宜多方培养,方可完成大业,不知否?(《关于中国歌剧的通信》)

是月 孙庆升著《曹禺论》由北京大学出版社出版。全书分八章。第一章对曹禺以前的话剧作了历史的回顾,第二章到第七章便是对作家思想、创作方法、作品人物、结构、语言、影响等方面所作的初步探讨。第八章可以看作是一篇附录,简略介绍五十年来曹禺研究发展的概况。

5 月 5 日 在《人民日报》发表《振奋精神,繁荣戏剧》一文。收入是年《新华月报》第 5 期。后收入《曹禺全集》第 5 卷。

5 月 7—27 日 由于本正、刘怀舜、方舒组成的中国电影代表团携电影《日出》参加第 39 届戛纳国际电影节。(《中国电影年鉴1987》第 596 页)

5 月 17 日 在上海寓所接待来访的天津《剧坛》杂志社编辑高素凤。高的采访题为《应该为他建一尊雕像——听曹禺同志谈李叔同》刊于 10 月 12 日《天津日报》(署名高速)。其时,高素凤还请曹禺为《剧坛》创刊五周年纪念题词,曹禺应允,于 7 月 15 日题写:"天地万物显于戏,精神文明行于剧。"(《剧坛》第 5 期,1986 年 10 月 1 日)

5 月 25 日 再次致信乔羽。信说:

拜读手书，谬蒙赞许，实深汗颜。但陆续以拙著为今日中国歌剧的底本，实属不妥。理由以及我对歌剧浅陋意见陈述如下：

一、歌剧故事应简明、清楚，我的戏故事复杂，人物太多，有的立意且偏僻，今日观众未必喜欢。

二、目前需要熟悉中国歌剧特点与要求的戏剧诗人，他们的才能与功力也称得起是歌剧作家，如从全国范围访贤，这是找得到的。

三、我们要伟大的作曲家。梅里美的小说《卡门》如无 Bizet，便写不出传世的歌剧。今日为中国歌剧作曲的人太少，不够重视。世界歌剧多以作曲家称名，我们的杂剧、昆曲是以作家称名，可见我们自来不大重视歌剧作曲家的。

四、我们缺少伟大的歌剧演唱家。今日有成名的歌剧艺术家，但成就虽大，然仍需与各地音乐学院共同培养，多方实践，是一问题。

五、选歌剧题材，似不宜急功近利。若定要采取目前题材，求一日之效益，得上级暂时的首肯，发展中国歌剧是困难的。

在不违背四项基本原则条件下，任何高级人物、批评权威、普通观众，可以提出各种意见。对剧本、作曲、演出、歌唱，或批评、或赞美，都应真正争取有见解的歌剧艺术家的理解与消化，才能有所取舍。要在和谐空气中求交流，在平等地位上求团结，求进展。做不到这一点，则如石缝中硬埋苗子，永远长不成大树的。

六、今日中国歌剧唱法究应采取民族唱法？或洋唱法？或二者并举？应争鸣。但更应多实践。允许失败，允许得失参半的情况。在认真的长期的实践中终会得一定论。

七、我们赞同常演出世界名歌剧，以丰富文化，以扩大眼界。然而我们必须以有中国特色的社会主义的中国歌剧，在全世界、全人类面前做大贡献。中国歌剧的伟大贡献，要使世界人民口服心服，而不仅是获得多少个金牌。我们今日的中国歌剧要使子孙后代认为这是永恒的文化宝库，是祖国的光荣。（《关于中国歌剧的通信》）

是月　中国青年艺术剧院《原野》剧组在上海演出，曹禺曾陪同时任上海市委书记的江泽民观看演出。（《怀念您，我的恩师曹禺》，《倾听雷雨》第 164 页）

6 月 1 日　首届莎剧节后，中国铁路文工团话剧团在上海继续公演莎剧《奥瑟罗》。曹禺为之题词"正是江南好风景，万花怒放又逢君"赠送该团，衷心祝贺他们演出成功。（《曹禺》画册第 124 页）

6 月 5 日　在《文学报》发表散文《中国需要这样的普及》。文后附编者语："作者欣闻浙江人民美术出版社出版一套大型《世界文学名著连环画丛书》,特撰此文推荐。"该文也是该丛书序文。后收入《曹禺全集》第6卷。

6月9日 《人民日报》第7版刊消息《新版〈曹禺戏剧集〉》:四川文艺出版社最近出版了较完整的《曹禺戏剧集》,其中包括《雷雨》、《日出》、《原野》、《蜕变》、《北京人》、《家》、《明朗的天》、《胆剑篇》、《王昭君》九部话剧。其中解放前创作的剧本,基本上根据由巴金主持的原文化生活出版社的版本重排,和解放后出版的版本有些不同。50年代初期,《雷雨》、《日出》和《北京人》,曾由开明书店结集出版,编入新文学选集丛书。但由于种种原因,生硬地加进了不少新内容,并删去了一些精辟的台词。这次重版,除有所恢复外,曹禺同志也作了一些小的改动和增添了一些细节。《原野》和《蜕变》,解放后没有再版过。

该社同时出版的《论戏剧》收集了曹禺历年来发表的戏剧论文。全书分戏剧总论、剧评、对中外戏剧家的回忆和评论、谈自己的作品和创作经验四部分。

6月10日 乔羽复信曹禺。信说:

> 五月二十五日函敬悉。我以为此函至关重要,是中国新歌剧史上的一项重要文献。信中所列诸端,都是我们这些从事歌剧工作的人每天都要碰上、一时不易解决,因而感到苦恼的问题。现在经您指出,它便具有了明确的指导性,使我们有所镜检,知所努力。
>
> ……
>
> 万方改编的歌剧《原野》,正在准备进入排练。剧本改编得不错,成败的关键要看音乐。金湘同志有才能,也有见地。他已经谱出的一些曲子,剧院已经听过,最近即可完成全剧音乐。一候交稿,我们即组织视唱。排练过程中,如果适逢您能来京,我们希望得到您的现场指导。(《关于中国歌剧的通信》)

6月15日 由黑龙江省文化厅等单位联合主办的"《红楼梦》艺术节"在哈尔滨开幕。(《〈红楼梦〉艺术节在哈尔滨揭幕》,《人民日报》,1986年6月16日)曹禺为之题词:"说不尽的曹雪芹"。(《红楼梦:一次历史的轮回》第494页)

6月17日 1985年度电影评奖结果揭晓。电影《日出》(曹禺、万方改编)被评为1985年度优秀影片奖;荣获第9届《大众电影》"百花奖"最佳故事片奖、最佳女主角奖(方舒饰陈白露)、最佳女配角奖(王馥荔饰翠喜);第6届电影"金鸡奖"最佳编剧奖。(《百花齐放群芳争妍,一九八五年度电影评奖结果揭晓》,《人民日报》,1986年6月18日)

6月21日 在《人民日报》发表《我对歌剧的几点意见》,文尾注:这是作者关于歌剧问题给乔羽的一封信,本报刊登时有删节。8月3日《评论选刊》(月刊)第8

期,9 月《中国音乐》(季刊)第 3 期转载了该文。后收入《曹禺全集》第 5 卷。

6 月 28 日　由中国戏剧家协会主办的第三届(1984—1985)全国优秀剧本创作奖在长春举行颁奖大会。曹禺为评委会顾问。(《评奖委员会名单》,《剧本》第 7 期,1986 年 7 月 28 日)

是月　上海市昆剧联谊会成立,曹禺、俞振飞为名誉会长,成员有上海昆剧团专业演员、上海市戏曲学校昆剧班教师及业余曲社骨干。(《上海昆剧志》第 58 页)

7 月 9 日　中央戏剧学院召开纪念李伯钊座谈会。曹禺与于是之、海啸、徐晓钟、张颖等出席并分别做书面及口头发言。这次活动是由中国戏剧家协会、中央戏剧学院、中央歌剧院和北京人民艺术剧院联合主办的。(《首都集会纪念李伯钊演出她的剧作〈老三〉〈农村曲〉》,《戏剧报》第 8 期,1986 年 8 月 18 日)

7 月 15 日　于上海作《中国十大古典悲剧连环画集》《中国十大古典喜剧连环画集》序。序文在是年《连环画报》第 10 期发表。题为《了解文化传统的一个捷径——读两种中国古典戏剧连环画集》刊于 1987 年 3 月 26 日《人民日报》。文说:"这两部《中国十大古典悲剧连环画集》与《中国十大古典喜剧连环画集》的问世,是意义深远的创举。它告诉我们,要了解中国人,必须了解中国的传统文化;要了解悠久的中国文化,欣赏中国的戏曲是捷径之一,因为古老的戏曲艺术是中国历代社会生活及中国人思想、感情发展的缩影。"

7 月 29 日　于上海致信于是之[①]。信说:

上海酷热,忽奉手书,正是一付清凉剂,痛快异常,正是"二人同心,其利断金",所说各种计划,十分妥当。尤其是坚决顶住,不出国,是大决心,是大智勇,是回生起死的战略。不然,北京人艺将被每年的出国事拖垮、拖死。《茶馆》明年一换中青年,这个好戏将会永存在我们的戏目里。这样做,不是老一辈有造就的艺术家从此不演戏。我以为这些国宝应该创造新的人物、新的生命,不能在一棵树上吊死自己。《茶馆》是万古常青的大树。但如我们这些有数的、极富有教养文化与很高艺术才能的老演员们不再从事新的创造,以号召、影响、培养、熏陶年青的舞台戏剧家们,那么,我们便浪费眼前有限的几年光阴。也就是自认老大,承认自己到晚年无能,失去奋斗的勇气。那是可悲的!如今,好了,有决心了!我是多么高兴啊!

明年的计划,十分妥当。出我意料,在各种困难与磨折中,你心里是有数的,和你一起工作的好同志们也是有数的。今年下半年与明年有个好计划,安

---

①　之前于是之致信曹禺,汇报了 7 月 23 日北京人艺书记院长会议的情况。此信为曹禺就此写的复信。

排好中青年的成长,培养更小的一代,都想得周到。我远隔千里,我的心随你们跳动的心而跳动。北京人艺是我们共同的生命,共同的灵魂。我们这些老家伙们把一生最好的光阴交给她,只有把老命继续献给她才对得起她,对得起祖国!

你的信我仅看了两遍,我要再看看,然后再给你写信。但,如挑剔不出什么,就不写了。又及(《北京人民艺术剧院大事记》)

8月3日 《电影艺术》第8期刊《中国电影金鸡奖第六届评奖结果》,还刊《中国电影金鸡奖第六届评选委员会对各获奖项目的评语》:"最佳女配角奖:王馥荔同志以出色的演技,在《日出》中塑造了旧中国底层妇女翠喜的银幕形象,感情真挚,色彩丰富,有时代感和心理深度。特授予最佳女配角奖。最佳编剧奖:曹禺、万方二同志改编的电影文学剧本《日出》,在再现历史环境、展示人物命运的过程中,注意运用电影思维,发挥电影表现潜力,为戏剧名著的银幕改编积累了有益的经验。特授予最佳编剧奖。"

8月6日 再次致信于是之。主要内容是不同意以纪念曹禺创作生活55周年的名义演出《蜕变》和《北京人》。(《北京人民艺术剧院大事记》)

8月11日 致信高素凤。信说:

收到您的信,您十分客气、谨慎,并且将立李叔同先生像的事转告李市长①,他已批允并责成有关同志等合作筹划,我十分感谢。

我将几件应说明的事写在下面:

一、我在病中,错把你写的上海的家,认为是北京的家,于是在您的文章上,大改。其实,都改错了。现一律改回原样。

二、叔同先生(在《辞海》中,一卷本1267页)是浙江平湖人。这是祖籍。他生在天津,青年始赴上海求学,他家移居天津是否有几代?可以查查。但目前生在哪里,便是哪里人。《辞海》说他是"启蒙者"。不管他生在哪里,他是一位可以纪念的人物。

三、叔同先生39岁出家为僧,62岁死。我意似立他青年或中年(未出家之前)的便装像,不知对否,请同志商定。这样,便说明他是西方艺术最早的引进者之一。但是否与中国佛教协会谈谈?我以为他的佛教生活早有其他地方纪念了。

四、请找《丰子恺散文选集》一阅,其中183页《怀李叔同先生》,文章中记

---

① 即时任天津市副市长的李瑞环。

下叔同先生赴日写的《金缕曲》，最能说明叔同先生的思想与抱负。丰子恺先生说他一生"认真"。"认真"这两个字，很有道理。

五、叔同先生可能遗留一些字画，散落人间。……

六、关于著名画家黄永玉向叔同先生学画，必须向他本人询问，我的话不准确。……

七、我知道得太少。……如有可能，写李叔同传，就更好了。(《李叔同是可以纪念的人物——致高素凤的信》,《曹禺与天津》第 191、192 页)

关于给李叔同塑像一事，据石坚[①]文述：

那是在上世纪 80 年代中期，天津一家杂志社的编辑给我写了一封信。大意是，她到北京找曹禺约稿。曹禺让她给李瑞环市长捎个口信：建议修复李叔同故居。……这位编辑信中说，她没有机会当面向李瑞环市长转达曹禺先生的建议，特给我写信，让我转李市长。

我当时在市人大常委会工作，收到信以后，立即转给李瑞环。市长十分重视，很快批示同意，并让我具体办此事。于是，我约集文化局和河北区政府有关领导开会，商定请两单位联合提出一个修复李叔同故居的方案。……后来……终于列入市政府基建计划，并开始实施。(《修复李叔同故居的首倡者》,《曹禺与天津》第 193、194 页)

8 月 13 日　致信田本相。信说：

收到复旦大学廖光霞先生寄 1984(年)日本关西大学学生演《雷雨》说明书，来信说，50 年前演鲁贵的高维先生尚在该大学教汉语。均奉上，请查阅。(《苦闷的灵魂——曹禺访谈录》第 310 页)

8 月 17 日—9 月 5 日　第六届全国人大常委会第十七次会议在人民大会堂举行。(《人大常委会审议一批法律草案》,《人民日报》,1986 年 8 月 28 日;《六届人大常委会十七次会议闭会，治安管理处罚条例明年元旦起施行》,《人民日报》,1986 年 9 月 6 日) 曹禺作为人大常委会委员出席会议。

8 月 22 日　上午，北京市老舍研究会成立。这个研究会由徐惟诚、陈昊苏、廖沫沙、胡絜青等 13 人任顾问，曹禺任会长，李筠、宋汎、于是之等 8 人为副会长。(《北京成立老舍研究会》,《人民日报》,1986 年 8 月 24 日) 曹禺从上海发来贺电，并建议尽快在北京建造老舍塑像。(《每月文艺纪事(一九八六年八月)》,《文艺界通讯》1986 年第 10 期)

---

① 时任天津市人大常委会副主任。

8月26日　由上海返京。(《北京人民艺术剧院大事记》)

9月2日　晚,与吴祖光、英若诚等至北京人民剧场观看安徽省黄梅戏剧团演出《无事生非》。(《黄梅戏演莎剧"貌离神合",北京人踊跃看〈无事生非〉》,《人民日报》,1986年9月6日;《黄梅新华香更浓——〈无事生非〉晋京演出散记》,《黄梅戏艺术》1987年第3期)

9月3、4日　下午,六届全国人大常委会第十七次会议举行联组会,审议国营企业破产法草案。曹禺出席并发言。(《全国人大法律委员会根据部分委员的意见提出:破产法实施条件尚不具备,建议改为试行或暂行条例》,《人民日报》,1986年9月5日)

9月15日　晚,全国人大教科文卫委员会在人民大会堂设宴欢迎挪威议会宗教、教育与文化委员会代表团。全国人大常委会副委员长周谷城主持,全国人大教科文卫委员会副主任委员胡绩伟、委员曹禺等出席宴会。(《简讯》,《人民日报》,1986年9月16日)

9月17日　下午,于是之、周瑞祥至曹禺北京家中汇报工作。(《北京人民艺术剧院大事记》)

9月20日　晚,至首都剧场观看四川人艺演出《朱丽小姐》。演出结束后,曹禺代表北京人艺欢迎他们来首都剧场演出,并祝贺他们首次将瑞典斯特林堡的戏搬上中国舞台,称赞演员表演很成功。(同前)

9月22日　上海昆剧团著名艺术大师——85岁的俞振飞和78岁的郑传鉴,在北京人民剧场为首都观众献艺。曹禺与陈丕显、吕正操、贺敬之、林默涵等观看演出。(《昆剧大师俞振飞领衔进京演出》,《人民日报》,1986年9月23日)

9月24日　瑞典大使馆为四川人艺演出《朱丽小姐》举办茶会,曹禺出席并讲话。(《北京人民艺术剧院大事记》)

9月26日　晚,至北京人民剧场观看昆剧,并与卓琳①到休息室看望俞振飞和剧团的同志。曹禺还向卓琳学练腿脚方法。"卓琳连讲带教,传授了三节腿脚锻炼操;曹禺虽学得气喘吁吁,却十分高兴,连连要李玉茹帮他一起记下要领,回去可以锻炼。卓琳热情地告诉曹禺,只有坚持才有效。"(《曹禺"拜师"练腿脚》)

9月28日　致信于是之、苏民。信说:

密苏里大学校长 george. A. Russell 先生给我来信,请允许英若诚同志及其夫人吴世良同志在1986年八月中旬到十月赴美讲学指导该校的戏剧教学。

奉上来信,请代复信。可交英若诚同志看后代复,打印,我在上面签字。

我拟同意他们夫妇去。但不知我院有否其他事情,不能如约。这也可以告诉

----

①　邓小平夫人。时为全国振兴昆剧指导委员会顾问。

该校长,不能去的原因。去与否都请你们决定。(该信现藏于北京人民艺术剧院)

9 月 29 日　上午,在北京人艺观看《狗儿爷涅槃》连排。下午,讨论该剧。晚,观看《帅克》并会见演员、合影。(《北京人民艺术剧院大事记》)

是月　参加中央戏剧学院开学典礼,并讲话。(《曹禺》画册第 129 页)

10 月 4 日　上午,中国戏剧家协会、北京市京昆振兴协会、中国昆剧研究会联合在民族文化宫举行大型茶话会,祝贺俞振飞率领的上海昆剧团在京演出取得优异成绩。曹禺出席并讲话,曹禺说:"上昆是第一流的剧团,第一流的演员,第一流的剧目,第一流的演出。"(《上海昆剧团轰动首都剧坛》,《人民日报》,1986 年 10 月 5 日;《上海昆剧志》第 273 页)

10 月 5 日　《戏剧电影报》头版题《过去了,但是要记住——一九七六年十月六日前后纪事》刊发曹禺与吴祖光、吴雪等纪念文章。曹禺文题为《应该记住》。该文后收入《曹禺全集》第 6 卷。

10 月 10 日　晚,至北京人艺观看《狗儿爷涅槃》化妆连排。(《北京人民艺术剧院大事记》)

10 月 11 日　据记载:由香港新世界达高(西安)有限公司和陕西省文化厅所属华岳国际文化艺术交流公司合作兴建和经营的古都文化艺术大厦举行奠基典礼。……全国政协副主席刘澜涛、全国剧协主席曹禺、中共陕西省委宣传部副部长李沙铃等也发来贺词。(《陕西省志·文化艺术志》第 118 页)

10 月 21—28 日　全国人大常委会在京委员和全国人大各专门委员会委员举行座谈会,学习讨论《中共中央关于社会主义精神文明建设指导方针的决议》。曹禺出席并作发言。(《全国人大常委座谈精神文明建设抓紧立法严格执法》,《人民日报》,1986 年 10 月 29 日)

10 月 22 日　在北京家中接待北京人艺导演方琯德、主演顾威,二人向曹禺请教《蜕变》排练事宜。(《北京人民艺术剧院大事记》)

10 月 25 日　与伍修权、魏传统、周克玉参加总政歌剧团建团 30 周年庆祝大会。(《文艺纪事》,《中国文艺年鉴 1987》)

10 月 27 日　首都各界在梅兰芳故居——护国寺街九号院举行"梅兰芳纪念馆"揭幕仪式。曹禺与宋任穷、习仲勋、夏衍、周巍峙、爱新觉罗·溥杰、吴祖强等出席。(《梅兰芳纪念馆在京揭幕》,《人民日报》,1986 年 10 月 28 日)

10 月 28 日—11 月 1 日　田汉研究学术讨论会在长沙市举行。曹禺为之题词:"笔落惊风雨,诗成泣鬼神,乾坤红紫遍,不忘栽花人。"(《长沙年鉴 1987》第 27 页)

10 月 30 日　据载:"应文化部邀请,内蒙古呼伦贝尔盟话剧团的蒙古族历史剧《渥巴锡汗》在北京民族文化宫礼堂举行首场演出。乌兰夫、田纪云、宋任穷及剧作家曹禺、吴雪等观看了演出。"（附录六《中国当代少数民族艺术活动大事记》，《中国少数民族艺术词典》第 637 页）

是月 剧作选集《曹禺代表作》由黄河文艺出版社出版。田本相编。选集系该社《中国现当代著名作家文库》之一种。收入《雷雨》《日出》《原野》《北京人》四部剧作。书前有编者《前言》，后附《曹禺主要作品目录》，这是第一次将《原野》编入选集的曹禺选集。

是月 在北京寓所接待中戏表演系同志，谈教学问题。（《曹禺》画册第 129 页）

11 月 1 日 北京人艺《蜕变》剧建组，曹禺到戏组讲话。（《北京人民艺术剧院大事记》）

11 月 5 日 上午，至北京人艺观看《秦皇父子》连排。（同前）

11 月 8—13 日 中国作家协会第四届主席团第五次会议和第四届理事会第二次会议在京举行。8 日上午，中国作家协会第四届主席团第五次会议举行，下午，作协第四届理事会第二次会议开幕。会议探讨作家如何进一步发展自由、宽松的环境，多创作出好作品这个问题。为期六天的作协理事会还就十年来文学的评价、文学评奖的改革等问题展开讨论。曹禺与夏衍、艾青、沙汀、冯牧、陈荒煤等二百多名作协顾问、书记处书记、主席团成员、理事会理事出席会议。（《中国作协召开主席团和理事会会议探讨进一步发展自由宽松的环境为提高民族道德和文化素质服务》，《人民日报》，1986 年 11 月 9 日）

11 月 8 日 下午，"人艺之友"第一届理事会第一次会议在北京人艺召开。会议通过曹禺任"人艺之友"名誉会长，于是之任第一届理事会理事长。（《北京人民艺术剧院大事记》）

是日 作《喜听广播剧〈陈妙常〉》一文。在《北京广播学院学报》1987 年第 1 期发表。后收入《曹禺全集》第 5 卷。

11 月 11 日 在《人民日报》发表剧评《美玉——看话剧〈和氏璧〉》。后收入《曹禺全集》第 5 卷。

是日 致信田本相。信说：

> 寄上《大舞台》，其中有我在河北一带的记述，你可参考。望看一下。（《苦闷的灵魂——曹禺访谈录》第 310 页）

11 月 15 日 晚，王震[①]在养源斋举行宴会，祝贺中国人民的老朋友西园寺公

---

① 时任中共中央顾问委员会副主任、中日友协名誉会长。

一 80 寿辰。曹禺与夏衍、经普椿、溥杰、孙平化等应邀出席。(《王震设宴祝贺西园寺公一八十寿辰》,《人民日报》,1986 年 11 月 16 日)

是日　北京市对外文化交流协会成立。曹禺、白介夫被聘为协会顾问。(《当代北京大事记(1949—1989)》第 509 页)

11 月 16 日　晚,至首都剧场观看《秦皇父子》公演。(《北京人民艺术剧院大事记》)

11 月 18 日　下午 1 时 30 分,曹禺等人至首都机场贵宾候机室迎接千田是也率领的"日本俳优座剧团"(即"日本布莱希特研究者访华演出团")。(《与栗原小卷在一起的日子》,《青艺》第 4 期,1987 年 8 月)

11 月 20 日　上午,至北京政协礼堂,出席由文化部、中国剧协、中国艺术研究院、江西省文化厅联合举办的"纪念汤显祖逝世 370 周年"开幕式,并讲话。(《首都文艺界知名人士举行集会纪念汤显祖逝世三百七十周年》,《人民日报》,1986 年 11 月 21 日)

是日　广西第二届戏剧展览会在桂林和百色同时举行。桂林首演式在广西艺术馆举行,桂林市桂剧团演出现代桂剧《菜园子招亲》;南片首演式在百色市举行,由百色地区粤剧团演出根据曹禺同名话剧改编的粤剧《雷雨》。(《广西第二届剧展分南北两片同时举行》,《广西日报》,1986 年 11 月 27 日)

曹禺为"广西省南宁市桂花奖发奖大会"题词:"清水出芙蓉,天然去雕饰。"为"广西壮族自治区第二届戏剧展览会"题词:"岂有黄金能量曲,只为赤子才放歌。"(《中国戏剧家协会主席曹禺题词》,《广西戏剧展览会(第二届)资料汇编》(上册)第 1、2 页)并于 12 月 14 日致函顾建国,表示祝贺。贺信说:

> 承邀约参加广西壮族自治区戏剧节,十分感谢,奈在沪,连日犯心脏病,医嘱不得再劳累,尤不宜远行。思虑再三,只好请您及各领导同志与戏剧界友人们谅解。不能如愿观光、瞻望广西壮族自治区各方戏剧成就,实深愧疚。

> 广西壮族自治区文化悠久,此次戏剧节定有十分精彩剧目。在今日宽松和谐空气中,前途必更加繁荣,影响所及,优秀戏剧艺术家、剧作家自会创作更好的新作。遥念盛况,异常兴奋,我衷心祝贺广西壮族自治区戏剧节巨大成功!

曹禺
1986 年 12 月 14 日

(《中国戏剧家协会主席曹禺贺信》,《广西戏剧展览会(第二届)资料汇编》(上册)第 11 页)

11 月 22 日　在《人民日报》发表《欢迎日本的戏剧使者——写在"日本布莱希特研究者访华团"演出之前》一文。文说:"千田是也先生是布莱希特忠实的研究者和实践者。""这次他带来的日本布莱希特研究者访华演出团,在中国演出布莱希特的名剧《四川好人》和教育剧《点头先生与摇头先生》《例外与常规》《霍拉蒂人与克利亚蒂人》。这是空前的盛事,中国戏剧界千千万万的同行和数不清的观众,早已在盼望、欢迎你们。在中国,布莱希特的戏剧将不仅是研究者的财富,戏剧工作者的财富,它将日益成为年青人、广大的人民的财富。"

11 月 23 日 作诗一首①。诗中道:

> 中国人和日本人
>
> 要做一生的好朋友。
>
> "戏"是长河,
>
> 流不尽的友谊的长河。
>
> 让我们在和平与友爱的大海里,
>
> 那就是人的心,
>
> 崇高的相通、相惜、相爱、相知的友情。(《没有说完的话》第 409—411 页)

11 月 25 日 日本布莱希特戏剧研究者访华演出团在首都剧场上演布莱希特名剧《四川好人》。日本著名演员栗原小卷在剧中饰女主角沈黛并反串其表哥崔达。曹禺与王震、王首道、英若诚、章文晋等观看演出,并上台接见演员表示热烈祝贺。(《日本布莱希特戏剧研究者访华团在京献艺,栗原小卷在〈四川好人〉中演两角色》,《人民日报》,1986 年 11 月 27 日)演出后在剧场前厅举行庆祝首演成功的酒会,曹禺以中国剧协和北京人艺的名义举杯祝贺。千田是也团长赠人艺剧照册一本。(《北京人民艺术剧院大事记》)

11 月 28 日 在《光明日报》发表散文《美育应该伴随人的一生》。文说:"对于'美'……我理解,'真'的东西,善的东西,本身就是美。""我觉得共产主义的最高境界是人与人之间平等、自由、博爱。如果一提意见,就被戴帽子,打棍子,那就谈不上互相尊重、互相宽容,谈不上自由了。我们尊重的是人,不是权,有权的人说的话不一定就美。""我认为,创作任何艺术作品的人如果能够使人崇高起来,使人不平庸、不自私、天下为公——这在心灵上就是很美的人了,他这部作品就体现了美,就是好作品。""我活到七十六岁,最近才明白,要做真人,说真话,很不容易。我今天像是说了几句真话,还没有完全说出来,时间不允许了。"

11 月 29 日 晨,日本访华演出团赴上海,曹禺同机往上海。(《北京人民艺术剧

---

① 原注:这是曹禺先生在日本千田是也先生来华演出《四川好人》的欢迎会上所作的讲话的一段,摘自曹禺先生手稿,写于 1986 年 11 月 23 日晨。题目为编者另加,基本按原稿摘录,标点和分节稍作修改。

院大事记》》

是日　下午,北京人民艺术剧院"人艺之友"成立大会在首都剧场举行,于是之代表曹禺宣读题为《群众是我们心中的圣人》的书面发言。（同前）发言加副题"在'人艺之友'成立大会上的讲话"在 12 月 9 日《北京日报》发表。后收入《曹禺全集》第 5 卷。

11 月 30 日　庆祝黄佐临从艺 50 周年大会在上海艺术剧场举行。曹禺与陈颙由京专程参加,并率先致词。（《喜剧人生·黄佐临》第 152、153 页）致词题为《贺佐临》刊《戏剧报》1987 年第 1 期。后收入《曹禺全集》第 6 卷。

是月某日　作诗《魔》①。诗文如下:

> 雷从峡谷里滚响,
> 莽原的每一棵草在哆嗦,
> 我听见风吼,黑云从乌暗的天空
> 猛压在头顶。
> 从云里垂下来一些黏糊糊的,
> 那是龙吐出的长舌,那是龙的尾巴。
> 像无数的钩,
> 钩住我的眼睛、心、耳和我的手。
> 地上喷出火,
> 我的全身在燃烧。
> 洪水泛滥,暴雨像尖锥扎透我的背,
> 我向天高吼:"来! 再狠狠地折磨我!"
> 大地颤抖,高楼、石头、水泥塌下来,掩埋了我全身。
> 土塞住了我的喉咙,
> 我向天高喊:"来吧,我不怕,你压不倒我!
> 你不是龙,连一条蛇都不配,吓不倒我!"
> 我看见了太阳,圆圆的火球从地平线上升起。
> 我是人,不死的人,
> 阳光下有世界,自由的风吹暖我和一切。
> 我站起来了,
> 因为我是阳光照着的自由人。（《没有说完的话》第 417 页）

---

①　原书注:写于 1986 年 11 月某天中午。

是月　张有煌编选《曹禺论创作》由上海文艺出版社初版。该书系《中国现代作家论创作丛书》之一种。书前有曹禺 1985 年 9 月 3 日作的《序》，正文共收 59 篇文章，时间从 1935 年到 1982 年。其中《曹禺谈〈北京人〉》一文系首次发表，该文系曹禺同田本相的谈话，经田本相整理并"经曹禺同志审订修改"发表。书后附《编后记》。

冬　为国立剧专史料陈列馆题词："知遇犹未晚，永实正中天。"（《国立剧专·江安（江安文史资料总第七辑）》图）

12 月 8 日　致信田本相。信说：

> 收到十一月十八日信，祝贺您已写好大作，五年的工夫真不短，您的精神是十分可佩的。我确实不值得一写，虽然此语已一再谈起，我心中仍然十分惭愧。

> 我只希望在大作中最好不提我的婚姻事情，许多地方使我感到颇为难过。

> 阿瑟·密勒不知谈些什么，此公是美国人，美国人来中国几月，便以为了解中国与中国人，这正是有些异邦人使人每每不能理解的地方。

> 我常犯轻率的病，到老也不能改。所以不知人，也不知言。

> 最近我来上海，大约过一个多月，才回北京。感谢你经常鼓励我，要我再写一些东西。我确想如此。我来上海，可以安静些，也许能思索些什么。能否写出来，这还是问题。

> 我最近想出两句话："知道犹未晚，求实正中天。"能否以后实实在在过一个真正的人的生活，老老实实做一点事，这是我朝夕企望的情境。

> 上海虽不如北方那样冷，但家中无火，刚来时，不（习）惯。现在仿佛已适应，穿着厚一点，屋里清冷些，头脑倒比在有暖气的房间明白一些了①。

信后附言：

> 所用材料以及黄永玉同志的信，如已用毕，可交给我女儿万方（电话：362127，先打电话约好），不必等我回来。

---

①　原注：《曹禺传》写完后，我给曹禺先生写了一封信。其中谈到我在传记中写了他的恋爱和婚姻。曹禺先生一再表示不要写他这些事，他说等他百年之后，愿意怎么写都可以。但是，我仍然向他说明，写传是很严肃的。之所以写他的婚姻和恋爱，是因为它直接同他的创作有关，如果不写这些，是不好向读者交代的。也是我一个写传的人对传主未能负起应有的责任。他，还是为我说服了。

信中提及阿瑟·密勒，是因为曹禺先生将黄永玉给他的信——一封带着真诚的挚爱批评曹禺先生的信，当面念给阿瑟·密勒听了。之后，阿瑟·密勒就此发表了一些对曹禺先生不理解，甚至误解的话。曹禺在信中，正是说的这样的情形。其实，曹禺先生，将黄永玉的信念给阿瑟·密勒，不但是对一个异邦朋友的真诚和信赖，同时也表明曹禺先生的勇气。但是，却未能得到阿瑟·密勒的理解。这才有了曹禺先生的议论。（《苦闷的灵魂——曹禺访谈录》第 311、312 页）

信眉写有：

> 广播剧事已谈过，有位马副部长在京来过。我又谈了许多多余的话，其实本可少谈或不谈的。（《苦闷的灵魂——曹禺访谈录》第 310、311 页）

12 月 11 日　作《回顾我这三十年》。未曾发表。后收入《没有说完的话》，文尾注："这是《人民日报》海外版的访问稿，后未用，曹禺又重新整理。"文中，曹禺回顾道："从我青年时代，胸中充满了愤懑，总算找到'戏'这一武器，揭露黑暗的旧社会，一直想砸烂那个不合理的人吃人的社会。""从四十年代(末)到五十年代末，我做了许多我不会做的事情。我把写作忽略了，祖国需要的是我的笔，写出点东西，而我做得太少了。""在抗美援朝时期，为了配合政策，提倡爱国主义，我在医院的地下室，住了半年多，体验生活，写了《明朗的天》……以后，又写了《胆剑篇》，也是为了形势需要，今天看，似乎还算是一出过得去的戏。""我正在陪亚非作家们在国内开会，'文化大革命'开始了。"朋友们"在这浩劫中，无一幸免。""粉碎'四人帮'后，我花了极大心力，写出了《王昭君》。……这个戏褒贬不一，只有让历史、让观众去评定它了。""三中全会以后，我的思想逐渐解冻，我回顾，我思索。""我并不追悔。今天我能省悟，为时还不算晚。……只要能沉下心来，坐得住，我还能写点东西的。"

12 月 13 日　《人民日报》"文化生活"版"艺文短波"栏刊消息："北京人艺之友联谊会"成立。该会旨在把社会各阶层观众组织到剧院的艺术创造和建设中来，普及和繁荣戏剧艺术。第一批四百多名会员中，除了文化各界知名人士，大部分是普通观众。联谊会由曹禺任名誉理事长，于是之任理事长。

12 月 21 日　致信万欢。信说：

> 我现在在上海，天气较冷，卧室有个空调器，还算好。我原为黄佐临伯伯八十周年会来沪，但住在上海比较安定，稍稍可以做自己的工作，然而老了，脑子不好用，到现在不知写什么好。妈妈要到香港演戏，我大约一月二十日左右即返京。妈妈赴港唱半个月，返沪后再来京。（万方、万欢提供）

是月　《戏剧与电影》第 12 期载合川县园艺中学"曹禺戏剧社"的同学给该刊写的信，他们说："我们自愿组成了'曹禺戏剧社'，愿能得到你们的支持和指导。""我们现在最大的困难是找不到适合我们排演的剧本，书店买不到，学校图书馆更没有。为此，才冒昧地求助于你们。"

是年　重庆出版社决定编辑《中国抗日战争时期大后方文学书系》20 卷本，由夏衍、阳翰笙任总顾问，林默涵任总主编，曹禺与楼适夷、蔡仪、艾芜、碧野、秦牧、臧克家、张骏祥、钟敬文、戈宝权等分任各分编的主编。（《让"新华"精神代代相传——重庆出版社与〈新华日报〉》，《新华之光——〈新华日报〉〈群众〉周刊史学术研讨论文集》第 35 页）

1987 年 七十八岁

2 月，《戏剧评论》在北京创刊。①

2 月 28 日，《上海艺术家》在上海创刊。②

4 月 12 日，第四届《戏剧报》梅花奖发奖大会在京举行。

5—6 月，第一届"理想杯"大学生电视剧展播在北京举行。陆续播放北京、天津、吉林、沈阳、等地大学生自编自导的大学生题材的电视剧。

6 月 6 日，北京人民艺术剧院为纪念建院 35 周年，召开"北京人艺发展之路"研讨会。

8 月 8 日—10 月 4 日，第五届全军文艺会演在北京举行。包括话剧、歌舞、京剧、民族乐器、杂技、曲艺。其中话剧 13 台。

9 月，首届中国艺术节在北京举行。

10 月 25 日—11 月 1 日，中国共产党第十三次全国代表大会在北京举行。

12 月，大庆市话剧团在北京首都剧场演出《黑色的石头》。

1 月 1 日　致信万欢。信说：

我实在想念你。今天是一九八七年元旦……欢子，迢迢万里之外的小欢子！我多么想过去你小时的小模样，你那时口里说不清楚，只是"七、八""七、八"地来回叫着，多少人喜欢你、抚爱你！记得我到广东（一九六二年在广东，我告妈妈③带你来穗），我们和老舍，一群伯伯们，坐汽车从广东游到福建吗？你念了诗，我忘记不了你那红扑扑的脸。（《没有说完的话》第 337 页）

1 月 5 日　致信万黛。信说：

读了一九八六年末的信，我十分高兴，也很激动。反复读几遍，我确实觉得你的生活过得充实，有意义。在你艰难、复杂、辛苦却又充满了人生乐意的工

---

① 北京市戏曲研究所主办。双月刊。胡沙兼任主编，副主编吴乾浩、王蕴明。

② 双月刊。上海艺术研究所主办。编辑出版：上海艺术家杂志社。

③ 原注：指生母方瑞。

作中,你体会到相当深刻的,人生的道理。譬如你把学问用在实践中,悟到融会贯通,把学到的东西变为自己的东西,而且无论在业务,学术中有一定"得心应手"的感觉;譬如"只做自己愿意做的事情,不勉强自己做自己不愿意做的事情";又譬如"我更体会到一个人在工作,在学术中的地位只有通过自己奋斗来获得"。

……

上海也很冷……我住上海主要是为少开会,少应付一些"勉强自己做不愿意做的事",北京从早到晚胡忙乱忙,读了你的信,我十分惭愧,你已找到生活的道理,我至今还在混,也就是应"官差",自己也觉得一身"官气",十分讨厌。

我七十七了,但仍想找个清净的地方,"做自己愿意做的事",我的时间大约不多,颇有点紧迫感,我已经浪费几十年的光阴,很想补补失去的好时光。

我最近写了两句话来促迫自己:"知过犹未晚,求实正中天。"(万黛、万昭提供)

是日　在《中外妇女》第 1 期发表散文《祝你们幸福》。后收入《曹禺全集》第 6 卷。

1 月 7 日　在《大众电视》第 1 期"我和电视"栏目发表《我希望……》一文。后收入《曹禺全集》第 6 卷。

1 月 9 日　下午,于是之、周瑞祥召集北京人艺有关部门同志研究"人艺之友"会员春节联欢事宜,会上决定请曹禺参加。于是之发电报给曹禺,请先生回京看《蜕变》连排。(《北京人民艺术剧院大事记》)

1 月 10 日　致信李尤白。告之"遵嘱写好'唐代梨园遗址'诸字奉上"。后收入《曹禺全集》第 6 卷。

1 月 11 日　北京人艺演员、英若诚夫人吴世良因病在协和医院逝世。于是之随即电(报)告在上海的曹禺。(《北京人民艺术剧院大事记》)

1 月 13 日　委托北京人艺以他和夫人李玉茹的名义给吴世良送鲜花花圈。(同前)

1 月 18 日　在《戏剧报》第 1 期发表《祝愿》、《贺佐临》二文。后收入《曹禺全集》第 6 卷。

1 月 23 日　晚,北京人艺新版《蜕变》在首都剧场公演。(《北京人艺上演曹禺名剧〈蜕变〉》,《人民日报》,1987 年 1 月 24 日)导演方琯德,舞美设计王存玉、韩晓风,于志宽饰范兴奎,杨立新饰孔秋萍,张瞳饰况西堂,王长立饰谢宗奋,狄辛饰丁大夫,尚丽娟饰夏霁如,严敏求饰"伪组织",顾威饰梁公仰。(《北京人民艺术剧院(1952—2002)》画册)

是日　《人民日报》刊报道《北京人艺上演曹禺名剧〈蜕变〉》:"为纪念抗日战争

五十周年,北京人艺于1月23日起上演曹禺名剧《蜕变》。这部作品曾于四十年代在重庆首演过。该剧通过对留守在后方医院中一群行政人员的生动描写,鲜明地刻画了处于抗战时期的知识分子的不同命运。"

1月25日 首都话剧界迎春联合演出组委会召开茶话会,会上宣布宋任穷、曹禺、陈昊苏为中国话剧艺术研究会名誉会长。(《首都话剧界举行迎春联合演出》,《戏剧报》第3期,1987年3月18日)

1月26日 下午,田本相致电曹禺,听取先生对《曹禺传》二校的意见。(《苦闷的灵魂——曹禺访谈录》第166页)

1月29日 大年初一,由上海返京。(《北京人民艺术剧院大事记》)

2月3日 晚,至首都剧场观看《蜕变》。演出后上台看望演员,并对演出给予肯定。(《北京人民艺术剧院大事记》)

2月4日 北京人艺邀请北京评论界、新闻界部分人士座谈《蜕变》演出。(同前)

2月5日 上午,北京人民艺术剧院与中央戏剧学院联合举行记者招待会,曹禺、徐晓钟联合向记者宣布:从今年开始,两院将在中央戏剧学院表演系本科八七班进行联合教学,力争在四年时间里培养出适应时代需要的优秀话剧表演人才。(《培养新型优秀话剧人才,北京人艺与中央戏剧学院联手办学》,《人民日报》,1987年2月8日;《北京人民艺术剧院大事记》)

2月7日 中国戏剧家协会召开主席、副主席工作会议,曹禺与张庚、刘厚生、郭汉城、吴祖光、于是之等出席。书记处书记列席会议。会议就戏剧工作者要坚持四项基本原则,反对资产阶级自由化思潮展开讨论。(《戏剧工作者要坚持四项基本原则,反对资产阶级自由化思潮》,《戏剧报》第3期,1987年3月18日)

2月14日 晚,参加北京人艺灯节联欢会并向大家祝贺节日。(《北京人民艺术剧院大事记》)

是日 致信田本相。信说:

> 奉上宋剑华同志信,他就是昨晚我们谈起那位从基督教观点来论述的同志,所问的题目均难回答,只好烦请您代为答复。(《苦闷的灵魂——曹禺访谈录》第312页)

2月15日 《戏剧电影报》刊本刊记者钱曼兰采写《五十年后的反思——曹禺谈〈蜕变〉》。

2月20日 戏剧家刘开宇①遗体告别仪式在北京八宝山革命公墓举行,曹禺

---

① 中国剧协艺术委员会副主任、书记处书记。2月9日因病在京逝世,终年59岁。

与贺敬之、张庚、刘厚生等参加。(《戏剧家刘开宇逝世》,《戏剧报》第 3 期,1987 年 3 月 18 日)

2 月 23 日　致信巴金。信说:

> 返京,没有什么可谈的,反正一大堆无聊的事又堆在身上。……我常后悔,在上海没能常去看你,和你多聊天。……

> 我现在有时,上午常坐着就睡着了,而夜里虽吃安眠药,都常醒,有时还做梦。天天有人来,说些淡话,就是消磨时间,如何得了?但我仍想写点什么,留给后人。……(《曹禺巴金书简》)

2 月 24 日　《戏剧评论》编辑部召开"张庚同志戏剧理论研讨会"。曹禺与郭汉城、颜振奋、游默等出席并发言。会上,曹禺说:"我这个人最怕理论,尤其怕见到大块大块的理论书。但有些理论家不同,他理论很深,而文章写得好,叫你爱看,耐看,耐咀嚼,张庚同志的文章就具有这样的味道。""张庚同志一贯诚诚恳恳,扎扎实实。但他不是不讲是非的,他是敢讲真话的人,同时又有博大的胸怀,能够倾听、接受别人的不同意见,是一个了不起的杰出的理论家和教育家。"大家的会议发言题为《张庚戏剧理论研讨会发言集萃》,刊于《戏剧评论》第 2 期。后曹禺发言题为《在"张庚同志戏剧理论研讨会"上的发言》,收入《曹禺全集》第 6 卷。

2 月 24—27 日　由中央戏剧学院和山东大学联合主办的奥尼尔学术讨论会,在中央戏剧学院隆重举行。曹禺作为中国剧协主席、中戏名誉院长出席,并发表精彩讲话。他高度评价奥尼尔在美国戏剧发展史上的地位,他说:"美国有了奥尼尔,才有了美国真正的戏剧。"曹禺还指出,奥尼尔热爱生活,他通过自己的眼睛看到了生活的真正本质,悟出了人生的道理和真谛,并热情地去拥抱生活。(《奥尼尔学术讨论会在京举行》,《戏剧报》第 4 期,1987 年 4 月 18 日;《剧本》第 5 期,1987 年 5 月 28 日) 曹禺发言经整理题《在奥尼尔学术讨论会上的讲话》收入《奥尼尔戏剧研究论文集》。

2 月 26—28 日　第四届"梅花奖"评委会在京召开会议,评委会顾问曹禺、张庚、马彦祥、吴雪、张君秋以及评委出席。28 日,投票选出获奖者。(《优中择优,精中求精——第四届"梅花奖"评选侧记》,《戏剧报》第 4 期,1987 年 4 月 18 日)

2 月 28 日　晚,全国人大常委会副委员长陈丕显在人民大会堂会见法国参议院法中友好小组代表团。会见后,全国人大中法友好小组为欢迎法国参议院法中友好小组代表团举行宴会。曹禺作为全国人大中法友好小组主席出席,并讲话。他说,"法国参议院法中友好小组为铺架两国议会和人民之间的友谊之桥作出了重要贡献。他表示只要双方共同努力,两国间的友好关系一定会长期稳定地发展下去。"(《陈丕显会见法国一友好代表团》,《人民日报》,1987 年 3 月 1 日)

春　深圳雅园宾馆庆祝开业三周年,靳极苍夫人杨秀珍[①]应邀举办画展以资祝贺。曹禺与千家驹、赵朴初、黄苗子等前往参观,并在来宾簿上签名。靳极苍初识曹禺,当时即作对联一副:"千家驹,驹值万宝;万家宝,宝抵千驹。"在与曹禺交谈中,言及《王昭君》停演一事。据靳极苍文述:

> ……我说:"先说一个问题吧。我惦记三年了。请你自己想想你的《王昭君》剧本为什么停演了?"他注视着我说:"不知道。"我说:"我是依实事揣摩的,也不见得对,你可做参考。一九八四年,在呼和浩特市举行四省三市老年网球友谊赛,去了几个中央部长和三位副省长,我也参加了。……这其中我体会到,蒙古同胞们什么都要冠上'昭君'的名字。我多方试探着问一些蒙古人,他们中有人说:'昭君嫁到我们蒙古来,是我们和汉人成为一家的开始。……所以我们全族都像神仙一样敬奉她。'因此,我揣测着,你的《王昭君》剧中的右贤王反对'和亲'是不合于蒙古族人的心愿的。一九八三年我写《中华爱国诗选详解》,正值一九八二年蒙古同胞反对岳飞的《满江红》词(当时由台湾学人提出,全国讨论着)。你的《王昭君》也停演了。……你这《王昭君》停演,当时我就不理解。一九八四年我一到呼和浩特市和另外的蒙古同胞生活的地方体验,才知道可能是这个样子的:蒙古人热爱王昭君,说有人反对'和亲',是不合实际的。这也影响蒙汉团结,所以要求停演了。"
>
> 曹禺一听,赶快说:"是不是我该改写?"我说:"不必。……现在有一个问题我向你提出,你和莎翁一样,是有矛盾,才有戏剧的。依据这件事实,是不是没有矛盾,只一面倒也可成为戏剧呢?"……(《靳极苍文集》第168—170页)

3月5日　上午,北京人艺召开党委、院长、中层干部、支部委员联席会。宣布领导班子调整,曹禺仍为院长。(《北京人民艺术剧院大事记》)

是日　《人民日报》刊消息《中央电视台将播放专题片〈半个世界〉》:"中央电视台将于3月6日晚向全国播放电视专题片——《半个世界》。""著名剧作家曹禺担任这部片的艺术顾问。"

3月7日　在《光明日报》发表散文《妇女颂》。亲笔题《妇女颂——祝贺三八妇女节》,刊于10日《中外妇女》第3期。后收入《曹禺全集》第6卷。

3月9日　致信田本相。信说:

---

①　靳极苍(1907—2006),著名古诗词研究专家和中国古典文学教授,一生著作等身,曾任教于山西大学中文系。杨秀珍(1909—2008),著名画家,齐白石的第一个女弟子,随齐白石学画20载。曾任山西大学艺术系教授。

前两日日本友人抄了一份我过去写的两篇短文,一《杂感》,二《偶像孔子》,都是我在南开中学写的,奉上,该文的出处,抄自牧阳一君。不知对您有用否?

信后附言:

我即飞广州,约十四日返京。(《苦闷的灵魂——曹禺访谈录》第312页)

3月15、16日　致信李玉茹①。信说:

我在床上看了几十分钟的书,终于耐不下去,只好起来与你谈话。这还是写信,仍不是谈话。……但纸与笔远不如"心"与"舌头",纸笔太硬,也太冷,太不能传达我的心情。……我有时有点奇怪,甚至于暗暗地埋怨,你的信中语言,只是语言。你是否真想回来,见见我,跟我长期在一起?一切言语都是云,都是烟,都是雾。只有看见你,活生生的你,才是真的。难道你真的听不见,看不见,想不到我目前——一直这多少天的心在跳着、听着、叫着、喊着,要你快些,更快些回来么?……

"话"都是无用的,只有存在着的活生生的你和我,才是真的,才是有生命的。……我觉得"时间不多了"。只有在一起过,才算生活,才是真活着。有时,我觉得你比我想得太多了,你在其他的一切用的心思也太多了。(《没有说完的话》第71—79页)

3月18日　在北京接待武汉艺术研究所的陈牧。陈牧邀请曹禺参加25日在武汉艺术研究所举办的"长江流域戏剧理论研讨会",并请为会议题词。曹禺因参加人大会议不能前往。于次日,曹禺为该会议题词:"从生活与事物的实际出发的戏剧理论,会引导戏剧健康地发展,会有益于人类。反之,会使戏剧走入迷途。汤显祖说:'世间只有情难诉。'莎士比亚说:'我总是强迫自己深入事物的灵魂。'我常想这两句很浅显、很平易的话。"(《曹禺的"糊涂"》)

3月19日　致信万欢。信说:

听了你的声音,我是多欢喜,也爱听你连连打哈欠,这是困得不行,还在讲话给爸爸、姐姐听。我完全赞同好姨的意见,要稳当,不急于什么……我倒想看你再过几年苦读书,下工夫取得最好成绩,戴上博士衣帽,给我照张相来。那我喜欢得不行,不是因为你有学问,而是因为你有了自立的本领。女子必须自立,无论在贡献上、在情感上,都要有自己的真认识。一个女子不能专靠别人活着。(万方、万欢提供)

---

①　这封信从15日夜半开始写,因不能入睡,续写,写到16日的晨5时,共写了7页纸。

3月24日　第六届全国人民代表大会第五次会议举行预备会议。会上选举并通过"第六届全国人民代表大会第五次会议主席团和秘书长名单"。曹禺被选为主席团成员之一。(《六届人大五次会议举行预备会议,会议主席团同日举行第一次会议》、《第六届全国人民代表大会第五次会议主席团和秘书长名单》,《人民日报》,1987年3月25日)

3月25日—4月11日　第六届全国人民代表大会第五次会议在北京人民大会堂举行。(《六届全国人大五次会议在京开幕》,《人民日报》,1987年3月26日;《六届全国人大五次会议闭幕》,《人民日报》,1987年4月12日)　曹禺作为主席团成员、人大常委会委员出席会议。

3月25日　"长江流域戏剧理论研讨会"开幕。会上,宣读了曹禺19日为此次会议的题词。(《曹禺的"糊涂"》)是日,还有一插曲。据记述:"可是,也就在同一天,曹禺忽然发来一封急函,内中说:'前遵嘱题词,引了汤显祖的话:'世上只有情难诉','诉'误写落了点,请代补上。真老糊涂了。'这一下把大家搞懵了,因为当时诵读时谁也没注意这一'点'。于是,赶紧拿出题词查对,但又出乎大家意料的是他的来函之中:'落了点',也就是掉了一点,但题词上却规规正正的有这么一个'点',而且还很有力度。我们从这'点'上说曹禺确实老糊涂了,但又糊涂得可爱,这说明他对题词的慎重。这有可能是他题词后又反复推敲而过分敏感;也有可能是他在试笔时,写了几张,其中有'落了点'的'诉',他便以为寄来的题词中的'诉'落了点。汉字确实结构复杂,笔法变化多端,即使高层次文化人也可能笔误,这原不足为奇,但曹禺是以非常严肃、慎重的态度对待题词,因而急急发函追来以求弥补。"(同前)

3月26日　在《人民日报》发表杂文《了解文化传统的一个捷径——读两种中国古典戏剧连环画集》。

是日　晨,致信田本相。信说:

奉上天津大学潘克明教授来函,实记不清楚。只好请您代为解答。十分感谢。(《苦闷的灵魂——曹禺访谈录》第313页)

是日　又致信田本相一封。信说:

来函敬悉。出《曹禺代表作》的出版社至今未见寄下书来,亦不见寄稿费。承问及,谨以告。此书出版后,我仅在新华书店内部买了两本,送人。如能惠寄二十本或更多一些,不胜感谢。外面不好买,抑或已售毕,请转告为荷。

信后附言:书价(款)可由稿费内扣下。(同前)

3月28日　晚,至首都剧场观看《蜕变》。(《北京人民艺术剧院大事记》)

4月1日　晚,至首都剧场,观看北京人艺演出《蜕变》。(同前)

4月5日　下午,在北京木樨地寓所接待来访的石曼。谈《抗日战争时期大后

方文学书系》戏剧篇剧目事宜,继谈《蜕变》。(《曹禺访谈录》)

4月12—15日　第四届梅花奖授奖活动在京举行。15日晚,在人民剧场举行第四届戏剧梅花奖授奖仪式和最后一场演出。曹禺与张庚、胡可、郭汉城、吴祖光、关肃霜、舒强、刘剑青、赵寻、张颖、刘厚生等文艺界领导到会祝贺。(《第四届梅花奖授奖活动在京举行》,《戏剧报》第5期,1987年5月18日)

4月13日　致信崔月犁。信说:

> 读《健康报》上"老部长离任前一席话",十分感动,我兄一生为卫生事业艰苦奋斗,功绩长留人心,所言至恳切,十分重要,八亿农民的医疗与健康问题是祖国大事,看样子非数十年大下功夫不能解决。近两年您从内蒙古到西藏作广泛深入的调查研究,尤为感人,但望我国干部都能这样负起责任来,国家前途必更有希望。
>
> 您是不会老的,也是闲不下去的,您必然有更大的建树。多年仰慕,不觉言深。虽在比邻,犹暮云春树,思念不已。敬问安好,并向书麟夫人致意!(《月犁——崔月犁自述及纪念文章》第51页)

4月15—21日　首届"中国戏曲艺术国际学术讨论会"在京召开。曹禺与张庚、英若诚、李希凡、刘厚生等出席开幕式,并讲话。(《密切海内外学者的联系推动中国戏曲研究深入,我戏曲艺术国际学术讨论会开幕》,《人民日报》,1987年4月16日;《首届中国戏曲艺术国际讨论会在京举行》,《剧本》第5期,1987年5月28日)

4月18日　广西柳州市桂剧团应邀在京首演桂剧《泥马泪》。(《桂剧〈泥马泪〉在京演出》,《第二届广西剧展资料汇编(下册)》第252、253页)

4月21日　晚,观看柳州市桂剧团演出桂剧《泥马泪》。并为该团题词:"戏剧在不断探索中前进——祝贺广西柳州市桂剧团《泥马泪》在京演出成功"。(《首都戏剧界盛赞〈泥马泪〉》,《"戏剧在不断探索中前进"》,《第二届广西剧展资料汇编(下册)》第257、263、264页)

4月28日　中国戏曲学会在北京成立。曹禺与马彦祥、吴雪、黄佐临等被特聘为顾问。(《中国戏曲学会在京成立》,《戏剧报》第6期,1987年6月18日)

是月　由曹禺题写书名,中国人民政治协商会议江西省委员会文史资料研究委员会编辑的《舞台经历集锦·江西文史资料选辑第24辑》出版。

是月　《中外妇女》第4期刊金永祁的《自古瓜儿苦后甜——曹禺、李玉茹的沉浮婚姻》。

是月某日　和欧阳山尊交谈,就《北京人》将在法国排演一事交换意见。(《曹禺全集》第3卷插图)据欧阳山尊文述:

我曾经准备到国外去导演《北京人》,行前到医院去看望他,告诉了他我的导演构思,他除了表示赞同外,并提出应删去一些外国观众不易懂的枝节。我顺便向他提出一个问题,就是愫芳和瑞贞离开了曾家,究竟是到什么地方去? 他不假思索地回答:"当然是解放区。"(《认真严肃学习和继承曹禺》,《杂草集》第 110 页)

5 月 5 日 中午,法国外交部长让·贝尔纳·雷蒙在法国驻华大使官邸举行仪式,"代表法国总统授予中国戏剧家协会主席曹禺一枚法国荣誉勋位团勋章,以表彰他为促进中法人民之间的友谊和东西方文化交流所作的贡献。"(《法国外长雷蒙代表法国总统向曹禺授勋》,《人民日报》,1987 年 5 月 6 日) 曹禺作为中国著名剧作家、中国戏剧家协会主席出席,并致答辞,他在简短的答辞中感谢雷蒙外长代表密特朗总统和法国政府给与自己的荣誉。同时讲到了法国文学戏剧对自己创作的影响,并对雷蒙外长深刻了解中国文化艺术表示惊喜。他希望今后中法两国文艺工作者能够广泛合作,使世界文化获得更大繁荣。(《曹禺荣获法国荣誉勋位团高级军官勋章》,《戏剧报》第 8 期,1987 年 8 月 18 日)

5 月 8、9 日 中央歌剧院演出美国音乐剧《乐器推销员》和《异想天开》。曹禺与王震、习仲勋、荣高棠、朱穆之、王忍之、王蒙、陈昊苏、王光美等出席《乐器推销员》首演式。(《中美戏剧界合作的丰硕成果——记美国音乐剧首次搬上中国舞台》,《剧本》第 6 期,1987 年 6 月 28 日) 为了庆祝首演成功,中国戏剧家协会和中央歌剧院联合举办招待会。曹禺出席,并与"导演怀特、罗德尼·马里奥特等分别致辞祝贺合作及演出成功。曹禺并代表中国戏剧家协会授予乔治·怀特为中国戏剧家协会名誉会员证书,以感谢他为促进中美文艺交流及戏剧界的亲密合作所作出的重大贡献"。(同前)

5 月 13 日 据《运城市志》记载:"地区蒲剧团一行 103 人赴京汇报演出。曹禺等领导同志和文化界知名人士观看了武俊英主演的《苏三起解》。曹禺说:'这是多年来看过的最好剧目之一。'"(《运城市志》第 781 页)

5 月 16 日 在《人民日报》发表《赞"大学生电视剧"》一文。后收入《曹禺全集》第 5 卷。

5 月 18 日 致信万欢。信说:

我不赞同你同 Mike① 到台湾去。现在台湾与大陆的关系还没有统一,你是大陆去的留学生,你的名字很容易惹是非,不要弄得家人在国内不好处。小欢子,你应该有点政治头脑,并懂得社会情况十分复杂的道理。(万方、万欢提供)

---

① 时为万欢男友。

是日　《戏剧报》第 5 期刊消息:"中国歌剧舞剧院即将完成歌剧《原野》的排练。万方根据曹禺同名话剧改编,金湘作曲并配器,导演李稻川,指挥陈贻鑫、杨又春,舞美设计刘锐、胡小丹,拟于 6 月上演。"

5 月 20 日　致信田本相。信说:

①《曹禺传》既然编辑们说"还可以",自然不错。还是那句老传(话),我是不配写什么传的,太劳您的神了。

② 南大主编《文化词典》,约我当顾问,自应从命,只是头衔多,无法做事,也是苦恼。

③《人民日报》及《人物》约您写关于我的文章,还有《传记人物》也约您先发表若干章,都未始不可。

④《新文学史料》想来访我,请代为婉转辞却。我身体不好,目前应差太多,现在请勿来,以后也请不要来。

⑤ 黄河文艺社寄来三百余元,钱还是小事,但他们的书实不好买,请代告黄河文艺出版社寄来 20 本,应付款写明白,我必然邮寄,分文不差。他们若仍不置答复,就不大礼貌了。购书事我已托您告诉过他们。该社出我的书,从未给我一封信,也未签什么合同,这是不合法的。

你在天津讲学,想必十分愉快。您回京有空,请先电告,我是十分欢迎的。

《红楼梦》电视连续剧,只看前几集,以后没有时间看,口碑很好。你说得对,头难"开",有这样勇气,做这件大事,忙了几年,这些同志的确是开拓者,可以提出不足之处,但不可任意发话,吹毛求疵了。(《苦闷的灵魂——曹禺访谈录》第 313、314 页)

5 月 21 日　下午,于是之、周瑞祥、林连昆、赵崇林到曹禺家中,向他汇报纪念建院 35 周年的筹备情况、活动内容,特别是组织全院同志进行"回顾与展望"的设想,请他指示。曹禺对这些设想均表示同意,感到非常高兴。对于剧院的建设,讲了许多精辟的意见,他讲到:

我们这个剧院还是要搞现实主义,当然,也不排斥搞别的尝试。我们这个剧院,如同我们这个民族一样,对外来文化有很大的吸收消融的能力。不排斥外来的有益的东西,但也不盲目崇拜。我们敢于吸收借鉴,能消化,能包融。我们的力量来自何方,来自我们的文化根基:民族文化的根基、革命传统的根基。所以,我们不易摇摆,不随风倒。

舞台艺术必须靠演员,演员是第一位的。没有好演员,再好的导演也没有用。不要在台上要灯光,要布景,不要搞那么多的"大变活人"。一流的剧院要有一流的队伍！必须有一流的导演、一流的演员、一流的舞美、一流的行政人员。我们这个剧院不但要艺术好，还要道德好、戏德好，这才叫真的一流。

于是之插话说："我们的现实主义，从内容上说是前进的、有希望的、有前途的，而不是消极的、绝望的。"曹禺说：

> 对极了！你这个想法好得很！我们要写激人奋发的作品，但不是去"写中心、唱中心"，那样的东西站不住。像《凯旋在子夜》那样的作品，它激人向上，给人以力量。

> 咱们要有几出站得住的喜剧。现在人们需要笑。要让大家学着搞喜剧，为了从艺术上锻炼人也应该搞喜剧。喜剧需要很高的技巧。

> 喜剧有很广大的观众面，要搞点雅俗共赏的喜剧，要搞出几部真正站得住的、能传代的。不是搞那种肤浅的廉价的东西。莫里哀的喜剧，好些人物是脸谱化的，站不住。

> 咱们搞现实主义，是有希望的，有前途的。

> 北京味可以有，但不要老追求北京的土味儿，老舍先生是一条路，郭沫若也是一条路。

> 古话说："行百里者半九十。"咱们走了九十里没有？还没有。北京人艺永远不自满。

曹禺还深情地说：

> 咱们剧院的建成和发展，离不开周总理，离不开彭真同志的关怀，咱们要好自为之！(《北京人民艺术剧院大事记》)

5月22日 中国文联、中国作协和中国剧协等13个协会在首都政协礼堂联合召开重新学习《在延安文艺座谈会上的讲话》座谈会。曹禺与刘厚生、张庚、舒强等参加。(《首都文艺界人士举行座谈会重新学习〈讲话〉》，《剧本》第6期，1987年6月28日；《中国剧协等召开重新学习〈讲话〉座谈会》，《戏剧报》第7期，1987年7月18日)

是月 《中国美食与营养(第一辑)》由轻工业出版社出版。收入曹禺《煎饼果子》一文。曹禺从煎饼果子的营养价值说起，想起儿时在"意租界三马路的一个菜市场"，付上"一个大子儿"，"等他交给我，然后才转过身，细细地慢慢地吃。真解馋哪。"后来知道那个有着"'大张飞'的脸"的卖"果子"的是"从山东逃荒到天津"。就"常到他的摊子上吃我最爱吃的煎饼果子"。回想起来，你的煎饼果子依然是我最爱吃的，觉得最最香甜的东西。你，未被困苦吓倒，你的善良和对生活的勇气教了我作(做)人的道理。"

5—6月 陕西省戏曲研究院和易俗社应文化部之邀，组成振兴秦腔汇报演出团来京演出,易俗社演出秦腔古代戏《卓文君》。(《文化部表彰陕西省振兴秦腔汇报团》,《人民日报》,1987 年 5 月 27 日) 其间,正在生病的曹禺接待了西安易俗社的同志,当曹禺闻易俗社建社七十五周年时,为之题词:"不是一番寒彻骨,争得梅花扑鼻香。"(《在这片深情的黄土地上——记曹禺同志在西安》)

6 月 3—8 日　由中国戏剧家协会主持,福建省文化厅、省戏曲研究所、省剧协分会协助召开的《当代中国话剧》《中国戏剧年鉴》编纂工作会议在福建泉州同时召开。《当代中国话剧》是大型丛书"当代中国"的一种,实际上是第一部当代中国话剧史。计划两年半时间完成。主编曹禺。编写班子由有关专家学者组成。会上聘请各省、市、区联络员,协助搜集话剧资料(剧本、文章、照片、统计等)。(《〈当代中国话剧〉〈中国戏剧年鉴〉召开编纂会》,《戏剧报》第 8 期,1987 年 8 月 18 日)

6 月 8 日　晚,至首都剧场观看北京人艺新排《北京人》彩排。演出后上台看望演员并合影。(《北京人民艺术剧院大事记》)

6 月 9 日　北京人艺在首都剧场正式公演《北京人》。(同前) 夏淳导演,副导演刘静荣,张瞳饰曾皓,王姬饰曾思懿,冯远征饰曾文清,罗历歌饰愫方,张永强饰曾霆,张华饰袁圆,郑天玮饰瑞贞,马星耀饰江泰。(《北京人民艺术剧院(1952—2002)》画册)

6 月 11—23 日　六届全国人大常委会第 21 次会议在北京人民大会堂举行。(《六届人大常委会二十一次会议在京举行》,《人民日报》,1987 年 6 月 12 日;《人大常委会第 21 次会议闭幕》,《人民日报》,1987 年 6 月 24 日) 曹禺作为人大常委会委员出席。

6 月 12 日　北京人艺建院 35 周年纪念日。曹禺为之题字:"龙马风神,骆驼坦步"。(影印件)

是日　晚,至首都剧场前厅,参加北京人艺建院 35 周年联欢会并致词。曹禺说:

> 今天的院庆,来了这么多老朋友和老师们,这是大家对人艺的爱护。35 年只是人艺历史的万分之一。人艺有成绩,也有缺陷。今天《人民日报》发表了一篇文章,谈到维纳斯的美,这个美不仅是外在的美,更在于内在美。外在的美是天生的,而内在的美,则要靠提高自身的品德和修养,北京人艺也是这样。希望在老朋友、老观众的帮助下,进一步发挥它的内在的美和外在的美,为观众作出美的贡献。(《北京人民艺术剧院大事记》)

6 月 16 日　晚,至首都剧场观看《北京人》。(同前)

6 月 19 日　中央音乐学院作曲系 84 届干部专修班在中央音乐学院大礼堂演出歌剧《雷雨》(只演第 4 幕)。孟卫东改编、作曲,陈大林导演,郑健指挥,中央歌剧院交响乐队伴奏。演员：刘小丽饰繁漪、李科平饰周朴园、马洪海饰周萍、甘华娅饰侍萍、王静瑄饰四凤、蒋春光饰周冲。曹禺与夫人也应邀观看。演出后，曹禺上台接见了全体演员，他说："音乐精彩极了，写得很好，非常动人，唱得也很好，演出也很好。"他对吴祖强院长说："感谢你们培养出这样好的作曲家和歌唱家。"曹禺还接受了中央电视台记者的采访，他说，公演根据他的剧作所改编的歌剧还是第一次，是很好的尝试。他还说："我们不但要唱外国歌剧，还要演唱中国自己的歌剧，要让外国人演我们中国的歌剧。"不久，中央广播电台也采访了作曲者及演员，在电台《星期音乐会》中播放采访及演出的实况片断，并在此后全部录音，在中央广播电台调频节目中播放。(《简明曹禺词典》第 344 页)

6 月 20 日 中央戏剧学院学报《戏剧》第 2 期刊曹禺为《戏剧》创刊 30 周年题词："播佳种在田"。

6 月 20、22 日 下午，第六届全国人大常委会第 21 次会议举行联组会，就本次会议的几项议案作进一步审议。曹禺出席并发言。(《全国人大常委会议举行联组会》，《人民日报》，1987 年 6 月 23 日)

6 月 26 日 丛书《中国抗日战争时期大后方文学书系》第一次编委会在北京举行。曹禺与夏衍、张友渔、林默涵、石西民、廖沫沙、刘白羽、艾青、钟敬文、臧克家、楼适夷、骆宾基、姚雪垠、绿原、邹荻帆、毕朔望、吴祖光、周而复、张颖等文化界人士应重庆出版社之邀出席。(《抗战时期大后方文学书系将编纂》，《人民日报》，1987 年 6 月 27 日；《〈抗日战争时期大后方文学书系〉——即将由重庆出版社出版》，《文史杂志》1988 年第 3 期)

6 月 30 日 晚，北京人艺以"曹禺剧作研讨会"名义演出《北京人》。(《北京人民艺术剧院大事记》)

7 月 7 日 《戏剧评论》编辑部在京举行"曹禺剧作研讨会"，祝贺曹禺从事戏剧活动六十周年、从事戏剧创作五十五周年。曹禺携夫人李玉茹到会并讲话。与会者认为，曹禺剧作在中国戏剧史和文学史上占有重要地位。会上，曹禺呼吁剧作家要关心现实，关心时事政治，关心国际局势。他说："今天正巧是 7 月 7 日，是'七七'事变 50 周年的日子，我作为过来人，有必要提醒大家不要忘记过去，现在不是没有人妄图复燃军国主义的死灰，要警惕！剧作家要有敏锐的思想嗅觉和艺术良心，才能写出无愧于时代的作品。"他还呼吁要为振兴歌剧多做些实事。(《曹禺剧作研讨会在京举行》，《文艺报》，1987 年 7 月 18 日) 8 月《戏剧评论》第 4 期辟"曹禺剧作研讨会专辑"刊《曹禺剧作研讨会发言集锦》(该刊编辑部)及与会者的文章。后曹禺谈话题为《必须提高警惕》，收入《曹禺全集》第 6 卷。《中国文化报》于 8 月 2 日题为《〈戏剧评论〉召开曹禺剧作研讨会》亦报道了此次会议。

7月8日　晚,中央实验话剧院在京首演美国当代著名作家桑顿·怀尔德的话剧《小镇风情》。该剧由埃德加·斯诺的夫人洛依斯·威勒·斯诺和美国导演贝汀娜·安特尔联合执导。曹禺与黄华、章文晋、英若诚和艾泼斯坦等有关方面负责人出席观看演出。(《斯诺夫人来华执导美国话剧,中央实验话剧院公演〈小镇风情〉》,《人民日报》,1987年7月9日)

7月9日　题于是之:

　　初望殿堂但求平正既知平正务追险绝既能险绝复归平正往复追寻渐悟妙境思灵通审志气和平风归自远饶见天心求艺无垠可胜言哉　贺是之六旬之庆

　　　　　　　一九八七.七.九　曹禺(影印件,原文为竖排)

7月12日　致信巴金。信说:

　　收到你的信,我读了许多遍。……感觉你真的是老了,累过头了。辛苦一生,晚年还是多灾多难,有许多事情攀住你不放,像许多蜘蛛的网,使你不得自由。也有一些人,要咬啮一个老人,从你身上硬要弄出一些纪念,以便日后夸耀。更有一些狼犬在你背后嚎叫,要骂倒你,咒倒你。我每次听了,很难过,也不愿意向你讲,一则这些话极无意思,不过是嫉妒你一生抓住真理不放,群众热烈地爱你,敬重你。……我不愿见有些无聊的人在麻烦你。你又是好性子,从不肯催他们走,多半是任他们摆弄,问你这,问你那,要求你很多,追一个有病的老人多谈点什么,回去好记下来,将来好写文章,也许等有一天,十分沉痛地写出怀念你、仰慕你的回忆,那时,每一个字都是金子,可以在多少人面前晃眼。还有一个原因,我怕你累着,多说话总是累人,而我又好激动,谈谈就莫名其妙地激动起来,我怕你受不了我有时候的大喊大叫。耳聋人的声音总是大的。

　　你信中有几句话给我很大力量:"我现在的确看穿了,要活下去,必须保重自己。"

　　还有两句,使我受到鼓励,感到人活着,无论遇着什么,活着还是要有劲,有点分量。你说:"经常挨骂挨批,却始终不倒下去。既然不死,就不必顾虑太多,所以我常常乐观。"

　　……

　　但是我不能长此下去,大约我现在才开始"看穿了"。我每天清晨起来,若有点精神,总在想点或者写点东西,不想昏过,想在我最后的几年中写出点东西,哪怕是极不像样子的,也要写出来。只是拿不准,什么时候可以成形。这远不如从前你和靳以在几十年前，约我写稿子，我写戏一月一幕，像写连续小说似的，按期寄出去，绝不误期了。说了一大堆，还是要保重身体，要活下去，要写点东西。我相信天或者上帝总会体贴我们这两个老而有病的人的心情，会赐给我们以年龄与健康，使我们完成自己那点点心愿。

……

写这封信，中间又有人来打搅我，所以更证明我说的话对，就是狠狠地关上门，插上门闩。当然，世事不可能完全如此，但我们老了。除了死神以外，一切都可以挡驾。我要做到！你要做到。你不能精疲力尽，你要"保重自己"，为着这个世界需要你！（《曹禺巴金书简》）

7月15日 在《北京日报》发表《象征》一文。该文是曹禺为"理想杯"大学生电视剧展播所作。后收入《曹禺全集》第6卷。

7月22日 《人艺之友报》试刊第1期日前出版。在第一版上刊登了曹禺的题词："我们十分需要实际、正确、讲理的批评。实际，不至于茫然；正确，不至于迷路；讲理，才能心平。文艺工作者不要棒杀，更不要捧杀。"（《北京人民艺术剧院大事记》）

7月25日 陈爱莲舞蹈晚会在北京举行，演出的节目有根据曹禺话剧《雷雨》改编的舞剧《繁(蘩)漪》，舞蹈《贵妃之死》、《黄昏》等，这些作品表现了她对舞蹈艺术的新追求。（《文艺纪事》，《中国文艺年鉴1988》第558页）

7月26日 中国歌剧舞剧院在京演出四幕歌剧《原野》。万方根据曹禺同名剧作改编。戏剧界一些权威人士认为，这台歌剧突破了原作的构思，较之同名话剧、电影，许多地方的艺术处理也有创新。（《曹禺名作〈原野〉改编成歌剧》，《人民日报》，1987年7月27日）该剧作曲金湘、导演李稻川、指挥陈贻鑫，主要演员有孙禹、田庆泰、李海珍、万山红、孙毅、田立、张晓玲、关坤凡等。（《1987年音乐活动记事》，《中国音乐年鉴1988》第400页）是年9月在首届"中国艺术节"时再度演出，受到文化艺术界和观众们的重视和好评。（《中国歌剧的发展和歌剧〈原野〉》，《民族音乐研究》第2辑第322、323页）

7月29日 林兆华代表北京人艺院领导至北京医院看望曹禺。（《北京人民艺术剧院大事记》）

是月 天津戏剧博物馆开馆1周年，曹禺为之题词："一部活的中国话剧史"。（《南开话剧编演纪事(1909—2009)》，《南开话剧史料丛编·编演纪事卷》第569页）

8月22日 致信李致。信说：

连病数月，最近又动手术，尚未痊愈。文艺出版社邀约出席'名酒节'实不能参加。务请代为辞却，不胜感谢。专此专请。（《曹禺致李致书信》第151页）

8 月 29 日—9 月 5 日　第六届全国人大常委会第 22 次会议在京举行。(《六届人大常委会第 22 次会议在京举行,审议撤销海南行政区设立海南省议案》,《人民日报》,1987 年 8 月 29 日;《六届全国人大常委会第 22 次会议闭会》,《人民日报》,1987 年 9 月 6 日)　曹禺作为本届人大常委会委员出席会议。

是月　曹禺题写书名、舒乙主编的《老舍之死》由国际文化出版公司出版。关于题名,据王志远①撰文:

　　我有幸和戏剧大师相识已经八年。八年前,为了出版一本纪念老舍先生辞世的文集《老舍之死》,曾经请他题写书名。……他慨然命笔。……(《戏剧大师与涅槃新解》)

秋　为祝贺《收获》创刊 30 周年,作《三十年前的稿纸》一文。在 11 月 25 日《收获·创刊三十周年纪念》第 6 期发表。后收入《1985—1987 散文选》和《曹禺全集》第 6 卷。

秋　按照自己的意思重新编排的《离骚》中的诗句:"日月忽其不掩兮春与秋其代序。惟草木其零落兮恐美人之迟暮。汩余若将不及兮恐年岁之不吾与。"自书条幅挂在墙上,曹禺无不感慨地解释道:"屈原为自己没能来得及为国家做些什么,可时间却飞快流逝而悲哀。"曹禺"这不仅是在讲屈原,更是在讲自己。因为他心里仍燃烧着对艺术的向往和渴望,他多么希望像年青时那样写啊!"(《怀念我的父亲》)

秋　为四川宜宾故宫液酒厂(原国营江安酒厂)"故宫液"酒题词:"江飘万里香,安得太白尝。"(《从窄路中走宽,在竞争中发展》,《理论与改革》1989 年第 3 期)

9 月 3 日　第六届全国人大常委会第 22 次会议分组会,出席的委员在分组审议国家审计署的工作报告时既肯定了审计署的工作,也指出了存在的不足。曹禺出席并发言,"曹禺委员说,官僚主义一词用得太滥了,许多可怕的浪费,都用官僚主义掩饰过去。应该对官僚主义下一个明确的、严格的定义,决不能让那些犯有严重错误的人,在官僚主义这顶帽子下逃之夭夭。"(《全国人大常委会委员指出审计工作之不足,对查出问题的处理抓得不紧,对各种违法行为应依法治罪》,《人民日报》,1987 年 9 月 4 日)

是日　下午 4 时,接待广州军区政治部战士话剧团编剧赵寰,谈战士话剧团演出的话剧《久久草》②。谈话经赵寰记录整理题为《曹禺老师一席谈》,在 1988 年 1 月 28 日《羊城晚报》发表。其中,曹禺谈到:

---

①　时在幽州书屋任职。为纪念老舍逝世 20 周年,王志远和王钧邀请舒乙主编《老舍之死》。
②　战士话剧团参加第五届全军文艺会演,带去两台话剧:《久久草》和《大趋势》。

部队领导开明,允许这种戏出来。如果在六七十年代会被认为是毒草。戏写了爱情又写了"死",死人还说话。应当赞美部队领导对戏剧工作的积极支持。

墓地一场,烈士说话,排得好,说的话也好。这出戏整个是喜剧,喜剧当中包容着崇高的精神,戏剧与悲剧、谐趣与庄严、欢乐与哀悼,两者搁在一起,很不容易,是个创造,创出一格来。在部队话剧中创个新路,不那么拘束,会使人思路开阔。

9月4日 下午,哈尔滨话剧院在北京芳园宾馆举行宴会,曹禺和夫人李玉茹出席,并致词欢迎哈尔滨话剧院来北京演出,预祝演出成功。(《北京人民艺术剧院大事记》)

9月7日 晚,至首都剧场观看哈尔滨话剧院演出话剧《曹植》。(同前)

9月8日 晚,在首都剧场前厅,北京人艺与《曹植》剧组联欢,送哈尔滨话剧院礼物有曹禺题词:"黄河不满,长江不溢。"(同前)

9月9日 教师节。至中央戏剧学院参加活动,曹禺代表学院向先进教师授奖并讲话。

9月15日 在《当代戏剧》第5期发表《秦腔不得了呀!》一文。文尾附:"【注:】根据曹禺同志与陕西省振兴秦腔汇报团团长叶增宽,副团长杨兴谈话录音整理而成,标题系编者所加。"文说:"陕西省戏曲研究院演员训练班这次来北京,带了两台折子戏。传统折子戏是应该好好搞。我总觉得对于传统的东西,如果没有很好地继承,底子很薄,就去改革,不一定能搞得好。""我们戏曲不要担心别的什么冲击。不要怕!关键是要发挥自己的特长。"

9月21日 上午,文化部艺术委员会、《戏剧报》编辑部联合举行《狗儿爷涅槃》座谈会,曹禺与该剧主创人员刘锦云等出席,并讲话。曹禺说:

刚才大家对这个戏本身的艺术价值和不足谈了许多,我在此就不多说了。这次,这个戏能够被特邀参加艺术节,使我感触极深。我在此首先要感谢中央文化部的领导们,尤其是王蒙同志和英若诚同志,能够给我们这样一个好的机会,使我们能够在中国艺术节中演出这个戏。这种感谢不仅是代表我一个人,而且是代表了整个的北京人民艺术剧院。《狗儿爷涅槃》已演出了一百多场,其实早已被人们所承认和认识了。在艺术节的最后阶段,北京市人民政府终于也同意特邀《狗儿爷涅槃》参加演出,这是值得我们非常感激的。最后,我代表北京人民艺术剧院,再次向中央文化部的领导,北京市人民政府的领导,以及今天到会的同志们,表示感谢。(《北京人民艺术剧院大事记》)

是日　《人民音乐》邀请部分在京的音乐界人士,对中国艺术节上演的《深宫欲海》和《原野》两部歌剧进行座谈。(《歌剧〈原野〉〈深宫欲海〉座谈会》,《人民音乐》1987 年第 11 期)

9 月 22 日　晚,至首都剧场,与于是之接待北京市领导、文化部艺术局官员观看《狗儿爷涅槃》。(《北京人民艺术剧院大事记》)

是月　《人民音乐》第 9 期以《关于中国歌剧的通信》为题刊发曹禺和乔羽在 1986 年 4—6 月间的 4 封信件,并附编者按:曹禺和乔羽两位艺术家关于歌剧《原野》的四封通信,涉及中国歌剧事业的许多重大问题,不仅论及对于中国歌剧的历史估价、发展方针和方向,而且具体论及歌剧的剧本创作、音乐创作、演唱与表演、人才培养和理论批评等诸多方面,正如乔羽同志所说,"是中国新歌剧史上的一项重要文献"。

10 月 15 日　由北京图书馆和中国现代文学馆联合主办的"巴金文学创作生涯 60 年展览"在新落成开馆的北京图书馆新馆开幕。这个展览由 320 多幅图片、500 余册各种版本的巴金著作和巴金赠书,以及巴金 23 种珍贵的手稿组成,展示巴金 60 年来挚爱祖国、正视人生的创作历程。曹禺前往参观,并对记者说:"许多照片过去没有见过,太丰富、太精采(彩)了。"(《巴金文学创作生涯 60 年展览开幕》,《人民日报》,1987 年 10 月 16 日)　观后,曹禺满怀深情写下《六十年来——巴金文学创作生涯六十年展览感言》一文,在 11 月 18 日《人民日报》发表。后收入《曹禺全集》第 6 卷。

10 月 20 日　晚,至首都剧场观看北京人艺《巴黎人》彩排。演出后,曹禺说,这个戏是写巴黎公社题材中最后的一个戏,应推荐给(中共)"十三大"代表看。(《北京人民艺术剧院大事记》)

10 月 23 日　为祝贺呼和浩特市文化局《塞上昭君》①一剧在京演出成功题词:"塞上昭君,光炳千秋"。(《昭君图册》第 138 页)

10 月 31 日　晚,至首都剧场,接待中共"十三大"代表观看《巴黎人》。(《北京人民艺术剧院大事记》)

是月　宁波市越剧团应文化部之邀,晋京演出新编传奇剧《琼浆玉露》和《桃花扇》。曹禺等先后观看演出。(《宁波文化年鉴(2002)》第 302 页)

11 月 2 日　党的十三大闭幕翌日,戏剧界的 11 位十三大代表,应中国戏剧家协会主席曹禺之邀,参加剧协的座谈会,畅谈出席党代会的体会。参加座谈会的十

---

①　大型歌舞剧。呼和浩特民族歌舞团、民间歌剧团于 10 月 22 日在北京民族文化宫演出。

三大代表有：顾锡东、裴艳玲、申凤梅、叶少兰、王玉梅、杨至芳、任跟心、姚锡娟、王玉珍、余丛厚、陈爱珠(于是之、俞百巍、白峰溪未出席)。曹禺代表剧协向他们表示祝贺,勉励他们回到本单位学好社会主义初级阶段的理论,贯彻党的基本路线,在工作中坚持一个中心、两个基本点,增进团结,推动戏剧事业的繁荣和发展。(《出席党的十三大的戏剧家代表畅谈出席党代会的体会》,《戏剧报》第 12 期,1987 年 12 月 18 日)

11 月 5 日　上午,至政协礼堂,出席由中国文联发起、文联所属作家协会、电影家协会等 12 个专业协会参加的座谈会,并发言。"著名戏剧家曹禺说:我很喜欢诗人流沙河写的一位受爱戴的老人游泳的诗。这位老人就是小平同志,他为我们把握着前进的航向。曹禺说,十三大创造了良好的气氛,戏剧创作一定会繁荣起来。党做了很多有益的工作,我们是相信党的。"(《十三大为文艺界带来新生机与新使命,文艺家欢欣鼓舞准备大显身手》,《人民日报》,1987 年 11 月 6 日)

11 月 6 日　中国戏剧家书画展在北京中国革命博物馆开幕。展览展出中国现代、当代戏剧艺术家们的绘画、书法、篆刻等作品 180 余件。展品中有曹禺的书法作品。(《中国戏剧家书画作品正在京展出》,《人民日报》,1987 年 11 月 8 日)　曹禺出席并讲话。(《北京人民艺术剧院大事记》)

是日　至首都剧场观看成都市川剧院演出的川剧《田姐与庄周》。演出后,上台会见该剧编、导、演,并说:"这个戏很好,非常深刻。田姐演得好,有功夫。""这个戏原来谴责田氏,颂扬封建思想,现在是把一个非常可爱的女人逼死了,把原来的《大辟棺》翻了个个儿,翻得好。"

曹禺这次观看川剧的谈话,题为《化腐朽为神奇的好戏——曹禺谈川剧〈田姐与庄周〉》,刊于 12 月 6 日《戏剧电影报》(文尾署名"迷");题为《曹禺谈川剧〈田姐与庄周〉》(文尾署名"忆菊"),刊于 12 月 9 日《成都晚报》。二文经整理题为《曹禺谈川剧〈田姐与庄周〉》刊于 1988 年 4 月 28 日《剧本》第 4 期。后题为《谈川剧〈田姐与庄周〉》,收入《曹禺全集》第 5 卷。

11 月 8 日　《田姐与庄周》的编剧和演员去(家中)拜望曹禺,"曹老又兴致勃勃地畅谈了 40 分钟。……曹老说他反对崇拜任何人,而赞成理智地认识人。这个剧本没有简单地丑化庄周,他还扇坟让别家的寡妇改嫁,这样写很好。……这个戏保持了川剧注重文学性的好传统。""曹老又说:'这是个改革戏,我赞成。改革千万不要把川剧的东西丢掉,在借鉴别的艺术时要充分利用和发掘川剧的长处。你们的音乐用了现代的东西,可以;用鼓声代表庄周也可以,但不要来迪斯科。'"(《曹禺谈川剧〈田姐与庄周〉》)

11 月 9 日　与于是之、刘锦云参加北京市委扩大会。(《北京人民艺术剧院大

事记》）

11 月 11 日　中国剧协举行在京的主席、副主席工作会议。曹禺与张庚、刘厚生、袁雪芬、郭汉城、胡可、于是之等出席了会议。列席会议的有剧协书记处书记张颖、王正、陈刚、游默、颜振奋。会议由剧协主席曹禺主持。会议认为，十三大的改革精神，也适用于戏剧界，戏剧要反映改革，戏剧自身也要进行体制改革和艺术革新，才能适应时代的发展。（《中国剧协举行主席、副主席工作会议，贯彻十三大精神，促进戏剧改革》，《戏剧报》第 12 期，1987 年 12 月 18 日）

11 月 12—24 日　全国人大常委会第 23 次会议在京举行。（《人大常委会 23 次会议开始举行》，《人民日报》，1987 年 11 月 13 日；《人大常委会二十三次会议昨天闭会》，《人民日报》，1987 年 11 月 25 日）曹禺作为人大常委会委员出席。

11 月 12、13 日　出席六届全国人大常委会第 23 次会议的委员们，分组学习讨论党的十三大文件。曹禺出席并发言。关于政治体制改革问题，"曹禺等委员谈到，政治体制改革的关键是党政分开。党政分开能增强党的作用。过去党纠缠于行政事务之中，某些党员干部又追逐个人的'权'和'利'，助长了不正之风，干扰了四化建设。党政分开要从上到下，下大力气实行。"关于科学和教育的发展问题，"曹禺委员说，现在知识分子收入低，责任重，生活条件跟不上工作的需要，科学家的研究条件也不够好。因此，今后工作中要把十三大报告中关于科教与文化发展的问题落到实处。"（《人大常委会委员讨论十三大文件》，《人民日报》，1987 年 11 月 14 日）

11 月 14、16 日　六届全国人大常委会第 23 次会议连续举行联组会议，学习讨论党的十三大文件。曹禺出席并发言。曹禺认为，对文化艺术应进一步重视。（《全国人大常委会连续举行联组会议，学习讨论中共十三大文件》，《人民日报》，1987 年 11 月 17 日）

11 月 17 日　晚，至北京中和戏院观看黄石市京剧团桂汉庆演出《闹龙宫》。演出后曹禺为黄石市京剧团题词："黄石儿女十六七，鳌头占尽世无匹。黄石市京剧团在京演出大成功。"（《曹禺和他的"小友"——"小猴王"桂汉庆》）

11 月 19 日　晚，程泰和陈永芳①如约拜望曹禺。谈到"小猴王"桂汉庆的演出，曹禺说："那样的演出场面，北京多年来没有见过了。黄石了不起，出了这么个人才。""我看他的功夫上海没有，昆曲也没有。出手是很难练的，他不仅出手非常好，斤斗也翻得好。你们当领导的千万不要让他太累了，太杂了，更不要把他搞伤了。一方面要给他加强些营养，另一方面教他用科学的方法练功。这孩子有前途，我还是平生第一次看到这么好的孩子。"并送为桂汉庆题词："天下如君能有几，更

———————
①　时任黄石市文化局局长和副局长。

攀奇峰在多师。"(同前)

11月20日—12月15日 由中国戏剧家协会和中国昆剧研究会牵头，与北京大学中文系、中国艺术研究院戏曲研究所、北京高校京昆研究协会联合主办的"北京大学戏曲艺术讲习班"，在北京大学电教大楼举办。"曹禺、阿甲、赵寻、刘厚生、王正以及国家教委、文化部、北大的负责同志出席了开班或结业式并讲了话；他们还回答了学员们提出的各种问题。"(《"戏曲艺术讲习班"在北大举行》,《戏剧报》第2期,1988年2月18日)

11月23日 六届全国人大常委会第23次会议举行联组会议,讨论审议中华人民共和国村民委员会组织法试行草案和全国人大常委会议事规则草案。曹禺出席并发言。(《彭真在人大常委会联组会上说,把村民委员会和居民委员会办好,实行群众自治发扬基层直接民主》,《人民日报》,1987年11月24日)

11月25日 在《人民日报》(海外版)发表散文《三十年前的稿纸》。文系曹禺对《收获》杂志创刊30周年的祝贺。该文收入《1985—1987散文选》,后收入《曹禺全集》第6卷。

是日 《收获》(创刊30周年纪念)第6期出版发行。曹禺与冰心、柯灵、罗荪、刘白羽、陈白尘、周而复等50人祝贺。

是日 桂汉庆登门拜访曹禺。曹禺与之谈戏曲,"从杨小楼谈到高盛麟,又从戏曲艺术谈到姐妹艺术,从各个方面启发小桂能广泛地去学习和借鉴。"临行前,曹禺赠桂汉庆《曹禺代表作》一册,并在扉页题写"大海不满,长江不溢"留念。(《曹禺和他的"小友"——"小猴王"桂汉庆》)

11月28日 上午,中国文联、中国作协、中国影协、中国剧协在北京人民大会堂举行阳翰笙同志从事文艺工作六十周年庆祝会。曹禺与夏衍、张光年、吴祖强等文艺界人士出席大会,并发言。(《阳翰笙同志从事文艺工作六十周年庆祝会在北京举行》,《剧本》第12期,1987年12月28日;《戏剧报》第1期,1988年1月18日)

是日 下午,至北京人艺参加"人艺之友"(联谊会)院内外理事会。曹禺在会上讲到,人艺之友,应该是人艺之"师",还有第二层意思:人艺之"亲",都是我们的亲人,衷心感谢亲人们对剧院的热心关怀和支持。他认为《人艺之友报》办得不错,内容丰富,印刷也很好。(《北京人民艺术剧院大事记》)

是日 在《剧本》第11期发表散文《阳光下的孩子》。后收入《曹禺全集》第6卷。

11月29日 至北京首都剧场观看大庆话剧团演出《黑色的石头》。(《大庆文化艺术事业蓬勃发展成绩显著》,《话剧艺术研究》第2期第78页,1988年)

11 月 30 日　下午，"老舍茶馆"筹委会在北京民族文化宫礼堂举行"老舍茶馆"成立大会。曹禺与胡絜青等文化界知名人士出席。(《"老舍茶馆"在京举行成立大会》，《人民日报》，1987 年 12 月 1 日)

是月　潘克明编著《曹禺研究五十年》由天津教育出版社出版。全书分《引言》、《单项研究篇》、《综合研究篇》、《回顾与导向篇》和《资料篇》几部分。《单项研究篇》从曹禺《雷雨》、《日出》、《原野》、《蜕变》、《北京人》、《家》、《明朗的天》、《胆剑篇》和《王昭君》九个剧本进行"研究述评"；《综合研究篇》从"曹禺创作道路"、"曹禺戏剧艺术"、"曹禺戏剧的外来影响"、"曹禺戏剧总论"四个方面进行"研究述评"；《回顾与导向篇》包括"五十年研究回头看""今后研究趋向试导"两部分；《资料篇》包括"曹禺研究资料工作概况""增补曹禺研究资料目录索引""部分较有影响的曹禺研究者论著目录"三部分。全书总结了自曹禺《雷雨》发表后至 1986 年近五十年来曹禺研究成果。

12 月 1 日　文化部艺术局、中国剧协、《戏剧报》编辑部联合召开话剧《欲望的旅程》《黑色的石头》座谈会。(《首都戏剧界盛赞〈黑色的石头〉》，《戏剧报》1988 年第 1 期)曹禺未出席，但随后出席了《剧本》月刊召开的会议。

12 月 4 日　吴雪致信孙敬文。信及：

> 大庆话剧团由文化部邀请来京演出《黑色的石头》，引起文艺界部分领导同志特别是曹禺的极大重视，他认为此剧"是近年来描写工业建设的第一流作品，既反映了石油工人的伟大气魄，也提出了一些问题，是一部虽没说一句改革的话，但实际是呼唤改革的戏"。文化部已发给了奖状。
>
> 中国话剧艺术研究会准备召开(与剧本月刊)座谈会，进行学术探讨，进行学习宣传，并颁发"优秀剧本创作奖"和"优秀演出奖"，曹禺同志建议请石油部能组织他们去全国各大城市演出，可以促进改革。(《吴雪同志给孙敬文同志的信》，《话剧艺术研究·〈黑色的石头〉专辑》第 2 期)

12 月 5 日　在《人民日报》发表剧评《一部电激雷鸣的史剧——看话剧〈决战淮海〉随想》。后收入《曹禺全集》第 5 卷。

12 月 6 日　中国话剧艺术研究会和《剧本》月刊联合为话剧《黑色的石头》举办剧本学术讨论会。话研会名誉会长曹禺代表话剧研究会向《黑》剧作者杨利民颁发优秀剧本创作奖，向大庆市话剧团颁发优秀演出奖。颁奖后，曹禺作长篇发言并和大家合影留念。曹禺讲话录音经整理题为《曹禺同志的讲话》收入《话剧艺术研究·〈黑色的石头〉专辑》第 2 期。经修改题为《我的感受——话剧〈黑色的石头〉观后》在《剧作家》1988 年第 2 期发表，后收入《曹禺全集》第 5 卷。

12月8日　致信巴金。信说：

你的"六十年创作生涯纪念展览会"，我去了两次，一次与方子，我们是第一名，签在簿上。许多青年和我们一道看。很高兴。还有林林，他也高兴地和我们在一起。

第二次，是程世鉴和我去的，带了照相机。我想照几张我与我所喜欢的言语，与人一同照。那是"傻瓜"机，一闪光，就把相片前的玻璃照成一团白雾似的大团团，有的照片就如此。蕴珍那张照片，就因为这个原因，没有照好，这是最可惜的。还有你和蕴珍的，你和一家人的，你身旁的人都照出来，你反看不见了。但我在你大照片前立着的，非常好。最可爱的是你和母亲一起照的，与你头上一撮桃子头发的小时照片。天气冷了，你要多注意，别冻着。看你寄的相片，似乎一切都好，你文章不瞒人，你的相片也不瞒人。

信后附言：

我很诧异，据说有一个座谈会，我没有得到帖子，大约请的人太多了。

彭德怀的信，十分可敬、可亲，如其人！（《曹禺巴金书简》）

12月9日　下午，与李筠、苏民、周瑞祥等至北方工业大学，参加该校第二届艺术节开幕式并致祝词。（《北京人民艺术剧院大事记》）

12月11日　为纪念《剧本》创刊35周年，作《骏马，雄鹰》一文，在28日《剧本》12月号发表。后收入《曹禺全集》第6卷。

12月19日　上午，在北京人艺参加审看《太平湖》连排。下午，参加座谈。晚，在首都剧场出席"人艺之友"成立一周年庆祝会并发言祝贺。（《北京人民艺术剧院大事记》）

12月23—26日　在文化部大力支持下，中国话剧艺术研究会、中国文化报、中国青年艺术剧院、中国话剧研究所、中央戏剧学院《戏剧》编辑部和《戏剧评论》编辑部联合召开"首都话剧信息交流会"。会议闭幕时，曹禺并作重要讲话。曹禺说：

我们的剧作家写剧本前，确实没有互相确定过什么套套，由于公式化、概念化的创作路子已经成为一个创作习惯了。于是就不约而同地写出一些公式化、概念化的作品来。有的领导在领导剧作时像菩萨老爷对待孙悟空一样，给孙悟空脑袋戴上箍，戴上之后，就取不下来。一旦孙悟空不听话，就给你念咒。这一念不打紧，大家就完全一致了。由于所有的领导都会念同一个紧箍咒。因而写出来的东西就都是一个路子。

在座的各位都是理论家，也是号召我们写戏、号召我们如何写好戏的人。你们不妨多走些岔路，使我们的眼界、路子开阔一点。……我们写改革题材的戏要在深入生活的基础上,不断有新的创造。

我猜想各位同志都没有念紧箍咒,你们是不会念紧箍咒的。有些菩萨是念紧箍咒的,那就只好由他念,但是,我们还是不念为好。……

回过头来,我还要再说一遍,如果有人还要念紧箍咒尽管叫他念,但自己不念。这样,对还要写戏的人有好处。我们要有点新的观念,思想要解放。当然,我这样不是号召各位,反对四项基本原则……如果我反对上述原则,你们可以打倒,并且踏上一只脚,叫我永世不得翻身。我是不愿永世不得翻身的,我愿意老翻身。翻一次再翻一次,我愿意真正得到翻身。(《曹禺同志在〈首都话剧信息交流会〉上的讲话》,《1987·首都话剧信息交流会(发言汇编)》)

12 月 25—28 日　文化部艺术委员会、中国戏剧家协会、中国艺术研究院、中央戏剧学院、中国戏曲学院、中国京剧院、中国戏曲志编委会、中国戏曲学会、中国昆剧研究会 9 个单位联合主办祝贺张庚同志从事戏剧工作 55 周年、阿甲同志从事戏剧工作 50 周年活动,在北京隆重举行。

25 日,祝贺大会在民族文化宫召开。曹禺与周谷城、夏衍、冯牧、吴祖光等 300 余人参加。会上,曹禺就张庚的生平事迹和对社会主义戏剧事业的贡献作了专题报告。(《首都戏剧界隆重举行张庚从事戏剧工作 55 周年、阿甲从事戏剧工作 50 周年祝贺活动》,《戏剧报》第 2 期,1988 年 2 月 18 日) 报告题为《张庚的道德文章》发表于《戏剧报》1988 年第 2 期。次日《人民日报》亦报道此次会议。

12 月 29 日　下午,庆祝《剧本》月刊创刊三十五周年联谊会(刊庆)在北京欧美同学会举行。曹禺出席并讲话,他说:"三十五年风风雨雨很不容易,今天大家共庆刊物生日,其意义不仅是联谊,更在于缅怀剧坛沧桑、体味创业艰难。这里汇集有刊物自创刊至今五代编辑,他们的劳动与贡献委实值得我们尊重与感谢;我希望刊物老当益壮,穷且亦艰不坠青云之志,永远向上飞。"(《硕果盈枝话沧桑——〈剧本〉月刊三十五周年刊庆侧记》,《剧本》第 2 期,1988 年 2 月 28 日) 曹禺还为之题辞:"春天就在眼前,光明等待我们,要敢写、敢编、敢发表好剧本。"(《剧本》第 2 期封三,1988 年 2 月 28 日)

是年　作《无家想》①:

情愿无家想,免得空思念。

霜树落红叶,天寒人不见。

回归望壁上,伊自舞蹁跹。

望望眼朦胧,木木书桌边。

---

①　原书注:作于 1987 年。

小记：杜工部的《无家想》充满了对人民哀伤痛。我的诗换了几个字，便成小儿女的哼哼歌，人不可相比，犹如凤凰与乌鸦不能并立。（《没有说完的话》第415页）

是年　小图书馆丛书之《曹禺戏剧故事选》由四川少年儿童出版社出版发行。改编：沙子。编有：《雷雨》、《日出》、《原野》、《北京人》、《胆剑篇》和《王昭君》六个故事。

是年　观看中央戏剧学院87届毕业演出《复活》；观看朝鲜民族班演出《地狱之火》，并上台向演员祝贺。（《曹禺》画册第131页）

1月8日,著名戏剧理论家、剧作家、戏剧活动家马彦祥在京病逝,终年81岁。

2月5日,文化部召开全国编导创作人员座谈会。

2月16日,叶圣陶在北京逝世,享年94岁。

4月8日,中国戏剧家协会、中央戏剧学院举办的"第一届中国剧作家创作研究班"在京举行开学典礼。

6月6—14日,上海市文化局、南京大学等单位联合主办的"南京—上海奥尼尔戏剧节"先后在南京、上海两地举行。

7月,中国戏剧家协会主办的《戏剧报》(第7期起)更名为《中国戏剧》。

11月8—12日,中国文联第五次代表大会在北京举行。

1月2日　上午,至北京芳园宾馆,出席北京人艺与幽州书院联合为话剧《太平湖》和《老舍之死》一书举办的新闻发布会并发言。(《北京人民艺术剧院大事记》)曹禺说他拿到《老舍之死》一书后,和夫人读至深夜两点。"天地间应有正气",这是他读完书后最主要的体会。曹禺还介绍,《太平湖》原定近日公演,但话剧后半部还欠火候。为了对得起人民艺术家老舍和热爱他的观众,剧院不惜承担经济损失,将公演推至月底,剧本由作者苏叔阳作第14次修改。(《〈老舍之死〉钟天地正气,话剧〈太平湖〉作第十四次修改》,《人民日报》,1988年1月3日)

据王志远撰文:"在这本书的首发式上,他(曹禺)回忆到与老舍先生相处的往事,称赞老舍之子舒乙先生的纪念文章真正达到了文字与感情融为一体的'不隔'的境界。……此后,我和大师在一起,虽然常常是我搀着他,但在我的心中,却认定是他在引着我。"(《戏剧大师与涅槃新解》)

1月12日　一周前,应福建省文化厅邀请参加与台湾有关人士的对话活动。是日返京。(《北京人民艺术剧院大事记》)据许怀中、李远荣的文章,此行时间在2月,曹禺和夫人李玉茹系应"福建京剧之友联谊会"邀请,到厦门参加闽台探亲晚会。还为晚会题词:"两朵隔墙花,早晚成连理。"后往福州参观。(《回忆曹禺在闽时》,《曹禺研究》第3辑)在厦门期间,先生参观了胡里山炮台。(《曹禺和我的一段奇缘》)

1月15日 是日起,四川省歌舞剧院在北京天桥剧场演出现代民族舞剧《悲鸣三部曲》。该剧以我国"五四"以来优秀文学名著为创作素材,着力表现旧社会封建桎梏下中国女性的悲鸣与呐喊。第一部《鸣凤之死》,是根据巴金小说《家》改编的双人舞剧;第二部是诗体舞剧《日之思》,作品以曹禺的话剧《日出》和巴金的散文诗《日》为蓝本;第三部《原野》是根据曹禺的同名话剧改编而成,以浓郁、强烈的感情色彩打动观众。(《舞剧〈悲鸣三部曲〉撼人心》,《人民日报》,1988年1月19日)

1月23日 晚,至政协礼堂,出席《大众电影》第10届"百花奖"和中国电影第7届"金鸡奖"颁奖大会,并为谢晋颁奖。(《电影金鸡奖百花奖颁奖大会在京举行》,《人民日报》,1988年1月25日)

1月25日 中国剧协福建分会举办的首届"水仙花"剧本奖、演员奖授奖大会在福州举行,曹禺特为大会题词:"祝贺剧协福建分会举办首届水仙花剧本奖、演员奖。"(《剧协福建分会举办首届"水仙花"评选活动》,《戏剧报》第3期,1988年3月18日)

1月27日 晚,至首都剧场观看北京人艺演出的话剧《太平湖》。演出后,上台看望演员并讲话,曹禺说:

> 这是一次成功的演出,我很激动!老舍先生是中国有骨气的知识分子,他对人艺的关怀,他的作品对北京人艺风格的形成,对北京人艺的成长都起了重要作用。他的死是重大损失,是中国的不幸。这件事引起我们的思考:我们的民族,我们的国家再也不应该出现这样的事情了!老舍先生离开我们了!我认为不应该是句号,而是……希望会有像老舍先生这样的作家来关怀我们的剧院。(《北京人民艺术剧院大事记》)

1月29、30日 上午,在北京人艺三楼审看北京人艺与"中戏"合办"87表演班"汇报演出。(同前)

是月 《人文杂志》(双月刊)第1期刊消息《陕西省艺术研究所等20个单位发起成立"中华梨园学研究学会"》:"为继承祖国的辉煌文化遗产,深入研究我国唐代乐舞戏曲艺术,以建设社会主义的精神文明,丰富人民的文化生活,在李尤白同志倡议下,陕西省艺术研究所、西安市戏剧研究所等20个单位发起成立'中华梨园学研究学会'。并聘请著名戏剧家曹禺担任名誉会长,张庚、郭汉城等担任名誉副会长。"

是月 北京人艺排演描写人民艺术家老舍悲惨遭遇的话剧《太平湖》,曹禺很关心这个戏的演出,亲临排演现场给与指导。(《北京人民艺术剧院大事记》)

2月3日 沈阳话剧团《搭错车》超千场纪念演出在北京首都体育馆举行,曹禺与张庚、吴雪、英若诚、吴祖光等观看演出。观后,曹禺说:"这么大的场子,坐满了这么多戏剧观众,说明有吸引力。你们的路子很有希望。"(《〈搭错车〉超千场纪念演出在京举行》,《戏剧报》第 3 期,1988 年 3 月 18 日)

2月6日   中央戏剧学院、《文艺报》、《戏剧报》和《人民日报》文艺部联合召开话剧《桑树坪纪事》座谈会,曹禺与陈荒煤、唐达成、刘厚生、黄宗江等出席或作书面发言。会上,曹禺说:"我讲三点意见。首先,从剧本结构上讲不是传统写法,不是起承转合的老套子,是散文式的话剧,是一片生活。但是奇怪,凝聚力和吸引力却非常强。散文式的剧本演起来并不散,给人以完整、圆满的感觉。第二点,演出效果十分强烈,震撼人心,观众的情绪完全被台上的戏控制住了,几乎无暇去挑剔,也没有机会让你去琢磨其中的缺憾和不足。有许多地方让人激动不已。写意的东西与写实的东西结合得如此完美,应该找一找其中的规律。第三,从立意上讲,与《狗儿爷涅槃》同样的深厚,含蓄。《狗儿爷涅槃》基本上是以一个旧式农民的心理来说明解放后的农民政策。这个戏的焦点,是对生活在这块有五千年历史的土地上的农民,实际上也是我们这个民族身上的和心灵上的重大负担的一种批判。因此,它所蕴含的内容是巨大的,可以引起人们深刻的反思。导演的功力是少见的,是非常突出的。此外,这出戏是在改革、搞活、开放这样一个大背景下出现的,说明新的形势下戏剧创作充满了生机,说明了我们的戏剧正向着新的深度和更高的水平发展。如果这样的戏多了,我们还有什么样的戏剧危机呢?"(《开创我国话剧现代艺术新生面〈桑树坪纪事〉受到首都戏剧界赞誉》,《人民日报》,1988 年 2 月 10 日;《悲壮的历史画卷,精美的舞台创作——首都文艺界座谈话剧〈桑树坪纪事〉》,《人民日报》,1988 年 2 月 23 日)

2月7日   下午,胡启立、薄一波、芮杏文在人民大会堂会见出席全国编导创作人员座谈会的全体代表。曹禺与王蒙、高占祥、王济夫、英若诚、吴祖强等参加会见。(《胡启立等会见编导创作人员座谈会代表,希望文艺界认识全局解放思想》,《人民日报》,1988 年 2 月 8 日)

2月8日   文化部办公厅和中国艺术研究院在北京民族文化宫联合召开纪念马彦祥座谈会,曹禺与阳翰笙、张庚、万梅子、李超、刘厚生、黄宗江、葛一虹、杜近芳、余从、梅邵武、马少波等出席并先后发言。高度评价马彦祥对中国现代话剧发展和戏剧理论研究所做的卓越贡献。(《著名戏剧家马彦祥逝世》,《戏剧报》第 3 期,1988 年 3 月 18 日)

2月15日   上午,应邀参加龙潭湖庙会开幕剪彩仪式,随后参观庙会。(《北京人民艺术剧院大事记》)

2月17日   春节。于北京医院作《无题(之一)》《无题(之二)》。二诗在 1995 年 5 月 10 日《诗刊》5 月号发表。后收入《曹禺全集》第 6 卷。

2月18日 在《戏剧报》第2期发表《张庚的道德文章》一文。后收入《曹禺全集》第6卷。

2月19日 上午,夏淳、周瑞祥到家中看望曹禺。(《北京人民艺术剧院大事记》)

2月22日 复信李尤白。信文收入《曹禺全集》第6卷。

2月23日 叶圣陶先生逝世,致函叶至善①。唁函如下:

至善同志:

圣老故去,举国文艺界,同声哀悼。禺是后辈,多年受圣老教益,尤感哀痛。以病,得信迟,今始致悼,稍表寸草之心。

务请您与诸兄姊节哀。生无天知,虽圣人亦不可免也。谨深致悼忱。

后学　曹　禺敬上

1988.2.23

(《人民文学》第3期,1988年3月20日)

2月26日 晚,全国人大常委会副委员长严济慈在人民大会堂会见由罗朗·农热塞率领的法国国民议会法中友好小组代表团。会见后,人大常委会委员、全国人大中法友好小组主席曹禺主持宴会欢迎法国朋友访华。中法友好小组在京成员出席宴会。(《简讯》,《人民日报》,1988年2月27日)

是日 致信万欢。信说:

我身体现在逐渐好起来,我说可以再活十五年,这句话并没有夸张。你晚些回来你一定看得到爸爸的。妈妈看你在贺年片上提到"谢谢妈妈替我照顾爸爸",妈妈读了心里十分温暖。她说:"欢子一句话使我的心都暖和起来了。"妈妈看了相片,说你瘦了,我才发现你的小脸都露出颧骨了,大概写paper和答辩太累。孩子,你真是吃苦了,我心痛,真是可怜。

我在此地,坚决不能感冒,总在室内的长廊中散步,有时总有些朋友亲戚带许多水果、花来,妈妈把那些花全好好地布置在屋子里,屋子里像个花棚,时而静静地透出清香。

我天天吃一位老大夫的中药,很见效,他说现在还清理一下内脏,待清理完毕再补。现在一补就误(无)事了。这位董建华大夫是国内有名的大夫,也74岁了。前两天做了一次"骨髓穿刺",结果正常。爸爸自己能造血,不用输血了。(万方、万欢提供)

2月28日 蓝荫海、张帆到家中看望曹禺,并请曹禺审看电视剧《同仁堂的传

_____

① 叶圣陶之子。

说》,听取意见。(《北京人民艺术剧院大事记》)

2 月 29 日　河南省设立"香玉杯"艺术奖。曹禺为之题词:"光荣的历程,后人的师表"。(《常香玉画传》第 132 页)

2—3 月　山东省淄博市五音剧团在北京公演五音戏《换魂记》和《石臼泉》。曹禺观看了该团创作演出的古装戏《换魂记》和现代戏《石臼泉》,并就五音戏及戏曲问题发表了意见。曹禺观看了《石臼泉》后说:"我确实想说,为什么想说? 因为戏非常感动人。这个戏是写'四人帮'时的荒唐事情,但这里头给我一个很重要的感觉,就是写的是真正的人,真正的人性在里边,这是最重要的。"(《五音戏与戏曲发展——高占祥、曹禺看戏观感》)

3 月 1 日　(第 4 届)泉州市元宵南音大会唱开始举行。(《泉州举行元宵南音大会唱》,《人民日报》,1988 年 3 月 3 日)曹禺致贺词。(《中国泉州南音教程》第 11 页)

3 月 4 日　为纪念周恩来诞辰九十周年,中共中央文献办公室主办的周恩来研究学术讨论会在北京人民大会堂开幕。曹禺与魏巍、胡絜青、钱三强等各界知名人士出席。(《纪念周恩来同志诞辰九十周年,周恩来研究学术讨论会在京开幕》,《人民日报》,1988 年 3 月 5 日)

是日　上午,我国著名昆曲表演艺术家、戏曲教育家周传瑛追悼会在杭州举行。曹禺与夏衍、俞振飞等文化艺术界知名人士送了花圈和挽联。(《昆曲表演艺术家周传瑛逝世》,《人民日报》,1988 年 3 月 6 日)

3 月 6 日　政协六届全国委员会常委会第十七次会议通过《中国人民政治协商会议第七届全国委员会委员名单》。曹禺等 140 名文艺界人士担任第七届全国政协委员。(《一批知名文艺人士任七届政协委员》,《人民日报》,1988 年 3 月 7 日;《中国人民政治协商会议第七届全国委员会委员名单》,《人民日报》,1988 年 3 月 8 日)

是日　致信李远荣[①]。信说:

> 来书敬悉,鄙字劣,嘱书条幅,实感惭愧,爰写李白诗一首以报盛意。梁实秋先生编的辞典,只在寓厦门时,顺口谈及,未料先生见到,具以手中宝爱寄下,不胜感叹,天下有心人多,生命实可贵也。(《曹禺和我的一段奇缘》)

曹禺为李题诗,写的是李白《黄鹤楼送孟浩然之广陵》:"故人西辞黄鹤楼,烟花三月下扬州。孤帆远影碧空尽,唯见长江天际流。"(同前)

3 月 15—17 日　北京市文联召开筹备会,商议是年召开第五次文代会。筹备

---

① 李远荣,祖籍广东梅山镇,1941 年出生于马来西亚。1950 年回国,1964 年毕业于暨南大学中文系。分配家乡当中学语文教师。1973 年定居香港。曾发表散文、评论、人物传记等。

会于 15 日开幕,"文联主席曹禺致开幕词"。会上"大家一致同意以'改革、团结、鼓励'作为第五次文代会的指导思想,并于十月份以前召开各协会代表会,年底以前召开文代会,决定立即成立各协会筹备组,着手各项筹备工作。"(《北京市文联消息四则》,《文艺界通讯》1988 年第 7 期)

3 月 18 日 《戏剧报》第 3 期刊《第五届梅花奖评选委员会名单》,曹禺与张庚、吴雪、阿甲、张君秋为顾问。

3 月 20 日 在《剧作家》第 2 期发表剧评《我的感受——话剧〈黑色的石头〉观后》。后收入《曹禺全集》第 5 卷。

3 月 20—22 日 至北京前门饭店,出席重庆出版社召开的《抗日战争时期大后方文学书系》编委扩大会,并发言。曹禺说:"'抗日战争时期大后方文学'这个题目就令我兴奋。"并提出:"我们勿忘抗战,勿忘日本帝国主义的侵略。现在的青年人不知道当年日本法西斯的残暴。我们是参与抗战的过来人,要教育青年人知道过去。因此,什么样的作品才应选入这个书系,就格外重要。"(《曹禺访谈录》)

3 月 21 日 下午,在家中与何冀平、夏淳、顾威谈话剧《天下第一楼》。他说:"这是一个好本子,会是一出好戏,戏里有许多有趣味有意思的东西,叫人看着看着就能笑了出来。所以,这个戏不要排得太严肃,太沉闷,要明朗活跃。这个戏与《茶馆》不同,《茶馆》是越来越衰败,是下坡路。而这个戏是越来越兴旺,事业越来越发达,但干事业的人的个人命运结局却是悲惨的。"(《没有不散的宴席——曹禺谈〈天下第一楼〉》,《人艺之友报》试刊第 10 期,1988 年 5 月)

是日 《瞭望》周刊(海外版)第 12 期刊杨朝岭采写的《曹禺谈繁荣话剧》。后收入《曹禺全集》第 7 卷。

3 月 21—28 日 中国戏剧家协会 1988 年度工作会议在广州举行。会上颁发中国剧协主席曹禺签署的奖状,对在繁荣创作、活跃评论、培养人才、办好企事业等各方面贡献突出、成绩显著的福建、浙江、山东、吉林、广东、河南 6 省剧协分会予以表彰。(《中国戏剧年鉴》编辑部:《中国戏剧年鉴 1989》第 21 页)

3 月 23 日 在木樨地家中,接待重庆出版社一行,就《抗日战争时期大后方文学书系》戏剧编剧目提出意见。(《曹禺访谈录》)

是日 全国政协第七届全国委员会第一次会议预备会议通过《全国政协七届一次会议主席团和秘书长名单》,曹禺为主席团成员。(《政协七届一次会议举行预备会,会议主席团首次会议同日举行》、《全国政协七届一次会议主席团和秘书长名单》,《人民日报》,1988 年 3 月 24 日)

3 月 24 日—4 月 10 日 中国人民政治协商会议第七届全国委员会第一次会

议在北京举行。3 月 24 日下午在人民大会堂隆重开幕。(《全国政协七届一次会议在京开幕》,《人民政协报》,1988 年 3 月 25 日) 曹禺作为主席团成员出席开幕式。(《北京人民艺术剧院大事记》)

会议期间,接受《人民日报》(海外版)记者李择红采访,曹禺认为"话剧的出路在少干涉","写改革题材不要'一窝蜂'","中国应有版权法"。采访题为《政协委员曹禺谈当前文艺》,载 4 月 8 日《人民日报》(海外版)。

3 月 28 日　晚,至首都剧场观看吉林市话剧团演出《爱情变奏曲》、《回头是爱》。(《北京人民艺术剧院大事记》)

3 月 29 日　参加全国政协会议。夜,急病送 307 医院急诊。经大夫确诊系服用安眠药导致睡眠太沉,无大碍。(同前)

3 月 30 日　由医院返回香山饭店继续参加政协会议。(同前)

是月　《天上人间——忆念周总理散文集》,由华夏出版社出版。全书收录文章共六十余篇,收入曹禺的散文《你活着》。

4 月 1 日　《人民政协报》第 3 版"七届政协委员访问记"栏刊邹士方采写《民主·知识分子·文艺——访中国剧协主席曹禺》一文。文前配"曹禺同志近影" 1 幅,及曹禺关于文艺创作的一席话:"对于文艺就是要引导,不能强迫命令,作家只有从自己的心中想写的东西,才能写好。"

文中,曹禺谈到:"建国以来运动不断,'反右'、'文革'……我始终认为,中国知识分子是爱国爱人民的,也是爱党的。一九四九年时我们对党是那么信任,那么热爱,开会时我们经常激动得落泪,真是发自内心。后来历次运动老是整知识分子,我看到许多老朋友挨整,心里很难过。整来整去把大家都整怕了。……二十多年后知识分子才真正得到解放!"

谈到文艺,他说:"经过十三大,变化很大……当作家与领导的意见相反时,只要他不违背四项基本原则,就不要限制他。……"

是日　上海文艺广播促进会成立。龚学平任会长,孙道临、李德铭等任副会长,曹禺担任顾问。(《当代中国广播电视台百卷丛书·上海人民广播电台卷》第 853、854 页)

4 月 3 日　在《天津日报》发表《演课本剧好》一文。该文系《中学课本剧》一书序言。

是日　《人民邮电报》刊苏立萍、张庆林采写的《诚挚的祝愿,殷切的希望——社会各界人大代表、政协委员谈邮电》。文中写道:

香山饭店 241 房间。主人:张瑞芳。十分凑巧,曹禺同志也在座。

张瑞芳身穿一件运动衫,依然矫健、爽朗,谈笑风生。曹老风趣、幽默、慈祥。当话题转到电话、信件时,我们已经像老朋友一样自如了。

……

曹禺委员接过话茬说:"我们赞成邮费提高一些,拿这部分钱多给邮政职工增加点工资,他们太累、太苦了。不过,信大部分是知识分子写的,一涨价,都加到他们身上去了,知识分子待遇也很低。怎么办呢?有没有两全的办法呢?"

曹老幽默、风趣又真诚的话语把我们几个人都逗笑了。

4月10日　中国人民政治协商会议第七届全国委员会第一次会议在北京闭幕。曹禺被选为全国委员会常务委员。(《七届政协一次会议圆满结束》、《中国人民政治协商会议第七届全国委员会主席、副主席、秘书长、常务委员名单》,《人民日报》,1988年4月11日)

4月11日　致信巴金。信说:

玉茹回家,便告我一同看罗荪。昨晚,开会完毕,今天下午便同到罗荪家。他现在仅走路迟缓,说话不多,但头脑清楚。我告他今天上午在新闻电影制片厂看了你的纪录片。我认为片子很好,把你的主要大事、重要的思想、感情如实纪录,很使人感动。我和玉茹都很喜欢。罗荪听了,也很高兴。此片尚未给你看,我们少数几个人先看了,不久,一定会给你看的。

……

我看你的纪录片后,感情激动,大家要我谈,我就说了几句。也许说过了一点,但却是我的真心话。

我现在极易疲乏,又好兴奋。兴奋后,又大疲乏,有时累得回家说不出口来。总之,似乎老了不少,虽然我比你还小六岁。

我十分想见你,但又不想到上海去。也许到不得不想见你说说,我定要打个电话,听听你的声音,使我感觉一下,你的身体究竟如何?(《曹禺巴金书简》)

曹禺信中所及关于巴金的纪录片,据李辉回忆:

第二个场景刻在我的记忆里。时间:1988年4月,地点:北京北太平庄中央新闻纪录电影制片厂。

这一年,新影厂完成了定义为"彩色长纪录片"的《巴金》的拍摄,纪录片解说词由黄裳先生执笔,编导张建珍,摄影周俊德、钱厚祥。我曾数年报道新影厂,且是研究巴金的年轻人,也在邀请之列。

那天看片的人不多,座谈时人更少,约十多位。曹禺在夫人李玉茹的陪同下,从始至终参加。这一次,曹禺显得格外兴奋,或许人少的缘故,也与当时思想界气氛极为活跃有关,座谈时,他的即兴发言轻松、洒脱,一开口,便引起一阵欢笑。

"我与巴金是老朋友了。我的几个老婆也都与他关系很好。"

李玉茹老师在一旁立即纠正:"你只有一个老婆啊!"

曹禺一笑,赶紧说:"不,我的前后几个老婆都与他关系好。我们两家一直很好。"

谈友谊,谈电影,谈得最多的是"文革"后写作《随想录》的巴金。曹禺肯定巴金的独立思考和提倡讲真话,忽然,他的声调高亢许多:"与巴金相比,我简直是个混蛋!我简直不是人!"

一字一顿,响如洪钟。许多话我都记不确切了,但这两句话语气激烈,超出我的想象,一经听过,再也难忘。……顿时,会议室里鸦雀无声。(《1980 年代的曹禺与巴金》)

4 月 13 日　是日起,南海影业公司 1981 年摄制的彩色宽银幕影片《原野》,开始在北京公映,并将陆续在全国发行。该片根据曹禺的同名话剧改编,凌子导演,由刘晓庆、杨在葆领衔主演。《原野》在海外上映,曾大受好评,在 1981 年威尼斯电影节上获"最值得推荐影片"荣誉奖。(《简讯》,《人民日报》,1988 年 4 月 14 日)

4 月 15 日　晚,至北京南河沿欧美同学会,参加北京人艺与北京三露厂共建精神文明联欢会。联欢开始前,举行了宫泽先生赞助人艺一万美元的交接仪式,由周瑞祥主持,曹禺、武宝信、宫泽相继讲话。为表达友谊。曹禺题李白诗句赠宫泽先生:"故人西辞黄鹤楼,烟花三月下扬州。孤帆远影碧空尽,唯见长江天际流。"题白居易诗句赠武宝信:"一道残阳铺水中,半江瑟瑟半江红。可怜九月初三夜,露似珍珠月似弓。"(《北京人民艺术剧院大事记》)

4 月 20 日　应武宝信邀请至建国饭店参加企业家聚会。(同前)

4 月 21 日　为潜江市图书馆写题词:"知识之海是装不满的,人生之路是曲折复杂的;充分学习、钻研、善用知识才能铺出一条为人类和平幸福斗争的大道。"(《简明曹禺词典》第 50 页)

4 月 21—23 日　内江市川剧团在首都剧场演出川剧《张大千》。曹禺与陈其通、马少波等观看演出并上台祝贺、合影留念。(《破墨泼彩张大千》第 150 页图释)曹禺看了演出之后说:"你们这个戏很成功。剧中表现张大千的思乡之情,不仅是他个人的,而是所有旅居海外的文艺家们共有的,这种感情升华为爱国主义精神,很崇高,很伟大。"(《应本刊等六单位邀请晋京演出川剧〈张大千〉饮誉京华》,《戏剧评论》1988 年第 3 期)曹禺还为该剧题词:"祝贺内江市川剧团在京演出现代川剧《张大千》获得

成功。"(《曹禺的题词》图,同前)

4月21—25日　中国戏剧家协会在香港中华文化促进中心支持下,举办首届"国际文化艺术经营管理培训班"。其间,与会者倡议、发起成立"中国文化艺术经营管理家联谊会",曹禺任会长,吴祖光、于是之、张颖、王正、韦洁晶、李冰等任副会长。(《中国戏剧年鉴1989》第22页)

4月22日　致信田本相。信说:

潜江县要立一陈列馆,介绍他们向你借一些我的相片,他们用后,复印,即挂号寄还原件,不知可否?① (《苦闷的灵魂——曹禺访谈录》第314页)

是日　巴金复信曹禺。信说:

我在荧光屏上又看见你了。你还在发言,显得年轻,我真想为你鼓掌!

知道罗荪的情况,放心多了。你记得吧,有几年我到北京,我们三个人常常在一起有说有笑,仿佛有使不完的劲! 那些记忆是不会消失的。(《曹禺巴金书简》)

4月23日　致信张瑞芳。信说:

我是湖北潜江人,潜江政府要为我立陈列馆,我身边素无照片,只有介绍他们求你暂借所藏相片。用后立即复印将原相片还你,不知可否?

前聚谈甚欢,诸友都思念您。一年一聚,弥感岁月长温情深难述,无端失却人儿远,俱苍然华发。忆昔畅叙,不思量,自难忘,心如门前西江水,日夜东流君不知。天下惟友谊独高艳;自古诗人多念远友,京中多好友,有暇无妨来此一游,再图围桌高论,不知老暮已至,且看精神长春,请代向尊夫严励再三问候,三十年前豫园之行至今难忘。想朝夕沉浸书画,已忘却故人矣! (《难以忘怀的昨天》第324页)

4月25日　下午,至北京军区招待所,和参加艺术管理培训班的同志见面。(《北京人民艺术剧院大事记》)

5月3日　下午,在北京人艺三楼排练厅出席人艺离退休同志欢送大会并讲话,他盛赞这些老同志几十年来勤勤恳恳,为剧院的成长立下的功绩,并挥毫题赠杜甫诗句:"江汉思归客,乾坤一腐儒,片云天共远,永夜月同孤,落日心犹存,秋风病欲苏,古来存老马,不必取长途。"(《人艺之友报》试刊第11期,1988年6月)

5月13日　上午,与李玉茹至北京三露厂参加庆祝建厂三周年活动,发表讲

---

① 原(田本相)注:湖北省潜江市建立"曹禺著作陈列馆",曹禺将该馆馆长刘清祥介绍给我。为该馆的陈列,我被邀请到潜江,协助他们搞了一个陈列提纲,并为其写了陈列的"前言"。同时,也将收藏的一些为人所没有的照片和书籍,提供该馆。

话并赠题词:"身体发肤,受之父母。玉颜花容,全靠三露。"(同前)

5 月 16 日　济南市歌舞团在北京民族文化宫首演大型历史歌舞剧《窥镜媲美》。晋京演出期间,曹禺曾往观看,在接见演员时,他说:"这个戏编、演和音乐、舞蹈都很好,我代表中国戏剧家协会表示祝贺。"(《歌舞剧〈窥镜媲美〉晋京演出》,《济南年鉴 1989》第 306 页)

5 月 16—18 日　第五届《中国戏剧》(原《戏剧报》)梅花奖授奖活动和本届获奖演员的演出晚会在北京隆重举行。16 日晚,在北京人民剧场举行隆重的发奖大会,曹禺与张庚、吴祖光、刘厚生、吴雪等出席,与芮杏文、朱学范等将刻有腊梅的奖盘和证书授予 21 名获奖的戏曲、话剧、歌剧演员。并观看首场演出。(《第五届戏剧"梅花奖"在京授奖》,《人民日报》,1988 年 5 月 17 日;《一年一度梅花红——第五届梅花奖授奖活动在京举行》,《戏剧报》第 6 期,1988 年 6 月 18 日)

是 日　北京市老舍文艺基金会成立,曹禺任会长。老舍文艺基金会将向海内外各界人士募集资金,以颁发"老舍文艺奖",资助北京市老舍研究会的研究工作,推动北京市文学艺术创作的繁荣发展。(《老舍文艺基金会在京成立》,《人民日报》,1988 年 5 月 17 日)

5 月 17 日　在《人民日报》发表剧评《我看〈火神与秋女〉》一文。后收入《曹禺全集》第 5 卷。

5 月 30 日　上午,在北京人艺审看《天下第一楼》全剧连排。(《北京人民艺术剧院大事记》)

是 月　岳池县川剧团应中国戏剧家协会、中国艺术研究院戏曲研究所、《戏剧评论》编辑部及全国戏曲现代戏研究会邀请赴京,在长安、吉祥、中南海等剧院演出了《包公照镜子》、《周文献鸡》等 8 场灯戏。曹禺与陈其通、吴雪等观看了演出。(《岳池县文史资料选辑》第 5 辑第 38 页)

是 月　黄鹤楼酒厂在京举办"黄鹤楼酒会"。曹禺参会并挥毫题词:"黄鹤楼酒丽人光,凭栏豪饮云雾香,玉山自倒何足道,黄鹤归来迎醉狂。"(《中华大酒典(第 1 卷综合篇)》第 24 页)

6 月 6—9 日　纪念奥尼尔诞辰 100 周年国际学术会议在南京举行,曹禺、陈白尘、陈瘦竹任名誉顾问。(《中国话剧史大事记》第 586 页)

6 月 6—9 日　政协第七届全国委员会常务委员会第二次会议在北京召开。(《全国政协常委会召开会议》,《人民日报》,1988 年 6 月 7 日;《全国政协常委会会议闭幕》,《人民日报》,1988 年 6 月 10 日)曹禺作为政协常委会委员出席。

6 月 9 日　政协第七届全国委员会常委会第二次会议通过《中国人民政治协

商会议第七届全国委员会十四个专门委员会主任、副主任、委员名单》。曹禺为"祖国统一联谊委员会(33 名)"副主任。(《全国政协常委会会议闭幕》《全国政协 14 个专门委员会成员名单》,《人民日报》,1988 年 6 月 10 日)

6 月 10 日　晚,至首都剧场,观看《天下第一楼》化妆连排。看后,曹禺说,这是一出硬邦邦的好戏,鼓励大家把它演得越来越好。(《北京人民艺术剧院大事记》)

是日　致信万黛。信说:

物价飞涨,日子不若以前,但总能过得去。一切大改革,因此大家都在冒险。但如果中国人不再冒一次风险,闯过关去,将来会更穷,更落后,我们子孙永成世界上最劣的民族。幸尔,在一切贪污、腐化、堕落、罪恶当中,还有些人正经干,看着我们正坐在大风大浪中的船里,只有拼命划,才能脱胎换骨,成为新中国人。

告诉小达,永远就得记住,自己是中国人,你们的儿子那样好强,那性格是中国好传统。我看你们都那样苦干,拼命竞争,实可羡慕。黛,你还能有收入,请美国客人吃中国饭么?你千万当心身体,你离开我时,很瘦,现在可能结实多了。不要难过,爸爸似乎还能活几年。

明天上午飞西安,为了中国唐朝梨园纪念馆开办事,全国戏剧界去的多,我不得不去。大约五天便回京。也许今年冬天,应邀到四川江安县,要多住一阵。爸爸有点衰,很怕出门,但许多要紧事,又不能不管,只得出门。但我已快八十岁了。(万黛、万昭提供)

是日　致信万欢。信说:

我明天飞西安,为了中国唐代梨园纪念馆的事,去四五天便回来。……

我近来容易打盹,常常坐着坐着就睡着了,但有客人我还是很精神的。送你张照片,看爸爸多年轻。我现在是全国政协常委,事情更多,今天刚开完会。我的安眠药还在吃,大约一生也断不了。……(万方、万欢提供)

6 月 11 日　为"祝贺北京人民艺术剧院三十六周年院庆"并"献给全院同志并贺《天下第一楼》成功"题诗:

你是泪水流下的水晶,

弯曲曲的,长长的,尖尖的,圆圆的。

想不出你是怎样形象;

却又像夏晨的露珠,

那透亮、水灵灵的,

满含无限的光明。

水晶中神仙给你刻出，

一朵玫瑰，红的像火，

那是你的柔情、温厚、善良，

一双魅人的眼睛。

你又是一支青玉的笔：

你画出多少人物，

常贵、玉雏……

还有卑鄙、苦恼、愤怒，

画不尽的人性。

幸而你们都是我们当中的一个，

你们有一天会是青天的神仙。

看！这不筑成那痛苦，

那悲与喜、善与恶的斗争？！

《天下第一楼》那昏天黑地的世界，

却又是清凉、洒脱的尾声。

"时宜明月时宜风"

我们是风和月、一时是客一时是主人。

我羡慕你们，你们用玉笔

道尽人间的悲欢离合，

道尽世界的不平。

你那样美，却有鹰般的眼睛，

你爱、你怜、你恨，

渗透善良、可怜、贫穷与欺凌。

你们将是宇宙中永远闪光的星星。

一九八八年六月十一日

（《人艺之友报》试刊第 12 期，1988 年 7 月）

后收入《〈天下第一楼〉的舞台艺术》（代序）。

是日　下午，曹禺与陈刚、李玉茹飞抵西安，应邀参加"中华梨园学研究会"成立大会。（《著名剧作家曹禺昨来西安》，《西安晚报》，1988 年 6 月 12 日）

6 月 12 日　游览临潼、华清池、兵马俑。并在"兵马俑"题词："祖国何神奇，兵马自泥土。胡突飞地起，叱咤风云急。"（《在这片深情的黄土地上——记曹禺同志在西安》）

是日 晚,观看陕西省戏曲研究院青年实验剧团演出新编秦腔古代戏《清水衙门糊涂官》,演出结束后上台向演员祝贺演出成功并合影。(同前)

6月13日 上午,在陕西省省政府大楼西会议室出席"中华梨园学研究会"成立大会,并讲话。(《中华梨园学研究会成立》,《西安晚报》,1988年6月13日)曹禺说:"唐代梨园遗址是唐玄宗李隆基于开元二年(公元七一四年)创办的,是我国历史上第一家皇家戏剧、音乐、歌舞学院,向有中国戏曲祖庙之称,在海外也享有盛誉。千余年来,我国戏曲界及日本等国歌舞艺人均好以'梨园子弟'自诩。学会的成立旨在系统地研究盛唐文化瑰宝和梨园艺术国粹,藉以推陈出新,古为今用,在继承中华民族优秀文化传统的基础上创造和发展社会主义的当代艺术,并努力加强中外艺术交流,增进各国人民对我国传统艺术的了解,不断提高中华民族的国际地位。中国戏剧事业的前途是光明的,但是中国戏剧事业的发展也面临着新的考验,大家要发扬锲而不舍、顾全大局的精神,投身改革,献身艺术事业,推进戏剧事业向前发展。"(《在这片深情的黄土地上——记曹禺同志在西安》)该讲话经整理题《在中华梨园学研究会成立大会上的讲话(摘要)》载是年《蒲剧艺术》第3期,收入《梨园学研究》。后修改题为《〈梨园考论〉序》刊于《华夏文化》1996年第1期、《东方艺术》1996年第2期、《当代戏剧》1996年第3期。

会后,到西安未央区未央宫乡大白杨村,参加和唐代梨园遗址立碑剪彩仪式,并为梨园遗址立碑仪式剪彩。(同前)

是日 下午,与陕西戏剧界人士座谈。曹禺指出,戏剧改革的出路在于抓质量、抓剧目、抓人才。曹禺同志说:"有人问我中国戏剧的前途如何?我说将越过越好。为什么呢?第一,有人说戏剧不是开始走向绝路了吗?中国有句成语叫'绝路逢生',就是穷则思变;第二,国家各方面的改革已经铺开,虽然有困难,有风险,但势在必行。只有改革,中国才有希望,戏剧才会发展。"

曹禺同志接着说:"眼下有的剧团为什么搞不好?就是存在一些问题。比如分配方面,有的拿钱不做事,有的拿钱做事,但拿钱是同样的,做的事和出的力却不尽相同。这样下去,人的积极性怎么调动起来?所以说,已到了非改不可的时候了。当前戏剧出现冷落、我看关键是戏的质量不高,质量问题是个要命的问题。我们一定要以曲高和众八方,要跟上时代的要求。真正的好戏会拥有观众的。其次,剧目少。像京剧经常演的就是那么几出戏,我都看烦了,观众能不烦吗?再就是演员问题。现在有不少优秀的中青年演员,从功力方面看,还是不太过硬,需要进一步认真提高。特别是青年人,他们有勇劲,但缺乏味道,这就需要老一辈表演艺术家积极引导,使他们早日脱颖而出。"(《曹禺与陕西戏剧界人士座谈》,《当代戏剧》1988年第4期)

是日　晚,到易俗社^①看望诸位社员。并为易俗社题词:"老树春深又着花,易俗社艺术松柏长存。"(《在这片深情的黄土地上——记曹禺同志在西安》)

6 月 14 日　在陕西省剧协副主席高鹏陪同下,曹禺一行去乾陵参观。西行至杨贵妃墓时,他们留影、纪念。(同前)

6 月 15 日　早,到碑林博物馆参观,并题词:"佛法无边,国法无边,人法无边。"(同前)

是日　上午,陕西省剧协召开常务理事会,11 时,曹禺又专门驱车看望陕西戏剧界的同志,并且讲话勉励同志们创新、改革,迎接建国四十周年大典。(同前)

是日　下午五点,在西安人民大厦后五楼大厅里,陕西省委主管文教宣传的牟林生副书记宴请曹禺,在陪的有陕西省政协主席周雅光,副省长孙达人,省委宣传部部长李沙铃,省文化厅厅长霍绍亮,省剧协主席杨兴等。宴会上曹禺同志很激动,他感谢西安人民,感谢西安各界领导的厚待。(同前)

是日　晚,到唐乐宫观看陕西省歌舞剧院歌舞团演出的《唐长安乐舞》。演出结束后上台同演员亲切会见,并题诗:"独有仿唐歌舞起,于是仙乐落九天。"(同前)

是日　晚,南开大学外语系学生剧团在日本玉川大学举行首场演出,演出中国名剧《雷雨》。16 日晚,在东京都调布市绿色礼堂演出。受到欢迎。(《话剧〈雷雨〉在日本受欢迎》,《人民日报》,1988 年 6 月 18 日)

6 月 16 日　离开西安返京。高鹏临别诗赠曹禺:

八八年六月十六日于西安机场为曹老送行有感

禺翁乘风将欲行,

回首独拥静无声,

人生能得几多缘,

赐吾殊荣最关情。

(《题别曹禺翁》,《当代戏剧》1988 年第 5 期)

6 月 17 日　晚,在北京人艺观看《天下第一楼》。(《北京人民艺术剧院大事记》)

6 月 18 日　在《陕西日报》发表诗作《贺唐代梨园遗址碑剪彩揭碑》。后山西《蒲剧艺术》、河北《大舞台》转载,收入《现代名人咏三秦》、《梨园考论》。后收入《曹禺全集》第 6 卷。

6 月 25 日　下午,出席北京人艺与北方工业大学合办艺术公司签字仪式。

---

①　西安易俗社,原名"易俗伶学社"、"陕西易俗社",民国元年(1912)七月一日成立,是一个将戏曲教育与演出相结合的新型艺术团体。是我国资产阶级民主革命在陕西文化战线上仅存的成果之一。(《陕西省志·文化艺术志》第 65 卷第 126 页)

（同前）

6月28日　在天津戏剧博物馆,天津市文化局举办邀请曹禺为天津戏剧博物馆名誉馆长的授聘大会。曹禺专程赴津参加。同行的有刘厚生、陈刚和李玉茹等。会上,曹禺"高兴地接受了聘书并讲了话"。"天津南开中学的同学们演出了首届'曹禺杯'话剧小品,还有刚刚从日本访问演出载誉归来的南开大学日语《雷雨》剧组和天津人艺著名演员演出了《雷雨》的片段,受到曹老和与会者的欢迎。"（《曹禺同志被授聘为天津戏剧博物馆名誉馆长》,《中国博物馆通讯》第9期第22页,1988年9月）

是日　《剧本》第6期刊消息《第四届全国优秀剧本评奖再次展开》:"中国戏剧家协会两年一度举办的第四届(1986—1987)全国优秀剧本评奖正在进行。经中国戏剧家协会主席团会议研究决定,曹禺为本届评奖委员会主任,胡可、郭汉城、张颖为副主任,委员有方杰、何孝充、谭霈生、田本相、王安葵、吴乾浩、张书义、李庆成、颜振奋、李钦、温广鲤、范溶。"

是月月底　在北京复兴门外22号楼家中接待30年前的老朋友、我国著名心血管专家吴英恺教授和袁静明。谈京剧,并应允参加业余京剧爱好者聚会。（《曹禺、李玉茹在"草园"》）

是月　观看苏北农村的娃娃剧团——丰县小凤凰豫剧团演出。（《丰县小凤凰飞鸣到京城》,《人民日报》,1988年7月1日）观后,曹禺说这个剧团的孩子"年轻有为,功夫深厚,可喜可贺"。（《艺术青春的魅力——观丰县"小凤凰"豫剧团演出有感》,《人民日报》,1988年8月4日）

5—6月　《戏剧评论》第3期题"徐晓钟导演艺术研讨",刊发"徐晓钟导演艺术研讨会"上"与会专家在座谈会上的发言"。曹禺发言题为《谈徐晓钟的导演艺术》,收入《曹禺全集》第5卷。

7月1日　复信高鹏。信说:

> 书与诗均拜观,高韵雅致流动行间,十分感谢,偶遇米芾字,抄录数字籍报盛意。（《曹禺同志回函》,《当代戏剧》1988年第5期第54页）

7月4日　赴湖南岳阳,参加中国剧协主办的第四届全国优秀剧本评奖授奖大会。（《北京人民艺术剧院大事记》）

7月6日　第四届"全国优秀剧本奖"颁奖大会在岳阳市举行,曹禺与胡可、张颖等出席,并致贺词。曹禺在致词中表示:"我希望今天得到荣誉的人要在日后写得比现在还要好,好得多,那些没有得奖的同志,一定要追上来……写吧! 写出更能表现'人'的伟大艺术作品。"（《剧坛奖新葩——第四届全国优秀剧本奖授奖大会侧记》,《剧本》8月号,1988年8月28日）会上,中国剧协主席曹禺等向获奖作者颁发了证书。

（《第四届全国优秀剧本奖揭晓》，《人民日报》，1988 年 7 月 7 日）讲话题为《为心爱的事业而奋斗——在"第四届全国优秀剧本奖"发奖大会上的讲话》刊于 28 日《剧本》第 7 期。后收入《曹禺全集》第 5 卷。

大会期间，曹禺为大会题词："今日复何日，共欢岳阳船，众上举烟火，煌煌追关汤，文章难绝唱，来日当更强。"（《剧坛奖新范——第四届全国优秀剧本奖授奖大会侧记》，《剧本》8 月号，1988 年 8 月 28 日）

大会结束后，在汨罗参观汨罗屈子祠，并观戏《屈原在汨罗江畔》，在常德观武陵戏；后往长沙为长沙戏剧工作者讲课，并在蓉园 4 号楼接受湖南日报记者蔡栋采访。（《曹禺谈戏》）

7 月 7 日　晚，出席全国第四届优秀剧本授奖大会的 40 多名剧作家、艺术家在岳阳宾馆会议厅欢聚一堂，曹禺和大家一起共聚茶话会，并为岳阳宾馆题字："岳阳宾馆洞庭边，一碧万顷钓鱼船；微笑迎客食宿美，满堂嘉宾主人贤。"（《中国剧坛之星——访曹禺》）

7 月 16 日　由湖南返京。（《北京人民艺术剧院大事记》）

7 月 23 日　致信万黛。信说：

已见小迈，他非常可爱，简直是个大人了。我非常高兴，你们夫妇有这样一个大有前途的好孩子。

我曾写好一封信，放了半年，只因找不到你最近地址，一直发不出，现在我托他带给你。问小达好，读你最近的信，希望你们多保重。（万黛、万昭提供）

7 月 26 日　陕西省戏曲研究院隆重举行庆祝建院 50 周年暨马健翎诞辰 80 周年纪念会。曹禺与刘澜涛、王任重、王蒙等为纪念会题词、赠诗或作画。（《回顾过去，展望未来，振奋精神，再创新绩》，《当代戏剧》1988 年第 6 期）

7 月 30 日　上午，周瑞祥、赵崇林、张学礼至家中看望曹禺，并汇报剧院当前的工作进展情况。（《北京人民艺术剧院大事记》）

7 月 31 日　下午 3 时，曹禺夫妇应邀到当时北京最大的京剧"票房"——"草园"，参加北新桥街道办事处举办的庆祝中国人民解放军建军 61 周年京剧联欢会。会上，他讲到："我希望大家能够经常带着老人、孩子和孙子多多看戏，这样，你们为振兴京剧就积大德了。我相信，有你们这样多的戏剧热心人，京剧事业的发展是大有希望的。"（《曹禺、李玉茹在"草园"》）

是月　上海沪剧院演出沪剧《雷雨》。编剧宗华，导演蓝流，音乐设计万智卿，舞美设计石炯，主要演员邵滨孙、马莉莉、张请、孙徐春，共演出 9 场。（《中国戏剧年鉴 1989》第 234 页）

是月　于湖南作诗《游汨罗江悼屈子祠》，在 1995 年 5 月 10 日《诗刊》第 5 期发表。后收入《曹禺全集》第 6 卷。

是月　作诗《悼屈子》。后收入《曹禺全集》第 6 卷。

是月　作《赠张家宅开发工程师——朱恒宪》①。诗文如下：

> 海上大树移湖载，巨擘培植国花开。
>
> 瞬息五陵换新貌，五洲闻香联袂来。（《没有说完的话》第 413 页）

是月　华忱之著《曹禺剧作艺术探索》一书由四川文艺出版社出版。全书 11 章。书后附录《评刘绍铭〈小说与戏剧·曹禺剧作专章〉》。该书把对曹禺剧作的分析落实到对剧作艺术的探索。

8 月 2 日　晚，至首都剧场观看哈尔滨话剧院演出《安戈提涅》并会见演员，曹禺代表中国剧协向哈尔滨话剧院表示祝贺。（《北京人民艺术剧院大事记》）

8 月 4 日　与于是之应北方工业大学仇春霖邀请赴承德疗养。（同前）

8 月 10 日　与于是之由承德返京。（同前）

8 月 15 日　致信万黛。信说：

> 小迈来辞行，不久，你们又团聚了。此儿之可爱，实难言喻，他是个道地的有教养、有文化的中国孩子，今天北京就很少见到这样的青年。我的感觉，他会在医学道路上飞奋前进，而且必然是一个十分出色的医学研究者，或如小达所望，是一位与其父有同样成就的外科专家。但我更希望他干干医学设备与实验，献出世界前所未有的发明，他的成就将有益于人类直到永远。小迈身体好，有志气，我看是可能的。这应该感谢你们两个做父母的给他的爱、诚实、热情、文化修养。尤其黛儿的热诚，他会承袭下来。（《没有说完的话》第 304 页）

8 月 16 日　下午，在首都剧场参加北京三露厂祝捷大会，并讲话祝贺。（《北京人民艺术剧院大事记》）

是月　《曹禺传》由北京十月文艺出版社出版，该书是由田本相撰写的一部具有文学色彩的传记。收入曹禺未发表的散文《水木清华》。

是月　杨根海著《曹禺的剧作道路》由上海文艺出版社出版。全书分 11 节。其中涉及剧作家的创作活动，演剧、导演活动，戏剧教学及在戏剧理论方面的建树等等。

9 月 1 日　天津南开区"曹禺杯"话剧小品赛新闻发布会在随园酒家举行。5

---

①　原注：朱恒宪是上海同济大学陈从周学生，调到湖南开发"张家宅"、"索溪谷"。此诗写于 1988 年 7 月。

日,首场比赛在南开人民文化宫、南开中学同时开幕。10 月 18 日闭幕。(《南开区志》第 49 页)

9 月 2 日　至北京京西宾馆,出席《李伯钊文集》编辑出版工作座谈会。(《〈李伯钊文集〉年内出版》,《人民日报》,1988 年 9 月 3 日)

9 月 3 日　下午,于是之到曹禺家中,请曹禺审阅《人艺大宝优秀剧本创作奖征稿启事》,并请先生出任该奖理事会的理事长,先生表示同意。(《北京人民艺术剧院大事记》)

9 月 10 日　《中国戏剧》记者吴钢戏曲摄影展在北京中国美术馆和台北爵士摄影艺廊同时举行开幕式。曹禺与高占祥、陈昊苏、吴祖强、吴祖光、刘厚生、丁一三、张君秋、新凤霞、黄宗江等出席北京的开幕式,为影展撰写了前言,并与黄苗子、丁聪、黄宗江等撰文表示祝贺,还与张庚、俞振飞等为展出题诗作画。(《本刊记者吴钢戏曲摄影展在北京和台北同时举行》,《中国戏剧》第 11 期,1988 年 11 月 18 日)

是日　在《人民日报》第 8 版发表散文《美在流动中》,文系为吴钢戏曲摄影展而作。文说:"中国戏曲演员的艺术是难以说尽的。""然而青年摄影家吴钢却通过他的努力实践做到了一般人认为不可能,很难做到的事。那一张张不能想象的美妙神态,似乎在纸上仍跃然而动,歌声盈耳。"

是日　北京人艺公布"人艺大宝优秀剧本创作奖"理事会名单,曹禺任理事长。(《北京人民艺术剧院大事记》)

9 月 13 日　与于是之写信祝贺北方工业大学建校 10 周年。(同前)

9 月 15—20 日　第一届"中国宣化葡萄节"在宣化举行。(《首届宣化葡萄节开幕》,《人民日报》,1988 年 9 月 17 日;《简讯·首届宣化葡萄节闭幕》,《人民日报》,1988 年 9 月 20 日)曹禺为之赋诗一首:"敬祝佳节圆美,老乡幸福:尝遍宣化葡萄鲜,嫩香似乳滴翠甘;凉秋塞外悲角远,梦尽风霜八十年。"诗后附文:"余孩提时,随父居宣化。古城秋暮,军号吹来,犹绕耳边,音凄日落,不能自己。然犹怀口中,葡萄颗颗甘鲜。今逢中国宣化葡萄节,日丽人欢,阳春复见,惊喜交集,不胜感叹。"(《曹禺为第一届宣化葡萄节赋诗》,《九边之首——宣化》第 155 页)

9 月 21 日　上午,欧阳予倩铜像揭幕仪式在北京中央戏剧学院举行。国家主席杨尚昆出席并为铜像揭幕。曹禺及首都数百名戏剧界人士出席揭幕典礼。(《欧阳予倩铜像在京落成》,《人民日报》,1988 年 9 月 22 日)

9 月 27 日　上午,至北京中国美术馆出席吴传本陶塑展开幕式。(《北京人民艺术剧院大事记》)

9 月 28 日　晚,著名粤剧表演艺术家红线女在北京人民剧场举办个人演唱会,曹禺与习仲勋、荣高棠、冯牧、张庚、吴雪、吴祖强等观看演出。(《红线女在京举办演唱会》,《人民日报》,1988 年 9 月 29 日)

是月 由中国舞蹈家协会主办的"1988 年舞剧观摩研讨会"揭幕。战友歌舞团的《曹禺作品印象》运用现代舞对名作中的不朽艺术形象进行再创作、再认识。(《首都九月艺术舞台欣欣向荣》,《人民日报》,1988 年 9 月 3 日)

是月下旬 某日下午,在家中接待来访的吴亚芬,吴请先生为她们编写的《中学课本剧》一书题写书名。(《曹禺为课本剧写序》,《曹禺与天津》第 139 页)

是月 《新剧本》第 5 期刊吕新雨《话剧在呻吟》一文。作者认为:"中国话剧史上真正具有悲剧意识的只有一部《雷雨》。恕我指的是最早发表的那个包括有序幕和尾声的《雷雨》,而不是现在这个被删改得面目全非的通用本。""曹禺是个直觉非常好的剧作家,遗憾的是他的直觉所把握到的东西后来却不敢被自己的理性所承认。最后以牺牲直觉作罢。这种屈从不仅是曹禺个人的不幸更是中国剧坛的不幸。"

是月 菲律宾文化中心艺术剧院在菲律宾首都马尼拉用加禄语演出了话剧《北京人》,辽宁人民艺术剧院院长、著名导演艺术家丁尼应邀执导。这次演出,是中菲两国政府第一次正式签定的文化交流项目之一。曹禺为首演亲笔题写条幅"艺谊长存久"。(《简明曹禺词典》第 350 页)

10 月 4 日 致信吴亚芬。信说:

> 这两天,我病了,又有事,以至耽误了几天。您嘱写的书题及一点感想《演课本剧好》奉上。写了许多个书名,不知寄哪个好,就都寄去,请就其中略堪入目的选用吧!(影印件)

10 月 5—7 日 抗敌演剧队建队五十周年党史资料征集座谈会在武汉举行。会上宣读了曹禺贺诗:"投身抗日怒吼中,大地震抖炮火红,百劫不死无反顾,天光万里照长空。"(《抗敌演剧队建队五十周年座谈会在武汉举行》,《中国戏剧》第 12 期,1988 年 12 月 18 日)

10 月 6 日 因肾功能不好,入住北京医院。(《北京人民艺术剧院大事记》) 之后的 8 年间,曹禺大多在医院中度过。

10 月 11 日 首届"香玉杯艺术奖"颁奖大会在郑州儿童影剧院举行,曹禺致贺信,由中国戏剧家协会书记处书记陈刚在会上宣读。(《首届香玉杯艺术奖颁奖大会在郑州隆重举行》,《中国戏剧》第 12 期,1988 年 12 月 18 日)

是月 韩国首尔中央国立剧场为开馆 15 周年上演曹禺的《雷雨》,李海浪任导演。演员阵容为:金东园扮演周朴园,孙淑扮演繁漪,全国焕扮演周萍,朱镇模扮演周冲,金在建扮演鲁贵,白星姬扮演鲁侍萍,崔相禹扮演鲁大海,权海顺扮演鲁四凤,吴永洙、金明焕、金钟九等人扮演下人。(转自《曹禺剧作演出史》第 297 页)

11 月 2 日　为即将赴南极的金乃千题诗一首:"万丈冰/探索不停/科学艺术共进/肩重任/为人类/幸福和平"。《金乃千的艺术生活》封页)

11 月 4 日　澳大利亚第一个华人业余剧社——悉尼剧社在悉尼首演《雷雨》。江静枝扮演繁漪,欧阳治宁扮演周朴园,来自北京中央戏剧学院的小余执导。因为澳洲华人多为广东人,演出对白全部改为粤语。曹禺抱病在北京医院,给剧社发来了贺电。(《简明曹禺词典》第 353 页)

11 月 5 日　芮杏文、王忍之到北京医院看望曹禺。(《北京人民艺术剧院大事记》)

11 月 7 日　上午,于是之、李筠、赵崇林至北京医院看望曹禺,并汇报工作。(同前)

11 月 8—12 日　中国文学艺术界联合会第五次代表大会在北京举行。曹禺尊医嘱参加开幕式。会议经过了五天的讨论,最后通过会务工作报告和中国文联新章程,并选出新的全委会以及执行主席与副主席。曹禺当选为全委会委员、执行主席。(《中国文联五次代表大会开幕》,《人民日报》,1988 年 11 月 9 日;《中国文联五次代表大会闭幕》,《人民日报》,1988 年 11 月 13 日;《中国文联第五届全国委员会委员名单》,《人民日报》,1988 年 11 月 21 日;《第五次全国文代会在京隆重举行》,《中国戏剧》第 12 期,1988 年 12 月 18 日)

11 月 13 日　新华社播发专稿《曹禺当选中国文联执行主席》、《人物介绍:剧作家曹禺——中国文联新主席》。

11 月 17 日　北京市剧协第 4 届代表会议选出曹禺为名誉主席。(《北京人民艺术剧院大事记》)据记载:"初冬时节,在北京郊区平谷县召开了北京剧协第二次会员代表大会。""会议历时三天","会议推选原剧协主席曹禺为名誉主席"。(《北京剧协第二次会员代表大会召开》,《新剧本》第 1 期,1989 年 1 月 2 日)

11 月 18 日　石油大学著名数学教授、中国民主同盟盟员张希陆先生遗体告别仪式在八宝山革命公墓礼堂举行。曹禺送花圈。(《著名数学教授张希陆逝世》,《人民日报》,1988 年 11 月 19 日)

是日　《人民日报》刊报道《曹禺盛赞"中学课本剧"》:"戏剧家曹禺最近写信称赞天津师范专科学校语文教师的一项创造。他说:'演课本剧,会听见教室里欢快的笑声,会丰富学生对生活的认识。'"

11 月 23 日　在《人民日报》发表《首届中国戏剧节献辞》。

11 月 27 日　致信万黛。信说:

我的肾病只是肾功能不全,没有其他的病。现在用营养疗法,目前国内没有其他方法可治。但我的体力已逐渐恢复,你千万放心。我一定听话,好好养病。现在吃中药,一位很高明的中医,董老为我开的药。医院医护,都十分用心。……

你说得对,我几十年未能写出东西,大部分原因是这些年的文艺政策。也怪我不独立思考,社会活动搞得太多。现在明白了,也晚了,但正如你所期望的,也不必难过。还是打起精神活下去,要乐观起来,一切都会好起来。(《没有说完的话》第 305 页)

11 月 28 日 中国戏剧家协会及各省、市、自治区分会主办的历时 19 天的首届中国戏剧节在北京民族宫礼堂开幕。曹禺在献辞中指出:戏剧的生命力在民间,在人民中,让戏剧走向社会、走向民间、走向人民群众,还戏于民,这是戏剧生存和发展的真正沃土。(《首届中国戏剧节在京开幕》,《人民日报》,1988 年 11 月 29 日)

11 月 29 日 《人民日报》刊消息《热岛文学奖在海南设立》:"经海南省人民政府批准,热岛文学奖基金会在海南成立,并与《海南开发报》联合举办热岛文学奖。……据悉,王蒙、张光年、曹禺、唐达成、陈荒煤、许士杰等三十名专家学者分别出任大奖的顾问和评委。"

11 月 30 日 在《光明日报》发表《演课本剧好》一文。文系《中学课本剧》一书序言。同题刊于 1989 年 4 月 3 日《天津日报》。后收入《曹禺全集》第 5 卷。

是月 在北京,为《顾毓琇戏剧选》作序文《顾先生的戏》。文说:

顾一樵先生戏剧选,共有四个剧本:《荆轲》、《苏武》、《岳飞》和《白娘娘》(编者注:请曹禺学生作序时,原说只收四个剧本,以后增收另四个剧本,共是八剧。)这些都是重大体裁,自然很不容易写。可惜,除了《岳飞》,其它三个都未拜读,也就说不出什么来。

顾先生是科学家,当过教授,做过官,当时是教育部次长。在业余之暇,想到写剧本,提倡话剧,确实值得赞许的。早期,他还写长篇小说《芝兰与茉莉》,似乎讲一段爱情故事。前两天,他由美寄给我一本他写的旧体词集,顾先生是一位多才多能的老一代的作家了。

顾先生托我写序,我写得这样简略。我与他相识有半个世纪了,相处时间不多。一个人有多少精神回忆从前的事,何况我的记忆力从来很不好。

关于这个序,据顾毓琇先生回忆:

本人夫妇自 1973 年起至 1992 年八次回国访问,本人至少有两次到医院探访曹禺,并唔见李玉茹夫人。《顾毓琇戏剧选》北京商务会馆 1990 年出版,曹禺写了《顾先生的戏》以代序,附录《戏剧与我》是本人所写……编后记提及此书由江泽民同志题字,曹禺先生作序,因江泽民与曹禺皆与本人有师生之谊。(《纪念几位文学朋友》)

是月　曹禺题写书名之《方洪友剧作选》,由中国戏剧出版社出版。

12 月 17 日　下午,于北京医院作诗《病中噩梦》。在 1996 年《诗刊》2 月号发表。后收入《曹禺全集》第 6 卷。

12 月 18 日　于北京医院作诗《二人》。后收入《曹禺全集》第 6 卷。

是日　午睡前,作诗《花》。在 1995 年《诗刊》5 月号发表。后收入《曹禺全集》第 6 卷。

是日　下午,再作《冬菊》,在 1995 年《诗刊》5 月号发表。后收入《曹禺全集》第 6 卷。

12 月 23 日　致信巴金。信说:

许久没通音讯,好像我从此不可能到上海看你了。

我病了,现在见好,仍在北京医院疗治,我时常想念你,想你近况如常,也就不写信,但确实时常记挂你。其实,也没有什么多余话可谈。(《曹禺巴金书简》)

12 月 25 日　于北京医院作《病中偶记之一》和《病中偶记之二》,在 1995 年《诗刊》5 月号发表。后收入《曹禺全集》第 6 卷。

是日　睡前又作《别》。后收入《曹禺全集》第 6 卷。

12 月 27 日　巴金复信曹禺。信说:

信收到。我很想念你,只是我写信太吃力,杂事又多,无法给你写信。但你的行动我们一直很关心,偶尔也在荧屏上看到你。你露面很少,这说明你身体不好。我也一样。不过我仍想多活,我也争取多活,我还想写本小书,对我们国家的前途发表一点意见。(我忘不了自己是个中国人。)为了写这本小书就得养好身体,像现在这样靠药物延续生命,是做不了什么事的。因此也希望你保重,一定要养好身体。小棠比我先寄出了回信,年轻人充满朝气,说了就做,值得羡慕。(《曹禺巴金书简》)

12 月 30 日　下午,于是之、夏淳、周瑞祥至北京医院看望曹禺。(《北京人民艺术剧院大事记》)

是月　《曹禺文集》第 1 卷,田本相编,由中国戏剧出版社出版发行。该卷收入《雷雨》、《日出》、《原野》3 个剧本。

是年　作诗《如果》。在 1996 年《诗刊》2 月号发表。后收入《曹禺全集》第 6 卷。

是年　美国著名演员赫斯顿应北京人艺邀请,在人艺排演话剧《哗变》。其间,曹禺参加赫斯顿生日宴会,并向客人赠送礼物。(《北京人民艺术剧院大事记》)

是年　上海电视台拍摄电视剧《镀金的城》,根据曹禺话剧《镀金》改编,上、下两集。洪谟、孙道临改编,孙道临、王洁导演。制片主任朱幼红、方志明。主要演员:郑毓芝饰马太太、刘建平饰马寿卿(医生)、李赫玲饰马美丽、周志俊饰赵先生、吴云芳饰赵太太、符冲饰赵文明、仲星火饰二舅。(《简明曹禺词典》第336页)

是年　湖北潜江撤县建市,曹禺题词:"建盐都新城,添水乡异彩。"

1989 年　八十岁

3 月 20 日—4 月 4 日　第七届全国人民代表大会第二次会议在北京举行。

3 月 19—27 日　中国人民政治协商会议第七届全国委员会第二次会议在北京举行。

4 月 15 日，胡耀邦在北京逝世。

9 月 15 日—10 月 5 日，第二届中国艺术节在北京隆重举行。

1 月 7 日　中国话剧艺术研究会和中国文化报主办的首届"振兴话剧奖"颁奖仪式在京举行，曹禺因病未能出席，致贺信。(《"振兴话剧奖"颁奖仪式在京举行》，《中国文化报》，1989 年 1 月 15 日) 贺信如下：

文艺界、话剧界的朋友们：

首先对此次首届振兴话剧奖发奖大会的召开表示热烈祝贺。

我很想出席这次发奖大会，但由于医生不同意我出院参加活动，因而不能出席，深感遗憾。

举办"振兴话剧奖"是我国文艺界、话剧界一件大事。通过这次评奖必将鼓舞话剧作家、导演、表演艺术家等更加努力地学习马列主义和毛泽东思想，认真地深入生活，不断提高艺术修养，创造出更多优秀的话剧剧目。

这样的评奖活动，望以后能在文化部门和其他有关部门的支持下继续举办下去，这次结合评奖还同时进行学术交流活动，这对促进我国话剧艺术不断提高和发展很有帮助。

祝大会圆满成功。

曹禺

1989 年 1 月 7 日，于北京

(《曹禺同志给"振兴话剧奖"发奖大会的贺信》)

1 月 11 日　中国文联新领导人假座政协礼堂，招待 40 多个国家的驻华大使、参赞和文化官员，并表示今后要加强同各国的文化交流。曹禺作为文联执行主席抱病参加招待会。这是中国文联自 1978 年恢复活动以来，第一次举办这样的活

动。(《中国文联招待各国驻京外交官》,《人民日报》,1989 年 1 月 13 日)

1 月 29 日—2 月 1 日　北京市文学艺术界联合会第五次代表大会在京召开。经民主协商,在第五届理事会第一次会议上,全体理事推举曹禺为名誉主席,选举杨沫为主席,另选举了 9 位副主席。(《北京年鉴 1990》第 622 页)

1 月 29 日　北京市文联第五次代表大会开幕。曹禺因病未能出席会议,请他人代致(读)开幕词。他在开幕词中热情洋溢地回顾了八年来北京市文艺界所取得的成绩,表达了北京市广大文艺工作者决心在改革开放时代,继续创作出无愧于时代和人民的文艺作品的心情。(《北京市第五次文代会隆重开幕》,《北京日报》,1989 年 1 月 30 日)

1 月 30 日　《北京日报》刊曹禺在北京市第五次文代会上的开幕词。后收入《曹禺全集》第 5 卷。

2 月 3 日　刁光覃至北京医院看望曹禺。(《北京人民艺术剧院大事记》)

2 月 4 日　北京人艺以曹禺名义给邓颖超写信拜节。(同前)

2 月 5 日　春节除夕日。于是之、周瑞祥、赵崇林至北京医院看望曹禺。(同前)

2 月 12 日　致信万黛。信说:

> 你不要为看我而回来,路费太贵,但母亲①的病,确是需要你在宽裕的时光来看看。听方子说,她近来还比较好,我想你会更清楚的。(《没有说完的话》第 307 页)

2 月 16 日　在北京医院接受《人民画报》记者采访。(《北京人民艺术剧院大事记》)采访题为《曹禺与中国话剧》,刊《人民画报》第 9 期。

是月　为张云霞题词:"独树一帜"。(影印件)

3 月 18 日　在北京医院接受新华社记者采访。访谈中,"他说,改革开放以来,我们已经取得了很大成就,但也存在不少问题。今年的两会非常重要,我希望两会的同志们、朋友们认真总结经验教训,提出一些好的建议。我相信会议会开得很好。众志成城,把劲儿合在一起,就能将人民赋予我们的义务、责任履行得好一些,就能把我国的事情办得好一些,使国家逐步走上繁荣昌盛、民富国强的道路。"(《两位老作家嘱望两会》,《人民日报》,1989 年 3 月 19 日)

3 月 19—27 日　中国人民政治协商会议第七届全国委员会第二次会议在北京举行。(《政协七届二次会议在京开幕》,《人民日报》,1989 年 3 月 20 日;《全国政协七届二次

---

①　原注:指郑秀。

会议闭幕》,《人民日报》,1989 年 3 月 28 日）曹禺作为文化艺术界代表出席。

3 月 20 日—4 月 4 日   第七届全国人民代表大会第二次会议在北京举行。曹禺未入选本届代表。

3 月 21 日   致信巴金。信说：

> 按中国老算法我也进入八十，其实才七十九，总之，颇感到老弱，你比我大六岁，我才感觉你信上谈过疲乏、累，我现在也感到如此。

> 我想起半个多世纪以来，你对我极深的帮助、友谊。你介绍我入了文艺界，你不断给我似火的热情，我有许多缺点，你总是真诚地指出来。回想许多事，我能有你这样兄长似的朋友，我是幸福的。我只是惭愧，你希望我再写些东西，我至今望着白纸，一个字也写不出来。（《曹禺巴金书简》）

3 月 22 日   与吴祖强、谢晋、冯骥才、张君秋、周巍峙 6 人联名向政协会议提案组送交《建议尽速开始文艺立法工作》的提案。（《吴祖强等委员送交提案，尽快开始文艺立法工作》,《人民日报》,1989 年 3 月 23 日）

3 月 24 日   进行政协第二次大会发言,姜习、卢邦正、吴祖强(代表曹禺、张君秋、谢晋、冯骥才)委员发言,分别就治理整顿、廉政建设、文艺立法等问题登台坦诚陈辞。（《政协继续举行大会发言》,《人民日报》,1989 年 3 月 25 日）

是日   巴金复信曹禺。信说：

> 信收到。那天在荧屏上看到你,感到意外,但又非常高兴。你精神不好,我觉得难过。这些天,我天天想你,希望能有机会和你多谈谈。但你在医院,我也在医院,只好在梦里见面。我只有一句重要的话：保重身体,为了我们再见。（《曹禺巴金书简》）

4 月 2 日   《人民日报》刊消息《首都 36 家文艺、新闻单位发起亚运会优秀文艺和新闻作品评奖活动》。消息称,为迎接和开好明年在北京举行的第十一届亚运会,中国文联、中国记协、人民日报、新华社等 36 家文艺、新闻单位决定发起亚运会优秀文艺作品、优秀新闻评奖活动。亚运会优秀文艺作品评奖委员会和亚运会优秀新闻评奖委员会由曹禺、穆青分别任主任。

4 月 3 日   致信巴金。信说：

> 这些天,时时想给你复信,却不知怎样下笔。我不知如何说出我的心情。……前天,有位孙越崎先生,特来看我,他说他现在是九十五岁五个月零五天,而身子骨挺硬朗,声音气力都很足,当时就想到你,你若有他一半的健康会多好！

> 这两天,我回忆我一生多少次受你的真诚、热情的帮助,从我作为一个大

学生认识你,三座门,南京,上海,重庆(尤其在抗战中的文化生活出版社,经常在那可爱的木楼上与下面,吃、住、谈天,见着许多文艺界朋友。)……一直到我们共同在华东医院治病,每天能见几次面,晚间我能和你在甬道上,慢慢随着你走路,到客厅,与病友们一同看电视……这些都是美好的梦,我已记不很清楚了,但仍是个年老的人,一直追寻过去多年你给我的说不尽的温暖,真是想念啊。想见见你,再说说话,尽管我的耳朵更聋了,你得用很大的力气讲给我听,我已听不进多少。(《曹禺巴金书简》)

4月5日 作诗《我爱你》。后收入《没有说完的话》。

4月6日 得悉金乃千逝世,题:

> 金乃千同志千古
>
> 不朽的事业
>
> 伟大的人生
>
> 曹禺敬挽
>
> 一九八九年四月六日(《金乃千的艺术生活》封页)

据曹禺撰述:"我记得金乃千死后,他的夫人唐爱梅副教授曾让我写几个字,我想不出来很合适的字,就写了'不朽的事业,伟大的人生!'这十个字,也可以说是金乃千的精神沉浸在这十个字中。"(《不朽的事业,伟大的人生——贺〈金乃千的艺术生活〉出版》)

4月15日 第六届《中国戏剧》梅花奖颁奖大会在深圳体育馆隆重举行。曹禺为之题词:"梅花朵朵香远益清,硕果累累戏剧精英。"(《第六届〈中国戏剧〉梅花奖颁奖大会在深圳市隆重举行》,《中国戏剧》第5期,1989年5月18日)

4月18日 巴金复信曹禺。信说:

> 你那两句话太使我难过了。我不得不亲笔写两行告诉你:
>
> 一、你好好保重身体;
>
> 二、我争取活下去,再写一本小书给你看。(《曹禺巴金书简》)

4月20—29日 中国戏剧家协会和南京市文化局共同主办的"南京小剧场戏剧节"在南京举行。曹禺为之题词:"小剧场是创造高度戏剧文明的园地。"(《"南京小剧场戏剧节"侧记》、《贺南京小剧场戏剧节圆满成功》,《中国戏剧》第7期,1989年7月18日)

4月21日 《人民日报》刊消息《曹禺著作在台湾出版》:"台湾《联合报》今年2月以《曹禺剧作逢日出》为题报道了一条消息,说曹禺剧作结束了在台湾多年遭'雷雨'的年代。""'戒严'时期,曹禺因其身份,著作被查禁,现经台湾新闻出版处按大陆出版品管理要点审核,认为'内容无大碍,准予出版'。台湾一家出版社取得曹禺授权,出版其作品集五册。"

是日　《海口晚报》刊消息:"中国文联主席、著名戏剧家曹禺为祝贺海南琼剧院建院三十周年寄来'为琼剧艺术勇攀高峰'的题词。"(转自《中国戏曲志·海南卷》第60 页)

4 月 26 日　致信田本相。信说:

巴金先生与其弟弟李济生同志问我要《曹禺传》共两本,不知你能否请出版社寄给上海文艺出版社,最好直寄上海武康路一一三号巴金同志与李济生先生,书款务请由我寄与该出版社,万不要客气,这是我个人的请求,务乞代办,十分感谢!①

信眉言:(我的两本已借出,不知出《曹禺传》的出版社的名称。)(《苦闷的灵魂——曹禺访谈录》第 315 页)

是月　《曹禺文集》第 2 卷,田本相编,由中国戏剧出版社出版。本卷收入《黑字二十八》、《蜕变》和《北京人》3 个剧本。

是月　吴家珍著《曹禺戏剧语言艺术》一书由大连出版社出版。该书将曹剧语言的修改实例加以归纳、分类,分别列出。同时结合具体的戏剧情境,作一些简要的分析、说明。

5 月 9 日　欧阳予倩诞辰 100 周年纪念会在中央戏剧学院实验小剧场开幕,曹禺出席并致开幕词;同时在欧阳予倩铜像落成揭幕仪式上讲话。(《欧阳予倩诞辰一百周年纪念会在京隆重召开》,《中国戏剧》第 7 期,1989 年 7 月 18 日)

5 月 31 日　下午,李筠、林连昆、赵崇林至北京医院看望曹禺。(《北京人民艺术剧院大事记》)

是月　曹禺题写书名的《中学课本剧》,由中国戏剧出版社出版。

6 月 28 日　中国文联主席团成员和在京委员在学习了党的十三届四中全会公报和有关文件后,举行座谈。曹禺作书面发言。(《中国文联组织学习四中全会文件,文艺界要进行深刻反思》,《人民日报》,1989 年 6 月 29 日)

是月　曹禺主编的《中国抗日战争时期大后方文学书系·第七编·戏剧》(共三集),由重庆出版社出版发行。书前附夏衍《总序》、曹禺《序》,第三集收入曹禺剧本《蜕变》。曹禺《序》说:"'前事不忘,后事之师。'中国抗日时期大后方的戏剧在抗日战争中产生和发展,作为整个抗战文艺的重要组成部分,它反映了抗战的时代,是中华民族坚决反抗日本侵略者,打败侵略者的历史见证。愿它对今天中日两国

①　原书信后注:接信后,即给巴金先生和李济生先生各寄去一本《曹禺传》。

人民的友好,共同反对日本军国主义复活,保卫世界和平,提供有益的教训。"

是月 在北京医院接待由台湾来的学生崔小萍,面对几十年前的学生,先生似有所悟:"你那时——是十七岁啊!……岁月过去得多快"。剧专时的日子,好像回到他的眼前,他忽然充满了泪水。(《万家宝老师》,《倾听雷雨——曹禺纪念集》第138页)

7月4日 上午,北京人艺重排《雷雨》建组。(《北京人民艺术剧院大事记》)

7月18日 《中国戏剧》第7期刊《第七届梅花奖评选委员会名单》,曹禺与张庚、吴雪、阿甲、张君秋为本届评委会顾问。

7月30日 致信万黛。信说:"我的血色素最近又是八克,三天前输血,仍感疲劳,幸而食量未减,仍按医院配好的东西吃下去。""我目前手抖,执笔困难,不多写了。"(万黛、万昭提供)

8月8日 中央实验话剧院首演曹禺的《北京人》。导演林兆华(特邀),舞美设计薛殿杰,雷恪生饰曾皓,李法曾饰曾文清,郑振瑶饰赠思懿,俞若娟饰曾文彩,张家声饰江泰,刘牧梅饰曾霆,潘沙泉饰曾瑞贞,张英饰愫芳,韩童生饰张顺,丁笑宜饰袁任敢,李野萍饰袁圆,王玉立饰巨人。(演出戏单;《中国戏剧年鉴1990—1991》第294页)

8月13—16日 由文化部、中国戏剧家协会、中国少数民族戏剧学会联合举办的第二届全国少数民族题材戏剧剧本创作评奖在贵州省安顺市举行颁奖大会。(《第二届全国少数民族题材剧本创作评奖揭晓》,《中国戏剧》1989年第8期)曹禺未出席,作书面发言祝贺,他说:"希望我国少数民族题材的戏剧,为促进民族团结、实现祖国统一、建设精神文明、弘扬民族文化、进一步发展和繁荣我国社会主义的戏剧艺术,创作出更加灿烂辉煌的作品!"发言题《祝辞》在《民族艺术》第4期发表。

8月19日 傅钟①遗体告别仪式在解放军总后勤部礼堂举行。曹禺与夏衍、张君秋、才旦卓玛、马烽、尹瘦石、夏菊花、周怀民等发唁电或送花圈。(《傅钟遗体告别仪式在京举行》,《人民日报》,1989年8月20日)

8月29日 下午,苏民、周瑞祥、林连昆至北京医院看望曹禺。(《北京人民艺术剧院大事记》)

8月30日 郑秀去世。(《妈妈爱清华》,《清华校友通讯》)

9月9日 中央实验话剧院《北京人》(北京人艺林兆华导演)剧组启程访问苏联。(《北京人民艺术剧院大事记》)

9月10日 教师节,曹禺代表中央戏剧学院向先进教师授奖并讲话,并与李

---

① 曾任中央顾问委员会常务委员、中国人民解放军总政治部副主任、中国文联副主席。

保田等获奖的先进教师合影留念。(《曹禺》画册第 131 页) 英若诚代表文化部向曹禺颁发从教 50 周年纪念奖。(同前第 133 页)

9 月 16 日　《人民日报》刊消息(杨景辉)《〈曹禺文集〉陆续出版》："曹禺是中国话剧艺术的开拓者之一。他的剧作驰誉中外,至今上演不衰。他除写剧本外,还从事小说、诗歌、电影、散文等多种形式的创作。经曹禺同志同意,中国戏剧出版社决定出版《曹禺文集》,特约田本相编纂。文集计分七卷……文集插有作者早年珍贵照片和剧照。"

9 月 27 日　下午,周瑞祥、赵崇林陪同北京市委宣传部官员至北京医院,看望曹禺。(《北京人民艺术剧院大事记》)

10 月 7 日　首都文艺、宣传、出版界人士在北京人民大会堂座谈《李伯钊文集》出版。曹禺与金紫光、吕英、刘英、逄先知、田华、于蓝、刘白羽、李超等出席,并发言。(《首都知名人士座谈〈李伯钊文集〉》,《人民日报》,1989 年 10 月 8 日)

10 月 17 日　南开大学隆重举行庆祝建校七十周年暨周恩来塑像揭幕仪式。曹禺为之题词:"祖国之光"。(《南开校友通讯》1990 年第 1 期·复 12 期)

10 月 24 日　北京人艺新排《雷雨》在首都剧场公演。导演夏淳,舞美设计陈永祥、宋垠、冯钦,郑天玮饰四凤,韩善续饰鲁贵,张福元饰鲁大海,高东平饰周冲,龚丽君饰繁漪,濮存昕饰周萍,顾威饰周朴园,周铁贞饰鲁侍萍。(《北京人民艺术剧院(1952—2002)》画册) 曹禺观看演出,并与演员合影。(《北京人民艺术剧院大事记》)

10 月 28 日　晚,和李玉茹观看新排《雷雨》。演出前,会见来访的台湾作家琼瑶。演出后,曹禺上台与演员见面,并讲话,曹禺说,这次由青年演员们演得很不错,有成绩,看到了你们这一代年轻人,很高兴。也非常感谢导演夏淳把我几十年前写的戏导得这么成功!(同前)

是月　为纪念张彭春诞辰百年题字:

怀念彭春先生

受教无穷

学生曹禺

一九八九年十月(《话剧在北方奠基人之一——张彭春》)

是月　《南开大学校史资料选(1919—1949)》由南开大学出版社出版。王文俊、梁吉生、杨珣、张书俭、夏家善选编。内收曹禺、老舍《张校长七十大庆》及曹禺《回忆在天津开始的戏剧生活》二文。

11 月 1 日　在北京医院为潜江"曹禺著作陈列馆"落成典礼作《我是潜江人》,在 19 日《光明日报》发表。后收入《曹禺全集》第 6 卷。

11 月 4 日　王光、李志坚至北京医院看望曹禺。(《北京人民艺术剧院大事记》)

11 月 5 日　曹禺著作陈列馆落成典礼在湖北潜江市举行。曹禺因病未能前往,李玉茹、万方代表参加,万方宣读先生致信。在开幕剪彩和曹禺铜质胸像揭幕仪式上,曹禺夫人李玉茹代表曹禺宣读了答谢词《我是潜江人》。同时,举行了曹禺半身铜像的揭幕仪式和曹禺研究的学术讨论会。在这座四层楼的陈列馆里,陈列了曹禺著作各个时期各种文字的版本和部分手稿、国内外研究曹禺著作的专著、论文、海报等 1 000 多件。(《曹禺著作陈列馆开馆》,《人民日报》,1989 年 11 月 19 日)当晚,潜江花鼓剧团演出花鼓戏《原野》。

11 月 20 日　《上海文论》第 6 期"作家与流派"刊夏志厚《曹禺:早衰的名家》一文。

11 月 22 日　作诗《无题》①。后收入《没有说完的话》。

是月　田本相、刘一军选编的《曹禺读本》由上海教育出版社出版。书系"中学生文库"之一种。收入《雷雨》第一幕、《日出》第四幕、《原野》第四幕第四景和第三景、《北京人》第三幕第一景、《王昭君》第一幕。书后附《寄语少年朋友(1985 年 10 月 6 日在南开中学的讲话)》,书前附编者《杰出的戏剧家——曹禺》一文。

是月　曹禺题写书名的《方洪友②剧作选》由中国戏剧出版社出版发行。

是月　《中国大百科全书·戏剧》由中国大百科全书出版社出版。该书显示:曹禺为《中国大百科全书》总编辑委员会委员,与黄佐临同为《戏剧》编辑委员会主任、委员。

12 月 3 日　于北京医院作诗《一片绿叶》。在 1996 年《诗刊》2 月号发表。后收入《曹禺全集》第 6 卷。

是日　又作《无题》一首。后收入《曹禺全集》第 6 卷。

12 月 4 日　作《无题》一首。后收入《没有说完的话》。

12 月 5 日　致信万欢。信说:

> 小欢子……一想到你小时种种情形,感到自己老了,有点伤感。不要为爸爸多着急,这是老年难治的病,不可能痊愈,只能长住医院,保持平稳,不恶化就是上策。(万方、万欢提供)

12 月 6 日　曹禺将重庆出版社所赠"中国抗日战争时期大后方文学书系"20

---

①　原注:写于 1989 年 11 月 22 日。

②　1963 年毕业于上海戏剧学院戏剧文学系;1963—1971 年在辽宁人民艺术剧院任编剧;1971 年在江苏省文化厅创作室、剧目工作室,任专业编剧。电视连续剧《双桥故事》获全国"五个一工程"奖、飞天奖;因儿童滑稽戏《一二三,起步走》的创作,获文化部第七届"文华剧作奖";《爱的弯道》获江苏优秀长篇电视剧奖。

册全部转赠北京人艺图书馆。(《北京人民艺术剧院大事记》)

12 月 10 日　巴金复信曹禺。信说:

> 电报收到。……想起你我只有一个愿望:不要放下笔。我不断地对你说:你要写,要多写。然而今天我却要对你说:"要保重,把身体养好。"你安心养病吧。你的存在就是一种力量,千万不要轻视自己。我经常从你那里受到鼓舞,这是真话!《曹禺巴金书简》)

12 月 12 日　著名戏剧家杨村彬追悼会在上海举行。曹禺送花圈。(《著名戏剧家杨村彬辞世》,《人民日报》,1989 年 12 月 13 日)

12 月 22 日　北京人艺收到由上海市对外文化交流协会编辑出版的《北京人艺在上海》纪念特刊,曹禺为该刊题写刊名。(《北京人民艺术剧院大事记》)

12 月 27 日　下午,王瑶先生追悼会在北京八宝山革命公墓礼堂举行。曹禺送花圈。(《著名文学史家王瑶追悼会在京举行》,《人民日报》,1989 年 12 月 29 日)

是月　在北京医院接待前来看望的吴祖光先生及其女儿吴欢。

是月　在北京医院两次接待前来看望的东风剧团的陈素真、牛淑贤和王振国。还为陈素真题词:"不要人夸颜色好,长流清气满乾坤。"并为牛淑贤晋京演出题词:"承前启后,戏曲之光。"(《曹禺大师与东风剧团》,《周总理和娃娃剧团》第 121、122 页)

是年　吉林艺术学院建校 30 周年。曹禺为之题词:"攀登艺术高峰。"(《吉林艺术学院学报》1989 年第 2 期)

是年　曹禺题写报名的《荆州文化报》创刊。

是年　《雷雨》韩文译本由韩国的中央日报社出版。系《中国现代文学全集》(第 18 卷),译者金宗玄(也有译为:金钟钱)。

1990 年　八十一岁

8 月 14—30 日,首届中国国际民间艺术节在北京举行。

9 月 7 日,七届全国人大常委会第 15 次会议闭幕。会议通过《著作权法》(1991 年 6 月 1 日起施行)。

1 月 5 日　于是之、周瑞祥、王宏涛在北京人艺接待北京图书馆来人,商谈举行曹禺作品展览事宜。下午,夏淳、周瑞祥至北京医院看望曹禺。(《北京人民艺术剧院大事记》)

1 月 11—19 日　中国戏曲学院举行成立四十周年庆祝活动。曹禺与俞振飞、张庚、郭汉城、马少波、阿甲等为校庆题词。(《辛勤耕耘结硕果,再展宏图谱新篇》,《中国戏剧》第 2 期,1990 年 2 月 18 日)曹禺题词如下:

济济多士培化巨材

德艺灿灿煌煌高台

春风桃李尽出公怀

书　贺

中国戏曲学院建院四十周年

一九九〇初春曹禺(《戏曲艺术》1990 年第 2 期)

1 月 19 日　下午,于是之至北京医院看望曹禺。(《北京人民艺术剧院大事记》)

1 月 22 日　下午,周瑞祥、张学礼至北京医院看望曹禺。曹禺精神很好,对举办青年演员表演进步奖的活动甚为肯定,认为做得好,影响也好;认为《人艺之友报》办得不错,要坚持下去。(同前)

1 月 31 日　下午,北京人艺召开书记院长会议,决定为曹禺制作半身塑像(为庆贺曹禺从事戏剧活动 65 周年)。(同前)

是月　方琯德到北京医院看望曹禺,并亲切交谈。(《滴血成华,独饮芳香》)

2 月 5 日　致信万昭。信说:

你的病究竟如何?你身体素来弱屏,小时候便神经衰弱,平时太用功,你的健康仅靠你的毅力支撑。真想见见你们,问问你们最近的情况。

妈妈故去,我内疚很深。你们——你和黛黛小时我都未能照护,只依妈妈苦苦照顾,才使你们成才。想起这些,我非常愧疚。事已过去,无法补过。人事复杂,不能尽述。希望你们暇中能来一次医院,让我看看你们。(《没有说完的话》第 319 页)

2 月 7 日　《人民日报》刊孙毓敏《承前启后戏曲之光——看牛淑贤豫剧专场演出》一文。文及,前不久,豫剧演员牛淑贤在京举办专场演出,在观众和戏曲界产生了很大的反响。曹禺抱病为她题词:"承前启后,戏曲之光。"

2 月 8 日　巴金复信曹禺。信说:

感谢你的长信,四十年的往事无法谈,无法写,我们都老了!你的信到了我这里已经一个多月,我读了不止一遍,后来我忽然觉得这信也像是我写的,你我的处境、的心情、的想法完全一样。你"每日想出医院",我每日想不再进医院,可是你只能短期请假出来,我也还得在什么时候住进医院。我多么怀念五十年代、六十年代和八十年代初期我们在一起过的日子,可惜我没有精力写回忆录了。但是它们会永远留在我的记忆中,何况我这里还有不少的照片。今天我又在《日中文化交流》上看见你在医院里会见杉村春子,明明是你常有的笑容!你还不曾让"病"完全征服,我也一直在想办法保护自己,跟病作斗争,即使得不到最后胜利,也是有意义的事。我们不用悲观,不用感伤,最好安心做到我们应当做的一切,也就是我们能做到的一切。跟疾病作斗争,我们就只有这一条路了,这是人人都要走的路。走上了这条路,我也显得很软弱,晚上失眠,想来想去,最后总是背诵自己的文章用自己的话激励自己,虽然效果不大,但我也无其他本领了。我就是这样地活下去的。我尽可能争取多活。我有时也还有点幻想:天暖和了,我的身体会好起来,我会见到你。你的健康也可能逐渐恢复。多多保重,继续跟疾病斗争,坚持也就是胜利。(《曹禺巴金书简》)

是月　《中国话剧研究》创刊,曹禺题词:"希望把《中国话剧研究》办好"。(《创刊祝词》,《中国话剧研究》第 1 辑)

3 月 16 日　北京人艺开会研究纪念曹禺从事戏剧活动 65 周年的具体活动项目。原则商定:① 演出《雷雨》、《北京人》;② 与北京图书馆联合举办曹禺作品展览;③ 举行学术研讨会;④ 制作曹禺塑像,置于剧场前大厅等。(《北京人民艺术剧院大事记》)

4 月 10 日　为纪念曹禺从事戏剧活动 65 周年,北京人艺重排《北京人》建组。(同前)

4 月 19 日　我国著名的古希腊文学专家、翻译家罗念生遗体告别仪式在北京八宝山革命公墓礼堂举行。曹禺与巴金、贺敬之等送花圈。(《我国古希腊文学专家罗念生病逝》,《人民日报》,1990年5月6日)

4月20日　为杨村彬《导演艺术民族化求索集》作序。该书由中国戏剧出版社于1991年出版,曹禺为之题写了书名。序说:"村彬同志是我半个世纪以上的老朋友,""他是极有才能的剧作家,他写《清宫外史》三部曲,举世轰动,影响后代,是中国话剧站得住的好剧本。"

4月23日　陈仲宣遗体告别仪式在北京八宝山革命公墓举行。曹禺送花圈。(《北京人民艺术剧院大事记》)

4月28日　上海人艺在上海艺术剧场公演《日出》,导演庄则敬,舞美设计丁辰、朱士场、李瑞祥,演员赵曦、徐程、魏启明、魏宗万、杨宝河等。(《上海话剧志》第76页)

是月　中国文联、中国作协在河北保定召开文艺思想座谈会。来自全国各地的作家、艺术家、理论家100多人,以正本清源、繁荣文艺为宗旨,就大家共同关心的文艺思想、文艺理论上的一些重要问题,进行了为期5天的讨论。曹禺因病未能出席,对座谈会表示关切,并祝会议成功。(《文联作协召开文艺思想座谈会》,《人民日报》,1990年4月28日)

5月24日　庆祝曹禺从事戏剧活动65周年组委会在北京人艺召开会议,研究活动计划(草案)。(《北京人民艺术剧院大事记》)

是月　曹树钧、余健萌著《摄魂——戏剧大师曹禺》,由中国青年出版社出版。

是月　上海音乐学院周小燕歌剧中心和山东省歌舞剧院合作排练的歌剧《原野》在山东省济南市公演。(《歌剧〈原野〉梅开三度》,上海音乐学院学报《音乐艺术》1990年4期)在山东演出7场,后在上海、北京各3场。该剧由万方据曹禺的著名话剧改编脚本,金湘作曲,艺术顾问周小燕,导演李稻川(特邀),指挥杨又青(特邀),舞美设计高洪祥,演员文曙光、吴侃、王忠饰焦大星、施鸿鄂、丛培红、王闯饰常五、雷岩、范晓艺、徐承跃饰仇虎、李彩琴、胡明玉、曲翠声饰金子,赵飞饰白傻子。(在京演出节目单)

6月2日　下午,北京人艺举办《人艺之友报》创刊三周年纪念研讨会,曹禺为之题词:"艺术永久,友谊长存。"(《北京人民艺术剧院大事记》)

6月5日　致信巴金。信说:

> 从你给我复一封长信后,有半年我没有回信。原因是少见的疲乏,看来,我出院的希望只是幻想,说不定今生再见你是不可能的。心里乱糟糟的,时常想念你,我的兄长;想念我们曾在一起欢聚的情景,想起靳以。……

......

　　我觉得许多往事使人流泪,使人高兴,使人那样渴望它再现。大约我这一生快走到尽头;回顾这一辈子,可想的事情不多,错失(事?)确是不少。自己想算算总账,我欠人,欠这个世界的太多,太多了!

　　蒂甘,你永远燃烧着热情的火,你是对一切世界的丑的、坏的事物永远反抗的灵魂,因此有正义感的人对你总抱着崇敬的热情的感情。真希望,你一点不感到累,你是总在战斗着的人。(《曹禺巴金书简》)

　　6 月 6 日　英籍华人女作家、画家凌叔华遗体告别仪式在北京石景山医院举行。曹禺与冰心、巴金等送花圈。(《英籍华人作家凌叔华遗体告别仪式在京举行》,《人民日报》,1990 年 6 月 7 日)

　　6 月 14 日　中国文联等单位将《祝贺曹禺同志从事戏剧活动六十五周年计划》草案报请中宣部、文化部。(《北京人民艺术剧院大事记》)

　　6 月 28 日　北京人艺复排《北京人》在首都剧场公演。导演夏淳,舞美设计王文冲、霍焰、冯钦,张瞳饰曾皓,吴刚饰曾文清,龚丽君饰曾思懿,马星耀饰江泰,王涛饰曾霆,郑天玮饰瑞贞,江珊饰愫方,王长立饰张顺,尹伟饰袁任敢,任炼饰袁圆。(《北京人民艺术剧院(1952—2002)》)曹禺前往观看演出,并与主要演员交谈、合影。(《北京人民艺术剧院大事记》)

　　6 月 29 日　巴金复信曹禺。信说:

　　信收到。你那些话我读了很难过。我想到你的病情,也想到我的病状,我不敢多写。我们两个都落到这样的境地里了。我知道靠自己的力量是摆脱不掉的。但无论如何我们要振奋起来。不然我们两人谈起过去对哭一场,有什么用处?家宝,我们还是向前看吧。还是多想着未来吧。即使未来不属于我们,但是听见年轻人前进的脚步声,我会放心地闭上眼睛。好好地将息吧,今年人们要为你创作生活六十六年庆祝。你那几本书一直在放光。愿你早早养好病,提笔再写。你说你欠这个世界的东西太多,这是因为你的才华太大。八月我要给你打个贺电。(《曹禺巴金书简》)

　　7 月 4 日　晚,至北京人艺观看新排《北京人》。演出后上台看望演员,对青年演员给与鼓励。(《北京人民艺术剧院大事记》)

　　7 月 5—11 日　上海隆重举行白杨从艺六十周年纪念活动。曹禺与夏衍、阳翰笙、陈荒煤、张骏祥、袁文殊、吴作人、陈白尘、于玲、凤子、刘厚生和广电部电影局局长滕进贤等题词和发函致贺。(《中国电影年鉴1991》第286、287页)

　　7 月 24 日　上午,纪念曹禺从事戏剧活动 65 周年暨诞辰 80 周年工作会议在

北京人艺 205 会议室召开。会上通报了中宣部和文化部关于这一活动的批复。(《北京人民艺术剧院大事记》)

8 月 4 日 在《文艺报》发表《不朽的事业,伟大的人生——贺〈金乃千的艺术生活〉出版》一文。后收入《曹禺全集》第 6 卷。本期还刊消息《中国国际民间艺术节将于 8 月 14 日在北京开幕》。介绍说,首届中国国际民间艺术节主席为中国文联执行主席曹禺。

8 月 7—10 日 "全国课本剧研讨会"在北戴河天津教师休养所召开。(《"全国课本剧研讨会"在北戴河召开》,《中国戏剧》1990 年第 9 期) 会上宣读了中国文联主席、中国剧协主席曹禺在医院写给大会的贺词。(《课本剧——方兴未艾的事业》,《剧本》1990 年第 8 期)

8 月 17 日 致信万欢。信说:

我执笔很困难,但仍想写几句话。

你一连写几封信,写给妈妈,姐姐和我,你很忙,写这样多,太难为你了。

我必须再给你嘱咐我说过的话:

我一旦逝去,你要认真孝敬妈妈,待她,侍奉她如你的亲妈妈一样。这样你就真是我的好女儿。

最近我常想,这十几年,我病了很久,是妈妈给我说不尽的爱护,体贴,真正的感情。小欢子,你如能真(听)我的话,那我就真放心了。(万方、万欢提供)

是日 冰心复信曹禺。信文如下:

得到您的戏剧活动 65 年的请帖①,我十分激动,想起好几十年前的许多往事,里面有你,有巴金,以及许多同志。您的创作真不比寻常,看戏时往往使人泪下。

展览一定琳琅满目! 但行动不便的我,是去不了了。但我的心中也有一幕幕的展览。纸已尽,不说了,我已有十年不参加社会活动了,静言思之,不能奋飞!!(《北京人民艺术剧院大事记》)

8 月 21 日 北京图书馆、北京人民艺术剧院、北京东方化工厂和潜江曹禺著作陈列馆四单位,在北京图书馆展览厅联合举办"曹禺戏剧活动 65 周年展览"开幕式。这是为庆贺杰出戏剧家曹禺 80 寿诞暨从事戏剧艺术 65 周年而举行的系列活动中的一项。这次展览采用编年形式,通过图片、书籍、报刊,生动翔实地展现了曹禺 80 年的生活历程和 60 余年的创作成就。展览大厅陈列着曹禺著作的各种版

---

① 原注:指展览会请柬。

本、外文译本和研究曹禺的专著,以及曹禺的部分手稿。最珍贵的当属曹禺为其处女作《雷雨》的初版本写的序言,上面还有此书的第一位编辑巴金的编辑手迹。(《曹禺戏剧活动展在京开幕》,《人民日报》,1990 年 8 月 22 日)

8 月 23 日　上午,纪念曹禺从事戏剧活动 65 周年组委会在首都剧场二楼休息厅举行记者招待会。(《北京人民艺术剧院大事记》)

8 月 28 日　《剧本》刊消息《首都将隆重祝贺曹禺同志从事戏剧活动六十五周年》:"今年是我国杰出的剧作家、戏剧教育家曹禺同志从事戏剧事业六十五周年,文化部艺术委员会、中国文联、中国剧协、中国话剧艺术研究会、北京市委宣传部、湖北省文化厅、北京市文化局等单位将于十月下旬在京联合举办隆重的祝贺活动。""在祝贺活动期间,将举办为期四天的学术研讨会,""北京人民艺术剧院、中央实验话剧院、中国青年艺术剧院、辽宁人民艺术剧院也将演出曹禺同志的名作。湖北省潜江花鼓戏团和甘肃省京剧团届时进京演出《原野》,""中央电视台也将在此时间播放有关曹禺同志剧作的舞台纪录片。北京图书馆将在祝贺活动中,举办大型展览,""展出曹禺同志的年表、传记、全部著作的各种版本、外文译本和手稿,曹禺同志翻译的外国剧本以及研究、评介曹禺同志剧作的学术论文和专著等"。

8 月 31 日　曹禺从事戏剧活动 65 周年展览(北京)结束。(《北京人民艺术剧院大事记》)

9 月 8—20 日　曹禺戏剧活动 65 周年展览在天津戏剧博物馆展出。(同前)

9 月 20 日　《文科季刊》第 2 期刊《"〈雷雨〉是首诗"——听曹禺谈〈雷雨〉》。该文系贾春访问曹禺所作。

9 月 24 日　曹禺 80 诞辰,又恰逢他从事戏剧活动 65 周年。中共中央政治局委员、中共北京市委书记李锡铭和市委副书记王光,市委常委、宣传部部长李志坚,副市长何鲁丽,专程到北京医院看望曹禺,表示祝贺。曹禺说:"感谢领导的关怀和鼓励。解放前,我在重庆时就受到党的鼓励;解放后更是不断得到党的鼓励和支持。不然,我没有今天。"(《中共北京市委祝贺曹禺八十华诞》,新华社电讯稿,1990 年 9 月 25 日)

是日　下午,鲁刚、于是之、夏淳至北京医院代表北京人艺全院同志祝贺曹禺 80 寿辰。(《北京人民艺术剧院大事记》)

是日　复电巴金。电文说:

　　读到你热诚的贺电,看到你送来的非常美丽的花篮,我感奋不已。六十多年来你对我的关怀、帮助和支持,我永远不能忘记。感激你,祝你健康长寿!

（《曹禺巴金书简》）

是月 为纪念曹禺同志从事戏剧活动 65 周年,田本相主编的《曹禺文集》第 3、4 卷,由中国戏剧出版社出版。第 3 卷编入剧本《镀金》、《正在想》、《家》及《桥》,第 4 卷编入剧本《明朗的天》《胆剑篇》及《王昭君》。第五卷至七卷拟于明年出版,将分别编入曹禺创作的电影剧本及翻译剧本和理论文章、小说、散文等。

是月 焦尚志著《金线和衣裳——曹禺与外国戏剧》,由中国戏剧出版社出版。全书 8 章,从比较话剧研究角度,全面深入地探讨曹禺与外国戏剧的关系。

10 月 1 日 黄佐临致信曹禺,祝贺 80 寿辰。信说:

乘你八十大庆之际,向你道喜。本应送你件礼物,又念你我相识已有六十一年之久,是深交。既然如此,就免俗了吧。

想起件往事,姑且道出来,当作秀才人情:我第一次读《日出》是一九三六年冬在伦敦。读后我和丹尼都十分惊喜。翌日,我情不自禁地告诉我的恩师圣丹尼。他也极感兴趣,并示意我译成英文。利用寒假,我一边将丹尼打发到奥地利滑雪,一边独自躲在剑桥着手翻译。细读后发现除立意深、人物厚外,其语言特别生动、上口,而为译者造成很大困难。"点煤油火炉"当然是现成的,但那几段数来宝可收拾我了! 寒假后我向圣丹尼交卷,他非常欣赏! 并有意搬上伦敦舞台。他和我甚至分配了角色,真有意思!

你知道吗! 我们想让劳顿演潘月亭……总之,这些大部份(分)都是圣丹尼的赞助者或班底,都是当时伦敦剧坛上的红人……这个班子还不是剧团,但常搭在一起演好戏。人们习称他们为"新剧院",后来发展成为老维克莎士比亚剧院,开始几年圣丹尼仍是领导人之一。

我离开圣丹尼时,战争风云四起,《日出》于是只成为纸上谈兵,连译文也无下落了,真可惜!

今天乘你的大喜日子将这一往事告诉你,供你一乐。

人逢喜事精神爽,愿你精神天天爽! (转自《北京人民艺术剧院大事记》)

10 月 3 日 致信巴金。后收入《曹禺全集》第 6 卷。

10 月 5 日 下午,以中国文联执行主席名义,邀请在京文艺界人士在首都宾馆庆佳节。曹禺因病未能出席,他在书面发言中向全国文艺界,以及台湾省、港澳地区、海外侨胞中的同行朋友们表示问候和敬意。(《首都文艺界聚会庆佳节》,《人民日报》,1990 年 10 月 6 日)

10 月 11 日 与林默涵联名致贺信,祝贺"姚雪垠文学创作六十周年学术讨论会"。信说:

欣闻举行姚雪垠先生文学创作 60 周年学术讨论会,适逢姚老八十华诞,谨致热烈祝贺。从抗日年代始,姚雪垠先生即以椽之笔为中国劳苦农民呐喊;近三十年来先生致力的鸿篇巨制,开辟了"五四"以来的中国历史小说的先河。姚雪垠先生对社会主义文艺事业的卓越贡献和高度社会责任感将作为一代楷模为人敬仰。(《百年雪垠》第 363 页)

10 月 12 日　北京三露厂领导至北京医院看望曹禺。(《北京人民艺术剧院大事记》)

10 月 15—17 日　上海音乐学院在上海市政府大礼堂演出歌剧《原野》。(《歌剧〈原野〉梅开三度》,上海音乐学院学报《音乐艺术》1990 年 4 期)

10 月 16 日　下午 3 时,在北京医院接受《瞭望》记者殷金娣采访。题为《访曹禺》,载 11 月《瞭望》第 45 期。采访中,谈到巴金,曹禺说:"我这一辈子是巴金把我介绍给文艺界的,我在解放前写的剧本,都是经过巴金的手发表的。他使我和戏剧结下不解之缘,改变了我的人生道路。所以说,如果没有巴金,就没有曹禺,巴金是我的朋友和恩师。"对于人们称他为"中国的莎士比亚"。曹禺说:"不! 能这样说。""中国话剧事业的兴起和发展,还有前辈洪深、田汉、欧阳予倩先生等人的功绩,有他们在前面铺路,才有我。"

10 月 19 日　中央戏剧学院举行建院 40 周年庆祝会。会上,宣读了曹禺的祝辞。"曹禺在祝辞中说:'中央戏剧学院建院四十周年,这是个值得庆贺的日子。''我因为身体有病不能参加学院四十周年的院庆。但是我的心,我的情感是到了学院的,到了我们新建的现代化的小剧场,到了四面被楼围着的小操场,到了我 40 来岁时就建造起来的老灰楼。''我要说,我热爱中央戏剧学院,我为它感到骄傲。在我们的首都——北京,在北京的棉花胡同里的这块地方,曾经和正在升起一颗颗明亮的星,在中国戏剧舞台上闪光。我,我们,戏剧学院的全体教职工,都因此而被照亮。我衷心地庆贺中央戏剧学院 40 周年院庆。'"(《四十华诞,硕果满园——中央戏剧学院院庆综述》,《戏剧》第 1 期,1991 年 3 月 20 日)

10 月 20 日—11 月 6 日　祝贺曹禺从事戏剧活动 65 周年活动在京举行。"曹禺学术讨论会"、"曹禺从事戏剧活动 65 周年图书展览"和"曹禺剧目演出"同期进行。(《北京人民艺术剧院大事记》)活动期间,巴金、白杨、张瑞芳、红线女等发来贺电,苏联剧协主席、日本友人也发来贺电。部分电文如下:

巴金的贺电:

　　曹禺艺术为人民永放光芒! 祝你健康长寿!

白杨的贺电:

曹禺同志：您毕生从事文艺,取得了伟大的成就,为党和人民做出卓越贡献。您的著作永远闪光在中国戏剧史册。您深受人们尊敬和爱戴。借此您80寿辰之际,特向您致以最热烈的祝贺!并祝系列庆祝活动圆满成功!切望安心治疗早日恢复健康,继续为中国文艺事业多作贡献。

张瑞芳的贺电:

家宝师友:祝贺您80华诞及戏剧活动65周年!您确实是国家之宝、戏剧界之宝,朋友们心中之宝!祝您早日恢复健康。(同前)

10月20日　活动正式开始。晚,哈尔滨求索剧院(社)在首都剧场演出《蜕变》。演至22日。(同前)

是日　王任重致信曹禺,祝贺八十寿辰。信说:

在你八十寿辰之际,我衷心祝愿你早日恢复健康。

你的剧作《日出》《雷雨》,我早在抗日根据地就看过。当时根据地剧团的水平有限和灯光道具的缺乏,人们是不难想到的。但在露天演出时,成千上万的干部战士的心都被打动。我认为像《日出》这部作品,不论在思想性和艺术水平上都超过了世界名著《茶花女》。(《王任重文集》(下卷)第387页)

10月21日　鲍昭寿、万流、寇嘉弼、肖能芳四位剧专学生至北京医院看望病中的曹禺。先生"热泪盈眶"依依惜别。(《师生情谊,悠悠长存》)

10月22日　曹禺戏剧活动展览在首都剧场前厅开展。(《北京人民艺术剧院大事记》)

10月22—24日　湖北潜江荆州花鼓戏《原野》在吉祥戏院演出。(同前)

10月23日　为纪念中央戏剧学院四十周年作《我的祝贺》在《人民日报》发表。题《我的祝贺——为纪念中央戏剧学院而作》,收入《曹禺全集》第6卷。

10月24、25日　北京人艺在首都剧场演出《雷雨》。(《北京人民艺术剧院大事记》)

10月25日　上午,祝贺曹禺从事戏剧活动65周年纪念大会在首都剧场隆重召开。胡乔木、屈武、王忍之、贺敬之等出席。在庆祝大会上,与会者高度评价了曹禺在半个多世纪以来对中国文艺事业特别是话剧事业的杰出贡献,称赞曹禺的作品充满了现实主义戏剧的真切感情和艺术魅力。最后由曹禺夫人李玉茹致答谢词,她带来了曹禺的两句真心话:"祖国和人民给与我的太多太多了,我对祖国和人民奉献的太少太少了。"(《北京隆重庆祝曹禺从艺六十五周年》,新华社电讯稿,1990年10月26日;《首都召开隆重大会祝贺曹禺戏剧活动65周年》,《人民日报》,1990年10月26日)

是日　邓颖超致信祝贺曹禺。原文如下:

亲爱的老战友、尊敬的曹禺同志:

今天是你从事戏剧活动 65 周年,我向你表示热烈的祝贺,并致崇高的敬意! 这不仅是你个人的光荣,也是文艺界、戏剧界的光荣。你从青年时就是一位才华出众的剧作家,几十年来,深入群众,深入生活,用你心血和勤奋的艺术劳动,写出了时代的人物,给我和广大观众留下了深刻的印象。你的创作结出了丰硕成果,这说明了,它具有革命性、人民性和高度的艺术性,是中国文化的珍宝。

我们相识了几十年。相识是由你的创作为桥梁的。我第一次看你的《日出》,就吸引了我。抗战初期,凡是你的剧本演出,只要有空,就去看戏。我是你的忠实观众。几十年的事,还记忆犹新。我在青少年时期同已故恩来同志,就热爱话剧并有小小的尝试,这是我们俩的共同爱好。虽然,我现在已经老了,但对戏剧还是热爱和关心的,现在不能看演出,深表遗憾。在祝贺你的艺术成就之际,也祝愿戏剧界能有更好的创作为人民服务。最后祝你健康长寿!

邓颖超

一九九〇年十月二十五日

(《邓颖超写信祝贺曹禺》,《人民日报》,1990 年 10 月 26 日)

10 月 25—29 日   曹禺学术研讨会在京召开。来自全国的 54 位专家、学者、教授和编、导、表演艺术家聚集在一起,从各个方面对曹禺的剧作成就、创作道路、艺术思想以及曹禺对我国戏剧事业所作的杰出贡献作了精彩的发言。这次研讨会不仅对曹禺剧作的文学性给以全面分析,同时在戏剧实践、戏剧教育以至剧院艺术建设等方面探究了曹禺的贡献和影响,充分体现出理论与实践相结合的学风。(《难得的盛会——祝贺曹禺戏剧活动 65 周年活动掠影》,《中国戏剧》第 12 期,1990 年 12 月 18 日)

10 月 26—28 日   甘肃省京剧团在吉祥戏院演出京剧《原野》。钟文农改编,陈霖苍、钱大鼎导演,陈霖苍扮演仇虎,张虹扮演花金子。(《北京人民艺术剧院大事记》)

10 月 26—29 日   山东歌舞剧院和上海音乐学院周小燕歌剧中心在民族宫礼堂联合演出歌剧《原野》。(同前)

10 月 27 日   北京师范大学北国剧社在首都剧场演出《镀金》和《雷雨》第 2 幕。(同前)

10 月 28—31 日   中国青年艺术剧院在青艺剧场演出话剧《原野》。(同前)导演张奇虹,舞美设计苗培如,杜振清饰仇虎,宋洁饰花金子,韩静如饰焦氏,许正廷饰焦大星,赵汝彬饰常五,玉楠饰白傻子。(演出节目单)

10 月 28 日 《剧本》第 10 期刊《第五届(1988—1989)全国优秀剧本创作奖评奖条例》、《第五届剧本评奖委员会》,曹禺与张庚、赵寻为顾问。主任胡可。

10 月 29、30 日 晚,北京人艺在首都剧场演出《北京人》。(《北京人民艺术剧院大事记》)

10 月 30 日 《新华社电讯稿》刊文《一位不断追寻的老人——万方谈父亲曹禺》。

10 月 31 日 晚,北京人艺之友(联谊会)举行祝贺曹禺从事戏剧活动 65 周年庆祝会。李玉茹代表曹禺到会。(《北京人民艺术剧院大事记》)

是月 《欧阳予倩全集》由上海文艺出版社出版,曹禺为该书编委会委员。

是月 台湾"中国舞台剧协会大陆戏剧访问团"来北京作戏剧交流和访问。其间,曹禺在北京医院接待访问团团长张英、黄美序教授、剧作家高前先生和吴柏廷(台中县青年高中影视科戏剧组主任)。这是台湾戏剧界第一次正式访问曹禺先生。(《台中县青年高中八十四年度戏剧公演手册》)

11 月 4—6 日 中央歌剧院音乐中心在首都剧场演出音乐剧《日出》。(《北京人民艺术剧院大事记》)万方改编,金湘作曲,音乐剧中心主任邹德华担任艺术总监,夏淳任总导演,郑小瑛任总指挥。配器杜兴成,导演李稻川,指挥关序,舞蹈编导曹志光,布景设计苗培如。主要演员:史可、王红饰陈白露,中国歌剧院的孙毅和中央歌剧院的张洪斌分别饰方达生,李克平饰潘月亭,姚建萍、黄丽莉饰小东西,方丽娅饰翠喜,塔娜饰顾八奶奶,汤铭饰张乔治,汪奇伟、金小山饰黑三,张玉成饰金八,沈大德饰王福升,刘春喜饰李石清,周绥德饰瘸子,郝玉振饰乞丐。(演出节目单)曹禺为之题词:

> 《日出》改编成音乐剧,是我没有想到的事情,但又是我感到欣喜的事情。音乐剧是一种很好的艺术形式,它很容易让观众喜欢。同时,音乐剧又是各方面水准很高的艺术形式,歌唱、舞蹈、表演,都应该多姿多彩,引人入胜。
>
> 音乐剧《日出》的演出,作为一种试验是十分有意义的。我相信所有创作人员付出的辛劳一定会有所收获。他们的汗水会浇灌出一朵新鲜的、充满生机的花,会给我们的观众带来欢乐。
>
> 我祝愿音乐剧《日出》演出成功。(同前)

11 月 5 日 《瞭望》周刊第 45 期封面刊"话剧艺术的一代宗师"曹禺像。为庆祝杰出的戏剧家曹禺从事文艺生涯 65 周年及 80 诞辰,编发殷金娣采写的"特稿"《访曹禺》、《于是之谈曹禺》(陶映荃整理)、《夏淳:三排〈雷雨〉》(陶映荃整理)三篇文章,以示纪念。

11 月 6 日　祝贺曹禺从事戏剧活动 65 周年活动全部结束。(《北京人民艺术剧院大事记》)

11 月 11 日　晚,在布加勒斯特市中心的诺塔拉剧院,为庆祝中国戏剧大师曹禺从事戏剧创作活动 65 周年,罗马尼亚艺术家再次把曹禺的名著《雷雨》搬上舞台。"演出结束后,剧院院长向本社记者介绍说,曹禺是罗马尼亚人民熟悉的戏剧家。《雷雨》从 1988 年 12 月首演至今,已上演百场,深受观众的喜爱,观众累计达 5 万人次。"(《罗剧院上演曹禺名著〈雷雨〉》,《人民日报》,1990 年 11 月 21 日)

11 月 15 日　致信张瑞芳。信说:

> 五十年相识,读了你的信和电报,感慨万端,不知从哪里说起。
>
> 复信过迟,仅因衰病不能执笔,探病的朋友较多,都很热情,到了晚间每想写信,也动不了了。
>
> 家乡人鼓励我,搞了个陈列馆以及前一阵子的活动都使我很过意不去。一个人拿的太多给的太少,是说不过去的。
>
> 我曾想在死前能写一点东西,供老朋友如你演,但逐渐衰弱,想来是梦想而已。
>
> ……
>
> 我大约还有一段时间才会走,即便走了,老朋友也不要难过。
>
> 好好活着是最重要的。写不动了,祝您和严励健康长寿。(《难以忘怀的昨天》第 325 页)

11 月 18 日　晚,由周铁贞、郑天玮辅导,北京大学学生排演的《北京人》和《雷雨》片断在北大演出。(《北京人民艺术剧院大事记》)

是月　中国戏剧家协会主办的第 5 届(1988—1989)全国优秀剧本评奖在北京举行颁奖活动。曹禺为本届评委会顾问。

12 月 17 日　中国文联主席团会议结束。曹禺作书面发言,他希望文艺界紧密团结在以江泽民同志为核心的党中央周围,为社会主义精神文明建设做出新的贡献。(《中国文联举行主席团会议》,《人民日报》,1990 年 12 月 18 日)

是日　下午,中国文联在国际饭店举行酒会,招待各国驻华大使和文化官员。曹禺委托文联副主席、书画家尹瘦石在招待酒会上致辞。(《文联举行辞旧迎新酒会,招待各国驻华使节》,《人民日报》,1990 年 12 月 18 日)

12 月 20 日—1991 年 1 月 12 日　纪念徽班进京 200 周年振兴京剧观摩研讨大会在北京隆重举行。曹禺与贺敬之、林默涵、张庚、俞振飞、张君秋等为徽班进京 200 周年纪念委员会顾问。(《中国京剧史(下卷)》第二分册(上)第 2317 页)

12 月 24 日　致信巴金。信说：

我想说的话很多很多。

很想见所有在上海一家老小，小棠能在春节前回来，可惜我不能到上海看看你，这真是憾事。

新年快到，我们二人都长一岁，不愿谈"老"，而确实有点老了。

如果回到五十多年前，你我又在北京聚会，那是多么幸福啊！（《曹禺巴金书简》）

12 月 28 日　下午，北京人艺赵崇林、刘尔文至北京医院看望曹禺。（《北京人民艺术剧院大事记》）

是月　《高原·演出·六年》由中共党史出版社出版。曹禺为之题词：

光荣的过去

灿烂的未来

为延安青年剧院和联政宣传队回忆录题　　曹禺

是月　北京电影学院表演系 88 班同学"经过十五周的课堂排练"，"将曹禺的名剧《北京人》，作为舞台毕业剧目，献给母校，献给广大的观众。"导演林洪桐、霍璇，舞美设计许林江，演员杨青、孟欣饰曾思懿，赵彦国、谭峰饰张顺，孟欣、杨青、李婷饰陈奶妈，扈强、刘江、邵峰饰曾文清，邹峰、刘江饰曾霆，袁茵、周雪征、许晴饰袁圆，蒋文(雯)丽、袁茵饰愫芳，周雪征、肖雪饰曾瑞贞，米学东、赵彦国饰江泰，肖雪、蒋雯丽饰曾文彩，谭峰、扈强饰曾皓，王维明、米学东饰袁任敢。（演出节目单）

是年　为祝贺母校清华大学八十周年①题词：

永难忘记母校给我们的培养

深深相信今后造就更多人才

一九三三年毕业生万家宝

一九九〇年时年八十

（《祝贺母校建校八十周年题词》，《清华校友通讯丛书》复 23 册第 18 页）

是年　福泉阳戏参加上海国际民间艺术博览会。其间，曹禺为之题词："奇迹，长城是奇迹，傩戏也是我们的奇迹，中国多了一个奇迹。看了这个展览，我感到中国的戏剧史要重新改写。"（《蒌镜桥古今探索记》第 64 页）

---

①　清华大学八十周年系在 1991 年。

1991年 八十二岁

9月26日,文化部第一届新剧目"文华奖"颁奖大会在人民大会堂举行。是日,全国艺术创作座谈会在京举行。

11月21日,北京举行纪念郭沫若同志诞辰100周年活动。

1月1日 王志远至北京医院拜会曹禺。(《戏剧大师与涅槃新解》)

1月9日 《世界名著鉴赏大辞典》(中文译本)在人民大会堂举行首发式。曹禺为这部辞典题写了书名。(《〈世界名著鉴赏大辞典〉中文译本出版》,《人民日报》,1991年1月10日)

2月1日 日中文化交流协会会长井上靖逝世。北京人艺以曹禺、夏淳、于是之名义向日中文化交流协会及井上靖夫人发唁电。(《北京人民艺术剧院大事记》)

2月9日 首都文艺界在北京中国大饭店会议厅举行团拜会。因病住院的曹禺委托李瑛宣读他的贺词。曹禺说,今年是羊年,中国汉字"羊"通"祥",愿我们大家过一个祥和、团结、鼓劲的年。(《迎接社会主义文艺百花盛开的春天,首都文艺界举行团拜会》,《人民日报》,1991年2月10日)

2月13日 下午,北京人艺鲁刚、刘锦云、刘尔文至北京医院看望曹禺并拜年。(《北京人民艺术剧院大事记》)

2月14日 春节除夕。上午,北京市委王光等到北京医院看望曹禺,祝贺春节。(同前)

2月23日 上午,中国国际书画艺术研究会在人民大会堂召开成立大会。曹禺与于是之、梅阡被聘为该会艺术顾问。"因身体不好正在住院的曹禺说:'成立这个研究会非常好,中国书画艺术是民族文化瑰宝,应该向全世界弘扬。'"(《弘扬民族文化,中国国际书画艺术研究会成立》,《人艺之友报》第44期,1991年3月)24日,《人民日报》题《中国国际书画艺术研究会成立》报道了成立大会。

3月7日 全国青年业余文艺创作者会议在北京人民大会堂开幕。曹禺因病未能出席,作书面发言,他说:"我们的希望,人民的希望寄托在你们身上。我完全相信,你们一定会创作出无愧于伟大祖国的好作品来。"(《长江后浪推前浪,文艺创作有来人,大批青年业余创作者崭露头角,五百余名代表昨日聚会人民大会堂》,《人民日报》,1991 年 3 月 8 日)曹禺发言题为《我的希望——在全国青年业余文艺创作者会议开幕式上的书面发言》刊于次日《光明日报》。题《我的希望》刊于次日《中国青年报》。是年《文艺界通讯》第 5 期转载该文。后题为《我的希望》,收入《曹禺全集》第 5 卷。

3 月 18 日　巴金致信曹禺。信说:

> 小棠回来,带来你送我的书,谢谢,看到你写的字,好像见到你本人。我有许多话要说。你没有把你心灵中最美好的东西全写出来,我也有责任。(《曹禺巴金书简》)

3 月 19 日　由北京、上海等 18 省市电视台摄制的大型电视系列片《文化人物》在京首映。首批拍摄完毕的《文化人物》共 25 集,记录了曹禺与夏衍、巴金、冰心、艾芜、吴作人、张君秋、贺绿汀、红线女、刘开渠、朱屺瞻、骆玉笙、常香玉、马烽、郎静山、吴印咸等 25 位知名人士的简要生平及取得的成就。(《〈文化人物〉首映式举行》,《人民日报》,1991 年 3 月 20 日)

3 月 30 日　人民文学出版社在北京饭店隆重举行建社四十周年茶话会。曹禺与巴金、冰心、楚图南、阳翰笙、赵朴初、钱钟书、吴组缃、端木蕻良、张仃、赖少其、启功等九十余位著名文学家、艺术家为之作画、题词。(《本社隆重举行四十周年社庆活动》,《当代》1991 年第 3 期)

4 月 5 日　致信巴金。信说:

> 祝贺你,《巴金全集》你编好了,出版了。这是你的毕生的心血。你的爱,你的正义感,你的智慧在《全集》里放出热情,给人们以温暖和鼓励。这部集指点人们应该走什么道路。人一生总是为了寻路,你是找着了路,找着大路。你说你十分疲劳,一生写出许多这样的文字,流着心血的文字,岂止是会疲劳,而是苦痛,也是苦痛后的满足,做人的大满足。多少人赞扬你、尊重你的勇敢与道义。我平生最感到的,是你给朋友的热与力,你给我以无限。我是多么渺小,不是自卑,是我这一生的懒惰,整日地悠哉悠哉恍惚了八十年。(《曹禺巴金书简》)

4 月 8 日　电视系列剧《关汉卿杂剧新编》拍摄发布会在天津利华大酒店举行。该片导演兼制片人俞炜介绍该剧情况。曹禺应邀担任艺术顾问,并致贺词。贺词如下:

俞炜同志:您好。

　　天津电视台要把"关汉卿剧作选"搞成大型电视系列剧,还要把关汉卿生平事迹编成电视系列剧,搬上屏幕,我感到很高兴。这是一个大的工程,有意义,有价值,是弘扬民族优秀文化的一件好事情。

关汉卿是我们中国戏剧史上最早也是最伟大的剧作家,是中国戏曲的奠基人之一。他一生写了很多很多的戏,可惜没有全部留下来。他是一位为老百姓写作品的了不起的文人,他的戏拿到今天来看仍然是动人的,有力量的。

关汉卿生活的年代比莎士比亚早三百年,他创作的《窦娥冤》完全可以和世界上最伟大的悲剧媲美。他的创作使中国戏剧登上了一个辉煌的高峰,对后世产生深远的影响。

希望《关汉卿杂剧新编》大型系列电视剧,剧本好,片子拍得好,不但让中国观众多看几出好戏,还能够把关汉卿和他的作品介绍给全世界。

预祝你们成功。(《关汉卿杂剧搬上屏幕》、《曹禺给〈关汉卿杂剧新编〉的贺词》,《人艺之友报》第 46 期,1991 年 5 月)

4 月 12 日　巴金复信曹禺。信说:

信收到。……说痛苦我不比你好多少,同样是靠药物延续生命,同样一个出路是争取多活。一定要活下去,克服困难,战胜病痛! ……我有时也悲观,但更多时候乐观,我想到冰心大姐就不能不乐观,我为什么不向她学习? 我常常失眠,在床上想来想去,会想出种种大是大非。三十年代我写过《神·鬼·人》,可惜我今天没有精力写《人·鬼·神》了。不管怎样要保重、要乐观、要争取多活。我们互相鼓励吧,互相安慰吧!(《曹禺巴金书简》)

是月　第 8 届《中国戏剧》梅花奖评选结束。曹禺与张君秋、吴雪、阿甲、舒强为本届评委会顾问。(《第 8 届〈中国'戏剧〉梅花奖评委会名单》,《中国戏剧》第 4 期,1991 年 4 月 18 日)

5 月 2 日　日中文化交流协会访华团千田是也等至北京医院看望曹禺。(《北京人民艺术剧院大事记》)

6 月 1—4 日　中国文化周在葡萄牙的科英布拉举行。其间,放映了《雷雨》、《泥人常传奇》等故事片。(《友好往来》,《人民日报》,1991 年 6 月 10 日)

6 月 7 日　文化部发出《关于成立第一届"文华奖"评奖委员会的通知》。(同前)曹禺与林默涵、周巍峙、赵起杨、吴雪、英若诚、张庚、赵寻、孙慎、欧阳山尊等任该委员会顾问。(《文化部主办首届新剧目"文华奖"在京揭晓》,《中国戏剧》1991 年第 8 期)

6 月 18 日　致信巴金。信说:

前两天,接到范泉同志信,才知你患上呼吸道炎,又进了医院,并且输液。真想你,更盼你早点痊愈,又回家休息。

我最近找着了一种名"促红素"的针剂,一星期三次,用了两周,血液见好。

虽然疲乏，究竟比前些日子好些了。我确实想出院，有一天回上海来看你。该药剂还有些，够用，也许能使我起来，走出医院。当然，这是梦想！

然而梦想也好，我想一旦能看见你，那是多大一件喜事。我们会见面的，也许在秋天，或早冬。你也健康些了，也精神了，哪怕谈几句话，也不枉这几年的盼想。（《曹禺巴金书简》）

是日 致信范泉。信说：

连收到你两封信，又得到巴老的信息，十分感激。

我想写，但我现在无力，写不出任何东西。"话老年"活动，想得好。可惜我真老了，动不了笔，连执笔异常困难，仿佛举泰山那样，无能为力。

请原谅我吧，范泉老！

我读了几位老人写的文章，使我高兴，他们都写得很好。（《文化老人话人生》第507页）

6月22日 巴金复信曹禺。信说：

小棠带回你送给我的四册曹禺文集，谢谢你。你写的那些话，就像你坐在我旁边，激动地谈起往事……（《曹禺巴金书简》）

是月 为《南开话剧运动史料1923—1949》题词："南开话剧，寓教于乐。"

7月1日 是日起，与张庚、赵寻、张君秋等一批戏剧界专家，享受政府特殊津贴。津贴为每人每月100元。（《曹禺、张庚、赵寻、张君秋等一批戏剧家荣获政府特殊津贴》，《中国戏剧》第2期，1992年2月）

7月7日 致信巴金。信收《曹禺全集》第6卷。

7月12日 致信巴金。信收《曹禺全集》第6卷。

7月19日 巴金复信曹禺。信说：

十二日信收到。你的梦太好了，我真想到你身边，和你畅谈，而且我还十分想念我那个给她妈妈带去美国的小孙女，你居然也梦见了她，那太好了。可惜梦只是梦，梦醒后反倒使人更加怀念一些不能忘记的事情。我近来身体的确不好，拿笔困难，写字不到两行就疲乏不堪，吃饭无味，睡眠不熟，以前我每天做梦，而且做各种各样的梦。现在我醒来脑子就像一张白纸。（《曹禺巴金书简》）

7月20日 北方工业大学第二届北京大学生戏剧夏令营开营，李玉茹代表曹禺出席并代致贺辞。（《第二届北京大学生戏剧夏令营开营》，《人民日报》，1991年7月22日；《北京人民艺术剧院大事记》）

是月 《洪深——回忆洪深专辑》由中国文史出版社出版。收入曹禺《他是一个真正的戏剧家》一文。文说："我们能在10年浩劫后活下来的人，应该学习洪深先生的为人,学习他如何做人,学习他爱国、爱人民,从事戏剧工作,而且党指向哪就干到哪,毫不吝惜自己的精神,甚至自己的生命都不吝惜,当他已得知自己身患癌症时,还去开会、演戏。"

8 月 8 日　由首都 36 家文艺、新闻等单位发起的第 11 届亚运会优秀文艺作品评选结果揭晓。授奖会上,宣读了评委主任曹禺的书面讲话。他说:"我们作家、艺术家应该主动地去开阔我们的生活领域,尤其是火热的第一线的斗争生活。这样我们才能成为深受人民欢迎的文艺家。"(《十一届亚运会文艺作品评选揭晓,九十五篇不同文体的作品获奖》,《人民日报》,1991 年 8 月 9 日)

8 月 16—19 日　由南开大学、中国艺术研究院、中国戏剧家协会天津分会联合举办的"曹禺研究国际学术讨论会"在南开大学召开。16 日,开幕式举行,曹禺因病未能出席,夫人李玉茹出席,并代表曹禺向母校献上题词:"春风化雨,辈出英才。"会议至 19 日结束。会上,与会者一致认为,曹禺是我国话剧艺术的奠基者之一,他以卓越的戏剧才能和优秀剧作,为中国现代戏剧史树起了一座丰碑,他不仅属于中国,而且属于世界。这次讨论会是近十年曹禺戏剧研究成果的一次最全面的总结,也是第一次国际性的曹禺艺术研讨会。

17 日,《新华社电讯稿》发文《曹禺研究国际学术讨论会召开》报道了开幕式情况。本届讨论会有关情况,以及学者论文结集为《中外学者论曹禺》,由南开大学出版社于 1992 年 10 月出版。

8 月 22 日　由中国文联及所属戏剧、音乐、电影、电视、舞蹈、曲艺、杂技等七个协会,《人民日报》文艺部、中央电视台、《北京日报》、《北京晚报》以及中国煤炭文化宣传基金会、中国铁路文协、北京展览馆联合举办的"心系灾区、重建家园"大型综合赈灾义演在北京北展剧场举行。曹禺与林默涵任义演组委会主任,并在医院的病榻上为这次义演题名。(《中国文联等举办大型赈灾义演》,《人民日报》,1991 年 8 月 23 日)

9 月 9 日　致信巴金。信说:

多少日夜思念着给你写信,还是前些天的样子:写不动,体力不行。我矛盾、踌躇。疾病捆着我,终于我不能不说:我不能到南方看你了。医生们早已对我说,不能行路,我现在每夜离不开氧气,饭食需要医生定下,不可乱吃。这样连回一趟家都不行了!

······

我只能说希望以后再能见见,我已经八十一,过几天,就八十二了,又有这个讨厌的肾脏病,还有心脏病,看来这个美好的期望,可能落空了。

我经常回忆我这一生，我太不勤快。你一直热情地劝我多写点东西，我却写不出一个字，小林也约我为《收获》写点散文，五百字也成。她真是和你一样的诚恳，要我写点文章，这是一位热诚的编辑的好意，我却做不到，我惭愧极了，不安极了!《曹禺巴金书简》

9月12日　巴金国际学术研讨会在成都举行。曹禺与冰心、马烽、艾芜、沙汀等给大会发了贺信、贺词。（《巴金国际学术研讨会在成都举行》，《文汇报》，1991年9月13日）贺词《题〈巴金国际学术研讨会〉》刊于1995年5月10日《诗刊》5月号。后题为《〈巴金国际学术研讨会〉题诗初稿》收入《曹禺全集》第6卷。

9月16日　巴金复信曹禺。信说：

九日来信收到。你不能南来，我也想得到。我和你一样："写不动，体力不行。"因此我很了解你的情况。……

小林夫妇和他们女儿这次都见到你，还给我带来你的近照。他们说你身体好多了。我羡慕他们，你和他们谈得多高兴。小林要你为《收获》写篇短文，我看只要方子帮点忙（提醒你），你一定办得到。几百字到两千字，都可以，分几天写，不必放在心上，也不要勉强，更不要紧张。文章能写成，可以加强你的信心。《曹禺巴金书简》

9月28日　于北京医院作散文《雪松》，在11月25日《收获》第6期发表。后收入《曹禺全集》第6卷。

是日　致信巴金。信说：

读到你的信，我觉得你身体好起来，字写大了，人精神多了。你教我写点东西。我想不到我就写出来，不止玉茹惊异，连自己也吃惊。我对你的感情都在这篇文字中表达了，我在末尾，抄了一段你的信。这给全文添了有力的结尾。是你鼓励我要写，你终身都如此真情地告诉我。我觉得我有了"信心"，这却是你信中早说过的。

……

在我生日那天，你发了贺电，那不是一个简单的电文，是"巴金率全家人"对我殷切的厚望。我读"祝生日快乐，身体健康!"的话，我真笑出声来，感谢你，感谢你的全家。《曹禺巴金书简》

10月5日　巴金复信曹禺。信说：

信稿都收到。你可以想到我们的高兴。你那篇散文写得好，小林很满意，已把它编入本年第六期，十二月出版。像这样的散文你还可以写一些，倘使你高兴写。慢慢来吧。《曹禺巴金书简》

10 月 19 日　中国摄影家协会第五次代表大会在北京人民大会堂隆重开幕，曹禺在病榻上托人转达他对大会的衷心祝愿。（《中国摄协五大在京开幕》，《人民日报》，1991 年 10 月 20 日）

是日　致信范泉。信说：

一连收到您的信嘱我写点关于"老"的文章。

我写不出。我病卧久了，实无力气写东西。

感谢您十分殷勤，催促我。

同意您将信在书集发表。（《文化老人话人生》第 508 页）

10 月 23 日　在北京医院作诗《玻璃翠》。后收入《曹禺全集》第 6 卷。

是月　湖南岳麓诗社印制《珠光集·庆祝陈爱珠从事戏剧三十六周年王永光荣获中国戏剧梅花奖专辑》一书。收入曹禺《书赠王永光同志》一首："咸阳桥上月如悬，万点空蒙隔钓船。绝似洞庭春水色，晚云将入岳阳天。"

11 月 12 日　上午，北京文艺界人士在人民大会堂集会，纪念我国革命戏剧的奠基人之一田汉诞生 94 周年，中国左翼戏剧家联盟成立 60 周年。曹禺为之题词祝贺。（《田汉诞辰九十四周年，中国左翼剧联成立六十周年，首都各界人士举行纪念会》，《人民日报》，1991 年 11 月 13 日）题词如下：

发扬田汉和左翼剧联的革命精神。

为繁荣社会主义戏剧而努力奋斗！（《曹禺题词》）

11 月 30 日　《人民日报》刊消息《阳翰笙曹禺形象显银屏》："由北京、上海等 18 家省级电视台通力合作摄制的大型电视系列片《文化人物》中第二批人物，包括曹禺、阳翰笙、俞振飞、张乐平、郎静山、梁斌、李准、彦涵、陈登科、魏喜奎、郎咸芬等 24 人，已被搬上银屏，将于明年元月在 18 省电视台陆续播出。《文化人物》首批 36 人生平专题片播出后，受到社会广泛的欢迎。"

12 月 22 日　书刊发行业协会在北京举行第 3 次图书市场信息交流会。（《1991 年出版纪事》，《中国出版年鉴 1992》第 56 页）会上获悉，反映毛泽东、周恩来、叶剑英等老一辈无产阶级革命家生平的纪实文学，是 1991 年图书市场的新热点。现代名作家传记如《鲁迅传》、《郭沫若传》、《沈从文传》、《曹禺传》等，也被列入畅销品种。（《首都文艺图书销售明显回升，文学名著、革命家传略成为新热点》，《人民日报》，1992 年 1 月 4 日）

是月　《中国现代作家作品研究资料丛书》之《曹禺研究资料》由中国戏剧出版社出版。该丛书系全国文科学科重点规划项目之一。田本相、胡叔和编。全书分上下两册。书前有丛书编委会写的《例言》。全书分《曹禺传略与年谱》、《曹禺的生平与创作》、《关于曹禺的评论》和《资料目录索引》四个部分。书后附《编后记》。

是年 为史群吉题字:"真诚待人,赤诚为公。皎洁明月,挺直青松。"(《没有说完的话》第 421 页)

是年 潜江园林青酒厂举办建厂 40 周年庆典活动,曹禺题词:"园林春光,家乡美酿。"

1992 年　八十三岁

7 月 11 日,邓颖超在北京逝世。

9 月 28 日,胡乔木因病逝世。终年 81 岁。

10 月 12—18 日,中国共产党第十四次全国代表大会在京举行。

1 月 1 日　元旦。在万方家度节。(《曹禺全集》第 6 卷插图说明)

1 月 3 日　致信巴金。信说:

我几乎快成一个完全无用的人。一个多月来,只有给玉茹写信,别的似乎不干什么。

......

只有一个可怕的担心,我是否能够出院离开北京。我现在走上几十步,就上不来气,要回到床上躺着吸氧气,药和针连短时间都离不开。

也许和你见面的希望推动我的生命在漫长冬天逐渐旺盛。我能和蒂甘见面,看见你的全家人,使我激生出勇气。我能到武康路见这样一位最可爱、最可敬的白发老人,这个伟大心愿会帮助我生出一种生命之火,终于看到,见到,亲自感到这温暖又火热的,像在跳动的巨大的心灵。

我看见在报上你在日日写着东西,与朋友们回信的你,仿佛见到你扑在餐桌上一个一个整洁的字从你的手指流出来。你是多么热情,是多么旺盛,多么亲切的好人,不能用文字来说透你充满了爱,对世界、对人类有那样深挚情感的大人啊!

我羡慕那些能到你家能见着你的人们,仿佛惟独我没有那样的幸福的机会。我被隔离在这样美好的氛围之外。我在医院中也是有好天气,好阳光的。然而我却感不到,摸不到,看不到啊。

真的,有时真以为自己是个盲人,拿起笔来,说不出一个字的"哑巴"。平日怎么这样孤寂,使我周围的人也不大容易笑出声音。

蒂甘,请原谅我,我突然写出一大堆扫兴的话,废话,无用的话。人是应该有用的,有所作为的。我把自己估计得太渺茫了。我真不该如此。(《曹禺巴金书简》)

1月21日　巴金复信曹禺。信说：

你的信收到。……我常常想到几十年中我们在一起的日子，我们谈的多么痛快！……我活着应当是为了还债，而实际上我仍然在做自己不愿做的事情，所谓"名人"的生活实在叫人受不了。

我不应该对你讲上面这些话……昨天听广播，歌剧《原野》在美演出成功，我很高兴，我想要是你和玉茹也在那里，那有多好！

你写第二篇文章感到困难，不要紧，也不必着急。写不成，慢慢来。不要勉强，但要有信心，还是保重身体要紧。我劝你写文章，也是为了保养身体，也是为了治病。几个月前我的医生跟我谈话，偶尔提到"主观能动性"，我想了不少，我也理解自己的信心和决心，自己的精神世界对我治病有影响，不是大的影响，但总有影响，我自己一直在考虑这个问题。我的医生是神经科医生，我看病将近十年了。……（同前）

1月23日　北京文艺界600余人在北京饭店聚会，曹禺因病未能出席。"在病榻上寄语老中青三代同行，要向这些作品和创作这些作品的文艺家们学习，求得社会主义文艺创作的更大繁荣。"（《企盼文艺的更大繁荣，首都文艺界聚会迎新春》，《人民日报》，1992年1月25日）

1月25日　致信巴金。信说：

其实，我有时常想你或者我，一天忽然一高兴就走了。我觉得这也不坏。这对身后，尤其是爱我们的人会相当痛苦。然早晚有一天，大家也渐渐习惯起来。但你决不会先走的，因为你坚强地活着，仍这样活下去。你说的话，你"欠债，活着为了还债"，这就必须活下去，要对得起，对你说，是更对得起你说的"债"。你贡献给人、给千千万万的读者，非常宝贵的东西，你的最真诚的话，你的热烈、永在跳跃不息的心。芾甘，我有你这样一位朋友，一位兄长般的老人作朋友，我觉得随时可以闭上眼，而你，我方才对玉茹说："巴金可以活过一百岁。"如果这样，你"欠的债"会很快还完，以后，该知道歇口气了，该在西湖，或比它还美的地方养养神，不整天动脑筋了。

……

我想告诉你……一念起我这一生做的一些对不起亲人的事或其它丑陋的事，便再也睡不着。……

你说写第二篇文章，要有信心，要慢慢地，仍有信心写出来。我听进去了。

你的医生提到"主观能动性"，其实你的决心和信心，已鼓励不少的人，使人奋发，使人清醒。你的主观能动性，已经唤起你的千万个读者的主观能动性了。

这一点想法我还没有想明白。发信后我将再仔细读你信中最后一段谈"主观能动性"的话。(《曹禺巴金书简》)

1 月 31 日　下午,北京人艺鲁刚、于是之到北京医院看望曹禺。(《北京人民艺术剧院大事记》)

2 月 10 日　致信巴金。后收入《曹禺全集》第 6 卷。

2 月 16 日　巴金复信曹禺。信说:

二月十日的信和照片收到了。谢谢你。看到照片真高兴!你不像个病人,我相信你一定可以过一个美好的江南的春天。我等着你来。玉茹安排得很周到,旅行会顺利。(《曹禺巴金书简》)

3 月 8 日　致信巴金。信说:

三星期过去了,我写不出一个字,因为我就是推拖,时间飞逝,我的日子,每天一样,旧话"乏善可述",就是目前的情形。

……

我的日子过得混沌,不知怎么,昏昏地打发了一天。我知道这不应该,但总是无可如何。明明你举着火炬,向前走去,我却赖在后面。芾甘,我应该如何,每天问自己,怎也找不出一个答案。

我最后只好说,我是生就的一个懒汉,现在是个更懒的老头,如此而已。我这样说我自己,我知道你不同意,因为你时时刻刻总想拉我一把。(《曹禺巴金书简》)

3 月 16 日　《中华英才》第 6 期刊署名"蓝雨"采写《病中曹禺》。文说:"除了在风和日丽的日子偶尔往花园里走一走,曹禺现在是名副其实的'足不出户'了。自从几年前他患病住进了'森严壁垒'的北京医院,就几乎再没有机会外出,原因只有一个:在这里,医生的命令是绝对权威的。""临行,和曹老握别时,我俯身看一下,曹老读的,是《古文名篇诵读本》,他正读到苏东坡的《前赤壁赋》。"

3 月 17 日　巴金复信曹禺。信说:

信收到。……对你我也希望你不要多埋怨自己"赖在后头"。到了这个地步对自己的要求不妨再放松些。想写就写,不想写也不要勉强。你到医院,主要是治病,病情好转,这是可喜的事。你也该乐观。(《曹禺巴金书简》)

3 月 22 日　北京人艺退休舞台工作者杜广沛收藏的京剧、话剧等演出戏单、说明书及其它资料 20 日起在东城区禄米仓智化寺展出,曹禺为展出题词:"戏剧戏单展"。(《北京人民艺术剧院大事记》)

3月24日　应蒙古国驻华使馆的邀请，北京人艺导演夏淳乘机赴蒙古国，为该国人民军艺术团执导《雷雨》。随行的有蒙语翻译乌云(北京图书馆)和原该剧舞美设计陈永祥(中央实验话剧院)。(同前)

3月27日　为纪念国际戏剧日，蒙古人民军民族话剧团首演《雷雨》，取得圆满成功。(《蒙古话剧艺术家首演〈雷雨〉》，《人民日报》，1992年3月29日)

是月　在《戏剧与电影》第3期发表《〈国立剧专十四年〉序》。序说：

> 时代在进步，社会在进步，中国戏剧已开始新的里程。我们不能忘记历史，剧专在戏剧史上应有它的适当地位，本书的出版是有意义的。

是月　马俊山著《曹禺：历史的突进与回旋》由中国工人出版社出版。全书分6章。本书从演剧体制、剧本创作、观众期待水准三个子系统的历史变迁，考察曹禺剧作多方面的艺术功能和文化内涵。

4月15日　下午，夏淳至北京医院看望曹禺先生，向先生汇报了赴蒙古国为蒙古人民军艺术团执导《雷雨》的情况，并带去了蒙古驻华使馆致曹禺的信。(《北京人民艺术剧院大事记》)

4月18—19日　纪念朱生豪诞辰80周年学术研讨会在上海师范大学举行。曹禺为之题辞："正气凛然，贡献巨大。"(《纪念朱生豪诞辰80周年学术研讨会在沪举行》，《外国文学评论》1992年第3期)

4月27日　致信巴金。后收入《曹禺全集》第6卷。

4月29日　北京人艺周瑞祥到北京医院看望曹禺，并与曹禺先生谈剧院建设的回顾。(《北京人民艺术剧院大事记》)

是月　在北京医院接受《中华》画报记者采访，采访题为《春天里的微笑——访剧坛泰斗曹禺》，刊于该杂志是年第4期，配照片7幅。

5月6日　致信北京人艺郭启宏。信说：

> 读了中山大学为《李白》开的学术研讨会的复印件记录，讲得深，讲得有依据，是学者们的见解，确实不凡。《李白》写得真是好，我集杜甫的几句诗，向你表示钦佩之忱。

随信附题诗："读书破万卷/下笔如有神/白鸥没浩荡/万里谁能驯。"(《低飞高翔的鹰——我心目中的曹禺》)

5月7日　北京人艺着手出版、录制一批老艺术家丛书和录像带。为此，剧院电视部人员至北京医院拍摄先生日常活动影像。(《北京人民艺术剧院大事记》)

5月9日　上午，北京人艺电视部人员到北京医院对曹禺进行电视采访。曹禺谈了北京人艺建设的历程和对今后的展望。曹禺谈到：

1951 年我正在安徽参加"土改",突然接到中央戏剧学院的电报,叫我赶紧回来。回来后欧阳予倩老院长对我讲,领导上让我办一个专业的话剧院。当时我不太明白这个剧院怎么办。后来领导上决定,把中央戏剧学院话剧团和李伯钊同志领导的老北京人民艺术剧院的话剧团合在一起,成为新的北京人民艺术剧院。当时我知道的比较早,跟北京市委宣传部长廖沫沙畅谈过这个问题。接着就定好了领导人选:有焦菊隐先生、欧阳山尊同志、赵起扬同志。我们四个人有一个特点,就是都干过戏,而且都有自己对剧院的理想。还有个共同点,就是对莫斯科艺术剧院有一定的向往。因此,我们 4 个人就准备畅谈一次,讨论一下这个剧院究竟怎么办。那时就在史家胡同 56 号东边跨院里,我们聚在一起,畅快地发表意见,畅谈怎么办这个剧院。

我们那时候一方面非常兴奋,一方面也感到负担很重。国家刚开国,就把一个专业话剧院交给我们办,说明领导上对我们的信任,我们只有办好,不能办坏。我们长谈了十来天。首先谈莫斯科艺术剧院,谈他们的风格、特点,有一套理论系统和管理方法等等,我们应该借鉴他们的长处来帮助我们办今天的北京人民艺术剧院。但我们有一个共同的认识,那就是:北京人民艺术剧院是中国自己的剧院,它应有自己的特色。我们可以采取莫斯科艺术剧院的许多长处,但这里是北京,不是莫斯科,我们要办的是中国人民的艺术剧院,这一点非常重要。

那时候,我们剧院的人才很多,有从解放区来的,有从国统区来的,有的是参加过抗日战争、解放战争的。都参加过各种进步运动和革命的话剧运动,经受过战争锻炼。这些同志有一个最大的优点就是各方面的生活非常丰富,演过不少戏,有实践经验。当时这些人有 40 岁过一点的、30 多岁的、20 多岁的。这些人干劲很足,但他们的创作方法是不一致的。所以要办好剧院,首先要在创作方法上一致起来,不然的话,这个剧院就容易散了。

怎样叫做创作方法、创作思想一致呢?这就要回顾一下我们的话剧传统。从春柳社、文明戏、到"五四"以来有进步倾向的话剧——有上海的戏剧活动,重庆的戏剧活动……东南西北,都有一个共同点,就是我们的话剧是跟中国时代分不开的,有时代气息,有中国民族的气息,与现实生活息息相关。和现实、和人民、和革命斗争血肉相连,这就是中国话剧的优良传统。所以,我们提倡一个创作方法,首先是现实生活很重要。要在创作方法上一致,第一点就是要深入生活。这个深入生活不是一般性的与工农兵相结合,而是根据每个戏的需要去深入生活。比如排老舍先生的《龙须沟》,导演焦菊隐先生要所有的演员都参加龙须沟的生活,与龙须沟的人们共同生活,向他们学习。所以《龙须沟》如此动人。

第二点,创作方法上要一致,就要深入地、全面地学习斯坦尼斯拉夫斯基体系,学他的艺术理论,从实践中体会斯氏体系的精华。

第三点,就是要造成中国的北京人民艺术剧院的特点,要吸收运用中国民族戏曲和各种曲艺的表演方法、表现手段,这是非常必要的。

这三条,使我们的创作方法一致起来,形成大家的共同认识。

再有就是在艺术上把住两个关。一个是剧本关。对剧本必须严格要求。我们认为,最好的剧本是能提高北京人艺艺术水平的剧本。

我们与剧作者的合作是非常融洽的。像郭沫若先生、老舍先生这样的大作家,我们的青年小伙子也敢于当面提出意见。他们二位胸怀非常宽阔,很容易接受我们的好的意见。

以后,中年一代、青年一代的剧作家我们都经常联系着。后来有了我们剧院自己的剧作家。

这些剧作家,给了我们极大的贡献,提高了北京人艺的艺术修养,使我们有了积累保留剧目的可能,现在我们就有了不少的保留剧目。一个剧院没有保留剧目是不行的,一个剧目演完了就散了,这不是办剧院的办法。所以,把住剧目这一关是非常重要的。

再一点,就是要把住演出关。一个戏排出来要由艺委会批准才能上演。艺委会包括有修养的艺术人员组成。同时,我们的导演,像焦菊隐先生,他自己把关把得也很紧很紧,不到他认为比较好的时候他是不会拿出来的。演出要质量第一,质量不行不能拿出来。

我们还采取不同的方法对演员进行个体锻炼,使他们在政治上、业务上都不断提高。

我们还逐步形成了一套规章制度,包括演出、排练、行政各个方面。

培养良好的院风也是重要的。每个导演、演员、业务人员及其他工作人员都要有艺术道德,"艺德"要好。我们在舞台上是一个绝对的合作团体。京剧有一句话叫"一棵菜",很讲究"一棵菜"。在台上,你该怎样,他该怎样,合在一起才成为一个戏。我们对艺德非常重视。在演出的后台,规矩很严很严。我每次到后台,都有一种到了神圣之地的感觉;大家没有闲话,所有的演员都在那儿沉默,发挥自己的想象力,进入自己的角色。《茶馆》那么多人,都非常严肃、认真。

院风,就是要把剧院造成一个有文化的剧院,一个文化剧院。每个人都应该有比较好的文学修养,要读书、画画、听音乐,有丰富的艺术知识。我们有些老一辈演员,字写得很好,画的画很有点意思,他们肚子里很宽,读了不少的书。所以,谈两句话就能看出他们的味道,甚至走路也能看出来。中国人讲"书香门第",我们不是说叫人看见像书呆子,而是要让人看到这个人有文化修养,文化素质高。我们认为这很重要。这一点应该向老一辈演员学习。

我们说 40 年,其实,实际上只有 30 年。这当中有 10 年文化大革命,一点事都没做,一点东西也没有。在这 30 年中,我们比较有一点成就,但大家要防备的是不要把自己比成一个又老又大的剧院,给人家"老大"剧院的感觉,这是最不好的。40 年的功夫,拿人来说是四十而不惑,刚刚懂得是和非。还必须保持谦虚谨慎的态度。

尽管我准备了一点,但究竟是 40 年了,我已经是 82 岁的人了,讲的东西究竟是有限的,我想将来会有真正研究北京人艺的人把它补充起来,另说,另写。我讲的会有许多不周到的地方,希望剧院的很多老同志、年轻同志都来给我补充。(《北京人民艺术剧院大事记》)

5 月 13 日　12 日,北京人艺刁光覃因病逝世。13 日,人艺成立刁光覃同志治丧委员会,由曹禺与于是之、鲁刚、夏淳、宋垠组成。(同前)

5 月 17 日　由曹禺、于是之签名的北京人艺纪念建院 40 周年活动安排的报告,报送有关部门。(同前)

5 月 25 日　上午,刁光覃遗体告别仪式在北京中医医院举行。曹禺敬献花圈。(同前)

是月　由曹禺题写书名的《郭启宏剧作选》由中国戏剧出版社出版。收入曹禺为之题签并赠诗。

6 月 3 日　北方工业大学荣获《文明校园》称号。曹禺为之题词:"美好校园,学风三严,育人处处,文明领先——北方工业大学荣获《文明校园》称号。"(《北京人民艺术剧院大事记》)

6 月 10 日　下午,北京人艺鲁刚、于是之至北京医院看望曹禺,并汇报院庆(北京人艺 40 周年)有关活动情况,并请曹禺参加明日的纪念活动。(同前)

6 月 11 日　下午,至首都剧场参加北京人艺建院 40 周年活动。3 时许,江泽民等前来,看望北京人民艺术剧院的艺术工作者,并与曹禺、于是之等亲切交谈。(《江泽民看望北京人艺艺术家》,《人民日报》,1992 年 6 月 12 日)

6 月 12 日　晚,至北京饭店大宴会厅出席庆祝北京人民艺术剧院建院 40 周年

纪念大会。会上,与剧院 93 位老艺术家获颁"元老杯"。(《首都集会纪念北京人艺进入
"不惑之年"》,《人民日报》,1992 年 6 月 13 日;《北京人民艺术剧院纪念建院四十年》,《中国戏
剧》1992 年第 7 期)

6 月 18 日　《人民日报》刊消息:"据中国文学艺术界联合会介绍,由中国文联
主办的第二届中国国际民间艺术节将于 8 月 14 日至 26 日在北京以及西安、海城
等地举行。全国人大常委会委员长万里、副委员长赛福鼎·艾则孜担任艺术节名
誉主席,曹禺、贺敬之担任主席。"

6 月 20 日　巴金致信曹禺。信说:

绍弥来讲了你的近况,作协的同志回来也谈到你的病情好转。在荧光屏
上我们几次看到你。谈起来我们都说你没有来上海,只是因为房子不曾安排
好。最近看到人艺四十年纪念活动的一些镜头,知道你身体确实好多了,我们
都很高兴。希望你一天天好下去。前天晚上我又看到万方编写的你的电视
剧,很感亲切,特别是坐在医院门口看人的镜头。(《曹禺巴金书简》)

6 月 21 日　致信巴金。信说:

我还是那样,整体疲乏,有时坐轮椅出来转转。来客人,精神一阵,客走,
便疲乏不堪,需要吸氧。

前两天,为北京人艺四十周年,我出门两次,我像是到了另个世界,感到新
鲜热闹,但回医院,又躺一阵。

收到巴金像集,包书纸上,是你亲笔写的字,感到亲切,仿佛你给我写了
信。真是想念,想见见你,现在不知秋天能否到上海看望你,看样子很难办到,
虽然,总免不了时时这样想,这样希望能见着你。(同前)

6 月 26 日　上海影协、作协、剧协联合主办的"于伶文艺创作生涯 60 年"纪念
活动在上海举行,曹禺与夏衍、阳翰笙、陈白尘致贺信,张光年、袁文殊、张瑞芳、白
杨等发来贺电。(《上海纪念于伶文艺创作生涯六十年》,《人民日报》,1992 年 6 月 29 日;《上
海文艺界庆贺于伶文艺创作六十年》,《上海戏剧》1992 年第 4 期)

7 月 9 日　晚,至首都剧场与王光、胡絜青等观看《茶馆》演出,演出后与演员
合影留念。(《北京人民艺术剧院大事记》)

7 月 12 日　致信巴金。后收入《曹禺全集》第 6 卷。

7 月 15 日　上午 9 时,由中国艺术研究院、北京人民艺术剧院等单位主办的
"北京人民艺术剧院演剧学派国际学术讨论会"在北京和平宾馆隆重开幕,到会中
外学者 200 余人。曹禺抱病出席并讲话,他说:"这是北京人艺建院以来的第一次,
在全国也是第一次。""北京人艺只有 40 年的历史,同世界上许多历史悠久的剧院

相比,她很年轻,还要前进,还要发展,还要创新。我们期望她有一个更美好的未来。"(《北京人艺演剧学派国际学术研讨会在京召开》,《中国戏剧》1992 年第 8 期;《北京人民艺术剧院大事记》)

7 月 22 日　巴金复信曹禺。信说:"七月十二日信收到,很高兴。读你的信就像坐在你对面听你谈话一样。看来你的病情有好转,你不用悲观。……"(《曹禺巴金书简》)

7 月 23 日　《人民日报》第 5 版刊发参加"北京人艺演剧学派国际学术讨论会"的海内外专家文章,收曹禺在该会上的讲话《期望有一个更美好的未来》。

7 月 29 日　致信万黛全家。信说:

> 时时想念你们。体弱,易倦,不能长时执笔。人在北京,心常在你们家中,眼睛也望见你们,听着你们,真是万里遥远,恨不能飞往纽约,见你们一面。
>
> ……
>
> 前一阵,因北京"人艺"四十周年大庆,我出去三次,便累得整天吸氧。(《没有说完的话》第 308 页)

8 月 5 日　《人民日报》第 1 版刊消息《国际民间艺术节中旬在京举行》:"中国文联主办的第二届中国国际民间艺术节将于 8 月 14 日在京开幕。""万里、赛福鼎·艾则孜担任艺术节名誉主席,曹禺、贺敬之任主席。"

8 月 6 日　致信李玉茹。信及:"昨日午后,胡可同志来访,仔细把评选的剧本一一讲了一遍,他极认真、诚恳,这样的老革命确实使我感动。我们的社会需要这样的老人。"(《没有说完的话》第 80 页)

8 月 8 日　致信李玉茹。信及:"(北京)医院内部放了邓大姐棺木由医院到八宝山焚化的镜头,看了,很难过,一时不知如何说。"(《没有说完的话》第 82 页)

8 月 9 日　致信李玉茹。信及:"《摄魂》广播了,杨大姐听了,说很有兴味。我没听,也许今晚试一下。"(《没有说完的话》第 84 页)

8 月 10 日　致信李玉茹。后收入《没有说完的话》。

8 月 14 日　中国文联主办的第二届中国国际民间艺术节在首都体育馆开幕。曹禺与林默涵、尹瘦石、梁光弟等参加开幕式。(《中国国际民间艺术节在京开幕》,《人民日报》,1992 年 8 月 15 日)

8 月 20 日　致信巴金。信说:

> 邓大姐故去,我很悲痛,你说她是一个高尚的人,一个大公无私的人,我也这样怀念她。做一个人便很不容易,做一个高尚的人,不是一般人说说就可以成为高尚的。

她使我想起许多逝去或还活着的人,一个人留下真正的给后人怀念的事迹,就没有枉自活了一辈子!(《曹禺巴金书简》)

是日 致信李玉茹。后收入《没有说完的话》。

8月24日 北京医院。致信李玉茹。信说:

我八十二了,你眼看着有些老态。我们二人心里常有那么一种老人的"老""衰老"的东西在啃咬我们的血管、肌肉,这真是害死人的老态,不能允许这种心情存在了!(《没有说完的话》第90页)

8月28日 北京医院。致信李玉茹。信说:

现在我常读唐诗,小时不用功,老年才体会诵诗的味道,真能投进诗的韵味中,心豁然开朗许多。晚间睡不着,便诵心经,这也是使人静谧起来的好路子。(《没有说完的话》第92页)

是月 曹禺题写书名的《马宗融专集》由宁夏人民出版社出版。

9月2日 致信李玉茹。后收入《没有说完的话》。

9月4日 致信李玉茹。信说:

我最近感觉易乏,查了血,血色素降到七克,大夫告我每周打两次促红素,我已感舒适。今天下午,大夫又要给我输血,他们说这不要紧,血色素即会升得如平常那样。我现在很好……

9月10日 上午,由中国戏剧家协会主办的第六届全国优秀剧本创作奖在北京人民大会堂举行颁奖大会。曹禺在医院打来电话,对荣获本届全国优秀剧本创作奖和提名奖的作者表示热烈祝贺。(《第六届全国优秀剧本创作奖在京颁奖》,《中国戏剧》第10期,1992年10月)

9月13日 致信李玉茹。后收入《没有说完的话》。

9月18日 致信李玉茹。信及:"小红托写的字,明、后天就寄。写好,寄到哪里? 告我。"(《没有说完的话》第101页)

9月20日 致信李玉茹。信说:

昨写了"上海东方航空开发公司"(这个名字对不对?)写不好,写了一半没有力气,明后天再写。我搞不清楚,这招牌是几个什么字,你再写清楚点,我好写。(《没有说完的话》第102页)

9月21日 致信李玉茹。后收入《没有说完的话》。

9月23日 致信李玉茹。信说:

昨日下午市委宣传部的人与鲁刚来,告诉我鲁刚和(于)是之即将退职,但仍职外管人艺的一些事。譬如,《李白》将到江南,鲁刚还当演出团团长。我打心里觉得他们做了不少事,真不能离开,但市委已批,已无可奈何。结果我仍当院长,第一副院长是刘锦云,刘还兼书记,下边还有些副院长,那个阵容,依然可行。刘是有经验的,他也热诚,不久是之和他将到医院看我。(《没有说完的话》第 107 页)

9 月 24 日　致信李玉茹。信说:"今天我过生,在医院过……如果算上生日,我已进入八十三岁的年纪了。真叫老了。"(《没有说完的话》第 109 页)

9 月 26 日　致信李玉茹。后收入《没有说完的话》。

是日　巴金致信曹禺。信说:

邓大姐逝世后我很难过……这封信写了三天,前面讲到台湾谣传我的病恶化。你不用为我担心,我的病情只会慢慢发展,不会突然恶化。(《曹禺巴金书简》)

9 月 28 日　下午,于是之、刘锦云至北京医院看望曹禺,向老院长汇报剧院调整领导班子的情况。(《北京人民艺术剧院大事记》)

9 月 30 日　仇春霖至北京医院看望曹禺,并送花和水果。(《没有说完的话》第 113 页)

是日　中国文联孟伟哉等人到医院看望曹禺,交谈中知胡乔木故去。曹禺委托他们向胡的夫人表示慰问之意。(同前)

是月　在北京医院为福建省话剧院建院四十周年题词:"群策群力,攀登戏剧高峰。"(《福建省话剧院四十周年(1952—1992)》纪念画册第 7 页)

10 月 1 日　国庆日。赵寻至北京医院看望曹禺,并邀曹禺参加十月四日的梅花奖典礼,曹禺因病"拒绝了"。(《没有说完的话》第 117 页)

是日　致信李玉茹。后收入《没有说完的话》。

10 月 3 日　致信李玉茹。信说:

隔壁何康同志回家,吴冷西同志病体渐好,也出来坐坐,我似乎精神与精力旺盛了。总之,医院虽然"死"气沉沉,但默默间还是有些变化的。

我能在过道上走两趟,分两次走,当然,走完有些喘,但坐下来,待一会儿就好些了。

……

巴老来了信,他周身疲乏不堪,一封信写了三天才写完。他说提到后事,便传为重病,要小林出来解释(即接受采访),才说清楚。他说:"我要说真话。"他说他会活到九十岁,待写出全集的代跋,才搁笔。……他对读者太负责任了。(《没有说完的话》第 115—117 页)

10 月 5 日　致信李玉茹。后收入《没有说完的话》。

10月6日　致信李玉茹。信说：

巴老的《憩园》要拍电视剧,剧本有人写,拍时说请我当文学顾问。我没细看过,须先仔细读小说才行。这件事是由如茹提起,又由小方子接着办的。你不用告巴老,因为你病了,他们也难看你。(《没有说完的话》第120页)

10月7日　致信李玉茹。信说：

要写的字,还有一些,今天下午,趁精神高兴,兴致高,还是胡抹一些。诚心要我字的人,并非因我会写字,只是友情使然,我也就不在意了。我应该每日练练字,但力不足,人又懒,就更荒疏了。(《没有说完的话》第122页)

10月8日　致信李玉茹。信说：

西安有一位傅嘉仪先生寄来他为我刻的图章,刻得很美。我是外行,只能说美,说不出什么道道儿来。他还出版过古今印谱,这确大开眼界,不是,是我上课。篆刻是中国几千年的艺术,居然战国春秋,甚至殷商周朝就开始印玺了。我颇爱白石老人的刻印,印风"泼辣"(傅先生评语),印如其人,"奔放"、"气势纵横"、"险绳天成"这都是评语,再看白石老人的篆刻,稍能体会评语深意。印文有"有衣饭之苦人"、"客中月光亦照家山"、"心内成灰"、"苦手",词句中见老人一生辛劳坎坷,坚强不屈。大艺术家内心是非常苦的。

写了这些话,傅先生还要我写"红柳室印存"五字送他,我写了两张请他挑选。傅先生是书法家,我的字幼稚且陋,只是为了报答人家的盛意就是了。(《没有说完的话》第124、125页)

10月10日　致信李玉茹。信说：

今天上午为乔羽同志题书名,并写了信。为西安荐福寺内终南印社傅嘉仪先生写了信,他托书,我写了两份,请他挑选。

又给上海卢湾区档案馆题了词寄去。

……

昨天颜振奋①来,要我为《剧本》月刊创刊四十年题词,我当时就写了。(《没有说完的话》第126、127页)

10月12日　致信李玉茹。信说：

今天上午,马少波同志与其夫人来访,谈起你,也谈到京剧的情况。他说中央很重视京剧的前途,拨了一千万作为京剧基金委员会的基金,请了许多人当名誉会长。他是会长,管理如何用,我说这很重要。他劝我多多养息,不能

---

①　原注：颜振奋,中国剧协《剧本》月刊主编。

再出门,静养为是。

他又说到这些天他看到的各种地方戏,川剧、越剧(《红楼梦》)和川剧作家魏明伦。我说魏明伦很有才,并说魏原是武旦出身,聪明,爱读书,获得今天的成就。

和马同志谈了一阵,觉得这人也颇宽厚,是当今戏剧界的权威人物。(《没有说完的话》第 128、129 页)

10 月 13 日　　致信李玉茹。信说:

昨天彭真同志九十大寿,四楼客厅堆满了寿字、寿联,放上许多大蛋糕,开眼极了,革命大人物过生就是令人开眼界。可惜,他病在床上,不能一观。

昨午后,刘瑞亭(去年夏天我们下去,在酷热中为大家往地上洒水的花木工师傅)来找我,谈了半天,才说要为人祝新婚之禧的四个字"花好月圆",我写了。他问起你来,说一定代问好。

浙江文艺出版社寄来三千五百余人民币,为印了我的《柔迷欧与幽丽叶》。我告史叔叔取来存定期一年。连余款及单据,等你回来交给你。(《没有说完的话》第 131 页)

10 月 16 日　　致信李玉茹。信说:

这两天,我看看(到)香港文汇报的图画有一张照片,我和孩子们在前排,你和小白站在后面。我突然想到我那时昏了头,没有安排好,伤了你,这也请原谅我吧。我一生对你太薄,不体贴,你总是十分温暖,厚厚地无微不至地待我,我想起来,苦恼极了,心痛极了。(《没有说完的话》第 133 页)

10 月 17 日　　致信李玉茹。信说:

① 小白已定……离京返陕。……

② 给瑞金医院字已写好,只是大了一些,不知能用否。如不合适,再写。不要怕我麻烦,写这个字,一点也不累,愿意写的东西,就不累。你的四句话,很好,我愿意。

③ 另给郁大夫感谢信,并写一条幅,不知措词如何,如不能用,再写。(《没有说完的话》第 135 页)

10 月 21 日　　致信李玉茹。信说:

收到你十月十七日信,有人邀你演话剧,你以故推辞了。这决定很对,话剧是个费力费神的事,若上座,每天得上台陪着演,太辛苦了。

如演电视剧,你还可以,这个剧种,可以缓来,而且时间长,拍好了,就不用再担心每天上演。

……

郁大夫须再写字"妙手回春,造福于人",我现在即写。

"妙手回春……"八字比较好,前次写的是"大道本无我,青春长与君",感谢郁大夫主张的奉献精神,不好,如能"妙手回春",字还是用这幅吧。(《没有说完的话》第 136 页)

10 月 24 日 《文艺报》刊报道《阳翰笙曹禺谈十四大》:

曹禺在医院接受记者采访时说,党的十四大开得这么好,这么成功,他非常兴奋。十四大的精神体现了邓小平同志南巡谈话精神。改革开放的进一步深化,无疑会影响文艺,文艺一定能够进一步得到繁荣。

谈到江泽民同志在十四大的报告时,曹禺认为,江泽民同志关于精神文明建设的论述,很切合文艺界的实际,表明党对文艺是十分了解、也十分重视的。江泽民在报告中再一次提出了"百花齐放"、"百家争鸣"的口号,这好极了。只要我们在坚持四项基本原则的前提下,进行百花齐放,百家争鸣,我们就有很多事情可以去做。江泽民还说要"鼓励创作内容健康向上特别是讴歌改革开放和现代化建设的具有艺术魅力的精神产品"。这说明党中央十分重视发挥文艺的作用。文艺应该积极地推进改革开放、社会主义经济建设的伟大事业。江泽民同志同时强调文艺产品要"具有艺术魅力",没有艺术魅力,人家就不会看,就发挥不了文艺的作用。

当记者问到文艺工作者应如何贯彻十四大精神时,曹禺说,用一句老话说,要多参加室外活动。他认为时代发展迅速,变化大得不得了,文艺工作者都跟不上了。文艺工作者应关心城市的变化、乡村的变化,投入到时代的洪流中。在急剧的时代变革中,有很多新内容值得文艺工作者去写。曹禺注意到反映特区的文艺作品越来越多了,他认为这是可喜的现象。曹禺认为,由于进一步的改革开放,文艺的环境比以前好多了。他相信广大文艺工作者在十四大以后会激发起更大的创作热情。

是月 田本相、刘家鸣主编的《中外学者论曹禺》由南开大学出版社出版。该书是"首届曹禺研究国际学术讨论会"的论文集。共收入学术论文 34 篇,其中日本、美国、加拿大、澳大利亚以及香港学者的论文 9 篇。论文选题各异,内容丰富,研究方法与学术视觉各呈异彩。书末附录《曹禺研究国际学术讨论会综述》和《编后记》。

是月 《剧本》创刊 40 周年纪念活动在北京恭王府花园大戏台举行。曹禺为之题:"繁荣创作,培养作家。"(《钟爱这一片热土——〈剧本〉月刊四十年刊庆纪盛》,《剧本》

第 11 期,1992 年 11 月 28 日)

11 月 2 日　致信李玉茹。信尾写对口词一段:

老夫老妻,想念已极。暂时小别,长远匪易。遥遥相望,京沪二地。天长地久。不能久离。终夜不眠,二人相依。时游山水,时游海滨。北戴河滩,二人相栖。携手逛街,同步闹区。你我年老,相互嬉戏(扶持)。浩浩苍天,茫茫大地。天覆地载,永世不离。(《没有说完的话》第 138 页)

11 月 5 日　致信李玉茹。信说:

此外,我对自己十分不满,漫长一生,不知多少错误,逍遥岁月。做事总不得当,一是"懒",二是"私",误了自己的韶华。如果再做人应做一个"勤"人,"公"人,今天会快乐得多。(《没有说完的话》第 139 页)

11 月 9 日　致信李玉茹。信说:

方才,看了电视,一个五岁女孩写房间大小的字。走着写着,大笔真是如椽,写得龙飞凤舞。爷爷写个"凤"字。她随写个"龙"字,其神采不亚于其祖。宇宙之灵气,天地之神,钟于此儿笔下,令人惊叹,世上真有天才,此儿是个小书法家。她的母亲每日督教她很严,有才,也要有教,才会如此。(《没有说完的话》第 142 页)

11 月 30 日　在《人民日报》发表散文《我的老师》。文说:"人民文学出版社邀我为他们即将出版的《世界文学名著文库》写一篇文章,我是力不胜任的。我读书不多,年纪大了,人老了,更感到'文库'中有许多书不曾读过。总仿佛,一生难得享受读书时得到的温暖、静谧和幸福。"

11 月 30 日—12 月 2 日　邓兴器、姜友石在京分别拜访文艺界、戏剧界老前辈夏衍、阳翰笙、曹禺、吴作人、张庚、葛一虹等,向他们汇报了湖南在 1993 年 3 月 12 日举办纪念田汉诞辰 95 周年活动的筹备工作情况。几位老前辈就此发表了恳切的谈话。曹禺同志说:"是要为田汉同志立塑像,全国还没有一尊田汉塑像。田汉老是有功绩的人,纪念他,让后人不要忘记他,学习他的精神。他是同人民群众紧密结合的文艺家。"(《夏衍等老前辈谈纪念田汉》,《戏剧春秋》第 3 期,1993 年 5 月 20 日)

12 月 2 日　《人民日报》刊消息:"最近,中央戏剧学院成立了以该院历届毕业生为主体并联合社会上卓有成就的中青年作家为一体的创作集体——天地影视剧创作中心。""首批投入'天地'的作家有李龙云、朱晓平、史铁生、肖复兴、万方等,特邀作家有杨利民、何冀平、成浩等。曹禺、吴祖光……等任中心顾问,徐晓钟、谭霈生任艺术总监。"

12 月 13 日　埃及文学翻译家阿齐兹博士到北京医院探视曹禺先生。阿齐兹博士把自己的新译著《北京人》送给了曹禺先生,并向曹禺先生提了一些问题。"曹禺先生那天精神很好,兴致勃勃地一一回答了阿齐兹博士的问题,还对不少文学问题,畅谈了他自己的看法。阿齐兹博士因翻译曹禺先生的剧作《日出》而享誉阿拉伯文学界。"(李润新整理:《曹禺先生访谈录》)

12月16日　致信巴金。后收入《曹禺全集》第6卷。

12月27日　浙江文艺出版社在北京王府井新华书店举办《外国文学名著精品》作家签名活动,其中有曹禺的签名书。(《〈外国文学名著精品〉作家签名活动在京举行》,《人民日报》,1992年12月28日)

1993 年 八十四岁

6月7日,阳翰笙因病在北京逝世。终年91岁。

1月12日 晚,由中国京剧艺术基金会、文化部振兴京剧指导委员会、中国文联、中国戏曲学院等单位主办的祝贺张君秋先生艺术生活60年大会在民族宫礼堂举行。曹禺未出席,致信祝贺。会上宣读了他的贺信。(《首都祝贺张君秋艺术生活60年》,《人民日报》,1993年1月13日) 贺信题《祝贺信》在5月15日《戏曲艺术》第2期发表。

1月18日 上午,首都文艺界知名人士及有关部委领导400余人在政协礼堂举行迎春座谈会,病中曹禺致《春节贺词》,他勉励文艺工作者"积极地全面地贯彻十四大精神,努力创作群众喜闻乐见、内容健康向上,特别是讴歌改革开放和现代化建设并具有艺术魅力的作品,为经济建设和改革开放提供强大的精神动力和智力支持"。(《文明祥和欢乐度佳节,首都文艺界举行迎春座谈会》,《人民日报》,1993年1月19日)

是日 北京三露厂和北京人艺共同设立的首届"人艺·大宝优秀剧本奖"颁奖活动在北京紫城大酒楼举行,曹禺因病住院委托夫人李玉茹代为出席。(《"人艺·大宝优秀剧本奖"颁奖》,《剧本》2月号,1993年2月28日) 其中曹禺的《王昭君》获奖。获奖金1万元。(《北京人艺作家获重奖》,《人民日报》,1993年2月2日)

1月29日 致信李玉茹。信说:"我经常坐在轮椅上,在走廊上来回观望。有时想到推我的是你。"(《没有说完的话》第143页)

1月30日 致信李玉茹。信说:

> 昨天下午赵炜①来了,我们送了贺年卡,她收到了,很高兴,向我们拜晚年了。我们谈了邓大姐,我把邓大姐给我的三封信,都交给她。她说书信方面的事,她也在负责,她正为《邓颖超传》审稿。她把那三封信,拿去复印,以后把原稿退还给我。我记起还有一封更早的信,我对她说等玉茹回来找着了,再给

---

① 原注:邓颖超的秘书。

她。(《没有说完的话》第 145 页)

是月 中央电视台"'93 除夕晚会"和文化部"'93 春节晚会"播出后,曹禺接受《人民日报》记者的电话采访,就这两台晚会的得失和春节晚会这一新时期"文化景观"的总体印象和发展趋势发表感想,曹禺说,"看了晚会,使人很高兴,很愉快。春节在中国是一个有很悠久历史的节日,应该搞得喜气洋洋的。"(《金鸡唱晓话晚会》,《人民日报》,1993 年 2 月 2 日)

2 月 1 日 致信李玉茹。信说:

> 天天看电视《红楼梦》,你不在身旁,不能相互讨论,虽有很多感人场面,没有你相谈,就没有多大意思了。我每天还是九时入寝,约十时进梦乡。梦很多,就是记不得,不然可以写点梦给你看,岂不很有趣。(《没有说完的话》第 147 页)

2 月 4 日 致信李玉茹。后收入《没有说完的话》。

2 月 9 日 致信李玉茹。信说:"这些天,总有些人要我写字,我字极劣,不能不送,我又不练字,愈写愈丑了。""梅阡有一个画展,把他的画集送来,请我题字,我题了:生气淋漓/荡动人间/笔下生风/神韵如仙。他的书画,确实不错,很有点道理。"(《没有说完的话》第 151 页)

2 月 10 日 下午,台湾导演李行、贡敏到北京医院拜访曹禺,谈台北演出《雷雨》事宜,曹禺为之题词:"祝《雷雨》在台北演出成功"。(《曹禺》画册第 152 页)

2 月 11 日 致信李玉茹。信说:

> 昨日(十日)下午来了许多朋友,有台湾的李行和贡敏两位先生,他们在搞《雷雨》的演出,在四月。他们说已和中国股权公司定好(好像有此事)协议书,我托贡敏先生,以后有我的剧本上演等事宜,请与女儿万欢接洽,万欢的地址已给他了。得到她的允许,才能出演。
>
> 他们十分热诚,大约今后的稿酬,不至于告吹。李行先生除导《雷雨》外,又想导《家》,我没有接声,意思是这都交万欢处理。
>
> 我给梅阡的题字,经万方删成只有两句"生气淋漓,神韵如仙"。
>
> 我为李行他们演出《雷雨》写了"祝《雷雨》在台北演出成功"。这是他们要求的。(《没有说完的话》第 152 页)

2 月 13 日 下午,在北京医院接待中国青年艺术剧院导演王晓鹰、院长石维坚和徐晓钟等,王晓鹰就重排《雷雨》的导演构思向曹禺征求意见。据王晓鹰回忆:"曹禺虽然身体虚弱,行动不便,但是精神非常好,思维敏捷,幽默感十足,只是耳背得厉害,我们的话大多是由他的女儿万方凑在他耳边大声'传译'的。曹禺得知我要以新的解释和新的处理重排《雷雨》,显得十分兴奋,在表达了一番谢意后他加重语气说:'《雷雨》这个戏非常非常难演!从前很容易演,谁演谁赚钱,因为这个戏很新鲜,很有戏剧性,谁演谁成功。现在不然,现在演的人多了,每个人都觉得自己演得好,所以看这个戏就会有成见,总带着自己的框框。你有个新的看法,来个新路子,别人想不到,这就占便宜了,开辟个新路子这是非常好的事情。'"(《回忆与曹禺先生关于〈雷雨〉的对话》)

是日　致信李玉茹。后收入《没有说完的话》。

2 月 14 日　致信李玉茹。信说:

昨下午徐晓钟、马驰与"青艺"院长与导演,谈及要演《雷雨》的事。说要表现诗意来,谈了半天,我都同意,也欣赏他们的想法。(《没有说完的话》第 155 页)

2 月 16 日　致信李玉茹。后收入《没有说完的话》。

2 月 18 日　致信李玉茹。后收入《没有说完的话》。

2 月 19 日　中国人民政治协商会议第七届全国委员会常务委员会第 22 次会议通过第八届全国委员会委员名单,曹禺为文艺界 145 名代表之一。(《中国人民政治协商会议第八届全国委员会委员名单》,《人民日报》,1993 年 3 月 21 日)

3 月 2 日　田本相带日本中央大学的青年学者饭冢容①至北京医院看望曹禺先生。(《苦闷的灵魂——曹禺访谈录》第 166 页)

3 月 11 日　中国文联致电"田汉铜像揭幕典礼暨田汉诞生 95 周年纪念研讨会",祝贺活动成功;并告知"夏衍、阳翰笙、曹禺、林默涵因健康原因不能赴会,向代表深深敬意"。(《戏剧春秋》第 3 期,1993 年 5 月 20 日)

3 月 12 日　"纪念田汉诞生 95 周年暨田汉铜像揭幕典礼"在长沙湖南剧院开幕,邓兴器②宣读大会组委会顾问夏衍、阳翰笙、曹禺、吴作人的书面发言。(同前;《第一尊田汉铜像揭幕——纪念田汉诞辰 95 周年活动侧记》)

3 月 14—27 日　全国政协八届一次会议在京召开。(《政协八届一次会议在京开幕》,《人民日报》,1993 年 3 月 15 日;《全国政协八届一次会议闭幕》,《人民日报》,1993 年 3 月 28 日)曹禺带病出席会议。未入选本届常委会。据报道:

83 岁的老作家曹禺卧病医院,已很久未参加社会活动。然而,"两会"的召开牵动着他的心。政协开幕那天,他到了后台,听开幕的实况。18 日下午 2 时半,曹禺在夫人李玉茹的陪同下又从医院赶到京丰宾馆,参加他所在的文艺组的讨论。

---

①　饭冢容:曹禺研究专家。他从硕士学位论文,即开始了对曹禺的研究,此后发表了多篇有关曹禺的研究论文,在日本产生了一定的学术影响,有的论文还被翻译为中文。

②　时任文联副秘书长。

10 层会议室的门口摆放着他的轮椅。曹禺端坐在沙发上,神态安然,带着助听器仔细听取吴祖光、欧阳中石等委员的发言。闻讯而至的摄影记者,纷纷上前,闪烁的灯光包含几多尊崇。

曹禺对政府工作报告非常关心。他感慨地说:"39 岁参加第一届政协至今,时间过得飞快。国家发展飞速,日益兴盛。几十年间,有一段时间我们耽误了,现在集中精力投入改革开放和经济建设,我们的事业会更加兴旺。"他接着说:"政府工作报告讲到我国 76% 的县普及了小学教育,多数城市普及了初中教育,这很不简单。听陕南一个小朋友说他们那里学杂费虽然长了,但村里 2 000 多户人家家家有小孩上学,很踊跃,这很有意义。"

曹禺说:"建设社会主义精神文明、提高社会主义道德水平,作家、艺术家责任重大。"

5 时半,曹禺先离开会场,坐着轮椅走了。临走前,他告诉记者,闭幕式他还要来。(《曹禺:坐着轮椅来了》)

3 月 17 日 《人民日报》刊消息《青艺新排〈雷雨〉》:中国青艺新排《雷雨》(导演:王晓鹰)将大胆探索一条不同以往的新路子……该剧将于 3 月底公演。

3 月 26 日 上午,江泽民在北京京丰宾馆与出席政协会议的文艺界代表座谈。曹禺出席并发言。"曹禺感谢大家的关照。这位 83 岁的文坛巨匠提出,文艺也应大胆改革,一方面靠自身力量,一方面靠国家扶持。要出好的作品,就要提倡敢讲真话。"(《春天的希望——江泽民总书记与政协文艺界委员座谈记》、《图片》、《人民日报》,1993 年 3 月 27 日)据王蒙先生回忆:"一次会议时,他扶病前来与中央领导会见,他发言建议将(当时的)文联和一些协会解散,而他本人就是文联主席。这堪称震聋发聩。呜呼,斯人已矣,何人知之?"(《永远的雷雨》、《倾听雷雨——曹禺纪念集》第 279 页)

3 月 30 日 致信巴金。后收入《曹禺全集》第 6 卷。

是月 《南开话剧运动史料(1923—1949)》由南开大学出版社出版。收入曹禺为本书的题词(1991 年题),曹禺的《关于话剧的写作问题》(作于 1938 年),曹禺早期剧本《太太》、《冬夜》,以及《在韩伯康家里》一文。

是月 台湾省交响乐团在台北演出歌剧《原野》。编辑万方,作曲金湘,导演王斯本①,陈丽婵饰金子,陈荣贵饰仇虎。(《台北隆重公演〈雷雨〉》、《海外星云》1993 年第 12 期)

4 月 1 日 致信万黛。信说:

---

① 系王云五先生之孙女。

这阵子,开政治协商委员会,我乘轮椅参加两次,中国日报刊载了相片,看看爸爸现在是什么样子。我疲乏,实在走不动了。见了些熟朋友,很高兴。(《没有说完的话》第 310 页)

4 月 2 日　田本相带丁岳至北京医院看望曹禺先生。曹禺对丁岳资助"'93 小剧场戏剧演展暨国际学术研讨会"表示感谢,曹禺说:"我要代表他们谢谢你。现在话剧的处境很困难,能够拿钱出来赞助戏剧事业,说明你是有眼光的。我是很希望一些有实力的企业家,能够具有一种文化的视野,在自己力量允许的情况下,多多支援文化教育事业。越是经济发展了,越需要发展文化事业。我看一个文化不发达的国家,经济也很难搞上去,即使搞上去也很难持续发展。"(《苦闷的灵魂——曹禺访谈录》第 168 页)

关于这次会面,据田本相记述:

1993 年底,将要在北京举办'93 小剧场戏剧演展暨国际学术研讨会,曹禺先生是这次活动的组委会的名誉主席。为此次活动提供赞助的天津丹梧公司的总经理丁岳先生,提出要拜望曹禺先生。我很担心先生不愿接见这些商人。不料,先生却很通达地说:"我也不是什么神仙,人家来看我,又对我们的戏剧活动很支持,岂可不见。"(同前第 167 页)

4 月 3 日　致信李玉茹。信说:

这两天虽然空,但做事也不少,昨天接待了田本相和天津戏剧界,要办一个话剧发展基金会,有一个年轻的企业家肯赞助。在天津举办的国际座谈会已出了书,这个会你参加了,书上有你的照片。

龚大姐①找中国日报记者代印一张照片,送来的是一张你在我身后为我持文件看阅的,很有意思。在政协文艺组小组会上照的,很生,但大了点,不便邮寄,待你回来看吧。

我给黛黛、小欢子一人一封信,写了一整天,中间插了一些事。我给李琦与其夫人,写了两张字,他说,一张自己留着,一张由他们的女儿留着。李琦问你好,龚大姐走了,临行,我送到电梯,她也问你好。

今天吴冷老出院,我的病友又走了一位。(《没有说完的话》第 159 页)

是日　巴金致信曹禺。信说:

我从未忘记过你,没有写信,只是因为我写字太吃力,杂事多,和你一样,时时刻刻都感到疲劳。……靠药物延续的生命,我不能浪费。唯一的目标是

---

①　原注:龚彭,乔冠华原夫人。

生命的开花。(《曹禺巴金书简》)

4月7日　致信李玉茹。信说:

我收到巴老的复信了,他说写字很累,因此没有复信,但友情是忘不了的;他还要写文章,还要冒出生命之花。现在每天为《全集》看清样,这是很费精神和体力的工作。他是个巨人,他的创作力是无法遏止的。八十九岁的老人,辛苦了一生,奋斗了一生,与邪恶、腐败、残酷的世界战斗了一生,这是何等的魄力!他不是"志在千里"的老骥,他是在烈火中奔腾的战马!啊,八十九岁的老作家,老战士!我真幸运,在我的一生中我与许多这样的大人物认识、交往,这是独得的机遇。

今天我们活在一个大(也许不能不说是伟大的)的好时代,各处都在蓬勃发展。尽管有不少使人不愉快的人和事,然而大方向已走向光明,国家安定平稳,一切迅速地向前猛进。少数人富足起来,这就引起更多的人富足。你我有点紧迫,有什么关系。看开了,个人的事确实很小。(《没有说完的话》第161页)

4月12日　致信李玉茹。后收入《没有说完的话》。

4月14日　为纪念《雷雨》问世60周年,中国青年艺术剧院在"青艺剧场"公演《雷雨》。艺术指导徐晓钟,导演王晓鹰,舞美设计刘杏林。高慧彬饰周朴园、宋洁饰蘩漪,韩静茹饰鲁妈,夏和平饰周萍,陈红、白玉娟饰四凤,潘军饰周冲,蔡鸿祥饰鲁贵,张亚丽饰老仆,白玉娟、陈红饰穿桔红裙子的姑娘。(《演出说明书》;《青艺》1993年第3期)

4月16日　中国话剧艺术研究会和中国青年艺术剧院联合主办的《雷雨》座谈会在北京召开。与会专家首先热情肯定了青年导演王晓鹰在艺术处理上着重于对人的情感的深层探索的创新精神,一致认为是一次有益的尝试。(《简明曹禺词典》第456页)

是日　致信李玉茹。信说:

前天陈丕显同志来,殷殷问起你,他要看你的录像,嘱你在上海也保重,不要太辛苦了。

赵炜也来了,带了西花厅前的海棠几束,花正怒放,放在瓶里,幽香扑鼻,像盛装的少女,偶尔抬头看看,也解了几分寂寞。

……

今天上午,钱钟书与其夫人杨绛来访,谈起在清华读书时的师友,很欢洽。钱兄也不是一味在书斋中忘记一切的大师,他也喜欢谈一些"闲白"儿,这使人感到大师也是十分可亲的。但是苦了杨绛,她坐在我旁边,钟书的声音不大,我又聋,几乎句句又从她口里转述过来,正像你在我身边为我转述一样。这位女作家十分平易近人,她的喜剧和散文都非常好,我很爱读。钱兄说他要送我

《管锥编》,待再版后一定送给我。

……

你说你看的青年演员,真有出色的,有的可以比起杨小楼,我听了很高兴。也和你一样,过后想想,他们生不逢辰,没有观众,没有剧场,这叫什么气候?他们练得苦,终究有大机会,一定有一天可以发展起来。真珠不怕尘土淹没,尘土早晚会被更广大的时代风刮走的。培养观众,还是靠先有出色的演员,演戏才能使京剧活跃起来。我相信京剧总归要大发展,一个伟大的时代不能没有京剧这朵光华四射的文明之花。现在的京剧只是暂时的挫折,有心人、有胆量的人会把它扶持起来的。

要鼓起这股勇气,鼓起这股不可压服、不可摧折的雄风来,这一定有希望的壮风来!

……

北京"人艺"的《鸟人》,演出盛况惊人,票已售到五月里,我这两天读了剧本,确实很有趣。……是一出观赏性很强,但内容也有意义的戏。(《没有说完的话》第 164—166 页)

4 月 17 日　台湾戏剧公司在台北"国家剧院"首演曹禺的《雷雨》,导演李行,舞台设计聂光炎,归亚蕾饰鲁侍萍,赵文瑄饰鲁大海,傅涓饰四凤,演员郎雄、翁家明、涂善妮、袁光麟、江明、宋逸民、康殿宏等。(台湾《中国时报》,1993 年 4 月 14 日)

是日　致信李玉茹。后收入《没有说完的话》。

4 月 18 日　下午,巴金委托李济生(巴金弟弟)、舒乙、徐钤和陆正伟四人到北京医院 305 病房看望曹禺。之前,曹禺为巴金国际学术研讨会题词:"你是光,你是热,你是二十世纪的良心。"(《真情——记巴金和曹禺的友谊》)

是日　晚,先生抱病亲临位于东单的中国青年艺术剧院剧场,观看被专家学者们认为是"使《雷雨》六十年演出史翻开了新的一页"的"新版"《雷雨》,并鼓励导演王晓鹰说:"感谢你使我的这部旧戏获得了新的生命!"这是这位戏剧大师最后一次走进剧场观看演出。(《回忆与曹禺先生关于〈雷雨〉的对话》)

据报道:"'没有鲁大海的《雷雨》'在此间戏剧界引起强烈反响。""'旧版《雷雨》'作者,中国著名剧作家曹禺在观看过此'新版《雷雨》'后表示'非常满意',他感谢导演和演出该剧的中国青年艺术剧院'让一部很旧很旧的《雷雨》进入了一个新的世界。'"①(《北京推出新版话剧〈雷雨〉》,《中国新闻》1993 年第 166 期)

---

①　文后注:选自 9 月 11 日香港《明报》。

4月20日　致信李玉茹。信说：

巴老那样老，还那样不休止地工作，真使我感动，使我从心里尊敬。这是视劳动为生命的人。他使我衷心惭愧，我从早到晚在浪费时间。玉茹，你也在不停地工作，都是可佩服的人。

我看了"青艺"的《雷雨》，他们用许多办法，包括京剧的虚拟的无实物的动作，表现戏中人物，很感动人，卖座已到五月中旬，全满。导演（王晓鹰）讲下半年要到上海演出，这是一个有新意的演出，撤去了"鲁大海"，似乎人物弄得更丰满些，导演有本领。你将来可以看看。（《没有说完的话》第168页）

4月22日　致信李玉茹。信说：

得庞曾涵的信，嘱为王芝泉写"武旦皇后"。如称王为"昆坛第一武旦"，便有些不妥。（《没有说完的话》第170页）

4月24日　致信万黛。信说：

欢迎你归来。

爸爸很想念你，一路上辛苦了，休息一阵，等时差感过了，再来看我。（万黛、万昭提供）

4月26日　致信巴金。信说：

我的心情很不一般，见你的信，见你的笔迹，你的每一笔、每一划还是放出强有力的生气。我每次收你的信，总想到初次见到你的情形，现在你自然是老了，然而你还使我念起青年时的你，年青（轻）时的我。当然，第一次见你，我已经对你有深深的敬意了。

……

我很幸运，在这世界上，我遇见不少大写的人，只是我错过向他们多几次来往的机会。这真是遗憾！（《曹禺巴金书简》）

是日　在北京医院为《清华校友通讯》题写栏目名"荷花池"。（《万家宝（曹禺）老学长题写"荷花池"栏名》）

4月27日　致信李玉茹。信说：

×××的题字就送给她吧，不要为此烦恼了。这种事，好人做到底，不要为这类事生闲气。我们要活得快乐，看得开，不要遇事就不开心，尤不必"火冒三丈"。（《没有说完的话》第171、172页）

4月28日　在《剧本》4月号发表《读书，学习，丰富自己》一文。文说：

从我是个少年的时候，我就非常羡慕那些有学问的人，并且尽自己的努力去学习。现在我是个八十多岁的有病的老人了，但是我仍然羡慕有学问的人。

我常常感觉遗憾,遗憾自己学的东西懂的东西太少了。如果我有力气,我还是想读书,学习,丰富自己。

是月　由曹禺题写书名的《孙德民剧作选》由中国戏剧出版社出版。

5 月初　某日,在北京医院接待上海来的葛昆元。谈话中,曹禺说:"上海是我永远忘不了的城市,那里有我许多朋友。有巴金、于伶、柯灵等。他们都好吗?"(《探望曹禺》)

5 月 7 日　致信李玉茹。信说:

周彤华先生及夫人,还有周炳华之公子与儿媳均来看我,又照了相,他们都很亲切,送来台湾《中央日报》登载《雷雨》演出种种,很热情。(《没有说完的话》第 174 页)

5 月 10—16 日　由中国文学艺术基金会和美国文化对文化国际中心共同发起并主办的"北京国际音乐节——献给二○○○年奥运会"在北京举行。音乐节名誉主席由万里担任,曹禺与刘忠德、张百发任主席。(《北京国际音乐节即将举行》,《人民日报》,1993 年 5 月 8 日)

5 月 25 日　《佛教文化》①第 4 期封面刊"曹禺欣阅赵朴初老相赠的弘一大师手书《金刚经》影印本照片"。

5 月 27 日　致信巴金。信说:

我现在生活很闷气,一是生活不能自理,二是一点动作都不可能做。幸尔有玉茹在身边,常给我说一些安慰的话,我还能活下去。

你永远是鼓舞我的力量,你像老师,像兄长总在给我不断的启发。我太不成器了,到了老年回头一顾,自己一生多怠懒,如果我能有你一分一毫你的勤奋,你的开阔,你的干劲,我会做出一点事情。现在日暮途穷,悔也无益,不如不想。不想还好过一些。

你说需要安静,这种情绪,我也如此。我最大的苦恼是自己由心里得不到安静,时时刻刻折磨自己,用往事折磨自己,甚至于以偶然的话语说错了,对人态度不对了……种种折磨自己,这就使我沉默。而我的沉默中,经常心中翻江倒海,时而又像老了的色黄的蚕吐出细弱的丝,那样无尽无休地缠绕着自己,苦恼着自己。我知道这是病态,也许因为长住医院,也许因为本性如此,真不知如何是了。

---

①　《佛教文化》,双月刊。赵朴初创办。中国佛教协会主管,中国佛教文化研究所主办,《佛教文化》期刊社出版发行。

然而一想到你，想到几十年来你给我的鼓励，我便振作起来。欣欣然，有点生意。

这是古往今来人们都珍视的友情，人们都离不开的友情。你是如此珍视它的。你的文章有多少篇歌颂这种无私的情感。

你说活着不容易，我也这样想，身体不支，力不从心，这真是要命，我尽量走路，但走几步，就喘气，心跳不止，穿衣、吃饭、起身……处处都需要人。老了，难道就是这样无能么？蜕化得跟处处需要照顾的婴儿一样。像婴儿，但又不像，心老了，也多虑了。(《曹禺巴金书简》)

是月　中国音乐学院歌剧系 88 级学生在京公演歌剧《原野》。《原野》原著曹禺，歌剧改编万方，作曲金湘，导演陈卫，舞美设计李果。(《中国音乐学院排演歌剧〈原野〉》,《剧本》6 月号,1993 年 6 月 28 日)

6 月 21 日　阳翰笙追悼会在北京八宝山革命公墓举行，曹禺送花圈。(《阳翰笙同志遗体在京火化》,《人民日报》,1993 年 6 月 22 日)

6 月 23 日　首都文艺界举行座谈会，深切缅怀阳翰笙同志，曹禺作书面发言。曹禺说,"翰笙同志的真诚执著，使他更加得到大家的尊重和爱戴。他把革命工作和文艺创作结合的那么好，那么水乳交融，相得益彰，相辅相成，这是一般人很难做到的。他的形象、他的业绩、他的功德、他的精神都将永远不老，闪烁着不朽的光辉和价值。"(《首都文艺界举行座谈会,深切缅怀阳翰笙同志》,《人民日报》,1993 年 6 月 24 日)曹禺发言题为《翰老寿终人未去,永在征途最高峰》刊于 7 月 5 日《光明日报》；题《翰老寿终人未去,永在征途最高峰——在缅怀阳翰笙同志座谈会上的书面发言》刊于 7 月 28 日《剧本》7 月号。后收入《曹禺全集》第 6 卷。

6 月 27 日　中新社播发于立霄采写的《名人近事:曹禺病中情》。文说:

绿树掩映下的北京医院，一片静谧。八十三岁的剧作家曹禺一九八八年六月因工作过度疲劳，引起突发性疾病入院治疗，至今已整整五年。日前，他在接受笔者采访时，一再流露出他矛盾的心情:极想回家，但力不从心。

那天，正巧老诗人臧克家来探访他。两位老人的双手紧紧地握在一起，道出同一句话:经过几十年的风风雨雨，再见面不容易。

曹禺激动地望着比自己大六岁的臧老说:"您的气色太好了，手像钢铁般有力。"他戏称臧克家是"老树开花"，而把自己比喻为"困在笼子里的虎"。

病房里生活单调、枯燥，对一位为人热情，对生活感悟极强的老人来说，未免是一种情感上的折磨。……

听说冰心老人近来也住在楼下的病房里，曹禺执意要去探望。他坐在轮

椅上,由李玉茹推着来到冰心的病室。躺在床上的冰心老人伸出手兴奋地说:
"曹禺,你胖了。"……

老学者钱钟书是曹禺大学时的同班同学,前不久他来医院看病,顺便探望曹禺,俩人追忆学生时代各人的轶事,谈得眉飞色舞。今年三月全国政协会议期间,曹禺坚持要去参加小组会,他想借此机会见见他心中惦念的几位老朋友。

青年时代,身世、家庭、社会的苦闷交织在一起,使曹禺写出了《雷雨》《日出》《原野》等名著,然而五十年代以后他的作品却不尽人意。他告诉笔者,自己用功写了,却写得不满意,创作时总感到心里似有什么东西附着,写不畅快,有的勉强写,有的不愿写,而大部分却不敢写。"可我已经年逾八十,现在才感到这问题的严重"。(《中国新闻》1993 年第 13040 期)

是月　《锦云剧作选》由中国戏剧出版社出版发行。曹禺为之题字:"江山代有才人出,各领风骚数百年。"

7 月 6 日　台湾《联合报》报道《北京人》将在台北由台北人演出的消息。

7 月 30 日　上海各界在龙华殡仪馆送别俞振飞,曹禺送花圈。(《上海各界泣别戏剧大师俞振飞》,《人民日报》,1993 年 7 月 31 日)

是月　由曹禺题写书名,福建省厦门市文化局编《厦门市创作剧目选》,由鹭江出版社出版发行。

是月　曹禺与周巍峙、林默涵、张庚、冯牧、陈荒煤、吴雪、阿甲、吴作人等 15 人联名上书中央文化部及有关部门,吁请采取紧急措施,保护和扶植昆剧艺术,使老树绽出新花。(《保护昆剧,刻不容缓》,《人民日报》,1993 年 8 月 18 日)呼吁书题《曹禺等戏剧家为振兴昆剧联名呼吁》载 8 月 18 日《中国戏剧》。

8 月 27 日　致信巴金。信说:

今年你八十九,按中国规矩,这也就是九十。看你的信,你写字很困难,笔笔都用极大劲。我也觉得你身体不是太好了。然而你还是校对你的全集,这要多大毅力,多大决心。一个人能写出二十六集,就很难,何况你写每一个字都是用心血,用眼泪写,写得动人真心。使人也学你说真心话,做一个真正的好人,勇敢的人。敢于面对一切苦难,一切妖魔,一切丑劣的人和事,发出大吼声,使人觉悟,使人终于明白人不能浪费自己的一生。要爱,要恨,能爱,能恨,世界需要改造,必能改造。你的一生是奋斗的一生,也是悲哀的一生,又真是乐观的、肯定的一生。我感激你,感激世上有你这样的真人。

现在我能走几步路,时常有小白推我坐轮椅在河岸柳荫下坐坐,有时到附

近的玉渊潭,湖中有青年,小学生,小姑娘,划船在湖上笑闹,只是回来后便累得不行,需要躺在床上吸氧气。(《曹禺巴金书简》)

是月　杨成武、袁宝华、曹禺、姚雪垠为顾问,罗时凡等主编的《中国国情大事典》,由北京师范大学出版社出版。(《〈中国国情大事典〉出版》,《人民日报》,1993 年 12 月 8 日)

9 月 9—14 日　《北京人》经旅美女导演姚树华改编,并特邀北京人艺谭宗尧赴台北客串角色(饰江泰),在台北演出。姚树华赠送曹禺有关《北京人》在台北国家剧院上演的剪报资料,台湾诸报显著标题报道称:"北京人好戏开锣","两岸舞台剧的第三类接触:北京人在台北",热闹非常。(《曹禺》画册第 152、153 页)

9 月 30 日　据《巴金的一个世纪》:"中秋之夜,与曹禺通了电话。""巴金高兴地说:'我们共有一个月亮。'曹禺回答:'我们共吃一个月饼。'""这是巴金最后一次听到曹禺的声音"。(《巴金的一个世纪》第 577 页)

是月　作《我向读者推荐这本书——〈带血的忠诚·靳树增传〉序》。文说:"'带血的忠诚',这个名字很好。做任何事情都要有'带血的忠诚'才会成功。""这部书中的主人公靳树增的经历证实了这一点。他告诉我们:没有理想,就没有忠诚,更何谈带血的忠诚。"《带血的忠诚·靳树增传》一书由改革出版社于 1994 年 9 月出版。

10 月 2 日　致信万黛。信说:

我每天最大的苦恼,是终日疲乏,起床后不一时,就累,又要吸氧气。客人来或有什么事情,我仍能支持一阵,但来完了,我便须躺在床上吸氧,这真是没有办法。

……

我病卧五年,外边的事可以说一点不知道,希望我们的中国,摆脱过去的黑暗,种种丑恶,能逐渐变为一个光明的国家。现在改革开放,是有进步的,人富起来,生活好起来,但一种只是爱钱的社会风气,使人感到气闷。

我总希望,我能活到看国家富强起来,人们相互之间文明起来。我一生经过的古老的中国,使我更渴望,我们的愿望早些实现。(《没有说完的话》第 311、312 页)

10 月 9 日　在北京寓所接待来访的越南戏剧家黎唯辛、胡诗。并与之合影留念。(《曹禺》画册第 207 页)

10 月 15 日　为搜集、整理、保存现当代名家著作,北京图书馆创建当代名家文库,曹禺为之题词:"整理当代优秀文化,造福子孙千秋万代,祝贺北京图书馆当

代名家文库成立。"(《北京图书馆馆刊》第 3—4 期,1993 年 11 月)

10 月 23 日　当代名家文库座谈会和当代名家向文库赠书展出在北京图书馆举行。曹禺与周光召分别题了词。(《北图创建当代名家文库》,《人民日报》,1993 年 10 月 27 日）并与胡绳、周光召、黄华、穆青、薛暮桥、于光远、刘德有、刘国光、唐有祺、季羡林、陈荒煤等被聘为顾问。(《建立名家文库,荟萃优秀文化》,《北京图书馆馆刊》1993 年 Z2 期)

10 月 25—28 日　'93(第二届)曹禺研究国际学术讨论会在武汉大学召开。研讨会由武汉大学、华中师范大学、中国艺术研究院、湖北省文联和湖北省作协联合主办。来自全国各地以及日本、韩国的曹禺研究专家、学者 50 余人,围绕曹禺剧作与中外文化的关系,曹禺研究的历史和现状,曹禺研究的深入和拓新,曹禺戏剧的传播,以及曹禺少为人注意的作品进行了讨论。(《文艺信息》,《人民日报》,1993 年 12 月 2 日;《'93 曹禺研究国际学术讨论会综述》)

是月　崔国良编《曹禺早期改译剧本及创作》由辽宁大学出版社出版。全书分"翻译及改编剧作"、曹禺的"其他创作"和"附录"三部分。书前有编者《访曹禺先生记》和《简析曹禺在南开学校的成长道路》二文。配曹禺中学毕业照、《争强》《新村正》《财狂》剧照及《争强》书影等 20 幅。

11 月 1 日　田本相至北京医院看望曹禺先生,并代表"'93 小剧场戏剧演展暨国际研讨会"的同志们邀请先生出席会议,并就小剧场戏剧和先生交换意见。(《苦闷的灵魂——曹禺访谈录》第 168、169 页)

11 月 15—19 日　'93 中国小剧场戏剧展暨国际研讨会在北京举行。这次会议由中国艺术研究院话剧研究所、中国话剧艺术研究会、天津市文化局、天津戏剧家协会联合主办。曹禺、吴雪、李希凡、谢国祥任名誉主任;田本相、余林、高长德任执行主任;并由胡妙胜担任评委会主任,谭霈生、董健任副主任。参加学术研讨会的国内代表有 30 多人。海外专家学者有 40 多人,他们分别来自日本、比利时、新加坡、台湾、香港、澳门等地。(《"'93 中国小剧场戏剧展暨国际研讨会"即将举行》,《中国戏剧》第 11 期,1993 年 11 月 18 日;《小剧场戏剧展暨研讨会开幕》,《人民日报》,1993 年 11 月 18 日)

15 日,研讨会开幕。曹禺出席并在开幕式上讲话,先生十分赞成搞小剧场戏剧,认为它充满了生机和活力,是提高和发展话剧艺术、培养观众、争取观众的好办法。特别是在大剧场戏剧不景气的情况下,它愈显得及时和必要。搞好小剧场戏剧要从中国实际出发,参照西方经验,多种形式。既可是实验性,也可是商业性演出;既可是专业的也可是业余的,重要的是既有社会效益,又有经济效益。要有高水平的演出,使观众获得艺术享受,又从中得到启迪,真正赢得观众。曹禺讲话经修改题为《提倡小剧场戏剧》,在30日《人民日报》发表。后题为《大力繁荣小剧场戏剧》全文收入《曹禺全集》第5卷。

11月25日 巴金90寿辰。为庆贺,曹禺送"一只别致的黑陶仿古花瓶"花篮。(《九十朵红玫瑰》)并手书贺词:"壮心超百岁,热情暖人间。"(《先生之风,山高水长——巴金九十生日剪影》,《人民日报》,1993年11月26日)

11月30日 上午,丹徒县长城大酒店举行诗人闻杰诞辰70周年纪念会。曹禺为之题词:"人民歌手,杰出诗人。"(《丹徒年鉴》编辑部:《丹徒年鉴1994》第137、138页)

12月23日 为纪念毛泽东诞辰一百周年,北京文艺界举行座谈会,曹禺与冰心、陈荒煤作书面发言。他们希望全国文艺界同仁,特别是中青年文艺工作者,认真学习邓小平同志关于建设有中国特色社会主义的理论,积极投身到亿万人民为之奋斗的四化建设和改革开放的洪流中去。(《首都文艺界聚会缅怀毛泽东》,《人民日报》,1993年12月24日)

是年 为王怀冰创办的《风雨》杂志题写刊头,并担任该刊顾问。(《愧对曹公》)

1994 年　八十五岁

5 月 28 日,陈白尘因病逝世,享年 86 岁。

6 月 1 日,黄佐临因病在上海逝世。享年 88 岁。

7 月 26 日,中国文联文学艺术家著作权保护委员会成立大会在京召开。

1 月 7 日　香港《大公报》"京华通讯"栏刊文捷《结束五年病房生活曹禺已回到家中》一文。报道说:

八十四岁的老剧作家曹禺,最近结束了长达五年之久的病房生活,回到北京木樨地家中。虽离了病榻,但目前他基本上还是保持医院的生活规律,作息时间也与在医院时相同。

虽然身体不好,曹禺每天早晨仍要下床看报读书。近日他正在读巴金寄来的线装本《随想录》。巴金在书的扉页上写着:"我觉得你们就在我的面前。家宝,想念你,永远忘不了你。"……

现在,曹禺已经读到《巴金全集》第二十五卷,他感叹地说:"巴金真了不起,自己修改并校对了一部分文章,总算在今年生日之前出齐全集。巴金很辛苦,我真是佩服他!"

由于肾功能不好,曹禺在饮食方面格外注意,既要顾忌营养过剩,又要防止营养不足。遵医生嘱,他一般早晨八点钟起床。早餐喝一碗酸奶和一小碗粥,中午吃菜和鱼,外加一碗好汤。晚饭一般六点钟吃,主要是团粉面配上西红柿等佐菜。配佐菜是因为团粉没有面筋,营养不够,晚饭后喝中药、生汤、吃几片西瓜。

虽在病中,但曹禺自称"消息灵通人士"。他平时非常关心时事,翻阅报刊时,若看到好文章,就推荐给夫人、著名京剧艺术家李玉茹阅读。晚间的电视"新闻联播"他更是每天必看。其它节目也爱看,但家人怕他久看引起疲劳。一般不让他多看电视。而晚上九点钟上床,吃安眠药才能入睡,则是几十年形成的老习惯。最近见到曹禺的人都说,他目前的状况在这样的高龄来说应算相当可以的了。

2月12日　中央戏剧学院罗锦麟先生至北京医院看望曹禺,并亲切交谈。(《曹禺》画册第177页)

3月3—5日　中国戏剧家协会在北京召开主席会议,曹禺因病委托张庚、胡可主持会议。这次会议传达学习全国宣传思想工作会议精神,听取并审议中国剧协1993年工作小结和1994年工作要点。(《中国戏剧家协会召开主席会议》,《中国戏剧》第3期,1994年3月18日)

3月8—19日　中国人民政治协商会议第八届全国委员会第二次会议在京举行。曹禺因病未能出席。

3月17日　中午,政协委员王习三到北京医院看望曹禺。据报道:

王习三委员代表曹禺委员所在的政协文艺20组,给曹老递上了小组当天全体33位委员签名的慰问信。"感激得很,看见了这些名字,就像看见了这些老朋友的笑容。"曹禺委员话里饱含深情:"我不能参加,心里非常惭愧。羡慕极了,羡慕大家,我要是能到场就好了,哪怕10分钟,20分钟,听听大家的话就好了!"

在病中,曹禺委员依然天天关心政协会议的进程:"这次文艺界委员积极地提意见,比去年更活跃,好多事都提出来了,成就、缺点都提了。现在的机遇好极了,国家大环境、文艺界小环境都好,大有希望不是小有希望。经济在腾飞,文化也在发展,两个文明都要发光。"他要求把政协会议文件寄到北京医院来,要好好看看。(《相探与相送》)

3月19日　致信万黛。信说:

不知还有力气写几个字给你不?我尽力地写,我想我要等你,等小刘迈,等你们来中国看我。无论如何,我会等你们,见你们一面。

……

我心思很乱,周身乏力,更感到是个老而无用的病人了。这里也有春天,明媚的春光,照进来,还是十分喜人的。

我想念你们,想念孩子们,想念你和在外国的小欢子。我还有力气可鼓,别以为爸爸不成了,爸爸还成,还能活几年!活几年!(《没有说完的话》第313页)

4月1—4日　香港中天制作有限公司制作的粤语版《原野》在香港大会堂音乐厅上演。导演麦秋,剧本整理伍国才、余振球,监制司徒伟健,制作经理卢伟基,舞台设计陈兴泰,服装设计陈俊豪,灯光设计余振球,音响设计叶锦生。演员阵容:吕良伟饰仇虎,叶童饰花金子,温兆伦饰焦大星,李枫饰焦妈,陈国邦饰白傻子,丁家湘饰常五。(演出海报)4月5日,配合演出,举行"在原野上的曹禺"研讨会。(演

出预告单)

4 月 3 日　致信李玉茹。信说:"我在医院一切如常……你走后,竟没有朋友来访,更感寂寞。""只有反复读'般若波罗密',背诵佛号,仍难压住这种难以管束的思念。"(《没有说完的话》第 176 页)

4 月 12 日　致信李玉茹。信说:

> 巴金见了你,非常热情,一直握你的手,谈话,说十分想念我,见你如见了我一样。我很感动,巴金真是十分可敬可爱的老朋友,他的真切是世上罕见的。……(《没有说完的话》第 177 页)

4 月 14 日　巴金与二十世纪研讨会在京举行,曹禺与冰心、夏衍、萧乾、艾青、马烽、张光年、柯灵等为研讨会写题词或贺信,表达他们对这位以真诚享誉文坛的朋友的敬意。(《巴金与二十世纪研讨会在京举行》,《人民日报》,1994 年 4 月 15 日)

4 月 17 日　致信李玉茹。信及:

> 通了电话,真是快活! 但更想念你了。寄上曾菲信一件。电报即发。你再给她写信就很好了。

> 报文:祝"庆贺赖少其①同志从艺六十周年暨作品研讨会"与"赖少其书画回展"大成功衷心祝贺您八旬寿辰与曾菲夫人金婚纪念北京医院曹禺李玉茹。

(《没有说完的话》第 179 页)

4 月 18 日　尹瘦石艺术馆在江苏宜兴开馆,曹禺致贺信。(《尹瘦石艺术馆在宜兴开馆》,《人民日报》,1994 年 4 月 26 日)

4 月 22 日　中央戏剧学院教授晏学以及该校日本留学生柴琦至北京医院看望曹禺先生,并亲切交谈。(《曹禺》画册第 178 页)

4 月 25 日　致信李玉茹。信说:

> 上星期晏学教授携一位日本女士来访,这位昭代女士是研究我的,从晏学为师,她给我讲如何为她的学生讲课,十分认真。昭代女士说她很想演繁漪,她的汉语并不很好,这是她的愿望而已。此君一点不像日本妇女,穿衣化妆,颇像一个中国女高级知识分子,颇有味道,就是言语不通,很是遗憾。

> ……

> 我每天读《心经释义》,读了多遍,还有不少地方不能理解,也许我的佛性不高,看起书来很吃力,总是不能明了。只是不断念"般若波罗密多",心才踏实些。我也背"心经",只是次数不多。(《没有说完的话》第 180 页)

---

①　原注:老革命,书法家,原华东局宣传部部长。

是月—10月31日　中国戏剧家协会创作委员会、重庆钢铁(集团)公司、《剧本》杂志社、中国戏剧电视创作函授中心联合主办"1994年重钢杯全国业余小品百优大赛",曹禺、胡可为组委会名誉主席。(《重钢志1986—2003》第487页)

5月7日　致信李玉茹。信说:

> 陆正平来了,送许多补养品。他的女儿路鹭唱歌得了冠军,我题了贺词:"春风艺术无限,今天他是初绽。"我写了两遍,用了心思,还是写不好。陆正平说他办大公司,做起生意,还兼广州电视台台长。他仍是那样憨厚、热心。他送了"招财进宝"一个金色小马车,装了一车元宝,送给方子,方子不喜欢,就放在我这儿了。陆正平连声赞美你。(《没有说完的话》第182页)

5月27日　致信李玉茹。信说:"我想天不会作难我们,你的病再重,也会治好,不会危险。现在任何病都有办法,而且能治好。"(《没有说完的话》第184页)

是月　《探索的足迹——北京人艺演剧学派国际学术讨论会论文集》由中国戏剧出版社出版,曹禺题写书名并作序。

6月2日　致信李玉茹。信说:

> 这些天……我每天睡前背诵心经,求菩萨保佑我的玉茹平安吉祥,欢喜如常,渡过一切苦厄!天天为你祈祷,菩萨会降福给你的,会时时刻刻保佑你。
>
> 你的《血缘》写得十分好,我很欣赏,有风格,有趣味,文气一贯,末后那托冲锋枪的大兵凶恶地对你喊:"干什么的?"你毫不在意地说:"唱戏的!"每天如此,你就这样勇敢地在那种枪炮声如雷的环境中天天唱戏,你真是大无畏的女人!(《没有说完的话》第186页)

6月4日　致信李玉茹。信说:

> 这两天,接着白尘故去,昨天听说佐临也逝世,我很难过。胡思乱想中,我发了两次唁电,给白尘寄他的夫人,给佐临寄给"海芹、并转蜀芹及弟妹等",发到上海电视台。我不由念起我们二人都在病中,一旦走了一个,这日子如何过下去。想久了,也转过来,我们一时尚不至于如此惨别。我们只有把病治好,精神振作起来,才会快活地厮守下去,你一直乐观、坚强,我也要豁达起来。
>
> 前两天孟伟哉偕好几位文联同志来看我,为的是本年八月要开第三届中国国际民间艺术节,要我写几个字。昨天我写了三张,下午就告他们取去,挑选一张。他们都问及你,盼你病早治好,都很亲切。你的人缘好,在北京也有朋友。(《没有说完的话》第214页)

6月6日　致信李玉茹。后收入《没有说完的话》。

6 月 7 日　嘱托北京人民艺术剧院给黄佐临亲属发唁电。电文说："病中惊闻佐临逝世,十分悲痛,敬致哀悼。佐临是杰出的导演,影响中外。他学识深厚,教育人才遍及全国;他沟通中外戏剧,发展中国戏剧事业有巨大贡献;他鞠躬尽瘁,一生苦干。谨向佐临表示崇敬。"(《北京人民艺术剧院大事记》)

6 月 9 日　致信李玉茹。信说:"这两天有些无聊的客人来,幸亏小白挡住,不然麻烦事还要多。"(《没有说完的话》第190 页)

是 日　上海各界送别黄佐临先生,曹禺与夏衍等送花圈。(《黄佐临同志逝世》,《人民日报》,1994 年6 月20 日)

6 月 10 日　致信李玉茹。后收入《没有说完的话》。

6 月 11 日　致信李玉茹。信说:

张执一①的女儿要我写个广告,我没写,打个电话辞去。(《没有说完的话》第192 页)

6 月 12 日　致信李玉茹。后收入《没有说完的话》。

6 月 13 日　致信李玉茹。后收入《没有说完的话》。

6 月 14 日　致信李玉茹。后收入《没有说完的话》。

6 月 15 日　致信李玉茹。信说:

今天下午收到首届全国昆剧青年演员交流演出大会的各种邀请信。一、请你出席开幕式并为大会的学术委员会委员。二、演出日程单。三、出席研讨会。邀请单位是北方昆曲剧院,地址是北京陶然亭路十四号100054。我都寄来了,共四份。一定很好看,可惜你在上海。你也会忙得不堪。(《没有说完的话》第197 页)

6 月 16 日　致信李玉茹。信说:

今天上午,中央电视台为拍梅兰芳百年纪念大会片,来了七人,他们要我讲话。我原不知,晨八时才想到讲什么,写了一个大纲,共三点,讲了二十分钟。他们很满意。但正式拍成至少要剪去大半,或全无。我提到你从梅学戏曲,你说梅不但艺术高,品德也高。他是中国人民的骄傲,丰富了世界戏剧。(《没有说完的话》第198 页)

6 月 17 日　致信李玉茹。信说:

昨天下午黄佐临大女儿蜀芹来,谈及佐临丧事种种,雨中吊唁人不绝,各放一康乃馨于佐临身边。还有一件事,六月一日佐临故去,二日丹尼忽然能

---

①　原注:老干部,与曹禺关系甚好。

笑,平时不识人,连吃饭都要人掰开她的口,此时忽然说出清楚的"真是的"。孩子们说这是两人的魂灵相遇,丹尼笑了两天。以后又不省人事了,现在仍由一护理工侍候她。他们家有五个孩子,四女一男。谈起蜀芹的《画魂》,中宣部麻烦很多,剪了四百英尺,你看,这是多少人的血汗。蜀芹长得像佐临,不大说话。(《没有说完的话》第199页)

6月18日 吴祖光至北京医院看望曹禺。曹禺见到祖光先生,"和每次相见一样,虽然时间短暂,总不忘悠悠往昔",先生紧紧握着吴祖光的手,"满怀怅惘,满腔失落感……"。吴祖光看到眼前的先生,"想着这位不世的作家、戏剧大师:中央戏剧学院院长、北京人民艺术剧院院长、中国戏剧家协会主席、中国文学艺术联合会主席、委员、代表、顾问……浪费了多少精力?消磨了多少年华?他得到的是什么?读者和观众得到的又是什么呢?"心中更是感慨万千,"我们相识都在少年时,我还没有开始写作,他已经以'三部曲'名满全国。但是问题亦在这里,虽然此后的岁月至今长达六十年,然而后来他的几个剧本至今再也没有人提起,更不见有一个在舞台上继续发光放亮。至今人们看见的、听见的还是半个世纪前的《雷雨》、《日出》、《原野》。""我不知道还有多少次能够和曹禺仁兄在这个北京医院坐在一起,拉着手谈话?"(《掌握自己的命运——与曹禺病榻谈心》)

吴祖光先生将这次会面写就《掌握自己的命运——与曹禺病榻谈心》一文,刊于《读书》第11期。后收录于《吴祖光随笔》。题《六十年交情与曹禺病榻谈心——为〈曹禺画册〉作序》①,收入《吴祖光选集》第5卷。后该书并未采用吴祖光的序,用的是张光年先生的序。

6月19日 致信李玉茹。信说:

连日寂寞,今日上午却来了我的孙子万伟②,到我枕边布道,问我信上帝否?上帝如何灵验,又一次送我小本圣经,和其他讲基督教的小书。他说奶奶不在身边,他每月来一次,其实是劝我信教。还介绍一位教徒,也要对我布道。十分古怪,此孙子奇特,有些神魂颠倒模样。还向小白打听,我看佛经否?我把佛经书藏起来,不让他看。

又来一信托我为叶宁③的退休老师写字,诗词都好,还寄二百元,请你(玉茹老师)为我买新茶。他的信写得恭敬婉转。

---

① 即当代中国文化名人传记画册《曹禺》。
② 原注:万伟是曹禺侄子万世雄的儿子。
③ 原注:叶宁是上海为曹禺设计首日封者。

又赵炜寄来我给邓大姐《明朗的天》油印稿,还有信件等,她真是好朋友,十分负责。(《没有说完的话》第 200 页)

6 月 20 日　致信李玉茹。信说:

今天下午舞蹈协会有人来,为他们到三峡有什么演出,要我写几个字。(《没有说完的话》第 201 页)

6 月 21 日　致信李玉茹。信说:

我很耐等待你的信……昨天下午,中国"舞协"来人,为了到三峡等地举行全国舞蹈名家演出,要我写几个字,我写了以下的话:

舞遍大地

弘扬文化

格调高雅

大获成功

祝贺中国舞《三峡之夏》　曹禺一九九四年六月

今天上午又为上海叶宁的退休老师写诗:

小楼一夜听春雨

深巷明朝卖杏花　　　　　　（宋　陆游诗）

伟笑同志雅存　　　　　曹禺一九九四年六月

叶宁给李玉茹的信也寄上,很有意思,除二百元外,还有一条剪报,写了我、艾青、孔罗荪,可以解闷。不料不久罗荪夫人逝去。

看北京晚报,翁偶虹前天故去,八十六岁。

都是朋友去世的消息,但不要消极。我们可以活下去,生死大事,也有幸与不幸。我们是幸尔生者,而且定要生得有感情,有意义。说不定我们都可见到二十一世纪,还做二十一世纪几年的人。亲我的爱妻,最善良的人。

另有人要签名并名片,也办了!你看我多忙。(《没有说完的话》第 202、203 页)

6 月 22 日　致信李玉茹。信说:

我写信,是因为心中郁闷,要和你笔谈,更主要因为可以使你解病中单调。但现在你咳嗽痛甚,不知如何是好。(《没有说完的话》第 204 页)

6 月 23 日　致信李玉茹。信说:

昨天下午来的时装时报记者,问了些问题,我扯了一阵,小白说:"你白费那么多功夫!"记者是夏公女儿沈玲介绍来的。

小白也不主张多见人,有时烦闷,不如来个人瞎扯扯,少一点胡思乱想。(《没有说完的话》第 205 页)

是日 再次致信李玉茹。信说：

田本相今天下午，说香港某艺术院聘请我为院士，他带文件来看看。

又白尘夫人寄来第二次谢信，内容有些不同，寄来，你看看。

……

又读一篇讲大文人聂绀弩的生平的纪念文章《鹤》，十分感人。此人坎坷一生，却活得痛快，潇洒如鹤，真可羡慕。（《没有说完的话》第206页）

6月25日 致信李玉茹。信说：

（吴）祖光寄来相片与信，一并寄来。他说请你给他打电话。回头，我代你打，告诉他你我的近况。夏衍也在北京医院，病见好。祖光真福气，身体好，四处游玩，交友遍全球，而且文章多且极动人。朋友中，以他最幸运，也是他最勤快，平易近人。

翁偶虹的生平寄来，他的告别会，我已将李玉茹、曹禺寄去花圈。（《没有说完的话》第207页）

6月26日 致信李玉茹。信说：

昨日下午，来的客人是魏绍昌，给巴金像上要许多名人题字，夏衍题"仁者寿"，我题"说真话者"，还是魏想的，我简直想不出来。还有许多人题字，我记不得了。魏为我专找宜兴人烧一个宜兴茶壶，上有刘旦宅画家画的狗，是我的本命年，另一面写"雅安"写"甲戌春日绍昌制为曹禺先生寿"，他说巴金从杭州休息回来，精神很旺盛，巴金托他来看我，并向我问好。（张）骏祥耳更聋了，身体还可以。

晚间，我给祖光打了电话，他不在，是凤霞接的，我说你在上海，作了手术，她说不久祖光会来看我，她向你问好。（《没有说完的话》第208页）

6月28日 致信李玉茹。信说：

人民文学出版社张小鼎和一位女责任编辑，给我选《原野》的封面设计，我挑了浅色的，还好看。他们要出《雷雨》、《日出》、《原野》、《北京人》、《蜕变》五种单行本。《雷雨》出两万册，已预定了六千多册，说完全能销。他（张小鼎）问你好，希望能早些见你。

人民日报的女记者采访我，关于北京"人艺"形成的原因，我说有好剧本、好导演、好演员，每人都严肃对待生活，对待艺术，还有许多原因，我不多讲了。

吴祖光来访，他见有记者，就先到夏衍房里去了。过了许久，他回来说："你方才说话精神极好，像个老顽童。""夏公的耳音比你好，太瘦了，精神差一些。"又指出我写作的毛病就是"太听话了"。这句话一语中肯。当然,我不刻苦,也是一生的毛病。

当中,陈荒煤来,和祖光一同从夏公那里来。

这一大段时间拍了无数的像。(《没有说完的话》第 210 页)

是日　再致信李玉茹。后收入《没有说完的话》。

6 月 29 日　《人民日报》刊消息《全国京剧卡拉 OK 大奖赛开锣》:为纪念"一代京剧宗师"梅兰芳、周信芳先生诞辰一百周年,经文化部、广播电影电视部批准,中国艺术研究院、中央电视台、中国京剧艺术基金会等单位将举办"全国京剧卡拉 OK 大奖赛"活动。曹禺与荣高棠、张庚、冯牧、郭汉城、马少波、阿甲、李慕良、袁世海、梅葆玖、杜近芳等任顾问。

是日　致信李玉茹。后收入《没有说完的话》。

6 月 30 日　致信李玉茹。信说:

我忘记告你人民文学出版社日后给版税,书价的百分之十,即卖价四元一本抽四角作版税。我要他们多送我几本我的书,我好送人作纪念。(《没有说完的话》第 216 页)

7 月 1 日　胡绳至北京医院看望老友曹禺。(《曹禺》第 178 页)

7 月 2 日　致信李玉茹。信说:

昨下午北方工业大学仇春霖校长送来五把花束、一箱荔枝。我与小白分送荔枝给赵朴老、夏公、孙越老、护士们、医生们,大家都很高兴。……

马驰和晏学带来一个学生为我们照相。晏学说从她学习的日本女生,读我的"家",感动得大哭。这个女生来过,她很想再来,怕打搅我,还是不敢来了。(《没有说完的话》第 217 页)

7 月 4 日　致信李玉茹。信说:

我读《金刚经研究》,很吃力,看不懂。仿佛都是哲学,就是……结尾是四句偈:"一切有为法,如梦幻泡影,如雷亦如电,应做如是想。'"(《没有说完的话》第 219 页)

7 月 5 日　致信李玉茹。后收入《没有说完的话》。

7 月 10 日　致信李玉茹。信说:"读你七月三日信,我也有许多天没给你写信了,我只是成天地疲乏,无力动笔。"(《没有说完的话》第 221 页)

7 月 13 日　致信李玉茹。信说:

两天前,人民日报易凯来,托写字,为"南通少儿图书馆",也为黄鹤楼边的"搁笔亭"题诗"楼未起时原有鹤,笔自搁下更会诗",这两句是清代某人写的,说黄鹤楼后来没有人写诗,因为李、杜写过①。但我记得李白、杜甫未曾在黄鹤楼题过诗。

多少次想写信给你,终于无力写。今天努力写,但还是无力气,累得很。

有上海戏剧学院毕业生求为其母亲写一字,她母亲是咨询心理专家,我也写了。(《没有说完的话》第223页)

7月20日 致信李玉茹。信说:

今天上午程世鉴来,说方子仍在天津改剧本,已一星期,也许本星期可能回家看我。他和我说了半天彗星撞木星的事,在电视上看见美国照的相,很亮,发的力可以毁灭一切木星上的东西。七千万年前彗星是撞了地球一次,地球上的生物全都消失,以后又从单细胞动物发展成人。

昭昭也忙,台湾约她写柴可夫斯基传,要二十五万字,明年底交稿,订了约,不能交还要罚款,压力很大,不能常来了。……(《没有说完的话》第224页)

7月26日 致信李玉茹。后收入《没有说完的话》。

7月29日 致信万黛。信说:

连接你来信,我非常高兴,尤其是小迈的考试都通过,已进入医生的阶段,更使我这个老头欢喜非常。你们在他身上用的心力都得到结果,他知道父母的心如何疼爱他。这都使我兴奋。祝贺他已取得医生的位置,说外公引他为荣,我很骄傲有这样一个外孙,一个很出色的青年医生!(《没有说完的话》第314页)

7月31日 致信李玉茹。信说:

江西省电力系统业余京剧团汤饧袤来信及相片,会给你看,还寄来一个毛毯给你。另有小纪念册的首页,寄给你看。

给马驰与北京"人艺"的信,明天办。我看问题不大。……(《没有说完的话》第227页)

8月7日 致信李玉茹。信说:

我最近读《金刚经》,很深,不易了解。想找赵朴老讲讲,他太忙,也未见得愿意和我讲。(《没有说完的话》第228页)

8月14日 致信李玉茹。后收入《没有说完的话》。

8月15日 由中国文联主办的第三届中国国际民间艺术节在北京地坛体育

---

① 原注:传说崔灏写了《题黄鹤楼》之后,广为传诵,成为绝唱,后人不敢再题诗。此处可能是曹禺先生记错了。

馆开幕。曹禺、刘忠德任主席。(《第三届中国国际民间艺术节即将举行》,《人民日报》,1994 年 8 月 6 日)

是日　致信李玉茹。后收入《没有说完的话》。

8 月 21 日　致信李玉茹。信说:

你叫莉莉来京,与文化部刘部长忠德商量保存我的资料,我以为千万不要做,这种事日后我死,也许有人注意,就能收集各种资料。这才是追念,读者的追念。我们自己先做这件事,就显得有点太好名了。我确实不以自己是什么了不起的人物。

这两天有台湾与中电两家采访,我穷于应付,也只好应付了。(《没有说完的话》第 233 页)

8 月 28 日　致信李玉茹。信说:

你的照片,如茹寄来了,就是你过生时照的。今天中央电视台肖导演又送来许多照片,有一张是你与如茹一起照的,他们用很漂亮的镜框刊登,特别好看,你照得非常美,亲切,抱着如茹,极其亲切、亲热。(《没有说完的话》第 234 页)

8 月 29 日　巴金致信曹禺。信说:

信收到。不用说我也想念你……这里有你的照片,你的书,你的录像……你常在我面前。我每天都看见你。我总是想些使人感到愉快的事情,特别希望玉茹早日康复。

我还可以拖下去,只希望再拖两三年,写出一本小书。(《曹禺巴金书简》)

8 月 31 日　中央电视台《东方时空》之"东方之子"栏目播出《曹禺》一片。该片由主持人胡健①采访录制。后采访文字收入时间主编的《东方之子访谈录》,由山东人民出版社出版发行。

是月　为北京人艺演出《旮旯胡同》题词:"洗炼人生,魅力无穷。"(影印件)

是月　林默涵 60 年文艺生涯纪念集《大江搏浪一飞舟》(艾克恩主编)由重庆出版社出版。书中收入曹禺与冰心、阳翰笙、欧阳山、周而复、夏征农、李尔重的贺辞贺信和臧克家、陈荒煤、姚仲明、刘白羽、魏巍、叶水夫、朱子奇、白淑湘等人的文章。曹禺贺词如下:

欣闻中国文联、中国作协、中国艺术研究院和文化部、国家教委有关部门等,联合召开林默涵同志从事文艺活动 60 年研讨会,我作为一名同默涵同志密切交往 40 多年的老朋友、老同志格外高兴,因身体力不从心,无法亲身前

---

①　著名戏剧家胡可女儿。

往,谨向默涵同志致以衷心的祝贺,并祝这次研讨会圆满成功!

默涵同志是我们钦佩的一位文艺理论家和文艺活动家。他从青年时代起,就献身于革命事业。在60年的文艺生涯中,立场坚定,旗帜鲜明,坚持马克思列宁主义文艺观和毛泽东文艺思想,无论是从事文艺领导工作,还是文艺理论工作,以及鲁迅研究工作,都能一丝不苟,辛勤耕耘,作出了卓著的贡献。他在60年漫长的征程中,是一棵挺立峻拔的大树,不是随风偏倒的小草。默涵同志为人光明磊落,正直无私、敦厚谦和,艰苦朴素,为我们树立了良好的风范。在我们几十年的交往中,我从他的身上感受到了一个共产党员和文艺战士的优秀品德。我们文艺界老、中、青的同志都需要向他学习。

党的十四大为我们指明了前进的方向。让我们进一步团结起来,同心同德,再接再厉,为推进文艺体制改革、繁荣社会主义文艺做出新的贡献。

祝林默涵同志青松不老,健康长寿!

9月2日 致信李玉茹。信说:

这两天中央电视台访问我,是胡可的女儿胡健作为主持人采访我,讲了足有二十分钟,内容丰富,我讲得还可以。前天,中央台一天放了四遍,我原想打电话告诉你,后来,想你一定知道播放日期,莉莉在上海电视台,她得了消息会告诉你,就没有打。我不料你并不知道,不然,你见我在电视中很神气,你就不会急得以为我有病了。

现在有个曹禺剧本奖,每年一次。昨天胡可与齐致翔、颜振奋来谈精神,说大家觉得用"曹禺剧本奖"号召力大,果然,很多人说一定要争取曹禺剧本奖。得此奖后,有各种方便,如升级、生活种种都有好处。此奖包括京剧、越剧各种地方戏,对戏剧开放有极大利益。(《没有说完的话》第235页)

9月3日 致信李玉茹。信说:

巴金回信给我了,我没想到这么快。他说,他也想念我,他的身边有我的相片、我的书、我的录像,就如同见着我一样。他只想叫他愉快的事,他望"玉茹早些养好病"。他说现在就是无力写字,写一封信,要费很大的力。他说他还能"拖几年",他想在最近两年内,还写一本小书。他真是大人物,一生奋斗,九十岁了,还是孜孜不息,又要动笔。

我被他的信感动,真想也拿起笔,写些东西。……我就是愁一病几年,与社会、与人群隔离,不知现在人的生活,能写出什么呢?? 这使我很苦恼。我多年如此,一提写作,但无勇气。不知写什么?觉得肚里空空,脑子里空空,能写出什么东西来呀?(《没有说完的话》第237页)

9 月 4 日　　致信李玉茹。信说：

这两天我从中央戏剧学院借了《巴金传》，徐开垒写的，读了真是痛快，也明白巴金一生是多么深厚，看的事物太多了，而他的奋斗、反抗精神尤使人兴奋。我不知你能借到这本书么？你会觉得亲切动人，提精神，使人振奋，这真是人中的巨人，世界上的大观。我很奇怪，为何不早点读他的传？现在读了，也不算太晚。读人物传是个好习惯，遇着好作品，千万不可错过。

昨晚饭前，韩素音这位写中国多少本书的英语女作家来看我，送了花，谈了西藏、香港等几个问题。她为祖国开了几次辩论会，说得人哑口无言。她挂了一张中国大地图，那种说西藏该是独立的种种怪人，叫他们对地图指西藏在哪块地方，没有一个指出来，大家都笑了，羞得这些人逃走了。(《没有说完的话》第 239 页)

9 月 6 日　　致信李玉茹。信说：

昨天下午上海戏剧学院办上海国际莎士比亚戏剧节的负责人，来了四位。详细给我谈准备的情况，十分周到，想得有办法，为了普及，票价很低。《威尼斯商人》为儿童们看，有的免费，有的是低价票。对如茹的戏颇寄希望。(《没有说完的话》第 241 页)

9 月 8 日　　致信李玉茹。信说：

应云卫的子女送我一张旧照片，共五人，有吕复、熊佛西、应云卫、黄佐临和我。四个人都故去，我立当中，却活着，笑容可掬。她说，大约是一九四五年或一九四六年照的。这张照片保留到今日，实可珍贵。她们要我写"应云卫中国戏剧电影艺术家作品研讨会"和"应云卫纪念文集"，我都写了。(《没有说完的话》第 243 页)

9 月 10 日　　致信李玉茹。后收入《没有说完的话》。

9 月 12 日　　致信李玉茹。信说：

我说"日子如止水，无一丝波纹"完全错了，昨天下午，连淑敏一共来了四拨客人，有吉林省作协的，要相片，我没有，告他找苏德新；有万伟，就是那个基督教的狂人、我的侄孙。他从前告小白把佛教的书都拿开，别给我看，还找一个教婆，来劝我向上帝祈祷，而且拿出祈祷文，要我照着念，我没有理她。这次我告诉万伟，你死了这条心吧，我决不相信基督教。他说你是我叔祖父，你病了，我来看你，此后，还要来看你。看样子，他还会来传教，向我传上帝的灵验的。

他们都走了，我正继续写信，不想小白在我身后说"客人，有客"！我回头一望,这是第四次回头,一看是贵客王致(志)远①和他的夫人刘荫芳。先说了半天金刚经、心经,以后拿出你《小女人》的校样,厚厚的一摞,蝇头小字,密密麻麻,有不少红笔改的、校的文字,真是惊人,出奇的耐心。王说,这是一个作家的夫人用了四个月的劳动,一直干的。又问了我几个问题,我只答出一个"小老抖"的意思。他们走后,我想,我只说有钱的人,这不完全。"老抖"是捧角的人,我当时想不起来。他要的原稿在你手里,我便告诉他们你的电话。我先给你打一个,不想很快,你立时出来说话。我先叫你有个准备,不知王后来给你打了没有。你声音洪亮欢喜,看来你身体好极了。哦,王拿出出书的合同,我就签了"李玉茹(曹禺代)",一共两份,待书店签好,给你一份。

今天十二号收到你三页的长信,七日发的。非常高兴,我一定给周允中大夫写"大道本无我",就怕裱装,来不及了。(《没有说完的话》第246、247页)

9月17日 致信李玉茹。信说:

关于给周允中大夫的字,我费了半天的脑筋,我写在下面,你看合适否?我是竖写的:

大道无我　德厚流光

(好事做得多,品格也厚重,绩多了,写为"厚","流光"就是放出光彩,大家都知道。这句话不要讲给他听,因我也不太准,再有了裱好的条幅,再讲,也合适),末了,我写:

九中大夫,探病深邃,妙手如神,感恩多方,书以报德。

　　　曹禺李玉茹敬署　一九九四年十月(《没有说完的话》第249页)

9月18日 致信李玉茹。信说:

你也题字了,这使我十分高兴,你想得好,用《王昭君》的一句话"淡淡妆天然样,我就是这样一个汉家姑娘"。挑得好,这句写得好,也是我得意的句子。你送人,作为一个京剧女演员,再合适没有了。(《没有说完的话》第251页)

9月21日 致信李玉茹。信说:

昨天上午高占祥来,他代林默涵当中国文联党委书记,送我他的字帖和道德歌诀。谈了些闲话,就走了。下午,林默涵偕孟伟哉、梁光弟来。林是我的老相识,谈了许多话,他神情兴奋,并说要开一个欢送、欢迎的大会,从此,他就不再是党委书记。(《没有说完的话》第253页)

9月23日 致信李玉茹。后收入《没有说完的话》。

---

① 原注:研究佛学的学者。

9 月 25 日　致信巴金。信说：

你又要写小说了，而且是两本，这是人间的大事。九十高龄的文豪，还是毫不懈怠，又孜孜切切地写下去，写下去，巴金究是巴金！（《曹禺巴金书简》）

9 月 27 日　中国文联召开庆祝建国 45 周年座谈会。曹禺作书面发言。他"吁请文艺工作者用手中的笔，用现代化的声像技术，去讴歌站在改革和建设前沿的弄潮儿，去鼓舞广大人民的昂扬斗志，去奏响一曲曲时代的主旋律"。（《首都文艺工作者欢聚一堂迎国庆》，《人民日报》，1994 年 9 月 28 日）

9 月 28 日　致信李玉茹。信说：

二十四日，生日的早一天，中央戏剧学院的徐晓钟院长和马驰，带着全院师生的代表共九人来祝寿。有各系的代表，有也门的、阿拉伯的，以及新疆的维吾尔人的代表。他们都带了花，灿烂鲜艳的各种颜色的花，挤满一屋子。大家又不断照相，集体的，个人的。大家说说笑笑，激动非常，其中有中央电视台的五个人也照相。他们一起走了，我累得只好躺下吸氧。（《没有说完的话》第256、257 页）

9 月 30 日　下午，强卫代表北京市委领导到北京医院看望曹禺，向他表示慰问，并祝节日快乐。（《北京人民艺术剧院大事记》）

是月　应"上海国际莎士比亚戏剧节"组委会之邀，题词："祝 1994 上海国际莎士比亚戏剧节获得圆满成功"，"群贤毕至，大雅咸集"。

是月　（苏）费德林等著，宋绍香译《前苏联学者论中国现代文学》由新华出版社出版。该书收入 B. 彼特罗夫《论曹禺的创作》一文。

10 月 3 日　致信李玉茹。信说：

下午陆正平自广州来，住五星级饭店，我以为他是广州电视台台长，才这样大手大脚。后来看了他的小传，他是台里文艺部副主任，写了一些文章及剧作。他和他的夫人一道来的，穿的衣服很朴素，说话还老实。他送给我很好的野山参、水果及燕窝等，他要求为他写字。他的传记，被编入《中国文艺家传集》，他很高兴，请我写个字纪念一下，我写："功成名就，如花著作见人心。"他自己写了一个，我未选。实在，应按他自己写的题的。这也是个经验。

前天小方子来，刘锦云与于是之、王宏韬来，谈了很多……。（《没有说完的话》第 258 页）

10 月 6 日　致信李玉茹。信说：

昨天下午刘二姐来了……有一对夫妻，是要在日本留学考博士，研究我的戏剧，我们没有什么话谈，就是照了几张相。

王致(志)远也来了,送我几本佛学书。有一本《金刚经说什么》,我读了一点,很有兴趣。关于你的小说,就差主编签字,签了字,就可以付印。我问他如何感谢那位费了神修改稿子的女同志,他说不用想,意思毋须考虑这个问题。(《没有说完的话》第 260 页)

10 月 8 日　致信李玉茹。后收入《没有说完的话》。

10 月某日　致信李玉茹①。后收入《没有说完的话》。

10 月 18 日　致信李玉茹。信说:

这两天常来客人,×××来了,说了许多你的戏演得如何好。你演"秋江"②上船,演得细致入微,"小放牛"③演小姑娘,就非常天真烂漫。她连唱带比划,我仿佛看上你的演出了。

……

×××要求我亲笔写封给出版署领导的信,为了通过她要办的艺术报,我没有答应。她一再请求,我还是不答应。她又送我一篇她写你的文章,讲如何佩服你,如何从你学习,我也没答话。此女士有些太聪明,以为夸你我必喜欢,必然答应为她写给出版署的信了。多么有意思。不过她说你表演如何好,那是真心话,我并没有觉出假来。因为她说得有道理,很有道理。她送你、送我一本她的论演出的书。

……

给林瑞康写的字,有为周信芳一百年诞辰纪念的,我写了:"开辟麒派大道,灿烂艺术永存。"给林的字是:"满目青山夕照明。"他说明天来取。(《没有说完的话》第 265、266 页)

10 月 22 日　致信李玉茹。信说:"昨晚武汉电视台来访,我谈话大意,可能有不合适的话,然而已经说出去,也没办法。"(《没有说完的话》第 267 页)

是日　为"1994 年重钢杯全国业余小品创作百优大赛"冠名单位重庆钢铁(集团)公司题辞:"精诚合作,共建两个文明"。(《重钢志 1986—2003》第 488 页)

是日　浙江歌舞总团在杭州市杭州剧院首演 5 场歌剧《原野》,改编万方,作曲金湘,导演史行,指挥陈贻鑫(特邀)。(《曹禺》画册第 149 页)

10 月 27 日　致信李玉茹。信说:

我们正通电话时,高占祥来了,我一时认不出他,到了房内才想起这是高

---

① 原信尾注:估计是 10 月十几日的信。
② 原注:"秋江",折子戏,有船上动作。
③ 原注:"小放牛",京剧传统折子戏,舞蹈性强。

占祥,已谈了一会儿。他说即搭飞机赴沪(先到深圳,一天后即到沪),问我有什么东西带给你,他说到了上海,会看你去,我说有一卷条幅请他带给你,你好当面交给周允中大夫。打开看后,他说字好,要我为他写一副,他写了给梅、周二人的诗,准备写给我。此事真巧,我一直等个什么人到沪,带此字,不想到由高占祥带去了。"(《没有说完的话》第269页)

是日　上午9时,在全国文联召开有文化部艺术局、中国文联、中国剧协、中央戏剧学院、北京人艺等单位领导碰头会,解决曹禺皇冠小轿车大修费用摊派问题(大约10万元左右)。人艺赵崇林参加,人艺经研究分担五万元。(《北京人民艺术剧院大事记》)

10月29日　致信李玉茹。信及:

昨天胡可同志和剧协二人来议"曹禺戏剧文学奖金"的剧本及编剧,他讲得非常热心、仔细。我拒绝出席发奖大会,在人民大会堂××厅举行。本来,请他们代为我作书面发言,今天我又想到这个发言很不好写,又给胡可通电话,根本不要代我写书面发言。他很爽快,尊重我的意见,不写书面发言了。

孙浩然与张骏祥也住医院,你若能看他们,为我问他们好,希望他们早日痊愈。

……

胡芝风与常州的文化局局长为洪深一百周年纪念,来找我题字,我按他们提的词"剧坛先驱"写了。(《没有说完的话》第270页)

10月30日　在北京医院参加夏衍95华诞庆典,并与夏衍女儿沈宁合影。(《曹禺》画册第178页;《广电部举办纪念夏衍从事革命文艺工作65周年系列活动》,《中国电影周报》,1994年11月10日)

10月31日　在《新民晚报》发表散文《窗口里的风景》。后收入《夜光杯文萃(1992—1998)》。文说:"曾经我当过《收获》的编委。那时候是我的老朋友靳以当主编,后来是巴金,一直到现在。""多少年来,《收获》一直坚持自己的风格,走自己的路,不受困扰,战胜困扰,这是一种骨气一种精神,也是中国文坛的幸事。""我相信《收获》的努力是有目共睹的,是可贵的,在今天尤其可贵。"

是月　为纪念梅兰芳诞辰100周年,中国戏剧家协会监制,上海造币厂、浙江天马造型艺术有限公司制作的"梅兰芳大铜章"及"梅兰芳珍邮纪念票",在北京发行。铜章正面是梅兰芳半身浮雕像,背面选用剧情和道具;纪念票选用印有《贵妃醉酒》的梅兰芳小型张为主图,下方印有"梅兰芳诞辰100周年纪念"和曹禺亲笔签字。(《梅兰芳铜章发行》,《人民日报》,1994年10月29日)

是月 应台湾"中华戏剧学会""海基会"邀请,大陆戏剧家访问团一行13人首访台湾,曹禺为之题词:"共同繁荣中华戏剧。"(台湾《中央日报》,1994年10月22日)

是月 由曹禺题写书名,方梓勋、田本相编《香港话剧选》由文化艺术出版社出版。

11月1日 下午4时,徐琦等到北京医院看望曹禺。谈起四川,曹禺依然记得在"成都常去'不醉无归'的小酒家,那里的东西品种多、质量好、价格便宜,而酒家的布置又很讲究。""最喜欢的是成都的竹椅,在成都的茶馆里叫一壶茶,坐在竹椅上大摆'龙门阵',一喝茶就是一天,惬意极了……""我很喜欢江安。在东门一眼就看见西门了,我猜想现在已不是那样了。"谈到在江安写的剧本《北京人》、《蜕变》,曹禺说:"我比较用功的是《北京人》,想了很久。""其实,我最喜欢的还是《北京人》,因为我写它确实写得很苦,实际上,写《北京人》我只有用了三、四个月,写得很快。主要是这部戏。我构思了很长的时间,大约有几年,我都在打腹稿,直到剧中人物在我脑子上活了起来,我才下笔,当然就快了。所以,《北京人》这部作品,我感到比较满意。"(《曹禺病中忆四川》)

是日 致信李玉茹。信说:

> 这两天,为了夏公(夏衍)九十五诞辰,北京医院很热闹,我于前一天向他拜了寿。当天,还到喜堂(摆满了花、大寿字、蜡烛等)坐一坐,那时电影界的朋友们已经走了。
>
> 客人来了,暂停。客人是四川来的几个记者,不知有何名堂。……

信边写有:客人去了,是成都蜀报的记者,照了很多相,还有一位中央戏剧学院的毕业生,正在创作。

他们带来两篇文章,一篇写我,一篇写你我二人。(《没有说完的话》第272页)

11月2日 在北京医院病房接受浙江摄影出版社编辑赠送的"当代中国文化名人传记画册"《夏衍》一书。(《曹禺》画册第178页)

11月4日 致信李玉茹。信说:

> 收到你两封信,十分高兴。我没想到你那样喜爱我给周大夫的字,还以字和高占祥、马博敏和你照了相,我颇引以为荣。仇校长带了市委副书记、院长、主任来看你,仇校长热情极了。我这两天没有什么人来,很寂寞,但想到十二月十五日就看见你,我又兴奋起来。……(《没有说完的话》第274页)

11月9日 致信李玉茹。信说:

> 有一件事告诉你,香港要把《雷雨》再拍成电影,周采茨(采芹的妹妹)①管

---

① 原注:周采茨、周采芹系周信芳的女儿。

理此事,我说五万港币可拍,昨晚方子已与她回电,她在香港,还犹疑未决,过了半天,她由港来电话说可以就五万。万方要她订合同,这样就把牢一点。

有位卢敦先生,八十四岁了,他用广东话,排了《雷雨》,演了十九场。(《没有说完的话》第 275 页)

11 月 10 日   在参加"纪念靳以 85 周年诞辰暨逝世 35 周年座谈会"前,靳以夫人和女儿章洁思到北京医院病房看望曹禺。据章洁思记述:

……曹禺听说开会,表示他已无法走出医院,接着立即向我们口述了一段充满感情的文字(他当时在激动之中自己先用毛笔写,又用钢笔写,最终采用口述):"靳以是杰出的作家,他写的诗歌、小说和散文我一时记不全,但他的文笔神韵流畅,意境深远,他是文坛上难得的诗人。/他故去得很突然,这些年我总觉得他在我身边。我大哭了多少场,一闭眼就是他那双和善亲切的目光,看着我,我也看着他,互相对视,我的眼泪流下来。/我清清楚楚觉得他没有走,还是在我们这些朋友们的身边,那样深切地期待我们,希望我们为人类、为世界、为祖国多作一点奉献,就像他一样,为了他的不朽的思想奉献他的青春,他的一切。/靳以是我的好朋友,他是永存的。"口述毕,我们将记录读给他听,他签上名,落笔是 1994 年 11 月 10 日。(《曲终人未散·靳以》98、99 页)

11 月 11 日   首届曹禺戏剧文学奖在人民大会堂颁奖。曹禺戏剧文学奖的前身是由中国戏剧家协会主办、两年一届的全国优秀剧本奖,已举办过 6 届。以后将每年举办一次。王汉斌、王光英、万国权、刘忠德等出席了颁奖会。曹禺致信表示祝贺。(《首届曹禺戏剧文学奖在京颁奖》,《人民日报》第 4 版,1994 年 11 月 12 日)

关于"曹禺戏剧文学奖"和这次评奖活动。据报道:

从今年起每两年一度的全国优秀剧本创作奖更名为曹禺戏剧文学奖,仍由中国戏剧家协会主办、中国戏剧家协会创作委员会和《剧本》杂志社承办。更名之前,中国戏剧家协会的领导征求多方面意见,也多次征求曹禺同志本人意见。……请他谈谈对评选章程和评奖工作的意见。

曹禺同志对中国戏剧家协会从今年起设立一个以他的名义的创作奖感到高兴。他说这不是他个人的奖,而是一个戏剧事业的奖,虽然是冠以他的名义,实际上仍然是戏剧界的全国性的戏剧文学创作奖,和这项奖的前身全国优秀剧本创作奖是一样的。……

曹禺同志仔细看了评选章程,对章程中阐述的评奖的原则都表示同意。他说,有了评奖的章程,根据章程成立评奖组织委员会,由组织委员会去贯彻评奖宗旨和评奖原则就可以了,不必事事都来征求他的意见。他说,以前的全国优秀剧本创作奖他都担任顾问,这项奖既然冠以他的名义,他就不再担任顾问。应当聘请戏剧界有影响的领导和专家担任顾问、组委会和评委会委员。

……

曹禺同志说,剧本创作奖和表演奖不同,主要是看剧本。评委要认真读各地推荐来的剧本。……曹禺同志希望这次评奖能评出水平,评出威信,能够产生积极的社会影响,能起到推动和繁荣戏剧创作的作用。因此曹禺同志希望评委能公正和负责,不徇私情,把真正优秀的剧本评出来。(《团结奋进,繁荣戏剧——曹禺同志谈"曹禺奖"》,《剧本》第 10 期,1994 年 10 月 28 日)

11 月 11 日 致信李玉茹。后收入《没有说完的话》。

11 月 13 日 致信李玉茹。信说:

昨天……李济生托马绍弥①带来一小册,上面有巴金题字,也求我题一个。我今晨写了,抄在下面:

"生命要经过多少艰难、磨炼与痛苦,凡是阻挡我们前进的势力,我们必将战胜之。"

"生命是智慧与拼搏,我们是勇敢的战胜者。"

书奉 济生老友

曹禺 一九九四年十一月十三日于北京医院卧稿(《没有说完的话》第 277 页)

11 月 15 日 中国现代文学馆在北京隆重举行"纪念靳以诞辰 85 周年暨逝世 35 周年座谈会"及"靳以生平创作展览"。"躺在病榻上的曹禺和陈荒煤写来了充满情谊的信"。(《命若红烛照人间——北京举行"纪念靳以诞辰 85 周年暨逝世 35 周年座谈会"》,《中国现代文学研究丛刊》1995 年第 4 期)

11 月 17 日 致信李玉茹。信及:

我很恨,恨我自己老了,写不出东西来,每天想写一二百字,但是拿起笔,一个字也写不出。脑子空了,对自己不满意极了!报刊上记载多少老作家到老年写东西。②(《没有说完的话》第 278 页)

11 月 21 日 致信李玉茹。信说:

《雷雨》,是要再拍电影,合同事,小方子已提到,周(采芝)也答应了。

现在又有河南出版社要印《曹禺全集》,我托小方子商谈条件,如何报酬,须商量好再定。这件事,我办不了,我不会办事,不如交给方子代理、办

---

① 原注:马宗融之子。
② 原注:以上两段写在信纸左边。

事。……

信边附言：

前两天杨绛来看我，说早想来，因钱钟书在院有病已两三月。因不知……①就没来。……第二天，我下楼看望钱钟书，他病卧床上两个多月，正烧到三十七度四。我谈了几句，就出来了。一会儿，杨绛送她的散文一本，是我要的，她亲自送来。我看了，写得很深刻，很好。（《没有说完的话》第280页）

11 月 24 日　致信李玉茹。信说：

昨天舒同的儿子王振来，带来王元美的信，她住了医院一段时间，现在又回家养病。……

舒同是书法家协会主席，一九四九年曾在烟台接我，我从香港搭海轮赴北方，经过烟台，他接过我。现在他卧病难起，希望我写个字做他的九十岁生日纪念。我写了，他儿子王振写的稿，我连写了两幅，也是一时高兴，都送给舒同。

今天中午给巴金一个电报，祝贺他九十岁生日，并写"不料你骨折卧病，更加悬念，深望你安心静养，早早康复，曹禺与玉茹"。（《没有说完的话》第282页）

是日　在北京医院接待盛和钧、邓兴器②。盛和钧请先生为"常德诗墙"题词，看过资料，先生为之题字："武陵风流——书赠中国常德诗墙。曹禺。"（《文艺大师的期望——拜访曹禺先生》）据盛和钧文述："这是'小雪'③后的第三天，""我们走进病室，曹禺先生正伏在桌案上写着什么。""白秘书走过来小声告诉我们：他在给夫人写信。""我请曹老在方便的时候，为诗墙赐墨，他笑道：今天早上舒同的儿子也要我写字，为他父亲 90 生日。""白秘书把底稿拿给我们看，曹老写的是：'一代宗师，吾党之荣——贺舒同同志九十华诞。曹禺。'"（同前）

11 月 25、26 日　香港影视剧团在香港沙田大会堂演奏厅首演曹禺的《家》。总监、剧本改稿卢敦，艺术顾问、剧本改编朱克，导演吴回，演员：简瑞超饰高老太爷，洪朝丰饰高觉新，伍永森饰高克明，谢月美视钱太太，黄文慧视陈姨太，许坚信饰高克安，江图饰高克定，崔嘉宝饰瑞珏，关咏荷饰鸣凤，陈佩珊饰琴小姐，陈安莹饰婉儿，张锦程饰高觉民，许淑娴饰周氏，张家辉饰高觉慧。（《香港影视剧团〈家〉》演出预告手册）

11 月 27 日　致信李玉茹。信说：

---

①　原注：此处有一句话看不清。
②　盛和钧，时为常德文联工作人员；邓兴器，时为中国文联副秘书长。
③　22 日，农历小雪。

巴老的生日，有许多记者拍照，不顾他难过，真没道理。所以，被人崇拜，也不好。……

信边附言：

中央电视台要拍《北京人》的电视剧，要真搭一座北京人的大四合院，规模和真的一样。计划用六十万，整个拍费一百万，但都未开始。（《没有说完的话》第283页）

是月 《雷雨》由人民文学出版社出版。系"中学生课外文学名著必读"丛书之一种，也是"教育部《中学语文教学大纲》指定书目"。同期，《雷雨》、《日出》、《原野》、《蜕变》、《北京人》由人民文学出版社出版，系"中国现代名剧丛书"之一种。该版《日出》"附录"《〈日出〉第三幕附记》和《〈日出〉跋》；《原野》"附录"《〈原野〉附记》一文；《蜕变》"附录"《关于"蜕变"二字》一文；《北京人》"附录"选自《曹禺论创作》中《曹禺谈〈北京人〉》一文。

是月 《读书》第11期刊吴祖光的散文《掌握自己的命运——与曹禺病榻谈心》。

是月 某日，在北京医院接待香港影视剧团卢敦、朱克，谈《家》即将在香港演出情况。并为演出题词"祝香港影视剧团演出《家》成功"。（《香港影视剧团〈家〉》演出预告手册）

冬 某日，无锡文联许墨林和陶荣庆至北京医院看望曹禺先生，并请曹禺为即将落成的无锡市文联大厦题词。曹禺题："无锡文联"。（《无锡工商先驱周舜卿》第59页）

12月1日 下午，致信巴金。后收入《曹禺全集》第6卷。

12月2日 致信李玉茹。信说：

我每天还是散步，穿着鞋，可以避免摔跤。因为走路，精神好多了，人也鼓起劲来。我真想写点东西，但苦于无生活，几年住医院，太没有材料可写了。

（《没有说完的话》第285页）

12月8日 "中国戏曲表演学会"在京成立。该学会是由曹禺、张君秋、张庚、常香玉、红线女、陈伯华、袁雪芬等发起倡议的。学会宗旨是继承和发展中国戏曲表演艺术，推动表演理论研究。（《中国戏曲表演学会在京成立》，《戏曲艺术》1995年第1期）"中国戏曲表演学会"名誉会长宋任穷、曹禺分别致贺词，祝贺成立。宋任穷的贺词是"提高表演水平，为舞台艺术生辉"；曹禺的贺词是"为建立中国戏曲表演体系作贡献"。（《全国戏曲界代表欢聚首都祝贺"中国戏曲表演学会"的成立》，《中国戏剧》1995年第2期）

12 月 20 日　致信万黛①。信说：

我……经常回忆你年轻时、年幼时的种种可爱的情景，觉得自己真是老了，只有忆旧是个安慰。我八十五岁了，不知何时能见着你，再见你？ 想起来，心酸。

……

我一切正常，就是一天到晚疲乏，没有气力，因此，给你回信已耽误多时了，希望你能谅解。（《没有说完的话》第 315 页）

12 月 21 日　清华大学校友会总会代表承宪康、郑小筠到北京医院看望曹禺。并转交顾毓琇信函一封及赠书二册。顾先生信说："从《新民晚报》〔海外版 94.11.21〕看到新凤霞的短文《曹禺与吴祖光》，得悉玉茹夫人在上海动手术，住在华东医院。兹请清华校友总会承宪康先生代为赠送拙作《耄耋集》及《水木清华》，供在休养中消遣。"（《顾毓琇学长致函赠书曹禺学长，总会代表看望曹禺转达校友师生问候》，《清华校友通讯》丛书复 31 册，清华大学出版社，1995 年 4 月）

是月　致信李如茹。信说：

《麦克白》的演出资料，收到后立刻读了，当时，身体无力，不能作复。这两天又仔细地读了两遍，感想很多。首先，读了维国导演的话，了解这是一出实践性演出样式，感到莎士比亚与中国传统戏剧这两种不同戏剧文化，经过你们两人苦心经营，终于有机地结合成一种新的形式。内容与表演汇合成一出极为成功的演出，正如评论（你们的英译文）说的，观众看戏，不是被动的观望，而是主动地参加这个演出的动作与发展精神状态里。我觉得此点似乎说，观众也成这个演出中一个重要的角色，甚至于比麦克白本身还有劲的主要角色。这当然有些夸张，但说明你们这次有中国传统戏剧个性与莎士比亚的汇合是极其成功的。我特别欣赏你们处理麦克白夫人之死，她被人高举起来，垂头散发，手却指着麦克白，几乎触到他的身子。这是多么尖锐的情感，多么动人的表现。

信边附言：

你们要排《原野》，我当然同意。我确高兴能与你们两个在一起合作，这是我的荣幸，我很感谢。最近没有我的戏剧节。你们排了，在中国没有机会演。

（《没有说完的话》第 370、371 页）

是月　胡叔和著《曹禺评传》由中国戏剧出版社出版。"本书从作品入手，对曹

---

①　在万昭提供信函（电子版）显示，日期是 10 月 20 日。

禺几十年的戏剧活动和创作实绩,作了历史的审美的纵横透视,……具体地再现了曹禺的精神风貌和艺术个性。"(原著内容说明)

是月 曹禺题写书名的《国立剧专·江安》(江安文史资料·总第七辑),由江安县政协文史资料研究委员会编印面世。内刊曹禺照片1幅,题词1幅,国立剧专校友回忆文章35篇,以及李乃忱编的《历届公演剧目一览表》。

是月 以曹禺《天上有多少星星在闪亮,地上有多少莎翁诗句在闪亮》一文代序的《罗密欧与朱丽叶》由甘肃人民出版社出版。全书收入朱生豪、曹禺、方重3个译本。

是年底 在北京医院接受上海电视台"庆祝上海作家协会成立40周年电视晚会"导演唐萍的采访。采访中,曹禺说:"'上海作协'是了不起的,之所以称他了不起,是因为他在上海。因为上海是一片肥沃的文化土地,有数不尽的渴求文化滋养的读者群;上海曾经有过鲁迅、茅盾、巴金这些杰出的作家;上海作协在组织、团结、培养作家方面作了大量工作,上海的文学世界是辉煌灿烂的。"又说,"回顾我的一生,生活太缺乏,深入生活很不够,对生活体验是浮光掠影的。第二,读书太少。一个作家要多读书,要眼观世界,才能写出伟大的作品。第三,做人要老实,做人最重要的是做一个诚实的人。一个作家自己不是真正地做人,他的作品写得再出情也是虚假的。"(《访病中曹禺》,当代中国广播电视台百卷丛书之《上海东方电视台卷》第132—136页)

1995 年 八十六岁

2 月 6 日，夏衍在京因病逝世，终年 95 岁。

1 月 1 日 致信巴金。信说：

这些天时时想给你写信，但以无力，终未执笔。你目前病况如何？惦念很深。……听玉茹讲，你现在又痰多，咳吐困难。这真难为你，不知你这样疗治，还要经过多少天，才能起床？

又是元旦了，我们又都进入 1995 年。看你的朋友想必很多，也许这些来慰问你的朋友，可能使你稍忘卧床之苦，希望你一切能在新年里，很快地恢复健康。

我们都老了，又有病。有些痛苦，是自然的。我这些天一直周身无力，不能多转动，讲话也很费力。你的病痛，我是体会得到的。在医院里，还有冰心大姐，夏衍老人，他们都算平安。夕阳晚年，在医院里疗养治病，这应该说是幸运了。（《曹禺巴金书简》）

1 月 10 日 田本相到北京医院看望曹禺先生，就花山文艺出版社拟出版《曹禺全集》事宜，与先生交换意见。（《苦闷的灵魂——曹禺访谈录》第 170 页）

1 月 20 日 为北京人艺改编拍摄的电视连续剧《旮旯胡同》题写片名。（同前）

1 月 21 日 在《新民晚报》"序跋精粹"栏发表散文《美丽的种子》，文后注"《小女人》序。"后刊于 1996 年《大舞台》第 6 期，收入《曹禺全集》第 6 卷。

1 月 23 日 赠张彦夫妇《原野》一册，在扉页题写："奉张彦裴毓荪老友指正""纪念我们的合作——曹禺"。（《曹禺、〈原野〉与我》）

1—3 月 北京电影学院表演系 94 进修班演出《雷雨》、《北京人》二剧。（《表演系 94 进修班演出〈北京人〉座谈摘要》，《北京电影学院学报》1995 年第 1 期）

2 月 3 日 于是之、田本相至北京医院拜访曹禺先生。就《论北京人艺演剧学派》编辑情况征求先生意见，并请先生为之写序。谈到北京人艺，曹禺说：

一个剧院，不但要重视剧目建设、人才建设，而且要重视理论建设。焦菊隐是很重视的，他不但是一位博学多识的导演，而且是一位学者。这点，很重要,我们一些导演,开始还可以,搞着搞着就不行了。导演是不能玩花活的,可是导演又是最容易弄花架子的。正确的理论,可以使我们头脑清醒,把定方向,少走弯路。都说,现在戏剧界很浮躁,当然也不只是戏剧界了,为什么,其中重要原因之一,就是因为缺少真正的艺术胆识。而胆识是靠学识来支撑的。没有识见的人,才瞎扑通,东抓一把,西捣一锤。跟着时潮转,跟着时尚转。我看是之同志这些年,在把握北京人艺的方向上,就很沉着,很大气。一个国家的剧院,不能搞那些鸡零狗碎的玩意儿。我赞成你们写这本书,北京人艺是值得总结的。(《苦闷的灵魂——曹禺访谈录》第 171、172 页)

曹禺这次谈话经整理为《论北京人艺演剧学派》一书序文。

2 月 11 日　《人民日报》刊报道《中国文联负责人学习江总书记讲话,期待两岸文艺界携手合作光大中华文化》:

中国文联负责人、老作家曹禺、高占祥近日表示,两岸文艺界应携手合作共同促进祖国和平统一。

两位老作家表示,春节前夕,江泽民总书记关于台湾问题的重要讲话犹如春风吹拂海峡两岸,表明了中国共产党人和中国政府的博大胸怀和务实求实的精神,体现了迈向 21 世纪之炎黄子孙的昂扬风貌。

曹禺、高占祥认为,在邓小平同志关于“一国两制”对台方针指引下,近年来,两岸文化艺术交流、人员往来不断增加,对两岸文化艺术的融合与发展起到了积极的促进作用。在融化坚冰、增进了解、联络感情等方面,两岸的文化艺术界相亲相敬,发挥了独到的作用。

两位作家强调,江泽民同志在讲话中指出,中华各族儿女共同创造的五千年灿烂文化,始终是维系全体中国人的精神纽带,也是实现和平统一的一个重要基础,两岸同胞要共同继承和发扬中华文化的优秀传统。海峡两岸文化同根。本是同根生,我们没有理由不尽早实现祖国的统一,没有理由不携起手来光大中华文化。中国文学艺术界联合会愿同岛内的文化艺术团体、文化艺术家加强联系、增进友谊。为实现祖国的统一,为促进两岸文化交流与发展,发挥更加积极的作用。

两位作家还表示,我们欢迎并准备接待台湾文艺团体和文艺家前来参观、访问,进行文化交流,开展文化合作。我们也愿到台湾去参观、访问、开展文化交流和文化合作。我们相信,在促进两岸文化交流、联络两岸人民的民族感情、促进祖国统一进程中,中国文联能够发挥积极的作用。

2 月 17 日　夏衍遗体告别仪式在北京八宝山革命公墓举行,曹禺送花圈。

（《首都各界人士送别夏衍》,《人民日报》,1995 年 2 月 18 日)

2 月 18 日　在北京医院作新诗《老了》。在 1996 年 2 月 10 日《诗刊》2 月号发表。后收入《曹禺全集》第 6 卷。

2 月 19 日　上午,田本相同花山文艺出版社的贾启森前往北京医院看望曹禺先生,并将已经编好的《曹禺全集》第 1、2、3、4 卷文稿送先生审阅。贾启森表示:"我们想争取时间在今年将全集出版,来祝贺您 85 岁诞辰、从事戏剧活动 70 周年。"最后,先生在每卷文稿上签字,以示同意付印出版。(《苦闷的灵魂——曹禺访谈录》第 172、173 页)

3 月 2 日　在《人民日报》发表《一部可读的传记佳作》一文。文系曹禺读《孙越崎传》而作。文说:

> 对孙越老,我始终怀有一种崇敬之情。这不仅因为他解放前兴办实业的贡献,更主要是在逆境中顽强不屈的恋业、爱国精神。这种跨世纪的情结,正是我们今天需要大加提倡的。现在《孙越崎传》把这些都写了出来,而且还有我不熟悉的少年、青年时代的情况,我认为这是很有意义的。对于宣传孙越老、宣传其他同志,提倡爱国主义,加快四化建设,都是有益处的。

3 月 3—14 日　中国人民政治协商会议第八届全国委员会第三次会议在京举行。会上,曹禺与赵朴初、叶至善、冰心、启功、张志公、夏衍、陈荒煤、吴冷西等九位德高望重的全国政协常委以 016 号正式提案紧急呼吁:

> 我国文化之悠久及其在世界文化史上罕有其匹的连续性,形成一条从未枯竭、从未中断的长河。但时至今日,这条长河却在某些方面面临中断的危险。民族文化是我们的民族智慧、民族心灵的庞大载体,是我们民族生存发展的根基,也是几千年来维护我民族屡经重大灾难而始终不解体的坚强纽带;如果不及时采取措施,任此文化遗产在下一代消失,我们将成为历史的罪人、民族的罪人。① (《实验教育创新文集》第 322 页)

3 月 10 日　在北京医院病房接待曹树钧和孟宪强。二位同志向曹禺汇报"中国莎士比亚研究会"工作。

3 月 13 日　北京电影学院、中国艺术研究院话剧研究所和《中国戏剧》社联合召开《北京人》演出研讨会,李玉茹代表曹禺出席会议。与会者对电影学院采取演出名著舞台剧来培养学生的文化素养、提高表演水平和创造艺术形象的能力,以及对这台戏取得的成就给与高度评价。(《演名著是提高表演水平的必经之途》,《中国戏剧》

---

①　文中述及夏衍先生,夏衍先生已于 2 月 6 日去世,在政协提案可能有误。

3 月 16 日　致信巴金。信说:

前天采臣来看我,从他言谈中才知道你的健康日趋好转。穿着钢板背心,已能起床走路,每天在过道中上午走两趟,下午走一趟。胃口非常好,东坡蹄髈,肥鱼,肥肉都能吃。你还准备到杭州,这太鼓舞人心了。

舒乙说,你还准备在医院开"现代文学馆"建设问题的大会,这也是大喜事。(《曹禺巴金书简》)

3 月 21—24 日　全国文联工作座谈会在京召开。"多年身在病榻的中国文联主席曹禺十分关心这次会议。他不但为座谈会发来了书面讲话,还抱病参加了会议期间的新闻发布会。"(《文联要搞好服务繁荣文艺创作》,《人民日报》,1995 年 3 月 25 日)曹禺书面发言刊于是年《文艺报》第 11 期。后题为《在全国文联工作座谈会上的讲话》收入《曹禺全集》第 5 卷。

3 月 25 日　致信李玉茹。信说:"写信,字越写越小,而且歪歪的,管不住笔,自己也不认识了。"(《没有说完的话》第 286 页)

3 月 28 日　台湾青年高中影视科戏剧组在台中县青年高中大礼堂首演曹禺的《雷雨》,演出人曾清来,导演吴柏廷(A 组)、沈洪安(B 组),艺术指导余祝嫣,灯光设计唐清华、黄俊达,音效设计柯永利,化妆设计杨美智,舞台设计李玉美,演员为戏剧组学生。4 月 1 日,在台中市中山堂演出,15 日,在南投县立文化中心演出。(《台中县青年高中八十四年度戏剧公演》手册)

4 月 3 日　致信李玉茹。信说:"奉杨士彭、田本相的信共二封。""我一切好,只是写信困难,拿不住笔。"(《没有说完的话》第 288 页)

是日　再致信李玉茹。信说:

方才寄去杨士彭、田本相的信,你看完,都不要回寄,我们要相信我们委托的人。……①(同前)

4 月 11—14 日　中国戏剧家协会工作会议在北京举行。曹禺因病未能出席。会议之前,"中国剧协书记处负责同志于 4 月 5 日看望了在疗养中的中国剧协主席曹禺同志,向他汇报了这次会议的筹备情况。曹禺同志满意地说:'很好!'同时对剧协工作提出了殷切的希望。曹禺主席说:'紧密团结,繁荣戏剧。要帮助各地地方戏发展,培养当地戏剧人才。如今,国家状况极好。在江总书记领导下,精神文明和物质文明大力发展。我们应在戏剧方面充分发扬爱国主义精神。要尽我们的

---

①　原注:此处删去两句。

力量,并和各方面的力量互相配合。促进国家的改革和建设。'曹禺同志讲话之后,还为这次会议,实际上也是给中国剧协和各地剧协亲笔题辞:'做好剧协工作,繁荣戏剧艺术。'"(《"做好剧协工作,繁荣戏剧艺术"——记 95 全国剧协工作会议》,《中国戏剧》1995 年第 6 期)

4 月 11 日　致信李玉茹。信说:

> 王蒙同志来看我,送我许多他写的书,有功夫,写得好。他真有才,也真下功夫写小说。(《没有说完的话》第 289 页)

4 月 15 日　《人民日报》刊消息《北京电影学院演〈原野〉》:"曹禺名剧《原野》近日由北京电影学院表演系九二班搬上舞台。""对于这样一个有难度的多幕剧,学院师生共同努力,捕捉了人物心理,较好地塑造出人物形象。张辉、刘薇薇、李欣在剧中饰主要角色,朱宗琪执导。"

4 月 18 日　致信李玉茹。后收入《没有说完的话》。

4 月 18、19 日　陕西省戏剧家协会第四届会员代表大会在西安举行。曹禺为之题词:"做好剧协工作,繁荣戏剧艺术。"(《陕西省戏剧家协会召开第四届会员代表大会》,《当代戏剧》1995 年第 3 期;《繁荣戏剧艺术,振奋民族精神——陕西省戏剧家协会召开第四届会员代表大会》,《当代戏剧》1995 年第 4 期)

4 月 19 日　屠岸和人民文学出版社编辑张小鼎、郭娟至北京医院探望曹禺,谈《曹禺戏剧选》,屠岸请先生审阅他写的前言。(《关于曹禺先生的记忆》) 又据屠岸口述:

> 上世纪 90 年代,人民文学出版社推出"世界文学名著文库"系列丛书,决定收入《曹禺戏剧选》,编辑部让我为这本书写"前言"。我用心地写了五千多字后,提出去探望病中的曹禺,请他审阅通过后再付印。于是在 1995 年 4 月 19 日,我和人文社的编辑一起,来到北京医院。那时他已是八十五岁的高龄老人。
>
> 我把我译的《莎士比亚十四行诗集》和我的《屠岸十四行诗》各一本送给曹老,说:"您不必费神看,只留作纪念吧。"曹老拿着这两本书,说道:"我一定学习。"他又指着《屠岸十四行诗》说:"用中文写十四行诗,这是你的创造? 是很难写的。"我说我不是第一个,早先写中文十四行诗的有闻一多、孙大雨、朱湘,还有冯至,曹老频频点头。
>
> 怕他累了,我们向他告辞,他坚持让护士把他从轮椅上"拉"起来,缓步送我们到病房门口,跟我们一一握手道别,还说:"谢谢你们来看我,你来,是我的光荣。"我回头挥手两次,曹老才进房。

这次会见,有喜剧色彩。当他说"一定学习"时,我说"哪能呢?"如果他指的是学习莎翁十四行诗,那我不好说什么,如果是学习我的译文或我的诗,那我如何担当得起?当他说"你来,是我的光荣"时,我说"哪能这么说?"曹老绝不虚伪,他是一片真诚,他越真诚,我越觉得"啼笑皆非"(不恭!),所以我说这次会见有"喜剧色彩"。

《曹禺戏剧选》于1997年11月出版。可惜这时,曹老已经辞世十一个月了。(《回忆田汉与曹禺》)

4月22日 为上海有线电视戏剧台开播题词:"宏扬戏剧,发展文化"。(《曹禺》画册第207页)

4月23日 致信李玉茹。信说:

昨天,上海有线电视台来了人,录了我对他们办戏剧台的祝词,说不定,有一天你会在电视里看见我。……有一天,一个和尚来访问我,他说他是个剧作家,现在少林寺当和尚,送我一本佛教徒写的禅诗,都是法号、佛号堆出来的俗词,偶有自然本色,还可以。

你说老知识分子情况苦、惨,我也同意,但我实在写不出呼吁的话。我连信都写不出,写文章更难了。(《没有说完的话》第291页)

4月25日 致信李玉茹。后收入《没有说完的话》。

4月27日 致信李玉茹。后收入《没有说完的话》。

是月 由曹禺题写书名并作序的《话剧在北方奠基人之一——张彭春》,由中国戏剧出版社出版。序说:"彭春老师通过导演、演出、不断地指导,教给我认识国内外许多戏剧大师。我时常怀念他在南开中学礼堂后台和校长会议室排戏的情景。在几间宽大、亮堂的房间里,为我们专心排练,那样认真,甚至有一种严肃的战斗气息。我将永远不能忘记张彭春先生的恩情。"

是月 中旬,在北京医院接受《戏剧之家》记者采访,并为该刊题词:"希望把湖北的戏剧期刊办得更好!"(《戏剧之家》1997年第1期)

5月2日 致信李玉茹。后收入《没有说完的话》。

5月7日 画家李延声至北京医院拜访曹禺,为先生画像。曹禺为之题词:"艺术为人民。"(《智者:李延声中外名人写真画集》第65页)

5月10日 在《诗刊》①5月号发表诗十首。《赠友人》、《题〈巴金国际学术讨论

---

① 《诗刊》创刊于1957年1月,是以发表当代诗人诗歌作品为主,刊发诗坛动态、诗歌评论的大型国家级诗歌刊物。由中国作家协会主办。"文革"期间曾停刊,1976年1月经毛泽东主席批示"同意"复刊。自2002年起《诗刊》由月刊改为半月刊。

会〉》、《花》、《冬菊》、《病中偶记之一》、《病中偶记之二》、《游汨罗江悼屈子祠》、《编钟》、《无题之一》、《无题之二》。

5 月 22 日　上午,中国文联在人民大会堂举行文艺家"万里采风"出发式,曹禺出席并讲话。(《中国文联举行"万里采风"出发式,百余文艺家奔赴第一线》,《人民日报》,1995 年 5 月 23 日)

5 月 27、28 日　台北市私立华冈艺术学校戏剧科在台北中山堂演出曹禺的《雷雨》,演出人张镜湖、丁永庆,执行演出李汉臣,导演杨金榜,技术指导杨一琳。(台北市私立华冈艺术学校,第二十八届戏剧科毕业公演,演出广告单)

是月　香港话剧团在香港公演《锁在屋里的女人》。此剧系毛俊辉根据曹禺的话剧《雷雨》《家》改编,毛俊辉导演。(《简明曹禺词典》第 349 页)

6 月 25 日　巴金致信曹禺。信说:

> 你我同样怕写信,不过你学过书法,字写得好,不像我连笔划也摆不匀,因为太念你,不怕你见笑,给你寄这封短信。(《曹禺巴金书简》)

6 月 26 日　周而复先生"《长城万里图》第二次研讨会"在钓鱼台国宾馆召开,曹禺致贺电:"周而复先生写了很多很了不起的作品,预祝大会成功。"(《长篇小说〈长城万里图〉评论集》第 138 页)

7 月 1 日　《人民日报》刊消息《且看蓉城百花开——展望第四届中国戏剧节》:第四届中国戏剧节将于今年 9 月在天府之国四川的成都市拉开帷幕。刘忠德、谢世杰出任名誉主任;高占祥、肖秧、曹禺担任主席;组委会主任由何孝充担任。

7 月 12 日　致信巴金。信说:

> 十分想念你,忽得你的信,其欢喜可想而知。应早复,却浑身无力,现在才能执笔,请你原谅。
>
> 你的病情时由玉茹讲来,你赴杭休养已见效。听说十月才回沪,那更是好事。收到你给我补品并《再思录》,我十分感动。看你写字很吃力,终于给我写了信,我甚是感激。
>
> 小林托我给在杭的朋友熟人写字,都写好交吴殿熙寄给你,不知你看了觉得合适否?
>
> 写字困难,不多写了。你更要保重身体,一定养好身体。衷心盼福,问全家人好!(《曹禺巴金书简》)

是月　《新剧本》杂志创刊十周年纪念会举行,有关领导以及首都文艺界 200 人到会祝贺。同时,由曹禺担任名誉会长的《新剧本》杂志董事会也宣告成立。(《〈新剧本〉杂志创刊十周年》,《人民日报》,1995 年 7 月 20 日)

是月 《张伯苓与南开大学》由山西教育出版社出版。收录曹禺、老舍贺词《张伯苓先生七十大庆》。

8月22日 蓝天野画展在北京中国美术馆举行,曹禺为画展题辞。(《蓝天野办画展》,《人民日报》,1995年8月20日)

8月25日 下午,田本相陪同香港资深的戏剧家麦秋及其弟子岑伟宗至北京医院看望曹禺先生,谈演出曹禺的戏。麦秋表示:"如果有机会,我们还要继续演出《原野》。"曹禺说:"尽管去演,不必顾虑。"(《苦闷的灵魂——曹禺访谈录》第173、174页)

9月20日 中央戏剧学院举行建院45周年纪念大会,曹禺抱病出席庆祝会,并讲话。他肯定了中央戏剧学院过去45年所取得的成绩,并祝愿中央戏剧学院继续发扬光荣传统,永远生机勃勃,多出人才。他还向全院的教职工们道了声"辛苦了!",并在首届中央戏剧学院学院奖的颁奖仪式上为校友徐松子颁奖。(《中戏45年硕果满园,李铁映向全校师生及校友表示祝贺》,《人民日报》,1995年9月21日;《桃李芬芳四十五年迈步跨向新的世纪——中央戏剧学院四十五周年院庆活动纪实》,《戏剧》1995年第4期)还为中戏手书校风:"团结、勤奋、严肃、活泼、创造。"(《戏剧》1995年第4期)

9月24日 85寿诞。上午,尉健行①往北京医院看望曹禺,祝贺85寿辰。据报道:"病房里,摆着中共北京市委、市政府和北京人民艺术剧院、北方工业大学等单位及著名作家巴金敬送的祝贺花篮,洋溢着浓浓的暖意。尉健行对曹禺先生为我国的戏剧事业所做出的贡献给与了高度评价。他询问了曹禺先生治疗及生活情况,还与曹禺先生聊起北京市建设的一些情况。半个小时很快过去了,当市领导和北京人民艺术剧院的同志准备离去时,曹禺先生坚持坐着轮椅把大家送到电梯口。他说:'非常感谢北京市一直对我的关心,我要为社会再尽我的一点力量。'"(《曹禺喜度85寿辰,尉健行到医院祝贺》,《人民日报》,1995年9月25日) 文化部、剧协等单位的负责人也去医院为曹禺祝寿。

是日 上午10时,北京人艺刘锦云、赵崇林、吴加求、任鸣等至北京医院代表全院向曹禺祝贺生日并送上鲜花和寿糕,祝曹禺健康长寿。曹禺及夫人李玉茹热情接待了大家并听取剧院工作简要汇报。曹禺感谢人艺同志的祝贺,并希望大家团结协力为振兴北京人艺繁荣做出新的成绩。(《北京人民艺术剧院大事记》)

是月 曹禺作序并题写书名的《剧专十四年》由中国戏剧出版社出版发行。

10月5日 冰心95岁生日,曹禺与萧乾前往祝贺。(《江泽民祝贺冰心九十五华诞,冰心老人祝愿国家安定发展更加富强》,《人民日报》,1995年10月6日)

---

① 时任中共北京市委书记。

10 月 15 日　曹禺题写刊名的《北京人艺》院刊创刊号出版。(《北京人民艺术剧院大事记》)

10 月 16—30 日　由中国戏剧家协会与四川省人民政府在成都联合主办的第四届中国戏剧节暨第十二届梅花奖的颁奖活动同步举行。曹禺为大会组委会主席。(《第四届中国戏剧节暨第十二届中国戏剧"梅花奖"颁奖活动将于 10 月在成都举行》,《人民日报》,1995 年 9 月 16 日;《第四届中国戏剧节暨第十二届中国戏剧梅花奖颁奖活动将于 10 月在四川成都隆重举行》,《中国戏剧》第 9 期,1995 年 9 月 18 日)

10 月 26 日　致信李玉茹。后收入《没有说完的话》。

11 月 3 日　致信李玉茹。信说:"今天文化部方采波来,托我写字,我还有神,就写了。"(《没有说完的话》第 296 页)

11 月 8 日　在北京医院接受来自湖北咸宁的李城外采访,并为他们即将编写的《向阳情结——文化名人与咸宁》一书题词:"向阳情结。"(《大师遗墨向阳湖》,《咸宁日报》,1997 年 1 月 11 日)

11 月 9 日　下午,在北京医院接待石曼等人。先生身体状况不佳。据石曼回忆:"他身体严重衰弱,听觉迟钝,语言表达显然力不从心。"但仍为筹建的"重庆抗战戏剧陈列馆"题词:"重庆抗战戏剧培养了影剧坛一代精英。"(《曹禺访谈录》,《曹禺研究》第 3 辑第 85 页)

11 月 10 日　上午,1994 年度曹禺戏剧文学奖颁奖大会在人民大会堂召开。吴祖光宣读了曹禺的贺词:"振奋精神,继续攀登,讴歌时代,再出佳作。"(《'94 曹禺戏剧文学奖颁奖》,《中国戏剧》第 12 期,1995 年 12 月 18 日) 12 日,《人民日报》题《首届曹禺戏剧文学奖在京颁奖》报道了这次颁奖会。

是月　曹禺作序、于是之主编的《论北京人艺演剧学派》由北京出版社出版。序文收入《曹禺全集》第 5 卷。

12 月 7 日　为徐晓钟《向"表现美学"拓宽的导演艺术》作序。该书由曹禺题写书名,由中国戏剧出版社于 1996 年 3 月出版。文说:"看了他的戏我有几点感想:海是装不满的,人的路是走不尽的,花是不谢的,感情的长河是流不完的,对于徐晓钟导演的导演艺术我有这么一种感觉。"

12 月 10 日　首都戏剧界集会,纪念戏剧大师焦菊隐先生诞辰 90 周年。焦菊隐是我国话剧界著名的"北京人艺演剧学派"的奠基人和开拓者,他的舞台艺术实践和戏剧理论享誉海内外。李玉茹代表曹禺在会上发言。(《首都纪念焦菊隐诞辰 90 周年》,《人民日报》,1995 年 12 月 13 日) 发言题为《这样的戏剧艺术家》载《大舞台》1996 年第 2 期。

12 月 15 日　在《人民日报》发表《京剧如何走向青年》一文。文说："上海京剧院《京剧走向青年》巡回展演,在首都海淀大学区掀起了阵阵热浪。青年学生被民族艺术瑰宝的魅力打动了,征服了。舆论界、文艺界、理论界、教育界,亦以极大的热情关注着这一不同寻常的京剧演出活动。由这次活动所激起的强烈社会反响告诉我们:以京剧为代表的民族艺术,能够获得青年一代的理解和喜爱,她依然拥有继续发展和再造辉煌的生命活力。"

12 月 17—19 日　"中西哲学与文化的融合与创新——纪念冯友兰先生诞生一百周年国际学术讨论会"在京召开。17 日,大会开幕。宣读了曹禺与林庚、季羡林、赵萝蕤、曹京平(端木蕻良)、英若诚、文洁若等清华大学文学院校友签名的"清华大学文学院部分校友致讨论会贺信"。(《清华大学文学院部分校友致讨论会贺信》,《冯友兰研究》第 1 辑第 863—865 页)

是月　浙江摄影出版社《当代中国文化名人传记画册》之《曹禺》出版发行。画册由张光年作序,田本相、刘一军撰文,范达明、李玉茹编文,范达明编纂。

是年　香港拍摄电影《雷雨》,改编黄浩义。主要演员:黄浩义饰周朴园、李美凤饰繁漪、黄淑仪饰鲁妈、章扬斌饰周萍,其他演员有黄婉清、郭德民等。影片包括原作序幕、尾声的内容。(《简明曹禺词典》第 338 页)

1996年 八十七岁

1月23日,赵起扬因病逝世,享年78岁。

3月15—18日,全国文联工作会议在京举行。

1月12日 下午,北京医院给北京人艺通报曹禺病情,报告准备近期给曹禺做一次手术。人艺赵崇林亲赴医院听介绍,同时参加的还有文化部、中国剧协、中央戏剧学院、中国文联的有关领导。(《北京人民艺术剧院大事记》)

1月19日 北京医院给北京人艺通报曹禺的病情。报告说,发现曹禺左侧胸腔积液,未找到癌细胞。(同前)

2月1日 赵起扬遗体告别仪式在北京八宝山革命公墓大礼堂举行,曹禺派专人送花圈。(《北京人民艺术剧院大事记》)

是日 北京医院给人艺发来关于曹禺的病情报告(96)病情报字第12号,谈到曹禺的胸腔积水与尿毒症有关系,医院准备进行腹膜透析。(同前)

2月5日 北京人艺召开书记院长会议,决定给曹禺补贴1万元。(同前)

2月9日 下午,北京人艺刘锦云、赵崇林等至北京医院看望曹禺,并代表剧院全体给曹老拜年。(同前)

2月10日 在《诗刊》2月号发表"诗四首",《病中噩梦》、《一片绿叶》、《如果》、《老了》。

2月11日 上午11时,北京市有关领导尉健行和李志坚、强卫、龙新民、李牧等至北京医院看望曹禺。尉健行同曹禺同志亲切握手,代表市委和市政府向他致以春节的问候。尉健行说,曹禺同志是国内外很有影响的剧作家,在曹禺同志的领导下,北京人民艺术剧院对话剧事业做出了很大贡献。党中央提出向李润五同志学习,北京人艺马上赶排出话剧《好人润五》,曹禺同志培育下的北京人艺的这种精神、这种作风是难能可贵的。尉健行把一个象征着美好祝愿的花篮献给曹禺同志,希望他保重身体。曹禺感谢市领导对他本人的关心和对北京人艺的支持。他代表北京人艺的全体同志邀请市领导观看话剧《好人润五》的演出。(《北京人民艺术剧院大事记》)

春 春末的一个周三下午,傅光明及《济南时报》的苏葵至北京医院看望曹禺。据苏葵回忆说,那天还有"一批中国剧协和北京人艺的客人进去探视曹禺"。见到曹禺,还是"被那张让病痛折磨得近乎呆滞的脸震惊了"。"望着老人的样子,我感到一阵酸楚,眼泪险些涌出来。""我们尽量谈些轻松的话题"。(《若即若离》第199页)

春 春末某日,王翰尊到北京医院看望曹禺,并为先生拍摄艺术肖像。(《名流趣闻》第124、125页)

3月14日 中国田汉基金会在北京新华社新闻发布厅举行成立大会。李玉茹代表曹禺在会上宣读贺词。(《中国田汉基金会在京成立》,《剧本》4月号,1996年4月28日)贺词载4月18日《中国戏剧》第4期。宋任穷、巴金为基金会名誉理事长,曹禺与王光英、程思远、马万祺为名誉副理事长。(《中国田汉基金会组织名单》,《中国戏剧》第4期,1996年4月18日)

是月 在《当代戏剧》第3期发表《〈梨园考论〉序》一文。是年《东方艺术》第2期,《华夏文化》(季刊)第1期均刊载该文。文说:"梨园学,作为一门学科研究提出来是很有意义的,梨园学不是考古学。梨园在我国艺术发展史上有很重要的地位,总结梨园经验,发扬梨园精神,是继承和发扬我国优秀文化传统,促进艺术繁荣的重要工作,也是社会主义精神文明建设的一个重要方面。"

是月 在《大舞台》第2期发表《这样的戏剧艺术家》一文。

4月5日 "纪念张伯苓校长诞辰120周年"大会在天津南开中学瑞廷礼堂召开,南开校友"四代同台"演出了曹禺的《雷雨》第四幕。(《南开话剧编演纪事(1909—2009)》,《南开话剧史料丛编·编演纪事卷》第572页)

是日 《人民日报》总题《正风呼新曲,艺德浴芳馨——部分知名文艺家谈艺德》编发一组文艺界人士的文章。文系《人民日报》"在日前召开的全国文联工作会议期间,本报约请文艺界部分知名人士"就"艺德问题"进行探讨的文章。曹禺文题为《讲求艺德,加强修养》。文说:

> 作为文艺界的一个老兵,我听到一些有关文艺界个别同志不讲艺德的反映和报道,心里很不是滋味。

> 文艺家是"人类灵魂的工程师",自己都不讲艺德,怎能去升华别人的灵魂,影响他人的心灵?

> ……

> 在这个世纪之交,倡导讲求艺德,加强修养,还有着特殊的意义。这实际上是一个文艺家以怎样的精神风貌走向新世纪的问题,是一个用怎样的道德风范将人们带入新世纪的问题。这样看来,我们文艺家真是任重道远,愿大家

不懈努力。

是日　巴金致信曹禺。信说:"书收到,太高兴了! 谢谢你,请多保重。"(《曹禺巴金书简》)

4 月 20 日　致信巴金。信说:

收到你最近编的书,足见你体力日趋好转,十分宽慰。谢谢你。祝全家好。(《曹禺巴金书简》)

5 月 10 日　由中国延安鲁艺校友会联合光明日报社、文化部社文司、全国总工会宣传文体部、团中央宣传部、妇联儿童工作部、中央电视台青少部、中央人民广播电台少儿部、中国少年报社等 8 单位共同合办的"中华青少年文学艺术作品大赛"在京开幕。曹禺与王光英、布赫、黄华、廖汉生、叶选平、杨静仁、万国权、徐光春等为大赛顾问。(《中华青少年文艺作品大赛开幕》,《人民日报》,1996 年 5 月 11 日)

5 月 15 日　北京人艺赵崇林、顾威、郝耀等到北京医院看望曹禺,并汇报剧院筹备 44 周年院庆情况。(《北京人民艺术剧院大事记》)

5 月 22 日　致信李玉茹。后收入《没有说完的话》。

5 月 26 日　致信李玉茹。后收入《没有说完的话》。

是月　为丁聪漫画题字①:我喜欢孩子,/我希望我八岁或者六岁;/不想,我竟然八十六岁了。/看来,还有二十年好活,/一个人能活到一百零六岁,/不算短命。/哈哈!(《没有说完的话》第 422 页)

6 月 2 日　由中央电视台中国国际电视总公司改编的 20 集电视连续剧,电视剧版《雷雨》开机。导演李少红,王姬饰演繁漪,鲍方饰周朴园,归亚蕾饰鲁妈,赵文煊饰周萍。该剧得到曹禺先生的支持。(《〈雷雨〉"改头换面"》)

6 月 9 日　致信李玉茹。信说:

你说要教史敏《醉酒》,那是件好事,你性格强,又负责任,教徒弟是对的。我相信你,你会量力而为,不会太累。你的想法很好,我们有菩萨保佑,不会出错。我常听你话,经常念"喃(南)无大慈大悲观世音菩萨",她会呵护我们一切顺利。(《没有说完的话》第 299 页)

6 月 18—20 日　新加坡艺术节。期间,实践话剧团在维多利亚剧院公演曹禺的《原野》,制作人黄美兰,改编、导演郭宝昆,舞台设计、灯光设计郭践红,音乐设计潘耀田,服装设计施曼华,王娟饰花金子,黄家强饰仇虎,高慧碧饰焦大妈,马天凌饰焦大星,黄树平饰常五爷,陈天赐饰白傻子。(《原野》演出手册)

---

①　原题注:写于 1996 年 5 月。

6月29日 致信李玉茹。信说：

你好么？你在上海，朋友多，亲戚多，我在北京是个孤鬼，没有任何人看我，连一个陌生面孔都看不见，孤单极了，寂寞极了。眼前只有两个小伙子，从早到晚，就是那几句话，单调极了。(《没有说完的话》第301页)

是月 《雷雨》韩文新版译本由韩国文化社出版。译者韩相德。

7月3日 在北京和平医院①接待上海图书馆的萧斌如及夏衍女儿沈宁。萧请先生为即将落成的上海图书馆题词，先生题："精神食粮。"并为萧的一枚"茅盾诞辰一百周年纪念封"签名，他见周而复已签在纪念封的左上方，风趣地说："他的字很漂亮，我不如他，就签在他的下面吧，一上一下，让人一目了然。"(《曹禺为上图题词》)

7月5日 下午，田本相至北京医院看望曹禺先生，请先生出席"'96中国戏剧交流暨学术研讨会"开幕式并致词。先生谈到：

有这么多海外的朋友来，我应当去，如果身体允许，我一定争取去。你看讲什么内容比较好？我在医院里，不了解情况。

我看这样吧，一是要说说这次活动的意义，这是一次历史的盛会。二是，我记得有一次我接待台湾的一个朋友，他谈台湾的戏剧运动，总是跟着外国的东西跑，搞什么后现代，他很忧虑。我说，话剧本来是外国的东西，向外国戏剧学习是必然的。这不要怕，我说怕的是自己根底不深，消化力不好。我就讲一定不要忘记我们这个伟大的民族的戏剧传统，这个传统在世界上也是独一无二的。我就说，假如我们没有这个传统，我们能不能把外国的话剧吸收过来，溶化得这么好，发展到今天这样一个规模，那是很难说的。(《苦闷的灵魂——曹禺访谈录》第174、175页)

是月 7卷本《曹禺全集》由花山文艺出版社出版发行。

是月 在《大舞台》第4期发表《往事沧桑话梨园》一文。

8月12日 《光明日报》刊《〈雷雨〉在这里诞生》，署名曹禺，文尾注：唐绍明、金鑫整理。文系"迎接96国际图联大会在北京召开"，由国际图联大会"中国组委会、光明日报主办"的"名人与图书馆征文"之一。《科技文萃》1996年第11期转载该文。文说："在我的创作生活中，许多作品都直接或间接地受益于图书馆。其中，我的处女作《雷雨》就是在清华大学图书馆写就的。""由于《雷雨》的关系，我对图书馆自然情有独钟。……今年国际图联大会首次在北京开，但愿能通过这次大会来

---

① 应是北京医院。

吸引更多的人关心图书馆、走进图书馆,在社会上真正营造起一种浓郁的读书和文化氛围。"

8 月 15 日　《人民日报》刊报道《华人戏剧大交流》:1996 年 8 月 23—28 日,北京将迎来一次前所未有的戏剧盛会——'96 中国戏剧交流暨学术研讨会。届时祖国大陆、香港、台湾、澳门的戏剧家以及世界各地的华人学者将在古老的紫禁城下,献演十余台代表各地区艺术水平的剧目。并进行学术研讨。曹禺、刘忠德、高占祥担任本次活动的名誉主席。

8 月 23 日　"'96 中国戏剧交流暨学术研讨会"在京开幕。本次大会的宗旨是:加强中华剧人的团结,促进中华戏剧的繁荣。曹禺向大会发来祝词。(《中国戏剧交流暨学术研讨会在京举行》,《人民日报》,1996 年 8 月 24 日)祝词说:"今天大家能够相聚一起,交换经验,切磋技艺,我想,这是相互学习、相互借鉴的难得的机会。所谓'寸有所长,尺有所短',只要是诚恳地进行探讨,一定会使大家满载而归。"祝词题为《加强中华剧人的团结》刊于 31 日《人民日报》,发表时有删节。题为《促进中华戏剧的繁荣(代序)》,全文收入《华文戏荟》。

8 月 28 日　剧校学生李乃忱至北京医院拜访曹禺,并受托请曹禺为《江村纪念文集》写几个字。曹禺"今天气色很好,凑近身边,因他听力不好,需要很近大声说话,向他问好",被"搀扶着慢慢走到书桌前",写下:"长念早逝/诗人江村"。(《"长念早逝　诗人江村"题写小记》,《情系剧专》第 481 页)

8 月 28—31 日　第十三届中国戏剧梅花奖颁奖活动在石家庄举行,曹禺因病未能出席,由夫人李玉茹代曹禺先生致祝词。(《秋实累累——中国戏剧梅花奖颁奖活动》,《中国戏剧》第 10 期,1996 年 10 月 18 日)祝词说:"我由衷地赞美你们,深深地感谢你们。是你们为了弘扬祖国艺术,做出了巨大贡献。在整个舞台剧不大景气的时候,你们不畏艰难,不怕清贫,不畏寒暑,顽强拼搏,锲而不舍,一步一步地攀登着艺术高峰。这正是梅花的品格和梅花的精神。我相信,你们会继续锤炼这种品格和梅花坚韧的精神,向着艺术高峰不断攀登,使自己成为深受广大人民群众喜爱的跨世纪的艺术家。"祝词题为《锤炼梅花品格　发扬梅花精神》,载 10 月 18 日《中国戏剧》第 10 期。

9 月上旬　《中国演员报》在北京创刊。中国戏曲表演学会主办。名誉社长曹禺、张庚,社长郭汉城、胡芝风,总编辑陈牧。(《中国新闻年鉴(1996)》第 516 页)

9 月 19 日　与曹禺同住北京医院的赵朴初,"每晨迎朝阳散步廊间,过曹禺病室,户外有紫花二盆,不知其名,顾而喜之,曹公遂以一盆相赠。"(《赵朴初年谱》第 400 页)

9 月 20 日　1995 年度曹禺戏剧文学奖颁奖大会在人民大会堂浙江厅隆重举行。"病榻上的曹禺主席时刻眷恋着戏剧舞台,关心戏剧创作,委托夫人李玉茹代表他宣读了给大会的信。"(《'95 曹禺戏剧文学奖颁奖大会在京隆重举行》,《剧本》第 11 期,1996 年 11 月 28 日)曹禺说,"作为一个写戏的人,心里要时时刻刻装着观众;要多学习、多生活,只有真正了解生活,才能出大手笔,才能写出无愧于我们这个时代的好作品。"曹禺的书面发言刊于 11 月 28 日《剧本》第 11 期。

10 月 22 日《人民日报》题《'95 曹禺戏剧文学奖在京揭晓》报道了这次大会。

9 月 24 日　86 周岁生日。在北京医院病房接到一份"惊喜",巴金老人委托他人置办的大花篮送到病室,见到大花篮,曹禺高兴得如同小孩似地合不拢嘴,不停地说:"太感谢巴金大哥了。"先生在花篮前留影,将照片托人转给巴金。(《真情——记巴金和曹禺的友谊》)

9 月 25 日　下午,邓行舟、赵崇林等前往北京医院看望曹禺。(《北京人民艺术剧院大事记》)

9 月 28 日　《北京人艺》院刊第 3 期刊曹禺《祝贺北京人艺 44 周年》。

是月　《中国戏曲脸谱·百丑图》由山东画报出版社出版。曹禺为之题字:"中国戏曲丑角脸谱集成"。

是月　将新出版的《曹禺全集》送巴金先生,并在书的扉页题签:"奉巴金老哥"。

10 月 15、16 日　中国文联第五届全国委员会第二次全体会议在北京举行。会议决定,1996 年 12 月在北京召开中国文联第六次全国代表大会。曹禺作书面讲话。(《全国文联举行五届二次全委会,决定今年 12 月召开第六次全国文代会》,《人民日报》,1996 年 12 月 17 日)

10 月 25 日　下午,北京人艺赵崇林陪同市委宣传部邓行舟至北京医院看望曹禺。(《北京人民艺术剧院大事记》)

是月　《曹禺自传》由江苏文艺出版社出版。该书系该社"名人自传丛书"之一种。作者:曹禺,编者:朱栋霖。书前附曹禺《我的生活和创作道路》(代序)。全书分 9 编。书后附编者"后记"。"后记"介绍说:"根据江苏文艺出版社'名人自传'丛书编辑要求:若传主无现成的自传,可根据作者的自述材料,编成'准自传'体自传。我应出版社之约,着手这项工作。本书中大多数文章选自一九三六年至八十年代发表于各类刊物上的文章,个别片段回忆选自《曹禺传》(田本相著)。这些选文与编目均经传主本人同意。"

11 月 25 日　巴金 93 岁生日。曹禺托人送花篮祝贺。(《"感谢大家"——巴金 93

华诞记》,《人民日报》,1996 年 11 月 26 日)

11 月 26 日　上午,中国文联在人民大会堂举行祝贺《曹禺全集》出版座谈会。新出版的《曹禺全集》共七卷,第一卷至第四卷为话剧剧本,第五卷为戏剧论著,第六卷为小说、诗歌、散文、书信及其他文章,第七卷为改译、翻译剧本和电影剧本等,并附录《曹禺年表》。各卷均按发表时间先后编次。"(《〈曹禺全集〉出版》,《人民日报》,1996 年 12 月 12 日;《北京人民艺术剧院大事记》)

下半年　王志远曾至北京医院看望曹禺先生。据王志远回忆:

曹禺先生去了。……1996 年下半年他突然病重时,北京医院特地破例从其他医院请来专家借来最新的设备为他医治,以致死里逃生,让大家都松了口气。我是在他病重期间又探望了两次的,由于病房里无菌操作,探视者不能入内,所以只能站在门口望望,只能见到他仰卧在床上,医生护士在周围忙来忙去。……

曹禺先生就是这样一位可爱的老人。他在医院中住了七八年,肾功能衰竭,常常要做透析,据说这种疗法与许多别的疗法一样,都是相当不舒服的,要有很大的克制力。然而每次去看他时,他总是平静地躺着,从不见呻吟,也从不见忧怨,而且总要挣扎着坐起来接待来者。不管来者是年长还是年少,位尊还是位卑,他都一样。

他本不擅长书法,然而别人来求墨宝,他就努力去写。写来写去,居然很有风采了。写不好时,他不逃避,写得好时,他也不矜持。……

他给我写过一张条幅,内容是弘一大师的偈语:

君子之交　其淡如水　执象而求　咫尺千里

问余何适　廓尔忘言　华枝春满　天心月圆

(《心无罣碍》)

12 月初　全国文代会和作家协会代表大会召开前夕,周明到北京医院看望曹禺,并请先生说几句话。"曹禺先生作为中国文联主席,格外关心会议的圆满成功,他由衷祝愿:'今宵欢庆的锣鼓,拉开新世纪的序幕;明天展示的节目,将是震惊世界的演出。'"(《文坛四老喜贺盛会》)

12 月 2 日　中国文联高占祥等到北京医院看望曹禺,向先生汇报第六次文代会的筹备情况,并请先生参加,准备讲话。(《曹禺生命的最后时刻》)

12 月 13 日　据北京人艺记载:

凌晨 4 点北京医院给剧院值班室打来电话说:"曹禺病危请通知单位领导。"凌晨 4:30 副院长赵崇林及时赶到医院。于是之、刘锦云、林兆华等相继赶到。陈秋淮向市委宣传部值班室报告此事。清晨 7 时前,中宣部长丁关根、文化部长刘忠德、市委宣传部长龙新民、副部长邓行舟、中央戏剧学院院长徐晓钟、副院长何炳珠等先后来到医院。

上午 9:00 剧院召开中层以上干部会,刘锦云以沉痛的心情宣布曹禺院长于凌晨 3:50 逝世,全体起立、默哀。10 时赵崇林、陈秋淮到文化部参加曹禺丧事临时工作班子联席会议。会议决定丧事由中国文联牵头,中央戏剧学院主办,文化部、北京市委宣传部、北京人艺协办。工作分工,由文联向中组部呈报告,并请研究曹禺专家田本相写生平,中戏设治丧办公室,并和北京人艺共办理遗体告别仪式布置灵堂及组织等工作。

下午 4:00 刘锦云等全体院领导去曹禺家慰问其夫人李玉茹及家属。5:50 市委副书记李志坚同志代表市委、市政府去曹禺家看望。对曹禺的逝世表示沉痛哀悼,并对家属表示诚挚的慰问。(《北京人民艺术剧院大事记》)

12 月 14 日 新华社北京 12 月 14 日电:"中国共产党优秀党员,中国新文化运动的开拓者之一,著名戏剧大师,中国话剧奠基人之一,戏剧教育家,第八届全国政协委员,中国文联执行主席曹禺同志因病医治无效,于 1996 年 12 月 13 日凌晨 3 时 55 分在北京不幸逝世,终年 86 岁。"(《中国文联执行主席曹禺逝世》,《新华社电讯稿》)

是日 中央电视台海外新闻部《中国新闻》播出新闻报道《中国文联执行主席曹禺逝世》。

12 月 15 日 《人民日报》头版题《中国文联执行主席曹禺同志逝世》报道,并配遗像 1 幅。

是日 巴金致唁电。电文如下:

中国文联转李玉茹、万方 请不要悲痛,家宝并没有去,他永远活在观众和读者的心中!(《曹禺巴金书简》)

12 月 16 日 天津《今晚报》载《曹禺生命的最后时刻》一文,详细报道了先生最后的日子:

今年 11 月份;他开始患感冒,体温在摄氏 37.2 度左右,胃口也不好。打吊针治疗了 6 天,体温有所下降。

12 月 2 日,中国文联高占祥等同志来医院,向他汇报第六次文代会的筹备情况,并请他参加,准备稿子讲话。曹禺拖着病体说:"我很惭愧,知道会议很重要,恐怕参加不了。"高占祥说:"或者只到几分钟,讲几句话,和大家拍个照。"征求医生的意见,医生没有同意,因为曹禺的病怕感染。曹禺本人还是很想参加,甚至他还让夫人李玉茹给拟稿子,主要讲做人的道理,做人要有高尚的情操、高尚的品德，要有文化。后来他还一直惦记这件事。

12月10日，一直陪伴在旁的李玉茹发现曹禺胸中有痰咳不出来，便找值班医生给他服下了消炎药。

12月12日下午，李玉茹为曹禺拿来了为他新订做的一套衣服。3点多钟，又发现曹禺呼吸急促，忙找到医生检查，确诊是肺炎，胸内有积水。因此，为他再次打了一个小时的吊针。直到晚上7点多钟，他们才吃饭。平时，曹禺常常昏睡，吃两口饭就说饱了，这一顿饭他吃得很好。晚8点多，李玉茹离开了医院回家。过些时候，医院护士打来电话告诉她，曹禺又起来了，穿好衣服正看电视，后来又看了一会儿报纸，并在10点半时做了治疗，然后躺下休息了。

13日凌晨1点多钟，曹禺醒后说："给我穿衣服，我要起来。"护士说："现在是夜里，不要起来了。"两点半钟，医生来查房，看他呼吸、心率都很好；他自己也说感觉很好。3点45分，护士长来查体温，感觉他体温高了些。几分钟以后，他的呼吸也慢了，脉搏也慢了，赶忙为他做人工呼吸，并找来了医生进行抢救。4点40分，李玉茹赶到医院，医生没让她进病房，告诉她还在进行抢救。6点5分，李玉茹来到曹禺的病床前，看到心脏监测器里已经是一条线。家人告诉她，她呼唤曹禺时，荧屏里的线还跳动了两下。

12月16—20日　中国文学艺术界联合会第六次全国代表大会、中国作家协会第五次全国代表大会在京举行。曹禺在病中为开幕式写了贺辞：

举世瞩目的中国文学艺术界联合会第六次全国代表大会即将召开。我的心同全体代表一样异常激动。我经常回想起毛主席、朱总司令、周恩来总理走进第一次文代会会场时的情景。从那时起，新中国社会主义文艺迈开了昂扬的步伐；邓小平同志走进第四次文代会会场，他铿锵有力的《祝辞》，鼓荡起新时期社会主义文艺的风帆。我知道，江泽民总书记将出席我们的文代会，将作重要讲话。党的三代领导集体，对广大文艺工作者给与了无微不至的关怀，寄予了殷殷重托。

党的十四届六中全会对社会主义精神文明建设做出了重大战略部署，为社会主义精神文明建设和文艺事业的发展照亮了霞光满天的前程。

中华民族正处在全面振兴的伟大时期，我们正在向2010年远景目标迈进。这个时代是产生巨人和史诗的时代，是创造文艺辉煌的时代。变革和发展的时代孕生伟大不朽的作品，博大精深的作品推动时代的变革与发展，时代之光与文艺之光交相辉映，必将闪烁出文艺发展史上新的七彩光环。

　　面对党和人民的期待,面对时代和历史的重托,我们文艺工作者怎样才能肩负起新的使命?怎样才能承担起"人类灵魂工程师"的责任?我们要用赤诚的心、真挚的情、多彩的笔,向党做出回答,向人民做出回答,向时代做出回答,向世界做出回答。

　　我相信,我们的全体代表一定能在党的十四届六中全会精神指引下,按照党中央提出的"民主、团结、鼓劲、繁荣"的要求,开好文代会,绘蓝图、商大计、谋良策,在爱国主义和社会主义的旗帜下,团结和动员起浩浩荡荡的文艺大军,向着新的世纪,向着新的繁荣,向着新的高峰进发!(中国文联网)

12月24日　《文汇报》刊曹禺绝笔之作《〈和天使一起飞翔〉序》。文前附编者话:"中国新文化运动的开拓者之一,著名戏剧大师曹禺不幸逝世,《笔会》同人深感痛惜。曹禺先生生前一直关心、支持《笔会》。谨发表曹禺先生的绝笔之作和他的女儿万方的悼念文章,以寄托我们的哀思。——编者"

12月27日　新华社北京12月27日电:今天上午,北京八宝山革命公墓又增添了一抹悲伤的底色。首都社会各界人士纷纷来到这里,为一代戏剧大师曹禺送行。

　　在悲怆哀婉的钢琴曲声中,曹禺安卧在鲜花丛中。这是曹禺生前最喜欢听的肖邦的《葬礼》。

　　江泽民、李鹏、乔石、彭真、朱镕基、刘华清、胡锦涛、荣毅仁、温家宝、杨尚昆、万里、薄一波、宋任穷、赛福鼎·艾则孜、巴金、胡绳、孙孚凌、习仲勋等以不同方式对这位戏剧大师的辞世表示哀悼,对他的亲属表示慰问。

　　哀乐声中,李瑞环、丁关根、李铁映、尉健行、钱伟长、万国权、何鲁丽等领导以及中央组织部、中央宣传部、文化部、中国文联、北京市的负责同志前来为曹禺送行。

　　"文章华国长如日出东方,艺术诲人曾见雷鸣四海""群星仰北斗痛悼剧坛领袖,桃李怀春风悲哭学苑宗师""人生年华有限,作品生命无穷""剧魂永铸"……一幅幅挽联述说着人们对曹禺的深切思念。

　　曹禺是中国新文化运动的开拓者之一,中国现代话剧奠基人之一,戏剧教育家。新中国成立后,曹禺历任中国文联常委委员、执行主席;中国剧协常务理事、副主席、主席;中国作协理事,北京文联主席;中央戏剧学院副院长、名誉院长,北京人民艺术剧院院长。第一至第六届全国人民代表大会代表,第五、六届全国人民代表大会常务委员会委员,第七届全国政协常委,第八届全国政协委员。

　　在86年漫长的人生道路上,戏剧艺术整整陪伴了曹禺71个年头。1925年,15

岁的曹禺加入了南开中学新剧团,从此开始了他的戏剧生涯。曹禺的青年时代,渴望光明,追求真理,从 1934 年到 1937 年,他接连写出了《雷雨》、《日出》、《原野》三部曲,以其深邃的思想,雷雨般的激情和精湛的艺术,批判旧的世界,呼唤新的社会,不但奠定了他在中国现代文学史和中国话剧史上的地位,而且标志着中国话剧文学的成熟。在抗战艰苦的条件下,曹禺先后创作了《蜕变》、《北京人》等剧目。

建国后,曹禺创作了《明朗的天》、《胆剑篇》、《王昭君》等多幕剧。他的剧本,被译成英、法、俄、日等多种文字,并在美国、日本、越南、朝鲜、韩国、新加坡等国家和地区演出。1996 年河北花山文艺出版社出版的《曹禺全集》,共 7 卷,总计 300 万字,容纳了曹禺毕生的心血。

作为中国文艺界的领导人,曹禺一贯忠实地执行党的文艺方针和政策,坚定地贯彻文艺为社会主义、为人民服务的方向和百花齐放、百家争鸣的方针,对我国的文学艺术事业作出了杰出的贡献。

曹禺夫人、著名京剧演员李玉茹对记者说,曹禺在去世前一直忙着参加文联大会的事情,谁也没想到他为文代会写的致词竟然成了他的绝笔。在这份"绝笔信"中,曹禺表达了一个革命文艺工作者的历史责任感和激情。他说:"中华民族正处在全面振兴的伟大时期,这个时代是产生巨人和史诗的时代,是创造文艺辉煌的时代。变革和发展的时代孕生伟大不朽的作品,博大精深的作品推动时代的变革和发展。面对党和人民的期待,面对时代和历史的重托,我们要用赤诚的心、真挚的情、多彩的笔,向党做出回答,向人民做出回答,向时代做出回答,向世界做出回答。"

《葬礼》进行曲飘荡在礼堂的每个角落,来此悼念的人络绎不绝。人们献上一束束鲜花,默默地向这位剧坛大师告别。迎面墙上悬挂着巴金送来的挽联,表达了人们共同的心声:"家宝(曹禺原名万家宝)并没有去,他永远活在观众和读者的心中。"(《首都社会各界为曹禺送行》,《新华社电讯稿》,1996 年 12 月 28 日)

附录

曹禺同志生平

中国共产党优秀党员，中国新文化运动的开拓者之一，著名戏剧大师，中国现代话剧奠基人之一，戏剧教育家，中国文学艺术界联合会执行主席曹禺同志因病医治无效，于 1996 年 12 月 13 日凌晨 3 时 55 分在北京不幸逝世，终年 86 岁。

曹禺同志，原名万家宝，字小石。祖籍湖北省潜江县，1910 年 9 月 24 日出生于天津。幼年在家塾读书。1922 年考入南开中学。1925 年加入南开新剧团，开始了他的戏剧生涯。在导师张彭春指导下，于易卜生戏剧《娜拉》、《国民公敌》中扮演娜拉等角色而绽露表演才华，闻名京津。1926 年发表处女作小说《今宵酒醒何处》，并试笔杂感、诗歌和改译剧作等。1928 年中学毕业并保送南开大学政治系。1930 年转入清华大学西洋文学系。1933 年大学毕业进清华研究院。1934 年，其名著《雷雨》在《文学季刊》上发表。同年 9 月回天津，在河北女子师范学院外文系任教。1935 年再度与老师张彭春合作，将莫里哀的《悭吝人》改编为《财狂》并扮演主角韩伯康，轰动津门。1936 年发表《日出》。同年 8 月应邀赴南京国立戏剧专科学校任教。以其渊博的知识、创作的经验和表演的才能于一体的教学，赢得学生的热烈欢迎。1937 年发表《原野》。曹禺青年时代，就渴望光明，追求真理，《雷雨》、《日出》、《原野》三部曲，以其深邃的思想，雷雨般的激情和精湛的艺术，批判旧的世界，呼唤新的社会。不但奠定了他在中国现代文学史和中国话剧史上的地位，而且标志着中国话剧文学的成熟。

抗战爆发后，曹禺同志满怀热情，投入全民奋起抗战的激流，随南京国立戏剧专科学校迁入湘川，并担任教务主任。1938 年 10 月，与宋之的合作，创作了洋溢着抗日激情的剧作《全民总动员》。同年冬，应周恩来邀请到重庆曾家岩八路军办事处作客，由此不断得到党和周恩来的关怀和爱护。1945 年 9 月，毛泽东在重庆会见社会人士时，赠言曹禺"足下春秋鼎盛，好自为之。"抗战期间，在十分艰苦条件下，他先后创作了多幕剧《蜕变》(1939)，被誉为十大抗战剧作之一；《北京人》，被认为是其创作的高峰;根据巴金同名小说改编的《家》,被称作是改编剧作的范例。1946 年 3 月,与老舍应美国国务院邀请赴美讲学。1947 年初回国,在上海文华影业公司任编导,编导了电影《艳阳天》。1949 年 2 月,在中国共产党的安排下,秘密转道香港抵达北平,参加新政治协商会议筹备会。

新中国成立后,曹禺同志全心全意投入建设社会主义的伟大事业之中,勤勤恳恳,任劳任怨,担负起繁重的社会活动和多种社会职务,历任中国文联常委委员、执行主席;中国剧协常务理事、副主席、主席;中国作协理事,北京文联主席;中央戏剧学院副院长、名誉院长,北京人民艺术剧院院长。第一至第六届全国人民代表大会代表,第五、六届全国人民代表大会常务委员会委员,第七届全国政协常委,第八届全国政协委员。他多次作为中国文艺界和知识界的使者访问苏联、日本、印度、美国、英国、法国、瑞士等国。1956 年 7 月加入中国共产党之后,忠诚于党的事业,自觉维护党的利益。公正无私,谦虚谨慎,严于责己,宽厚待人,在文学艺术界享有崇高的威望。在"文化大革命"的浩劫中,惨遭迫害,但终于以对党和祖国的坚定信念,迎来了胜利,并坚决投入揭批"四人帮"的斗争。同时,他不顾年迈多病,忘我工作。即使在医院中,仍然关心文艺事业,为文艺在新时期的繁荣发展,尽心尽力,鞠躬尽瘁。

曹禺同志在建国后,先后创作了多幕剧《明朗的天》(1954),获第一届全国话剧观摩演出创作一等奖;《胆剑篇》(曹禺执笔,1961)被誉为此类题材中最佳之作;受周恩来总理的委托,抱病而作的《王昭君》(1979),是奉献给祖国三十年大庆的压卷之力作。1996 年,河北省花山文艺出版社出版了由他亲自审定的《曹禺全集》,共七卷,这部全集计三百万字,包容了他毕生的心血,是中国现代文化的瑰宝。他的剧本,被翻译为英、法、俄、日、越南、朝鲜、罗马尼亚等文字,并在美国、苏联、日本、越南、朝鲜、韩国、新加坡、马来西亚、蒙古、香港、澳门等国家和地区演出,他的剧本,被广泛地改编为电影、歌剧、京剧、花鼓戏、音乐剧等艺术形式。

曹禺同志作为中国文艺界的领导人,一贯忠实地执行党的文艺方针和政策,坚定地贯彻文艺为社会主义、为人民服务的方向和百花齐放、百家争鸣的方针,对我国的文学艺术事业作出了杰出的贡献。特别是在推动和发展中国话剧艺术事业上,他的卓越的贡献更是多方面的:作为剧作家,他的代表剧作已经成为中国近百年文学艺术的经典,他既是中国现代话剧的奠基者之一,又是二十世纪世界话剧发展在中国的一个杰出的代表;作为一位戏剧教育家,为中央戏剧学院的创建,为培养戏剧影视的人才,作出了特殊的贡献;作为北京人民艺术剧院创建者之一,他和其他领导者一起,经过四十多年的奋斗,把北京人艺建成一个具有中国演剧体系和风格的闻名世界的剧院;作为一个天才的演员,他所创造的一些角声也给人留下难忘的印象。总之,他在戏剧上的成就,激励着一代又一代的观众,培育了一代又一代的戏剧艺术家,对中国现代戏剧文学、导演和表演艺术产生了巨大而深远的影响。他把毕生的精力和智慧都献给了中国人民,为推动中国的文学艺术事业和戏剧事业立下了巨大的功勋,他的业绩将永垂青史,他的名字将万古常青!

引用资料

一、曹禺著述

今宵酒醒何处？　　　天津《庸报·玄背》,1926 年 9 月 12 日

小诗两首(《林中》、《"菊"、"酒"、"西风"》)　　　天津《庸报·玄背》,1926 年 10 月 31 日

杂感　　《南中周刊》第 20 期,1927 年 4 月 18 日

偶像孔子　　《南中周刊》第 25 期,1927 年 5 月

房东太太　　　原著：(法)莫泊桑,曹禺译,《国闻周报》第 4 卷第 22 期,1927 年 6 月 12 日

中国人,你听着!　　《南中周刊》第 30 期,1927 年 10 月 10 日

一个独身者的零零碎碎　　《国闻周报》第 5 卷第 7 期,1928 年 2 月 26 日

四月梢,我送别一个美丽的行人　　《南中半月刊》创刊号,1928 年 3 月 19 日

不久长,不久长　　《南开双周》第 1 卷第 2 期,1928 年 3 月 28 日

南风曲　　《南开双周》第 1 卷第 4 期,1928 年 5 月 4 日

太太　　《南开大学周刊》第 74 期,1929 年 12 月 10 日

冬夜　　《南开大学周刊》第 77 期,1929 年 12 月 31 日

争强　　　南开新剧团,1930 年 4 月版

拉斯基论英美大学教育　　《国闻周报》第 8 卷第 31 期,1931 年 8 月 10 日

雷雨　　《文学季刊》第 1 卷第 3 期,1934 年 7 月 1 日

我们对于文艺运动的意见　　曹禺等,上海《芒种》第 7 期,1935 年 6 月 5 日

《雷雨》的写作　　《杂文》第 2 号,1935 年 7 月 15 日

在韩伯康家里　　《天津益世报》,1935 年 12 月 7 日

雷雨(曹禺戏剧集第一种)　　　文化生活出版社,1936 年 1 月版

日出　　《文季月刊》第 1—4 期,1936 年 6 月 1 日—9 月 1 日

日出(曹禺戏剧集第二种)　　　文化生活出版社,1936 年 11 月版

我怎样写《日出》　　天津《大公报》,1937 年 2 月 18 日

原野　　《文丛》第 1 卷第 2 期—第 5 期,1937 年 4 月 15 日—7 月 15 日

中国话剧应走的路线——在中央大学文艺研究会讲 　　《学校新闻》第 63 号，1937 年 6 月 5 日

曹禺先生来信关于他在中大的讲演 　　《学校新闻》第 64 号，1937 年 6 月 12 日

原野(曹禺戏剧集第三种) 　　文化生活出版社，1937 年 8 月版

《前夜》与当前的汉奸活动 　　重庆《新民报》第 2 版，1938 年 3 月 19 日

关于《血海怒潮》原作者及原剧本 　　《国民公报》增刊 1 版，1938 年 5 月 22 日

省察自己 　　《文艺月刊》第 2 卷第 3 期，1938 年 9 月 16 日

关于话剧的写作问题 　　《怒潮季刊》创刊号，1938 年 10 月 1 日

眼前的工作 　　《国民公报·星期增刊》，1939 年 1 月 15 日

莫斯科天空下 　　《新经济半月刊》第 5 期，1939 年 1 月 16 日

编剧术 　　《战时戏剧讲座》，正中书局，1940 年 1 月版

黑字二十八 　　曹禺、宋之的著，正中书局，1940 年 3 月版

正在想 　　《剧场艺术》6、7 月号(第 2 卷第 6、7 期)合刊，1940 年 7 月 10 日

蜕变(曹禺戏剧集第六种) 　　文化生活出版社，1941 年 1 月版

我们底表演基本训练的方针和方法 　　《表演艺术论文集》，正中书局，1941 年 4 月版

北京人(曹禺戏剧集第四种) 　　文化生活出版社，1941 年 12 月版

家(曹禺戏剧集第五种) 　　文化生活出版社，1942 年 12 月版

悲剧的精神 　　《储汇服务》第 25 期，1943 年 4 月 15 日

柔密欧与幽丽叶 　　文化生活出版社，1944 年 3 月版

戏剧与青年教育 　　《文化建设论丛》第 1 辑，1946 年 6 月版

我国第一部五彩片将在美国拍制 　　《时代电影》新第 1 卷第 19 期，1946 年 8 月 15 日

艳阳天(电影剧本) 　　文化生活出版社，1948 年 5 月版

短歌 　　香港《华商报》，1949 年 3 月 6 日

代表团员畅谈观感 　　曹禺等，《人民日报》第 1 版，1949 年 5 月 26 日

向苏联艺术学习为保卫和平奋斗 　　《时代画报》第 10 年第 21 期，1950 年 11 月 1 日

工人田小富 　　《北京文艺》第 1 卷第 5 期，1951 年 1 月 10

参加果戈理纪念会归来 　　《文艺报》第 8 号，1952 年 4 月 25 日

永远向前 　　《人民日报》，1952 年 5 月 24 日

柔密欧与幽丽叶　　　人民文学出版社,1954 年 8 月版

胡风先生在说谎　　《人民日报》,1955 年 2 月 21 日

大家的好朋友,好先生　　《广播爱好者》1955 年第 4 期

谁是胡风的"敌、友、我"　　《人民日报》,1955 年 5 月 18 日

拥护"声讨胡风反党集团"(题为编者加)　　老舍、张季纯、曹禺联名,《北京日报》,1955 年 5 月 25 日

胡风,你的主子是谁?　　《北京日报》,1955 年 5 月 27 日

胡风是走的哪一条路?　　《文艺报》第 9、10 号合刊,1955 年 5 月 30 日

凡是敌人最害怕的,我们就要做!　　《文艺报》第 11 号,1955 年 6 月 15 日

和平和快乐的散播者——关于蒙古人民革命军歌舞团的演出　　《人民日报》,1955 年 7 月 10 日

在第一届全国人民代表大会第二次会议上的发言　　《新华社新闻稿》第 1882 期,1955 年 7 月 28 日

独幕剧选(1954—1955)　　曹禺编选,人民文学出版社,1956 年 2 月版

不断努力,写更好的作品　　《文艺学习》第 3 期,1956 年 3 月 8 日

明朗的天　　人民文学出版社,1956 年 10 月

全人类的节日　　《人民日报》,1956 年 11 月 7 日

征服不了的——记日本之行　　《人民日报》,1956 年 11 月 20 日

难忘的印象　　北京《大公报》,1956 年 12 月 7 日

陋规　　《人民日报》,1956 年 12 月 8 日

汗和眼泪　　《人民文学》12 月号,1956 年 12 月 8 日

花种需要沃土阳光　　《解放日报》,1957 年 4 月 29 日

你为什么这样?——质问吴祖光　　《剧本》8 月号,1957 年 8 月 3 日

原子弹下的日本妇女　　《北京日报》,1957 年 8 月 8 日

"夜叉"和"人"——斥右派分子吴祖光　　《北京日报》,1957 年 8 月 13 日

灵魂的蛀虫　　《人民日报》第 3 版,1957 年 8 月 15 日

我们愤怒　　《文艺报》第 20 期,1957 年 8 月 18 日

斥洋奴政客萧乾　　《人民日报》第 3 版,1957 年 8 月 23 日

人与人——昨天和今天　　《中国青年报》,1957 年 9 月 9 日

难忘的印度　　《人民日报》第 6 版,1957 年 9 月 20 日

从一只凶恶的"苍蝇"谈起　　《北京文艺》9 月号,1957 年 9 月 20 日

巴豆、砒霜、鹤顶红——斥右派分子孙家琇　　《人民日报》,1957 年 10 月 8 日

从一件小事谈起——驳斥右派分子污蔑今天戏剧事业的谬论　《人民文学》10 月号,1957 年 10 月 8 日

我们的春天　《人民日报》,1958 年 2 月 5 日

推荐"时事"戏　《人民日报》,1958 年 2 月 27 日

如鱼得水,飞跃在"大跃进"的海洋里　《人民日报》,1958 年 3 月 19 日

大跃进! 为实现文学三十二条而斗争!　《人民文学》4 月号,1958 年 4 月 8 日

斥叛徒法斯特　《文艺报》第 8 期,1958 年 4 月 26 日

关于《雷雨》在苏联上演的通信　《戏剧报》第 9 期,1958 年 5 月 15 日

迎春集　北京出版社,1958 年 9 月版

祖国在飞奔　《北京日报》,1958 年 10 月 1 日

我们热烈拥护降低稿酬　曹禺、田汉、夏衍、老舍、阳翰笙、陈白尘等联名,《剧本》11 月号,1958 年 11 月 3 日

必须减低稿酬和上演报酬　《文艺报》第 19 期,1958 年 10 月 11 日

创造更完美的现代题材的戏曲剧目——看陕西省戏曲赴京演出团的演出　《人民日报》,1958 年 12 月 23 日

胆剑篇　中国戏剧出版社,1962 年 10 月版

我国戏剧家致函古巴戏剧家,支持古巴人民反对美国侵略的正义斗争　田汉、周信芳、曹禺联名,《戏剧报》第 11 期,1962 年 11 月 18 日

革命的脊梁骨　《人民日报》,1963 年 6 月 30 日

一场文化大革命　《人民日报》,1964 年 7 月 15 日

更高地举起文化革命的红旗　《北京日报》,1964 年 10 月 1 日

革命风雷　《红旗》杂志第 19 期,1964 年 10 月 1 日

文化大革命万岁　《人民日报》,1964 年 10 月 17 日

文化革命的新风气　《戏剧报》第 3 期,1965 年 3 月 20 日

伟大时代的颂歌——学习华北区歌剧、话剧观摩演出　《北京日报》,1965 年 4 月 30 日

文艺战线上的尖刀——看兰州部队某部业余九人话剧组演出的小话剧有感　《人民日报》,1965 年 10 月 12 日

永远铭记毛主席的教导　《人民戏剧》第 5 期,1976 年 9 月 25 日

我们心中的周总理　北京师范大学编,《敬爱的周恩来总理永远活在我们心中》第 4 集,1977 年 2 月版

不容抹煞的十七年　《光明日报》,1977 年 12 月 7 日

献给周总理的八十诞辰　《北京文艺》第 3 期,1978 年 3 月 10 日

纪念易卜生诞辰一百五十周年　《人民日报》,1978 年 3 月 21 日

重看《龙须沟》　《人民电影》第 2、3 期合刊,1978 年 3 月 22 日

沉痛的追悼　《人民文学》第 7 期,1978 年 7 月 20 日

为了不能忘却的纪念　《文汇报》,1978 年 8 月 6 日

新疆札记　《文汇报》,1978 年 10 月 8 日

北京市文联第三届理事会第二次扩大会议开幕词　《北京文艺》第 10 期,1978 年 10 月 10 日

今日送来长相欢　《北京日报》,1979 年 1 月 8 日

王昭君　四川人民出版社,1979 年 2 月版

曹禺谈《雷雨》　《人民戏剧》第 3 期,1979 年 3 月 18 日

简谈《雷雨》　《收获》第 2 期,1979 年 3 月 25 日

怀念我们戏剧界前辈——田汉先生　香港《大公报》,1979 年 4 月 8、9 日

戏剧工作者的良师益友——怀念田汉同志　《人民戏剧》第 4 期,1979 年 4 月 18 日

纪念莎士比亚四百十五周年诞辰　香港《大公报》,1979 年 4 月 22 日

《求凰集》序　香港《文汇报》,1979 年 6 月 17 日

情意深深忆菊隐——《焦菊隐戏剧论文集》序　《艺术世界》第 1 辑,上海文艺出版社,1979 年 7 月版

昭君自有千秋在——我为什么写《王昭君》　《民族团结》第 2 期,1979 年 8 月 15 日

"有朋自远方来"　《人民日报》,1979 年 11 月 3 日

《北京短篇小说选(1949—1979)》序　《北京短篇小说选(1949—1979)》,北京出版社,1979 年 11 月

《〈茶馆〉的舞台艺术》序言　《人民日报》,1980 年 8 月 9 日

《荀慧生演剧散论》序　《荀慧生演剧散论》,上海文艺出版社,1980 年 8 月版

写在《威尼斯商人》上演之前　《北京晚报》,1980 年 9 月 4 日

怀念赵丹同志　《文汇报》,1980 年 10 月 15 日

"我的心向着你们"——悼念茅盾同志　《中国青年报》,1981 年 4 月 16 日

我的生活和创作道路——同田本相的谈话　《戏剧论丛》第 2 期,1981 年 4 月 20 日

《李苦禅画集》序　　《李苦禅画集》,山东人民出版社,1981 年 4 月版

我的一生始终接受着党的教育　　《人民戏剧》第 7 期,1981 年 7 月 18 日

学习鲁迅　《剧本》10 月号,1981 年 10 月 28 日

《镀金》后记　《小剧本》第 11 期,1981 年 11 月 3 日

《中国戏剧年鉴(1981)》序言　　《中国戏剧年鉴(1981)》,中国戏剧出版社,1981 年 12 月版

探索人生,追求真理——曹禺同志九月十三日接见安庆市文艺工作者时的讲话　　《黄梅戏艺术》第 1 期,1982 年 1 月版

《老舍的话剧艺术》序　　《老舍的话剧艺术》,文化艺术出版社,1982 年 1 月版

为中国文化争光——看芭蕾舞剧《雷雨》有感　　《上海画报》第 1 期,1982 年 1、2 月

回忆在天津开始的戏剧生活　　《天津文史资料选辑》第 19 辑,1982 年 2 月版

《京剧漫话》序　　《京剧漫话》,北京出版社,1982 年 6 月版

特殊的魅力——《广播剧选》序言　　《广播节目报》,1982 年 7 月 26 日

《攻坚集》序　　《攻坚集》,中国戏剧出版社,1982 年 8 月版

和剧作家们谈读书和写作　　《剧本》10 月号,1982 年 10 月 28 日

我所喜爱的舞剧　　《花仙——卓瓦桑姆》,四川人民出版社,1982 年 10 月版

三访日本　《光明日报》,1982 年 11 月 3 日

重视舞台美术在戏剧艺术中的地位——在中国舞台美术学会成立大会上的讲话　　《舞台美术与技术》第 2 期,1982 年 5 月版

关于《绝对信号》的通信　　曹禺、高行健、林兆华撰,《十月》1983 年第 3 期

美好的感情　　《绿·万叶散文丛刊(第 1 辑)》,文化艺术出版社出版,1983 年 6 月版

《舞台美术选集》序　　《舞台美术选集》,中国戏剧出版社,1983 年 8 月版

《莎士比亚研究》发刊词　　《莎士比亚研究》创刊号,浙江人民出版社,1983 年 8 月版

《李宏林电视剧本集》序　　《辽宁日报》,1983 年 9 月 13 日

我很想念老舍先生　　《人民文学》第 4 期,1984 年 4 月 20 日

后记(电影剧本《日出》)　　《收获》第 3 期,1984 年 5 月 25 日

《蜕变》写作的前后　　《华东师范大学学报》第 4 期,1984 年 8 月 31 日

一部值得一读的好书——《南开话剧运动史料》　　《人民日报》,1984 年 10

月 17 日

祖国正在全面改革　　《剧本》10 月号,1984 年 10 月 28 日

马彦祥、曹禺、葛一虹谈洪深　　《戏剧报》第 12 期,1984 年 12 月 18 日

希望大批优秀人才茁壮成长　　《剧本》12 月号,1984 年 12 月 28 日

祝贺《新剧本》的诞生　　《新剧本》第 1 期,1985 年 1 月 2 日

重印《日出》后记　　《日出》(四幕话剧),四川文艺出版社,1985 年 2 月版

我所知道的奥尼尔——为《奥尼尔剧作选》写的序　　《外国戏剧》,1985 年第 1 期

曹禺戏剧集·论戏剧　　四川文艺出版社,1985 年 5 月版

一部极其出色的电视剧　　《瞭望》周刊第 31 期,1985 年 8 月 5 日

天然生出的花枝　　《收获》第 5 期,1985 年 9 月 25 日

曹禺同志的讲话　　《中国评剧》第 1 卷,1986 年 3 月版

《一个演员的自白》序　　《一个演员的自白》,漓江出版社,1986 年 5 月版

中国需要这样的普及(《世界文学名著》连环画丛书序)　　《文学报》,1986 年 6 月 5 日

《中国十大古典悲剧连环画集》《中国十大古典喜剧连环画集》序　　《连环画报》1986 年第 10 期

美育应该伴随人的一生　　《光明日报》,1986 年 11 月 28 日

曹禺论创作　　上海文艺出版社,1986 年 11 月版

《中国评剧》纪念小白玉霜题词　　《中国评剧》第 2 卷,1987 年 4 月

煎饼果子　　《中国美食与营养(第 1 辑)》,轻工业出版社,1987 年 5 月版

秦腔不得了呀!　　《当代戏剧》第 5 期,1987 年 9 月 15 日

关于中国歌剧的通信　　曹禺、乔羽撰,《人民音乐》第 9 期,1987 年 9 月版

曹禺同志在《首都话剧信息交流会》上的讲话　　《1987·首都话剧信息交流会(发言汇编)》,中国话剧艺术研究会、中国艺术研究院话剧研究所主编,1988 年 4 月版

美在流动中　　《人民日报》,1988 年 9 月 10 日

曹禺同志的讲话　　《话剧艺术研究·〈黑色的石头〉专辑》第 2 辑,1988 年版

曹禺文集(第 1 卷)　　中国戏剧出版社,1988 年 12 月版

曹禺文集(第 2 卷)　　中国戏剧出版社,1989 年 4 月版

曹禺文集(第 3 卷)　　中国戏剧出版社,1990 年 9 月版

曹禺文集(第 4 卷)　　中国戏剧出版社,1990 年 9 月版

演课本剧好　　《天津日报》第 7 版,1989 年 4 月 3 日

《中国抗日战争时期大后方文学书系·第七编·戏剧·第一集》序　　《中国抗日战争时期大后方文学书系·第七编·戏剧·第一集》,重庆出版社,1989 年 6 月版

祝辞　　《民族艺术》1989 年第 4 期

曹禺同志给"振兴话剧奖"发奖大会的贺信　　《话剧艺术研究》第 3 辑,1989 年 12 月编印

萧老的一生是光辉灿烂的——在纪念萧长华先生诞辰 100 周年座谈会上的讲话　　《萧长华艺术评论集》,中国戏剧出版社,1990 年 10 月版

顾先生的戏(《顾毓琇戏剧选》序)　　《顾毓琇戏剧选》,商务印书馆,1990 年 3 月版

不朽的事业　伟大的人生——贺《金乃千的艺术生活》出版　　《天津日报》,1990 年 8 月 4 日

祝贺母校建校八十周年题词　　《清华校友通讯·庆祝清华大学建校八十周年》(复 23 册),清华大学出版社出版,1991 年 4 月

他是一个真正的戏剧家　　《洪深——回忆洪深专辑》,中国文史出版社,1991 年 7 月

《导演艺术民族化求索集》序　　《导演艺术民族化求索集》,中国戏剧出版社,1991 年 9 月

书赠王永光同志　　《珠光集·庆祝陈爱珠从事戏剧三十六周年王永光荣获中国戏剧梅花奖专辑》,湖南岳麓诗社,1991 年 10 月编印

曹禺题词　　《剧本》12 月号,1991 年 12 月 28 日

期望有一个更美好的未来　　《人民日报》第 5 版,1992 年 7 月 23 日

我的老师　　《人民日报》第 8 版,1992 年 11 月 30 日

读书学习丰富自己　　《剧本》4 月号,1993 年 4 月 28 日

祝贺信　　《戏曲艺术》第 2 期,1993 年 5 月 15 日

兵马俑词　　《咏秦诗》,陕西人民教育出版社,1994 年 7 月

我向读者推荐这本书——《带血的忠诚·靳树增传》序　　《带血的忠诚·靳树增传》,改革出版社,1994 年 9 月版

窗口里的风景　　《新民晚报》,1994 年 10 月 31 日

一部可读的传记佳作　　《人民日报》第 10 版,1995 年 3 月 2 日

诗十首　　《诗刊》5 月号,1995 年 5 月 10 日

诗四首　　《诗刊》2 月号,1996 年 2 月 10 日

曹禺全集(第 1—7 卷)　　花山文艺出版社,1996 年 7 月版

京剧如何走向青年　　《人民日报》,1995 年 12 月 15 日

《梨园考论》序　　《当代戏剧》第 3 期,1996 年 3 月版

这样的戏剧艺术家　　《大舞台》第 2 期,1996 年 3 月版

讲求艺德加强修养　　《人民日报》,1996 年 4 月 5 日

贺词　　《中国戏剧》第 4 期,1996 年 4 月 18 日

往事沧桑话梨园　　《大舞台》第 4 期,1996 年 7 月版

《雷雨》在这里诞生　　《光明日报》,1996 年 8 月 12 日

加强中华剧人的团结　　《人民日报》,1996 年 8 月 31 日

曹禺先生在 1995 曹禺戏剧文学奖颁奖大会上的书面发言　　《剧本》11 月号,1996 年 11 月 28 日

《和天使一起飞翔》序　　《文汇报》,1996 年 12 月 24 日

已经忘却的日子　　《收获》第 3 期,1997 年 5 月 25 日

没有说完的话　　山东友谊出版社,1998 年 12 月

曹禺给田本相的信　　《新文学史料》第 4 期,2002 年 11 月 22 日

曹禺同志的谈话　　《曹禺研究》第 3 辑,中国文史出版社,2006 年 10 月

曹禺致吴组缃的三封信　　《新文学史料》2008 年第 1 期

曹禺致李致书信　　李致编,四川出版集团·四川教育出版社,2010 年 9 月

曹禺巴金书简　　《收获》第 6 期,2010 年 11 月 15 日

曹禺晚年书简　　《现代中文学刊》(双月刊)第 6 期,2010 年

二、档案史料、资料集

清国留学生会馆第五次报告·同学姓名调查录

南开同学录　　南开学校编印,1922 年秋

戊辰班毕业同学录　　南开中学编印,1928 年

天津南开学校中学部一览　　南开中学编辑,1929 年 10 月 17 日

清华同学录　　北平清华大学编印,1933 年 7 月

国立戏剧学校一览　　国立戏剧学校编印,1938 年

文坛史料　　杨之华编,上海中华日报社,1944 年 4 月 1 日

中华全国文学艺术工作者代表大会纪念文集　　中华全国文学艺术工作者代表大会宣传处编辑,新华书店发行,1950 年 3 月版

中国文学艺术工作者第二次代表大会资料　　中国文学艺术界联合会编印，1953 年编印

1953 人民手册　　张蓬舟、张仪郑编，大公报社，1953 年 1 月版

1955 人民手册　　张蓬舟、张仪郑编，大公报社，1955 年 1 月版

1956 人民手册　　大公报社人民手册编辑委员会，大公报社，1956 年 5 月版

中国作家协会第二次理事会会议(扩大)报告、发言集　　中国作家协会编，人民文学出版社，1956 年 6 月版

中国戏剧家协会常务理事会第四次(扩大)会议文件汇编　　中国戏剧家协会编，1956 年印制

中国话剧运动五十年史料集(第 1 辑)　　《中国话剧运动五十年史料集》编辑委员会编，中国戏剧出版社，1958 年 2 月版

中国话剧运动五十年史料集(第 2 辑)　　《中国话剧运动五十年史料集》编辑委员会编，中国戏剧出版社，1959 年 4 月版

中华人民共和国第二届全国人民代表大会第一次会议文件合订本第三册　　第二届全国人民代表大会第一次会议秘书处，1959 年 4 月版

中华人民共和国第二届全国人民代表大会第一次会议文件　　人民文学出版社，1959 年 7 月版

曹禺研究资料汇编　　山东师范学院中文系编印，1960 年 9 月版

1961 人民手册　　大公报社人民手册编辑委员会，大公报社，1961 年 12 月版

中国话剧运动五十年史料集(第 3 辑)　　《中国话剧运动五十年史料集》编辑委员会编，中国戏剧出版社，1963 年 4 月版

中华人民共和国第二届全国人民代表大会代表名单　　全国人民代表大会常务委员会办公厅印，1963 年 11 月版

中华人民共和国第二届全国人民代表大会第四次会议文件合订本　　第二届全国人民代表大会第四次会议秘书处编，1963 年 12 月版

1964 人民手册　　大公报社人民手册编辑委员会，大公报社，1964 年 10 月版

六十年文艺大事记(1919—1979)　　第四次文代会筹备组起草组编印，1979 年 10 月印制

鲁迅研究资料(第 6 辑)　　北京鲁迅博物馆鲁迅研究室编，天津人民出版社，1980 年 10 月版

中国近代期刊篇目汇录第二卷(中)　　上海图书馆编，上海人民出版社，1981 年版

天津历史资料(第 11 期)(内部发行)　　天津社会科学院历史研究所,1981年 4 月 10 日

全国中文期刊联合目录(1833—1949)(增订本)　　全国图书联合目录编辑组编,书目文献出版社,1981 年 8 月

中国戏剧年鉴 1981　　《中国戏剧年鉴》编辑部编,中国戏剧出版社,1981 年12 月版

天津文史资料选辑(第 19 辑)　　中国人民政治协商会议天津市委员会文史资料研究委员会编,天津人民出版社,1982 年 2 月版

北京文艺年鉴 1981　　北京市社会科学研究所、北京文艺年鉴编辑部编,工人出版社出版,1982 年 2 月版

中国文艺年鉴 1981　　中国文艺年鉴社编,文化艺术出版社,1982 年 9 月版

延安十年戏剧图集(1937—1947)　　钟敬之著,上海文艺出版社,1982 年 12月版

北京文艺年鉴 1982　　北京市社会科学研究所、北京文艺年鉴编辑部编,工人出版社,1982 年 12 月版

中国戏剧年鉴 1982　　《中国戏剧年鉴》编辑部编,中国戏剧出版社,1983 年 6月版

宣化县地名资料汇编(内部发行)　　河北省宣化县地名办公室主编,1983 年9 月印制

抗日战争时期延安及各抗日民主根据地文学运动资料(上、中、下)　　陈荒煤主编,山西人民出版社,1983 年 10 月版

中国戏剧年鉴 1983　　《中国戏剧年鉴》编辑部编,中国戏剧出版社,1983 年12 月版

中华全国文艺界抗敌协会资料汇编　　文天行、王大明、廖全京编,四川省社会科学院出版社,1983 年 12 月版

中国文艺年鉴 1982　　中国文艺年鉴社编,文化艺术出版社,1984 年 9 月

桂林文化城纪事　　广西社会科学院编,漓江出版社,1984 年 11 月版

大连文化艺术史料第 1 辑　　大连市艺术研究室编印,1984 年 12 月印制

广东话剧运动史料集(第 1 集)　　中国戏剧家协会广东分会、广东话剧研究会编,1984 年印制

中国戏剧年鉴 1984　　《中国戏剧年鉴》编辑部编,中国戏剧出版社,1985 年 3月版

巴金研究资料(上卷)　　李存光编,海峡文艺出版社,1985年9月版

曹禺研究专集(上册)　　王兴平、刘思久、陆文璧编,海峡文艺出版社,1985年9月版

曹禺研究专集(下册)　　王兴平、刘思久、陆文璧编,海峡文艺出版社,1985年10月版

重庆抗战剧坛——雾季艺术节资料丛书之一　　重庆戏剧家协会编印,1985年10月印制

欧阳予倩与桂剧改革　　丘振声、杨荫亭编选,广西人民出版社,1986年7月版

中国文学研究年鉴1985　　中国社会科学院文学研究所《中国文学研究年鉴》编辑委员会,中国文联出版公司,1986年12月版

中国人民大学大事年表(初稿)1937—1985　　中国人民大学出版社,1987年版

延安文艺运动纪盛　　艾克恩编纂,文化艺术出版社,1987年1月版

中国广播电视年鉴1986　　《中国广播电视年鉴》编辑委员会编,中国广播电视出版社,1987年5月版

文史资料选辑(第9辑)　　中国人民政治协商会议全国委员会、文史资料研究委员会、《文史资料选辑》编辑部编,中国文史出版社,1987年5月版

第二届广西戏剧展览资料汇编(上册)(下册)　　广西壮族自治区文化厅编印,1987年5月印制

文史资料选辑(第11辑)　　中国人民政治协商会议全国委员会、文史资料研究委员会、《文史资料选辑》编辑部编,中国文史出版社,1987年7月版

曹禺戏剧研究集刊　　《南开学报》编辑部编,南开大学出版社,1987年8月版

北洋陆军史料(1912—1916)　　张侠、孙宝铭、陈长河编,天津人民出版社,1987年10月版

中国戏剧年鉴1985　　《中国戏剧年鉴》编辑部编,中国戏剧出版社,1987年10月版

延安文艺丛书·第16卷·文艺史料卷　　《延安文艺丛书》编委会编,湖南文艺出版社,1987年10月版

长沙年鉴1987　　长沙市志办公室年鉴编辑部编,1987年10月印制

桂林文化大事记(1937—1949)　　桂林市文化研究中心、广西桂林图书馆编,

漓江出版社,1987 年 11 月版

中国话剧史料集(第 1 辑)　　中国艺术研究院话剧研究所主编,文化艺术出版社,1987 年 12 月版

广东话剧运动史料集(第 2 集)　　中国戏剧家协会广东分会、广东话剧研究会编,1987 年印制

中国电影年鉴 1986　　中国电影家协会编纂,中国电影出版社,1988 年 1 月版

武汉通览　　李权时、皮明麻主编,武汉出版社,1988 年 5 月版

中国文艺年鉴 1987　　《中国文艺年鉴》编辑部编,文化艺术出版社,1988 年 6 月版

中国广播电视年鉴 1987　　《中国广播电视年鉴》编辑委员会编,中国广播电视出版社,1988 年 7 月版

中华民国国父实录　　罗刚著,台湾罗刚先生三民主义奖学金基金会出版,1988 年 7 月版

中国现代文学期刊目录汇编(上、下)　　唐沅、韩之友、封世辉、舒欣、孙庆升、顾盈丰编,天津人民出版社,1988 年 9 月版

乌鲁木齐文史资料(第 13 辑)　　中国人民政治协商会议乌鲁木齐市委员会文史资料研究委员会编,新疆青少年出版社,1988 年 9 月版

中国音乐年鉴 1988　　中国艺术研究院音乐研究所编,文化艺术出版社,1989 年 1 月版

南方局领导下的重庆抗战文艺运动　　中共重庆市委党史工作委员会编,重庆出版社,1989 年 2 月版

抗日战争时期的四川话剧运动　　孙晓芬编著,四川大学出版社,1989 年 6 月版

南开大学校史(1919—1949)　　南开大学校史编写组,南开大学出版社,1989 年 10 月版

济南年鉴 1989　　济南市志编纂委员会办公室编,济南出版社,1989 年 10 月版

中国人民解放军文艺史料选编·解放战争时期(上、下册)　　中国人民解放军文艺史料编辑部编,解放军出版社,1989 年 10 月版

广东话剧运动史料集(第 3 集)　　中国戏剧家协会广东分会、广东话剧研究会编,1990 年印制

中国戏剧年鉴 1989　　《中国戏剧年鉴》编辑部,中国文联出版公司,1990 年 1 月版

岳池县文史资料选辑(第 5 辑)　　中国人民政协会议四川省岳池县委员会文史委员会编印,1990 年 2 月印制

南方局党史资料·文化工作　　南方局党史资料编辑小组编,重庆出版社,1990 年 6 月版

中国新文艺大系(1976—1982)史料集　　张炯主编,中国文联出版公司,1990 年 8 月版

北京年鉴 1990　　北京市地方志编纂委员会、《北京年鉴》编辑部编,中国城市出版社,1990 年 10 月版

抗战时期西南的文化事业　　钟树梁主编,成都出版社,1990 年 12 月版

高原·演出·六年　　文化部党史资料征集委员会、延安青年艺术剧院、联政宣传队史料征集组编,中共党史出版社,1990 年 12 月版

文史资料选编(第 40 辑)　　中国人民政治协商会议北京市委员会文史资料研究委员会编,北京出版社,1991 年 4 月版

延安城头望柳青——毛泽东同志《在延安文艺座谈会上的讲话》学习文集　　艾克恩主编,文化艺术出版社,1991 年 6 月版

中国少数民族艺术词典　　《中国少数民族艺术词典》编纂委员会编,民族出版社,1991 年 9 月版

驼铃声声(桂林文史资料第 18 辑)　　桂林市政协文史资料委员会编,漓江出版社,1991 年 9 月版

南开话剧运动史料(1923—1949)　　崔国良、夏家善、李丽中编,南开大学出版社,1991 年 10 月版

中国文艺年鉴(1988)　　中国文艺年鉴社编,文化艺术出版社,1991 年 12 月版

曹禺研究资料(上、下册)　　田本相、胡叔和编,中国戏剧出版社,1991 年 12 月版

当代北京大事记(1949—1989)　　《当代中国的北京》编辑部,北京出版社,1992 年 9 月版

中国戏曲志·江苏卷　　《中国戏曲志》编辑委员会编,中国 ISBN 中心出版,1992 年 12 月版

北京人民艺术剧院大事记(油印本)　　北京人民艺术剧院大事记编写组,

1992 年 12 月印制

宣化县志　　宣化县地方志编撰委员会编,河北人民出版社,1993 年 3 月版

中国戏剧年鉴 1990—1991　　《中国戏剧年鉴》编辑部编,中国戏剧出版社,1993 年 4 月版

河南省志·外事志　　河南省地方史志编纂委员会编,河南人民出版社,1993 年 4 月版

玉门油田志　　玉门油田志编纂委员会编,西北大学出版社,1993 年 7 月版

自贡市自流井区志　　自贡市自流井区志编纂委员会编,巴蜀书社,1993 年 8 月版

张家口文史资料第 23 辑(察哈尔纪事特辑)　　张家口市政协文史资料委员会、中共张家口市委党史研究室编,1993 年 9 月版

中国戏曲志·安徽卷　　中国戏曲志编辑委员会编,中国 ISBN 中心出版,1993 年 11 月版

中国电影年鉴 1991　　《中国电影年鉴》编辑委员会编撰,中国电影出版社出版,1993 年 12 月版

中国出版年鉴 1992　　中国出版年鉴社,1993 年 12 月版

巴金全集(第 24 卷)　　巴金著,人民文学出版社,1994 年 2 月版

社会主义时期中共北京党史纪事(第 1 辑)　　中共北京市委党史研究室编,人民出版社,1994 年 7 月版

河北省直文化艺术单位简志稿　　河北省文化厅文化志编辑办公室编印,1994 年印制

火线剧社在冀中　　晋察冀文艺研究会冀中分会编印,中国华侨出版社,1994 年 6 月版

运城市志　　运城市地方志编纂委员会,生活·读书·新知三联书店,1994 年 8 月版

中国新文学大系 1937—1949(第二十集,史料·索引)　　本书编辑委员会编,上海文艺出版社,1994 年 8 月版

丹徒年鉴 1994　　《丹徒年鉴》编辑部编,江苏科学技术出版社,1994 年 11 月版

社会主义时期中共北京党史纪事(第 2 辑)　　中共北京市委党史研究室编,人民出版社,1995 年 3 月版

重庆抗战剧坛纪事　　石曼编,中国戏剧出版社,1995 年 7 月版

剧专十四年　　《剧专十四年》编辑小组编,中国戏剧出版社,1995 年 9 月版

北京市人民代表大会文献资料汇编(1949—1993)　　北京市人大常委会办公厅、北京市档案馆编,北京出版社,1996 年 1 月版

新化县志　　新化县志编纂委员会编,湖南出版社,1996 年 4 月版

万县地区文化艺术志　　四川省万县市文化局编纂,四川人民出版社,1996 年 7 月版

中国话剧史大事记　　中国艺术研究院话剧研究所编印,1996 年印制

中国新闻年鉴(1996)　　中国新闻年鉴杂志社,1996 年 12 月版

杭州大学校史(1897—1997)　　杭州大学校史编辑委员会编印,1997 年 3 月印制

秦始皇帝陵志　　陕西省地方志编纂委员会编,三秦出版社,1997 年 9 月版

文汇报史略 1949.6—1966.5　　文汇报报史研究室编写,文汇出版社,1997 年 12 月版

纪念中国话剧九十周年——上海专辑　　上海艺术研究所主办,《上海艺术家》1998 年第 1 期

中华民国史档案资料汇编·第 5 辑第 2 编·文化(一)　　中国第二历史档案馆编,江苏古籍出版社,1998 年 4 月版

中华民国史档案资料汇编·第 5 辑第 2 编·文化(二)　　中国第二历史档案馆编,江苏古籍出版社,1998 年 4 月版

南开区志　　天津社会科学院出版社,1998 年 6 月版

上海昆剧志　　《上海文化艺术志》编纂委员会、《上海昆剧志》编辑部,上海文化出版社,1998 年 10 月版

中国戏曲志·海南卷　　中国戏曲志编辑委员会、《中国戏曲志·海南卷》编辑委员会,中国 ISBN 中心出版,1998 年 12 月版

当代中国广播电视台百卷丛书·上海人民广播电台卷　　《上海人民广播电台卷》编委会,中国广播电视出版社,1999 年 3 月版

江西文艺史料(第 21 辑)　　江西省文化厅、江西省老年文艺家协会,1999 年 5 月印制

现代作家书信集珍　　刘衍文、艾以主编,汉语大词典出版社,1999 年 6 月版

辉煌五十年·北京　　《辉煌五十年·北京》编辑部编,北京科学技术出版社,1999 年 8 月版

夜光杯文萃(1992—1998)　　上海远东出版社,1999 年 8 月版

《益世报》天津资料点校汇编(二)　　天津市地方志编修委员会办公室、天津图书馆编,天津社会科学出版社,1999 年 12 月版

简明曹禺词典　　田本相、黄爱华主编,甘肃教育出版社,2000 年 5 月版

社会主义时期中共北京党史纪事　　中共北京市委党史研究室编,人民出版社,2000 年 5 月版

北京电影学院志(1950—1995)　　院志编辑委员会编,北京电影学院出版发行,2000 年 9 月版

戏曲编导杨兰春·文史资料第七辑(一)　　武安市政协学习文史委员会编,2000 年 9 月印制

清华大学九十年　　清华大学校史研究室编,清华大学出版社,2001 年 4 月版

中国共产党北京历史大事记(1919—1949)　　中共北京市委党史研究室编,北京出版社,2001 年 6 月版

中国共产党北京历史大事记(1949—1978)　　中共北京市委党史研究室编,北京出版社,2001 年 6 月版

中国共产党北京历史大事记(1978—2000)　　中共北京市委党史研究室编,北京出版社,2001 年 6 月版

廊坊市志(第 1、2、3 卷)　　廊坊市志编修委员会编,方志出版社,2001 年 7 月版

《益世报》天津资料点校汇编(三)　　天津市地方志编修委员会办公室、天津图书馆编,天津社会科学出版社,2001 年 12 月版

重庆文化艺术志　　重庆市文化局编,西南师范大学出版社,2001 年 12 月版

河南通鉴　　河南省地方史志办公室编纂,中州古籍出版社,2001 年 12 月版

上海话剧志　　上海文化艺术志编纂委员会、上海话剧志编纂委员会,李晓主编,百家出版社,2002 年 2 月版

北京人民艺术剧院(1952—2002)　　北京人民艺术剧院编,人民文学出版社,2002 年 5 月版

温中百年　　温州中学校庆筹委会编,温州市图书馆,2002 年 9 月第 1 版

新中国戏剧史　　傅谨著,湖南美术出版社,2002 年 11 月版

大连市志·文化志　　李振远主编,大连出版社,2003 年 3 月版

中共党史资料(第 86 辑)　　中共中央党史研究室、中央档案馆编,中共党史出版社,2003 年 6 月版

宣化文史集萃(上下)　　宣化文史集萃编委会,2004 年 6 月印制

话剧殉道者——中国旅行剧团史话　　洪忠煌著,浙江大学出版社,2004 年 9 月版

保定抗战文化　　保定历史文化丛书编辑委员会编,方志出版社,2005 年 1 月版

中国电影发展史　　程季华主编,中国电影出版社,2005 年 3 月版

中国话剧史(上册)　　胡振编著,(香港)利源书报社有限公司,2005 年 10 月版

陕西省志·文化艺术志　　陕西省地方志编纂委员会编,陕西人民出版社, 2005 年 11 月版

“文化大革命”简史　　席宣、金春明著,中共党史出版社,2006 年 1 月版

武夫当国——北洋军阀统治时期史话　　陶菊隐著,海南出版社,2006 年 10 月版

中华人民共和国史编年·1950 年卷　　当代中国研究所编,当代中国出版社,2006 年 11 月版

民国职官年表　　刘寿林、万仁元、王玉文、孔庆泰等编,中华书局,2006 年 11 月版

香港百年光影　　钟宝贤著,北京大学出版社,2007 年 7 月版

北京人民艺术剧院大事记(1993—1995)　　北京人艺 50 年大事记编辑组编, 2007 年 9 月印制

张家口文史(第 5 辑)　　张家口市政协文史资料委员会编,《张家口文史》编委会出版,2007 年 10 月版

中外文化交流史　　何芳川主编,国际文化出版公司,2008 年 5 月版

北京史志文化备要　　曹子西主编,中国文史出版社,2008 年 10 月版

福建省志·文化艺术志　　福建省地方志编纂委员会编,福建人民出版社, 2008 年 10 月版

中国现代文学馆馆藏珍品大系(信函卷)第 1 辑　　陈建功主编,文化艺术出版社,2009 年 6 月版

南开话剧史料丛编　　崔国良主编,南开大学出版社,2009 年 10 月版

洛阳六十年大事纪略　　洛阳市地方史志编纂委员会编,中州古籍出版社, 2009 年 12 月版

三、日记、书信、年谱、传记、回忆录

鲁迅日记(上、下卷)　　人民文学出版社编辑部编纂,人民文学出版社,1976

年 7 月北京第 2 版

鲁迅年谱(上、下)　　复旦大学、上海师大、上海师院《鲁迅年谱》编写组,安徽人民出版社,1979 年 3 月版

叶圣陶年谱(1)　　商金林编,《新文学史料》第 1 期,1981 年 2 月 22 日

叶圣陶年谱(2)　　商金林编,《新文学史料》第 2 期,1981 年 5 月 22 日

叶圣陶年谱(3)　　商金林编,《新文学史料》第 3 期,1981 年 8 月 22 日

叶圣陶年谱(4)　　商金林编,《新文学史料》第 4 期,1981 年 11 月 22 日

叶圣陶年谱(5)　　商金林编,《新文学史料》第 1 期,1982 年 2 月 22 日

鲁迅年谱(第 1 卷)　　鲁迅博物馆、鲁迅研究室编,人民文学出版社,1981 年 9 月版

鲁迅年谱(第 2 卷)　　鲁迅博物馆、鲁迅研究室编,人民文学出版社,1983 年 4 月版

鲁迅年谱(第 3 卷)　　鲁迅博物馆、鲁迅研究室编,人民文学出版社,1984 年 1 月版

鲁迅年谱(第 4 卷)　　鲁迅博物馆、鲁迅研究室编,人民文学出版社,1984 年 9 月版

行知书信集　　陶行知著,安徽人民出版社,1981 年 10 月版

日记三抄　　叶圣陶著,花城出版社,1982 年 1 月版

赵树理年谱　　董大中编著,山西人民出版社,1982 年 8 月版

渝沪通信　　叶圣陶撰,《收获》第 6 期,1982 年 11 月 25 日

欧阳予倩年表　　苏关鑫编,《广西师范学院学报》1983 年第 1 期

柳亚子年谱　　柳无忌编,中国社会科学出版社,1983 年 5 月版

郭沫若年谱　　龚济民、方仁念编,天津人民出版社,1983 年 5 月版

梁启超年谱长编　　丁文江、赵丰田编,上海人民出版社,1983 年 8 月版

胡适之先生年谱长编初稿　　胡颂平编著,联经出版事业公司(台湾),1984 年 5 月版

茅盾书简　　《茅盾研究》第 2 辑,《茅盾研究》编辑部,文化艺术出版社出版,1984 年 12 月版

阳翰笙日记选　　阳翰笙著,四川文艺出版社,1985 年 2 月版

台上·台下　　凤子著,中国戏剧出版社,1985 年 6 月版

懒寻旧梦录　　夏衍著,生活·读书·新知三联书店,1985 年 7 月版

回忆赵树理　　高捷编,山西人民出版社,1985 年 8 月版

荆州揽要　　　湖北省荆州地区地名办公室编写组编,学林出版社,1985 年 11 月版

现代戏剧家熊佛西　　　上海戏剧学院熊佛西研究小组编,中国戏剧出版社, 1985 年 12 月版

在上海的三年(一)　　　叶圣陶撰,《新文学史料》第 1 期,1986 年 2 月 22 日

致周扬、阳翰笙、田汉、曹禺、焦菊隐等(九函)　　　中国郭沫若研究会《郭沫若研究》编辑部编,《郭沫若研究》第 2 辑,文化艺术出版社,1986 年 3 月版

在上海的三年(十)　　　叶圣陶撰,《新文学史料》第 2 期,1986 年 5 月 22 日

老舍和我　　　赵家璧撰,《新文学史料》第 2 期,1986 年 5 月 22 日

银幕内外　　　谢芳著,世界知识出版社,1986 年 12 月版

中国话剧艺术家传(第 4 辑)　　　中国艺术研究院话剧研究所主编,文化艺术出版社,1987 年 2 月版

影星独白　　　余之编,长江文艺出版社,1987 年 3 月版

鲁版图书序跋集　　　山东省出版总社业务社编,山东人民出版社,1987 年 8 月版

曹禺传　　　田本相著,北京十月文艺出版社,1988 年 8 月版

历史的瞬间　　　金凤著,中国文联出版公司,1988 年 8 月版

陈仁鉴评传　　　李国庭著,中国戏剧出版社,1988 年 12 月版

中国话剧艺术家传(第 1—6 辑)　　　中国艺术研究院话剧研究所主编,文化艺术出版社,1989 年 2 月版

竺可桢日记 4(1957—1965)　　　竺可桢著,科学出版社,1989 年 11 月版

中国戏剧年鉴 1989　　　《中国戏剧年鉴》编辑部编,中国文联出版公司,1990 年 1 月版

郑逸梅选集(第 3 卷)　　　郑逸梅著,黑龙江人民出版社,1991 年 5 月版

现代文坛风云录　　　胡绍轩著,重庆出版社,1991 年 12 月版

老舍书信集　　　舒济编,百花文艺出版社,1992 年 6 月版

钱钟书传　　　孔庆茂著,江苏文艺出版社,1992 年 10 月版

田汉年谱　　　张向华编,中国戏剧出版社,1992 年 12 月版

郭沫若书信集(下)　　　郭沫若,中国社会科学出版社,1992 年 12 月版

秦皇岛市·文化志　　　秦皇岛市文化局编,1992 年 12 月印制

一九七六年日记　　　叶圣陶撰,《新文学史料》第 2 期,1994 年 5 月 22 日

郑振铎传　　　陈福康著,北京十月文艺出版社,1994 年 8 月版

舞台银幕六十年——潘子农回忆录　　潘子农著,江苏古籍出版社,1994 年 8 月版

李苦禅纪念文集　　刘曦林主编,人民出版社,1994 年 9 月版

曹禺评传　　胡叔和著,中国戏剧出版社,1994 年 12 月版

话剧在北方奠基人之一——张彭春　　黄殿祺主编,中国戏剧出版社,1995 年 4 月版

陪都人物纪事　　杨耀健、李宗杰等编,重庆出版社,1995 年 8 月版

曹禺(当代中国文化名人传记画册)　　田本相、刘一军撰文,范达明、李玉茹编文,范达明编纂,浙江摄影出版社,1995 年 12 月版

戏剧人生　　李默然著,春风文艺出版社,1996 年 9 月版

千秋饮恨——郁达夫年谱长编　　郭文友编,四川人民出版社出版发行,1996 年 10 月版

喜剧人生·黄佐临　　纪宇著,山东画报出版社,1996 年 10 月版

东方之子访谈录　　时间主编,山东人民出版社,1997 年 2 月版

傀儡总统——黎元洪　　苏源、戴忆绵、韩松著,黑龙江人民出版社,1997 年 2 月版

演员于是之　　王宏涛、杨景辉编,北京十月文艺出版社,1997 年 3 月版

雷平的话剧生涯　　宋严、蔡体良著,中国戏剧出版社,1997 年 4 月版

周恩来年谱 1949—1976(中)　　中共中央文献研究室编,中央文献出版社,1997 年 6 月版

戏文锣鼓　　魏绍昌著,大象出版社,1997 年 8 月版

郁达夫日记　　郁达夫著,丁言昭编,山西教育出版社,1997 年 11 月版

徐铸成回忆录　　徐铸成著,生活·读书·新知三联书店,1998 年 4 月版

难以忘怀的昨天　　张瑞芳著,学林出版社,1998 年 6 月版

文学活动日记(1977 年)　　张光年撰,《新文学史料》第 3 期,1998 年 8 月 22 日

文学活动日记(1978 年)　　张光年撰,《新文学史料》第 4 期,1998 年 11 月 22 日

文学活动日记(1979 年)　　张光年撰,《新文学史料》第 1 期,1999 年 2 月 22 日

文学活动日记(1980 年)　　张光年撰,《新文学史料》第 2 期,1999 年 5 月 22 日

清华人文学科年谱　　齐家莹编撰,清华大学出版社,1999年1月版

吴宓日记(1943—1945)　　吴宓著,吴学昭整理,生活·读书·新知三联书店,1999年3月版

战云纪事　　常任侠著,郭淑芬、沈宁整理,海天出版社,1999年9月版

郭小川全集(日记1944—1956)8　　郭小川著,广西师范大学出版社,2000年1月版

郭小川全集(日记1957—1958)9　　郭小川著,广西师范大学出版社,2000年1月版

郭小川全集(日记1959—1976)10　　郭小川著,广西师范大学出版社,2000年1月版

靳以年谱　　(章)洁思编撰,《新文学史料》2000年第2期

百龄自述　　顾毓琇著,江苏文艺出版社,2000年4月版

何其芳全集(书信·家信·日记)第8卷　　何其芳著,河北人民出版社,2000年5月版

苦闷的灵魂——曹禺访谈录　　田本相、刘一军著,江苏教育出版社,2001年1月版

丁玲评传　　杨桂欣著,重庆出版社,2001年2月版

八十年来家国——赵浩生回忆录　　赵浩生著,百花文艺出版社,2001年9月版

冰心全传(下)　　卓如著,河北教育出版社,2002年1月版

红尘冷眼　　宋云彬著,山西人民出版社,2002年3月版

苦乐无边读人生　　于蓝著,中央文献出版社,2002年5月版

旅途日记五种　　叶圣陶著,生活·读书·新知三联书店,2002年7月版

毛泽东年谱(1893—1949)下卷　　中共中央文献研究室编,中央文献出版社,2002年8月版

臧克家全集·第十一卷(书信)　　臧克家著,时代文艺出版社,2002年12月版

一个小老头,名字叫巴金　　刘屏著,天津社会科学出版社,2003年11月版

巴金的一个世纪　　唐金海、张晓云著,四川文艺出版社,2004年1月版

巴金日记　　巴金著,大象出版社,2004年4月版

向阳日记——诗人干校蒙难纪实　　张光年著,上海远东出版社,2004年5月版

昆曲日记　　张允和著,语文出版社,2004 年 6 月版

一代报人王芸生　　王芝琛著,长江文艺出版社,2004 年 9 月版

往事回首录(上部)(周而复文集第 21 卷)　　周而复著,文化艺术出版社,2004 年 10 月

缄口日记(1966—1972,1974—1979)　　陈白尘著,大象出版社,2005 年 4 月版

豫剧大师常香玉　　本书编委会编,河南人民出版社,2005 年 5 月版

老舍年谱(修订本)　　张桂兴编撰,上海文艺出版社,2005 年 5 月版

萧乾忆旧　　萧乾著,湖北人民出版社,2005 年 7 月版

吴祖光日记(1954—1957)　　吴祖光著,李辉主编,大象出版社,2005 年 8 月版

梦飞江海——我的戏剧求索之路　　赵韫如著,中国戏剧出版社,2005 年 9 月版

岁月有情——张瑞芳回忆录　　张瑞芳著,中央文献出版社,2005 年 12 月版

李健吾传　　韩石山著,山西人民出版社,2005 年 12 月版

常香玉画传　　雷桂华著,河南大学出版社,2006 年 1 月版

郑振铎日记全编　　郑振铎著,陈福康整理,山西古籍出版社,2006 年 1 月版

灯花漫忆:周楚、林默予回忆录　　周楚、林默予著,新星出版社,2006 年 5 月版

蔡楚生文集(第 3 卷·日记卷)　　蔡楚生著,中国广播电视出版社,2006 年 6 月版

沈从文年谱　　吴世勇编,天津人民出版社,2006 年 6 月版

郑振铎志　　张天禄主编,福州市地方志编纂委员会编,海潮摄影艺术出版社,2006 年 6 月版

回首——我的艺术人生　　吕恩著,中国戏剧出版社,2006 年 12 月版

竺可桢全集(第 11 卷)　　竺可桢著,上海科技教育出版社,2006 年 12 月版

董浩云日记(1948—1982)下　　郑会欣编著,生活·读书·新知三联书店,2007 年 6 月版

周恩来年谱(1949—1976)(下卷)　　中共中央文献研究室编,中央文献出版社,2007 年 9 月版

王仰晨编辑人生　　王仰晨等著,人民文学出版社,2007 年 11 月版

竺可桢全集(第 12 卷)　　竺可桢著,上海科技教育出版社,2007 年 12 月版

周总理和娃娃剧团　　　王振国、王鹏著,解放军文艺出版社,2008 年 1 月版

吴组缃日记摘抄(1942 年 6 月—1946 年 5 月)　　　吴组缃著,《新文学史料》2008 年第 1 期

笑忆青春——解放战争三年中的北平剧联和祖国剧团　　　刘乃崇主编,中国戏剧出版社,2008 年 5 月

赵朴初年谱　　　沈去疾编著,上海辞书出版社,2008 年 6 月版

红线女创作·生活　　　谢彬筹、谢友良主编,中国戏剧出版社,2008 年 8 月版

我的父亲齐燕铭　　　齐翔延、齐翔安著,文物出版社,2008 年 12 月版

竺可桢全集(第 14 卷)　　　竺可桢著,上海科技教育出版社,2008 年 12 月版

竺可桢全集(第 15 卷)　　　竺可桢著,上海科技教育出版社,2008 年 12 月版

蒋介石特勤总管回忆录　　　黄仁霖著,团结出版社,2009 年 5 月版

洪深年谱长编　　　古今、杨春忠编著,中国戏剧出版社,2009 年 6 月版

曲终人未散·靳以　　　章洁思著,东方出版中心,2009 年 8 月版

中国话剧先行者——张伯苓/张彭春　　　张伯苓教育思想研究会,人民出版社,2009 年 9 月版

民国戏曲史年谱(1912—1949)　　　陈洁编,文化艺术出版社,2010 年 5 月

百年雪垠　　　姚雪垠研究会编,中国青年出版社,2010 年 8 月版

穿越界限——一个德国人在中国 35 年的传奇　　　(德)乌苇·克劳特著,龚迎新译,中国青年出版社,2010 年 10 月版

艾芜全集·日记(1983—1992)第 19 卷　　　艾芜著,四川文艺出版社、成都时代出版社,2014 年 6 月版

四、专著、文集

三年来的中国旅行剧团　　　赵慧深撰,上海杂志无限公司,1936 年版

短简　　　巴金著,上海良友复兴图书印刷公司印行,1937 年 3 月版

国立戏剧学校校友会会刊第 1 卷第 2 期　　　国立戏剧学校校友会编,1939 年 10 月印制

曹禺论(单行本,燕风文丛第 2 种)　　　萧赛著,燕风出版社,1943 年 2 月初版

闻一多全集(第 1 卷)　　　闻一多著,开明书店,1948 年 11 月第 3 版

华东区话剧观摩演出纪念刊　　　华东区话剧观摩演出大会编,1954 年 9 月印制

胡风文艺思想批判论文汇集(第四集)　　　作家出版社编辑部,作家出版社,

1955 年 5 月版

对胡风反革命集体罪行的揭露　　湖南人民出版社,1955 年 6 月版

胡风文艺思想批判论文汇集(第六集)　　作家出版社编辑部,作家出版社,1955 年 8 月版

全国总书目(1949—1954)　　新华书店总店编辑、出版,1955 年 12 月版

中国作家协会第二次理事会会议(扩大)报告、发言集　　中国作家协会编,人民文学出版社,1956 年 6 月版

不平凡的劳动　　徐琮著,北京大众出版社,1956 年 8 月版

十三年间　　李健吾著,新文艺出版社,1957 年 2 月版

散文小品选 1956　　中国作家协会编,人民文学出版社,1957 年 6 月版

我热爱新北京　　老舍等著、北京市文联创作委员会编,北京出版社,1957 年 9 月版

为保卫社会主义文艺路线而斗争(上、下)　　新文艺出版社编辑部编,新文艺出版社,1957 年 11 月版

迎春曲　　郭沫若等著,人民日报出版社,1958 年 5 月版

中国和亚非各国人民的友谊　　中国作家协会编,作家出版社,1958 年 9 月版

山东省初级中学课本语文第 3 册(初级中学课本语文第 3 册补充参考资料)　　山东省教育厅编,山东人民出版社,1958 年 9 月版

陕西戏曲在北京演出评论集　　田汉、马少波等著,东风文艺出版社,1959 年 3 月版

北京在前进——北京通讯、特写选集(1949—1958)　　北京出版社编辑、出版,1959 年 9 月版

散文特写选(1958)　　"新观察"编辑部编选,作家出版社,1959 年 11 月版

1949—1959 建国十年文学创作选·散文特写　　严文井主编,中国青年出版社,1959 年 12 月版

文坛五十年续编·戏剧的新阶段　　曹聚仁著,香港新文化出版社,1976 年版

人民的好总理(上)　　江西人民出版社,1977 年 2 月版

敬爱的周恩来总理永远活在我们心中(报刊纪念文章选编)第 4 集　　北京师范大学出版社,1977 年 2 月印制

颂歌献给华主席　　山西人民出版社,1977 年 8 月版

我站在毛主席纪念堂前　　北京人民出版社,1977 年 9 月版

心潮集(诗词选编)　　成都市大湾中学,1977 年 9 月印制

敬爱的周总理我们永远怀念您(续编)　　北京人民出版社,1977 年 10 月版

永恒的怀念　　福建人民出版社,1978 年 1 月版

全国科学大会文件　　人民出版社,1978 年 4 月版

"阴谋文艺"批判　　人民文学出版社编辑部编,人民文学出版社,1978 年 7 月版

周恩来总理八十诞辰纪念诗文选　　人民出版社,1978 年 9 月版

怀念郭沫若·诗文集　　生活·读书·新知三联书店香港分店,1978 年 9 月版

文艺理论学习参考资料(下)　　山东七师专中文系文艺理论编写组,1978 年 11 月版

生活·读书·新知三联书店成立三十周年纪念集　　生活·读书·新知三联书店香港分店,1978 年 12 月版

周恩来论文艺　　周恩来著,人民文学出版社,1979 年 2 月版

呼唤春天的诗人　　四川人民出版社,1979 年 2 月版

作家的怀念　　四川人民出版社,1979 年 6 月版

怀念徐特立同志　　湖南省长沙师范学校编,湖南人民出版社,1979 年 8 月版

周总理与抗敌演剧队　　中国戏剧家协会编辑,上海文艺出版社,1979 年 9 月版

中学语文阅读文选　　湖南人民出版社,1979 年 9 月版

往事与哀思　　上海文艺出版社,1979 年 11 月版

随想录(第一集·一九七九)　　巴金著,生活·读书·新知三联书店香港分店,1979 年 12 月版

散文特写选　　中国社会科学院文学研究所编,人民文学出版社,1980 年 2 月版

周恩来与文艺(上)　　中国社会科学院文学研究所图书资料室编,中国社会科学出版社,1980 年 8 月版

周恩来与文艺(下)　　中国社会科学院文学研究所图书资料室编,中国社会科学出版社,1980 年 9 月版

夏衍杂文随笔集　　夏衍著,生活·读书·新知三联书店,1980 年 8 月版

随想录(第1集)　　巴金著,人民文学出版社,1980年8月版

晦庵书话　　唐弢著,生活·读书·新知三联书店,1980年9月版

曹禺、王昭君及其他　　李援华编著,(香港)良友图书公司,1980年9月1日版

巴金近作(第2集)　　巴金著,四川人民出版社,1980年9月版

写作知识丛书·文学评论　　安徽师范大学、扬州师范学院编写,吉林人民出版社,1980年11月版

中国文学艺术工作者第四次代表大会文集　　中国文学艺术界联合会编,四川人民出版社,1980年7月版

北京市文学艺术工作者第四次代表大会文集　　1980年版

中国舞台美术史上的一次盛会——参加全国舞台美术理论座谈会汇报提纲汪凤崎编,中国戏剧家协会吉林分会、长春市艺术研究所,1981年2月印制

李苦禅画集　　李苦禅绘,山东人民出版社,1981年4月版

孟小妹　　徐开垒著,安徽人民出版社,1981年5月版

茅盾文艺杂论集(上、下集)　　茅盾著,上海文艺出版社,1981年6月版

吴祖光论剧　　吴祖光著,中国戏剧出版社,1981年11月版

曹禺剧作论　　田本相著,中国戏剧出版社,1981年12月版

老舍的话剧艺术　　克莹、李颖编,文化艺术出版社,1982年1月版

田汉诗选　　田汉著,人民文学出版社,1982年4月版

集邮和我的生活道路　　姜治方著,外文出版社、集邮杂志社出版,1982年7月版

西安易俗社七十周年资料汇编(1912—1982)　　七十年纪念办公室编,1982年7月版

攻坚集　　北京人民艺术剧院《艺术研究资料》编辑组、石联星等编,中国戏剧出版社,1982年8月版

花仙——卓瓦桑姆(藏族神话舞剧)　　王余等,四川人民出版社,1982年10月版

绿(万叶散文丛刊第1辑)　　万叶散文丛刊编辑委员会编,文化艺术出版社,1983年6月版

李公朴纪念文集　　方仲伯编,云南人民出版社,1983年6月版

美好的感情　　曹禺、于伶、刘厚生等著,中国文艺联合出版公司,1983年10月版

他活着——忆赵丹　　黄宗英等,中国电影出版社,1984 年 4 月版

王肯研究资料汇编　　李文华、关德富、吴英俊编,吉林戏剧艺术研究会,1984 年 8 月印制

1980 全国总书目　　中国版本图书馆编,中华书局,1984 年 12 月版

创作寻踪　　李准等著,北京十月文艺出版社,1984 年 12 月版

大陆文艺新探　　周玉山著,(台湾)东大图书有限公司,1985 年 4 月版

鲁迅署名宣言与函电辑考　　倪墨炎编著,书目文献出版社,1985 年 4 月版

珠还记幸　　黄裳著,生活・读书・新知三联书店,1985 年 5 月版

高行健戏剧集　　高行健著,群众出版社,1985 年 6 月版

第四届电视剧飞天奖集刊(1983 年度)　　第四届飞天奖评选委员会编,中国广播电视出版社,1985 年 6 月版

难忘的二十五天——《茶馆》在日本　　北京人民艺术剧院周瑞祥、任宝贤、王宏韬编撰,北京出版社,1985 年 7 月版

火热的心(五幕话剧)　　王培公、李东才、刘惦晨著,中国戏剧出版社,1985 年 8 月版

京剧大观　　北京出版社编,北京出版社,1985 年 12 月版

郁达夫文论集　　郁达夫著,浙江文艺出版社,1985 年 12 月版

智慧之泉——《我的老师》征文选　　本社编辑部,教育科学出版社,1986 年 1 月版

张伯苓纪念文集　　南开大学校长办公室编,南开大学出版社,1986 年 1 月版

郭沫若研究(第 2 辑)　　中国郭沫若研究学会、《郭沫若研究》编辑部编,文化艺术出版社,1986 年 3 月版

谢觉哉诗选　　谢觉哉著,马连儒注,湖南文艺出版社,1986 年 4 月版

廖沫沙文集(第 4 卷)　　廖沫沙著,北京出版社,1986 年 6 月版

历史的瞬间・孟昭瑞摄影作品选　　孟昭瑞著,人民美术出版社,1986 年 7 月版

天然生出的花枝　　陈若曦著,百花文艺出版社,1987 年 1 月版

东方夜谈　　魏绍昌著,海峡文艺出版社,1987 年 2 月版

第二届广西剧展资料汇编(下册)　　广西壮族自治区文化厅编,1987 年 5 月印制

丁玲纪念集　　《中国》编辑部编,湖南人民出版社,1987 年 7 月版

曹禺戏剧研究集刊　　《南开学报》编辑部编,南开大学出版社,1987 年 8 月版

思情日月长——文艺家的挚友周恩来　　张颖著,中国戏剧出版社,1987 年 8 月版

日本学者中国文学研究译丛(第 2 辑)　　刘柏青等主编,吉林教育出版社,1987 年 9 月版

电视连续剧《红楼梦》(综合画册)　　周雷编,上海古籍出版社,1987 年 9 月版

美国人看中国　　《编译参考》编辑部编,海天出版社,1987 年 10 月版

抗敌剧社实录　　刘佳、胡可等著,军事译文出版社,1987 年 11 月版

江陵吟　　中共江陵县委宣传部编,中国文联出版公司,1987 年 11 月版

天上人间——怀念周总理散文集　　周明、刘茵编,华夏出版社,1988 年 3 月版

焦菊隐文集·第 2 卷　　《焦菊隐文集》编辑委员会编,文化艺术出版社,1988 年 4 月版

人·事·艺　　光明日报出版社,1988 年 6 月版

奥尼尔戏剧研究论文集　　曹禺等著,中国戏剧出版社,1988 年 6 月版

民族知识手册　　《民族知识手册》编写组,民族出版社,1988 年 8 月版

外国当代剧作选(一)　　(美)尤金·奥尼尔著,龙文佩等译,中国戏剧出版社,1988 年 11 月版

影剧人物轶事　　范国华编著,重庆出版社,1988 年 11 月版

话剧艺术研究·《黑色的石头》专辑(第 2 辑)　　中国话剧艺术研究会编印,1988 年印制

秋实春华集——北京人民艺术剧院建院三十五周年纪念文集　　周瑞祥等编,北京出版社,1989 年 4 月版

1985—1987 散文选　　姜德明、季涤尘选编,人民文学出版社,1989 年 4 月版

近现代名人对联辑注　　景常春辑注,南京大学出版社,1989 年 4 月版

中学课本剧　　吴亚芬、韩新光、王雨玉著,中国戏剧出版社,1989 年 5 月版

曹禺读本　　田本相、刘一军选编,上海教育出版社,1989 年 11 月版

中国话剧研究(第 1 期)　　田本相主编,文化艺术出版社,1990 年 2 月版

梦的记忆　　吴泰昌著,花城出版社,1990 年 3 月版

顾毓琇戏剧选　　顾毓琇著,商务印书馆,1990 年 3 月版

金乃千的艺术生活　　王鹏博、唐爱梅主编,中国戏剧出版社,1990 年 4 月版

冯毅之六十年作品选　　冯毅之著,山东文艺出版社,1990 年 9 月版

南极历险记　　张继民著,煤炭工业出版社,1990 年 10 月版

萧长华艺术评论集　　钮骠编,中国戏剧出版社,1990 年 10 月版

我与写意戏剧观　　黄佐临著,中国戏剧出版社,1990 年 11 月版

朱自清全集(第 4 卷)　　朱自清著,江苏教育出版社,1990 年 12 月版

丁玲文集(7)　　丁玲著,湖南文艺出版社,1991 年 2 月版

丁玲全集(11)　　丁玲著,河北人民出版社,2001 年 12 月版

中国话剧研究(第 2 期)　　田本相、董健主编,文化艺术出版社,1991 年 3 月版

曹禺与中国　　李援华编著,(香港)中天制作有限公司,1991 年 2 月版

沉重的车站钟声　　傅溪鹏著,北方文艺出版社,1991 年 3 月版

文坛故旧录　　赵家璧著,生活·读书·新知三联书店,1991 年 6 月版

鲁迅藏书研究　　鲁迅研究室编,中国文联出版公司,1991 年 12 月版

晋察冀革命戏剧运动史料　　张学新编,河北省文化厅文化志编辑办公室编印,1991 年印制

莎士比亚辞典　　孙家琇主编,河北人民出版社,1992 年 3 月版

中外学者论曹禺　　田本相、刘家鸣主编,南开大学出版社,1992 年 10 月版

文化老人话人生　　范泉著,上海文艺出版社,1992 年 11 月版

潮剧闻见录　　林淳钧著,中山大学出版社,1993 年 1 月版

冯亦吾文集　　《冯亦吾文集》编辑委员会编著,测绘出版社,1993 年 9 月版

曹禺早期改译剧本及创作　　崔国良著,辽宁大学出版社,1993 年 10 月版

中国话剧研究(第 7 期)　　田本相、董健主编,文化艺术出版社,1993 年 12 月版

陕甘宁边区民众剧团艺术纪实　　陕甘宁边区民众剧团艺术纪实编辑委员会编,西北大学出版社,1993 年 12 月版

社会主义时期中共北京党史纪事(第一辑)　　中共北京市委党史研究室编,人民出版社,1994 年 7 月版

鼓浪屿诗词选　　郑振生主编,鹭江出版社,1994 年 8 月版

中国话剧艺术的一颗明珠——辽宁人民艺术剧院 40 年　　谢俊华、孙浩、杨砚耕等著,中国戏剧出版社,1994 年 9 月版

文学语言艺术谈　　彭嘉强著,上海交通大学出版社,1994 年 10 月版

瓮中杂俎　　廖沫沙著,中国社会科学出版社,1994 年 11 月版

社会主义时期中共北京党史纪事(第二辑)　　中共北京市委党史研究室编,人民出版社,1995 年 3 月版

吴祖光随笔　　吴祖光著,四川文艺出版社,1996 年 1 月版

世纪之星　　《世纪之星》编辑组,大众文艺出版社,1996 年 11 月版

达德学院建校五十周年纪念文集　　达德学院校友会编,广东人民出版社,1996 年 11 月版

长篇小说《长城万里图》评论集　　傅溪鹏、刘海虹编,人民文学出版社,1996 年 12 月版

朝花　　解放日报《朝花》副刊编,汉语大词典出版社,1996 年 12 月版

王一桃散文选　　王一桃著,(香港)奔马出版社,1996 年版

茅盾全集(第 38 卷)　　茅盾著,人民文学出版社,1997 年版

中国名人在香港——30、40 年代在港活动纪实　　吴伦霓霞、余炎光著,香港教育图书公司,1997 年版

撞击艺术之门　　冰心等著,方正、刘剑编,中国文史出版社,1997 年 4 月版

中华大酒典(第一卷综合篇)　　《中华大酒典》编辑部编,中国商业出版社出版发行,1997 年 5 月版

中国舞台美术家名鉴　　中国舞台美术家名鉴编委会编,文化艺术出版社,1998 年 1 月版

当代中国广播电视台百卷丛书《上海东方电视台卷》　　《上海东方电视台卷》编委会,中国广播电视出版社,1998 年 1 月版

周恩来文化文选　　中共中央文献研究室编,中央文献出版社,1998 年 2 月版

直隶总督署简介　　衡志义著,保定直隶总督署博物馆,1998 年 3 月印制

导演艺术构思　　张奇虹著,中国美术学院出版社,1998 年 7 月版

名人佛缘　　李哲良编,四川人民出版社,1998 年 8 月版

南开逸事　　梁吉生主编,辽海出版社,1998 年 9 月版

曹禺研究论集——纪念曹禺逝世周年学术研讨会论文集　　田本相、刘绍本、曹桂芳主编,花山文艺出版社,1998 年 11 月版

华文戏荟　　田本相主编,中国戏剧出版社,1998 年 11 月版

周而复散文集·第 1 卷　　周而复著,华夏出版社,1999 年 1 月版

周而复散文集·第 2 卷　　周而复著,华夏出版社,1999 年 1 月版

老舍全集(第13卷)　　老舍著,人民文学出版社,1999年1月版

老舍全集(第19卷)　　老舍著,人民文学出版社,1999年1月版

胡风全集(10)　　胡风著,湖北人民出版社,1999年1月版

名流趣闻　　王翰尊著,西苑出版社,1999年6月

川剧艺苑春烂漫　　四川人民出版社,1999年7月版

纪念钱昌照专辑　　张家港市政协学习和文史委员会编,中国文史出版社,1999年10月第1版

王任重文集(上、下卷)　　王任重著,中央文献出版社,1999年12月版

倾听雷雨——曹禺纪念集　　李玉茹、钱亦蕉编,上海文艺出版社,2000年3月版

唐槐秋与中国旅行剧团　　陈樾山主编,中国戏剧出版社,2000年6月版

夏衍电影文集　　夏衍著,中国电影出版社,2000年10月版

田汉全集·第20卷　　田汉著,花山文艺出版社,2000年12月版

校友文稿资料选编(第7辑)　　清华校友总会编,清华大学出版社,2001年4月版

云南现代话剧运动史论稿　　吴戈著,中国文联出版社,2001年9月版

若即若离　　苏葵著,山东友谊出版社,2001年10月版

丁玲全集(5)　　丁玲著,河北人民出版社,2001年12月版

丁玲全集(11)　　丁玲著,河北人民出版社,2001年12月版

靳极苍文集　　靳极苍著,山西人民出版社,2001年12月版

左右说丁玲　　汪洪编,中国工人出版社,2002年1月版

中国上演话剧剧目综览(1949—1984)　　刘孝文、梁思睿编纂,巴蜀书社,2002年1月版

常任侠文集(卷5)　　郭淑芬、常法韫、沈宁编著,安徽教育出版社,2002年2月版

北京人民艺术剧院(1952—2002)画册　　北京人民艺术剧院编,人民文学出版社,2002年5月版

西安市志·第六卷·科教文卫　　西安市地方志编纂委员会编,西安出版社,2002年6月版

月犁——崔月犁自述及纪念文章　　崔月犁撰,中国中医药出版社,2002年9月版

新中国戏剧史　　傅谨著,湖南美术出版社,2002年11月版

寂寞让我如此快乐　　王婕著,新世界出版社,2002 年 11 月版

中国泉州南音教程　　王珊、王丹丹编著,厦门大学出版社,2003 年 2 月版

创刊号——风景　　谢其章著,北京图书馆出版社,2003 年 6 月版

昭君图册　　李世馨编选,内蒙古人民出版社,2004 年 3 月版

李霁野纪念集　　上海鲁迅博物馆编,上海文艺出版社,2004 年 4 月版

老影坛　　郭华编,安徽教育出版社,2004 年 9 月版

沧海一叶——徐刚文选　　徐刚著,民族出版社,2004 年 9 月版

话说北京人艺　　张帆著,百花文艺出版社,2004 年 9 月版

曹禺研究·第 1 辑　　潜江市曹禺研究会编,远方出版社,2004 年 10 月版

梦影集　　谢其章著,北京图书馆出版社,2005 年 4 月版

叶圣陶抗战时期文集(第 2 卷)　　商金林编,人民教育出版社,2005 年 4 月版

中国京剧史(下卷第二分册上)　　北京艺术研究所、上海艺术研究所组织编著,中国戏剧出版社,2005 年版

俩老头儿　　文杰若著,中国工人出版社,2005 年 10 月版

曹禺与天津　　贾长华编,天津社会科学院出版社,2006 年 1 月版

青岛八大关　　鲁海、姜岱积著,光明日报出版社,2006 年 5 月版

智者:李延声中外名人写真画集　　李延声著,中信出版社,2007 年 2 月版

曹禺家世　　毛道海编著,中国戏剧出版社,2007 年 5 月版

中国话剧的重庆岁月　　重庆市文化广播电视局编,西南师范大学出版社,2007 年 6 月版

玫瑰的风骨　　葛翠琳著,云南出版集团晨光出版社,2007 年 8 月版

无锡工商先驱周舜卿　　王金中、沈仲明主编,凤凰出版社,2007 年 11 月版

走进巴金四十年　　陈丹晨著,江苏文艺出版社,2008 年 1 月版

九边之首——宣化　　孙泓洁编著,河北美术出版社,2008 年 5 月版

实验教育创新文集　　刘堃主编,山东画报出版社,2008 年 9 月版

破墨泼彩张大千　　邱笑秋编著,四川民族出版社,2008 年 9 月版

全国第一次文代会与新中国文学体制的建构　　斯炎伟著,人民文学出版社,2008 年 10 月版

过去的歌谣　　桂国强、蔡晓滨主编,文汇出版社,2008 年 11 月版

《于无声处》三十年　　上海市工人文化宫编,上海文艺出版社,2008 年 11 月版

旧墨五记——文学家卷·下编　　方继孝著,国家图书馆出版社,2009 年 4

月版

书边梦艺　　姜德明著,中华书局,2009 年 6 月版

此乡多宝玉　　符策超著,中国戏剧出版社,2009 年 10 月版

葛镜桥古今探索记　　葛诗畅、葛永罡著,贵州人民出版社,2010 年 1 月版

闲适中的挣扎　　海客甲著,宁夏人民出版社,2010 年 3 月版

音乐文化 2009　　中国艺术研究院音乐研究所编著,文化艺术出版社,2010 年 4 月版

郭曰方的诗意人生　　郑培明著,江西高校出版社,2010 年 8 月版

曹禺研究(第 9 辑)　　曹禺研究会编,中国文史出版社,2012 年 10 月版

李希凡自述　　李希凡著,中国出版集团东方出版中心,2013 年 1 月版

雅舍忆旧　　梁实秋著,武汉出版社,2013 年 8 月版

杂草集　　欧阳山尊著,北京出版集团公司北京出版社,2014 年 5 月版

五、论文、专篇

关于编辑、介绍以及私事等到　　郁达夫撰,《创造月刊》第 1 卷第 6 期,1927 年 2 月 1 日

《新村正》的今昔　　羊詈撰,《南开高中学生》第 2 期,1934 年 11 月 23 日

一九三四年中国戏剧运动之回顾　　刘念渠撰,《舞台艺术》创刊号,1935 年 3 月 1 日

北平剧坛早春纪事　　林刚白,《舞台艺术》第 2 期,1935 年 4 月 1 日

《雷雨》在东京　　余一(巴金)撰,《漫画生活》第 9 期,1935 年 5 月 20 日

再说《雷雨》　　余一(巴金)撰,《漫画生活》第 10 期,1935 年 6 月 20 日

关于职业剧团　　长鸣撰,《大公报》,1935 年 7 月 7—9 日

中国旅行剧团导演陈绵一夕谈　　仁颖,《大公报》,1935 年 7 月 8、9 日

《雷雨》的批评　　罗亭撰,《杂文》第 2 号,1935 年 7 月 15 日

《雷雨》的演出　　吴天撰,《杂文》第 2 号,1935 年 7 月 15 日

关于中国旅行剧团　　津平撰,《电影世界》1935 年第 8 期

天津孤松剧团今日公演《雷雨》专号　　天津《庸报》第三张,1935 年 8 月 17 日

孤松剧团公演雷雨专号　　《天津益世报》第四张,1935 年 8 月 17 日

《雷雨》的预演(上)　　冯俶撰,天津《大公报》,1935 年 8 月 17 日

《雷雨》的预演(上)　　冯俶撰,天津《大公报》,1935 年 8 月 18 日

《雷雨》——孤松演出的批评　　伯克撰,《天津益世报》第四张,1935 年 8 月

19 日

《雷雨》——孤松演出批评·母亲少妇老仆表演最好,布景甚努力效果上成功 白梅撰,天津《大公报》连载,1935 年 8 月 20—23 日

《雷雨》的演出——效果成熟惊人,各点皆较《母归》进步　霞漪撰,《天津益世报》,1935 年 8 月 22 日

《雷雨》的演出　不凡撰,天津《大公报》连载,1935 年 8 月 24—29 日

《雷雨》——著名伦理悲剧中旅今明公演　雷欧撰,天津《大公报》,1935 年 10 月 12 日

一个《雷雨》批评者将访问《雷雨》作者　润堂撰,天津《大公报》,1935 年 10 月 29 日

一九三五年国内剧坛　刘念渠撰,《山东省立剧院第一周年纪念年刊》,1935 年 11 月 18 日

南开新剧团公演莫里哀《财狂》专号万家宝、冯周等撰,《天津益世报》,1935 年 12 月 7 日

《财狂》公演特刊　李健吾等撰,天津《大公报》,1935 年 12 月 7 日

《财狂》之演出　萧乾撰,天津《大公报》,1935 年 12 月 9 日

《财狂》的演出　水皮撰,《天津益世报》,1935 年 12 月 9 日

《财狂》在张彭春导演下演出获大成功　徐凌影撰,天津《大公报》连载,1935 年 12 月 9、10 日

《财狂》评　伯克撰,《天津益世报》连载,1935 年 12 月 11、12 日

《财狂》的观感　维什撰,《北洋画报》,1935 年 12 月 12 日

《财狂》评述　玉西撰,天津《大公报》,1935 年 12 月 13 日

看了《财狂》之后　岚岚撰,《天津益世报》,1935 年 12 月 15 日

南开新剧团略史　陆善枕撰,《南开校友》第 1 卷第 3 期,1935 年 12 月 15 日

《财狂》评述　谭宗燕撰,天津《大公报》连载,1935 年 12 月 16—18 日

三演《财狂》的速写　王良撰,《天津益世报》,1935 年 12 月 20 日

戏剧家《雷雨》作者——万家宝先生访问记　安正元撰,《天津益世报》连载,1936 年 1 月 30 日、2 月 1 日

《雷雨》及其作者　王其居撰,天津《大公报》,1936 年 2 月 7 日

关于《雷雨》　郭沫若撰,《东流》第 2 卷第 4 期,1936 年 4 月 1 日

《雷雨》观后　李一撰,上海《申报》,1936 年 4 月 30 日

中国旅行剧团《雷雨》的演出　林蛰撰,《影舞新闻》第 2 卷第 16 期,1936 年

5月1日

　　唐槐秋先生访问记　　培林撰,《长城》第3卷第12期,1936年6月1日

　　暴风雨中的南京艺坛一瞥　　田汉撰,南京《新民报》连载,1936年6月9、10、12、14、29日

　　中国旅行剧团上海公演印象谭　　凌鹤撰,《读书生活》第4卷第3期,1936年6月10日

　　戏剧在清华　　贝珍撰,《清华周刊·向导专号》,1936年6月27日

　　谈《雷雨》　　胡钟达撰,《中学生文艺季刊》第2卷第2号,1936年6月30日

　　中旅在沪公演各戏之演出检讨　　陈樾山撰,《时代电影》5月号(第8期),1936年6月

　　关于中国旅行剧团　　胡锐撰,《新少年》1936年第1卷第11期

　　评《日出》　　张振亚撰,《国闻周报》第13卷第46期,1936年11月23日

　　集体批评谢迪克、李广田、杨刚等撰,天津《大公报》,1936年12月27日

　　集体批评　　茅盾、朱孟实、叶圣陶、沈从文、巴金、靳以等撰,1937年1月1日

　　《日出》的评价　　盛开撰,《时代文艺》创刊号,1937年1月16日

　　话剧廿五年之回顾与廿六年之展望　　陈绵撰,《实报半月刊》第2年第7期,1937年1月16日

　　关于写作态度——《国民公敌》与《争强》　　田汉撰,南京《新民报》,1937年1月22日、2月5日至8日、11日

　　《日出》——暴露社会罪恶淋漓尽致,预料本年将在各地上演　　曼的撰,天津《大公报》,1937年1月24日

　　看了《雷雨》之后　　段念兹撰,《中外评论》第5卷第1期,1937年1月25日

　　《日出》观后感　　李一撰,上海《申报·本埠增刊》,1937年2月4日

　　《日出》的检讨　　天平撰,天津《大公报》连载,1937年2月4—9日

　　从《雷雨》到《日出》　　黄芝岗撰,《光明》第2卷第5号,1937年2月10日

　　看了《雷雨》之后　　鉴清,《是非公论》第31期,1937年2月11日

　　关于《日出》——算是批评吗?　　李朴园撰,杭州《东风》第2期,1937年2月

　　《日出》公演观感记　　陈毅撰,上海《舞台银幕》创刊号,1937年3月10日

　　《日出》中的"太阳"　　殷扬撰,南京《新民报》,1937年3月12、13日

　　看了《雷雨》又看《日出》　　蓟鲛撰,南京《新民报》,1937年3月15日

　　论《雷雨》和《日出》——并对黄芝冈(岗)先生的批评的批评　　周扬撰,《光明》第2卷第8号,1937年3月25日

读《日出》　　华苑贞撰,《国光》第 6 期,1937 年 3 月 25 日

凤子在东京　　屏撰,《复旦同学会会刊》第 6 卷第 6 期,1937 年 3 月 25 日

海上见闻录(一)　　苏茹撰,《是非公论》(十日刊)第 35、36 期合刊(周年纪念号),1937 年 4 月 1 日

我为什么译《雷雨》　　姚克撰,《中流》半月刊第 2 卷第 2 期,1937 年 4 月 5 日

生命的残余者——为《日出》中陈白露一角而作　　封禾子(凤子)撰,上海《妇女生活》第 4 卷第 7 期,1937 年 4 月 16 日

剧校应美展会邀演两出拿手戏　　林(撰),《影与戏》第 1 年第 20 期,1937 年 4 月 22 日

从《雷雨》说到《日出》　　徐运元撰,南京《文艺月刊》第 10 卷第 4、5 期合刊,1937 年 5 月 1 日

评曹禺的《日出》　　石江撰,南京《文艺月刊》第 10 卷第 4、5 期合刊,1937 年 5 月 1 日

《日出》观后感　　陈数旬撰,南京《是非公论》第 39 期,1937 年 5 月 1 日

本报文艺奖金揭晓　　天津《大公报》,1937 年 5 月 15 日

读《日出》　　张庚撰,《戏剧时代》创刊号,1937 年 5 月 16 日

《日出》读后感　　胡可撰,《关声》第 5 卷第 11 期,1937 年 5 月 25 日

《日出》及其他　　封禾子撰,上海《国民》周刊第 1 卷第 5 期,1937 年 6 月 4 日

论《日出》　　欧阳凡海撰,《文学》第 9 卷第 1 期,1937 年 7 月 1 日

戏剧家曹禺访问记　　萨宴撰,上海《读书青年》第 2 卷第 11 期,1937 年 7 月 10 日

曹禺印象记　　萨宴撰,上海《申报·本埠增刊》,1937 年 7 月 10 日

海上见闻录(四)　　苏茹撰,《是非公论》第 45、46 期合刊,1937 年 7 月 15 日

《原野》观感　　之尔撰,上海《申报》,1937 年 8 月 12 日

《雷雨》的尾声　　赵景深、凤子来往函,《复旦大学校刊》,1937 年 12 月 25 日

《血海怒潮》演出特刊　　余上沅等撰,《国民公报》,1938 年 5 月 22 日

评曹禺的《原野》　　南卓撰,广州《文艺阵地》第 1 卷第 5 期,1938 年 6 月 16 日

评《全民总动员》　　惠元撰,重庆《新华日报》,1938 年 11 月 5 日

评《全民总动员》　　江兼霞、杨华撰,重庆《时事新报》,1938 年 11 月 6 日

《全民总动员》的一般批评　　辛予撰,《戏剧新闻》第 1 卷第 8、9 期合刊,1939 年 1 月 10 日

关于《全民总动员》　　宋之的撰,《戏剧新闻》第 1 卷第 8、9 期合刊,1939 年 1 月 10 日

《全民总动员》中之总动员　　施炎撰,《戏剧新闻》第 1 卷第 8、9 期合刊,1939 年 1 月 10 日

中华民国第一届戏剧节　　《戏剧新闻》第 1 卷第 8、9 期合刊,1939 年 1 月 10 日

《雷雨》与运命悲剧　　欧阳予倩撰,上海《时代》第 5 期,1939 年 3 月 1 日

《雷雨》的演出　　郁达夫撰,新加坡《星洲日报》,1939 年 3 月 25 日

看了《雷雨》的上演之后　　郁达夫撰,新加坡《星洲日报》,1939 年 3 月 28 日

在中国旅行剧团　　赵慧深撰,《剧场艺术》第 6 期,1939 年 4 月 20 日

"中国人的确是天才"　　郭沫若撰,香港《申报》,1939 年 5 月 3 日

在昆明看到的几次演出　　李朴园撰,《剧场艺术》第 10 期,1939 年 8 月 20 日

《原野》与《黑字二十八》的演出　　佩弦(朱自清)撰,昆明《今日评论》第 2 卷第 12 期,1939 年 9 月 10 日

谈《原野》　　冠英撰,昆明《今日评论》第 2 卷第 13 期,1939 年 9 月 17 日

本校最近一年之工作　　余上沅撰,《国立戏剧学校校友会会刊》第 1 卷第 2 期,1939 年 10 月

曹禺的三部曲及其演出　　司徒珂撰,北京《中国文艺》第 1 卷第 2 号,1939 年 10 月 1 日

《原野》的演出　　郁达夫撰,新加坡《星洲日报星期刊·文艺》,1939 年 10 月 8 日

评《原野》　　司徒珂撰,北京《中国文艺》第 1 卷第 3 号,1939 年 11 月 1 日

公演《日出》　　陈绵撰,北京《369 画报》第 2 卷第 1 期,1940 年 1 月 3 日

中华全国第二届戏剧节在昆明　　凤子撰,《剧场艺术》第 2 卷第 1 期,1940 年 1 月 10 日

《日出》批评特辑　　北京《艺术与生活》第 2 卷第 3 期,1940 年 2 月 1 日

国立剧校旅渝劳军公演记　　余上沅撰,《戏剧战线》第 12 期,1940 年 9 月 15 日

《蜕变》后记　　巴金撰,《蜕变》,文化生活出版社,1941 年 1 月

关于《雷雨》　　焦菊隐撰,桂林《扫荡报》,1941 年 2 月 2 日

曹禺在古城——剧校回忆录　　英梧撰,《剧场新闻》第 10、11、12 期合刊,1941 年 2 月 10 日

不是剧评——看过《雷雨》之后　　穆文撰,《黄河月刊》第 2 卷第 1 期,1941 年 2 月 28 日

一九四〇年西安剧坛巡礼　　唐陀撰,《黄河月刊》第 2 卷第 1 期,1941 年 2 月 28 日

"国防艺术社"与《雷雨》　　龙贤关撰,《戏剧战线》第 5、6 期合刊,1941 年 4 月 15 日

练习公演与《日出》　　欧阳予倩撰,《广西日报》,1941 年 5 月 24 日

写在《日出》上演之前　　汪巩撰,《广西日报》,1941 年 5 月 24 日

上演《日出》的杂感　　欧阳予倩撰,桂林《大公报》,1941 年 5 月 26 日

曹禺印象记　　英梧撰,《艺术与生活》第 22、23 期(9、10 月号),1941 年 10 月 20 日、11 月 20 日

《北京人》礼赞　　柳亚子撰,重庆《新华日报》,1941 年 12 月 3 日

读《北京人》　　茅盾撰,香港《大公报》,1941 年 12 月 6 日

我对于曹禺印象　　张仲淑撰,《新进》第 1 卷第 2 期,1941 年 12 月 15 日

曹禺的《蜕变》　　谷虹撰,福建《现代文艺》第 4 卷第 3 期,1941 年 12 月 25 日

看了《蜕变》　　周瘦鹃撰,上海《乐观》第 8 期,1941 年 12 月

曹禺的中学时代　　杨壁撰,北平《中国文艺》第 5 卷第 5 期,1942 年 1 月 5 日

评《北京人》　　郑学稼撰,重庆《中央周刊》第 4 卷第 24 期,1942 年 1 月 22 日

论曹禺剧中的人物　　郑学稼撰,重庆《中央周刊》第 4 卷第 25 期,1942 年 1 月 29 日

读《蜕变》　　徐君藩撰,福建《改进》第 5 卷第 12 期,1942 年 2 月 1 日

关于《北京人》　　茜萍撰,重庆《新华日报》,1942 年 2 月 6 日

《北京人》——献给石,纪念我们二十年的友谊　　方序(靳以)撰,福建《现代文艺》第 4 卷第 6 期,1942 年 3 月 25 日

读曹禺的《北京人》　　江布撰,延安《解放日报》,1942 年 4 月 27 日

中国话剧坛的星座——曹禺　　金川撰,《万象十日刊》第 3 期,1942 年 5 月 21 日

剧作家横颜　　鸿左(署名)撰,《太平洋周报》第 1 卷第 26 期,1942 年 7 月 8 日

评《北京人》　　雪林撰,重庆《妇女月刊》第 2 卷第 2 期,1942 年 7 月

由"四一剧社"的成立·谈到今后话剧的推进问题　　张允中撰,《国民杂志》第 2 卷第 21 期(9 月号),1942 年 9 月 1 日

《北京人》与《野玫瑰》　　周可琛撰,重庆《新认识》,1942 年 9 月 15 日

《蜕变》读后感　　王平陵撰,《文化先锋》第 1 卷第 4 期,1942 年 9 月 22 日

论曹禺的《北京人》　　胡风撰,桂林《青年文艺》创刊号,1942 年 10 月 10 日

《曹禺戏剧集》(《雷雨》《日出》《原野》《蜕变》《北京人》)论　　桂多生撰,《学与思》创刊号,1942 年 10 月 28 日

《北京人》与《布雷曹夫》　　邵荃麟撰,《青年文艺》第 1 卷第 2 期,1942 年 11 月 15 日

鼠祟　　宗明(吴祖光)撰,重庆《演剧生活》创刊号,1942 年 11 月 25 日

再出发的收获——《蜕变》演出观后感　　颜翰彤撰,重庆《新华日报》,1942 年 12 月 28 日

漫谈《蜕变》的演出　　郁冰撰,重庆《新华日报》,1942 年 12 月 28 日

曹禺剧本在演出上之效果　　张允中撰,《新民报半月刊》第 5 卷第 1 期,1943 年 1 月 1 日

《安魂曲》介绍　　焦菊隐撰,重庆《新华日报》,1943 年 1 月 14 日

唤醒人类为幸福搏斗——《安魂曲》书后　　颜翰彤(李健吾)撰,重庆《新华日报》,1943 年 1 月 16—18 日

《蜕变》与《安魂曲》　　卜少夫撰,《中央日报》,1943 年 1 月 19 日

评《安魂曲》演出　　陈辛慕(刘念渠)撰,重庆《新华日报》,1943 年 1 月 24 日

演剧杂谈——《安魂曲》观感　　章罂(张颖)撰,重庆《新华日报》,1943 年 1 月 27 日

一个外国人论中国戏剧　　爱金生撰,张炎德译,重庆《风云》第 1 卷第 2 期,1943 年 3 月 15 日

《蜕变》一解　　胡风撰,桂林《文学创作》第 1 卷第 6 期,1943 年 4 月 1 日

记曹禺　　文能撰,《万岁》第 2 卷第 1 期,1943 年 5 月 1 日

《家》在桂林的演出　　熊佛西撰,桂林《文学创作》第 2 卷第 3 期,1943 年 7 月 1 日

曹禺的《家》及其演出　　王筠撰,上海《杂志》8 月号,1943 年 8 月 10 日

访曹禺及其他　　王筠辑录,《杂志》第 12 卷第 2 期,1943 年 11 月 10 日

锦城之夏——成都剧坛纪事　　黄玄撰,《戏剧时代》创刊号,1943 年 11 月 11 日

中国剧作家概论　　田禽撰,《东方杂志》第 39 卷第 18 号,1943 年 11 月 30 日

沉寂的十一月剧坛　　文熊撰,《上海影坛》第 1 卷第 3 期,1943 年 12 月 10 日

谈曹禺的《家》　　诸葛蓉撰,《天下》(半月刊)第 1 卷第 4 期,1943 年 12 月 16 日

评曹禺的《家》演出　　修常撰,《上海影坛》第 1 卷第 4 期,1944 年 1 月 10 日

曹禺论　　鲍霭如撰,《万象》第 3 年第 8 期,1944 年 2 月 1 日

从《日出》看曹禺　　徐慧撰,桂林《力报》,1944 年 3 月 7 日

曹禺的道路　　吕荧撰,《抗战文艺》第 9 卷第 3、4 期合刊、第 5、6 期合刊,1944 年 9、12 月

曹禺论　　杨晦撰,《青年文艺》新 1 卷第 4 期,1944 年 11 月 10 日

由回忆中谈谈《雷雨》　　唐槐秋撰,《文编周刊》第 23、24、25 期,1945 年 5 月 20、27 日、6 月 3 日

曹禺简论　　唐绍华撰,上海《联合画报》第 157、158 合刊,1945 年 12 月 16 日

曹禺回忆录　　英梧撰,《中央日报》,1945 年 12 月 2、18、25 日

记袁俊　　梁采撰,《文艺青年》第 2 期,1946 年 1 月 15 日

"文协"欢送老舍曹禺出国——中国民间文化人第一次出国　　黎舫撰,《文联》第 1 卷第 3 期,1946 年 2 月 5 日

老舍曹禺出国漫话　　灵刚撰,《愿望》周刊第 4 期,1946 年 2 月 6 日

老舍曹禺又来了　　李凤撰,上海《前线日报》,1946 年 2 月 23 日

与老舍先生抵足一月记　　敬康撰,《上海文化》第 3 期,1946 年 3 月 20 日

送老舍和曹禺　　李长之撰,天津《大公报》,1946 年 4 月 7 日

驶向新大陆的途中　　老舍撰,《上海文化》第 4 期,1946 年 5 月 1 日

记曹禺　　赵景深撰,《宇宙》(4 月号)第 1 年第 5 期,1946 年 6 月 1 日

旅美观感　　老舍撰,《书报精华》第 18 期,1946 年 6 月 20 日

记一个作家集会　　赵景深撰,《文艺春秋》第 3 卷第 1 期,1946 年 7 月 15 日

纽约书简(老舍先生告剧界诸友)　　老舍撰,《清明》第 3 号,1946 年 7 月 16 日

记老舍与曹禺　　胡山源撰,《上海文化》第 7 期,1946 年 8 月 1 日

在美国的中国文化人　　《青年文化》第 2 卷第 1 期,1946 年 10 月 1 日

曹禺印象记　　李蕤撰,《月刊》第 2 卷第 3 期,1946 年 11 月 10 日

新中国剧社的苦斗与西南剧运(下)　　田汉撰,《评论报》第 2 号,1946 年 11 月 16 日

曹禺的故事　　许牙撰,《大公晚报》,1946 年 11 月 26 日

张伯苓与司徒雷登(上)　　王揆生撰,《上海文化》第 11 期,1946 年 12 月 1 日

闲话曹禺　　邨夫撰,《大地》周刊第 43 期,1947 年 2 月 5 日

文人讲演画像　　念许撰,上海《大公报》,1947 年 2 月 14 日

美国的戏剧——曹禺归来一席谈　　陈霞飞撰,《大公晚报》,1947 年 2 月 23 日

由美归国的曹禺先生　　蠡芳撰,《文艺春秋副刊》第 1 卷第 3 期,1947 年 3 月

美国现代剧坛——记万家宝的讲演　　乐梅岑,上海《申报》,1947 年 3 月 18 日

曹禺的家世　　陈寿撰,《人人周报》第 1 卷第 1 期,1947 年 5 月 5 日

记曹禺　　彭行才撰,《幸福世界》第 8 期,1947 年 5 月 15 日

出事丧母的曹禺　　万戒甫撰,《人人周报》第 1 卷第 4 期,1947 年 5 月 26 日

曹禺——中国第一流剧作家　　蒋敦撰,《世界月刊》第 1 卷第 11 期,1947 年 7 月 1 日

《原野》重演　　唐弢撰,上海《大公报》,1947 年 8 月 29 日

文化界推荐文华新片"艳阳天"　　叶圣陶、景宋、郑振铎等,上海《大公报》, 1948 年 5 月 26 日

曹禺的"怪病""吞信"和"第四堵墙"　　佚名,《人物杂志》第 3 年第 7 期,1948 年 7 月 15 日

一个在艰苦中成长的剧团　　单于唯尊,《剧影春秋》第 1 卷第 1 期,1948 年 8 月 11 日

史东山的艺术生活　　方蒙撰,《文讯》第 9 卷第 2 期,1948 年 8 月 15 日

曹禺、张瑞芳到香港访故旧　　如茹撰,香港《华商报》,1949 年 2 月 10 日

关于新文协的诸问题:文艺报主办第二次座谈会纪录　　香港《华商报》, 1949 年 7 月 11 日

访苏印象　　编者,《中苏友好》第 1 卷第 3 期,1950 年 1 月 15 日

访苏印象　　吴晗撰,《中苏友好》第 1 卷第 3 期,1950 年 1 月 15 日

游苏联印象　　马思聪撰,《中苏友好》第 1 卷第 3 期,1950 年 1 月 15 日

我的几点印象　　丁西林撰,《中苏友好》第 1 卷第 3 期,1950 年 1 月 15 日

苏联人　　丁玲撰,《中苏友好》第 1 卷第 3 期,1950 年 1 月 15 日

《不是蝉》在首都演出的感想　　魏连珍撰,《人民日报》,1950 年 4 月 29 日

评话剧《控诉》和由此引起的一些意见(编者按)　　袁水拍撰,《人民日报》, 1952 年 9 月 3 日

谈谈《家》的上演　　高文晋撰,《文汇报》,1954 年 9 月 13 日

从《雷雨》到《明朗的天》——访剧作家曹禺　　蔚明撰,《文汇报》,1955 年 1 月 11 日

春日纪事　　丁玲撰,《文艺报》第 3 号,1955 年 2 月 15 日

关于《家》　　何其芳撰,《关于现实主义》,新文艺出版社,1955 年 3 月上海新 1 版

曹禺谈《明朗的天》的创作　　《文艺报》记者,《文艺报》第 17 号,1955 年 9 月 15 日

友谊的访问　　孙琪璋撰,《文艺报》第 18 号,1955 年 9 月 30 日

《日出》忆旧　　闻喜撰,《新民报晚刊》第 5 版,1956 年 9 月 20 日

曹禺同志漫谈《家》的改编　　本刊记者撰,《剧本》12 月号,1956 年 12 月 3 日

写在《家》的演出之前　　赵丹撰,《解放日报》,1957 年 2 月 20

关于《家》的剧本修改　　周特生撰,《新华日报》,1957 年 3 月 24 日

曹禺同志谈剧作　　张葆莘撰,《文艺报》第 2 期,1957 年 4 月 20 日

戴涯称霸戏剧界的"美梦"破灭了　　覃柯撰,《戏剧报》1957 年第 16 期

谈曹禺的《雷雨》和《日出》　　思基撰,《处女地》7 月号,1957 年 7 月 1 日

曹禺创作生活片断　　颜振奋撰,《剧本》7 月号,1957 年 7 月 3 日

看《北京人》忆旧感新　　方琯德撰,《戏剧报》1957 年第 13 期

剥去了"革命世故"的伪装以后　　陈聪撰,《文艺报》第 21 期,1957 年 9 月 1 日

忆《雷雨》首次上演　　杜宣撰,《文汇报》,1957 年 12 月 15 日

《雷雨》在苏联的舞台上　　（苏联）斯·鲍利苏娃撰、吴堉节译,《文汇报》,1958 年 3 月 2 日

曹禺的世界观和创作——兼评《也谈曹禺的〈雷雨〉和〈日出〉》　　刘正强撰,《处女地》6 月号,1958 年 6 月 1 日

《雷雨》在莫斯科演出　　[苏]波里苏·沃尔金撰,《戏剧报》1958 年第 9 期

钢炉烧尽冬天雪,催促时光早到春　　宗璞撰,《人民文学》12 月号,1958 年 12 月 8 日

中国戏剧作品在苏联舞台上——为《戏剧报》而作　　[苏联]鲍利斯·沃尔金撰、伊珂译,《戏剧报》1960 年第 2 期

老作家谈剧作　　张绰、张卉中采写,《光明日报》,1962 年 4 月 13 日

曹禺未完成之作《三人行》　　杨欢撰,《新民晚报》,1962 年 5 月 27 日

愉快的谈心——北京老剧作家与部分青年剧作者新年联欢会侧记　　廖震龙

撰,《剧本》1 月号,1963 年 1 月 20 日

谈曹禺对《雷雨》的修改　　　廖立撰,《郑州大学学报(哲学社会科学版)》1963
年第 1 期

雾重庆的文艺斗争　　　张颖撰,《人民文学》1977 年第 1 期

回忆《蜕变》的首次演出　　　沈蔚德撰,《新文学史料》,1978 年第 1 辑

现代中国文学运动(《活的中国》附录一)　　　尼姆·威尔士撰,《新文学史料》
1978 年第 1 辑

炉边寄语——致东野英治郎并日本友人们　　　杜宣撰,《人民日报》,1978 年 2
月 16 日

就《雷雨》访曹禺同志　　　胡授昌撰,《破与立》(齐鲁学刊)1978 年第 5 期

陪同港澳记者参观团采访的感想　　　巩双印撰,《新闻业务》1978 年第 38 期

晚秋红叶正浓时——访几位老文艺家　　　韩舞燕采写,《人民日报》,1978 年
10 月 16 日

话剧《杨开慧》座谈撷英　　　《人民戏剧》第 10 期,1978 年 10 月 18 日

首都戏剧界关于吉剧的座谈纪要　　　《吉林日报》,1978 年 12 月 8 日

惊雷的回响——本刊编辑部和中国戏剧家协会先后召开话剧《于无声处》座谈
会　　　《人民戏剧》第 12 期,1978 年 12 月 18 日

曹禺同志谈新作《王昭君》　　　《解放日报》,1979 年 2 月 4 日

鱼饵·论坛·阵地——记《大公报·文艺》,1935—1939　　　萧乾撰,《新文学
史料》第 2 辑,1979 年 2 月 22 日

曹禺从《雷雨》谈到《王昭君》　　　赵浩生撰,香港《七十年代》1979 年第 2 期

《"巧妇能为无米炊"——浅谈曹禺新作《王昭君》　　　吴祖光撰,《文艺报》第 3
期,1979 年 3 月 12 日

周公遗爱程派千秋——追记拍摄电影《荒山泪》　　　吴祖光撰,《人民戏剧》第
3 期,1979 年 3 月 18 日

留得青山在　　　赵浩生撰,《参考消息》第 4 版,1979 年 4 月 12 日

曹禺谈主题　　　《戏剧创作》1979 年第 4 期

阿瑟·密勒评《丹心谱》、《蔡文姬》、《彼岸》　　　董乐山撰,《读书》第 2 期,1979
年 5 月

"五四"期间北京学生话剧运动一斑　　　李健吾撰,《剧本》5 月号,1979 年 5 月
28 日

游"青塚"——《王昭君》导演札记　　　梅阡撰,《民族团结》第 2 期,1979 年 8 月

15 日

文苑春浓话昭君——记《王昭君》座谈会　　王育生撰,《人民戏剧》第 9 期,1979 年 9 月 18 日

访曹禺　　徐开垒撰,《文汇报》,1979 年 9 月 18 日

一曲民族团结的颂歌　　郭汉城撰,《民族团结》第 4 期,1979 年 10 月 15 日

著名戏剧家曹禺和金山谈《报春花》　　吴秀琴撰,《辽宁日报》,1979 年 10 月 19 日

《雷雨》在东京的首次上演　　陈北鸥撰,《戏剧艺术论丛》第 1 辑,人民文学出版社编辑、出版,1979 年 10 月

曹禺随想　　服部隆造撰,《戏剧学习》第 4 期,1979 年 12 月

韩素音会见记　　本刊记者撰,《新闻战线》第 6 期,1979 年 12 月

曹禺在莎士比亚的故乡作客　　林海撰,《北京日报》,1980 年 2 月 4 日

记《日出》首次演出特刊　　刘乃崇撰,《新文学史料》第 1 期,1980 年 2 月 22 日

在周总理家作客　　张泽易撰,《戏剧界》1980 年 1 期

《随想录》读后杂写　　魏绍昌撰,香港《大公报》,1980 年 3 月 18—20 日

话剧《北京人》在纽约上演记　　余志恒、袁瑾撰,《人民日报》,1980 年 3 月 29 日

在哈佛,会见曹禺　　陈晓林、王若愚撰,台湾《中国时报》,1980 年 4 月 17 日

《北京人》·曹禺·百老汇　　张彦撰,《人民日报》,1980 年 4 月 22 日

忆少奇同志看《雷雨》有感　　万方撰,《剧本》6 月号,1980 年 4 月 28 日

忆周总理对《北京人》的关怀　　黄仲康撰,《人民戏剧》第 5 期,1980 年 5 月 18 日

《北京人》导演杂记　　蔡骧撰,《人民戏剧》第 5 期,1980 年 5 月 18 日

让座和霸座　　曾炜撰,《人民日报》,1980 年 5 月 24 日

访英印象杂记　　吴世良撰,《外国戏剧》1980 年第 2 期

访英印象杂记(续)　　吴世良撰,《外国戏剧》1980 年第 3 期

一出来自中国的戏剧:《北京人》　　理查德·F·谢泼德撰(李君维译),《读书》第 6 期,1980 年 6 月 10 日

站在两种文化桥梁上的眺望　　理查德·F·谢泼德撰(李君维译),《读书》第 6 期,1980 年 6 月 10 日

曹禺访哥大纪实——兼评《北京人》　　夏志清撰,香港《明报月刊》第 174 期,

1980 年 6 月

君自故乡来——曹禺会见记　　刘绍铭撰,香港《明报月刊》第 174 期,1980 年 6 月

长夜漫漫欲曙天——四看曹禺一笔账　　水晶撰,香港《明报月刊》第 174 期,1980 年 6 月

不乐观怎么活得下去?　　金恒炜撰,《明报月刊》第 174 期,1980 年 6 月

剧坛谈往　　苏明撰,《戏剧与电影》第 7 期,1980 年 7 月 10 日

关于《神·鬼·人》——创作回忆录　　巴金撰,《新文学史料》第 3 期,1980 年 8 月 22 日

曹禺同志访问记　　陆文壁整理,《文学评论丛刊》第 6 辑,1980 年 8 月版

"中华留日戏剧协会"简忆　　颜一烟撰,《上海戏剧》1980 年第 5 期

左联领导下的东京留日学生的文艺活动片断　　《鲁迅研究资料》第 6 辑,天津人民出版社,1980 年 10 月

曹禺在英国 BBC 电台　　万方记录整理,《文化与生活》第 4 辑,上海文化出版社出版,1980 年 10 月

美国之行——曹禺同志赴美讲学归来答本刊记者问　　黄维钧撰,《人民戏剧》第 10 期,1980 年 10 月 18 日

左联领导下的东京留日学生的文艺活动片断　　杜宣撰,《鲁迅研究资料》第 6 辑,天津人民出版社,1980 年 10 月

访曹禺和杨沫　　聂华苓撰,《艺林》第 3 期,1980 年 11 月 20 日

曹禺与语文教师谈《雷雨》　　夏竹撰,《语文战线》2 月号,1981 年 2 月 20 日

曹禺谈《王昭君》　　郑祖武记录整理,《文化娱乐》第 2 期,1981 年 2 月

怀念蔡松龄同志　　阿庚撰,《河北戏剧》1981 年第 1 期

掌声伴随《雷雨》声　　王学作撰,《人民日报》,1981 年 3 月 2 日

北洋军政人物志　　孙宝铭等撰,《天津历史资料》第 11 期,1981 年 4 月 10 日

永不陨落的巨星——痛悼茅盾同志　　周而复撰,《光明日报》,1981 年 4 月 12 日

黄佐临艺术生活片断(三)　　陈达明撰,《文汇报》,1981 年 4 月 23 日

北京的春天——欢迎日本话剧访华演出团　　凤子撰,《剧本》5 月号,1981 年 5 月 28 日

宋庆龄与鲁迅　　黄源撰,《人民日报》,1981 年 6 月 3 日

戏剧家曹禺　　乌韦·克劳特撰,《人物》第 4 期,1981 年 7 月 8 日

重访"一桥讲堂"　　　凤子撰,《人民戏剧》第 7 期,1981 年 7 月 18 日

《雷雨》的翻译　　　(日)影山三郎撰,(日)《悲剧喜剧》1981 年 10 月号

名剧《雷雨》搬上芭蕾舞台　　　陈鹏举、俞遵义撰,《解放军报》,1981 年 10 月 17 日

曹禺夜谈创作、艺术修养及其他　　　丽子柏、王韧、田文整理,《小剧本》第 11 期,1981 年 11 月 3 日

曹禺谈《东邻女》　　　黄山记录,《福建日报》,1981 年 11 月 17 日

曹禺在戏剧学院看《家》　　　吕宋采写,《文汇报》,1981 年 11 月 22 日

曹禺谈芭蕾舞剧《雷雨》　　　何士雄撰,《解放日报》,1981 年 11 月 28 日

曹禺谈《路》　　　世原、春彦整理,《文学报》,1981 年 12 月 10 日

就芭蕾舞剧《雷雨》请教曹禺同志　　　耿龙撰,《文汇报》,1981 年 12 月 20 日

关于《黑字二十八》和《编剧术》——记曹禺抗战初期的一些创作活动　　　华忱之撰,《抗战文艺研究》1981 年第 1 期

带了头,干得好——曹禺谈首届上海戏剧节　　　秋心撰,《文学报》,1981 年 12 月 31 日

曹禺看滑稽戏　　　《新民晚报》,1982 年 1 月 4 日

评弹知音谈评弹——记曹禺与杨振雄、杨振言的一次促膝长谈　　　劳为民撰,《评弹艺术》1982 年第 1 集

《散文选译》序　　　沈从文撰,《读书》第 2 期,1982 年 2 月 10 日

曹禺观看我院演出《家》　　　《戏剧艺术》第 1 期,1982 年 2 月

张彭春与中国现代戏剧　　　马明撰,《天津文史资料选辑》第 19 辑,天津人民出版社,1982 年 2 月版

"少——多——少"——曹禺同志和天津人艺演员谈戏　　　高长德撰,《剧坛》第 2 期,1982 年 4 月 1 日

曹禺谈芭蕾舞剧《雷雨》　　　李葵南撰,《新民晚报》,1982 年 5 月 10 日

延安鲁迅艺术学院概貌侧记　　　锺敬之撰,《新文学史料》第 2 期,1982 年 5 月 22 日

舞之以心动之以情——著名舞蹈家崔美善的表演艺术　　　田农撰,《文化娱乐》1982 年第 5 期

祝贺曼海姆民族剧院〈屠夫〉演出成功　　　金山撰,《人民戏剧》第 6 期,1982 年 6 月 18 日

曹禺、赵寻、金山谈胡芝风主演的《百花公主》　　　苏州市文化局剧目工作室整

理(根据录音记录整理,未经本人审阅),《上海戏剧》第 3 期,1982 年 6 月 28 日

《滩》的始末——《滩》后记　　胡子婴撰,《随笔》第 22 期,花城出版社,1982年 7 月

关于《文艺复兴》　　李健吾撰,《新文学史料》第 3 期,1982 年 8 月 22 日

在边区演《日出》　　刘肖芜撰,《人民戏剧》第 8 期,1982 年 8 月 18 日

访英籍著名戏剧家周采芹　　邹霆撰,《中国建设》,1982 年第 8 期

沉睡中的唤醒　　高瑜撰,《北京艺术》,1982 年第 8 期

记北美中国演唱文艺研究会第十四届年会　　吴晓玲撰,《天津演唱》1982 年第 9 期

曹禺抗战期间在重庆的三次讲演　　解仲文撰,《抗战文艺研究》1982 年第2 辑

曹禺谈记者要有基本功　　丁彬萱整理,《新闻战线》第 10 期,1982 年 10 月

记中青年话剧作者读书会　　柏松龄撰,《剧本》10 月号,1982 年 10 月 28 日

海外记者生涯五十年——记泰国华侨老报人吴继岳　　吴佟撰,《中国建设》1982 年第 12 期

评弹知音谈评弹——记曹禺与杨振雄、杨振言的一次促膝长谈　　劳为民撰,《评弹艺术》第 1 集,1982 年 12 月

在日本看戏随感　　吕复撰,《戏剧报》第 1 期,1983 年 1 月 18 日

访日观剧所谈　　顾锡东撰,《剧本》1 月号,1983 年 1 月 28 日

桂林文化城记事　　万一知撰,《抗战文艺研究》1983 年第 1 期

欧阳予倩年表　　苏关鑫编,《广西师院学报》1983 年第 1 期

余上沅小传　　陈衡粹撰,《新文学史料》1983 年第 1 期

忆江安国立戏剧专科学校教师演出《日出》　　冯维、程乐天撰,《戏剧报》第 3 期,1983 年 3 月 18 日

追忆……　　张真撰,《戏剧报》第 3 期,1983 年 3 月 18 日

曹禺谈电视剧　　傅真、赵君谋采写,《羊城晚报》,1983 年 3 月 21 日

电视剧要走自己的道路　　晓源采写,《春城晚报》,1983 年 3 月 23 日

曹禺谈我国电视剧的发展　　《云南日报》,1983 年 3 月 23 日

憋得发蓝的眼睛——忆曹禺对我的一次教诲　　江婴撰,《戏剧界》1983 第2 期

曹禺、孙道临谈《雷雨》的改编　　任泽撰,《大众电视》第 4 期,1983 年 4 月10 日

《雷雨》声中的启迪——芭蕾舞剧《雷雨》座谈会纪实　　陈徽撰,《舞蹈》第 3 期,1983 年 6 月 30 日

一九三九年曹禺在昆明　　龙显球撰,《春城戏剧》第 3 期,1983 年 8 月 10 日

《日出》到日出　　张子舫撰,《北京艺术》1983 年第 8 期

《王文显剧作选》后记　　李健吾撰,《新文学史料》第 4 期,1983 年 11 月 22 日

《委曲求全》的演出　　魏照风撰,《新文学史料》第 4 期,1983 年 11 月 22 日

青春似火——回忆录之四　　梁斌撰,《新文学史料》第 4 期,1983 年 11 月 22 日

邓颖超看望巴金　　邹爱国撰,《人民日报》,1985 年 3 月 25 日

从在美国排演《家》想到的　　英若诚撰,《北京日报》第 3 版,1984 年 4 月 3 日

美国人演《家》　　肖纪撰,《人民日报》,1984 年 4 月 14 日

他们考得不错　　吴祖光撰,《北京晚报》,1984 年 4 月 17 日

曹禺谈他改编电影剧本《日出》　　潘鸣采写,《团结报》,1984 年 4 月 19 日

心中话 笔下文——著名剧作家曹禺谈语言艺术　　《修辞学习》1984 年第 4 期

美国演员是怎样排练《家》的——访戏剧家英若诚　　王育生撰,《戏剧报》1984 年第 5 期

在日本看《雷雨》　　廖光霞撰,《文汇报》,1984 年 6 月 28 日

《雷雨》写作的前前后后——访著名剧作家曹禺　　彭嘉强撰,《教学通讯》第 7 期,1984 年 7 月 1 日

谈《雷雨》的电影改编　　孙道临撰,《电影艺术》第 7 期,1984 年 7 月 3 日

大好时光辛勤笔耕——《雷雨》问世五十周年访曹禺　　吴绪彬采写,《南方周末》,1984 年 7 月 14 日

"这个刊物办得真不错!"——著名剧作家曹禺盛赞《名作欣赏》　　施琦民撰,《名作欣赏》1984 年第 4 期

在北京看《原野》　　荣海兰撰,《人民日报》,1984 年 8 月 25 日

"中国夜"在美国戏剧节　　梁丽丽撰,《人民日报》,1984 年 10 月 6 日

在北京的推销员　　阿瑟·密勒撰、妙龄摘译,《编译参考》1984 年第 11 期

三十八年又重来——访著名剧作家曹禺　　黄铁军采写,《重庆日报》,1984 年 12 月 14 日

曹禺再谈陈白露　　武璀采写,《新民晚报》,1985 年 2 月 14 日

曹禺谈陈白露　　张念亲采写,天津《今晚报》,1985 年 2 月 21 日

老舍在美国——曹禺访问记　　克莹、侯堉中撰,《新文学史料》第 1 期,1985 年 2 月 22 日

录以备忘的会见——记曹禺同志为本刊题词　　杜耀民撰,《当代戏剧》1985 年第 2 期

访老剧作家曹禺　　莫小米撰,《杭州日报》,1985 年 3 月 26 日

曹禺对王馥荔谈翠喜　　晓舟采写,《大众电影》第 3 期,1985 年 3 月

文坛三杰巴金、曹禺、万籁鸣盛会记　　刘龙祥采写,《南方周末》,1985 年 5 月 4 日

昆明抗日救亡运动中的"联大剧团"　　张定华撰,《云南现代史料丛刊》第 5 辑,云南社科院历史研究所编印,1985 年 7 月

在延安排《蜕变》的日子里……　　张云芳撰,《戏剧报》第 8 期,1985 年 8 月 18 日

"侵略者必死于侵略"——曹禺在老舍家谈《四世同堂》　　方诚撰,《经济日报》,1985 年 8 月 18 日

关汉卿故乡——河北安国伍仁村访问记　　张月中撰,《戏曲研究》第 16 辑,文化艺术出版社,1985 年 9 月

曹禺谈话剧　　新华社记者,《新华社新闻稿》,1985 年 9 月 18 日

曹禺谈《蜕变》　　吕贤汶撰,《重庆日报》,1985 年 10 月 18 日

访曹禺老人　　莫小米采写,《当代青年》1985 年第 6 期

舞美繁荣今又是——中国舞台美术学会全国理事代表会侧记　　蔡体良撰,《戏剧学习》1985 年第 4 期

苏联戏剧漫谈——中苏戏剧工作者座谈会随记　　苏红撰,《戏剧报》第 11 期,1985 年 11 月 18 日

曹禺谈《日出》　　潘慧南采写,《人民日报·海外版》,1985 年 12 月 18 日

久违了,苏联戏剧界的朋友们　　苏红撰,《戏剧界》1986 年第 1 期

我的几位老师(梁峋尘、顾随、李何林、杨善荃、李霁野、万家宝)　　曾中嬡撰,《智慧之泉——〈我的老师〉征文选》,教育科学出版社,1986 年 1 月版

心中,充满着阳光——曹禺谈电影《日出》　　胡良骅采写,《文学报》,1986 年 1 月 2 日

曹禺赞深圳特区文化　　葛芸生采写,《深圳特区报》,1986 年 1 月 19 日

山城雾季访曹禺　　詹静尘采写,《龙门阵》第 1 期,1986 年 1 月 25 日

访曹禺谈《日出》　　王嫣、一木撰,《瞭望》周刊第 6 期,1986 年 2 月 10 日

《原野》排演追记　　赵汝彬撰,《青艺》第 1 期,1986 年 2 月

记延安青年艺术剧院　　戴碧湘撰,《延安文艺研究》(季刊)第 1 期,陕西省社会科学院出版发行室,1986 年

曹禺谈《日出》　　王界明采写,《电影评介》第 4 期,1986 年 4 月 1 日

赴港演出纪事　　张奇虹撰,《北京晚报》,1986 年 4 月 11 日

文化艺术既要引进也应输出——曹禺谈莎士比亚戏剧节　　柳俊武撰,《文学报》,1986 年 4 月 24 日

曹禺"三部曲"改编的电影之得失　　车薪撰,《中国建设》第 7 期,1986 年 7 月

挖金撒玉——记曹禺同志在河北的一次访问　　李庆番撰,《大舞台》1986 年 9、10 月号

应该为他建一尊雕像——听曹禺同志谈李叔同　　高速撰,《天津日报》,1986 年 10 月 12 日

忆"观众戏剧演出公司"　　张家浩撰,《上海戏剧》第 5 期,1986 年 10 月 28 日

在延安排演《日出》的日子里　　颜一烟撰,《延安文艺研究》(季刊)第 3 期,1986 年

美好的回忆　　张骏祥撰,《中国戏剧》第 12 期,1986 年 12 月 18 日

欧阳予倩在"孤岛"上　　郎尹仁撰,《戏剧界》1987 年第 1 期

两份为自由而斗争的史料　　赵清阁撰,《新文学史料》第 1 期,1987 年 2 月 22 日

张庚戏剧理论研讨会发言集萃　　《戏剧评论》1987 年第 2 期

关于《两份为自由而斗争的史料》的形成和发表时间　　何盛明撰,《新文学史料》第 2 期,1987 年 5 月 22 日

忆中华留日戏剧协会　　颜一烟撰,《文史资料选辑》第 9 辑(总 109 辑),中国文史出版社,1987 年 5 月

路漫漫　　石羽撰,《文史资料选辑》第 11 辑,中国文史出版社,1987 年 7 月

曹禺剧作研讨会发言集锦　　《戏剧评论》1987 年第 4 期

为姐妹们演《日出》　　苏之卉撰,《北京晚报》,1987 年 12 月 4 日

曹禺谈川剧《田姐与庄周》　　忆菊采写,《成都晚报》,1987 年 12 月 9 日

曹禺老师一席谈　　赵寰记录整理,《羊城晚报》,1988 年 1 月 28 日

国立剧专漫忆　　冬尼撰,《四川戏剧》(双月刊)创刊号 1988 年第 1 期

五音戏与戏曲发展——高占祥、曹禺看戏观感　　张士信、秦玉瑾撰,《大众日报》,1988 年 3 月 12 日

曹禺和他的"小友"——"小猴王"桂汉庆　　居辉、刘浪撰，《戏剧报》第 3 期，1988 年 3 月 18 日

曹禺谈繁荣话剧　　杨朝岭采写，《瞭望》周刊(海外版)第 12 期，1988 年 3 月 21 日

民主·知识分子·文艺——访中国剧协主席曹禺　　邹士方，《人民政协报》，1988 年 4 月 1 日

政协委员曹禺谈当前文艺　　李择红，《人民日报》海外版，1988 年 4 月 8 日

徐晓钟导演艺术研讨　　吴乾浩、曹禺等，《戏剧评论》第 3 期，1988 年

一个"为人作嫁"者的追求　　徐康撰，《现代作家》第 3 期，1988 年

通向银幕的路　　谢添撰，《文史资料选辑》第 16 辑，中国文史出版社，1988 年 7 月

曹禺谈戏　　蔡栋采写，《湖南日报》，1988 年 7 月 30 日

阳坡上的大树——和老舍先生相处的日子　　骆文撰，《新文学史料》第 3 期，1988 年 8 月 22 日

曹禺、李玉茹在"草园"　　袁静明撰，《中国戏剧》第 9 期，1988 年 9 月 18 日

抗战时期昆明救亡戏剧运动　　龙显球撰，《近代史资料总 70 号》，中国社会科学出版社，1988 年 9 月版

题别曹禺翁　　高朋撰，《当代戏剧》1988 年第 5 期

曹禺剧作在延安　　王一达撰，《戏剧研究》1988 年第 6 期

扉页上的话语　　吴泰昌撰，《瞭望》1988 年第 12 期

在这片深情的黄土地上——记曹禺同志在西安　　何玉人撰，《当代戏剧》第 1 期，1989 年 1 月 18 日

人民艺术家老舍　　克莹撰，《中国话剧艺术家传》(第 2 辑)，文化艺术出版社，1989 年 2 月版

在这片深情的黄土地上——记曹禺同志在西安　　何玉人撰，《当代戏剧》1989 年第 1 期

他走了，默默地走了——悼村彬　　张骏祥撰，《解放日报》，1989 年 12 月 31 日

中国剧坛之星——访曹禺　　李振湘撰，《海南特区报》明星版，1990 年 3 月 21 日

滴血成华　独饮芳香　　张我威撰，《中华英才》5 月号，1990 年

曹禺向他投出欣喜的目光——记安徽省黄梅戏剧院新秀韩军　　王德明撰，

《黄梅戏艺术》1990 年第 3 期

中国歌剧的发展和歌剧《原野》　　费明仪撰写,《民族音乐研究》第 2 辑,香港大学亚洲研究中心、香港民族音乐学会,1990 年印制

蓉城剧坛一盛事,三个剧团演《雷雨》　　郑国民撰,《成都晚报》,1990 年 11 月 4 日

访曹禺　　殷金娣撰文,《瞭望》周刊第 45 期,1990 年 11 月 5 日

戏剧大师与涅槃新解　　文溪撰,《佛教文化》1995 年第 5 期

躬行——记曹禺同志河北下乡　　李庆番撰,《戏剧》第 2 期,1991 年 6 月 20 日

师生情谊　悠悠长存　　肖能芳撰,《四川政协报》,1991 年 12 月 28 日

病中曹禺　　蓝雨撰,《中华英才》第 6 期,1992 年 3 月 16 日

巨人的风格　　胡絜青撰,《周恩来与艺术家们》,中央文献出版社,1992 年 5 月

阳翰笙曹禺谈十四大　　《文艺报》,1992 年 10 月 24 日

我和祖国剧团　　于是之撰,《中国戏剧》1993 年第 2 期

曹禺给我们作报告　　徐则浩撰,《江淮文史》1993 年第 2 期

曹禺:坐着轮椅来了　　杜英姿撰,《人民日报》第 2 版,1993 年 3 月 19 日

名人近事:曹禺病中情　　于立霄采写,《中国新闻》1993 年第 13040 期

绛帐春风化春雨——记著名戏剧家曹禺(万家宝)　　殷振家撰,上海人民艺术剧院《话剧》1993 年 8 月、9 月号

五十六年前一出精彩的话剧——曹禺亲演《雷雨》记　　贾亦棣撰,台湾《中央日报》,1993 年 4 月 11 日

四十二小时谈话——我在北京人艺工作 25 年散记之一　　赵起扬撰,《新文化史料》第 2 期,1993 年 4 月 15 日

第一尊田汉铜像揭幕——纪念田汉诞辰 95 周年活动侧记　　应萱撰,《中国戏剧》第 4 期,1993 年 4 月 18 日

万家宝(曹禺)老学长题写"荷花池"栏名　　《清华校友通讯》复 28 册,清华大学出版社,1993 年 11 月

《雷雨》国内首演钩沉　　刘克蔚撰,《中国话剧研究》第 7 期,文化艺术出版社,1993 年 12 月

结束五年病房生活——曹禺已回到家中　　香港《大公报》,1994 年 1 月 7 日

九十朵红玫瑰　　沈杨撰,《人民日报》,1994 年 1 月 21 日

"投机取巧"的《凤凰城》——我从事剧本写作的开始　　吴祖光撰,《新文学史料》1994 年第 1 期

我谈我自己　　楼适夷(包子衍笔录,袁绍发协助)撰,《新文学史料》1994 年第 1 期

相探与相送　　李勤采写,《人民日报》海外版,1994 年 3 月 17 日

回忆老舍先生奉命写《人同此心》的前前后后　　齐锡宝撰,《电影创作》1994 年第 1 期

追怀朱石麟先生　　桑弧撰,《电影新作》1994 年第 3 期

只有交流才有生命力——曹禺谈戏剧　　《中外文化交流》1994 年第 3 期

回忆与思考——从"知识分子会议"到"宣传工作会议"(1956 年 1 月—1957 年 3 月)　　黎之撰,《新文学史料》,1994 年第 4 期

团结奋进,繁荣戏剧——曹禺同志谈"曹禺奖"　　《剧本》第 4 期,1994 年 4 月

'93 曹禺研究国际学术讨论会综述　　林安撰,《中国现代文学研究丛刊》1994 年第 2 期

掌握自己的命运——与曹禺病榻谈心　　吴祖光撰,《读书》1994 年第 11 期

曹禺剧作在韩国　　(韩)韩相德撰,《戏剧》1995 年第 3 期

戏剧大师与涅槃新解　　文溪撰,《佛教文化》1995 年第 3 期

曹禺病中忆四川　　徐琦撰,《舞台与人生》第 10 期,1995 年 10 月

有关作家的回忆——回忆老舍　　艾芜撰,《新文学史料》第 4 期,1995 年 11 月 22 日

文艺大师的期望——拜访曹禺先生　　盛和钧撰,《武陵人文报》,1996 年 1 月 28 日

《雷雨》"改头换面"　　黎俊撰,《人民日报》,1996 年 7 月 7 日

清华大学文学院部分校友致讨论会贺信　　《冯友兰研究》(第 1 辑),国际文化出版公司,1997 年 6 月版

与曹禺先生的一次难忘会见　　刘志轩撰,《中国戏剧》第 9 期,1996 年 9 月 18 日

中国文化在俄罗斯传播三百年　　李明滨撰,《汉学研究》(第 1 集),中国和平出版社,1996 年 9 月版

曹禺创作思想的轨迹　　周而复撰,《文艺报》,1996 年 11 月 19 日

曹禺生命的最后时刻　　董鹏撰,天津《今晚报》,1996 年 12 月 16 日

真情——记巴金和曹禺的友谊　　陆正伟撰,《解放日报》,1996 年 12 月 17 日

文坛四老喜贺盛会　　周明撰,《人民日报》,1996 年 12 月 17 日

曹禺:《雷雨》是块石头　　韩尚义撰,《上影画报》1996 年第 12 期

曹禺和我的一段奇缘　　李远荣撰,《人民日报》第 12 版,1997 年 1 月 7 日

愧对曹公　　王怀冰撰,《洛阳日报》,1997 年 1 月 20 日

回忆与曹禺先生关于《雷雨》的对话　　王晓鹰撰,《光明日报》,1997 年 1 月 22 日

"说不尽的莎士比亚"——悼念曹禺先生　　钱鸣远撰,《浙江文化报》,1997 年 1 月 25 日

步履维艰的从艺之路　　项堃口述,项智力整理,《文史资料选辑》(第 31 辑),中国文史出版社,1997 年 2 月版

心无罣碍　　王志远撰,《佛教文化》1997 年第 2 期

何日再倾积愫——怀念曹禺叔叔　　李致撰,《人民文学》第 3 期,1997 年 3 月 3 日

灵魂的石头　　万方撰,《收获》第 3 期,1997 年 5 月 25 日

何日再倾积愫——怀念曹禺叔叔　　李致撰,《人民文学》1997 年第 3 期

闪烁多民族生活光彩的新中国银幕　　少舟撰,《电影创作》1997 年第 5 期

悼曹禺　　来新夏撰,《文史精华》第 6 期,1997 年 6 月 6 日

《雷雨》是怎样诞生的　　郑秀撰,《希望月报》7 月号,1997 年 7 月 3 日

巴金与《雷雨》　　李致撰,《巴金研究》1998 年第 1 期

怀念曹禺　　巴金撰,《人民日报》第 9 版,1998 年 5 月 15 日

永远的雷雨　　王蒙撰,《读书》1998 年第 5 期

文学活动日记(1978 年)　　张光年撰,《新文学史料》第 4 期,1998 年 11 月 22 日

曹禺先生与日本　　(日)饭冢容撰,《曹禺研究论集——纪念曹禺逝世周年学术研讨会论文集》,花山文艺出版社,1998 年 11 月

《雷雨》在日本的首演地——一桥礼堂　　(日)牧阳一撰,《曹禺研究论集——纪念曹禺逝世周年学术研讨会论文集》,花山文艺出版社,1998 年 11 月

1949 年以前的清华大学的音乐教育　　朱汉城撰,《中央音乐学院学报》1999 年第 2 期

在中央访问团的日子　　王连芳撰,《民族团结》1999 年第 2 期

曹禺的剧作在解放区　　王维国撰,《重庆文化史料》1999 年第 2 期

父亲的信　　万方撰,《北京青年报》,2000 年 8 月 19 日

田汉的发言　　魏荒弩撰,《2000 中国年度最佳随笔》第 274 页,漓江出版社,

2001 年 1 月

　　纪念几位文学朋友　　顾毓琇撰,清华校友通讯丛书《校友文稿资料选编》第 7 辑,清华大学出版社,2001 年 4 月版

　　曹禺、《原野》与我　　裴毓荪撰,清华校友通讯丛书《校友文稿资料选编》第 7 辑,清华大学出版社,2001 年 4 月版

　　外国人对 1917 年天津水灾的救援　　刘宏撰,《民国春秋》2001 年第 6 期

　　1911—1949 清华戏剧寻踪　　张玲霞撰文,《戏剧》2001 年第 3 期

　　曹禺先生访谈录　　李润新整理,《新文学史料》2002 年第 2 期

　　低飞高翔的鹰——我心目中的曹禺　　郭启宏撰,《新剧本》2003 年第 5 期

　　曹禺为上图题词　　萧斌如撰,《世纪》2004 年第 4 期

　　《雷雨》诞生在清华热恋中　　吕恩撰,《人民日报》,2004 年 8 月 10 日

　　曹禺与唐槐秋　　洪忠煌撰,《戏剧之家》2005 年第 1 期

　　曹禺在越南——以《雷雨》为中心的考察　　胡如奎撰,华东师范大学 2005 年 5 月硕士论文

　　曹禺"拜师"练腿脚　　秦来来撰,《采访札记》,2005 年 6 月版

　　痛惜与悲哀　　万黛、万昭撰,《曹禺研究》第 2 辑,中国文史出版社,2005 年 8 月

　　夏里亚宾的中国之行　　龙飞撰,《中华读书报》,2005 年 12 月 7 日

　　彼岸　　李家据撰,《佛教文化》,当代中国出版社,2006 年 1 月

　　访曹禺谈《蜕变》　　石曼撰,《红岩》2006 年第 3 期

　　忆曹禺吾师　　朱琳撰,《北京人艺》院刊 2006 年第 4 期

　　感念——为曹禺老院长离世十年　　顾威撰,《北京人艺》院刊 2006 年第 4 期

　　曹禺剧作在温州　　陈寿楠撰,《曹禺研究》第 3 辑,中国文史出版社,2006 年 10 月

　　曹禺先生观《日出》　　褚伯承撰,《上海戏剧》2006 年第 11 期

　　曹禺的担忧　　秦来来撰,《新民晚报》,2007 年 5 月 21 日

　　《雷雨》与《日出》的初刊本　　谢其章撰,《中华读书报》,2007 年 6 月 6 日

　　关于曹禺先生的记忆　　屠岸撰,《文汇报》,2007 年 6 月 10 日

　　曹禺访谈录　　石曼撰,《红岩春秋》2007 年第 6 期

　　曹禺与宣化　　张连仲撰,《张家口文史》第 5 辑,2007 年 10 月

　　探望曹禺　　葛昆元撰,《新民晚报》,2007 年 12 月 15 日

　　南开中学时代回忆点滴　　杨肖彭撰,《南开校友通讯》复刊第 2 期

作者签赠本·文艺副刊　　范用撰,《书的记忆》,上海书店出版社,2008 年 5 月版

外媒走中国　　陈君、王艳撰,《中国新闻周刊》第 36 期,2009 年 9 月 28 日

回忆田汉与曹禺　　屠岸撰,《当代》2009 年第 6 期

"第一届全国戏曲观摩演出的话"全程描述　　王喆撰,《音乐文化 2009》,文化艺术出版社,2010 年 4 月版

1980 年代的曹禺与巴金　　李辉撰,《同舟共进》第 2 期,2011 年 2 月 1 日

1911—1949 清华戏剧寻踪　　张玲霞撰,《戏剧》2001 年第 3 期

"万家之宝"——追忆曹禺　　李欧梵撰,《书城》2008 年第 1 期

曹禺的"糊涂"　　胡克庆撰,《世纪行》2008 年第 6 期

进步文艺的示范:战后初期曹禺剧作台湾演出史探析　　徐亚湘撰,《文学与文化》2010 年第 4 期

1980 年代的曹禺与巴金　　李辉撰,《同舟共进》第 2 期,2011 年 2 月 1 日

吕恩深情忆曹禺　　吕恩撰,《北京青年报》,2013 年 1 月 11 日

张伯苓与陈立夫关于曹禺留学的通信——新发现的关于曹禺留学的国民政府教育部档案　　赵慧霞、周棉撰,《新文学史料》2015 年第 2 期

六、画册

北京人民艺术剧院·纪念北京人民艺术剧院建院三十周年(1952·北京·1982)　　"北京人民艺术剧院建院三十周年纪念册"编辑组,1982 年 6 月印制

福建省话剧院四十周年(1952—1992)纪念画册　　程天琦主编,1992 年印制

江苏人民艺术剧院·纪念江苏人民艺术剧院四十周年(1953—1993)画册　　汪人达主编,1993 年印制

辽宁人民艺术剧院建院四十周年(1954—1994)画册　　辽宁人民艺术剧院建院四十年纪念画册编辑委员会,1994 年印制

香港达德学院建校 50 周年纪念(画册)　　达德学院北京校友会编,长城出版社,1996 年 12 月

中国评剧院·纪念中国评剧院建院四十周年(画册)

半个世纪的五彩路(1942—1995)画册　　山西省话剧院编,1998 年印制

飞鸿踏雪五十年(1949—1999)画册　　浙江话剧团,1999 年印制

五十年风采(天津人民艺术剧院建院五十周年)　　画册编委会,2001 年印制

北京人民艺术剧院(1952—2002)画册,北京人艺编委会编,人民文学出版社,

2002 年 5 月

　　中央戏剧学院·演出说明书集锦(1950—2004)画册　　2005 年印制

　　台中县青年高中八十四年度戏剧公演手册

　　香港影视剧团《家》·演出预告手册

　　北京人民艺术剧院建院六十周年纪念(1952—2012)画册,北京人民艺术剧院编,北京出版社,2012 年 5 月

七、报纸、期刊

报纸

　　庸报(天津)　大公报(天津、上海、桂林、香港、北京)　申报(上海、香港、武汉)　天津益世报　新民报(南京、重庆)　中央日报(南京)　新华日报(汉口、重庆)　国民公报(重庆)　时事新报(重庆)　新蜀报(重庆)　新中华报(延安)　华商报(香港)　解放日报(延安、上海)　青青电影日报　广西日报　扫荡报(桂林)　力报(桂林)　文汇报(上海、香港)　新民晚报　时事公报(宁波)　新民晚报　大刚报(武汉)　大公晚报(上海)　光明日报　人民日报(国内、海外)　北京日报　新民报晚刊　新晚报(天津)　中国青年报　北京晚报　天津日报　北京青年报　内蒙古日报　参考消息　广播电视节目报　南方日报　陕西日报　辽宁日报　电视周报(中国电视报)　新晚报(香港)　新疆日报　北京戏剧报(戏剧电影报)　湖北日报　福建日报　文学报　工人日报　春城晚报(昆明)　云南日报　广播节目报　解放军报　团结报　南方周末　河北日报　经济日报　今晚报(天津)　人民政协报　重庆日报　中国文化报　人民邮电报　人艺之友报(1987—1995)

期刊

　　北洋兵事杂志　南洋兵事杂志　云南杂志　北洋官报　北洋政府公报　军事月报　南开星期报　兵事杂志　东方杂志　少年　南开周刊　南中周刊　国闻周报　南开大学周刊　北洋画报　南中半月刊　南开双周　戏剧与文艺(北平)　清华周刊　清华周刊副刊　清华副刊　园内(清华)　国立清华大学校刊　绸缪月刊(上海)　文学季刊　新少年　电影世界　南开高中学生　剧学月刊　漫画生活　杂文(东京)　文学(上海)　芒种(上海)　复旦大学校刊　学术界　留东学报(日本)　影舞新闻(上海)　清华校友通讯　文季月刊　娱乐周报(上海)　文艺月刊　光明(上海)　中学生文艺季刊　鹦鹉杂志　天下(英文)　复旦同学会会刊　电声周刊　群鸥(北平)　通俗文化(上海)　时代文艺　影与戏　中外评论　关声(上海、重庆)　读书(上海)　图书展望(上海)　月报(上海)　东风(杭州)　舞台银幕

（上海）　国光（上海）　中流（上海）　文丛（上海）　妇女生活（上海）　文艺月刊（南京）　是非公论（南京）　影与戏（上海）　现象　戏剧时代　国民（上海）　学校新闻（杭州）　电声（上海）　文学　文艺战线（北平）　读书青年（上海）　上海人抗战戏剧（武汉）　抗战文艺（汉口）　戏剧新闻（汉口）　战时戏剧（成都）　文艺阵地（广州）　文艺旬刊（上海）　怒潮季刊（重庆）　教育杂志（上海、重庆）　戏剧杂志（上海）　银钱界（上海）　闲书（上海）　新经济半月刊（重庆）　南开校友　上海生活　时代（上海）　文苑（北平）　教育通讯　青青电影（上海）　今日评论（昆明）中国文艺（北京）　文艺新潮（上海）　艺术与生活（北平）　369画报（北平）　辅仁文苑　燕京新闻　中国回教救国会会刊（重庆）　青年戏剧通讯（重庆）　剧场艺术（上海）　绿旗月刊（上海）　影迷画报（上海）　剧场新闻（上海）　大众文艺（延安）戏剧春秋（桂林）　小剧场（上海）　燕京文学　黄河月刊（西安）　满洲映画（长春）现代青年（福建）　学与生月刊（上海）　学习（上海）　影迷周报（上海）　学生之友（重庆）　云南省政府公报　现代文艺（福建）　乐观（上海）　中央周刊（重庆）　改进（福建）　半月文艺　教与学　国民杂志（北平）　万象（十日刊）　中国公论　学习生活（重庆）　妇女月刊（重庆）　文化先锋　新认识（重庆）　话剧界（上海）　青年文艺（桂林）　学与思（湖南）　演剧生活（重庆）　现代妇女（重庆）　中国青年（重庆）　万象（月刊，上海）　风云（月刊，重庆）　时与潮文艺（重庆）　文学创作（桂林）　万岁（上海）　中国学生（重庆）　半月文萃（桂林）　审查通讯（重庆）　江西省政府公报　太平洋周报（上海）　上海影坛（上海）　女声（上海）　戏剧时代（重庆）　春秋（上海）　天下（半月刊，上海）　新学生（南京）　太平月刊（上海）文潮（月刊，上海）　中华周报（北平）　文艺春秋（上海）　青少年（北京）　书报精华（西安）　月刊（上海）　新中华周报（北平）　联合画报（上海）　上海图画新闻（上海）　愿望（香港）　七日谈（上海）　147画报（北平）　中原·文艺杂志·希望·文哨（联合特刊，重庆）　大光明（上海）　上海文化　海晶（上海）　书报精华文艺复兴（上海）　万花筒（周报，上海）　海涛（上海）　海天周报（上海）　文化周报（上海）　新天地（周报，上海）　飘（周刊，上海）　新闻周报（上海）　中国文学（北平）　宇宙（上海）　上海特写　星光周报　时代电影（成都）　时代（重庆）　青年文化（北平）　海燕（上海）　秋海棠（上海）　新上海　文华（北平）　大地（南京）水准（上海）　文艺春秋副刊　人人周报（上海）　世界月刊　时与文（上海）　星期五画报（天津）　影剧人周报　机联会刊（上海）　电影界画报（上海）　群言（上海）上海生活画报　综艺半月刊　影剧画报　电影小说（上海）　求是月刊　新时代（长沙）　人物杂志（上海）　新书月刊（上海）　电影周报（上海）　剧影春秋（南京）

万象(周刊,上海)　新闻杂志(南京)　文艺生活(桂林·海外版)　影剧新地(上海)

文艺报　人民文学　中苏友好　人民戏剧(戏剧报、中国戏剧)　北京文艺时代(画报,上海)　进步青年(中学生)　剧本　人民中国(日文、中文)　新华社新闻稿　广播爱好者　旅行家　文艺学习(北京)　诗刊　收获　读书　处女地　红旗杂志　北京戏剧　上海戏剧　文学评论　中国青年　草原　外国戏剧资料　中国新闻　人民教育　七十年代(香港)　民族团结(中国民族)　南开大学学报　电影艺术　旅游　明报(香港)　海洋文艺(香港)　文化娱乐　戏剧学习　人物　小剧本　新华文摘　新港　人生　北京艺术　戏曲艺术　戏剧论丛　语文学习　戏剧与电影　当代文学研究参考资料　福建戏剧　上海画报　文汇月刊　剧坛　舞台美术与技术　戏剧界　新闻战线　大众电视　江西师院学报　舞蹈　电视文艺电影评介　华东师范大学学报　蒲剧艺术　新剧本　明星　中国评剧　大众电影外国戏剧　瞭望　龙门阵(重庆)　戏剧评论　上海艺术家　中外妇女　戏剧(中央戏剧学院学报)　当代戏剧　人民音乐　人文杂志　剧作家　人民画报　民族艺术　吉林艺术学院学报　文艺界通讯　中华英才　佛教文化　当代　黄梅戏艺术　民国档案　民国春秋　新文学史料　当代文学研究丛刊　四川戏剧　春城戏剧　音乐文化　广西师院学报　中央音乐学院学报　南开校友通讯(复刊)　青艺话剧　黄梅戏艺术　美术之友

人名索引

A

A

A·史沫特莱　1936/10/19,1938/3/27

阿　英(钱杏邨、魏如晦)　1937/4/1,1937/
5/16,1937/12/31,1938/1/1,1943/3 月,
1944/4/10,1947/1/1,1949/5/25,1949/6/
10,1949/7/6,1949/7/24,1949/7/27,
1949/7/28,1950/7/11,1950/12/10,1952/
11/8,1954/8/7,1957/9/9,1977/6/28

阿　甲　1949/7/27,1954/3/20,1960/10/
24,1981/6/12,1983/11/15,1983/12/5,
1984/2/6,1984/11/20,1984/11/22,1987/
11/20,1987/12/25,1989/7/18,1990/1/
11,1991/4 月,1993/7 月,1994/6/15,1994/
6/29

阿瑟·密勒(阿瑟·密勒、亚瑟·米勒,美)
1978/9/18,1978/9/23,1979/1/10,1979/
4/21,1979/12 月,1980/3/25,1980/3/27,
1980/3/29,1980/5/4,1983/4/30,1983/5/
1,1983/5/3,1983/5/4,1983/5/7

Ai

埃斯库罗斯(艾斯吉勒斯,希腊)　1930/9 月,
1938 年

艾　霞　1933/2/12

爱泼斯丹(美)　1938/3/27

艾　芜　1938/3/27,1945/5/7,1946/10/20,
1947 年,1952/1/7,1952/3/6,1954/6/3,
1954/8/29,1955/9/6,1956/3/15,1956/
10/21,1957/6/19,1957/7/5,1957/8/7,
1957/8/18,1958/3/6,1958/4/8,1958/
4 月,1958/10/22,1958/10/31,1960/7/22,
1963/6/30,1963/7/25,1991/3/19

爱金生(美)　1943/3/15

艾　青　1949/3/20,1949/3/22,1949/4/20,
1949/10/13,1950/4/3,1950/4/20,1950/
7/11,1950/8/8,1950/12/16,1952/11/4,
1952/11/5,1952/11/7,1952/11/8,1952/
12/2,1952/12/4,1952/12/6,1953/7/25,
1954/3/20,1955/4/13,1955/5/25,1955/
6/15,1955/9/6,1955/11/23,1956/3/3,
1956/9/28,1956/10/21,1957/7/24,1957/
8/24,1979/1/12,1979/1/24,1981/12/3,
1982/4/2,1982/10/16,1983/7/12,1983/
7/27,1984/5/24,1986/1/15,1986/2/17,
1994/4/14

艾思奇　1949/5/4

An

安立元　1927/10/4

安　琪　1937/2/2

安美生　1940/10/8

安　娥　1947/2/4,1947/3/1,1948/7/21,
1956/4/18

安那托利·索夫洛诺夫(前苏联)　1954/2/9

安正元(安岗)　1936/1/30,1979/9/17

1991/6/22,1991/7/7,1991/7/12,1991/7/19,1991/9/9,1991/9/12,1991/9/16,1991/9/28,1991/10/5,1992/1/3,1992/1/21,1992/1/25,1992/2/10,1992/2/16,1992/3/8,1992/3/17,1992/4/27,1992/6/20,1992/6/21,1992/7/12,1992/8/20,1992/12/16,1993/3/30,1993/4/18,1993/5/27,1993/8/27,1993/9/30,1993/11/25,1994/4/14,1994/9/25,1994/12/1,1995/1/1,1995/3/16,1995/7/12,1996/3/14,1996/4/2,1996/10/24,1996/11/25,1996/12/15

Bai

白　腾　1935/2/16

白　杨　1935/4 月,1937/6/11,1938/3/10,1938/10/29,1942/5/16,1943/5/1,1943/9/15,1943/10/8,1943/10/15,1943/10/21,1943/11/14,1944/1/3,1944/3/10,1944/4/10,1944/6/17,1945/1/11,1945/5/12,1946/2/28,1946/3/2,1946/7/12,1946/7/21,1948/2/15,1949/1/21,1949/5/30,1949/7/2,1949/10/26,1949/11/19,1953/6/5,1953/7/21,1954/9/20,1956/9/21,1956/10/21,1977 年春,1978/7/9,1980/12/20,1983/1/4,1990/7/5,1990/10/25

白　芬　1937/2/2

白　虹　1938/8/25

白心波　1938/11/21,1938/11/23

白　雪　1940/1/3,1944/5 月

白薇　1942/5/7

柏　李　1943/2/20,1943/4/8,1949/2/8

白颂大(白颂天)　1943/5/30,1944/2/26

白　鹰　1943/7 月,1943/8/1

白　珊　1944/7/2,1949/11 月

白　沉　1944/10/16

白　穆　1944/10/16,1944/12/11,1948/3 月,1948/7/31

白　璐　1945/10/18

白　薇　1945/12/14,1946/7/21,1950/12/16

白　岩　1946/10/20

白土吾夫(日)　1961/10/22,1964/10/12,1965/5/17,1965/11/22,1982/11/28,1983/9/6

Ban

班　那　1941/10/20

Bao

包干元　1938/7/1

鲍庚父　1942/2/13,1943/2/13

鲍霭如　1944/2/1

包可华　1945/11/10

包达三　1949/2/28,1949/3/1,1949/3/11,1949/3/18

包启亚　1949/2/28

Bei

贝勒巴拉兹(匈牙利)　1943/1/8,1943/1/9

贝尔慈(美)　1943/6/29

Bi

毕学洪　1930/3/25

毕奂午　1935 年冬

毕　铭　1937/2/2

毕联禄　1946/1/25

碧　云　1946/4/23,1948/7/31

Bian

卞之琳　1934/7/1

Bing

冰　心(谢婉莹、谢冰心)　1933/6/23,1934/7/1,1943/3/30,1945/5/7,1946/2/8,1953/7/25,1954/3/20,1954/5/21,1954/6/3,1954/8/7,1954/8/25,1955/10/2,

1955/10/5,1955/11/23,1956/10/21,1957/
7/24,1958/3/8,1958/4/8,1958/7/3,
1958/8/15,1958/8 月,1959/2/9,1960/6/
8,1961/1/4,1961/6/15,1961/6/17,1961/
7/2,1961/11/30,1962/1/26,1962/7/21,
1963/6/30,1963/7/10,1964/10/8,1965/
4/29,1965/5/12,1977/8/13,1978/6/3,
1978/6/11,1978/6/22,1978/9/1,1978/
10/17,1978/10/20,1978/12/25,1979/1/
12,1979/1/24,1980/6/12,1981/12/3,
1981/12/18,1981/12/22,1982/10/16,1983/
11/10,1984/3/15,1987/11/25,1990/6/6,
1991/3/19,1991/3/30,1993/12/23,1994/
4/14,1995/3/3,1995/10/5

秉 志 1936/9/1

秉 柯 1943/7 月,1943/8/1

Bu

步春生 1931/3/26

布加里 1943/7 月,1943/8/1

C

Cao

曹 锟 1916/7/6,1922/6/11,1922/本年,
1923/7

曹 藻 1934/6 月,1935/1/28,1935/8 月,
1936/4/26,1937/6/1,1938/3/3

曹靖华 1936/10/19,1938/3/27,1942/12/
30,1943/3/30,1945/5/7,1947/7/31,
1949/3/20,1949/3/22,1949/3/24,1949/
5/9,1949/6/1,1949/7/16,1949/7/17,
1949/7/23,1949/8/3,1949/11/11,1949/
11/13,1950/3/8,1952/5/23,1952/6/8,
1952/11/8,1952/12/2,1952/12/4,1952/
12/26,1953/9/30,1953/10/3,1954/7/16,
1955/3/7,1955/4/13,1961/3/10,1965/3/

17,1976/1/24,1977/6/28,1978/9/1,
1978/10/20,1981/12/18,1981/12/22

曹聚仁 1938/3/27,1943/3/30

曹继照 1939 年

曹永蕾 1939 年

曹潇萍 1942/2/13

曹雅谷 1943/1/8

曹慧麟 1947/11/7

曹未风 1949/2/8

曹孟君 1949/11/11,1949/11/13

Cai

蔡天戈 1927/10/4

蔡元培 1935/2/25,1936/10/19,1936/10/
20,1938/3/27,

蔡荆风 1937/7 月

蔡松龄 1938/5/18,1938/6 月,1938 上半
年,1938/10/29,1946/6 月,1976/12/19

蔡 畅 1940/9/16,1950/3/8,1961/10/16

蔡 骧 1943/1/9,1943 年冬,1957/6/9,
1979/11 月,1981/4/1

蔡楚生 1949/2/15,1949/6/1,1950/5/7,
1950/5/30,1950/6/8,1950/7/11,1952/5/
7,1952/6/8,1952/11/7,1953/6/5,1953/
7/20,1953/7/21,1953/7/25,1954/3/20,
1954/6/3,1954/9/20,1955/2/23,1957/9/
27,1958/2/13,1965/5/17,1965/9/3

蔡若虹 1950/12/16,1954/3/20,1954/8/
19,1957/9/27,1960/6/8,1965/2/25

Chai

柴霍甫(俄) 1941/10/20

Chang

常家骥 1926 年

常任侠 1937/3/13,1937/4/1,1942/5/7,
1950 年寒假

长野贤(日) 1940/5 月

1949/3/24,1949/4/23,1949/5/30,1949/
6/1,1949/7/2,1949/11/11,1950/3/8,
1950/12/16,1952/11/4,1952/11/8,1952/
11/10,1953/6/5,1954/1/10,1954/3/20,
1954/8/19,1954/8/25,1954/9/3,1954/
5,1955/5/25,1955/9/30,1955/10/2,
1958/2/13,1960/6/18,1981/8/2

Dan

丹尼斯(美) 1954/8/1

De

德永直(日) 1955/2/19

Deng

邓译生(方瑞、译生) 1940 年夏,1940 年秋,
1940 年,1949/2/28,1949/8/16,1949/9/1,
1949/12/31,1951 年春,1954 年秋,1954/
12 月,1962/4/7,1963/4/14,1963/6/4,
1963/7/21,1964/12/27,1965/11/4,165/
11/5,1972 年,1974/7/13

邓宛生 1940 年,1943/1/9

邓葳 1941/10/26,1943/1/5,1943/1/8,
1943/3/15

邓初民 1942/5/7,1945/1/11,1949/3/20,
1949/3/24,1949/10/13,1955/7/27

邓颖超 1942/12/24,1949/3/17,1952/11/
5,1954 年秋,1956/10/19,1959/3/8,1961/
2/14,1962/2/3,1962/3/2,1965/1/25,
1978/4/8,1978/5/23,1978/5/24,1979/1/
26,1979/1/27,1979/5/3,1979/5/10,
1979/9/5,1979/9/10,1982/6/8,1982/6/
11,1983/12/15,1986/1/15,1988/11/18,
1989/2/4,1990/10/25

邓国封 1943/5 月,1944/4/23

邓季惺 1946/5/1

邓台梅(邓泰梅) 1946/11/22,1958/3/14,
1963 年,1965/11/4

邓裕志 1949/2/28,1949/3/11

邓拓 1950/5/7,1950/7/11

邓小平 1953/10/29,1954/5/9,1956/4/30,
1960/7/23,1964/3/17,1978/6/16

Di

狄更斯(英) 1925 年

狄凡 1942/8/7

Diao

刁光覃 1952/6/12,1954/6/30,1954/12/
12,1956/10/8,1958/11/27,1959/4/30,
1961/10/3,1962/1/1,1962/10/31,1963/
1/15,1964/8/3,1964/10/5,1965/1/5,
1974/10/28,1978/6/13,1978/8/5,1979/
3/13,1980/5/17,1980/6/6,1980/6/9,
1980/6/21,1980/7/26,1980/8/28,1981/
2/13,1981/6/15,1981/6/16,1981/6/19,
1981/9/10,1981/9/12,1981/9/25,1981/
12/16,1982/6/8,1982/6/11,1983/1/20,
1983/7/12,1983/12/15,1983/1/24,1984/
6/14,1989/2/3,1992/5/13,1992/5/25,
1992/6/12

Ding

丁士源 1911/6/28

丁西林(丁燮林) 1929/6/14,1943/3 月,
1943/5/1,1949/10/5,1949/10/26,1949/
11/11,1949/12/8,1950/7/2,1952/5/2,
1952/5/4,1952/5/5,1952/5/7,1952/8/
31,1952/10/6,1952/11/7,1952/11/15,
1953/4/16,1953/4/29/,1953/9/27,1953/
10/31,1954/8/7,1954/8/16,1954/11/15,
1955/2/23,1955/6/29,1956/10/19,1956/
12/12,1960/6/8,1961/3/10,1961/7/2,
1961/7/17,1961/10/22,1962/1/10,1962/
7/1,1962/10/20,1963/6/15,1965/1/5,
1965/3/17,1966/7/8

Feng

凤　子(封季壬、封禾子)　1935/12/13,
　1935/12/18,1937/2/2,1937/3/11,1937/
　3/19,1937/6/4,1939/7/13,1939/8/14,
　1939/8/26,1939/10/17,1940/1/10,1941/
　11/29,1942/5/8,1942 年,1943/2/20,
　1943/3/7,1943/3/9,1946/2/18,1946/7/
　7,1947/6/10,1949/5/30,1950/4/3,1950/
　4/27,1952/7/25,1953/5/14,1954/4 月底,
　1954/8/12,1957/6/9,1961/6/10,1961/
　12/9,1962/1/10,1962/3/25,1964/4/3,
　1978/10/30,1978/11/2,1978/11/10,
　1979/4/22,1979/5/16,1980/12/27,1981/
　4/7,1981/12/12,1981/12/16,1982/5/17,
　1982/9/1,1982/9/15,1984/6/6,1990/7/5

冯雪峰　1936/10/19,1945/5/7,1946/1/20,
　1946/7/21,1947/2/4,1947/3/1,1947/12/
　23,1948/7/21,1949/6 月,1949/7/19,
　1949/7/23,1949/10/13,1952/5/23,1953/
　3/24,1954/3/20,1954/11/15,1955/2/19,
　1955/5/25,1955/11/23,1956/3/15,1957/
　3/6

冯乃超　1938/3/27,1939/4/9,1943/3/30,
　1945/5/7,1947/7/31,1978/10/27,1983/
　9/27

冯焕章　1938/3/27

冯玉祥　1938/3/27,1943/3/30,1945/5/7,
　1946/2/8,1947/7/31

冯什竹　1938/9/24,1938/10/29

冯素陶　1939/7/25

冯文彬　1940/9/16,1941/9 月,1949/5/4,
　1979/5/16

冯　喆　1943/11/25,1949/1/21

冯祖华　1944/5 月

冯亦代　1946/2/21,1957/4/23,1957/6/9,

1980/1/31,1983/7/27,1984/11/20

冯士璋　1947/11/7

冯毅之　1949/7/11

冯友兰　1950 年寒假,1965/7/29

冯　至　1950/12/16,1952/5/7,1953/6/5,
　1953/9/30,1953/10/3,1955/5/25,1955/
　5/27,1956/3/15,1956/10/21,1957/3/6,
　1958/3/6,1958/4/8,1965/11/4,1977/12/
　13,1978/10/27,1981/5/25,1981/12/18,
　1981/12/21,1982/4/2,1984/5/24

Fu

傅　正　1934/10/17

服部隆造(日)　1937 年春,1943/4 月,
　1943/8 月

傅威廉　1938/4/15,1939/8/1,1941/3/22,
　1944/7/2,1945/2/13,1954/8/31,
　1957/3 月

富少舫　1938/10/29,1943/12/22

傅连璋　1940/9/16

讣令德　1940/10/8

傅惠珍　1941/10/26,1947/6/14

傅　伦　1943/1/8

富贵花　1944/2/15

傅彬然　1949/3/18,1949/3/20

符罗飞　1949/5/30

傅学文　1949/11/11,1950/2/15

弗朗索瓦·拉伯雷(法)　1953/9/27

G

Gan

甘毓津　1931/12/5

干学伟　1939/12/6,1940/1/1

Gao

高尔斯华绥(高斯华绥、高斯倭绥,英)
　1929/10/17,1929/10/25,1929/11/1,

1930/4/22,1933 年春,1933/4/25,1936/
12/5,1937/1/7,1937/1/14,1937/1/22

高尔基　1930/9 月,1950 年春,1952/4/4,
1956/6/18

高　朋(高尚信)　1935/8/17

高小文　1935/12/7,1935/12/15,1940/10/8

高步霄　1937/2/2,1938/3/10

高占非　1938/10/29,1949/1/21

高百岁　1940/1/23,1941/1 月,1961/12/11

高自立　1940/9/16

高　鹏　1941/3 月下旬,1943/7 月

高　励　1941/3 月下旬,1943/7 月

高　恃　1942 年

高茫生　1944/10/1

高　博　1945/10/18,1947/1/22

高天行　1945/10 月,1945/11/19

高如霞　1945/10 月,1945/11/19

高弟安　1946/1/25

高德明　1946/7/18

高　集　1948/7/21

高士其　1955/4/13,1955/11/23,1980/4/26

Ge

葛其婉(葛瑞什、葛瑞瓦,德)　1930/9 月,
1930/10/23,1932 年夏,

戈宝权(戈宝全)　1938 上半年,1943/3/30,
1946/2/18,1946/2/19,1947/3/22,1948/
7/21,1949/3/20,1949/3/22,1949/3/24,
1949/4/23,1949/5/30,1949/6/1,1949/8/
3,1952/2/29,1955/1/3,1958/10/31,
1959/11/12,1963/8 月,1979/1/24,1983/
7/27

葛一虹　1938/10/29,1943/3/30,1947/12/
23,1949/3/22,1949/5/30,1954/8/12,
1981/12/12,1983/12/15,1984/12/18,
1992/11/30

葛文华　1942 年

葛伟卿　1947 年秋

葛志成　1949/3/24

哥涅楚克(前苏联)　1952/3/2

哥尔登尼(意大利)　1952/4/4

Geng

耿　震　1938/10/29,1941/8/1,1941/10/
26,1943/1/5,1943/1/8,1943/1/9,1943/
1/19,1943/9/15,1943/10/8,1944/3/10,
1944/8/15,1947/6/14,1947/12/26,1954/
3/20

Gong

龚云甫　1913 年

巩思文　1935/12/7

公孙旻　1937/2/2

龚稼农　1938/3/3

龚秋霞　1944/10/1,1960 年

龚之方　1947/11/7

龚普生　1949/3/24,1949/10/26

龚　彭(龚澎)　1949/5/4,1949/9/21,1952/
4/15

Gu

顾　璞　1934/12/2

顾得刚　1935/12/13

谷剑尘　1936/8 月,1938/2/28

顾而已　1937/4/1,1937/8/7,1938/10/29,
1949/1/21

顾仲彝　1937/12/31,1941/9/10,1943/3/1,
1946/2/19,1946/2/22,1947/2/4,1949/6/
1,1949/7/24

顾毓琇(顾一樵)　1937 年,1938/9/9,1938/
12/25,1938 年,1939/1/15,1939/3/30,
1940/4/15,1940/8/19,1943/3/30,1944/
2/15,1948/4/2,1988/11 月

顾梦鹤　1938/8/25,1938/12/16

H

Ha

Hai

Han

Hao

He

何　濂　1930 年暑假

何汝辑　1934 年冬

何凤英　1916 年

何其芳　1934/7/1,1935 年秋,1935 年冬,
1937/5/15,1946/1/20,1946/10/20,1947/
2 月,1949/3/24,1949/5/4,1949/7/17,
1949/7/23,1949/9/21,1953/9/30,1953/
10/3,1955/2/21,1955/11/23,1956/3/15,
1956/10/19,1957/8/18,1958/2/12,1962/
1/11,1963/8 月,1976/2/3

何汝辑　1934 年冬

何　之(何福坤,何福堃)　1935/8/17

河合谷(日)　1936/2/6

贺孟斧　1938/2/28,1938/4/30,1938/7/25,
1940/1 月,1942/4/2,1943/1/31,1943/3/
15,1943/7/10,1943/9/15,1943/10/8,
1945/5/12

何　英　1938/7/20,1938 年秋,1953/4/16,
1954/8/7,1954/9/30,1954/10/1,1954/
10/4,1954/10/9

何纪常　1940/10/10

何启明　1941/1/21

何忆明　1942/2/13

何忆云　1942/2/13

贺守文　1943/1/8

何芙莲　1943 年

何文会　1945 年

何文今　1946/4/14

贺超影　1946/5/30

禾　波　1946/10/20

贺绿汀　1949/3/22,1949/7/20,1958/2/13,
1981/12/13,1981/12/16,1985 年,1991/
3/19

何　礼　1949/5/4,1949/9/21

贺　诚　1949/10/9

贺敬之　1952/3/6,1952/6/8,1953/10/9,
1954/5/21,1956/2 月,1956/4/18,1962/1/
10,1962/3/2,1962/3/31,1978/1/25,
1978/5/6,1978/5/14,1978/6/11,1978/
10/20,1978/11/10,1979/1/24,1979/4/
10,1979/4/21,1980/7/12,1980/12/20,
1980/12/27,1980/12/29,1981/1/9,1981/
10/23,1981/12/9,1981/12/13,1982/3/
13,1982/10/16,1982/12 月,1983/4/24,
1983/7/12,1983/12/5,1983/12/15,1985/
1/6,1985/1/7,1986/9/22,1987/2/20,
1990/4/19,1990/10/25,1990/12/20,
1992/6/18

何塞·万徒勒里(智利)　1952/4/15

何塞·马蒂(古巴)　1953/9/27

Heng

亨　邑　1941/5/17

Hong

洪　深　1925/5/2、3,1950/1/4,1934/7/1,
1935/12/13,1936/4 月,1936/6/1,1936/6/
27,1936/6 月,1937/4/1,1937/5/16,1937/
12/31,1938/1/15,1938/1 月,1938/5/29,
1939/3/22,1939/3/30,1940/4/15,1940/
4 月,1941/3 月初,1941/9 月,1941/12/4,
1942/6/5,1942/12/21,1943/1/31,1943/
3/30,1943/3 月,1943/6 月,1943/7/15,
1943/9/7,1943/10/15,1943/10/28,1943/
12/22,1944/1/6,1944/1/16,1944/2/12,
1944/2/15,1944/5 月,1944/10/10,1944/
10/11,1945/4/15,1945/5/7,1945/6/10,
1946/1/20,1946/4/20,1946/5/11,1946/
7/12,1947/2/4,1947/5/28,1947/7/31,
1947/11/7,1947/12/23,1948/2/15,1948/
4/2,1949/3/20,1949/3/22,1949/3/24,

Li

李根源 1910/9/24

黎元洪 1910/9/24,1911 年,1912 年,1913/
　12,1916/10/10,1917/6/7,1917/8/28,
　1917/9 月,1919/9/7,1922/4/29,1922/6/
　11,1922 年,1923/6 月,1924 年,1942/1/5

李仲可 1922 年,1928/2/9

李宗武 1925/3

李　琼 1925/10/27

李大钊 1927/4/28

李捷克 1927/10/26

李士骧 1928/6 月

李国琛 1928/3/23.24,1929/10/17

李霁野 1930 年秋,1934/9 月,1935 年,1943/
　5 月,1943/7/12,1956/10/19

李景清 1930/10/20

李健吾(颜翰彤) 1931/5/2,1934/7/1,1935/
　2/16.17,1936/6/1,1936/6/27,1936/9/1,
　1937/5/15,1937/12/31,1940 年夏,1940/
　8/10,1943/1/9,1943/1/16,1943/3 月,
　1944/3/20,1945/6/10,1946/2/22,1946/
　2/28,1946/3/27,1946/6/17,1946/7/7,
　1946/9 月,1947/2/4,1947/3/22,1947 年
　秋,1947/12/23,1947 年,1948/5 月,1950/
　3/21,1954/9/10,1955/1/3,1957/4/29,
　1962/1/10,1962/3/2,1962/3/25,1962/
　29,1962/3/31,1962/3 月,1963/4/15,
　1963/4/21,1963/9 月,1964/4/3,1964/6/
　5,1982/3/13

李长之 1932/5 月上旬,1938/3/17,1946/
　4/7

黎尚曙 1932/5 月上旬

李　卫 1934/6 月

李曼林 1935/1/28

李　敦 1935/1/28

李稔南 1935/2/16

李曼霖 1935/2/16

李　琳(华静珊) 1935/8/17,1939/10/17,
　1940/10/10,1941/10/17

丽　尼 1935 年秋

李尧林 1935 年冬

李若兰 1935/11/17,1935/12/7,1935/12/
　12,1935/12/15

李丹忱 1935/12/7

李丽莲 1935/12/13,1939/12/6,1940/1/1

李　虹(李萱,李红) 1936 年夏,1937/1/1

李广田 1936/12/27,1946/2/28,1949/3/22

李影心 1936/12/27

黎烈文 1936/12/27,1937/1/1,1937/2/2,
　1938/3/27,1943/3/30,1947/3/1

李　蕤 1937/1/1,1937/2/2,1943/9/3,
　1952/3/6

李　实 1937/2/2

李景波 1937/6/1,1942/10/10,1945/11/
　11,1946/4/4

李　萱 1937/6/11

李庆华 1937/10/12,1938/7/20

李伯龙 1938/1/1

李恩琪 1938/3/9,1943/10/8

李　健 1938/3/9,1946/3 月

黎莉莉 1938/4/1,1946/8/15,1955/2/23,
　1957/8/14

李文伟 1938/7/1,1939/8/14,1946/5/11

李　农 1938/10/29

李　铭 1938/11/21,1938/23

李书翰 1939/3/24

李　德 1939/8/14

李恩杰 1939 年冬,1941/10/26,1943/1/9,
　1943/10/15,1943/12 月,1944/8/15,1946/
　5/28,1947 年

10/20,1978/10/27,1979/4/21,1980/12/
20,1980/12/29,1981/1/9,1981/4/8,
1982/8/19,1983/4/24,1983/8/30,1985/
12/11,1986/9/22,1990/12/20,1992/8/
14,1993/3/11,1993/7 月,1994/6/15,
1994/9/27

Ling

凌　萝　1934/6 月

凌叔华　1936/9/1,1937/5/15

凌琯如(凌倌如)　1936/12/5,1937/4/10,
1938/10/29,1941/11/29,1942/5/8,1943/
3/9,1943/4/8,1983/3/15

凌　鹤(石凌鹤)　1937/3/10,1937/12/31,
1943/1/31,1943/3 月,1944/4/10,1962/
3/2

凌　风　1940/9 月

凌子风　1941/4 月,1980/6/16

凌□飞　1941/6 月

凌　辰　1941/10/20

凌　云　1947/6 月

凌琬瑰　1948/4/2

Liu

刘门君　1910/9/27,1915 年

刘其珂　1910 年

刘鸿声　1913 年,1943/3/7

刘毓芳　1930/3/25

刘同业　1931/5/2.3

刘京业　1931/5/2.3

刘果航　1935/2/16.17

刘汝醴　1935/3 月,1935/4/27,

柳亚子　1935/6/5,1945/5/7,1946/2/18,
1946/5/1,1947/3/13,1947/5/28,1947/7/
31,1949/2/28,1949/3/11,1949/3/18,
1949/3/20,1949/3/22

刘　成　1936/9/1

刘宝全　1936 年

刘　贤　1938/11/21

刘　镇　1940/1/1

刘笑生　1940/1/1

刘念渠　1940/4 月,1943/1/9,1943/1/15,
1943/3 月,1943/10/15,1956/3/31

刘　方　1940/8/27

刘育才　1940/10/8

刘厚生　1940/10/10,1941/10/21,1942/5/
16,1943/1/9,1944/8/15,1946/9 月,1947/
6/14,1947 年,1977/11/28,1978/11/10,
1979/5/16,1980/7/12,1980/10/27,1980/
12/12,1980/12/20,1981/1/4,1981/2/2,
1981/2/14,1981/2/21,1981/3/18,1981/
4/12,1981/6/12,1981/11/2,1981/12/12,
1983/11/5,1983/11/7,1983/11/15,1983/
12/15,1983/12/18,1984/2/6,1984/2/13,
1984/11/22,1984/11/27,1985/4/27,
1985/5/14,1985/10/7,1986/2/18,1986/
4/7,1987/2/7,1987/2/20,1987/11/11,
1987/11/20,1988/5/16,1988/5 月,1988/
6/28,1988/9/10,1990/7/5,1990/10/25,
1993/7 月

刘　佳　1941/1/29,1981/6/12

刘肖芜　1941/1/29

刘子东　1941 年初

刘　克　1941 年初

刘静沅　1941/4/12,1941/10/18,1943/1/9

刘　砥　1941/6 月

刘　祎　1941/12 月,1946/2/12,1946/2/23

柳　倩　1942/5/7,1948/7/21

刘　犁　1942/12/21

刘子真　1943/2 月

刘光新　1943/5/2,1944/4/3

刘白羽　1946/1/20,1949/3/22,1950/12/

16,1954/3/20,1954/6/3,1955/3/7,1955/
11/23,1955/11/26,1956/3/15,1956/6/
15,1956/10/19,1956/10/21,1956/12/22,
1957/6/19,1957/7/5,1957/7/24,1957/8/
7,1958/10/22,1960/8/9,1961/3/10,
1961/3/13,1961/6/15,1961/6/17,1961/
7/2,1962/7/21,1963/6/9,1964/8/26,
1964/8/27,1964/10/8,1964/10/11,1964/
10/12,1964/11/26,1965/1/1,1965/2/25,
1965/3/17,1965/5/7,1965/5/17,1965/7/
3,1965/11/1,1965/11/22,1965/11/29,
1966/1/21,1966/4/21,1966/6/22,1966/
6/25,1977/8/13,1977/12/13,1977/12/
21,1977/12/28,1978/5/27,1978/9/1,
1978/10/20,1978/11/16,1979/1/24,
1982/4/2,1982/10/16,1983/7/12,1983/
7/27,1985/1/6,1985/1/7,1987/11/25,
1988/9/2

刘秉璋　1946/2/12

刘　琦　1946/3 月,1948/3 月

刘　川　1946/5/30,1962/3/31,1970 年

刘　琼　1949/1/21

刘尊棋　1949/2/28,1949/3/18

刘兴一　1949/3/13

刘顺元　1949/3/13

刘宁一　1949/3/24,1949/10/23,1950/3/8,
1952/5/5,1952/11/5,1953/7/20,1953/7/
21,1954/3/14,1954/6/3,1954/8/26,
1955/2/12,1961/1/4,1962/7/1,1962/
8 月,1963/6/15,1964/10/8

刘少奇　1949/7/16,1949/10/5,1951/10/5,
1954/8/17,1954/12/28,1955/1/23,1955/
5/22,1956/3/3,1956/4/24,1956/4/30,
1956 年夏,1959/6/8,1960/7/23,1961/7/
11,1963/1 月,1965/10/31,1983/12/26

刘秀峰　1949/9/30

刘贯一　1952/4/15,1952/10/29,1953/4/
22,1953/7/20,1953/7/21,1953/7/25,
1953/9/27

刘芝明　1953/7/21,1956/3/6,1956/4/18,
1964/10/11,1964/11/26,1964/12/29,
1965/2/25

刘开渠　1953/9/30,1953/10/4,1954/3/20,
1954/5/21,1954/8/19,1954/8/25,1954/
9/5,1955/5/25,1956/10/19,1956/10/21,
1960/6/18,1964/10/8,1983/11/10,1991/
3/19

Long

龙瑞茜　1935/4/27

龙　云　1939/8/14

龙秉灵　1939/8/14

龙瑶芝　1941/1/21,1942/2/3

泷泽修(日)　1956/8/1,1965/5/17

Lou

楼适夷　1937/12/11,1938/3/27,1941/3/
15,1947/3/22,1947/7/31,1949/2/22,
1957/8/15,1958/10/22,1961/7/2,1963/
4/30

楼子春　1947/11/7

Lu

鲁　迅　1910/9/24,1920/3 月,1923/8 月,
1924/12 月,1934/7/1,1936/4/22,1936/
4 月,1936/6/15,1936/10/19,1949/10/13,
1950/8/8,1953/10/19,1954/7/17,1956/
10/19,1956/10/21,1956/10 月

卢木斋　1919/9/7

陆以洪　1923/9 月,1927/9/9,1927/12/28,
1928/4/27,1928/6 月,1928/10/16,1928/
12/8,1929/6/14,1937/7 月,1942/1/5

陆以循　1923/9 月,1929/10/17,1932 年秋,

1956/10/19,1957/9/27,1958/2/13,1960/
6/8,1960/10/9,1961/7/29,1961/10/22,
1964/3/17,1964/10/8,1965/11/22,1978/
5/27,1978/6/16,1979/1/6,1981/12/13

Luo

罗家伦 1928/8/17,1930/10/16,1943/6/29

罗伯特・温德(杰姆杰・文特、温德,美)
1930/9 月,1930/10/23

罗亭恭 1935/7/15

骆文宏 1936/12/5,1937/10/12,1938/7/20

罗曼・罗兰(法) 1938/3/27

罗果夫(前苏联) 1938/3/27

罗 烽 1938/3/27,1938/10 月初,1955/
6/15

罗学濂 1938/10/29,1943/12/22,1947/4/16

罗 苏 1939/4/9,1942/5/7,1978/6/11,
1978/11/25

洛 甫 1940/9/16

罗 迈(李维汉) 1940/9/16,1961/7/11

罗宏孝 1940/10/8

罗 萍(罗苹) 1941/8/1,1941/10/26

罗 亭 1942/2/3,1942/5/21,1942 年

罗 兰 1944/10/1,1944/12/11,1947/8/
29,1947/12 月

罗 明 1947 年

罗静予 1948/2/15,1948/4/2,1949/5/30,
1949/6/1

骆宾基 1949/5/30,1963/7/25,1964/10/5,
1986/2/17

罗淑章 1949/11/11

洛布维加(西班牙) 1952/4/4

罗隆基 1952/5/5,1953/7/20,1953/7/21,
1953/9/27,1954/7/15,1954/8/26,1954/
11/15,1956/10/19

罗念生 1954/11/15,1990/4/19

M

Ma

马 骏 1919/9/7

马天才 1928/12/8

马奉琛 1931 年冬

马彦祥 1934/7/4,1935/2/16.17,1935/7/
9,1935/10/12,1936/6/6,1936 年夏,1936/
10/26,1936/10/29,1936/12/30,1937/1/
1,1937/1/16,1937/3/13,1937/3/16,
1937/4/1,1937/5/1,1937/5/16,1937/5/
31,1937/6/11,1937/6/16,1937/7/12,
1938/1/15,1938/1 月,1938/3/27,1940/4/
6,1940/4/15,1940/4 月,1941/3 月初,
1942/5/7,1943/1/9,1943/3/30,1943/
3 月,1943/9/7,1943/10/15,1943/12/22,
1944/2/15,1944/2/26,1944/4/10,1944/
5/3,1944/5 月,1945/5/4,1945/6/10,
1946/1/20,1946/11/10,1947/1/15,1948/
4/2,1949/3/22,1949/4/8,1949/7/27,
1950/7/11,1950/12/26,1952/5/7,1952/
8/1,1952/12/3,1952/12/6,1953/5/14,
1954/3/20,1954/8/7,1954/8/19,1954/8/
25,1954/10/4,1955/4/11,1956/3/1,
1960/8/11,1961/7/7,1961/10/28,1961/
12/11,1963/2/28,1979/2/15,1979/5/16,
1979/7/10,1980/7/12,1980/12/20,1981/
6/12,1983/1/4,1983/12/15,1984/2/6,
1984/2 月,1984/12/18,1985/4/27,1987/
2/26,1987/4/28,1988/2/8

马静蕴 1935/2/16

马相伯 1936/10/19

马宗沅 1937/5/31

马子华 1939/7/25

马金良 1939/8/26,1946/5/11

1960/8/9,1960/10/8,1961/3/10,1961/7/
8,1961/7/9,1961/10/14,1961/10/22,
1961/10/28,1961/12/11,1961 年,1962/1/
26,1962/3/2,1962/3/6,1962/5 月,1962/
7/1,1963/7/10,1963/9/26,1964/3/17,
1964/11/26,1965/3/17,1965/7/29,1965/
11/29,1977/6/28,1977/12/13,1977/12/
21,1978/1/7,1878/8 月下旬,1978/9/1,
1978/10/27,1978/12/15,1979/7/15,
1979/10/30,1980/6/24,1980 年,1981/1/
26,1981/3/22,1981/3/27,1981/4/1,
1981/4/10,1981/4/11,1983/7/12

毛泽东(毛主席) 1936/10/19,1936/12/27,
1939/12/6,1939/12/28,1945/9/22,1949/
4/23,1949/6/30,1949/7/6,1949/7/16,
1949/7/27,1949/7/28,1949/9/21,1949/
9/30,1949/10/1,1949/10/25,1950/12/
10,1952/1/1,1954/8/17,1956/2/27,
1956/3/3,1956/4/24,1956/4/30,1956/7/
3,1957/3/6,1958/9/6,1960/7/23,1966/
7 月,1983/12/26

毛希敬 1944/6/2

毛燕华 1944/7/2

毛 羽 1948/3/1

茅以升 1952/5/2,1952/5/4,1953/9/27,
1978/10/27

Mei

梅贻琦 1933/6/30

梅兰芳 1935/1/28,1936/4/1,1946/2/22,
1947/3/13,1948/2/15,1948/4/2,1948/
10/30,1949/7/2,1949/7/20,1949/7/27,
1949/10/2,1952/5/2,1952/5/7,1952/
23,1952/6/8,1952/8/1,1952/10/2,1952/
10/6,1952/11/5,1952/11/7,1954/6/16,
1955/3 月,1955/4/11,1955/5/25,1955/5/

27,1955/9/30,1955/10/2,1955/10/5,
1957/9/27,1958/8/15,1959/3 月,1959/
12 月,1960/6/8,1960/8/4,1960/8/9,
1960/10/9,1961/6/17,1961/7/8,1961/8/
8,1961/10/28,1962/8/8,1987/11/6

梅 熹 1938/3/18,1938/4/15,1938/8/25,
1939/8/1,1940/7/30,1941/3/22,1941/
4 月,1944/10/16,1983/2/4

梅锦泉 1938/10/29

梅 村(梅邨) 1941/10/2,1941/10/10,
1946/8/29,1957/6/9,1979/11 月

梅 林 1942/5/7,1947/7/31,1948/5/26,
1948/7/21

梅郎珂 1943/2/20

梅 朵 1948/7/21,1954/8/12

梅 益 1949/5/4,1949/9/21,1964/10/8

梅 阡 1952/6/12,1954/12/12,1960/8/6,
1960/8/18,1961/1/26,1961/7/12,1961/
9/10,1961/10/3,1961/10/11,1962/10/
31,1966/4/15,1966/6/20,1978/4/4,
1978/8/5,1979/1/20,1979/5/16,1979/7/
31,1979/8/17,1979/9/1,1979/9/5,1980/
6/21,1981/8 月,1981/9/20,1983/7/12,
1984/6/14,1992/6/12,1993/2/9

Meng

孟琴襄 1935/12/7

蒙 生 1937/7/12

孟君谋 1938/10/29

蒙 纳 1940/9/3,1945/11/11,1946/4/4,
1949/1/21

孟 达 1940/9/16

孟宪麟 1940/10/10

孟君谋 1943/9/7

孟庆钧 1944/4/3

孟 超 1946/10/20

1952/1/5,1952/5/2,1952/5/3,1952/5/4,
1952/5/7,1952/5/23,1952/6/8,1952/6/
12,1952/8/1,1952/8/31,1952/10/6,
1952/11/8,1952/11/10,1952/12/2,1952/
12/4,1952/12/6,1952/12/18,1953/3/15,
1953/6/5,1954/3/20,1954/7/15,1954/8/
14,1954/8/19,1954/9/20,1955/1/3,
1955/2/23,1955/3 月,1955/4/11,1955/5/
25,1955/8/9,1955/10/2,1955/10/5,
1956/3/1,1956/9/27,1956/9/28,1956/
10/19,1957/8/2,1957/9/9,1958/2/13,
1958/8/15,1959/3/28,1959/3 月,1959/4/
27,1959/6/8,1959/12 月,1960/2/8,1960/
6/8,1960/8/4,1960/8/9,1960/10/9,
1962/8/8,1962/8/12,1962/8/13,1962/9/
21,1962/9/24,1979/4/22

欧阳凡海　1937/7/1

欧阳俭　1943 年

欧阳儒秋　1945 年,1946/4/14

欧阳山尊　1946/1/10,1952/4 月,1952/6/
12,1952 年夏,1952/8/31,1952/11/30,
1952/12/9,1953/1/13,1953/2/16,1953/
2/24,1953/4/29,1953/10/29,1953/11/2,
1953/12/8,1953/12/31,1954/2/1,1954/
3/20,1954/5/9,1954/8/12,1954/9/5,
1955/5/27,1956/10/8,1956/11/1,1957/
2/27,1957/8/14,1958/9/2,1958/9/9,
1958/11/6,1958/11/15,1958/11/20,
1959/5/3,1959/11/5,1960/2/8,1960/10/
20,1961/3/25,1961/7/17,1961/10/11,
1961/10/16,1962/2/3,1962/10/31,1962/
11/5,1962/11/28,1962/12/24,1963/1/5,
1963/1/6,1963/11/7,1964/4/3,1964/8/
3,1964/10/5,1965/1/5,1965/1/19,1965/
1/25,1965/3/27,1965/4/1,1966/1/31,

1966/4/13,1966/4/15,1966/6/20,1966/
11/28,1969/4/11,1974/12/4,1978/10/
30,1978/11/28,1978/12/26,1979/2/21,
1979/3/13,1981/9/20,1983/1/4,1983/7/
12,1985/12/11,1990/10/25,1992/6/12

欧阳祖润　1949/3/24

P

Pan

潘如树　1932/5 月上旬

潘路和　1937/2/2

泮　元(潘元)　1937/5/15,1937/5/16

潘子浓(潘子农)　1938/4/5,1938/7/25,
1938/10/29,1943/1/31,1943/3/15,1943/
9/7,1943/10/15,1943/12/22,1944/1/6,
1944/1/16,1944/5/3,1944/5 月,1946/1/
20,1947/2/4,1947/6/10,1948/7/21

潘梓年　1939/4/9,1943/3/30,1945/1/11,
1945/5/7

潘颜轮　1941/1/21

潘砚之　1942/2/3

潘直庵　1942/4/3

潘希真　1943/5/2

潘今喜　1943/7 月

潘公展　1944/4/16,1948/2/15

潘奎芳　1948/2/15

潘德枫　1949/11/11,1949/11/13

Pei

裴笑衡　1932/2/9

裴存藩　1939/8/14

裴毓荪　1948/4/24

裴文中　1949/11/11,1950/3/8,1952/5/2,
1953/9/17

Peng

彭　慧　1939/7/25

彭 康 1949/3/11

彭 真 1952/5/5,1952/6/12,1952/12/18,
1952/12/26,1953/2/16,1953/3/26,1953/
4/29,1953/5/14,1954/1/10,1954/3/14,
1954/8/25,1955/2/12,1956/3/3,1956/4/
30,1956/10/6,1960/7/23,1962 年春,
1963/11/11,1963/11/27,1964/5 月,1964/
7/31,1966/12/12,1979/6/22,1984/3/15,
1992/10/12

彭德怀 1953/8/11

Pu

普里裴特科娃(前苏联) 1940/11/5,1940/
12/17

濮阳春 1942/2/13

濮思洵 1943/5 月

普希金(前苏联) 1952/3/1,1952/4/4

Q

Qi

齐耀珊 1922 年

契诃夫(俄) 1930/9 月,1941 年,1943/9/
28,1943/10 月,1943 年冬,1944/2/26,
1950 年春,1952/4/4,1954/2/9,1954/7/
15,1954/7/16

齐世元 1935/8/17

齐 同 1935 年秋

齐建嗣 1944/4/23

齐燕铭 1950/12/26,1953/2/16,1957 年夏,
1961/3/10,1962/5/23,1977/6/28,1977/
12/13,1978/5/14,1978/10/27

齐白石 1952/5/2,1952/5/7,1956/10/19

Qian

钱鸿仪 1928/4/27

钱钟书 1930/9 月,1930/11/4,1931/11/7,
1931/12/5,1946/2/28,1947 年,1991/3/

30,1993/4/16

钱稻孙 1933/4/3

钱千里 1937/8/7,1941/6/9,1942/12/21,
1946/3 月

钱秀灵 1939/7/22

钱品葳 1940/10/10

钱苇年 1940/10/10

钱章荣 1942/4/1

钱昌照 1943/6/29,1943/8/19,1943/9/15,
1943 年,1946/4/1,1947 年,1965/10/31

钱士湘 1943/6/29

钱俊瑞 1949/3/20,1949/3/24,1949/7/16,
1949/8/3,1949/8/16,1949/10/23,1949/
11/11,1949/11/13,1950/2/15,1950/7/
11,1952/5/4,1952/5/5,1952/11/5,1952/
12/6,1952/12/26,1954/7/15,1954/8/19,
1954/7/15,1954/12/14,1955/2/23,1955/
4/11,1955/4/11,1955/6/29,1956/4/15,
1959 年春,1959/4/21,1959/6/8,1960/4/2

钱三强 1949/3/20,1949/3/24,1949/5/4,
1949/5/20,1949/9/21,1949/10/13,1949/
10/23,1949/11/11,1950/2/15,1950/3/8,
1950/4/20,1953/9/27,1953/10/31,1978/
10/27

千家驹 1949/3/20,1950/4/20

钱端升 1952/5/7,1953/4/21,1953/4/22,
1953/4/27,1953/6/5,1953/6/6,1953/9/
17,1954/8/26

钱伟长 1952/5/11,1953/9/27

千田是也(日) 1956/8/1,1975/12/16,
1981/4/10,1981/4/12,1981/4/14,1982/
10/22,1982/10/25,1983/9/6,1986/11/
18,1986/11/25,1991/5/2

Qiao

乔冠华 1932 年秋

乔俊英 1935/4/27

乔 奇 1945/4/28,1947/8/29,1948/7/31,
　　1955/11/27,1956/9/21,1985/3/11

桥 本(日) 1947/2/4

乔 羽 1962/1/10,1986/4/29,1986/5/25,
　　1986/6/10,1987/9 月

Qin

覃修典 1932/2/9

秦宣夫 1935/2/16

秦 怡 1941/6/9,1983/8 月,1984/3 月

秦国星 1944/6/2

秦小龙 1948/2/15

秦 葳 1949/2/8

秦兆阳 1950/7/25,1952/7/25,1956/4/14

Qing

青 苗 1948/8/11

Qiu

裘桂仙 1913 年

邱静山 1934/12/2

秋田雨雀(日) 1935/4/27,1936/1/15,1936/
　　1/19,1936/2/6,1936/6/1,1937/3/19.20.
　　21,1937/6/4,1948/4/1,1956/8 月

仇良燧 1936 年夏,1937/3/13

裘 水 1937/1/1

邱星海 1937/6/1

丘东平 1938/3/27

仇戴天 1941/3 月下旬

仇 铨 1941/4 月,1942/8/7,1944/10/16

邱文煜 1945/11/19

裘 萍 1946/8/5,1960 年

邱 尔(邱玺) 1947/2/4,1947/6/10

Qu

屈映光 1911/是年,1916/4/12,1922 年

瞿无忌 1938/11/21,1938/11/23

渠荣久 1940/10/10

瞿白音 1945/10/18,1959/10/17

屈 元 1949/3/24

瞿希贤 1952/11/4,1952/11/8,1954/3/20,
　　1960/6/18

屈 原 1953/9/27

R

Ran

冉梦竹 1941/6/9

冉瑞武 1946/2/20

Rao

饶汉祥 1911 年,1913/12,1917/8/28,1922/
　　6/11,1922 年

饶孟侃 1936/8 月

Ren

任 苏 1935/1/28

任德耀 1938/10/29,1947 年,1978/12 月

任 干 1943/2 月

任永康 1946/2/12,1946/2/23

任弼时 1950/10/28

Rong

荣高棠(高棠) 1949/5/4,1949/9/21,1953/
　　4/21,1953/4/22,1953/6/5,1953/6/6,
　　1980/4/26,1988/9/28,1994/6/29,1994/9/8

Ruan

阮玲玉 1935/3/8

阮艾芹 1940/8/27

阮章竞 1953/10/9,1954/6/3,1962/5 月,
　　1977/6/28,1978/10/20,1979/1/24

Rui

瑞恰慈(英) 1929/9 月

S

Sa

萨兆琛 1925/3 月

萨 宴 1937/7/10

萨 都(法) 1938/5/22

萨空了 1952/12/3,1956/12/9,1956/12/
　12,1958/8/2,1962/9/24,1964/3/31,
　1964/11/26,1964/12/29,1977/12/13

让·保罗·萨特(法) 1955/9/6

Sai

赛珍珠(美) 1946/10/1

San

三上于菟吉(三上于菟吉,日) 1936/1/1,
　1936/1/15

Sang

桑 弧(培林) 1940/1/23,1941/1 月,1947
　年,1948/1/18,1948/7/17,1948/8/14,
　1948/10/2,1948/12/11,1948 年,1949/6/9

Sha

莎士比亚(英) 1921 年,1930/3/1,1930/5/
　10,1941 年,1943 年冬,1944/1/3,1952/4/
　4,1952/4/4,1954/9/20

沙 蒙 1937/4/1,1941/11/29,1942/5/8,
　1943/2/20,1943/3/7,1943/3/9,1943/4/
　8,1945 年,1946/4/14,1955/2/23

沙 雁 1938/3/27

沙露斯 1938/10/29

沙 汀 1941/3/15,1943/3/30,1945/5/7,
　1949/7/23,1953/3/24,1954/6/3,1954/8/
　29,1955/7/27,1957/6/19,1957/7/5,
　1957/8/7,1957/8/18,1961/3/13,1963/4/
　14,1963/4/20,1963/4/28,1963/6/4,
　1963/6/5,1963/6/9,1964/12/27,1965/1/
　4,1978/6/11,1978/6/22,1978/10/20,
　1978/10/27

沙 莉 1943/11/25,1947/11/7,1948/7/31

沙千里 1945/1/11,1949/5/4,1952/5/2,
　1952/5/5

沙 帆 1945/10 月,1945/11/19

沙 坪 1948/8/11

沙可夫 1949/3/20,1949/3/22,1949/6/1,
　1949/7/9,1949/7/20,1949/7/23,1949/
　10/13,1949/10/26,1949/12/8,1950/4/
　20,1950/7/11,1950/12/10,1950/12/16,
　1952/5/2,1952/5/3,1952/5/4,1952/5/5,
　1952/5/7,1952/6/8,1952/8/1,1952/10/
　6,1952/11/8,1952/12/2,1952/12/3,
　1952/12/4,1953/4/21,1953/4/27,1953/
　4/29,1953/6/5,1953/9/17,1954/3/20,
　1954/8/19,1954/9/3,1955/1/3,1959/3/
　28,1961/9/1

沙拉普(蒙古) 1954/9/30,1954/10/4

Shan

杉村春子(日) 1956/8/1,1965/5/5,1965/
　5/17,1978/11/28,1981/4/10,1981/4/12,
　1981/4/14,1982/10/25,1983/2/22,1983/
　9/6,1983/11/6,1983/11/7,1983/11/8,
　1983/11/9,1984/11/27

山本安英(日) 1956/8/1

Shang

尚传道 1931/11/24,1932/4/16

尚冠武 1938/8/25

尚小云 1954/10/28

Shangguan

上官苏亚 1940/10/10

上官云珠 1941/3/22,1948/2/15,1962/
　12/30

Shao

邵存民 1927/10/26

邵力子 1935/2/25,1938/3/27,1939/4/9,
　1941/3/15,1943/3/27,1943/3/30,1944/
　4/16,1945/5/4,1945/5/7,1946/2/8,
　1947/7/31,1947/12/23,1950/6/8,1952/

1946/2/28,1946/7/12,1949/1/21,1949/
5/30,1952/6/12,1957/6/15,1957/8/14,
1958/12/4,1958/12/10,1959/11/12,
1961/7/17,1966/11/28,1979/5/10,1979/
5/11

舒又谦 1935/2/16

舒 强 1937/4/1,1941/11/29,1942/5/8,
1942 年,1943/2/20,1943/3/7,1943/3/9,
1943/4/8,1949/7/24,1961/6/10,1979/8/
17,1981/6/12,1981/12/16,1983/4/24,
1983/11/3,1983/11/5,1983/12/5,1984/
2/6,1991/4 月

舒 群 1938/3/27,1938/10 月初,1955/6/
15,1979/1/24

舒 适 1938/10 月,1939/7/31,1940/9/3,
1944/10/16,1945/11/11,1949/1/21,
1955/2/19,1962/12/30

舒蔚青 1939/1/15

舒 仪 1942/2/3

舒 模 1942 年,1952/11/8

舒联莹 1943/6/29

舒 同 1949/3/11,1949/3/13,1983/4/24

舒翼羣 1949/11/11,1949/11/13

Song

宋庆龄 1936/10/19,1936/10/20,1949/7/
16,1949/10/5,1951/10/5,1952/11/5,
1954/12/28,1980 年,1981/5/16,1981/
5/29

宋之的 1937/12/31,1938/2/10,1938/7/
25,1938/9/24,1938/10 月初,1938/10/29,
1939/1/10,1939/1/19,1939/3 月,1940/
1 月,1940/4/6,1940 年,1941/4/12,1942/
5/8,1942/9/28,1943/3/30,1943/3 月,
1943/5/1,1943/12/22,1944/1/6,1944/1/
16,1944/2/15,1945/5/7,1946/1/20,

1946/2/18,1946/2/19,1949/3/22,1949/
7/27,1950/12/26,1951/12/10,1952/10/
29,1952/11/7,1952/11/10,1952/12/26,
1953/10/9,1954/9/3,1954/9/5,1955/2/
23,1956/3/1,1956/3/6,1956/4/17,1957/
9/9

松冈弘(日) 1942/6 月

宋 约 1943/3/1

宋雪如 1946/2/23

宋云彬 1949/3/18,1949/3/20,1949/9/1

Su

苏吉亨 1935/8/17

苏 明 1935/12/13

苏 菱 1937/2/2

苏 茹 1937/6/25,1937/7/15

苏 曼 1940/1/3,1941/8/24

苏 采 1940/4 月

苏 恰 1942/2/7

苏 禾 1942/2/13

苏 怡 1942/4/3,1949/2/15

苏一平 1942/5/1,1983/4/24

苏之卉 1945/2/13,1949/11 月

苏 民 1945/12/14,1952/6/12,1954/6/
30,1956/11/1,1960/1/4,1961/3/13,
1963/1/6,1964/8/3,1966/1/13,1966/1/
31,1966/2/12,1966/6/15,1979/1/20,
1979/7/31,1979/9/5

苏 茵 1947/1/22

Sun

孙传芳 1910 年

孙中山 1917/11/7

孙毓棠 1923/9 月,1927/10/26,1928/12/
21,1929/1/11,1929/1/24,1929/12/17,
1929/12/31,1930 年暑假,1930/9 月,
1930/11/4,1931/5/2,1931/9 月,1931 年

Tuo

托诺夫(俄) 1930/9 月

托尔斯泰(俄) 1935/3 月,1936/9/23,1950
年春

佗 晰(杨乃庚) 1935/8/17

W

Wan

万德尊(宗石) 1910/9/24,1910 年,1911/6/
28,1911 年,1912/12/30,1912 年,1913 年,
1914 年,1915/2/1,1915 年,1916/10/10,
1916 年,1917/9,1917/11/7,1918 年初,
1918/11,1920 年,1922/8/29,1922/9 月,
1922 年,1923/4/12,1923 年,1924 年,1926
年冬,1928/2/9,1947/5/5,1947/5/26

万 邦 1910/9/24

万 锟 1910/9/24

万廷琇 1910/9/24

万时叙 1910/9/24

万际云 1910/9/24

万启文 1910/9/24

万枚子 1910/9/24

万家修 1910 年,1913 年,1916 年,
1937/7 月

万家瑛 1910 年,1913 年,1916 年

万鸿开 1932/2/9,1932/4/16

万世雄 1937/7 月

万 黛 1938/2/5

万 声 1938/3/9

万长达 1938/7/20,1938/10/29

万籁天 1939/1/19,1940/11/1,1941/9 月,
1941/12/4,1955 年,1983/7 月

万 流 1941 年初

万 昭 1941/10/4

万戒甫 1947/5/26

万方 1952/8/27

Wang

王振英 1910 年,1937/7 月

王长林 1913 年

汪学谦 1918/1

王希仁 1925/3 月,1926/4 月

王树勋 1926/4 月

王尔德(英) 1925/5/2

王芸生 1927 年,1938/12/25,1945/5/4,
1948/5/25,1949/2/28,1949/3/18,1952/
10/2,1956/8/1,1956/8/12,1956/8/15,
1956/8/25,1956/8/26,1956/9/4,1956/
10/19,1959/2/9,1963/6/15,1965/8/23,
1965/8/25,1965/10/31,1978/7/16

王维华 1928/12/8,1929/6/14

王继修 1928/12/21

王文光 1928/12/21

王正寅 1929/10/17

王守媛 1929/10/17,1935/11/17,1935/12/
7,1935/12/12,1935/12/15

王世英 1930/4/1

王文显 1929/9 月,1930/9 月,1930/10/23,
1930/11/14,1935/2/13,1935/2/16

王志超 1931/5/2

王炳文 1932/2/9,1932/5 月上旬

汪赐曾 1932/5 月上旬

王志英 1934/10/17

王云五 1935/2/25

王威治 1935/4/27

王毅之 1935/4/27

王任之 1935/4/27

王鲁彦 1935/6/5,1950/8/8

汪静之 1935/6/5

王九苓 1935/12/7

王英豪 1936 年夏,1937/1/1

文怀沙　1947/2/4

文幼章(加拿大)　1952/4/15

Weng

翁培华　1941 年初

翁独健　1949/11/11,1950/2/15

翁偶虹　1950/12/26,1983/11/15

Wu

吴佩孚　1922/6/11

吴　宓　1930/9 月,1943/10/7

吴可读　1930/10/23

吴　京　1928/3/23、24,1931/3/26,1931/
　　5/2

吴南轩　1931/5 月

吴　晗　1931/9 月,1949/3/20,1949/5/4,
　　1949/9/21,1949/10/26,1949/11/20,
　　1949/12/4,1949/12/8,1949/12 月,1952/
　　5/2,1952/6/12,1953/1/13,1953/2/16,
　　1953/4/29,1953/5/14,1953/7/21,1954/
　　1/10,1956/7/19,1961/3/10,1962/7/1,
　　1963/9/26,1963/10/11

吴　静　1933/11 月,1935/4 月,1937/3/13

吴季班　1934 年冬

吴金年　1934/10/17

武田泰淳(日)　1934/8 月,1935/3 月

吴　桢　1934/6 月

吴季班　1934 年冬

吴稚晖　1935/2/25

吴　天　1935/3 月,1935/4/27,1935/7/15,
　　1941/6/9,1947/2/4

吴玉良　1935/4/27

吴组缃　1935/6/5,1938/3/27,1945/5/7,
　　1946/1/27,1948/8/3,1948/9/28,1954/4/
　　7,1955/5/25,1956/3/3,1956/10/19,
　　1956/10/21,1956/12/22,1958/4/8,1961/
　　7/29,1961/7/31,1963/2/27,1991/3/30

吴　天(郭兰田)　1935/8/17,1938/10/29

吴铁翼　1935/12/13,1937/2/2

吴怀孟　1936/8 月

吴剑声　1937/2/8

吴铃子　1937/6/1

吴景平　1937/6/1,1941/12/3,1946/8/5

吴祖光　1937 年,1938/5/18,1938/7/25,
　　1938/10/29,1940/1 月,1940/4/15,1940
　　年夏,1940/10/10,1942 年夏,1942/7 月下
　　旬,1943/1/15,1943/3 月,1943/5/1,1943/
　　10/15,1943/12/10,1944/3/20,1944/4/
　　10,1944/5 月,1945/2/22,1945/5/12,
　　1945/6/10,1945 年底,1946/2/18,1946/2/
　　19,1946/2/21,1946/2/28,1946/7/7,
　　1948/4/2,1949/2/15,1952/12/9,1954/5/
　　9,1954/8/12,1954 年秋,1957/7 月,1957/
　　8/2,1957/8/4,1957/8/13,1979/7/10,
　　1979/7 月,1979/11/17,1981/5/20,1981/
　　9/24,1981/12/12,1983/1/4,1983/4/24,
　　1984/11/22,1984/11/25,1985/10/7,
　　1985/10/19,1985/12/16,1985/12/18,
　　1986/4/7,1986/10/5,1987/2/7,1987/12/
　　25,1988/4/21,1988/5/16,1988/9/10,
　　1992/12/2,1994/6/18,1994/6/28,1995/
　　11/10

吴　湄　1938/1/1,1939/2/4

吴玲子　1938/3/3

吴　雪　1938/3/9,1940/8/10,1941/1/1,
　　1941/9 月,1950/4/3,1952/8/1,1952/8/
　　31,1952/11/4,1952/12/18,1953/7/21,
　　1954/3/20,1954/8/19,1954/9/3,1955/5/
　　25,1957/8/14,1959/3/28,1975/9/30,
　　1977/3/1,1978/1/25,1978/4/4,1978/5/
　　6,1978/5/14,1978/10/30,1978/11/10,
　　1978/12/15,1979/7/10,1979/11/4,1980/

X

Xi

于立群 1942/5/7,1978/7/9,1978/10/27

虞静子 1942/5/8,1943/2/20,1943/3/7,
1943/3/9,1949/5/30

于师毅 1943/1/4

郁 民 1943/1/8

郁文哉 1943/1/31

虞洽卿 1943/3/7

于是之 1945/12/14,1946/4/4,1952/6/12,
1952/7/16,1954/6/30,1954/7/18,1954
年,1956/10/8,1960/4/22,1960/7/29,
1960/8/6,1960/8/18,1961/1/26,1961/6/
8,1961/10/3,1961/10/16,1962/10/31,
1963/1/6,1966/1/13,1966/1/31,1966/6/
20,1967/3/8,1974/12/4,1978/4/4,1979/
2/20,1979/3/3,1979/4/21,1979/5/11,
1980/5/20,1981/7/21,1981/9/25,1983/
1/20,1983/7/12,1983/12/15,1984/3/28,
1984/9/18,1985/10/3,1985/10/27,1986/
7/7,1986/7/29,1986/8/6,1986/8/22,
1986/9/17,1986/11/29,1987/1/9,1987/
2/7,1987/5/21,1987/9/22,1987/11/9,
1987/11/11,1988/4/21,1988/8/4,1988/
8/10,1988/9/3,1988/11/7,1989/2/5,
1990/1/5,1990/1/19,1990/8/17,1990/9/
24,1992/5/13,1992/6/10,1992/6/11,
1992/6/12,1992/9/22,1992/9/28,1994/
10/1,1995/2/3,1995/12/10

于 蓝(于兰) 1945年,1946/4/14,1953/4/
21,1953/4/22,1954/3/20,1954/5/21,
1955/1/3,1977/11/7,1979/1/12

于在春 1947/3/1,1947/3/15

于 飞 1947/8/29

俞平伯 1949/3/22,1955/7/27

于 民 1963/11/20,1963/12/13,1963/12/
31,1964/4/27,1964/5/29,1964/5月,

1964/6/1,1964/6/5,1966/1/4,1966/1/7,
1966/1/13,1966/1/31,1966/6/15,1966/
6/20,1967/3/8,1969/4/11,1974/10/28,
1978/4/4,1978/6/13,1978/9/15,1978/9/
19,1979/2/20,1979/4/18,1979/4/24,
1979/5/10,1979/5/11,1979/5/26,1979/
6/22,1979/9/5,1980/3/14,1980/12/22,
1981/5/20,1981/5/21,1981/9/10,1981/
9/25,1982/1/24,1982/12/31,1984/1/24,
1984/11/22

俞振飞 1981/11/20,1982/11/21,1983/8/
30,1984/4/12,1985年,1986/6月,1986/
9/22,1986/9/26,1986/10月,1988/3/4,
1988/9/10,1990/1/11,1990/12/20,1991/
11/30,1993/7/30

Yuan

袁世凯 1910/9/24,1914/7/18,1916/6/6

袁作震 1929/10/17

袁牧之 1937/4/1,1938/1/8,1938/2/28,
1949/3/20,1949/3/22,1949/7/20,1949/
10/23,1950/5/7,1950/7/11,1950/12/10,
1955/2/23,1957/9/27

袁竹如 1938/3/3,1939/8/1

袁美云 1938/8/25,1939/8/1,1940/7/30,
1940/12/15,1941年,1942/1/23,1942/4/1

袁 静 1940/8/27

袁灵云 1944/10/1

袁 蓉 1946/1/25

袁水拍 1946/2/18,1946/2/19,1947/3/1,
1948/10/21,1949/7/23,1952/11/4,1953/
3/24,1953/7/21,1956/2/27,1956/2月,
1956/3/3,1956/3/15,1956/4/14,1961/3/
13,1964/3/31

袁世海 1947年,1950/12/10,1950/12/26,
1955/9/30,1963/4/1,1963/6/13,1965/7/

14,1954/8/16,1954/8/19,1960/6/8,
1960/10/8,1963/9/26,1965/5/12

张乐平 1949/4/10,1991/11/30

张文元 1949/5/30

张仲实 1949/7/16,1949/8/3,1949/10/23,
1949/11/11,1949/11/13,1950/2/15,
1950/4/20

张 澜 1949/10/5

张琴秋 1949/11/11

张梦庚 1950/4/27,1953/4/21,1953/4/22,
1953/6/6,1961/12/11,1963/2/28,1963/
10/11,1981/2/23,1981/6/12,1981/7/9

章汉夫 1952/5/2,1952/5/7,1954/8/19,
1960/10/8,1962/12/28

张 真 1953/10/9,1956/4/18

张君秋 1954/8/25,1962/11/5,1963/4/1,
1979/4/22,1981/3/18,1981/6/12,1981/
8/18,1981/9/24,1981/12/12,1983/11/
12,1983/12/15,1984/2/6,1984/2 月,
1984/11/22,1987/2/26,1988/9/10,1989/
3/22,1989/3/24,1989/7/18,1989/8/19,
1990/12/20,1991/3/19,1991/4 月,1991/
7/1,1993/1/12,1994/9/27,1994/12/8

张 颖 1963/2/28,1963/6/3,1970 年,
1973/9 月,1985/10/7,1985/12/11,1985/
12/18,1986/2/17,1986/4/7,1986/7/7,
1988/4/21,1988/6/28

Zhao

赵水澄 1927/10/26

赵康节 1932/5 月上旬

赵家璧(家璧) 1933 年 1 月,1949/8/16

赵曼娜 1933/11 月,1941/1/26

赵慧深(琛) 1934/6 月,1935/1/28,1935/2/
16,1935/4 月,1935/8 月,1936/4/26,
1936/5/15,1937/4/1,1946/7/12

赵 恕 1934/6 月,1956/11/1,1983/12/19,
1983/12/24

赵希孟 1935/2/16

赵景深 1935/12/13,1935/12/18,1946/2/
18,1946/2/19,1946/2/22,1946/6/17,
1947/2/4,1947/7/31,1947/12/23

赵 丹 1937/4/1,1937/12/31,1938/9/24,
1938/10/29,1946/2/28,1946/7/12,1955/
2/19,1955/8/9,1963/4/1,1978/6/16,
1980/10/10

赵鸿模 1937/4/10

赵性源 1937/6/25

赵 曙 1937/8/7

赵韫如(赵蕴如) 1938/1/1,1941/10/26,
1942/4/3,1943/1/5,1943/1/8,1943/1/9,
1943/1/19,1943/3/15,1949/6 月,1952/
12,1954/6/30,1954/12/12,1955/1/3,
1979/7/31,1979/8/17,1983/7/12

赵文杰 1938 上半年

赵铭彝 1938/9/24,1938/10/29,1939/3/
22,1943/1/31,1983/12/15

赵太侔 1939/1/15,1946/2/18

赵 侗 1939/1/20

赵子钊 1940 年秋

赵秀蓉 1941/1/26

赵 样 1941/10/20

赵志游 1943/3/9,1943/4/8

赵清阁 1944/2/15,1944/3/20,1944/4/16,
1945/10 月,1946/2/18,1948/7/21

赵珏身 1944/4/3

赵廼昌 1944/6/2

赵爱苹 1944/7/2

赵 静 1945/1 月

赵超构 1946/5/1,1949/2/28,1949/3/18

赵步颜 1946/5/11

赵一诚 1947/1/22

赵元任 1948/4/2

赵树理 1949/3/22,1949/3/24,1949/7/20,
1949/10/13,1949/10/26,1949/12/8,
1950/3/8,1950/5/7,1950/7/11,1950/7/
25,1950/12/16,1952/5/2,1952/5/3,
1952/5/4,1952/5/7,1952/5/23,1952/6/
8,1952/7/25,1953/4/29,1953/6/5,1954/
5/21,1954/6/3,1954/8/19,1954/10/28,
1955/10/2,1955/10/14,1955/10/14,
1955/11/23,1956/2/27,1956/3/15,1956/
3/25,1956/4/14,1956/6/15,1956/9/28,
1957/3/6,1958/2/13,1958/3/8,1958/
4 月,1958/8/15,1958/10/31,1960/6/18,
1962/1/26,1963/6/30,1963/7/4,1963/7/
10,1963/7/25,1978/1/7

赵 讽 1949/5/30

赵朴初 1949/10/13,1952/10/2,1961/10/
22,1963/6/15,1964/10/8,1964/10/11,
1964/10/12,1965/4/18,1979/1/12,1986/
1/15,1991/3/30,1994/10/30,1995/3/3,
1996/9/19

赵起扬 1952/4 月,1952/6/12,1952 年夏,
1952/11/30,1952/12/29,1954/6/12,
1956/10/8,1958/9/2,1958/9/9,1958/11/
6,1958/11/15,1958/11/27,1958/11/28,
1958/12/4,1958/12/10,1958/12/18,
1959/10/2,1959/11/5,1960/7/29,1960/
10/20,1961/3/25,1961/6/19,1961/7/17,
1961/10/16,1962/11/5,1963/1/6,1963/
1/15,1963/1/25,1963/11/11,1964/5/30,
1964/8/3,1964/10/5,1965/3/27,1965/4/
1,1965/4/23,1965/8/4,1966/1/4,1966/
4/13,1966/6/20,1969/4/11,1973/10/22,
1979/4/17,1979/4/22,1979/5/11,1979/

5/26,1980/5/30,1980/7/12,1980/7/26,
1980/10/8,1980/12/27,1981/2/3,1992/
6/12,1996/2/1

赵 沨 1952/12/26,1953/4/16,1953/4/
22,1953/6/5,1953/7/20,1953/7/21,
1953/7/25,1954/5/21,1954/6/3,1954/8/
19,1954/8/25,1954/9/3,1954/9/5,1963/
10/18

赵 寻 1953/10/9,1955/10/5,1956/2/29,
1956/4/18,1965/4/20,1965/5/10,1977/
11/28,1978/5/14,1978/10/20,1978/11/
10,1978/11 月,1979/4/22,1979/5/16,
1979/7/10,1979/8/17,1980/1/13,1980/
7/12,1980/10/8,1980/10/27,1980/12/
27,1981/1/9,1981/1/21,1981/1/26,
1981/2/2,1981/2/21,1981/3/6,1981/3/
10,1981/3/21,1981/4/6,1981/4/9,1981/
4/12,1981/6/12,1981/8/2,1981/8/19,
1981/9/21,1981/9/24,1981/11/2,1981/
12/12,1981/12/13,1981/12/16,1981/12/
18,1981/12/30,1982/3/13,1982/4/15,
1982/5 月,1982/8/19,1982/11/21,1983/
9/10,1983/11/3,1983/11/5,1983/11/7,
1983/11/10,1983/11/15,1983/12/5,
1983/12/15,1984/6/6,1984/11/22,1987/
11/20,1988/5 月,1990/10/25,1991/7/1,
1992/10/1,1993/7 月

Zhen

震 华 1937/2/2

Zheng

郑 秀 1932 年秋,1933/4/25,1933/6/23,
1934 年冬,1936/6 月,1936/10/26,1936/
12/1,1937/7 月,1937/9 月,1937 年,1938/
2/5,1940 年,1941/10/4,1947/2/5,1947
年,1948 年,1950 年初,1951/6 月底,

1983/5/7,1983/7/12,1984/11/27,1992/
6/12,1995/12/10

Zhuang

庄国钧　1942/4/1

Zhuo

卓戈白　1935/5/15

卓顽麟　1944/6/2

Zong

宗　由　1937/2/2

宗白华　1937/4/1,1938/3/27

宗　扬　1944/2/26

Zou

邹淑英　1910 年,1954/12 月

邹式模　1935/8/17

邹宗范　1935/8/17

邹韬奋　1936/10/20,1938/2/10

邹斯颐　1940/10/8

邹玉如　1949/1/21

邹荻帆　1952/10/29,1953/10/31,1963/7/
25,1978/10/20

Zuo

左与湜　1929/6/14,1929/10/17

左　明　1938/10/10

左舜生　1942/6/22

左宗秀(左宗岫)　1943/7 月,1943/8/1

后　记

　　最早,是在 1985 年,在南开大学出版社出版了一个简要的年谱,只有十一万字。这本年谱的初稿,本来是为我写《曹禺传》而使用的手册。1985 年,是曹禺先生从事戏剧活动五十五周年。南开大学为之专门召开了学术研讨会。于是,约我将这个年谱整理出来出版。

　　其时,南开大学出版社正由来新夏教授任总编辑,他是著名的年谱专家。记得,我去拜望他时,他就说:"本相,你这个年谱写得太简单了,在我手里,起码要再扩张一倍,甚至几倍。"那时,我对"年谱"这种历史体裁缺乏应有的认识。但他的话,给我的印象很深很深。

　　2010 年,为了纪念曹禺百年,北京人民艺术剧院邀请我写一部比较详细的年谱。这就是由北京出版社出版的《曹禺年谱》,三十万字。在撰写这部年谱的过程中,我才逐渐认识到,年谱有它为传记所不可替代的特点和学术价值。联想起,二十世纪八十年代,学术界对章培恒先生的《洪昇年谱》倍加称赞;这就让我体察到,为什么一部好的年谱,得到学术界那么高的评价,是有它的道理的。因之,我感到这部三十万字年谱,也未能将曹禺的行迹更真实更完整更准确地记录出来,就产生编写一部《曹禺年谱长编》的想法。但是,当前的出版状况,还有哪个出版社会干这样的"傻事"呢?!

　　有一次,我同南开大学教授李扬聊天,谈到这点。他说,他的一个同窗在上海交通大学出版社担任编辑室主任,已经出版了多部著名人物的年谱长编。他愿意帮我联系。想不到,竟然很快得到上海交大出版社准备接受这部书稿的消息。

　　不久,上海交大出版社人文编辑室主任吴茜芸赶到南京同我见面,我们谈得格外投机。他让我放开手来写,一百万,一百二十万字,任我去写,只要真实就好。

　　正是在这样一个鼓励下,我们开始了一个艰苦的跋涉历程。

　　这个年谱,的确下了苦功夫。我们下决心把曹禺的生平行迹资料,尽最大可能,加以搜寻,加以记录。我为写《曹禺传》,虽然同曹禺先生有过多次的面谈,有过多次对曹禺的亲朋好友、同事学生的采访,也出版了《曹禺访谈录》。但是,传记的写作,只不过是传记作者观察体会的产儿。他对于历史资料,必然有所取舍。我在

《曹禺传·后记》中就说,我要写出我理解的曹禺来。而年谱,最大的特点,就是客观记录。尤其是年谱长编,要求把一切可查到的资料全景式地加以呈现,因此,它就可能给人提供一个更真实更完整更准确的个人历史的记录。无疑,它会给后来的研究者,研究曹禺,撰写曹禺传记,提供帮助。

我已步入耄耋之年,趁我尚能劳作,加之曹禺先生对我的知遇之恩,以及我还有未曾被淹没的学术志趣,完成这样一个学术的心愿。

这个年谱长编,不能说事无巨细,但是,可以说是最大限度的录入。譬如,曹禺在解放后的行迹,我把他参加各种会议、各种送往迎来,各种应酬,以及他担任各种政治的、行政的艺术的职务,几乎都罗列上了。人们看了他在解放后的行迹,你就看到一部新中国体制下的艺术家的历史,从中体察出社会的种种、人的生活的种种、人的灵魂的种种、人性的种种了。在几乎枯燥的罗列中,可以诱发人们对曹禺、对社会、对历史的种种思考。

自然,在这部年谱的写作中也有新的发现。譬如,曹禺作为北京人艺院长的历史,一般人,甚至北京人艺的人,都可能以为他是一个名誉院长,甚至认为他是个"摆设"。但是,我们从《北京人艺大事记》中,看到记录他的言行,深深感到,曹禺不愧是这个世界声誉的剧院的缔造者。曹禺先生的确有着一颗热爱北京人艺的心,他把他的后半生贡献给北京人艺,对北京人艺之所以成为一个戏剧艺术殿堂做出了伟大的历史性的贡献。

的确,建国后他基本陷于行政的烦琐的事物之中,使他的创造天才未能得到进一步的升华;但是,他作为一个伟大的艺术家,在一些场合的谈话,在一些所谓的"应景文章"中,却有着极为精辟极为深刻的艺术见解。这些,似乎不为人所重视的东西,甚至所忽略的,却蕴蓄着他的戏剧艺术的大智慧,蕴蓄着极为珍贵的历史经验和艺术真知。这是需要我们很好加以研究和总结的。

在对曹禺行迹的探寻中,我们也有不经意但却是很重要的发现。譬如一些散佚的文章、书信等。我们惊喜地发现曹禺的父亲万德尊早年在一个兵杂志上发表的不少文章,这些,虽然不能写进年谱,但对于我们研究曹禺的家、研究曹禺的家族的文化背景,是颇有助益的。

我们坚信,这部年谱,是会让人们发现一些曹禺的人生创作的秘密,会给研究艺术史、社会史、知识分子历史的人提供一些视点和线索的。

还要说明的是,我们看到一些年谱长编,它们只叙述历史行迹,但却不提供资料的来源和出处。而我们则竭力把它们的来源和出处提供出来,不能说条条有来历,处处有根据,但凡可以注明的则全部标明了。我们想,这样,当人们使用它时,就放心多了,也会给人们提供进一步验证查考的方便。

这部书稿得以完成,我的儿子田阿鹰,不但在资料的收集上做了大量的工作,而且担起主要的写作任务。

自然,这部书稿仍然会有缺陷,会有错误,这也是我们期待读者和专家加以指正的。

最后,我们要感谢我的好友杨景辉同志,在出版社对于稿件审读编辑过程中,的确因为找不到专家而一再延误了出版的时间,我建议出版社请景辉作最后的审定。其实,我是不忍心干扰他的,他身体情况欠佳。但是,也只有请他出山了。百忙中,他为这部年谱写了序,我是深深地感谢着他。

另外,要感谢的是上海戏剧学院的张福海教授,他为了书能够在曹禺先生逝世二十周年的时候及时出版,主动承担起最后的编辑工作。他的承担让我格外感动。

我更要感谢上海交通大学出版社,感谢吴茜芸同志,在这样的市场经济大潮翻滚的年头,埋头做这样的学术积累工作。

田本相

2011 年 7 月 12 日

2016 年 4 月 15 日修订

于北京东郊罗马嘉园